本书得到国家社科基金重点项目
“现代市场体系建设的竞争法问题研究”（19AFX019）资助

中国与世界：
竞争法发展研究报告
（2018—2020年卷）

A contemporaneous Report
on
the Development
of
Competition Law in China and the World
(**2018—2020**)

主　编◎孙　晋　詹　昊
副主编◎袁　野　宋　迎

北京

图书在版编目（CIP）数据

中国与世界：竞争法发展研究报告. 2018-2020 年卷/孙晋，詹昊主编. -- 北京：法律出版社，2021
ISBN 978-7-5197-5913-1

Ⅰ. ①中… Ⅱ. ①孙… ②詹… Ⅲ. ①市场竞争－经济法－研究报告－中国－2018-2020 Ⅳ. ①D922.294.4

中国版本图书馆 CIP 数据核字(2021)第 183048 号

中国与世界：竞争法发展研究报告（2018—2020 年卷）
ZHONGGUO YU SHIJIE：JINGZHENGFA FAZHAN YANJIU BAOGAO（2018-2020 NIAN JUAN）

孙 晋
詹 昊 主编

策划编辑 周丽君
责任编辑 周丽君
装帧设计 汪奇峰

出版发行 法律出版社
编辑统筹 法律应用出版分社
责任校对 王晓萍
责任印制 吕亚莉
经　　销 新华书店

开本 A5
印张 14.375　**字数** 485 千
版本 2021 年 11 月第 1 版
印次 2021 年 11 月第 1 次印刷
印刷 北京建宏印刷有限公司

地址：北京市丰台区莲花池西里 7 号（100073）
网址：www. lawpress. com. cn
投稿邮箱：info@ lawpress. com. cn
举报盗版邮箱：jbwq@ lawpress. com. cn
销售电话：010-83938349
客服电话：010-83938350
咨询电话：010-63939796

书号：ISBN 978-7-5197-5913-1
定价：69.00 元
凡购买本社图书，如有印装错误，我社负责退换。电话：010-83938349

编辑委员会

A contemporaneous Report
on
the Development
of
Competition Law in China and the World
（2018—2020）

目录

第一章　国内外竞争法理论最新发展综述

第一节　我国竞争法理论最新发展综述

一、我国垄断协议规制理论最新发展综述*

垄断协议是指排除、限制竞争的协议、决定或者其他协同行为。而根据协议各方所处的地位不同，又可划分为同业竞争者之间达成的横向垄断协议和上下游交易相对人之间达成的纵向垄断协议。作为最常见的垄断行为之一，垄断协议对市场竞争秩序具有严重的破坏作用。因达成垄断协议而被市场监管部门处罚的案件频频出现在公众视野中，垄断协议行为历来是反垄断执法部门关注的重点。笔者通过对近年来垄断协议案例的筛选，最终选取了“冰醋酸原料药垄断案”（以下简称“冰醋酸案”）、“海南裕泰科技饲料有限公司诉海南省物价局案”（以下简称“海南裕泰案”）及“菏泽市汽车行业协会垄断案”。笔者将以上“一横一纵一协会”三个典型案例作为案例评析主线，并穿插其他案例为辅助，对横向垄断协议和纵向垄断协议涉及的法律问题进行剖析。

（一）横向垄断协议之“冰醋酸案”

处于医药产业链的上游的化学原料药，是保障下游制剂生产、满足临床用药需求的基础。然而，近两年，部分原料药品种供应紧缺，有些还出现了价格非合理大幅上涨，市场垄断控制销售是造成部分原料药价格猛涨的主因之一。本案中所涉“冰醋酸”又称“无水乙酸”，主要用于生产治疗晚期肾脏衰竭、尿毒症等疾病的血液透析浓缩液。根据我国药品管理有关规定，冰醋酸

---

* 本部分系国家社科基金重点项目“现代市场体系建设的竞争法问题研究”（19AFX019）阶段性成果。作者简介：孙晋，武汉大学竞争法与竞争政策研究中心主任，教授，博士生导师，新疆大学“天山学者”；仝汉，新疆大学法学院研究生；邹雨庭，武汉大学法学院研究生。

是生产血液透析浓缩液的必备原料药之一,不具有可替代性。2017 年以来,我国冰醋酸原料药市场实际只有台山市新宁制药有限公司(以下简称新宁公司)、四川金山制药有限公司(以下简称金山公司)、成都华邑药用辅料制造有限责任公司(以下简称华邑公司)三家公司生产销售冰醋酸原料药。此种寡头市场格局无疑为本案的发生埋下了伏笔。

1. 案件经过

2018 年 8 月,市场监督管理总局根据举报立案调查冰醋酸原料药市场的上述三家公司,查明新宁公司、华邑公司、金山公司三家冰醋酸原料药生产企业在江西锦汉药用辅料有限公司(以下简称锦汉公司)的"牵线"下,先后多次通过业务函件、电话沟通等方式交流市场行情、交换产量信息,协商自 2018 年 3 月 1 日起统一提高冰醋酸原料药的销售价格,针对下游血液透析厂执行每公斤 28 元至 28.5 元的定价,针对制药企业执行每公斤 33 元的定价。该协议达成并实施了数月。

执法机关认为,三家涉案企业的行为性质严重、危害程度较深。一是严重排除、限制了市场竞争。作为市场上仅有的三家冰醋酸生产企业,达成并实施垄断协议后,统一提高了冰醋酸原料药价格,严重破坏了市场竞争秩序。二是加重下游制药企业负担。冰醋酸是生产血液透析浓缩液的主要原料药,价格的大幅上涨直接增加下游生产成本,加重下游药企的成本负担。三是危害血液透析患者正常治疗。冰醋酸原料药价格高涨,导致下游药企减产、停产血液透析浓缩液,危害血液透析患者正常治疗。考虑到当事人在调查过程中能够配合执法机关的调查,如实陈述相关事实,积极进行整改且违法行为持续时间较短。依据《反垄断法》第 46 条第 1 款、第 49 条规定,最终,国家市场监督管理总局认定三家企业的行为构成横向垄断协议,对三家企业分别作出责令停止违法行为、没收违法所得及罚处各企业 2017 年销售额 4%的罚款共计 1283.38 万元的处罚。[1]

2. 案例评析

本案是典型的同业竞争者之间达成的"横向垄断协议"案件,其中本案所达成的垄断协议又属于横向垄断协议中最核心、最恶劣且对市场公平竞争秩序损害最为严重的类型——横向价格垄断协议。因为竞争的核心机制在于通过市场竞争形成合理的市场价格,而此类协议则使价格传导机制失灵、

---

〔1〕 参见国家市场监督管理总局国市监处〔2018〕17 号、18 号、19 号行政处罚决定书,载 http://gkml.samr.gov.cn/nsjg/bgt/201902/t20190216_288694.html。

价格形成机制遭受破坏，使价格丧失对于市场供需关系的反映功能，进而使其对于资源配置的指引和配置作用化为泡影。[1] 该协议通常表现为经营者之间协议同步涨价或降价、统一价格、固定或变更价格等行为。通常来说，价格垄断协议不仅会严重损害市场竞争机制，也往往带来社会福利降低的结果。无论中外，自有反垄断法之始，皆将其视为阻碍竞争机制正常运行之"大敌"。

本案中，新宁公司、华邑公司、金山公司属于同业竞争者，同处于冰醋酸原料药源头供应市场，并且三家企业都是面向全国销售。在三家企业实施价格垄断协议之前，冰醋酸市场虽然是寡头市场格局，但因为三家企业的产品相互具有替代性，下游商家可以在对比筛选后，自主选择采购某一家或几家的原料药，该原料药市场总体是具备竞争活力的。然而，三家公司共谋抬高并固定冰醋酸价格，针对不同身份的买受方分别将价格抬高了3~4倍，对于下游厂商来说便实质上丧失了自由选择权，无论转向任一供应企业，都无法获得更加物美价廉的原料药，故下游厂商便不得不接受"垄断方"的坐地起价和漫天要价。随着生产成本提高，为了保持利润，最终下游厂商会将抬高的成本转嫁在其下游厂商及消费者即患者身上。这样层层加码，必然导致"买药难""看病贵"等社会问题的出现。倘若不及时制止，令其尝到甜头，日后三家企业变本加厉再次抬高供应价格也会是预料之中的事。

本案的分析和处罚有几点值得关注的地方，具体如下。

第一，基于横向价格垄断协议的严重反竞争效果，在认定其违法性时，应当适用本身违法原则来加以判断。[2] 申言之，经营者某些特定行为，无论在事实上是否已经实施并导致限制竞争的后果，只要这个协议真实存在并符合横向价格垄断协议的形式特征就可以认定其属于违法垄断行为。此种情况下，实际实施及造成排除、限制竞争的实际损害后果并不是认定其违法的必要构成要件。该原则在判定横向垄断协议时标准明确，适应性强。因此，认定横向价格垄断协议难度并不高。本案中反垄断执法机构根据三家企业的信息沟通记录、业务函件、经销合同、销售记录、调查询问笔录、财务数据等证据，认定其行为违反了《反垄断法》第13条的规定。

第二，本案中市场监管部门对于三家违法企业的处罚同时适用了没收违法所得和罚款两项处罚措施，此种并科式处罚模式对于我国反垄断执法实践

---

[1] 参见孙晋、李胜利：《竞争法原论》，法律出版社2020年版，第51页。

[2] 参见孙晋、李胜利：《竞争法原论》，法律出版社2020年版，第52页。

具有指导意义。从法律规范的解读来看,我国《反垄断法》第 46 条、第 47 条规定,经营者违反规定,达成并实施垄断协议的,以及滥用市场支配地位的,由反垄断执法机构责令停止违法行为,没收违法所得,并处上一年度销售额 1%以上 10%以下的罚款。其立法原意是确立没收违法所得与罚款的并科处罚模式,本案的做法完全符合法律规定。然而,实践中考虑到对于违法所得的计算具有相当大的模糊性,难度较大,加之对反垄断执法威慑度的考量,若并科没收违法所得和罚款,极有可能会造成威慑过度,对企业本身乃至其所在行业造成重大打击。因此,执法实践中,没收违法所得并非主流甚至较为少见,单科罚款较为常见。国家市场监管总局 2019 年全年已公开的垄断协议案件有 12 件,其中作出处罚的案件有 10 件(如表 1-1 所示)。

表 1-1　2019 年公开垄断协议案件概览

案件名称	公布时间	处罚结果
丰田汽车投资有限公司垄断案	2019 年 12 月 27 日	责令停止违法行为,处上年度销售额 2%的罚款
湖南省张家界市永定区瓶装液化气垄断协议案	2019 年 12 月 11 日	责令停止违法行为,处上年度销售额 2%的罚款
菏泽市汽车行业协会组织本行业经营者达成垄断协议案	2019 年 11 月 1 日	对行业协会处 30 万元罚款
永济市混凝土企业垄断协议案	2019 年 10 月 8 日	垄断协议未实施,处 5 万元罚款
延安市混凝土企业垄断协议案	2019 年 8 月 30 日	责令停止违法行为,处上年度销售额 1%的罚款
重庆市烧结砖生产经营行业垄断协议案	2019 年 8 月 21 日	七家涉案当事人单处上年度销售额 5%的罚款,三家涉案当事人处没收违法所得。以上包含一家并处
赤峰市巴林左旗餐饮行业垄断协议案	2019 年 8 月 20 日	涉案当事人被处以 65 万元罚款

续表

案件名称	公布时间	处罚结果
海昌隐形眼镜有限公司上海分公司、上海海俪恩隐形眼镜光学有限公司垄断案	2019年5月21日	终止调查,未作处罚
长安福特纵向垄断协议案	不详	处上一年度销售额4%的罚款
衢州市8家混凝土企业实施垄断协议案	2019年5月29日	处上一年度销售额1%的罚款
咸宁市3家机动车安全技术检测机构实施垄断协议案	2019年4月4日	没收违法所得,处上一年度销售额5%的罚款
联想(北京)有限公司垄断案	2019年11月15日	中止调查,未作处罚

资料来源:整理自刘旭:《2019年反垄断执法数据统计》,载“绍耕”知乎专栏。

从处罚结果来看,其中绝大部分案件都没有没收违法所得便印证了这一点。然而,由于我国对于上一年度销售额的界定标准极为严格,罚款比例普遍偏低,如果单处罚款,不并处没收违法所得,违法者的违法成本是偏低的,极有可能会产生威慑不足的问题。目前我国反垄断罚款制度的设计和应用仍略显粗糙,只有向精细化的反垄断罚款转型,才能有效破解我国反垄断罚款威慑不足的难题。有不少学者呼吁,为了解决实践中普遍存在的排除、限制竞争的问题,恢复优胜劣汰的竞争秩序与提高消费者福利,市场监督管理部门要贯彻“罚款+没收违法所得”这一处罚措施,并加快制定罚款实施细则,进一步提升违法成本,增加法律的威慑力。〔1〕

第三,锦汉公司在三家企业达成价格垄断协议中扮演着“居间人”的角

〔1〕 参见王健:《我国反垄断罚款威慑不足的制度成因及破解思路》,载《法学评论》2020年第4期。

色,然而在最终的行政处罚决定中却未见有其身影。诚然,锦汉公司不生产也不销售冰醋酸,与其他三家涉案企业之间不具有竞争关系,并不是本案所涉价格垄断协议的一方当事人,也未实施协同抬高价格的行为。故锦汉公司不在我国《反垄断法》第13条所规定的达成垄断协议经营者之列,因此不宜按照第46条第1款之规定对其进行处罚。但是在协议各方达成共识促成共谋的过程中,锦汉公司或多或少地发挥了撮合引诱、信息传递等作用。这些行为在行政处罚决定书叙述的案情中都有所呈现,但与之行为匹配的处罚却无处可查。笔者推测,对于锦汉公司的行为,《反垄断法》未有相关条文规定,甚至找不到原则性规定,行政执法机关对此也无从下手。对于为达成垄断协议提供帮助的非协议方企业应当如何处罚,是一个不能置之不理和值得进一步探讨的问题。笔者认为,对于锦汉公司的处罚,可以运用法律当然解释的思路予以对待。根据我国《反垄断法》第46条第3款规定,行业协会违反本法规定,组织本行业的经营者达成垄断协议的,反垄断执法机构可以处50万元以下的罚款。举轻以明重,如果在垄断协议中起组织、协调作用的行业协会应该承担相应责任,那么在垄断协议中起组织、协调作用的经营者就更不应当逃脱《反垄断法》的制裁。这是因为,经营者在垄断协议中起组织、协调作用相比行业协会对市场竞争秩序的负面影响更为恶劣,如不对其进行规制,将对行业内其他经营者起到负面示范作用。况且,在本案中,根据三家涉案企业达成的协议,锦汉公司在利润分成中占50%,从侧面也证明了其在本案垄断协议的达成过程中所起到的不可替代的重要作用。综上,笔者认为,针对锦汉公司在本案中的行为,可以考虑参照《反垄断法》第46条第3款之规定,对其处以50万元以下的罚款。同时,其在2018年3月1日之后因垄断协议分得的利益属于三家涉案企业达成垄断协议后的违法所得,依法应当予以没收。

其他发布的相关法律、法规、合规指南等文件的征求意见稿中也涉及此问题。2020年9月,市场监督管理总局发布《经营者反垄断合规指南》,该指南在第三章“合规风险重点”第11条中明确规定,经营者不得与其他经营者达成或组织其他经营者达成《反垄断法》第13条和第14条禁止的垄断协议。对于本案中锦汉公司的行为是否即此条文中“组织其他经营者达成排除、限制竞争”,笔者认为是符合的。如果“组织其他经营者达成……”中包含组织者本人,那与前述“经营者不得与其他经营者达成……”无异,何必再赘述呢?2020年1月2日,国家市场监督管理总局发布了《反垄断法修订草案(征求意见稿)》(以下简称《反垄断法修订草案》),其中相关条文印证了笔者的观点。该草案第 17 条规定,禁止经营者组织、帮助其他经营者达成垄断协议。第 53 条第 2 款规定,组织、帮助经营者达成垄断协议的,适用前款规定。[1] 这些规定都是新增条款,表明对于此类非协议方的“居间”行为的危害性和违法性在法律层面也引起了极大关注,这是总结执法实践经验得出的结论,值得肯定与期待。

第四,本案发生于原料药市场,相较其他案件,其社会意义更加重大。药品是关乎民众生命健康的特殊商品,具有公共性和公益性。而原料药又是制作成品药必不可少的成分之一。原料药供应作为与民生密切相关的行业,一旦没有及时发现并制止行业中的垄断行为,对民生的损害将难以估量。实践中,原料药行业极易形成寡头竞争格局,这是由于药品生产需取得药品生产许可证、药品注册批文和通过 GMP 认证,取得原料药品生产认证的企业数量本就不多,加之部分企业因为到期或取得认证后却从未生产,使得生产某一原料药品的企业形成寡头地位,占据绝大多数市场份额。从历年来公布的原料药垄断处罚案例来看,每种原料药获批生产的厂家大多屈指可数。这种高门槛、高寡头格局的行业极易实施垄断行为,其中价格垄断协议最为常见,原料药价格暴涨往往是部分药品短缺、涨价的根源。对于原料药市场的反垄断执法要始终保持高压态势,及时规制此类行为,才能更好地维护原料药市场公平竞争、维护消费者福利、保障社会公共利益。

(二)纵向垄断协议之“海南裕泰案”

“海南裕泰案”是我国实施反垄断法以来首例不服行政处罚而提起行政诉讼的案件,同时也是唯一一起对“尚未实施所达成的纵向垄断协议”进行处罚的案件。“海南裕泰案”历经一审、二审判决以及最高人民法院再审裁定,三个层级法院的判定存在或多或少的不同。该案由此备受社会各界关注,其裁决在一定时期内对纵向垄断协议的执法与司法将具有极大的参考意义和指引价值。本案在审理过程中的争议焦点也凸显了我国行政执法与司法审查在认定构成纵向垄断协议问题上的分歧。我国司法机关和反垄断执法机构在垄断协议认定所需的构成要件这一问题上长期存在分歧,“海南裕泰案”作为我国对转售价格维持行政处罚的司法审查第一案,不仅是两个系

---

[1] 第 53 条规定:“经营者违反本法规定,达成并实施垄断协议的,由反垄断执法机构责令停止违法行为,没收违法所得,并处上一年度销售额百分之一以上百分之十以下的罚款;对于上一年度没有销售额的经营者或者尚未实施所达成的垄断协议的,可以处五千万元以下的罚款。组织、帮助经营者达成垄断协议的,适用前款规定。”

统的首次正面交锋,其最终判决也造成了对司法系统内部对该问题传统上过于僵化和保守观点的冲击。对于该问题,学界有必要进行探讨并达成共识,在《反垄断法》修订之际,更有必要在法律规范或立法解释中进一步厘清,降低对法律条文的不同理解所造成“同案不同判”的现实风险,避免折损法律权威,让企业无所适从。〔1〕

1. 案件经过

2017 年 2 月 28 日,海南省物价局对海南裕泰科技饲料公司(以下简称裕泰公司)及其经销商作出琼价监处〔2017〕5 号《行政处罚决定书》。该决定书认定:裕泰公司 2014 年及 2015 年与其经销商签订统一格式文本的《饲料产品销售合同》,该合同的第 7 条规定“乙方(经销商)应为甲方(裕泰公司)保密让利标准,且销售价服从甲方的指导价,否则,甲方有权减少其让利”。此行为排除限制经销商销售同一品牌“裕泰”鱼饲料之间的价格竞争,违反了《反垄断法》第 14 条第 1 项的规定,构成了与交易相对人达成“固定向第三人转售商品的价格”垄断协议的行为。但鉴于经销商并未按指导价销售,裕泰公司在海南省物价局调查过程中能积极配合,主动整改等情节,根据《反垄断法》第 46 条第 1 款及第 49 条的规定,海南省物价局决定对裕泰公司作出:(1)责令裕泰公司立即停止违法行为;(2)处 20 万元的罚款处理。〔2〕

裕泰公司对该行政处罚不服向海口市中级人民法院提起行政诉讼。一审法院认为,对于《反垄断法》第 14 条所规定的垄断协议的认定,不能仅以经营者与交易相对人是否达成了固定或者限定转售价格协议为依据,而需要结合该法第 13 条第 2 款所规定的内容,进一步综合考虑相关价格协议是否具有排除、限制竞争效果。现有证据表明,裕泰公司的经营规模、市场所占份额等上述因素不具有排除、限制竞争效果,不构成垄断协议。判令撤销海南省物价局作出的琼价监处〔2017〕5 号《行政处罚决定书》。

海南省物价局不服一审判决,上诉至海南省高级人民法院。对于“转售价格维持是否应以《反垄断法》第 13 条第 2 款规定的排除、限制竞争为处罚前提”这一争议焦点,二审法院认为:

---

〔1〕 参见张骏:《法经济学视阈下转售价格维持反垄断法实施的理想路径选择——兼论我国〈反垄断法〉的相关修订》,载《法学评论》2020 年第 4 期。

〔2〕 参见《海南省物价局与海南裕泰科技饲料有限公司行政处罚二审行政判决书》,载 http://www.zggpjz.com/a/zhitongdifang/20180203/3242.html。

首先,从《反垄断法》的立法目的来看,它的第 1 条规定:"为了预防和制止垄断行为,保护市场公平竞争,提高经济运行效率,维护消费者利益和社会公共利益,促进社会主义市场经济健康发展,制定本法。"可以看出,该法的立法目的不仅包括"制止"垄断行为,还包括"预防"垄断行为、维护消费者利益和社会公共利益等。该法第 15 条规定,若经营者能够证明所达成的协议属于为改进技术、增进效率、提高中小经营者竞争力、节约能源、经济不景气等情形,且能够证明所达成的协议不会严重限制相关市场的竞争,并且能够使消费者分享由此产生的利益的,不适用该法第 13 条、第 14 条的规定,这一除外适用条款进一步说明我国《反垄断法》具有保护市场公平竞争、提高经济运行效率、维护消费者利益和社会公共利益的多重目的,其保护的对象是竞争机制而非竞争者,最终受益的是消费者和社会公众。反垄断执法机构对垄断行为进行规制的原因在于实现反垄断法的上述立法目的,即对垄断行为不仅须"制止",而且须"预防"。

其次,从《反垄断法》关于纵向垄断协议的规定来看,第一,该法第 3 条规定:"本法规定的垄断行为包括:(一)经营者达成垄断协议;(二)经营者滥用市场支配地位;(三)具有或者可能具有排除、限制竞争效果的经营者集中。"在该条规定的三类垄断行为中,仅经营者集中要求"具有或者可能具有排除、限制竞争效果",对垄断协议并无该限制条件。第二,该法第 14 条规定"禁止经营者与交易相对人达成下列垄断协议:(一)固定向第三人转售商品的价格;(二)限定向第三人转售商品的最低价格;(三)国务院反垄断执法机构认定的其他垄断协议。"该规定从文义上看,一是在列举具体情形前用的表述为"禁止",表明我国《反垄断法》对于垄断协议持积极否定态度;二是将所列举的对象表述为"垄断协议"而非"协议",从逻辑上说符合该条明确列举情形的已属垄断协议;三是明文赋予了国务院反垄断执法机构认定其他垄断协议的权力,表明在反垄断这一特殊领域中,反垄断执法机构在认定垄断协议上拥有一定的自由裁量权。从《反垄断法》关于纵向垄断协议的上述规定来看,直接将"固定向第三人转售商品的价格"视为垄断协议并明令禁止,且未规定该法第 14 条所规定的固定转售价格的垄断协议须以该法第 13 条第 2 款规定的"排除、限制竞争"为构成要件。为实现反垄断法预防和制止垄断行为、维护消费者和社会公共利益等立法目的,在无法条明确规定的情况下,不能得出反垄断执法机构所认定的纵向垄断协议必须以排除、限制竞争为构成要件这一结论。

最后,从《反垄断法》关于垄断协议的处罚规定来看,该法第 46 条第 1 款规定:“经营者违反本法规定,达成并实施垄断协议的,由反垄断执法机构责令停止违法行为,没收违法所得,并处上一年度销售额百分之一以上百分之十以下的罚款;尚未实施所达成的垄断协议的,可以处五十万元以下的罚款。”由此可见,该法根据是否实施达成的垄断协议规定了两种不同的处罚方式,并明确赋予反垄断执法机构对达成但未实施垄断协议进行行政处罚的权力。《反垄断法》第 15 条规定若经营者能够证明所达成的协议属于为改进技术、增进效率、提高中小经营者竞争力、节约能源、经济不景气等情形,且能够证明所达成的协议不会严重限制相关市场的竞争,并且能够使消费者分享由此产生的利益的,不适用该法第 13 条、第 14 条的规定。因此,反垄断执法机构根据该法第 14 条认定经营者达成纵向垄断协议后,只有当经营者提交证据证明其达成的协议满足该法第 15 条规定的除外情形,才不适用该法第 14 条关于纵向垄断协议的认定。《反垄断法》第 15 条的举证责任在于达成垄断协议的经营者一方,若经营者未能完成其举证责任,则反垄断执法机构可以根据该法第 46 条的规定,对达成并实施垄断协议以及达成但未实施垄断协议的经营者进行处罚。最终,海南省高级人民法院认定“海南省物价局作出本案行政处罚决定无须以裕泰公司与经销商达成的协议具有排除、限制竞争效果为前提,更无须以给他人造成损失为前提”。

裕泰公司不服,以“强生案”的判决为依据之一向最高人民法院申请再审。最高人民法院于 2018 年 12 月 18 日作出裁定,驳回原告的申请。裁定书说理部分篇幅过长,笔者将最高人民法院的主要观点总结如下:

第一,在反垄断执法过程中,对经营者之间的协议、决议或者其他协同行为,是否构成《反垄断法》所禁止的垄断协议,应当以是否排除、限制竞争为标准。对于一旦形成协议必然产生排除、限制竞争后果的行为判定采取本身违法原则。如横向垄断协议中的固定价格、限制产量、划分市场等行为,对于此类行为,执法机构只需查清相关行为,即可进行违法推定。

第二,当前对于纵向垄断协议的限制竞争效果需要受到重视和规制。但当前的市场体制环境和反垄断执法处于初期阶段,对每个案件进行全面调查和复杂的经济分析来确定其对竞争秩序的影响,成本高、效率低、不能满足执法工作需要。

第三,第 14 条中明确列举的固定向第三人转售商品的价格、限定向第三人转售商品的最低价格一般情况下本身就属于垄断协议,符合第 13 条“排除、限制竞争”的标准。执法机构证实经营者有此两种情况即可做违法推定,无须举证。但是,经营者可提交证据证明协议不符合“排除、限制竞争”,或者属于《反垄断法》第 15 条规定的豁免情形。

第四，裕泰公司达成的协议属于《反垄断法》第 14 条明确列举的两项协议，且未能充分举证该协议不具有排除、限制竞争效果。故执法机关海南省物价局认定其为垄断协议无误。

第五，二审法院认为限制固定转售价格的垄断协议无须以“排除、限制竞争”为构成要件，缺乏法律依据，不予认可。虽然达成但未实施垄断协议的行为不会构成“排除、限制竞争”的效果，但该协议一旦实施则必然构成“排除、限制竞争”的效果，即未实施的协议依然具有“排除、限制竞争”的可能性。不应将“排除、限制竞争”的可能性等同于“排除限制竞争的效果”或“造成实际损失”。

第六，强生案与本案不同，强生案是民事诉讼，本案是行政诉讼。行政诉讼中对反垄断机构执法中认定纵向垄断协议行为合法性的判断标准与民事诉讼中对纵向垄断协议的审查标准并不一致。

2. 案例评析

经销转售的模式广泛地存在于我国的市场经济实践中，本案涉及该模式下的“转售价格维持”(Resale Price Maintenance, RPM)问题，该问题一直以来都是反垄断案件中最具争议的“明星话题”之一。所谓“转售价格维持”，具体是指供货商对销售商转售商品的价格作出的限制，如固定价格、固定最低销售价格或者最高销售价格等。[1] 本案即属于固定价格行为。本案一审法院与二审法院作出完全相左的判决，争议的焦点在于《反垄断法》第 14 条所规定限制固定转售价格的垄断协议是否以该法第 13 条第 2 款规定的“排除、限制竞争”为构成要件，其实质是对于转售价格维持案件的判定应该适用“本身违法原则”还是“合理原则”之间的回答。在我国的实践中，适用何种原则规制此类协议仍然存在较大的分歧。但需要肯定的是，二审法院接受了海南省物价局的主张，并对此观点进行了多方面的论证。首次对行政机关处理转售价格维持案件适用的归责模式进行真正意义上的审查，这一点非常值得肯定。[2]

对于“转售价格维持”适用何种归责原则，在国际竞争法领域也经历了几度更迭与变迁。一般认为，转售价格维持违法性的根源在于其会造成产品

---

〔1〕 参见王晓晔：《反垄断法》，法律出版社 2011 年版，第 132 页。

〔2〕 参见兰磊：《转售价格维持违法推定之论证优度评判——评海南省物价局与海南裕泰科技饲料有限公司行政处罚纠纷案》，载《竞争政策研究》2018 年第 4 期。

的零售价格被固定或仅在特定范围内浮动,从而使其成为掩盖生产商或经销商之间卡特尔协议的“遮羞布”,[1]人们认识到转售价格维持行为会侵害经销商自主定价权,削减品牌内竞争,经销商不能根据市场变化及商业策略自主制定商品的价格,甚至无形中会使下游经销商之间形成横向价格垄断协议,进而会损害消费者的选择权,造成消费者福利的折损。故作为早期反垄断两大法域的美国、欧盟都将转售价格维持适用本身违法原则加以认定。但随着经济分析方法的引入,学者和执法者逐渐认识到这种行为有其促进竞争的一面。对转售价格的限制可以有效预防“搭便车”的行为,促进非价格竞争,使商家可以通过在保证利润的前提下更多地关注服务水平,这就吸引了经销商乐于在新的市场进入者产品生命周期的早期去销售和储存这种产品[2]。在 2007 年的莱金案中,美国联邦最高法院以 5∶4 的微弱优势推翻了限定最低转售价格适用本身违法原则,[3]自此美国开了对于转售价格维持适用合理分析原则的先例,但是由此断言美国在转售价格维持判定上确立了合理分析原则还为时过早。我国法律对于转售价格维持的规定过于模糊,即《反垄断法》第 13 条第 2 款规定了何为“垄断协议”,但对何为“排除、限制竞争”,它究竟是指目的、还是指效果,目的与效果之间是选择关系、还是并列关系等,未作进一步规定。[4] 这就导致了《反垄断法》的实施存在巨大的自由裁量空间,争议相伴而生也是意料之中的事。

笔者将本案参与的主体对于转售价格维持构成纵向垄断协议的认识(无豁免情形下)归纳如下:

裕泰公司:RPM 形式要件+效果要件=纵向垄断协议→行政处罚;

一审法院:RPM 形式要件+效果要件=纵向垄断协议→行政处罚;

二审法院:RPM 形式要件=纵向垄断协议→行政处罚;

最高人民法院:RPM 形式要件+效果要件/可能性要件=纵向垄断协议→行政处罚。

对比可知,二审法院认为转售价格维持行为构成纵向垄断协议无须以排

---

[1] 参见李剑、唐斐:《转售价格维持的违法性与法律规制》,载《当代法学》2010 年第 6 期。

[2] 参见[美]E. 吉尔霍恩:《反垄断法律与经济》,中国人民大学出版社 2001 年版,第 297 页。

[3] 参见王洋林:《纵向价格垄断协议的执法思路——从海南裕泰公司价格垄断案谈起》,载《中国价格监管与反垄断》2018 年第 2 期。

[4] 参见张骏:《转售价格维持规制路径选择的评判标准》,载《法学》2018 年第 12 期。

除、限制竞争为构成要件,而最高人民法院在裁定书中并没有认可二审法院这一观点,最高人民法院认为构成垄断协议应当以排除、限制竞争为标准。但是最终二者却得出同样的结果。其原因在于,最高人民法院认为转售价格维持行为属于《反垄断法》第14条明确列举的两项行为,"一般情况下"当然地属于垄断协议,当然地符合"排除、限制竞争"构成要件,应予以禁止。最高人民法院将符合转售价格维持形式要件的行为推定为具备效果(可能性)要件,在合理分析原则和本身违法原则之外,提出了违法推定原则。如此一来,既解决了"排除、限制竞争"是不是构成要件的问题,又否定了裕泰公司对于二审法院没有进行经济分析无法证明其行为会"排除、限制竞争"的主张。而二审法院在从文义角度解释法律条文时,无法完成逻辑自洽,不得不将《反垄断法》第13条与第14条割裂开来,仅以立法的预防目的来论证纵向垄断协议不需要以排除、限制竞争为构成要件,在逻辑上显然是说不通的。因为第13条第2款中"本法所称垄断协议"理所当然地应理解为整部法律中涉及的垄断协议,这一点毫无疑义。《反垄断法修订草案》将第13条第2款从中剥离,作为"垄断协议"章的总领,也有力地证明了这一点,相信对于第13条第2款是否适用于第14条的争议会逐渐销声匿迹。

本案中,最高人民法院通过分配举证责任承认了执法部门和司法机关在审查纵向垄断协议时分析思路的不同,更是通过违法推定原则的确立和运用在司法层面对执法机关运用"本身违法原则"给予一定程度的确认。基于执法效率的考量,执法机关只要能够证实达成转售价格维持协议的事实,就可将其认定为垄断协议,无须对排除、限制竞争承担举证责任,但是保留了经营者自证清白的权利。若经营者可以充分证明其实施的转售价格维持行为不会排除、限制竞争或是符合《反垄断法》第15条的豁免条件,则不认为是纵向垄断协议,即"原则禁止+例外豁免"的认定模式,如图1-1所示。而此种模式在《反垄断法修订草案》中也有所体现。《反垄断法修订草案》将现行法的第15条"经营者能够证明所达成的协议属于下列情形之一的,不适用本法第十三条、第十四条的规定"修改为"经营者能够证明所达成的垄断协议属于下列情形之一的,不适用本法第十五条、第十六条、第十七条的规定"。将"协议"修改为"垄断协议",其目的很明确,即将符合规定条件的协议行为先定性为"垄断协议",若经营者能够证明其符合豁免条件,则予以豁免。

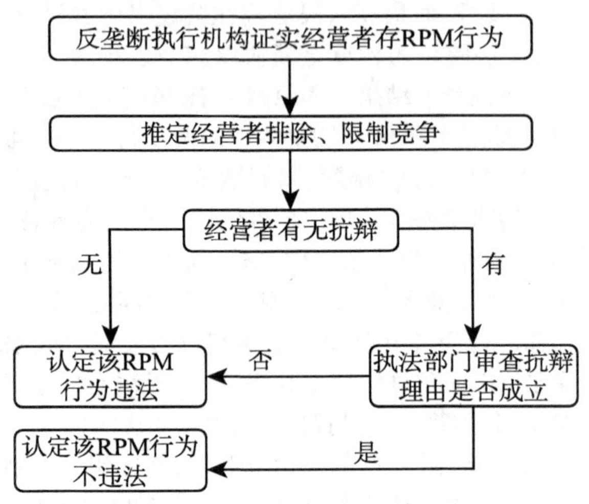

图1-1　反垄断执法中RPM违法性认定路径

资料来源:图片引自刘延喜、吴贝纯:《从丰田案、苹果案与海南裕泰案,看经销协议的反垄断风险》,载微信公众号"立方(广州)律师事务所"2020年6月29日。

一审法院海口市中级人民法院沿袭了"强生案"的审判思路,裕泰公司在答辩状中也援引"强生案"的判决,试图类推该协议未造成排除、限制竞争的实际效果,故不构成纵向垄断协议。最高人民法院并没有采纳该主张,笔者赞同最高人民法院的观点。《反垄断法》第50条明确规定"经营者实施垄断行为,给他人造成损失的,依法承担民事责任。"根据文义解释,我们可以知道,经营者承担垄断民事责任需满足两个条件:一是实施了垄断行为,二是给民事主体造成了损失。此两个条件为被告承担垄断民事责任的充分且必要条件。垄断民事诉讼之所以以造成实际损害为起诉的前提条件,是因为民事责任多以填平损失为原则。起诉方若不能举证垄断行为对其造成了实际损害,则民事责任失去了追责基础。(如图1-2所示)

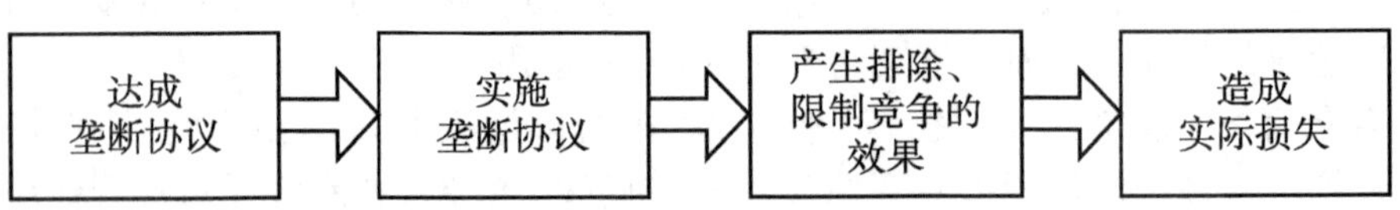

图1-2　垄断民事诉讼中RPM违法性认定路径

另外最高人民法院未将"排除、限制竞争"这一构成要件解释为单纯的目的或是效果,而是解释为两种情形,分别为“达成并实施协议后产生排除、限制竞争效果”和“虽未实施已达成的协议,但一旦实施必然产生排除、限制竞争效果”(最高人民法院将之评价为“可能性”)。这一点表明了“未实施”并不是“未排除、限制竞争”的充分条件。这一点从《反垄断法》第 13 条、第 14 条的条文中亦可以得出。《反垄断法》第 13 条规定,禁止具有竞争关系的经营者达成下列垄断协议……第 14 条规定,禁止经营者与交易相对人达成下列垄断协议……法条中禁止的是“达成”行为。何谓“达成”?“达成”即是双方达成合意,双方知悉并确认了彼此的权利义务。至于协议内规定的权利义务履行与否显然已经超出“达成”所能涵摄的范围。若要求认定“垄断协议”必须实际产生对竞争秩序的实际损害,则条文至少应表述为“禁止经营者与交易相对人达成并实施下列垄断协议”才更妥当。故从法条文本的遣词造句上也可揣测立法原意之一二。

学界中也不乏合理分析原则的支持者。固然运用经济分析方法来评估市场竞争效果有其必要性。但反垄断法本身不是也不应当是纯粹的经济法则,其绝不能沦为经济学理论的附庸和盲目的追随者。因为法律的核心概念是权利和义务,申言之,该法要解决的最重要的问题是决定市场主体的哪种行为是对的,哪种行为是错的,[1]而不能仅仅从效率的角度出发。法院进行司法审查应当立足于制定法律的背景和最基本的对法律的文义解释、体系解释。我们在考量两个判决之间孰是孰非时不应只考虑推陈出新的理论研究成果,而偏执地用更新的理论解释现有法律,如此无异于试图只用软件弥补硬件的不足。综上,笔者认为最高人民法院的法律解释更加充分透彻,逻辑也更加清晰和严谨,在肯定二审法院裁判结果的前提下弥补了其说理的逻辑缺陷。在现有的《反垄断法》语义中,得出转售价格维持适用违法推定原则(或曰“原则禁止+例外豁免”,笔者认为两者本质相同,且与“本身违法”最为接近),是足够有说服力的。学界中对于转售价格维持应适用“合理原则”的论证理由大多超出了我国现行《反垄断法》的语义表述范围,可以归纳为对于我国《反垄断法》应该进行修改的建议或展望。但对于法院而言,判决理应以法律为准绳,不能适用超出法律所及的范围,否则只会伤害法律的权威和严肃性,容易放纵违法行为。

在对现有法律文本的解释之下,本案的最终裁定虽饱含争议但无疑会对此后反垄断执法具有强大的鼓励意义和指引作用。随着反垄断执法力度的

---

〔1〕 参见张骏:《转售价格维持规制路径选择的评判标准》,载《法学》2018 年第 12 期。

逐渐增强,更多的纵向垄断协议案件会被查处,相信"海南裕泰案"一定不会成为唯一一起提起行政诉讼的案件。虽然本案经最高人民法院确认,但是我国毕竟不是判例法国家,立法机关依然要考虑市场经济日新月异的变化,直面法律条文的模糊性缺陷。《反垄断法修订草案》中针对此问题已经作出了一定的修改,这是针对"转售价格维持"执法难题的初步回应。由此,期待在《反垄断法》即将迎来大修之际,针对判定转售价格维持行为是否构成纵向垄断协议适用何种归责原则的问题,在其中作出更加明翔实的解释说明。

(三)行业协会垄断之菏泽市汽车行业协会垄断案

行业协会是指由同行业经济组织和个人组成,行使行业服务和自律管理职能的各种协会、学会、商会、联合会、促进会等社会团体法人。[1] 在现代市场经济体系下,行业协会所起的重要作用不容忽视。尤其是对促进民营经济发展来说,行业协会可以有效地起到降低交易成本、促进行业自律的功能,从而提高民营经济活力、助推经济发展。但是,行业协会毕竟是一类联合同一行业经营者、维护其共同利益的非营利法人组织,这种性质为其相关组织活动产生反竞争效果酝酿了温床。[2]

根据相关律师团队对反垄断执法机构所发布的执法案件的统计,总体而言,涉及行业协会的垄断案件呈现相对高发的态势。自2010年以来,反垄断执法机构共查处了23起该类案件,占已查处的垄断协议案件总数的28%,年均查处2件。从违法行为类型来看,在23起案件中,行业协会组织会员企业达成并实施分割销售市场的垄断协议案件有10起,固定或变更价格的垄断协议案件有9起,联合抵制交易的垄断协议案件有4起,限制产量的垄断协议案件有2起。因此,笔者认为涉及行业协会垄断的案件应当引起重视,值得做更深入地研究。本案为山东省查处行业协会实施垄断行为的第一案。

1. 案件经过

菏泽市汽车协会成立于2007年,至调查时有会员单位96家,基本涵盖本地所有汽车销售企业。当事人以汽车销售行业竞争激烈、市场混乱、各种车展繁多为由,以协会为实施主体,自2016年起通过发布通知、召集会员单位开会、组织会员单位签订承诺书等多种方式,要求会员单位不得参加其他

---

〔1〕 参见《禁止垄断协议暂行规定》第14条第2款。

〔2〕 参见梁上上:《论行业协会的反竞争行为》,载《法学研究》1998年第4期。转引自曹胜亮:《我国行业协会限制竞争行为规制路径的反思与重构》,载《法学论坛》2019年第2期。

车展,否则将不得参与协会活动、取消会员资格等。由于参加菏泽市区车展的汽车销售企业来源主要为当事人的会员单位,而当事人通过组织会议、签订承诺书等方式,致使会员单位大量退出某单位举办的车展,导致该车展的参展企业数量从 2017 年秋季车展时的 63 家,大幅减少到 2018 年春季车展的 18 家、秋季车展的 23 家。

2019 年,山东省市场监督管理局以当事人违反《反垄断法》第 13 条规定的"禁止具有竞争关系的经营者达成下列垄断协议:(五)联合抵制交易",第 16 条规定的"行业协会不得组织本行业的经营者从事本章禁止的垄断行为"为由,依据《反垄断法》第 49 条规定,对菏泽市汽车协会处罚款 30 万元处罚。[1]

2. 案例评析

本案是在当事人菏泽市汽车协会的组织下,协会会员达成并实施了横向垄断协议。我国《反垄断法》对于行业协会的规定并不多。在总则部分第 11 条规定,行业协会应当加强行业自律,引导本行业的经营者依法竞争,维护市场竞争秩序。第 16 条规定,行业协会不得组织本行业的经营者从事本章禁止的垄断行为。第 46 条第 3 款规定,行业协会违反本法规定,组织本行业的经营者达成垄断协议的,反垄断执法机构可以处 50 万元以下的罚款;情节严重的,社会团体登记管理机关可以依法撤销登记。此后陆续发布的关于禁止垄断的规范性文件中对此问题也有所提及。

行业协会借助其先天的平台优势,在促进行业发展的同时,也有可能促进同业竞争者之间交流信息,达成垄断协议。2019 年 6 月,国家市场监督管理总局发布了《禁止垄断协议暂行规定》,该规定第 14 条规定,禁止行业协会从事下列行为:(1)制定、发布含有排除、限制竞争内容的行业协会章程、规则、决定、通知、标准等;(2)召集、组织或者推动本行业的经营者达成含有排除、限制竞争内容的协议、决议、纪要、备忘录等;(3)其他组织本行业经营者达成或者实施垄断协议的行为。从该规定的表述可以看出,行业协会往往不是直接实施垄断行为的主体,很多情况下,行业协会组织达成的垄断协议是以协会章程、规则、决定、通知等内部文件的形式体现出的,表面上看来,这是单个主体意思的体现,但在这些决议背后,反映的是行业内具有竞争关系的

---

〔1〕 参见《山东省市场监督管理局行政处罚决定书》(鲁市监行处字〔2019〕第 7 号),载 http://amr.shandong.gov.cn/art/2019/11/4/art_76546_7494727.html。

经营者的共同意志。[1] 其扮演的角色类似于前文"冰醋酸案"中"锦汉公司"的角色。故行业协会促成的垄断协议多为横向垄断协议。但是,随着市场经济的发展和社会自治程度的提高,将会有越来越多的行业协会组织形态脱离"同业经营者"的藩篱,将其参与者扩张至某一相关市场生产经营链条各阶段的经营者,此时,某类产品的生产商、批发商、零售商都有可能同时构成某一行业协会的成员,通过行业协会实施纵向垄断协议的情形也是有可能发生的。[2] 《反垄断法修订草案》将现行法中"行业协会不得组织本行业的经营者从事本章禁止的垄断行为"中"本行业的"表述删除也表明执法实践中出现了行业协会垄断行为的"扩张"现象。

本案有两点值得注意的地方。第一,执法机关最终只对菏泽市行业协会处30万元罚款,而未对直接达成并实施垄断协议的会员进行处罚。《反垄断法》对此问题没有明确规定,导致执法案例中单罚、双罚的处理结果并存。此处作为立法空白,也需要进一步明晰,从而使执法部门的每一个处罚决定都有法可依,也给市场主体以明确的预期。第二,对于类似于本案单罚行业协会的情形,《反垄断法》规定的最高罚款限额为50万元,此规定的法律责任是否畸轻?笔者在检索与该案例有关的信息时,看到不少网友在评论中反映行业协会垄断现象经常发生,30万元对于协会而言并不足以产生震慑作用。《反垄断法修订草案》中将此处50万元的罚款上限修改为500万元是一大进步。实际上,世界上大多数国家在法律中对于行业协会的垄断行为都规定了严厉的处罚。以欧盟为例,根据欧盟针对反垄断执法制定的罚款指南,在行业协会垄断案中,对协会的罚金最高应不超过受到该等违法行为影响的会员企业上一年度营业收入总和的10%,并且对于在违法行为中起到主导、教唆作用的主体,还将从重处罚。[3] 笔者认为,借鉴欧盟的经验来改进罚则加大处罚力度,无论对于行业协会抑或是前文"锦汉公司"此类"居间人"都会有更有力的震慑作用,对市场竞争秩序和消费者利益而言皆是福音。

以上三个不同角度的案例分别涉及《反垄断法》垄断协议一章中的横向垄断协议、纵向垄断协议和行业协会的特殊垄断行为。三个案例中暴露出不

---

〔1〕 参见徐士英:《行业协会限制竞争行为的法律调整——解读〈反垄断法〉对行业协会的规制》,载《法学》2007年第12期。

〔2〕 参见曹胜亮:《我国行业协会限制竞争行为规制路径的反思与重构》,载《法学论坛》2019年第2期。

〔3〕 See Official Journal of the European Union, Guidelines on the method of setting fines imposed pursuant to Article 23(2)(a) of Regulation No. 1/2003, 2006/C 21 0/02.

少反垄断执法中极具代表性的争议问题，例如：对于没收违法所得和罚款如何适用、对促成垄断协议的非协议方如何处罚、对于转售价格维持判定原则的抉择、对于行业协会处罚的罚制及罚款额度等问题。随着竞争政策基础性地位的逐步确立，反垄断执法力度将越发增强，查处的垄断协议案件必然会越来越多，这无疑为企业的违法经营敲响了警钟。垄断协议作为垄断行为中最常见的、最多发的违法行为，其具体的表现形式多种多样。企业可以组建自己的合规部门，认真学习《反垄断法》、《禁止垄断协议暂行规定》和《经营者反垄断合规指南》及各地纷纷出台的合规指引。市场监管部门也应持续加强与改进执法，尤其要加大对公用事业、药品、建材等关系民生福祉领域垄断协议的查处力度。

我国已经成长为与欧盟、美国并称为三大反垄断司法管辖区，伴随我国加快完善社会主义市场经济体制，我国《反垄断法》即将迎来首次修订。《反垄断法》在为我国"经济转轨"发挥保驾护航作用的同时，在新时代全面深化改革实现更高水平开放和新旧动能转换中也日渐显露了力有不逮之处。有效规制与新技术、新业态、新型商业模式的出现相伴而生的更多新型垄断协议行为，打造优化营商环境的长效机制，进一步确立《反垄断法》的"经济宪法"地位，强化我国竞争政策基础地位，都需要《反垄断法》立法与实施及时作出制度回应。

二、我国滥用市场支配地位规制理论最新发展综述*

滥用市场支配地位是我国学界反垄断规制研究的重头戏，"相关市场界定""支配地位的认定""具体滥用行为的分析"的热度只增不减。随着网络技术的发展，互联网企业方兴未艾，互联网业务范围涵盖了生活的各个方面，为了争取到更多的用户群体、获得更多的流量，市场上发生了一些损害其他企业与消费者合法权益、扰乱市场正常竞争秩序的行为。但由于互联网企业的特殊性以及现有理论对新经济下部分滥用市场支配地位的行为的解读失效，使传统的滥用市场支配地位规制理论受到诸多冲击。为了让竞争理论在新时代背景下取得更大的突破，许多学者纷纷向互联网领域的滥用市场支配地位规制问题发力，尤其是对电子商务、即时通信软件、移动应用商店、第三方支付平台、直播平台等研究对象是否具有滥用行为展开了热烈讨论。笔者

---

* 作者简介：李国海，中南大学经济法研究所所长，中南大学企业法与国企改革研究中心主任，法学博士；彭诗程，中南大学法学院教授，博士生导师，中南大学法学院经济法专业博士研究生。

将从“相关市场的界定”“市场支配地位的认定”“互联网生态下的滥用市场支配地位的行为”这三个部分集中归纳 2018 年至 2020 年我国学界关于滥用市场支配地位规制理论的最新成果。

(一)相关市场的界定

我国《反垄断法》第 12 条第 2 款规定:“本法所称相关市场,是指经营者在一定时期内就特定商品或者服务(以下统称商品)进行竞争的商品范围和地域范围。”界定相关市场一直被视为识别滥用市场支配地位的行为的先行步骤,其之于滥用市场支配地位规制理论的重要性与黏合度自是不言而喻的。我国的数字经济市场日渐成熟多元,尽管给竞争市场带来了巨大的活力,但在数字经济时代境遇下爆发的一系列崭新的竞争问题给传统的竞争理论带来了不小的冲击。在 2018 年至 2019 年,很少有学者撰文研究传统经济领域中界定相关市场的问题,更多的研究着力点在于结合数字经济背景来探讨假定垄断测试法(SSNIP 测试法)等传统测试方法的局限以及如何对竞争理论与竞争策略进行革新。多次颇具社会影响力的互联网市场反垄断案件也在暗示着反垄断研学者们需要转变对市场边界研究的态度以及创新界定相关市场的思维方式。

1. 关于界定相关市场之作用的认识和探讨

相关市场的界定不仅是贯穿整个反垄断法理论研究的重要内容,也是反垄断实务的关键性步骤。尤其在识别经营者是否具有滥用市场支配地位的行为时,相关市场的界定更被认为是对目标行为进行考量和判定的基础和前提。许多学者赞同在数字经济领域和传统经济领域中,界定相关市场仍是滥用市场支配地位规制研究中的重要一环。王晓晔在《论相关市场界定在滥用行为案件中的地位和作用》一文中对界定相关市场之于判定是否存在滥用市场支配地位的行为的重要性进行了充分评述,她认为:界定相关市场作为测度市场份额和间接认定市场支配地位的基础,在涉及滥用行为案件的竞争分析中起着全方位的作用,并且界定市场在滥用行为案件的竞争分析中不仅是第一步,而且是关键一步。面对滥用市场支配地位案件中逐渐降低界定相关市场之作用的现状,该学者在文中作出了正面回应。她指出:“在反垄断执法中,为了判断一个企业并购是否损害市场竞争,或者一个限制竞争协议是否违法或者是否存在滥用市场支配地位的行为,执法机关一般都需要界定相关市场。然而,美国司法部和联邦贸易委员会 2010 年修订的《横向并购指南》指出,‘执法部门的分析不需要从市场界定开始。尽管评估客户可获得的竞争性替代品在分析中的某个时刻总是必要的,但执法部门使用一些评估竞争效果的分析工具并不依赖市场界定。'这个说法似乎很大程度降低了相关市场界定在反垄断案件竞争分析中的地位和作用。"对此,其表明主张:即便执法机关可以灵活运用多种经济学方法分析是否存在市场势力,但是相关市场界定在这种案件的竞争分析中是一个不可取代的重要工具。〔1〕陈兵在《我国反垄断执法十年回顾与展望——以规制滥用市场支配地位案件为例的解说》中提道:在反垄断执法中,譬如在规制滥用市场支配地位案件时,必须先行界定相关市场这一环节作为反垄断法实施的基础,在其他类型的反垄断案件中也需先行认定。如何界定相关市场就是一个非常复杂和棘手的问题,尤其是涉及一些新兴产业,譬如超级平台产业、标准必要专利行业等。〔2〕该学者在其译作《韩国〈垄断规制法〉对滥用市场支配地位经营者的规制》中也指出:要认定经营者具有市场支配地位,首先必须要界定相关市场。〔3〕诸多对具体行业中滥用行为的考察研究成果也强调了界定相关市场的重要地位。王健在其论文《数字音乐相关市场界定的思考》中指出:"界定相关市场是反垄断法分析的逻辑起点。判断数字音乐版权独家授权是否构成市场支配地位滥用行为或纵向垄断协议,首先要对数字音乐相关市场进行准确界定。"〔4〕蔡莉妍在《论航运领域滥用市场支配地位行为的判定标准及其法律规制》一文中提道:"界定一个市场主体的行为是否属于法律所禁止的不合理垄断行为,往往将其置于一个具体的市场背景之下来进行判断,即所谓的相关市场。OECD 曾明确指出:'任何类型的竞争分析的出发点都是相关市场的界定。'对于航运领域滥用市场支配地位的垄断行为而言,首先需要考虑的是行为本身与考察的市场范围即竞争区域之间的关系。"〔5〕

综合 2018 年至 2019 年的数十篇关于探讨界定相关市场之作用的文章来看,大多数学者认为在对滥用市场支配地位的行为进行考察分析的过程中,界定相关市场这一步骤的关键性地位仍是无可取代的;但如果涉及互联

---

〔1〕参见王晓晔:《论相关市场界定在滥用行为案件中的地位和作用》,载《现代法学》2018 年第 3 期。

〔2〕参见陈兵:《我国反垄断执法十年回顾与展望——以规制滥用市场支配地位案件为例的解说》,载《学术论坛》2018 年第 6 期。

〔3〕参见李奉仪、陈兵:《韩国〈垄断规制法〉对滥用市场支配地位经营者的规制》,载《南京大学法律评论》2018 年第 1 期。

〔4〕王健:《数字音乐相关市场界定的思考》,载《法治研究》2018 年第 5 期。

〔5〕蔡莉妍:《论航运领域滥用市场支配地位行为的判定标准及其法律规制》,载《中国海商法研究》2019 年第 4 期。

网行业等创新市场的竞争分析,需要多结合市场竞争环境进行思考,注意双边市场等因素的影响,不要求非常明确地界定相关市场的边界。

2. 数字经济下传统相关市场界定方法的局限

过去,对于研究分辨一个经营者是否具有滥用市场支配地位的行为时,对相关市场进行界定无疑是首要工作。在信息技术革命和制度创新基础上诞生的数字经济时代,给传统的界定相关市场的理论带来了新的冲击。近年来,有关于数字经济境遇下滥用市场支配地位规制的讨论呈现弱化界定相关市场的趋势。尤其在最高人民法院关于"北京奇虎科技有限公司诉腾讯科技(深圳)有限公司、深圳市腾讯计算机系统有限公司滥用市场支配地位纠纷案"(又称"3Q大战滥用市场支配地位纠纷案")的判决作出后,似乎给学界也递出信号,即在分析数字经济领域的纠纷争议点时,允许淡化模糊相关市场的边界。该案的判决中明确表述到:"在反垄断案件的审理中,界定相关市场通常是重要的分析步骤。尽管如此,是否能够明确界定相关市场取决于案件具体情况,尤其是案件证据、相关数据的可获得性、相关领域竞争的复杂性等。在滥用市场支配地位的案件中,界定相关市场是评估经营者的市场力量及被诉垄断行为对竞争影响的工具,其本身并非目的。如果通过排除或者妨碍竞争的直接证据,能够对经营者的市场地位及被诉垄断行为的市场影响进行评估,则不需要在每一个滥用市场支配地位的案件中,都明确而清楚地界定相关市场。"尽管这是最高人民法院于2014年作出的判决,其在学术界的影响力却一直延续至今。在2018年、2019年中,仍有不少学者著文讨论该案的影响,这一具标杆性的判决引起了学界关于滥用市场支配地位案件中界定相关市场之必要性的讨论。许光耀在《互联网产业中双边市场情形下支配地位滥用行为的反垄断法调整——兼评奇虎诉腾讯案》一文中评述"3Q大战滥用市场支配地位纠纷案"时指出:"界定相关市场的直接目的是将竞争者识别出来,然后考察其力量对比状况,并认定涉嫌当事人有无支配地位。在传统产业中,这一考察的首要指标是当事人的市场份额,即当事人的销售额与相关市场上全体经营者(包括当事人自身)的销售额总和的比值,为保证这一算式中分母的准确性,应尽可能将所有的竞争者识别出来,因此相关市场的界定需要十分精确。但市场份额并非支配地位本身,在个案中如果存在更直接的认定方法,则不须依赖市场份额,不过即便在这种情况下,一般也应了解当事人之间是否存在竞争关系,因而对相关市场进行界定通常仍是必需的环节，尽管在不需要计算市场份额的情况下，可以界定得粗略一些。”〔1〕马君慧从“3Q 大战滥用市场支配地位纠纷案”等案件中得到启发，重新审视界定相关市场的意义，她认为：互联网反垄断案件有其特殊性和争议性，使传统的界定相关市场的方法和路径不再完全适用；正是由于互联网双边市场显著的网络外部性和其他特征，使界定相关市场的重要性也不再凸显；且根据对不同案件进行具体的分析，尤其是对互联网反垄断案例，可以对界定相关市场进行模糊化处理、弱化界定相关市场的作用、规避界定相关市场而使用直接方法。〔2〕

很多学者在近作中表达，尽管 SSNIP 等测试法通过稍作改良依旧也可应对当前经济形势下的反垄断规制问题，但传统的界定相关市场的方法对于判定经营者是否具有滥用行为的局限性日渐突出，学界亦有不少声音主张在特殊个案情况下可以直接绕过相关市场的界定对滥用行为进行分析。张一武在《论互联网平台竞争案件中优势传导理论的适用——以滥用市场支配地位案例研究为视角》中谈到，相关市场的界定并非目的而是手段，用以认定企业行为是否具有反竞争效果及其程度，当相关市场的界定出现“失灵”时，应当将其余行为的反竞争效果之间“解绑”，相关市场的界定及其影响需要弱化对待。〔3〕许恋天在《互联网金融反垄断中的相关市场界定》中谈到传统界定方法若适用于当前的互联网市场将存在硬伤。她认为，针对传统单边市场而创设的 SSNIP 方法不仅无法合理反映双边市场间接网络效应下的利润水平变化，而且无法适用于特定领域的免费商品或服务。因此，传统的 SSNIP 方法并不能被运用到互联网金融的相关市场界定中。〔4〕黄彦钦在《多边平台相关市场界定方法构建与应用》一文中提道：“经典的相关市场界定方法从需求替代性这一本质出发，构建起一套单边市场分析框架。但是在多边平台问题上，会面临诸多疑难。经典方法不能解决多边平台各个市场的联动问题。经典方法界定的相关市场是一个单边市场，这个市场相对固定，静静地等待着分析者去发现它。而多边平台相关市场是一个多边市场，各边市场彼

〔1〕许光耀：《互联网产业中双边市场情形下支配地位滥用行为的反垄断法调整——兼评奇虎诉腾讯案》，载《法学评论》2018 年第 1 期。

〔2〕参见马君慧：《相关市场界定在竞争分析中的意义研究》，载《中国价格监管与反垄断》2018 年第 10 期。

〔3〕参见张一武：《论互联网平台竞争案件中优势传导理论的适用——以滥用市场支配地位案例研究为视角》，载《中国价格监管与反垄断》2019 年第 11 期。

〔4〕参见许恋天：《互联网金融反垄断中的相关市场界定》，载《财会月刊》2019 年第 1 期。

此之间高度关联,处于一种动态的平衡中。"〔1〕

(二)市场支配地位的认定

我国《反垄断法》第17条指出,市场支配地位是经营者在相关市场内具有能够控制商品价格、数量或者其他交易条件,或者能够阻碍、影响其他经营者进入相关市场能力的市场地位。通常情况下,市场支配地位的认定是判定某一企业是否实施滥用行为的前提条件。总体而言,2018—2019年度,学界对市场支配地位认定问题的研究大多聚焦在解决实践中存在的问题。其中,对于互联网领域市场支配地位的认定讨论最为集中,大多数学者认为,通过市场份额因素认定市场支配地位的传统方法已经不能适应互联网经济的发展,应当以市场份额因素为基础,引入其他考量因素。此外,在标准必要专利等知识产权领域的市场支配地位认定方面,也有不少学者对该领域进行研究。近年学者们对于国有企业市场支配地位认定、相对优势地位是否入法的讨论相对较少。

1. 市场支配地位的认定方法

在反垄断执法初期,经营者的市场份额是判断是否具有市场支配地位的重要因素。一般情况下,市场份额越高,企业进行交易的独立性、形象和制约其他经营者的能力就越强,获取或者滥用市场支配地位的可能性也越大。随着反垄断执法实践的深入,越来越多的人认识到市场份额认定市场支配地位的不足,开始重视市场份额以外的其他因素,形成了"以市场份额为主,兼顾反映企业综合经济实力的其他因素"的市场支配地位认定方法。

我国反垄断法虽以欧盟竞争法为蓝本,但在市场支配地位的认定方法上形成了我国的特色。有学者对我国市场支配地位的认定思路进行了梳理。如李剑在《市场支配地位认定、标准必要专利与抗衡力量》一文中对我国《反垄断法》认定市场支配地位的路径进行了分析。他认为,从字面意思上看《反垄断法》从结构法来理解市场支配地位。其指出,《反垄断法》认定市场支配地位有两条路径:一是在市场支配地位定义指导下,结合市场份额、市场进入障碍、依赖性等多个因素来综合判断;二是通过市场份额进行推定。对于反垄断诉讼中的原告或行政执法机构来说,推定无疑更为"便捷",但"推定"的结论可以被推翻。在考虑否定性因素时,需要再回到第一条路径,综合

〔1〕 黄彦钦:《多边平台相关市场界定方法构建与应用》,载《竞争政策研究》2019年第1期。

考虑包括市场份额在内的多种因素。[1]

焦海涛与李剑的分析思路基本一致,他在《"二选一"行为的反垄断法分析》一文中提出了市场支配地位的本质,即一种控制商品或服务价格的能力。在他看来,我国《反垄断法》第18条和第19条分别规定了市场支配地位的两种判断方法,第18条为市场支配地位的"认定",通过考量市场扩张或市场进入的难易程度以及抗衡力量是否存在来认定市场支配地位。第19条规定了市场支配地位的"推定",通过企业市场份额对其市场支配地位进行推定。[2]

有学者对我国市场支配地位的类型进行了归纳,认为我国《反垄断法》在认定市场支配地位方面,采用了市场结构标准。在《论相关市场界定在滥用行为案件中的地位和作用》一文中,王晓晔指出这不仅表现为该法第18条将市场份额作为认定市场地位的第一因素,还表现为第19条依据市场份额提出了三个可进行反驳的关于市场支配地位的推断。[3]

还有学者认为当前反垄断执法中,除了要遵循市场支配地位认定的一般方法外,还需要综合运用多个领域的知识。陈兵在《我国反垄断执法十年回顾与展望——以规制滥用市场支配地位案件为例的解说》一文中提出,虽然现行《反垄断法》第18条和第19条规定了在界定支配地位时需要考察的因素和推定支配地位的市场份额标准,但是在现实中无论是由执法机构的认定或推定,抑或是由当事人的举证都是非常不确定的,这就需要执法人员在准确把握文本要旨的基础上,综合运用经济学、统计学及所涉案领域相关知识以丰富的办案经验予以综合判定,这对执法人员的专业技能和综合素养提出了更高要求。[4]

2. 互联网平台市场支配地位的认定

以"互联网领域反垄断第一案"奇虎诉腾讯滥用市场支配地位案为起点,互联网企业的市场支配地位的认定问题引起了学界广泛关注。由于互联网企业与传统企业相比,具有很强的动态性,增加了认定市场支配地位的难

---

〔1〕 参见李剑:《市场支配地位认定、标准必要专利与抗衡力量》,载《法学评论》2018年第2期。

〔2〕 参见焦海涛:《"二选一"行为的反垄断法分析》,载《财经法学》2018年第5期。

〔3〕 参见王晓晔:《论相关市场界定在滥用行为案件中的地位和作用》,载《现代法学》2018年第3期。

〔4〕 参见陈兵:《我国反垄断执法十年回顾与展望——以规制滥用市场支配地位案件为例的解说》,载《学术论坛》2018年第6期。

度。学界通说认为采用经营者的市场份额认定市场支配地位的传统方法已经不能适应互联网平台的特性,需要考虑其他的因素。关于互联网企业等数据平台市场支配地位的认定因素上,不同学者的观点存在一定差异。

许多学者突出了互联网竞争中的数据竞争因素,将数据因素作为市场支配地位认定的重要考量因素。王先林在《电子商务领域限定交易行为的法律适用》一文中指出,在对电子商务平台进行市场支配地位的认定时,除了遵循反垄断法滥用市场支配地位规制制度的一般分析框架外,还需要考虑电子商务本身的特点。由于在数字经济条件下数据是经营者赢得市场竞争优势的一个重要因素,在对数字经济条件下市场支配地位认定新因素进行认定时,应当明确在认定经营者市场支配地位时将经营者拥有或者控制的数据与经营者的财力、技术条件等一样作为分析的因素。〔1〕

《数字经济时代企业市场支配地位认定:基于德国反垄断执法案例的评析》〔2〕一文中,张怀印指出由于数据市场具有动态性、市场边界的模糊性等特点,给市场支配地位的认定带来了很大的挑战。但是,反垄断法的基本制度体系在数字市场中仍然可以继续发挥其支柱性作用,需要根据数据竞争的特点做出一定的调适。在 Facebook 案中,德国联邦卡特尔局在认定市场支配地位时充分考虑了市场份额、网络效应、市场进入壁垒和多栖的可能性等因素,对我国具有良好的借鉴作用。他提出,我国在数字市场的支配地位个案认定中,应当充分考虑数字经济的特性,数字驱动型企业所具有的网络效应、经济规模、用户转换难易程度、竞争者的市场准入难易程度等因素。

曹阳在《数据视野下的互联网平台市场支配地位认定与规制》〔3〕中分析了互联网平台的本质是数据处理平台,互联网平台市场支配地位认定应以数据控制力与延展性为核心。数据是互联网平台市场支配地位判断的主要指标。在互联网平台的滥用市场支配地位认定中,需要关注数据市场,关注平台自身的结构特征。互联网平台的市场规模是界定其市场力必须考虑的要素,但更为重要的是要考量互联网平台的数据运用能力。在互联网平台市

〔1〕　参见王先林:《电子商务领域限定交易行为的法律适用》,载《中国市场监管研究》2019 年第 11 期。

〔2〕　参见张怀印:《数字经济时代企业市场支配地位认定:基于德国反垄断执法案例的评析》,载《德国研究》2019 年第 4 期。

〔3〕　参见曹阳:《数据视野下的互联网平台市场支配地位认定与规制》,载《电子知识产权》2018 年第 10 期。

场支配地位认定过程中,数据资源的控制力是需要考虑的首要因素。

还有学者在认定市场支配地位时突出了消费者的转换成本的因素。如《互联网产业中双边市场情形下支配地位滥用行为的反垄断法调整——兼评奇虎诉腾讯案》一文,许光耀认为互联网产业的市场来源不同于传统产业,其服务的边际成本几乎为零,传统的以市场份额为标准的支配地位认定方法不能适用,网络效果、锁定效果所造成的转换成本成为使消费者别无选择的主要原因,因而构成支配地位的主要认定依据。〔1〕

此外,还有一些学者认为除了市场份额认定因素之外,还需要考量经营者相关市场进入难易程度等其他因素。邹越在《竞争性垄断视野下互联网企业市场支配地位的认定》一文中指出,与传统经济企业相比,互联网企业的市场支配地位并不牢固,需要在激烈的竞争环境下重新审视市场支配地位的认定因素。具有相当程度的控制市场的能力并维持一定的时间是认定市场支配地位必不可少的因素。他认为,互联网企业的市场环境属于竞争性垄断市场,即某一市场主体即使取得了垄断地位也无法消除竞争,且经营者必须通过取得市场垄断地位才能获得高额利润。在这种市场环境下进行市场支配地位认定时,应避免使用单一条件下定论,应当综合考虑经营者进入相关市场的难易度、经营者控制商品价格与数量或者其他交易条件的能力、经营者交易依赖程度并辅以经营者的财力和技术条件等多种因素。〔2〕

3. 知识产权领域市场支配地位的认定

随着新型经济的发展,知识产权权利人利益与竞争者秩序之间的矛盾逐渐受到学界的关注。特别是在行业技术标准化趋势的催生下,产生了大量的标准必要专利滥用市场支配地位案件。由于标准必要专利具有唯一性和不可替代性,给传统市场支配地位认定方法带来很大挑战,学者们对标准必要专利的市场支配地位认定因素进行了细致的分析。

在《市场支配地位认定、标准必要专利与抗衡力量》一文中,李剑将上下游企业的抗衡力量作为市场支配地位认定的重要考量因素。他认为,实践中在判断企业是否具有市场支配地位时,均是对《反垄断法》第18条列举条款的分析,几乎没有涉及"兜底"条款。忽视了上下游企业之间的抗衡性力量

---

〔1〕 参见许光耀:《互联网产业中双边市场情形下支配地位滥用行为的反垄断法调整——兼评奇虎诉腾讯案》,载《法学评论》2018年第1期。

〔2〕 参见邹越:《竞争性垄断视野下互联网企业市场支配地位的认定》,载《税务与经济》2018年第4期。

的考量,容易得出高市场份额的企业直接被认定为具有市场支配地位的错误结论。这一问题,在标准必要专利持有人的市场地位认定中最为典型。他认为,在标准必要专利买方和卖方的市场支配地位认定上,判断控制交易的能力不仅需要考虑自身所在相关市场中的竞争者或者潜在进入者的替代效果,还需要考虑上、下游的交易相对方的对抗性制约。抗衡力量有多种来源,具体到标准必要专利许可而言,交易的相对重要性、交易规模带来的成本节省以及专利的公开性产生的纠纷成本都是重要的考量因素。〔1〕

此外,除了标准必要专利的市场支配认定问题,还有学者对学术数据库经营者的市场支配地位认定问题的特殊考量因素进行了研究。孙晋、袁野在《学术数据库经营者不公平高价行为的规制困局及其破解》一文中对学术数据库的市场支配地位认定进行了分析,他们认为,在学术数据库的市场认定中,应当将市场份额因素作为一个参考因素而非决定性因素。可以将经营者拥有的知识产权优势及用户依赖程度等作为认定数据库市场支配地位的考量因素。〔2〕

(三)互联网生态下的滥用市场支配地位的行为

我国《反垄断法》列举了六种典型的滥用市场支配地位的行为:(1)索要垄断价格;(2)掠夺性定价;(3)拒绝交易;(4)限定交易;(5)搭售;(6)价格歧视。我国互联网企业在近些年发展迅速,加剧了互联网竞争的激烈程度,在这个过程中,互联网平台不断出现新的动作以加强自身的市场竞争力。其中,某些具有市场支配地位的互联网巨头们在其交易链上占据极大的分量,其行为不但能对行业产生巨大影响,甚至能够产生排除、限制竞争的效果。由于传统理论尚不足以有效应对互联网行业的形势变化以及复杂情况,难以直接对互联网行业中的滥用市场支配地位的行为进行解读,现有规制范式也很难进行直接适用。基于此背景,在 2018 年、2019 年,学界涌现出不少佳作对互联网生态下的滥用市场支配地位的行为进行了深入剖析。

1. 掠夺性定价行为

《反垄断法》第 17 条第 2 款第 2 项对掠夺性定价的定义仅有“以低于成本的价格销售商品”的表述作为依据,许光耀认为这远远不能反映掠夺性定

---

〔1〕 参见李剑:《市场支配地位认定、标准必要专利与抗衡力量》,载《法学评论》2018 年第 2 期。

〔2〕 参见孙晋、袁野:《学术数据库经营者不公平高价行为的规制困局及其破解》,载《现代法学》2019 年第 5 期。

价的完整过程，其在《掠夺性定价行为的反垄断法》一文中分析掠夺性定价与竞争性降价的区别以及掠夺性定价运行的模式上，对掠夺性定价给出了自己的解释：掠夺性定价是指行为人通过扩大自身损失的方式，来迫使竞争对手只能采用亏损价格销售，意图使其退出市场或放弃扩大产出的意愿，目的在于排斥成功后再把价格提高到竞争性水平以上，从而回收掠夺成本并获取垄断利润。〔1〕 在此基础上，许光耀认为掠夺性定价注定违法，而要判定一个行为是否构成掠夺性定价，需要从分析考察当事人的降价行为是否有“排斥竞争的意图”、所发生的损失是否有“得到补偿的可能性”这两个方面入手。2014年三大网约车市场大打价格战就是互联网企业实施掠夺性定价最典型的案例。滴滴在此期间投入上亿商业补贴，消费者不仅能免费坐车，甚至还能获得补贴，而在快的、优步招架不住被滴滴收购、交叉持股合并后，获得了垄断地位的滴滴开始操纵市场，在减少和取消商业补贴的同时，提高对司机的提成，提高消费者叫车费用。董成惠在研究中对滴滴这一商业补贴的性质进行分析，认为该行为具有反不正当竞争的恶意，其先通过低于成本的价格排挤竞争对手占领市场后，再操纵价格获取垄断利益，即通过掠夺性定价获取了垄断利润，严重扰乱市场竞争秩序、损害消费者的利益。〔2〕

2. 价格歧视行为

价格歧视实质上是价格差异，是指商品或服务的提供者在向不同的接受者提供相同等级、相同质量、相同数量的商品或服务时，实行不同销售价格或收费标准的行为。在传统市场中，受时间成本、存储成本、运输成本的影响，不同定价尚且具有合理性，但是互联网产品作为一种无形、虚拟的产品，并不会受以上因素的限制。在大数据技术的帮助下，互联网企业的价格歧视现象愈演愈烈。用户在互联网中的一言一行总会留下痕迹，而互联网经营者利用大数据技术搜集、整合这些痕迹，通过分析这些言行而推断出用户的消费爱好、消费水平、消费需求、消费习惯等其他信息，再以这些信息为依据为消费者提供符合个人需求、个性化的服务。原本应该更加体贴的服务方式却逐渐变了味儿，不少互联网经营者利用这些信息推断出消费者对商品认知的局限性以及对价格波动的敏感程度，从而针对不同消费者采取差异性定价。王琪在《浅析大数据时代下的价格歧视》一文中总结了大数据时代下价格歧视具

〔1〕 参见许光耀：《掠夺性定价行为的反垄断法分析》，载《政法论丛》2018年第2期。

〔2〕 参见董成惠：《网约车无序竞争的法律解读》，载《江南大学学报（人文社会科学版）》2018年第6期。

有行为更加隐蔽、价格歧视的主体更加广泛、价格歧视的市场划分更加精准等特点,同时阐述了大数据价格歧视的典型就是利用大数据"杀熟"和AI比价功能。2017年一位网友的爆料将大数据"杀熟"带入人们的视野,该类现象广泛存在于电子商务、网约车服务、电子通信等领域,通常表现为经营者利用熟客对价格不敏感的心理以及其平台服务个性化的特点,向熟客推荐价格更高的产品,而AI比价则不过是披上技术外衣的"看人定产品"服务。[1]基于价格歧视行为会严重扰乱市场竞争秩序和损害消费者的权利,卢文和陈沛认为要从《反垄断法》的角度规制价格歧视行为,首先得调整《反垄断法》中价格歧视的构成要件,再辅之以《价格法》、《电子商务法》和《消费者权益保护法》以更好规制。[2] 高培培认为大数据"杀熟"的根本原因在于互联网行业的法律法规滞后、服务运营者与地方保护势力相勾结,有恃无恐,因此要加快法律建设,同时应以运营服务者为对象进行法律规范,敦促运营服务平台提供更加透明、公开、可查询、可投诉的渠道,遏制运营服务平台"杀熟"。[3]

3. 索要垄断价格行为

索取垄断高价是指企业利用其市场支配地位,对自己提供的产品或服务的定价高于产品或服务正常价值或者高于竞争水平的行为。由于此类行为在互联网领域并不突出,学界对此评析也较少,而论及此的文献也更多的是以介绍特点和分析认定方法为主要内容。叶明在其著作《互联网经济对反垄断法的挑战及对策》中通过对互联网行业与传统行业垄断高价行为的对比,得出互联网领域的垄断高价行为具有以下新特征:第一,行为所针对的对象不同。互联网领域垄断高价的对象是以知识产权为基础发展而来的虚拟、无形的网络产品,如我们常见常用的支付软件、操作系统等。第二,互联网领域的垄断高价主要表现为互联网企业定价的区域差异。叶明通过对该特点进行基础分析后提出,在认定互联网企业的高价行为是否属于"不公平的垄断高价"时,应当以空间比较法为主,综合考虑产品比较法、时间比较法等方法。[4]

---

〔1〕 参见王琪:《浅析大数据时代下的价格歧视》,载《商场现代化》2019年第12期。

〔2〕 参见卢文、陈沛:《大数据时代下价格歧视行为的法律规制路径》,载《网络信息法学研究》2019年第1期。

〔3〕 参见高培培:《构筑遏制大数据"杀熟"的法律屏障》,载《人民论坛》2019年第36期。

〔4〕 参见叶明:《互联网经济对反垄断法的挑战及对策》,法律出版社2019年版,第132~135页。

4. 拒绝交易行为

拒绝交易也叫抵制,是指单个卖方拒绝向特定买方,尤其是零售商或者批发商销售商品或提供服务的行为。按照拒绝交易行为的定义,该行为的主体一般是卖方,但是现有学者认为拒绝交易的行为主体不仅仅是卖方,还可能是买方。杨越、刘昊波在《对买方滥用市场支配地位拒绝交易的反垄断法规制》中提出买方也存在拒绝交易行为的观点,并对(2017)云民终字122号行政判决书进行评析,详细说明了拒绝交易行为的成立要件以及规制步骤,即经营者具有市场支配地位、利用了这种市场支配地位拒绝与相对人进行交易、拒绝交易行为产生了对竞争不利的后果、这种拒绝交易行为缺乏正当性。他们还对如何认定买方的市场支配地位进行了论述,当买方在市场交易中占据主导地位时,买方垄断就会发生,若对买方进行相关市场界定发生困难,可以通过对卖方产品能够在哪些市场获得、这些产品具有哪些现实或潜在的买方因素进行分析,从而界定买方的相关市场。在界定了相关市场后,就能对买方行为是否属于拒绝交易行为,是否应当进行禁止有了判断。[1]

5. 限制交易行为

限制交易是指经营者没有正当理由,限制交易相对人只能与其进行交易或者只能与其指定的经营者进行交易。互联网平台"二选一"行为是这几年学术界讨论最多的疑似限制交易行为,主流观点认为"二选一"行为属于限制交易行为,但是对于是否能够用《反垄断法》对其进行规制以及如何进行规制,学界尚未形成一致看法。焦海涛在《"二选一"行为的反垄断法分析》一文中认为"二选一"行为主要表现为要求被限制的一方只能够与自己合作或者不能与特定竞争对手合作。"二选一"行为可能构成限制交易行为,也可能构成纵向垄断协议,如果能证明构成纵向垄断协议,则不必分析是否属于滥用市场支配地位,究竟应当定性为何种行为,取决于是否有市场支配地位以及是否存在垄断协议。但无论如何对"二选一"行为进行定性,定性的前提都是需要先分析市场结构,再分析限制竞争行为的负面效果,最后分析是否有能被豁免的正当理由,只有进行了正负后果的衡量,才能够决定是对其进行禁止还是豁免。[2] 金福海在《电商平台经营者"二选一"行为的竞争法分析》中提出并不赞同"二选一"行为违法的这一观点。作者认为"二选

---

〔1〕 参见杨越、刘昊波:《对买方滥用市场支配地位拒绝交易的反垄断法规制》,载《人民司法》2019年第20期。

〔2〕 参见焦海涛:《"二选一"行为的反垄断法分析》,载《财经法学》2018年第5期。

一”行为虽然对平台商家的行为进行了限制,但是并不会产生影响、妨害其他经营者提供的网络产品的正常运行,故不属于不正常竞争行为。并且,电商平台经营者并没有当然的市场支配地位,所以“二选一”行为也不属于反垄断法意义上的滥用市场支配地位的行为。“二选一”行为应当是电商平台经营者正当行使平台管理经营权的行为,并不必然会对市场竞争造成损害后果,甚至“二选一”行为属于利大于弊的行为。〔1〕

6. 搭售

搭售也被称为附带条件交易,即一个销售经营商要求相对方购买其产品或服务的同时也购买其另外一种服务,并把买方购买其第二种产品或服务作为可以购买第一种产品或者服务的条件,或者在交易时附加其他不合理交易条件的行为。在互联网生态背景下,学界对于搭售行为的探讨主要在于该行为的违法标准以及如何认定搭售事实。郑鹏程在《论搭售的违法判断标准》中认为搭售在传统上属于“本身违法”行为,并提出我国采用全面的“合理标准”对搭售行为进行规制,看似对搭售行为进行了全方位规制,实际上对搭售过于宽容的观点。反垄断法执法机构、司法机关将“强制”作为非法搭售的构成要件进一步放宽了对搭售的规制,导致反垄断执法机构未能对软件巨头的捆绑行为以及其他的一些搭售行为进行有效规制。郑鹏程建议以公平价值为首要价值,将消费者需求作为独立产品判断标准,对搭售判断标准加以完善,将搭售行为分为强制性搭售和非强制性搭售,规定合同搭售、技术性搭售等强制性搭售构成“准本身违法”。对非强制性的捆绑折扣,则根据成本价格比对其进行合理性分析。因此,还建议应当将现行《反垄断法》第 17 条第 1 款第 5 项中的“没有正当理由”予以删除,将其修改为“禁止具有市场支配地位的经营者将两种或两种以上之独立产品强制或低价捆绑销售”。此外,还可以考虑将搭售条款单独成条,将其与掠夺性定价、拒绝交易、限定交易等其他滥用行为区分开来。〔2〕

如今互联网技术的发展与普及让互联网方面的搭售行为认定难以进行,也让情况变得很复杂。黄真真在《互联网软件搭售事实判断之认定》中认为传统搭售认定标准中的结构基准、市场集中度的推定等认定范式无法揭示和解释互联网软件搭售行为,因此,应当从互联网软件搭售事实判断出发,从结

〔1〕 参见金福海:《电商平台经营者“二选一”行为的竞争法分析》,载《经济法研究》2018 年第 2 期。

〔2〕 参见郑鹏程:《论搭售的违法判断标准》,载《中国法学》2019 年第 2 期。

构性要素认定和单一产品判断两个维度切入，将市场份额维持时间与核心技术的影响力这两个因素纳入市场份额推定法的考量范围，并将研发创新能力与市场进入壁垒作为市场支配地位综合推定补充。此外，还应从反垄断法价值目标与软件行业及软件交易行为的内在诉求出发，增设消费者福利这一判断标准。〔1〕

三、我国经营者集中规制理论最新发展综述 *

(一)经营者集中案件的相关市场界定

1. 相关市场界定的必要性

在经营者集中审查中，为了判断集中是否损害市场竞争，一般都需要界定相关市场。但美国司法部和联邦贸易委员会 2010 年修订的《横向并购指南》却指出："执法部门的分析不需要从市场界定开始。尽管评估客户可获得的竞争性替代品在分析中的某个时刻总是必要的，但执法部门使用一些评估竞争效果的分析工具并不依赖市场界定。"这个说法似乎意味着，相关市场的界定在经营者集中审查中并非必须的步骤。

对此，王晓晔在《市场界定在反垄断并购审查中的地位和作用》一文中认为，即便执法机关可以灵活地运用多种方法分析企业并购的竞争影响，但是相关市场界定仍是一个基础性且不可取代的重要工具。为了判断一个企业并购是否损害市场竞争，反垄断执法机关一般都需要界定相关市场。因为市场界定可以说明市场竞争的范围，说明企业的市场份额和市场集中度，说明市场进入障碍和潜在的竞争，并由此提供一个智慧和系统的分析工具，帮助执法机构收集和评估影响竞争的各种证据。所以，界定相关市场不仅是并购竞争分析的第一步，而且是关键性的步骤。

不过，考虑到相关市场界定不可避免地存在主观性、复杂性、不确定性等缺陷，20 世纪 90 年代以来，经济学界开始寻找相关市场界定的替代方法，希望通过经济学方法特别是计量经济学方法简化并购审查中的竞争评估。目前较为成熟且为某些反垄断执法机关采用的方法主要有 UPP 测试法(upward price pressure)和并购模拟法(merger simulation)。对此，王晓晔教授认为，通过定量分析来预测企业并购的竞争影响不是像某些经济学家们想象得那么简单，这些经济学方法应用在并购竞争分析中至少存在以下问题：一是精确的计量经济分析所需要的数据通常难以获得，应用这些分析方法的

---

〔1〕 参见黄真真：《互联网软件搭售事实判断之认定》，载《经济法论丛》2019 年第 1 期。

* 作者简介：焦海涛，安徽大学法学院副教授，法学博士。

机会因此就会比较有限;二是即便可以获得必要的数据,这些方法充其量只能作为评估并购竞争影响的各种因素中的一个因素,或者只能适用于特殊的案件或者特殊的竞争模式,而不具有评估并购竞争影响的普遍价值;三是较之界定市场和测度市场份额的传统方法,这些计量经济学方法带来的法律不确定性很大,案件审理的透明度不高。〔1〕

2. 多产品下的相关市场界定

在经营者集中案件中,因为涉及的产品、服务数量较多,需要界定的相关市场可能多达几十、几百,甚至上万个,由此衍生出对多产品市场进行相关市场界定的独特问题。

在我国已经审查的经营者集中案件中,反垄断执法机构对多产品下的相关市场界定主要采用了两种方法:一是逐一界定相关产品市场,如在“赛默飞世尔科技公司收购立菲技术公司案”中,执法机构认为,涉案企业在生物科技行业的分子生物学、蛋白质生物学、细胞培养技术等领域的“59 种产品之间不存在相互替代性,各自构成本案独立的相关商品市场”;二是采用了组产品市场方式来界定相关产品市场,如在“沃尔玛公司收购益实多 1 号店案”中,双方销售商品涉及食品饮料、美容护理、厨卫清洁、电器等十大类,共十万多种商品,但执法机构“根据双方经营范围、经营模式及特点、需求和供给替代等方面因素”,认为“B2C 网上零售市场”为本案的相关商品市场。

对我国执法机构引入组产品市场来简化对相关市场界定的做法,李剑在《多产品下的相关市场界定——基于中国经营者集中典型案例的反思》一文中进行了评析。他认为,组产品市场尽管有范围经济、交易互补理论的支撑,但由于组产品市场包含的并非都是相互具有替代性的产品,因此其与相关市场的逻辑存在显著的冲突。基于此,在多产品市场下,组产品市场概念应当被抛弃,合理的分析框架应该是从市场需求的特性出发,将同时被需求的多个产品作为“单一产品”来对待,并以最小产品组合的要求构建这一“新产品”。在完成这种转换之后,则可在一定程度上将多产品问题重新纳入传统的相关产品市场界定框架之下进行分析。从现实案件的处理上看,这种方法可以缓解多产品市场因需要界定多个相关产品市场而给反垄断执法以及反

---

〔1〕 参见王晓晔:《市场界定在反垄断并购审查中的地位和作用》,载《中外法学》2018 年第 5 期。

垄断诉讼带来的技术分析上的负担。[1]

(二)经营者集中的反竞争效应及其评估

1. 协调效应的考察

反垄断法控制经营者集中,主要是预防其可能产生的反竞争效应,各国反垄断法主要从单边效应和协调效应两方面评估集中的反竞争效应。单边效应指集中减少市场中的企业数量,将参与集中的企业外部竞争内部化,企业得以在单方面定价过程中提高价格,减弱市场竞争程度。协调效应指集中改变市场竞争结构后,可能引发市场中企业间潜在的协调行动。

单边效应是集中对市场竞争的最直接影响,在集中审查时备受重视。叶光亮、程龙在《论纵向并购的反竞争效应》中认为,与对单边效应的重视形成鲜明对比的是,目前各国相对忽视对协调效应的考察。通过分析纵向并购与合谋的关系,他们指出,经营者集中不仅影响企业内部生产效率,还会改变企业间的合谋动机,因此,反垄断执法机构进行经营者集中审查时,需加强纵向并购协调效应的分析,审慎分析部分并购影响企业合谋动机造成的反竞争效应。[2]

关于协调效应,马爱平认为,在欧盟,它与共同市场支配地位具有相近含义,一项集中如果导致共同市场支配地位的产生,则可认定存在协调效应,进而可能不被批准。认定构成共同市场支配,需要分析多种因素,典型因素包括三个:一是存在企业间的相互作用,即企业必须循环往复地对其他企业的行为作出反应;二是存在可信的惩罚机制,即能够对其他企业背离一致行动的行为作出有效惩罚;三是存在较高的市场透明度,只有这样才能对其他企业的行为进行观测与监督。[3]

2. 审查因素的改造

我国《反垄断法》对经营者集中反竞争效应的考察,主要体现为第 27 条规定的各种审查因素,包括经营者的市场份额以及市场控制力、相关市场的集中度、市场进入难易程度、技术影响、消费者福利影响和国民经济发展影响等对市场竞争造成的影响。

---

〔1〕 参见李剑:《多产品下的相关市场界定——基于中国经营者集中典型案例的反思》,载《法学》2019 年第 10 期。

〔2〕 参见叶光亮、程龙:《论纵向并购的反竞争效应》,载《中国社会科学》2019 年第 8 期。

〔3〕 参见马爱平:《共同市场支配之协调效应——〈经营者集中审查办法(草案)〉完善建议》,载《理论与现代化》2019 年第 4 期。

这些因素从不同角度对市场竞争状态进行了描述,共同决定了市场竞争的整体状态。至于到底哪些因素最终决定着市场的竞争状态,人们观点可能不一。王继荣认为,可借助波特的“五力模型”来说明竞争评估中各审查因素之间的关系,为完善我国的竞争评估分析提供思路。波特提出的“五力模型”主要是指,一个产业的竞争状态取决于五种基本作用力:市场进入威胁、供应商价格谈判能力、客户价格谈判能力、替代威胁和现有竞争对手的竞争。基于“五力模型”的引入,王继荣主张从以下方面完善我国经营者集中审查中的竞争评估因素:以市场集中度的测量为开端性审查因素,以在位竞争分析为关键性审查因素,以市场进入分析为抵消性审查因素,以非竞争政策考查为补充性审查因素。〔1〕

3. 豁免规则的适用

经营者集中具有消极与积极的双重属性,所以对某些集中应当予以豁免。豁免规则在我国《反垄断法》第 28 条中有明确规定,即“经营者能够证明该集中对竞争产生的有利影响明显大于不利影响,或者符合社会公共利益的,国务院反垄断执法机构可以作出对经营者集中不予禁止的决定”。

《反垄断法》第 28 条确立了经营者集中豁免的两项标准:“有利影响”和“社会公共利益”。李华武在文章《我国并购反垄断豁免的实体规则体系:理论阐释与实证研究》中认为,这两个标准都缺乏可操作性,并容易造成执法机构自由裁量权过大、当事人的实体性抗辩权行使保障不力以及容易引起申报方与社会各界对审查过程与结果的质疑。为此,需要重构我国经营者集中豁免规则体系:一方面,进一步明确“有利影响”标准的内涵,即要求当事人必须证明积极效果足以抵消并购可能产生的限制竞争性的不利效果或者至少不会比并购前的市场竞争状况差;另一方面,进一步明确“公共利益”标准的内涵,即对集中审查中的“公共利益”应作出与《反垄断法》第 15 条中“社会公共利益”一致的解释,包括节约资源、保护环境、救灾救助等具体情形,此外除了列举具体情形,还应建立一个科学的解释机制或认定审查机制以适应实际需要。〔2〕

---

〔1〕 参见王继荣:《我国经营者集中竞争评估审查因素的改造及完善路径:以波特“五力模型”为基础》,载《当代法学》2019 年第 4 期。

〔2〕 参见李华武:《我国并购反垄断豁免的实体规则体系:理论阐释与实证研究》,载《湖北社会科学》2019 年第 3 期。

（三）经营者集中的救济措施

1. 救济措施的选择

经营者集中的救济措施是指在集中审查过程中，为消除或减少经营者集中具有或者可能具有的排除、限制竞争的效果，参与集中的经营者提出的对集中交易方案进行调整的限制性条件。经营者集中救济措施主要分为结构性救济和行为性救济两种。

两种救济措施到底孰优孰劣，在反垄断法实践与理论上一直存在争论。我国执法机构可能更倾向于选择行为性救济措施。白让让在其《我国经营者集中的反垄断审查与执法者的“行为性救济”偏好分析——兼论专利密集领域的执法困境》一文中汇总了我国 2008—2016 年的经营者集中案件，发现尽管执法时间不长，但执法机构偏好“行为化”救济方式的趋势已经十分明显。该文还提出，这种偏好虽然符合各国反垄断执法的新趋势，但如何监督并购后的企业行为依然是一个难题。〔1〕

叶军在《经营者集中反垄断控制限制性条件的比较分析和选择适用》一文中认为，美国目前已从结构条件优先转向问题导向的平等适用，法国、澳大利亚等也曾大量适用行为救济，两种救济措施都是解决反竞争问题的有效工具，各具利弊。执法机构不宜预先作出结构救济优先的结论，也不宜简单评价孰优孰劣，而应跳出结构和行为非此即彼的局限，从解决反竞争问题的角度，从更广阔的视角评估禁止、无条件批准、附条件批准等解决方案。〔2〕

2. 行为性救济的完善

行为性救济具有种类丰富、灵活多样等优势，但行为性限制主要是对集中企业行为的限制，因此不可避免地会发生大量的监督和执行成本。对于这些缺陷，叶军在研究中提出，可以通过在执法中不断改进的方式来弥补：一是行为条件的种类远比结构条件丰富，执法实践可以根据个案有针对性地不断创新；二是完善行为条件的多层次监督制度，包括完善以执法机构自行监督为主，受托人监督为辅的监督机制，完善当事方自查制度，以及社会监督和举报投诉处理制度等；三是完善复审制度，即执法机构可依当事人申请或依职

---

〔1〕 参见白让让：《我国经营者集中的反垄断审查与执法者的“行为性救济”偏好分析——兼论专利密集领域的执法困境》，载《经济研究》2019 年第 2 期。

〔2〕 参见叶军：《经营者集中反垄断控制限制性条件的比较分析和选择适用》，载《中外法学》2019 年第 4 期。

权,定期或者不定期地审查继续履行行为条件的必要性,并及时作出继续履行、终止履行或者变更条件的审查结论;四是为快速、低成本地解决纠纷,降低监督执行成本,建议分门别类建立解决机制——如果属于民事纠纷,如监督费用纠纷,执法机构不宜介入,应当采用调解、诉讼或仲裁方式解决,而对于涉及行为条件解释和履行适当与否的纠纷,如知识产权许可是否符合 FRAND 行为条件,执法机构应作出裁决或提供官方立场。〔1〕

针对行为救济的适用难题,邱锟在《经营者集中附加行为性限制条件与适用困境》一文中也提出了解决方法,有些方法与叶军观点类似。这些方法包括:一是设置合理的变动机制,即在案件决定中设置复审条款,允许当事人在特定情况下提出限制性条件终止、变更或替代的变动请求,以适应市场的变化,保持行为性限制条件的长期效能;二是加强行为性限制条件实施的保障机制,即考虑更充分利用监督受托人,赋予受托人更多的权利,使其在实施过程中充分发挥作用,从而减少反垄断机构的监督压力,同时积极探索争端解决仲裁机制;三是遵循比例原则,使行为性限制条件的选择、条款的组合设计、期限长短的设定与合并交易可能产生的排除、限制竞争效果相协调;四是促进产业管制机构的参与,弥补竞争主管机构专业知识的不足。〔2〕

(四)数字经济下的经营者集中

数字经济是当前技术、经济与社会发展的最重要趋势。以互联网、多边平台、大数据、算法为主要特征的数字经济正改变着经济运行模式,也对反垄断法中的经营者集中控制制度带来挑战。数字经济下的经营者集中,呈现如下典型特点:一是集中形态多体现为互联网巨头对小型互联网企业的并购,如 Facebook 并购 Whats App,这种并购之所以发生,往往是因为大企业看中了小企业所掌握的数据,这类集中也因此被称为“数据驱动型并购”;二是这类集中对市场竞争的影响更为复杂,数据的有效利用能够显著提高经济效率,推动技术进步,也能使消费者受益,但若数据被不当使用,也会使消费者遭殃。反垄断法在控制这类经营者集中时,既面临执法理念、执法原则的挑战,也面临申报标准、竞争评估的难题。学界围绕这些问题展开了丰富的研究。

---

〔1〕 参见叶军:《经营者集中反垄断控制限制性条件的比较分析和选择适用》,载《中外法学》2019 年第 4 期。

〔2〕 参见邱锟:《经营者集中附加行为性限制条件与适用困境》,载《中国市场监管研究》2019 年第 6 期。

1. 执法理念

孙晋在文章《谦抑理念下互联网服务行业经营者集中救济调适》中认为,互联网服务行业发展的特殊性,决定了该领域经营者集中不完全等同传统行业;如果根据现行反垄断规范对互联网服务行业经营者集中案件进行审查并作出结构性救济决定,那么这种行政干预对互联网服务企业的影响往往是致命性的。基于此,他主张引入法的谦抑性理念,即反垄断执法机关理应秉持谦抑执法之理念,灵活且合理适用互联网服务行业经营者集中救济制度,并认为谦抑执法是"使市场在资源配置中起决定性作用和更好发挥政府的作用"的制度回应。在谦抑理念的贯彻上,主要表现为对救济适用的前提、救济方式的选择、行为性救济的实施等方面进行必要的调整,从根本上预防和杜绝执法困境。[1]

2. 申报标准

邹开亮、刘佳明认为,以单一营业额为申报标准明显不能适应大数据背景下经营者集中的特点,必须在立法上进行适当修改。一方面,在对销售额进行定量分析之时,应适当考虑大数据企业的经济特点、技术标准等非定量因素,如可以将用户数量、企业市场竞争力作为申报标准的参考因素;另一方面,要区分不同的行业特点,引入产业系数因素,如对金融、房地产等体量较大的行业,行业系数可以作减法计算,对农业、制造业等传统体量较小的行业,可以采取较高行业系数标准,而大数据、互联网等特殊行业究竟如何确定行业系数,应由国务院反垄断执法机构会同专业人士共同进行。[2]

陈轩禹、徐涛的观点与之类似,他们也认为,"互联网+"产业的经营者集中具有低营业额、高市场份额和高交易额的特点,这对我国经营者集中申报制度提出了挑战。[3] 我国经营者集中所采用的申报标准主要看当事人的"销售额",这一标准的优点在于便于测算,也便于参与集中的企业进行自我判断。但仅考虑营业额因素,会导致某些市场份额相对较小的重资产型企业即便集中行为对市场竞争影响不大也需要申报,而那些用户基础庞大、会对市场竞争产生重大影响的行业,由于其所采取的免费或低费商业策略等,使

---

〔1〕 参见孙晋:《谦抑理念下互联网服务行业经营者集中救济调适》,载《中国法学》2018年第6期。

〔2〕 参见邹开亮、刘佳明:《大数据企业合并的反垄断审查初探》,载《石家庄学院学报》2018年第2期。

〔3〕 参见陈轩禹、徐涛:《"互联网+"经济形态下我国经营者集中申报制度问题探析》,载《新疆财经大学学报》2019年第2期。

其营业额无法达到申报标准而无须主动申报。“互联网+”经济形态下的经营者集中,恰恰具有集中前营业额较小、参与集中的经营者市场份额较大、集中交易的交易额较大等特点,在我国现行的单一申报标准下几乎都可免于申报,这对相关市场上的良性竞争和消费者利益保护是不利的。

为改变目前申报标准单一,不适应互联网经营者集中的问题,该学者建议从三个方面完善我国的申报标准:首先,可在现有营业额规模标准的基础上增加市场份额标准,即规定当经营者集中后的市场份额达到特定数值时,即使营业额未达到标准也应当进行申报。其次,建立营业额动态调整机制,即根据每年国民生产总值以及国内相关产业发展情况的变化对营业额标准进行动态调整,及时发挥市场的监督作用,调整标准可由国务院反垄断机构研究确定。最后,引入行业系数和非定量因素。现行申报标准的缺陷是行业细化缺失,主要表现为申报标准虽考虑了特殊行业和领域的特殊性,却没有考虑普通行业之间的差异。对于“互联网+”所涉及的如金融业等体量巨大的行业,可以减少行业系数的影响因子;而对于网络服务业,则需要增大行业系数来进行平衡。

3. 竞争评估

对数据驱动型并购的反垄断法审查,我国学界研究主要集中两个问题:一是相关市场界定;二是审查标准革新。

在数据并购的竞争效应评估中,相关市场的界定因数字经济的固有特点而变得极为复杂。现行反垄断法规则要求界定相关市场时存在经济性交易,否则难以进行供需市场的替代性分析。而在具有双边市场特征的数据型市场中,企业提供服务时所获取的数据以“副产品”的形式存在,没有进行数据交易或者提供数据分析服务,因此不存在传统意义上的供需市场。但双边市场具有网络效应,两边市场互相关联,如果忽视对数据相关市场的潜在竞争效应评估,那么以产品和服务合并为形式,而实质上进行数据合并的行为,就可能逃脱反垄断法的审查。为解决这个问题,曾彩霞、朱雪忠在其文章《欧盟对大数据垄断相关市场的界定及其启示——基于案例的分析》中引入了“大数据市场”的概念,认为只有单独界定大数据市场,并对其竞争效应进行评估,才能反映出数据驱动型并购的特殊性及其市场影响。[1]

关于新经济下经营者集中的审查标准,孙晋认为,应从三个方面评估这

---

〔1〕 参见曾彩霞、朱雪忠:《欧盟对大数据垄断相关市场的界定及其启示——基于案例的分析》,载《德国研究》2019 年第 1 期。

类集中的竞争影响。首先,网络效应的特征要求弱化市场份额因素的重要性,即对于互联网产业而言,反垄断执法机构无须过多关注经营者集中所带来的较大的市场份额;其次,技术标准和兼容性的特征要求重点评估市场进入因素,因为互联网产业的服务或产品的连接需要技术标准来互联互通,企业一旦控制了核心和关键的技术标准,那么它与下游经营者或者同样需要接入该技术标准的其他竞争者进行集中时,很可能就会排斥其他需要接入其标准的竞争者,不允许其接入和兼容;最后,互联网经济与传统经济相比,产品具有信息性、创新速度快、知识和技术密集的特点,这意味着在互联网产业经营者集中的权衡中,应当着重提高效率因素的评估比重。〔1〕

叶明、承上则将审查标准拓展到了非价格因素。他们认为,互联网行业的经营者集中具有过程与结果的特殊性,通过经营者集中所产生或加强的市场力量,主要指向对产品与服务的质量、创新以及消费者的选择等"非价格"因素的控制力。鉴于此,需要结合互联网行业经营者集中的特殊性,确定与完善互联网行业经营者集中的规制目标与审查框架。互联网行业经营者集中的反垄断规制应当以消费者福利为目标,侧重保护消费者不因产品与服务质量下降、选择减少、创新延缓而受到损害。对互联网行业经营者集中的审查也应当将质量、选择与创新的考量指标细化,加入相关市场界定、限制竞争效果评估、救济措施设置的框架之中。〔2〕

4. 救济措施

孙晋认为,对互联网行业的经营者集中,应当优先选择行为性救济。首先,从行为性救济的措施类型来看,比如开放类行为性救济,它要求开放关键基础网络或关键设施。对于互联网服务行业而言,其最可能造成反竞争效果的莫过于拒绝开放其关键技术或平台进而封锁市场。其次,行为性救济更能适应不断变化的市场。行为性救济的灵活性与可恢复性也使得它在处理互联网产业的集中案件时显得游刃有余。最后,行为性救济可以避免过度干预市场主体的集中交易行为。结构性救济要求剥离集中双方的资产,这对强调私权自治的市场经济来说显得过于刚硬,往往会引发集中者的反感和

〔1〕 参见孙晋:《谦抑理念下互联网服务行业经营者集中救济调适》,载《中国法学》2018年第6期。

〔2〕 参见叶明、承上:《互联网行业经营者集中反垄断规制的挑战与解决思路》,载《经济法论丛》2019年第2期。

抵触。[1]

(五)特殊行业的经营者集中

标准必要专利(SEPs)是信息与通信技术(ICT)行业中的重要竞争工具,由此也引发了众多涉及标准必要专利的经营者集中案件。2012 年以来,中国、欧盟、美国和韩国等反垄断执法机构先后对谷歌公司收购摩托罗拉移动公司案、美国微软公司收购诺基亚公司设备和服务业务案、诺基亚公司收购阿尔卡特朗讯公司股权案等 ICT 行业涉及 SEPs 的经营者集中进行了反垄断审查。李键、王超武分析了反垄断执法机构如何在这类经营者集中案件中选择合理、有效的执法策略问题。在竞争影响评估方面,全球 SEPs 的主导权和布局状况、我国 ICT 产业发展状况,以及经营者集中可能产生的市场效应是竞争评估过程中需要重点考量的因素;在批准方式选择上,较之无条件批准,附加限制性条件批准的方式更为稳妥,其所附条件应选择更具“灵活性”和“时限性”优点的行为性条件,相比而言结构性条件则不可取。[2]

针对第三方支付领域出现的收购兼并趋势,杨利华探讨了如何依据反垄断法规制这类集中可能产生的竞争问题。他认为,第三方支付市场的经营者集中既会产生规模经济效应,也会存在限制和排除竞争的影响。然第三方支付行业具有的双边市场属性,使竞争效果分析时需要考虑一些比传统竞争执法中更为复杂的因素:应考虑间接网络效应下消费者与商户两边发生的需求依赖以及正反馈效应;应考虑市场动态竞争的特点在一定程度上削弱了第三方支付企业经营者集中的反竞争影响。这些影响因素应始终贯穿于第三方支付行业经营者集中的竞争效果分析之中。第三方支付企业的合并容易获得市场集中度的增强,有利于单边效应的发生。在横向合并后第三方支付企业可以通过保持消费者一边的市场价格不变而提高商户一边的市场价格,使得支付服务的总价格发生上涨,以获取利润;也可以不通过提高价格来实现利润,而仅是采取拥有的规模效应和网络效应来影响到消费者福利。在纵向合并中可能会产生电子商务市场和第三方支付市场中各自市场力量的相互传导,从而产生潜在的封锁效果。此外,也应注意考察合并中所产生的效率

---

[1] 参见孙晋:《谦抑理念下互联网服务行业经营者集中救济调适》,载《中国法学》2018 年第 6 期。

[2] 参见李键、王超武:《ICT 行业中涉及标准必要专利经营者集中反垄断的策略选择》,载《重庆理工大学学报(社会科学)》2018 年第 10 期。

因素，分析由此带来的消费者福利和行业创新。[1]

四、我国行政垄断规制理论最新发展综述*

（一）研究概述

竞争是市场的灵魂。[2] 保护竞争不被私人权力滥用所限制和受到政府干预而扭曲是反垄断法规制的逻辑起点。[3] 在我国，政府干预扭曲竞争的情况较为突出。因此，在市场决定资源配置的今天，厘清政府与市场的关系，维护公平竞争是我们当前经济转型的重要任务。

2017 年 10 月，习近平总书记在党的十九大中所作的《决胜全面建成小康社会、夺取新时代中国特色社会主义伟大胜利》会议报告中指出，要全面实施市场准入负面清单制度，清理废除妨碍统一市场和公平竞争的各种规定和做法，支持民营企业发展，激发各类市场主体活力。深化商事制度改革，打破行政性垄断，防止市场垄断，加快要素价格市场化改革，放宽服务业准入限制，完善市场监管体制。2017 年 10 月，国家发展改革委、财政部、商务部、原国家工商行政管理总局、国务院法制办会同有关部门研究制定了《公平竞争审查制度实施细则（暂行）》，经国务院同意予以公布。2018 年 11 月，习近平总书记在民营经济座谈会上的讲话中指出：要打破各种各样的"卷帘门""玻璃门""旋转门"，在市场准入、审批许可、经营运行、招投标、军民融合等方面，为民营企业打造公平竞争环境，为民营企业发展创造充足市场空间；要鼓励民营企业参与国有企业改革；要推进产业政策由差异化、选择性向普惠化、功能性转变，清理违反公平、开放、透明市场规则的政策文件，推进反垄断、反不正当竞争执法。

2019 年 10 月，党的十九届四中全会通过的中共中央《关于坚持和完善中国特色社会主义制度　推进国家治理体系和治理能力现代化若干重大问题的决定》指出，必须坚持社会主义基本经济制度，充分发挥市场在资源配置中的决定性作用，更好发挥政府作用，全面贯彻新发展理念，坚持以供给侧结构性改革为主线，加快建设现代化经济体系。2019 年 12 月，中共中央、国务

---

[1] 参见杨利华：《第三方支付行业经营者集中的竞争影响评估》，载《甘肃社会科学》2019 年第 6 期。

* 作者简介：郭宗杰，暨南大学法学院教授；李启铭，暨南大学竞争法与产业发展研究中心助理研究员。

[2] 参见丁茂中：《竞争中立政策研究》，法律出版社 2018 年版，第 3 页。

[3] 参见张占江、戚剑英：《反垄断法体系之内的公平竞争审查制度》，载《竞争政策研究》2018 年第 2 期。

院通过的《关于营造更好发展环境支持民营企业改革发展的意见》指出:坚持公平竞争,对各类市场主体一视同仁,营造公平竞争的市场环境、政策环境、法治环境,确保权利平等、机会平等、规则平等;要遵循市场规律,处理好政府与市场的关系,强化竞争政策的基础性地位,注重采用市场化手段,通过市场竞争实现企业优胜劣汰和资源优化配置,促进市场秩序规范。

由此可见,行政垄断与违反公平竞争的行为是我国当前深化改革的阻碍,也是我国推进国家治理体系和治理能力现代化的桎梏,更是我国当前优化营商环境的阻碍。因此,在《反垄断法》修订中完善对行政垄断的规制,探索将公平竞争审查制度纳入《反垄断法》体系是我国当前规制行政垄断、维护公平竞争促进市场机制配置资源的必然选择。

当前,我国关于行政垄断方面的研究已经成就颇丰,在行政垄断的概念界定、特征、成因、危害以及规制路径等方面更是硕果累累。在2018—2019年,我国逐步建立起了在竞争政策框架下同步开展反行政垄断工作与公平竞争审查的机制,我国理论界的研究也有了新的成果。在论文方面,根据我们在中国知网的检索,以“行政垄断”为主题进行检索,共显示有282余篇相关论文。经过筛选,排除非学术型论文以及与“行政垄断”关系不大的论文,并考虑到文献的权威性,最后剩下的与“行政垄断规制”这一主题相关的论文有二十余篇。而这些论文的研究重点,是在竞争政策的基础性地位上,研究行政垄断规制下公平竞争审查制度,及其协调的竞争政策与产业政策问题、竞争中立问题等。

在相关著作以及文献的研究基础上,本部分针对2018—2019年两年度关于行政垄断规制理论的综述也将有所侧重。由于这两年理论界关于行政垄断的概念界定、特征、具体类型以及危害的探讨较少,因此笔者只根据为数不多的文献对前述内容进行简单介绍,而把重点放在对我国涉及行政垄断规制的公平竞争审查与竞争政策研究方面以及结合《反垄断法》修订对反垄断法提出完善的方面。

(二)有关行政垄断基本问题的新认识

1. 有关行政垄断概念的新认识

行政性垄断,有的学者称为行政垄断或行政限制性竞争,是指行政主体滥用行政权力限制竞争的行为。在我国学术界,行政性垄断是指行政组织利用行政权力限制竞争的行为,更详细地说,行政垄断是行政主体利用行政权力实施的损害竞争,破坏社会主义市场经济秩序的行为。[1] 有的学者认为,狭义的行政垄断是指政府、政府所属机构及法律、法规授权的具有管理公共事务的组织排除、限制竞争的行为。广义的行政垄断则涵盖法定垄断。[2]

2. 行政垄断特征的新认识

徐士英等学者认为,行政垄断具有权力的滥用与限制竞争两大特点。"市场失灵"的纠偏是经济法产生的开始,而"政府失灵"的纠偏当前正处于一个探索的过程。经济法的本质,本身就有弱化行政权力对经济运行的不当干预的内涵。一方面,行政法对行政权力的监督和纠偏是应有之义;另一方面,纠正行政权力滥用导致的市场体制失效的关键在于提高资源配置的效率。因此,约束行政权力不能仅依赖体制内部的纠偏,而应探索新的路径。公平竞争审查制度就是一个新的典型制度。约束政府限制市场竞争的"标准"是主要的考量因素。首先,经济权利作为价值边界应当成为政府经济权力的标准。其次,应以对市场机制是否造成影响作为评判行政权力正当性的标准。[3]

3. 有关行政垄断具体类型与表现形态的新认识

我国现行《反垄断法》中行政垄断的具体类型主要包括行政机关和法律、法规授权的具有管理公共事务职能的组织滥用行政权力,限制商品自由流通、招标投标、设置分支机构、强制经营者垄断以及制定含有排除、限制竞争内容的规定。有的学者认为,我国的行政垄断行为具体类型和表现形态不应当限定于以上几种行为,还应包括税收优惠、定向补贴等具体行政行为和抽象行政行为。[4]

有的学者认为,行政限定性垄断行为也是我们值得关注的一种行政垄断的表现形态。行政限定型垄断是指行政机关通过事前的规定,滥用行政权力,限定经营者从事垄断行为。行政限定型垄断具有行政垄断和经济垄断的二重性特征,具有严重损害公平竞争的危害后果。行政限定型垄断包括强制型行政限定型垄断、规定型行政限定型垄断、授权型行政限定型垄断、狭义限

---

〔1〕 参见李国海:《行政性垄断受益经营者可制裁分析》,载《法学评论》2019 年第 5 期。

〔2〕 参见翟巍:《行政性垄断豁免机制的本土建构路径——基于欧盟与德国模式镜鉴的视角》,载《中德法学论坛》2018 年第 1 期。

〔3〕 参见徐士英:《不能忽略的殊途同归:中国经济法的悖论与发展——从实施公平竞争审查制度谈起》,载《经济法论丛》2018 年第 1 期。

〔4〕 参见丁茂中:《论我国行政性垄断行为规范的立法完善》,载《政治与法律》2018 年第 7 期。

定型行政垄断。[1] 行政强制性垄断是指行政机关和法律、法规授权的具有管理公共职能的组织滥用行政权力强制经营者从事垄断行为。由于行政力、经济力的双重叠加,这种垄断行为的危害性较为严重。[2]

4. 行政垄断的成因与危害的新认识

(1)行政垄断的成因

在我国,行政垄断的原因是多种多样的,但最主要的就是经济体制的原因。在国家管控一切的完整的计划经济下,是不可能存在行政垄断的。成熟的市场经济体制也能最大限度地减少行政垄断的产生。我国市场的不完善和政府行为的不规范会产生很多行政垄断问题,同时,不正当地追求经济利益和不完善的法律规范也是我国行政垄断存在的重要原因。行政垄断的产生是建立在多元的经济利益基础上的,我国的地方利益、部门利益、产业利益及由此产生的滥用权力限制竞争问题也正是在从一元的行政利益转向多元的行政利益的过程中产生的。[3]

(2)行政垄断的危害

行政垄断是一种经济权力与行政权力结合的垄断行为,会诱发权利寻租行为,将会导致企业失去通过市场竞争实现经济规模扩张的动力。[4] 相对于经济性垄断,行政垄断的强制性更明显,所以实际危害性更大。[5]

(三)我国行政垄断的公平竞争审查与竞争政策规制研究

公平竞争是法治社会的必然要求。对行政垄断进行有效的规制、维护公平竞争、最终实现良法善治是法学学者孜孜不倦的追求。当前,在学界有一种较为一致的共识,也就是在竞争政策的框架下,一方面利用《反垄断法》原有框架下的反行政垄断规定进行规制,另一方面运用公平竞争审查制度来规制行政垄断行为。而公平竞争审查制度最主要的实施指南就是《公平竞争审查制度实施细则(暂行)》。在实施方式上,公平竞争审查采取政策制定机关

---

[1] 参见翟巍:《行政限定型经济垄断行为的反垄断规制》,载《价格理论与实践》2019年第7期。

[2] 参见张晨颖:《行政强制垄断中经营者责任的认定》,载《政治与法律》2019年第3期。

[3] 王先林:《国家战略视角的反垄断问题初探——写在〈中华人民共和国反垄断法〉实施十周年之际》,载《安徽大学学报(哲学社会科学版)》2018年第5期。

[4] 参见翟巍:《公共利益豁免标准的解释与重构——以公平竞争审查为视角》,载《法律方法》2018年第2期。

[5] 参见翟巍:《行政性垄断豁免机制的本土建构路径——基于欧盟与德国模式镜鉴的视角》,载《中德法学论坛》2018年第1期。

自我审查、社会及反垄断执法部门监督的方式，对涉及市场主体经济活动的规章、规范性文件和其他政策措施进行全口径审查。在具体内容上，公平竞争审查制度设定了5项大标准和18项小标准，包括违反市场准入与退出标准、违反商品自由流通标准、违反影响生产经营成本标准、违反经营行为标准和兜底条款，并设置了例外的规定。相对于《反垄断法》对行政垄断的事后规制，公平竞争审查制度的建立是从源头上制止行政垄断，该制度通过在公权力行使过程中的自我审查，来防范公权力对公平竞争的可能侵害，具有鲜明的中国特色，也是我国反垄断法律制度对世界法律文明的一项重要贡献。

2018年12月中央经济工作会议指出，当前的经济工作要强化竞争政策的基础性地位，创造公平竞争的制度环境。在强化竞争政策基础性地位的基础上优化公平竞争的制度环境，必然会产生竞争政策与产业政策的冲突与协调问题。作为经济政策的重要组成部分，竞争政策与产业政策何者为优也引发了学界的种种争论。公平竞争审查制度应当成为协调竞争政策与产业政策的制度基础。

2018年10月14日，中国人民银行行长易纲在G30国际银行业研讨会发言，提出“考虑以竞争中性原则对待国有企业”。“竞争中性”也引发了学界的热议。而如何将“竞争中性”运用于反行政垄断实践中，运用公平竞争审查制度规制限制、排除竞争行为也是学界研讨的新课题。

1. 我国公平竞争审查制度规制行政垄断的必要性认识

在2018—2019年，大多数学者将都从公平竞争审查制度的目的和价值出发，论述公平竞争审查制度的必要性。概括起来，主要包括以下三方面。

首先，翟巍认为公平竞争审查制度的出发点是公共利益。公平竞争审查制度的终极目标是追求全面性和终极性的具有经济属性的公共利益，而其豁免标准则是“非经济属性的公共利益”，如国家利益、社会保障、法律渊源等。我国的公平竞争审查制度涵摄的公共利益豁免标准体现了宪法的人权保障和人民主权原则，因此该豁免标准成为我国行政机关得以干预市场竞争领域的“避风港”条款。规制行政垄断行为的法律制度包括反垄断法律制度和公平竞争审查制度，因此两者在对“公共利益”的界定上应当具有一致性。[1]

---

〔1〕 参见翟巍：《公共利益豁免标准的解释与重构——以公平竞争审查为视角》，载《法律方法》2018年第2期。

其次,公平竞争审查制度的价值在于经济自由与经济效率。有的学者认为,公平竞争审查制度的内在目的价值在于保障经济自由、维护经济秩序,对外的工具价值则是实现经济公平价值和经济效率价值。〔1〕有的学者认为,我国的公平竞争审查制度的基本依据是宪法中的自由权,也就是保护市场竞争不被行政力量限制排除的自由权,是为“限制之限制”。公平竞争审查的抽象标准是被审查制度是否导致了市场主体因非市场因素而获得了不合理的竞争优势,价值标准则是自由竞争和公平竞争。〔2〕有的学者认为,行政垄断将在很长一段时间存在,与我国国有经济的主体地位相辅相成。应对行政垄断这一问题需要国家运用行政法与经济法共同进行引导,公平竞争审查制度与反垄断法法律体系就是这样一个引导的体系。公平竞争审查制度与行政准入规制属于行政法体系内部的协调,公平竞争审查侧重的是公平价值,行政准入规制则侧重的是效率价值。公平竞争审查制度能够补充和协调《反垄断法》的实施。〔3〕

最后,孙晋认为公平竞争审查的追求是实现政府的竞争中立。竞争中立的核心在于通过实现国有企业与民营企业的同等待遇,从而营造良好的公平竞争环境。从宪法层面来看,公平竞争审查制度与竞争政策的追求更在于实现经济自由、维护经济民主。通过坚持竞争政策的基础性地位,在事前对政府行为实施公平竞争审查制度进行评估,在事后通过加强反垄断执法和司法规制政府滥用行政权力限制竞争的行为,最终实现这一目标。〔4〕

此外,大部分学者还通过论述公平竞争审查当前的适用与规制行政垄断的相关问题出发,论述了完善公平竞争审查制度的必要性,主要包括以下三个方面:

第一,丁茂中认为,当前公平竞争审查的难点在于对于限制排除竞争的抽象行政行为,针对组织可用的措施有限且针对个人所设的措施极易失衡。因此,应当引入适当的政治责任,引入党纪处分,强化对行政人员的约束。同时,还要通过职责划转、减少财政支持和限制荣誉评审资格等对单位作出必

〔1〕 参见袁日新:《论公平竞争审查制度的逻辑意蕴》,载《政法论丛》2018 年第 5 期。

〔2〕 参见张占江、戚剑英:《反垄断法体系之内的公平竞争审查制度》,载《竞争政策研究》2018 年第 2 期。

〔3〕 参见陈林:《公平竞争审查、反垄断法与行政性垄断》,载《学术研究》2019 年第 1 期。

〔4〕 参见孙晋:《新时代确立竞争政策基础性地位的现实意义及其法律实现——兼议〈反垄断法〉的修改》,载《政法论坛》2019 年第 2 期。

要的惩罚。[1]

第二，翟巍认为我国的公平竞争审查制度当前缺少一个明晰与系统的统一的市场量化评价指标体系，也尚未构建成熟的关于产品与服务的全国标准化指标体系。此外，关于构建统一市场的规范性法律文件制度缺乏自洽性和周延性，地方行政垄断严重阻碍了全国统一市场的构建。因此，需要系统性的完善产品与服务的全国标准化指标体系，初步建立我国统一市场评价指标体系，系统清除地方行政垄断与贸易壁垒。[2]

第三，叶高芬对此具有较为丰富的论述。她认为，公平竞争审查制度部分规定不明确，如《公平竞争审查制度实施细则（暂行）》第 18 条规定的“不得设置不合理和歧视性的市场准入和退出标准”中的“不合理”给行政机关过大的自由裁量空间。对于如何界定不合理她也给出了相应的建议。公平竞争审查制度的自我审查还存在“走形式”“碎片化”的风险。公平竞争审查制度的自我审查缺乏足够的强制力与监督机制，容易使政策制定部门形式化操作而不做实质审查，而且各地各行业的实施强度和力度有所不同。她认为其中主要的原因是竞争执法机构的建议权不能得到充分的采纳，对市场主体没有很好的救济措施。公平竞争审查制度与反垄断法的关系不明也导致其法律权威的缺乏。[3]

2. 我国公平竞争审查制度与反垄断法律制度规制行政垄断的有效性认识

确立竞争政策的基础性地位是公平竞争审查制度的基础，公平竞争审查制度是强化竞争政策基础性地位的逻辑延续和重要工具。公平竞争审查制度和反垄断执法都是竞争政策的重要工具，前者偏重于事前预防，后者偏重于事后规制。[4] 公平竞争审查制度在数字经济时代具有十分重要的作用，能够在对政府部门的抽象行政行为进行事前审查。在反垄断法框架下，应把公平竞争审查制度与《反垄断法》中的行政垄断规制打造成事前预防和事后

---

〔1〕 参见丁茂中：《公平竞争审查的约束机制》，载《经济法研究》2018 年第 2 期。

〔2〕 参见翟巍：《公平竞争审查视野下统一市场评价指标体系之建构》，载《经济法论丛》2019 年第 1 期。

〔3〕 参见叶高芬、张广亚：《论国家竞争政策视角下我国的公平竞争审查制度》，载《经济法论丛》2019 年第 1 期。

〔4〕 参见袁日新：《论公平竞争审查制度的逻辑意蕴》，载《政法论丛》2018 年第 5 期。

规制的二元规则体系。[1] 传统的行政垄断规制模式在执法权限和司法监督中面临困境,因此需要引入国家竞争政策。国家竞争政策能够在事前规制政府对竞争行为的限制,在全局中统筹推进竞争。因此需要确立竞争政策的基础性地位,运用竞争工具推进公平竞争。公平竞争审查制度具有国家竞争政策的全局性、主动性两大特点,也是政策制定机关主动学习和增强公平竞争意识的过程。公平竞争审查制度秉承竞争优先,兼顾其他社会目标的价值,由政策制定机关承担正当化的举证责任,新设的程序性义务也加强了实体的规制。因此是构建国家竞争政策的有力工具。[2]

3. 我国公平竞争审查制度协调下的竞争政策与产业政策的基础性认识

竞争政策与产业政策是经济政策的两大重要工具,犹如鸟之双翼、车之两轮,相辅相成。强势的产业政策会削弱市场竞争,降低企业的抗风险性和创造性。行政垄断也会披着产业政策的外衣出现,进一步扩大反垄断法与产业政策的裂痕,导致产业政策部门和竞争政策部门的冲突加剧。由于反垄断法本身的事后规制性不能充分防止产业政策限制竞争,所以公平竞争审查制度作为一种事前预防的制度应当立足于协调竞争政策与产业政策。公平竞争审查制度与产业政策和竞争政策的目标都是在尊重市场的前提下,确保企业有较高的竞争自由,从而促进经济发展。公平竞争审查制度可以确保产业政策遵循市场机制,防止其异化为特殊行业或者特殊企业的利益实现工具。因此,公平竞争审查协调产业政策和竞争政策的目标是构筑竞争友好型的产业政策。[3]

孟雁北对此提出了产业政策公平竞争审查论。她认为应当通过《反垄断法》和公平竞争审查制度构筑我国竞争友好型产业政策。她指出,我国的产业政策与公平竞争审查制度都具有遵循市场机制,保障企业有较高的竞争程度,实现资源配置效率最优化和效益最大化的目标。但是产业政策有可能存在限制竞争、特惠保护等违背公平竞争的可能性。因此,对产业政策进行公平竞争审查有利于确保产业政策符合市场机制,保证政府在市场竞争中的中立地位。对此,我国可以借鉴域外的竞争评估制度。比如:美国司法部有权

---

〔1〕 参见韩伟:《数字经济时代中国〈反垄断法〉的修订与完善》,载《竞争政策研究》2018年第4期。

〔2〕 参见叶高芬、张广亚:《论国家竞争政策视角下我国的公平竞争审查制度》,载《经济法论丛》2019年第1期。

〔3〕 参见石达:《公平竞争审查视角下产业政策与竞争政策的协调机制研究》,载《市场周刊》2019年第8期。

规制产业部门的违反反垄断法或竞争政策的程序,并对影响竞争行为向总统、国会或其他部门提出合理建议;日本产业部门在出台产业政策前应当咨询公正交易委员会,公正交易委员会有权根据“独占禁止法”对此进行调查,并在必要的时候提出建议;澳大利亚的竞争机构则通过彻底透明的清查彻底审查了政府部门涉嫌限制竞争的文件。对于我国来说,培育市场并为市场创造良好条件、防止政府判断代替市场机制、建立市场准入负面清单、减少市场竞争不必要损害和不合理影响能够构建竞争友好型的产业政策。对此,最关键的还是完善公平竞争审查制度。公平竞争审查制度的审查主体应当以自我审查为主,审查对象则以“增量政策措施”为主,“存量政策措施为辅”。公平竞争审查要坚持防止限制竞争的产业政策的制定与实施这一原则,抓住政府有效补贴措施这个突破口,利用比例原则进行分析。对产业政策进行比例原则的分析就是要考察其目的正当性、分析产业政策的措施是否能实现产业政策的目的、是否选择了最小化的市场竞争损害路径、分析目的与竞争损害之间的均衡性。因此,我国《反垄断法》的修改应着眼于制定反垄断配套规章及执法指南,加强执法建议权,完善反垄断行政诉讼对不当抽象行政行为的救济并开展竞争倡导。〔1〕

黄勇则强调了竞争政策的基础性地位和主导性作用。他认为,我国确立竞争政策的基础性地位具有必然性。市场经济体制和遏制滥用行政权力、采用歧视性产业政策排除限制竞争行为需要竞争政策的推动。竞争政策是国家为了保护和促进市场竞争而实施的经济政策。竞争政策和产业政策一起构成国家调控经济的政策性工具,产业政策是短期机制,主要由政府主导且行政手段居多,竞争政策则是长效机制、市场化机制,按照市场规律运作。当前,竞争政策面临产业政策弊端深化的影响,也面临从文本到实践的转变,而竞争政策实施的关键就是公平竞争审查制度。在“国家—市场”维度中实现产业政策和竞争政策的良性互动,应同时推动竞争政策的实施。其中的关键在于推进公平竞争审查制度法制化、积极研究“竞争中立”制度和推动公平竞争审查制度责任落实。竞争政策实现法治化需要发挥好竞争政策的主导性作用,努力将其置于与产业政策的平等地位,将其表述尽快写入中共中央的报告和决议中。此外,强化反垄断法实施落实竞争政策,包括启动修法完善反垄断法规范体系、整合执法职责优化反垄断法实施、加强竞争文化宣传倡导。最后,还要增强对反行政垄断的预防和制止功效,依法加强对产业政

---

〔1〕 参见孟雁北:《产业政策公平竞争审查论》,载《法学家》2018年第2期。

策的评估。〔1〕

王先林也提出应确立竞争政策的基础性地位和优先性地位。他认为,反垄断法是狭义的竞争政策,也是竞争政策的核心。竞争政策的关键是实现资源配置效率,提高消费者福利。由于产业政策的资源配置功能更为明显,因此和竞争政策具有一致性,但也存在多种潜在的冲突。当前,我国已经演进到确立竞争政策的基础性地位,协调竞争政策与产业政策发展的阶段了。未来的发展方向是竞争政策优于产业政策。〔2〕

4. 我国公平竞争审查制度与竞争中立政策的基础性认识

确立竞争中立政策是我国当前发挥市场资源配置决定性作用、融入多边区域性自由贸易组织的现实要求。但是,我国当前实施竞争中立政策可能存在落入国际贸易保护主义圈套与引发国内经济短期宽幅波动的风险。〔3〕对此,学界热议纷纷。

首先,竞争中立的内涵与侧重点问题。有的学者认为,竞争中性必须以所有制中立为前提,对此应采取渐进式、嵌入式的改革。在国企内部改革中,以分类改革为中心,将国企分为商业性国企和公益性国企,界定其内部的不同职能。同时,将公平竞争审查制度引入反垄断法,完善国企反垄断豁免制度。〔4〕有的学者认为,竞争中立政策应当包括交易机会中立、经营负担中立、投资回报中立。其中交易机会中立又包括市场进入的中立和政府采购的中立;经营负担的中立则包括课征强制性负担中立和消减协商性负担中立;投资回报中立则包括价格规制中立和政府补贴中立。〔5〕

其次,对于竞争中立的引入也有一些反对的声音。有的学者认为,“竞争中立”不适应我国国情。中国的国有企业并不天然地具有不合理的竞争优势,这一所谓不合理的竞争优势是以美国为首的西方国家对我国实施贸易保护主义的陷阱。这些学者认为,每个国家在经济发展增长期都会运用产业政策扶持经济产业发展,美国、日本、欧洲各国都不例外。因此,我国对“竞争中

---

〔1〕 参见黄勇:《论中国竞争政策基础性地位的法治保障》,载《经贸法律评论》2018 年第 1 期。

〔2〕 参见王先林:《国家战略视角的反垄断问题初探——写在〈中华人民共和国反垄断法〉实施十周年之际》,载《安徽大学学报(哲学社会科学版)》2018 年第 5 期。

〔3〕 参见丁茂中:《竞争中立政策研究》,法律出版社 2018 年版,第 2~13 页。

〔4〕 参见孙瑜晨:《国企改革引入竞争中性的正当性及实现路径——以新兴经济体的实践经验为镜鉴》,载《北方法学》2019 年第 6 期。

〔5〕 参见丁茂中:《竞争中立政策研究》,法律出版社 2018 年版,第 46~99 页。

立”的引入应持有谨慎、冷静的态度。国内政策体系不需要引入竞争中立政策，而应该发挥中国优势，写好中国故事，在国际交往中奉行“共同但有区别”和“自由开放、公平非歧视”的原则。〔1〕

（四）我国《反垄断法》修改之于行政垄断规制的完善

《反垄断法》实施以来取得了巨大的成就。随着经济社会的发展和执法活动的深入，我国反垄断法的现有规则已经难以满足改革的需要，因此《反垄断法》的修订被提上了日程。围绕《反垄断法》的修订，学者提出了种种完善建议，具体可归纳为以下三个方面。

1. 关于完善《反垄断法》逻辑体系的研究

从《反垄断法》的内容体系看，现行《反垄断法》第 3 条与第 8 条在逻辑上不具有自洽性。第 8 条关于行政垄断的界定是否属于第 3 条中“垄断行为”的界定有待商榷。《反垄断法》第 3 条规定的“垄断行为”与第 8 条的行政垄断行为主体及垄断成因不一致，故行政垄断不适用于第六章的“对涉嫌垄断行为的调查”。因此应该从制度设计即《反垄断法》修改上把行政垄断的逻辑理顺。〔2〕

从《反垄断法》的整体逻辑体系上看，《反垄断法》修订应坚持强化竞争政策的基础性地位，定位于公平竞争的基本原则兼顾多种价值和利益协调。〔3〕 在此基础上，探索将公平竞争审查制度纳入《反垄断法》也是当前学界的热议。有的学者认为，将《宪法》和《反垄断法》作为公平竞争审查制度的上位法，由国务院出具公平竞争审查条例。有的学者认为，把公平竞争审查制度写入《反垄断法》，在《反垄断法》总则中明确竞争政策的基础性地位，在“行政垄断”一章增设国家实施公平竞争审查制度的规定。有的学者认为，对公平竞争审查制度单独立法，在修改《反垄断法》时做专门规定，或者出台专门的公平竞争审查条例。总体来看，学者多倾向于在《反垄断法》中为公平竞争审查制度提供法律依据，将制度的内容具体上升到行政法规的地位。因此，有的学者建议在《反垄断法》中增加一条“国务院确定的审查机关应严格履行公平竞争审查职责，公平竞争审查制度由国务院具体规定”。同

---

〔1〕 参见史际春、罗伟恒：《论“竞争中立”》，载《经贸法律评论》2019 年第 3 期。

〔2〕 参见金善明：《反垄断法解释：规范、历史与体系》，中国社会科学出版社 2018 年版，第 388~395 页。

〔3〕 参见《国际视角下中国〈反垄断法〉修订研讨会发言摘要》，载《中国市场监管报》2019 年 12 月 10 日。

时,还应强化公平竞争审查制度乃至于行政垄断的司法救济。[1]

此外,孙晋认为应当加快让公平竞争审查制度和竞争政策基础性地位融入我国的反垄断法体系。首先,要在总则中明确竞争政策在我国市场经济体制下的基础性地位,在分则中具体详细规定公平竞争审查制度这一竞争政策的重要手段。其次,把《反垄断法》的"经营者三大行为"扩展到"政府的不当干预与限制竞争政策"。再次,把《反垄断法》第4条的"竞争规则"扩展到"竞争规则和竞争政策",把"坚持竞争政策的基础性地位"置于"完善宏观调控"之前。复次,在《反垄断法》第8条加入公平竞争审查的概括性条款。最后,确定统一行使公平竞争审查的专业权威机构。通过推进制度全面覆盖,保障审查质量,使公平竞争审查制度成为我国经济中的"合宪性审查"制度。[2]

2. 关于完善《反垄断法》对行政垄断的法律责任的研究

行政垄断的法律责任是我国《反垄断法》重点研究的课题。有的学者指出,我国当前行政垄断的存在法律责任虚化的问题。我国当前虽然确定了行政垄断的责任追究主体为"上级机关",但可行性有待考量。我国行政垄断的法律责任要"脱虚向实",必须变"改良"之思路,"重构"反行政垄断的责任追究主体。首先,应将追责机关转向专业化,将这一中央事权还归反垄断机关。其次,还应规定行政垄断的民事责任与国家赔偿责任,明确"责令改正"与"行政处分"的约束力,并加强对行政垄断受益经营者的规制。[3] 有的学者认为,"上级责令改正"不能有效地规制行政垄断。上级机关既非专业机关也非司法机关,而且还受到与实施行政垄断机关的部门或地区利益羁绊,因此并非合适的规制主体。[4] 针对行政垄断受益经营者的法律责任问题,有的学者指出,行政垄断受益经营者应当承担相应的责任。这些学者认为,反垄断法之所以要制裁行政垄断受益经营者,是出于维护有效竞争的公共目的的社会责任要求。这些学者还认为,因为我国《反垄断法》的"非刑化"和慎刑要求,刑事责任不适宜适用于行政垄断受益性消费者。行政制裁与民事

[1] 参见叶高芬、张广亚:《论国家竞争政策视角下我国的公平竞争审查制度》,载《经济法论丛》2019年第1期。

[2] 参见孙晋:《新时代确立竞争政策基础性地位的现实意义及其法律实现——兼议〈反垄断法〉的修改》,载《政法论坛》2019年第2期。

[3] 参见王健:《我国行政性垄断法律责任的再造》,载《法学》2019年第6期。

[4] 参见王晓晔:《中国反垄断法实施面临六大严峻挑战》,载《中国价格监管与反垄断》2018年第9期。

制裁适用于掩饰性受益经营者,不适用于间接关联性经营者。对于协作型受益经营者,应予以行政制裁。对于服从型受益经营者,应当没收违法所得和责令停止违法行为。[1]

3. 关于完善公平竞争审查制度规制行政垄断的研究

当前,我国公平竞争审查制度已经在执法的不断深入实践中检验了其有效性,也在执法的不断深入中发现了一些新的问题,比如公平竞争审查制度的豁免标准、责任归属等。我国公平竞争审查制度的操作标准被归纳为市场准入与退出、商品要素自由流动、生产经营成本和生产经营行为四大方面 18 个"不得"。公平竞争审查的后机制还应包括对行政行为的竞争倡导,对受政府行为影响的企业反竞争行为的竞争执法,以及对政府扭曲的司法救济。[2] 但是,关于公平竞争审查的豁免标准并不明晰的问题,翟巍提出了公共利益豁免标准的解释与重构,他认为公平竞争审查制度应当设定"内涵式"为主导,"列举式"和"排除式"为辅助的豁免标准,以设定公共性、必要性、可行性、责任性和合理性的内涵为基础,列举公共利益豁免特定项目,并设置公共利益豁免的"负面清单",最后还要增设防止豁免标准的"功能外溢效应"的条款。[3]

此外,公平竞争审查制度的责任归属也是应当予以完善的地方。丁茂中认为,公平竞争审查首要责任主体是政策制定部门,次要责任主体为上级行政机关,补救主体为各级权力机关,末位责任主体为竞争执法机构。"依法治国"和"市场决定资源配置"要求政策制定部门必须自我约束行政干预,通过竞争合规结合公平竞争审查制度实现系统审查。由于上级行政机关对下级行政机关具有领导职能,所以能够通过政务报批制度有效地监督政策制定部门进行审查。各级权力机关能够通过立法监督机制和财政支出批准审查对政策制定部门控制。竞争执法部门基于维护竞争秩序的法定职责和培育竞争文化的使命,通过竞争执法机制和竞争倡导机制开展公平竞争审查。[4] 叶高芬则认为,首先应当细化竞争审查的"合理性"标准判断,不仅关注目的正当性和手段的适当性、必要性,还要考虑均衡审查中的社会总福利的成本

---

〔1〕 参见李国海:《行政性垄断受益经营者可制裁分析》,载《法学评论》2019 年第 5 期。

〔2〕 参见张占江、戚剑英:《反垄断法体系之内的公平竞争审查制度》,载《竞争政策研究》2018 年第 2 期。

〔3〕 参见翟巍:《公共利益豁免标准的解释与重构——以公平竞争审查为视角》,载《法律方法》2018 年第 2 期。

〔4〕 参见丁茂中:《论公平竞争审查的责任主体》,载《竞争政策研究》2018 年第 2 期。

效益分析。其次,还要建立统一的深度审查机制,培育第三方评估机构及其市场。最后,还应探索建立行政公益诉讼制度。[1]

总而言之,行政垄断作为我国由计划经济体制向市经济体制转轨过程中的产物,将在我国长期存在。因此,规制行政垄断也是我们应当长期开展和研究的一项工作。探索规制行政垄断有效路径是我国全面深化改革、全面依法治国的必然选择,也是我国充分发挥市场在资源配置中决定性作用、更好地发挥政府作用的应循之道。行政垄断规制离不开我国构建竞争政策基础地位框架下的反垄断法律与公平竞争审查制度的共同作用,是我国当前促进公平竞争,深化社会主义经济体制改革的大写意。当前行政垄断规制的宏伟大厦正在搭建之中,我们在推动反行政垄断制度性重构,纳入公平竞争审查制度与竞争政策的同时,也要着眼行政垄断在执法实践中遇到的种种问题展开研究,精雕细琢,造就锦绣文章。我们要围绕《反垄断法》修订这一核心主题,进一步完善对我国行政垄断的规制。这将有助于促进竞争这一市场之灵魂,让各种要素在市场中充分而自由流动、迸发,以资源配置效率,用制度维护公平竞争和自由竞争,从而推进国家治理体系和治理能力现代化,优化营商环境,为社会主义的经济稳健、持续、高效发展开拓新境界、撰写大文章。

五、我国反不正当竞争法理论最新发展综述 *

尽管《反不正当竞争法》于 2017 年 11 月作了较大幅度修订,使得此后其学术热度和社会关注度有所降低,但在 2018—2020 年,中国反不正当竞争法研究仍然较为活跃,有不少新的进展。本部分主要基于该时段中国期刊网中的北大核心期刊和 CSSCI 来源期刊等刊发的 100 多篇反不正当竞争法研究的相关论文作简要综述。

(一)关于《反不正当竞争法》修订的总体评价

《反不正当竞争法》在短短的两年之内经历了修订和修正,其中 2017 年的修订幅度较大,深刻地改变了《反不正当竞争法》的面貌,理清了《反不正当竞争法》与《反垄断法》乃至《商标法》、《广告法》等法律的关系,也较为彻底地奠定了我国"两法并行"的竞争法格局。2019 年修正则是对侵犯商业秘密行为的强化规制,顺应国内外呼声加强了对企业的商业秘密保护,涉及面

[1] 参见叶高芬、张广亚:《论国家竞争政策视角下我国的公平竞争审查制度》,载《经济法论丛》2019 年第 1 期。

* 作者简介:李胜利,安徽大学法学院暨经济法制研究中心教授,博士生导师,法学博士。

很窄。所以学界对于《反不正当竞争法》修改的总结与评价基本上集中在2017年的修订上。

孔祥俊提出，2017年的修订显示出很强的市场气息与时代精神，此次修订的《反不正当竞争法》对1993年版进行了较大幅度的增删修改和优化，其中有新观念的创立、新制度的创新以及对于原法律规定的增删细化。2017年的修订强化了问题意识和可操作性，吸收了一系列反不正当竞争法的现代理念和现代元素，实现了法律制度的除旧布新、继往开来和与时俱进。他还对各项不正当竞争规则进行了剖析与评价。其基本结论为此次修法基本实现了修订法律的初衷，使我国反不正当竞争制度步入一个新阶段。〔1〕

宁立志提出，2017年修订有得有失。此次修法所得有：与《反垄断法》进行了完全切割，实现了体例上的独立性；细化了对不正当竞争行为的规定，适用性得以增强；完善了法律责任，明确了多种责任并存时的民事责任优先原则；与原法相比在立法技术上更加成熟，在立法程序上更为严谨，在立法手段上更加多元。但亦有失：在修法的幅度上仅可称为"小修小补"，与经济发展状况对《反不正当竞争法》的实际需求仍有距离；竞争基本法地位未得到充分彰显，部分具体行业竞争规则的增加冲淡了其竞争基本法的色彩。除此之外，他也对具体条文的修改进行了分析，指出其中的进步和不足之处，认为需要进行理性分析，以有助于条文的正确适用。〔2〕

柴耀田提出，从总体上来看，2017年修订后的《反不正当竞争法》对以往模糊不清的法律概念进行了明确，删除了与其他法律的重叠区域，增加了新型的反不正当竞争行为类型，从立法技术上看有了很大的进步，也对以往的司法经验进行了总结。但是，从法律的结构体系角度来看，中国《反不正当竞争法》的根本缺陷在于规范结构混乱不清。成文的反不正当竞争法的禁止性评价体系由"立法目的—调整进路—责任要件"搭建起来。1993年《反不正当竞争法》并没有建立起完整的禁止性评价体系。2017年修订《反不正当竞争法》尽管在文本的完善上取得了显著进步，但并没有解决该法的结构性问题。〔3〕

---

〔1〕　参见孔祥俊：《论新修订〈反不正当竞争法〉的时代精神》，载《东方法学》2018年第1期。

〔2〕　参见宁立志：《〈反不正当竞争法〉修订的得与失》，载《法商研究》2018年第4期。

〔3〕　参见柴耀田：《论中国〈反不正当竞争法〉的结构性问题——兼评2018年新修订〈反不正当竞争法〉》，载《电子知识产权》2018年第1期。

近年来德国《反不正当竞争法》也进行了多次修订,使中德《反不正当竞争法》之间在修订方面具有了很强的可比性。德国学者安斯加尔·奥利(Ansgar Ohly)提出,德国与中国的反不正当竞争法在许多方面较为接近,例如立法目标方面,都保护竞争者、消费者与社会公众利益。不同于中国法的是,德国法为消费者组织规定了诉权,这也是中国法的可能展望之一。立法结构方面,中国法和德国法都是一般条款结合具体不正当竞争行为规定。消费者保护方面,两国法的核心部分即误导之禁止非常相似,但中国法没有关于信息义务与攻击性的商业行为之特别规定。他还对混淆、网络妨碍、商业秘密保护等方面,就中德两国《反不正当竞争法》的修订问题进行了具体讨论。[1]

(二)关于反不正当竞争法总论有关问题的讨论

反不正当竞争法与相关部门法之间的关系问题,在《反不正当竞争法》修订时得到了很大关注,2017年修订从立法层面比较清晰地划分了该法与《反垄断法》《商标法》《广告法》等部门法的关系,但学界对此仍有更多思考。

郑友德、王活涛对于反不正当竞争法与相关部门法之间的关系进行了多方面讨论。在其与知识产权法的关系方面,认为由于现代知识产权法依然坚持保护权利人的底线,而现代反不正当竞争法面向经营者、消费者和公众利益之三维保护,所以反不正当竞争法充其量扮演与知识产权法从不同层面平行保护智力成果和工商业成果的角色,不可能形成知识产权法的一个组成部分;在与反垄断法关系方面,他们认为二者在立法宗旨、保护客体上相互融合,最终将以不同的方式规范市场竞争秩序,保护经营者、消费者和公众的合法权益,从而达到促进自由与公平竞争的共同目标;在反不正当竞争法与消费者权益保护法关系方面,2017年修订后的《反不正当竞争法》第1条、第2条的规范意旨虽然涵盖市场竞争秩序、消费者利益及公平竞争,但最终目的乃在于激活、建立和维护市场竞争功能,该法能否真正实现保护消费者合法权益的目标,很大程度上有赖于《反不正当竞争法》第17条第1款如何实施。[2]

李胜利提出,从海外经验来看,反不正当竞争法与反垄断法均各有其

---

〔1〕 参见[德]安斯加尔·奥利、范长军:《比较法视角下德国与中国反不正当竞争法的新近发展》,载《知识产权》2018年第6期。

〔2〕 参见郑友德、王活涛:《新修订反不正当竞争法的顶层设计与实施中的疑难问题探讨》,载《知识产权》2018年第1期。

固有领域,但却有交叉重叠之处。作为反不正当竞争法核心议题的“公平”,事实上在欧美反垄断法中也具有重要地位;从德国、美国近年来的修订法律来看,现代反不正当竞争法在维护市场交易中的善良风俗、商业道德(保护竞争者)之余,也更加注重竞争本身(保护竞争)的价值,意味着其与现代反垄断法政策思想、分析路径的接近。无论是理论上还是实践中,不正当竞争行为与垄断行为之间的界限远非黑白分明,存在不少过渡或者交叉的灰色地带。正因为如此,不少国家或者地区的竞争立法没有在二者之间竖起一道高墙,而是留下了必要的余地供执法或司法机关选择。从海内外竞争法实施经验来看,执法机关常常会碰到一些究其性质既有悖于公认的商业道德、又不当地限制了市场竞争的行为,那么是作为不正当竞争行为而适用反不正当竞争法,还是作为垄断行为而适用反垄断法,世界各国(地区)各有不同做法。〔1〕

孔祥俊提出,反不正当竞争法与民法的关系主要涉及该法在民法中的基本地位、反不正当竞争法益的民法属性以及竞争行为正当性判断范式的侵权法依据。此问题是适用与完善反不正当竞争制度的基础问题,决定着反不正当竞争法的基本定位和根本认识。《民法典》总则编和2017年修订的《反不正当竞争法》提供了反不正当竞争的新理念、新范式和新标准,并为认识和反思两者之间的关系提供了新契机和新视域。我国采取反不正当竞争单独立法的模式,该法具有自身的独立界限和自洽性,以独特方式实现其价值和目标,但民法仍是其重要基础、指导和依据。权益保护和行为特性既是适用反不正当竞争法的两个基本支点,又是它与民法的重要纽带和连接点。反不正当竞争法既需要在民法的宏观视野之下观察,以重视其基本法律背景和原则精神的关联性,又需要重视其在具体思路、判断模式等方面的重大差异,避免二者之间在理论和实践上的混同。〔2〕

王太平从“金庸诉江南”案出发,就知识产权与反不正当竞争的关系以及反不正当竞争法扩展保护的范围和限度问题进行了讨论,提出目前我国知识产权司法政策是:反不正当竞争法应该对各种知识产权专门法提供补充性保护,同时反不正当竞争法的扩展保护又不是无限度的。但实践中由于严格

〔1〕参见李胜利:《反不正当竞争法与反垄断法的关系:应然现状与应然选择》,载《社会科学辑刊》2019年第3期。

〔2〕参见孔祥俊:《〈民法总则〉新视域下的反不正当竞争法》,载《比较法研究》2018年第2期。

知识产权政策的推行、浪漫的"有播种就有收获"观念的流行以及司法创新的影响,该司法政策受到了严重冲击。尽管知识产权的适度强化和反不正当竞争法的扩展保护适度加强均是必要的,但反不正当竞争法的扩展保护是有限度的,绝对不能禁止市场中的一切"搭便车"行为,否则会阻碍而非促进创新。〔1〕

蒋舸提出,从认知科学的角度观之,知识产权法是图式化的认知工具,兜底规范则随着非图式化的认知负担。具体知识产权法和反不正当竞争法一般条款在解决创新利益分配问题的认知效率方面存在重大差别。前者是包含客体、权能、限制、救济和主体环节的高度结构化认知模型,蕴含了多层次、高质量的背景知识;后者作为认知模型的结构化程度很低,提供的背景知识杂乱模糊、质量堪忧。因此,具体知识产权部门法应获得充分运用。〔2〕

孔祥俊提出,反不正当竞争基本范式涉及不正当竞争的理念、价值、认定方式和标准,大体上可以归结为竞争观、损害观和法益观等"三观",并通过对竞争行为进行利益衡量加以实现。这种"3+1"判断模型,即"三观"加上竞争行为正当性的利益衡量方法,构成反不正当竞争的基本维度。其中,"三观"是观念支撑,利益衡量是实现路径,"3+1"模型构成了竞争行为正当性判断的独特范式。不正当竞争行为的认定应当奉行动态的竞争观、损害中性和法益中性,并采取行为正当主义而非法益保护主义,且对于竞争行为的正当性判断采取多因素利益衡量和利益比较。〔3〕

张占江提出,反不正当竞争法自身的制度逻辑决定了其作为一种对自由的限制其必须保持足够的谦抑性,回归其相对于市场调节的补充性和辅助性的应有地位。目前对不正当竞争行为的认定主要采用的是一种权利侵害式的侵权法思维或抽象的道德判断,体现出公权力"家长式"的干预倾向,极大地损害了竞争。在理念上,将市场能够解决的竞争冲突交给市场来解决,为技术创新和市场主体行为自由预留足够的空间。在技术上,彻底摒弃权利侵害式的侵权法思维和抽象的道德判断,在比例原则的分析框架下以竞争秩序为限,权衡各方基于竞争享有的利益,依此划定不正当竞

---

〔1〕 参见王太平:《知识产权的基本理念与反不正当竞争扩展保护之限度——兼评"金庸诉江南"案》,载《知识产权》2018 年第 10 期。

〔2〕 参见蒋舸:《知识产权法与反不正当竞争法一般条款的关系——以图式的认知经济性为分析视角》,载《法学研究》2019 年第 2 期。

〔3〕 参见孔祥俊:《论反不正当竞争的基本范式》,载《法学家》2018 年第 1 期。

争行为的界限。[1]

徐清霜提出，长期以来，司法实践将公认商业道德作为诚实信用原则的具体化方式。公认商业道德适用既要解决认定来源问题，也要解决来源验证问题。行业协会规范、行业惯例或技术规范、经济学常识或日常经验法则等商业规范均可以成为商业道德来源，但并非所有上述规范均自然成为公认的商业道德，只有“良好”的商业规范才是公认的商业道德，才能成为符合诚实信用原则的行为“正当性”认定标准。公认商业道德适用要遵循谨慎司法观，尺度把握需要更为谨慎。[2]

关于《反不正当竞争法》实施中屡屡出现的“竞争关系”问题，陈兵提出，传统经济下的经营者间的竞争关系呈现出相对性，对此虽然司法实践已开始着手扩大对诉争双方“竞争关系”内涵、外延和认定边界的解释，但是仍缺乏系统的分析与总结。透过对互联网经济去中心化和去结构化的特征及域外竞争法制发展趋态的梳理可以发现，互联网经济下竞争关系的相对性正在消解，反不正当竞争法的适用正逐渐转变至对“行为正当性”的辨识上。“竞争关系”不再是认定不正当竞争行为发生的前提，而“行为正当性”标准正成为认定不正当竞争行为相对独立的基准。故此，对反不正当竞争法的适用应突破大民事审判思维和竞争关系相对性的束缚，通过引入多元价值判断和凸显实质利益平衡。[3]

袁嘉提出，我国 2017 年修订的《反不正当竞争法》在第 2 条第 1 款中新增的“遵守法律原则”须进行限缩解释。对比德国《反不正当竞争法》中的违法行为条款，我国法律的目的在于将违反反不正当竞争法以外的其他市场规制法律所调整的行为纳入反不正当竞争法体系，以确保权益受损的市场参与者能够获得私力救济。为适应反不正当竞争法目标多元化、更强调竞争保护功能、不正当性标准更立体的现代化趋势，我国应将“遵守法律原则”限缩解释为遵守与市场行为规制相关的法律，并将其作为不正当性判断的标准之一。[4]

---

〔1〕 参见张占江：《论反不正当竞争法的谦抑性》，载《法学》2019 年第 3 期。

〔2〕 参见徐清霜：《反不正当竞争领域公认商业道德的认定与验证》，载《法律适用》2019 年第 10 期。

〔3〕 参见陈兵：《互联网经济下重读“竞争关系”在反不正当竞争法上的意义——以京、沪、粤法院 2000~2018 年的相关案件为引证》，载《法学》2019 年第 7 期。

〔4〕 参见袁嘉：《新修订〈反不正当竞争法〉“遵守法律原则”的限缩解释——以德国法为参照》，载《南京大学学报（哲学·人文科学·社会科学）》2018 年第 3 期。

(三)关于具体不正当竞争行为的研究进展

杜颖、赵乃馨专门就《反不正当竞争法》第6条第1项进行研究,提出修订后的《反不正当竞争法》将原来的"知名商品+特有"要件统合后调整为"一定影响"要件,现行法中的"一定影响"的门槛应该低于原法中的"知名商品"的要求;从"混淆+误认"调整为"误认为或存在特定联系",降低了混淆可能性的判断标准,扩大了混淆可能性的范围,在解释上既包括来源混淆,也包括赞助混淆或关联混淆。〔1〕

李士林提出,商业标识的保护一直存在《反不正当竞争法》和《商标法》并行适用的情形,《反不正当竞争法》第6条虽然删除了注册商标的表述,但"其他混淆行为"的规定与《商标法》第58条的衔接并没有明确,注册商标与其他商业标识交织混淆情形下的规范适用并不清晰。商业标识保护模式具有多样性,之所以采用不同的模式,所依据的法理在于:权利的定性、统一注册、对抗力强弱;所依据的外在技术有:商标概念的广狭、反不正当竞争法的规整方式、商标使用的判定。《反不正当竞争法》第6条意图消除与《商标法》的重叠保护,囊括溢出《商标法》之外的商业标识,但"其他混淆行为"兜底的宽泛规定可能使上述立法意图落空,因此应将其解释为两种情形:"将商标作为非商标性商业标识使用的行为"和"使用他人商标之外的识别标志引起误认的行为。"〔2〕

邹开亮、徐晓丹提出,"恶意超售"是互联网背景下不诚信商家基于在线交易的特异性而实施的新型营销手段。基于其特殊的技术路径,其他法律在规制该行为方面均存在诸多弊端,以《反不正当竞争法》规制"恶意超售"行为具有理论上的契合性与实践中的可比优势。在定性上,"恶意超售"属于误导性宣传行为的范畴;在责任追究上,应以行政责任作为主要的法律责任规制方式。〔3〕

北京市高级人民法院的一个课题组提出,商业秘密案件在知识产权审判中具有独特的判断思路和司法判断规则。商业秘密本身是否成立即商业秘密案件的重点和难点问题,商业秘密认定标准及权利范围的确定,"不为公众

---

〔1〕 参见杜颖、赵乃馨:《〈反不正当竞争法〉第6条第1项的理解与适用》,载《法律适用》2018年第15期。

〔2〕 参见李士林:《商业标识的反不正当竞争法规整——兼评〈反不正当竞争法〉第6条》,载《法律科学》2019年第6期。

〔3〕 参见邹开亮、徐晓丹:《网络购物节商家"恶意超售"行为的法律规制——基于〈反不正当竞争法〉的视角》,载《价格理论与实践》2018年第12期。

所知悉”的举证责任分配等问题始终存在争议。2019 年修正施行的《反不正当竞争法》对于侵犯商业秘密的主体、行为类型、举证责任分配以及损害赔偿等方面均作出了修正,从立法层面上加强了对商业秘密权利人的保护。但与此同时,法院的自由裁量空间也更大,如何正确理解和适用该法,仍需在具体案件中进一步研究分析。〔1〕

朱尉贤提出,商业秘密保护必须在雇主与员工之间求得平衡,使两者利益都得到保障。正确区分商业秘密与员工基本技能是平衡双方利益的第一步。无论是否构成商业秘密,现雇主均无权对员工的先前技能和员工在工作期间非利用雇主物质条件创造的信息主张商业秘密。员工在工作期间提出的笼统的工作目标和概念都属于员工的基本技能,无法与员工基本技能区分且雇主无法证明为其商业秘密的也宜认定员工的基本技能。平衡双方利益的第二步是解决商业秘密与员工基本技能的冲突。明示的保密协议是解决冲突的最佳途径。反不正当竞争路径和默示保密义务路径是其有益补充。〔2〕

龙俊提出,商业诋毁条款在反不正当竞争法中一直以“简明性”特征呈现,且在修法中未受到足够重视,使得实质意义上的商业诋毁行为往往缺乏合理有效的认定依据。在主体要件上,实施者可以是任何自然人、法人或其他组织,而在对象上通常是针对特定的或可推定的经营者;在行为方式上,自然人、法人或其他组织以“自己编造并传播”,“自己编造,由他人传播”以及“明知或应知他人编造,自己传播”三种方式中的任意一种来编造、传播“虚假信息、恶意评价信息、不完整或者无法证实的信息”的,均可构成商业诋毁;在主观要件上,行为人可以对诋毁商誉持故意或过失心态,但可苛责的过失只包括重大过失和一般过失,而故意则包括直接故意与间接故意;在结果要件上,诋毁行为只需具备危害经营者商业信誉、商品声誉的可能性即可。〔3〕

网络不正当竞争行为近年来备受学界关注,2017 年修订的《反不正当竞争法》为此设置了专门条款予以规范。孙晋、闵佳凤提出,此次修订未对互联

---

〔1〕 参见北京市高级人民法院知识产权庭课题组:《〈反不正当竞争法〉修改后商业秘密司法审判调研报告》,载《电子知识产权》2019 年第 11 期。

〔2〕 参见朱尉贤:《商业秘密与员工基本技能的区分及冲突解决》,载《知识产权》2019 年第 7 期。

〔3〕 参见龙俊:《商业诋毁构成要件研究——兼评新〈反不正当竞争法〉第 11 条》,载《河北法学》2019 年第 4 期。

网消费者合法权益的保护增设相应的规定,无法舒缓消费者在互联网不正当竞争下的弱势地位问题,需要进一步完善该法关于互联网消费者权益保护的条款,具体应从赋予互联网消费者团体诉权、增加法律中的互联网不正当竞争的典型情形及加强该法与其他法律的衔接着手,从而更好地维护互联网领域的竞争秩序并最终维护互联网消费者的合法权益。〔1〕

吴莉娟提出,就立法体例而言,2017 年新增加的“互联网专条”似乎与《反不正当竞争法》第二章的其他规定缺乏统一性。该类型化条款需要进一步完善,包括修改“互联网专条”,依据具体行为性质的不同而将互联网不正当竞争行为分别纳入已经类型化的不同不正当竞争行为的规制范围,而不因其与互联网相关就简单地将其归类为“互联网不正当竞争行为”;增加禁止妨碍和干扰他人合法生产经营活动的条款;增加禁止商业抄袭的条款;增加禁止侵害消费者权益的条款。〔2〕

刘文琦提出,所涉网络经营行为是否具有正当性,必须立足于现代竞争法的立法理念和价值取向,同时要对现代商业环境尤其是对网络环境有充分认知,以谦抑克制的态度包容网络技术与商业模式的推陈出新。反不正当竞争法的规制不再局限于传统的同业竞争情形,而是聚焦于不公平商业行为本身,这种转变有益于应对网络产品竞争形式的多态化发展。判断互联网商业行为正当性应当遵循竞争法上侵权判定的思路,而非侵权责任法上一般侵权行为的判定思路,同时综合考量消费者利益因素、主观过错因素、利益平衡因素、损害后果因素等多元因素。〔3〕

蒋舸提出,《反不正当竞争法》引入的网络条款旨在评价网络竞争行为的正当性,但该条款在解释论上面临诸多困境,因此难堪重任。困境的根源在于方法论研究之欠缺,即立法者未曾反省类型化原理就盲目选择了案例群类型化的修法进路。面对此困境,应当对网络条款予以限缩解释,将其适用范围控制在文本无歧义的范围内。针对网络条款无法评价的网络竞争行为,首先应当对既有的成熟类型化条款予以功能主义解释;其次应在必要时审慎制定新类型化规则;最后可以承认适用一般条款评价少量行

〔1〕 参见孙晋、闵佳凤:《论互联网不正当竞争中消费者权益的保护——基于新修〈反不正当竞争法〉的思考》,载《湖南社会科学》2018 年第 1 期。

〔2〕 参见吴莉娟:《互联网新型不正当竞争行为的类型化研究——兼论〈反不正当竞争法〉类型化条款之完善》,载《竞争政策研究》2019 年第 6 期。

〔3〕 参见刘文琦:《〈反不正当竞争法〉互联网条款下商业行为正当性判别》,载《电子知识产权》2018 年第 8 期。

为的合理性。[1]

周围提出，德国司法实践在“免费内容+广告”商业模式与广告拦截服务竞争中确立的公认商业道德判断标准值得充分借鉴，其将审查的重点置于广告拦截公司与数字出版商之间的竞争均衡、消费者权益以及创新的需求之上。这种思路较权利保护式的竞争法思维，有更突出的市场意识，对于广告拦截公司所实施竞争行为也具有更强的宽容度，也更符合互联网竞争的特性和规律。我国司法机关应当摒弃传统侵权行为认定的判断思路，将审查的重点置于竞争对手之间的竞争均衡、消费者福利以及创新需求等要件上。[2]

兰楠提出，修改后的《反不正当竞争法》“互联网专条”的宣示意义大于实用价值，对行为类型的列举既不互斥也不周延，如何评价未类型化互联网竞争行为的正当性，依然是反不正当竞争法需要解决的核心问题之一。未类型化行为只能在充分考虑互联网竞争特殊性的前提下，保留在一般条款下进行评价。法益衡量的核心一是要保障最广泛的竞争利益，二是竞争行为本身是法益衡量的最大关切。因此，应以比例原则来考察竞争行为和手段对不同利益的增进或损害，以最大限度地兼容不同利益。[3]

谢兰芳、黄细江提出，认定互联网不正当竞争行为的法律标准与核心是竞争行为的非正当性。该非正当性认定具体以公认的商业道德和诚实信用原则为价值判断，以损害为依据，从经营者利益、消费者利益和公众利益三个维度进行利益权衡，同时在具体个案中考虑技术本身、商业模式、竞争秩序、自律规范以及消费者利益等综合因素。[4]

余杰提出，移动平台软件在发挥软件自身功能的同时，也充当了竞争者流量入口、平台入口的角色，导致以软件干扰为表现形式的不正当竞争行为高发。在以反不正当竞争法调整规制软件干扰行为时，必须考虑特定竞争环境对法律适用的影响，并确定相应司法裁判思路。“互联网专条”可用于规制移动平台软件干扰行为，但亦存在局限和不足。在法律适用时，需要在个

---

〔1〕 参见蒋舸：《〈反不正当竞争法〉网络条款的反思与解释——以类型化原理为中心》，载《中外法学》2019 年第 1 期。

〔2〕 参见周围：《德国数字广告拦截行为的竞争法规制》，载《出版科学》2019 年第 2 期。

〔3〕 参见兰楠：《广告过滤行为的正当性评价》，载《华东政法大学学报》2019 年第 2 期。

〔4〕 参见谢兰芳、黄细江：《互联网不正当竞争行为的认定理念》，载《知识产权》2018 年第 5 期。

案中运用法律解释方法,结合特定因素的考量,最终作出判定。[1]

(四)关于不正当竞争行为处理程序及责任的有关问题

叶明、陈耿华对中国 1999—2015 年的互联网不正当竞争案件判决书进行了整理分析,发现以最高人民法院为代表的司法机关在适用赔礼道歉、消除影响时比较混乱,存在请求主体不统一、适用条件及适用逻辑未厘清等问题。其重要原因是二者功能定位仍存困惑,且相关立法或空白、或不一致。为解决这两种责任形式适用混乱的问题,应重新界定赔礼道歉、消除影响的适用目的,并从请求主体、适用范围、适用限度及适用边界等方面予以制度化,从而有效回应互联网竞争主体的正当诉求,规范互联网市场竞争秩序。[2]

马晓明、翟静芳提出,互联网时代下,流量、数据代替实物成为企业最重要的资产,这就导致不管是企业之间的竞争还是诉讼案件的索赔大都以其为轴心展开,那么,当流量、数据作为损害赔偿的依据时,如何确定其价值、如何据此计算损害赔偿数额就成为司法审判的一大难题。该学者通过对相应司法案例进行研究,在总结目前流量、数据不正当竞争损害赔偿司法现状的基础上,针对原告受到的流量损失、广告费损失、会员收入损失及数据损失四种类型,分别提出了对应的计算方法。[3]

(五)其他

彭学龙提出,作为文化创意领域重要的商业标志,作品名称发挥着微妙的标识作用,牵涉多重复杂的权利关系。《反不正当竞争法》的修订在我国引入作品名称保护制度方面进行了有益探索。虽然其第 6 条第 3 项最终只明确提及“域名主体部分、网站名称、网页”,但其列举式立法模式和第 4 项兜底条款,为给予曾出现在修订草案中的“频道、节目、栏目的名称及标识”和图书、报刊、电影、软件、游戏名称和标识的适当保护预留了合理空间。就短期而言,可在后续司法实践的基础上进一步修订第 6 条第 3 项,建立更具针对性的作品名称保护制度;从长远考虑,则应同时修订反不正当竞争法和商

---

[1] 参见余杰:《移动平台软件干扰的反不正当竞争法规制——兼评“互联网专条”》,载《竞争政策研究》2018 年第 5 期。

[2] 参见叶明、陈耿华:《赔礼道歉与消除影响的适用研究——以 1999-2015 年互联网不正当竞争案件判决书为样本》,载《北京理工大学学报(社会科学版)》2018 年第 1 期。

[3] 参见马晓明、翟静芳:《网络不正当竞争损害赔偿研究——以流量、数据为视角》,载《电子知识产权》2019 年第 12 期。

标法,将作品名称纳入商标法的调整范围,正式确立标题权。[1]

李扬、蓝小燕提出,由于行业规范缺失、合同的相对性、侵权责任法司法适用中的难题,对竞争者之间的引诱违约行为进行反不正当竞争法评价具有必要性。在引诱违约行为人与受害人之间存在竞争关系、合同已经成立且不存在任意解除权、行为人实施了引诱违约行为、引诱违约行为具有不正当性等要件下,引诱违约行为构成不正当竞争行为。将符合特定要件的引诱违约行为评价为不正当竞争行为,不会限制契约自由,效率违约不能成为引诱违约行为正当性的理论依据。[2]

袁钢对律师不正当竞争是否适用《反不正当竞争法》持否定态度,认为律师职业兼具公益性和商业性,不是"生产经营活动"。作为非自由竞争,律师执业以承揽业务为目的并且律师不正当竞争发生在交易行为之前,不会产生"扰乱市场竞争秩序"的损害结果。2017 年《反不正当竞争法》规定的不正当竞争行为的外延与《律师法》等规定的律师不正当竞争的外延不存在涵摄关系。律师不正当竞争仅是若干律师不当执业行为的合称,应通过"行政处罚+行业处分"的传统方式及信用惩戒的新方式来进行规制。[3]

蔡慧永提出,在应用反不正当竞争法体系规制虚假流量的过程中,提升消费者的诉讼地位并应用消费者要素理论,能够避免消费者权益和公平竞争秩序产生对立,进而妥善解决虚假网络流量导致产生的社会危害。在立法程序和司法实践中,将侵害消费者权益作为认定不正当竞争行为的主要依据,同时给予消费者群体在不正当竞争案件中诉讼地位并强化行政机构的部分职能,将有利于虚假流量诉讼中反不正当竞争法的适用和消费者权利保护的改善。[4]

(六)简短的评价

(1)本时期关于反不正当竞争法的学术研究仍然较为活跃。尽管无法与之前《反不正当竞争法》修订过程中的研究热度相比,但 2018—2019 年这

---

〔1〕 参见彭学龙:《作品名称的多重功能与多元保护——兼评反不正当竞争法第 6 条第 3 项》,载《法学研究》2018 年第 5 期。

〔2〕 参见李扬、蓝小燕:《引诱违约行为的反不正当竞争法评价》,载《知识产权》2018 年第 7 期。

〔3〕 参见袁钢:《律师"不正当竞争"的正当规制》,载《首都师范大学学报(社会科学版)》2019 年第 1 期。

〔4〕 参见蔡慧永:《虚假网络流量法律问题刍议——兼论不正当竞争行为的评判标准》,载《法学杂志》2019 年第 10 期。

方面的学术研究仍然可圈可点,有关中文核心刊物上的发文量在100篇以上,围绕《反不正当竞争法》修订的得与失、具体不正当竞争条款设计的理解与适用、新型的特别是网络不正当竞争行为的规制理念与方法等方面,有了更为深入的研究,提出了一些颇令人感兴趣的观点。

(2)由于专业特色以及出版周期的因素,《知识产权》《电子知识产权》《法律适用》等专业期刊刊发了较多的以反不正当竞争法为主题的学术论文,使得这些学术期刊成为反不正当竞争法研究的重要阵地。

(3)来自理论界与实务界的研究者在研究主题选择上,较为关注经济社会发展带来的新课题以及由此引发的基础理论问题。除了反不正当竞争法总论中的有关问题,如反不正当竞争法与反垄断法、知识产权法、广告法等相关部门法之间的关系、不正当竞争行为认定中"不正当竞争"的判定及商业道德的解释、竞争关系的有无等基础理论争议外,在各种不正当竞争行为的研究中,主要集中于网络不正当竞争行为、商业混淆行为等新型的、存在较大不确定性的不正当竞争行为方面。

(4)在研究方法上,研究者基本上均从近年来我国丰富的不正当竞争案例出发,其中不少还结合海外类似案件的处理结果进行了比较研究;一些学者还注重采用传统的法学理论之外的理论,丰富了研究方法,扩大了研究视野。

第二节　欧盟竞争法理论最新发展综述*

2018—2020年,欧盟及其成员国竞争法理论界与实务界聚焦于研究数字经济时代竞争法规制机制的革新路径。〔1〕在此时代背景下,欧盟及其成员国竞争法理论界与实务界呈现良性双向互动态势。具言之,理论界人士全面推动与参与了欧盟层面及欧盟成员国层面关于竞争法数字化革新的官方报告与法律草案的制定。此外,欧盟及欧洲自由贸易联盟的成员国理论界人士在涉及普遍经济利益服务的国家援助规制领域亦进行相关系统性研究。

一、欧盟理论界视角下竞争法数字化革新的思路与建议

2019年4月,欧盟委员会发布以"数字时代的竞争政策"(Wettbewer-

---

* 作者简介:翟巍,法学博士,华东政法大学竞争法研究中心执行主任、副教授。

〔1〕本部分内容系笔者主持的国家社会科学基金一般项目"依法治国视域下社会公共服务领域行政垄断规制研究"(项目编号:15BFX081)研究成果。

bspolitik für das digitale Zeitalter)为主题的报告。该报告系由欧盟竞争事务专员玛格丽特·维斯塔格女士(Margrethe Vestager)任命的三名特别顾问提交。这三名特别顾问分别为教授海克·史威哲(Heike Schweitzer)、教授雅克·克雷默(Jacques Crémer)以及助理教授伊夫·亚历山大·德·蒙特乔伊(Yves-Alexandre de Montjoye)。[1] 在该项报告中,三名特别顾问清晰厘定数字市场的独有特征,并提出欧盟竞争法在数字经济时代应当达到的目标;他们着重分析了在数字平台规制与数据规制领域应当适用的竞争法规则,并明晰了经营者集中控制规则在维持竞争与创新机制中的角色定位。[2]

教授海克·史威哲、教授雅克·克雷默以及助理教授伊夫·亚历山大·德·蒙特乔伊在报告“数字时代的竞争政策”中提出,在数字经济环境中企业的竞争力在很大程度上取决于其能否及时访问相关数据,因此他们建议施行促进数据交换的措施。[3] 这三位学者主张,虽然关于数据交换与数据池的相关协议会产生促进竞争的效应,但这类协议在以下情形亦可能产生反竞争效果:其一,当一部分竞争者被允许访问特定数据资源,而另一部分竞争者却不被允许访问特定数据资源;其二,数据交换行为属于反竞争的信息交换行为范畴;其三,数据交换行为具有阻碍创新的效果。[4]

三位学者认为,有权机关应当针对具有市场支配地位的企业制定更为严苛的关于确保数据可移植性的规定,以鼓励“用户多栖性”与克服“用户锁

---

〔1〕 Europäische Kommission, Berater legen Empfehlungen für EU-Wettbewerbspolitik im digitalen Zeitalter vor, https://ec.europa.eu/germany/news/20190404-berater-legen-empfehlungen-fuer-eu-wettbewerbspolitik-im-digitalen-zeitalter-vor_de, besucht am 30. 06. 2020.

〔2〕 Europäische Kommission, Berater legen Empfehlungen für EU-Wettbewerbspolitik im digitalen Zeitalter vor, https://ec.europa.eu/germany/news/20190404-berater-legen-empfehlungen-fuer-eu-wettbewerbspolitik-im-digitalen-zeitalter-vor_de, besucht am 30. 06. 2020.

〔3〕 Bühlmann, Lukas, Meyerlustenberger Lachenal, EU-Kommission veröffentlicht Bericht zur Wettbewerbspolitik im digitalen Zeitalter, https://www.lexology.com/library/detail.aspx?g=1039a533-f876-48cf-a240-926d3f4ba54e, besucht am 06. 11. 2020; European Commission, Competition Policy for the digital era Final report, 2019.

〔4〕 Bühlmann, Lukas, Meyerlustenberger Lachenal, EU-Kommission veröffentlicht Bericht zur Wettbewerbspolitik im digitalen Zeitalter, https://www.lexology.com/library/detail.aspx?g=1039a533-f876-48cf-a240-926d3f4ba54e, besucht am 06. 11. 2020; European Commission, Competition Policy for the digital era Final report, 2019.

定”效应。〔1〕此外,这三位学者也认为,在诸多情形下,拒绝访问数据的行为是否构成违反《欧盟运行条约》(TFEU)第102条的滥用市场支配地位行为取决于“所请求访问数据的不可或缺性”与“请求访问数据的目的”;如果用户可以轻松在网络平台企业之间实现转换,那么在此情形下不应认定相关网络平台企业实施滥用市场支配地位垄断行为。〔2〕

在报告“数字时代的竞争政策”中,三位学者亦详细解析了“杀手收购”行为(Killer Acquisitions)。所谓“杀手收购”,是指具有市场支配地位的企业实施的一种反竞争行为;具言之,具有市场支配地位的企业通过尽早购买潜在竞争对手的方式,“遏制”潜在竞争对手在将来可能带来的挑战。在“杀手收购”中,由于被收购的“初创企业”通常属于销售额较低的企业,因而这类收购行为甚至不受到欧盟经营者集中条例的规制。〔3〕依据报告“数字时代的竞争政策”的结论,虽然欧盟暂时不应当降低经营者集中审查的门槛,但是欧盟在将来应当重点关注以下情形:“具有市场支配地位的平台企业是否通过收购用户数迅速增长的小企业的方式,以实施防止自身生态系统内的用户流失的策略?”进一步而言,依据撰写该报告的三位学者的观点,如果具有市场支配地位的平台企业涉嫌通过收购方式实施防止自身生态系统内的用户流失的策略,那么该平台企业应当承担举证责任,以证明其所实施的收购行为产生的任何竞争的负面影响都可通过收购行为带来的效率被抵消。〔4〕

在数字经济时代,数据被定性为价值创造因素(Wertschöpfungsfaktor),

---

〔1〕 Bühlmann, Lukas, Meyerlustenberger Lachenal, EU-Kommission veröffentlicht Bericht zur Wettbewerbspolitik im digitalen Zeitalter, https://www. lexology. com/library/detail. aspx? g = 1039a533-f876-48cf-a240-926d3f4ba54e, besucht am 06. 11. 2020; European Commission, Competition Policy for the digital era Final report, 2019.

〔2〕 Bühlmann, Lukas, Meyerlustenberger Lachenal, EU-Kommission veröffentlicht Bericht zur Wettbewerbspolitik im digitalen Zeitalter, https://www. lexology. com/library/detail. aspx? g = 1039a533-f876-48cf-a240-926d3f4ba54e, besucht am 06. 11. 2020; European Commission, Competition Policy for the digital era Final report, 2019.

〔3〕 Bühlmann, Lukas, Meyerlustenberger Lachenal, EU-Kommission veröffentlicht Bericht zur Wettbewerbspolitik im digitalen Zeitalter, https://www. lexology. com/library/detail. aspx? g = 1039a533-f876-48cf-a240-926d3f4ba54e, besucht am 06. 11. 2020.

〔4〕 Bühlmann, Lukas, Meyerlustenberger Lachenal, EU-Kommission veröffentlicht Bericht zur Wettbewerbspolitik im digitalen Zeitalter, https://www. lexology. com/library/detail. aspx? g = 1039a533-f876-48cf-a240-926d3f4ba54e, besucht am 06. 11. 2020.

其在经济层面与安全层面的重要性愈加凸显。欧盟竞争法理论界与实务界形成的基本共识是，在数字经济时代背景下，如果一个市场主体能够有效利用数据与人工智能，那么它就可以在最短时间内在工业价值创造领域获得竞争优势(Wettbewerbsvorsprünge)。与之相对应，如果一个市场主体不具有利用数据与人工智能的可能性，抑或是它在主观层面不准备利用数据与人工智能，那么即使迄今为止它在所经营行业处于世界领先地位，它亦可能在很短时间内失去其领先地位。〔1〕基于此态势，由超大型数字平台企业所实施的多元数据垄断行为成为欧盟竞争法理论界与实务界关注焦点之一。举例而言，2019 年德国脸书公司数据垄断案便是关于数据垄断规制的典型案例。

众所公认，社交网络属于数据驱动型的产品。〔2〕根据德国联邦卡特尔局(Bundeskartellamt)的调查结果，脸书公司在德国社交网络市场具有支配地位。具体而言，脸书公司每月具有 23 亿全球活跃用户，其中约有 15 亿人每天都在使用脸书。截至 2018 年年底，脸书公司每月在德国约有 3200 万私人用户，其中约有 2300 万用户每天都在使用脸书。〔3〕按照德国联邦卡特尔局的评估，脸书公司收集与使用用户数据的行为不仅涉嫌违反相关数据保护法律，而且构成背离反垄断法要求的垄断行为。〔4〕在 2019 年 2 月，德国联邦卡特尔局作出禁止脸书公司对不同来源的用户数据实施“整合”(Zusammenführung)行为的决定。〔5〕依据德国联邦卡特尔局主席安德列亚斯·蒙德特(Andreas Mundt)的观点，联邦卡特尔局希冀为脸书公司设置一种内部的数据分拆方式。具体而言，脸书公司在将来不得强迫其用户同意以下事项：脸书公司在事实上毫无界限地收集非脸书数据(Nicht-Facebook-Daten)并将其配置给脸书用户所属的脸书账户。〔6〕

---

〔1〕 Vgl. BMWi, GWB-Digitalisierungsgesetz, S. 1, https://www.bmwi.de/Redaktion/DE/Downloads/G/gwb-digitalisierungsgesetz-zuammenfassung.pdf?__blob=publicationFile&v=4, besucht am 30.06.2020.

〔2〕 Bundeskartellamt, Hintergrundinformationen zum Facebook-Verfahren des Bundeskartellamtes, 07. Februar 2019, S. 7.

〔3〕 Bundeskartellamt, Hintergrundinformationen zum Facebook-Verfahren des Bundeskartellamtes, 07. Februar 2019, S. 4.

〔4〕 Bundeskartellamt, Hintergrundinformationen zum Facebook-Verfahren des Bundeskartellamtes, 07. Februar 2019, S. 1.

〔5〕 Bundeskartellamt, Pressemitteilung, Bonn, 7. Februar 2019.

〔6〕 Bundeskartellamt, Pressemitteilung, Bonn, 7. Februar 2019, S. 2.

二、欧盟理论界与实务界针对竞争法传统内容的重大创新——设定禁止“具有显著跨市场竞争影响企业的滥用行为”条款

德国是欧盟核心成员国之一,亦是欧盟发达的经济体之一。在 2019 年,德国启动反垄断法(德国《反限制竞争法》)数字化改革的最直接原因就是执行欧盟所附加的法律义务。具言之,作为欧盟成员国之一的德国,其竞争监管机构具有义务执行欧盟第 2019/1 号指令的要求,以确保德国竞争监管机构能够更加有效地执行欧盟竞争规则并确保欧盟内部市场平稳运行。基于这一态势,德国立法机关亦有必要针对德国《反限制竞争法》实施第十次修订。[1]

2019 年 10 月 7 日,德国发布了关于德国《反限制竞争法》第十次修订草案的“临时状态”的信息。该次事件标志着德国开启制定数字化反垄断法的计划;而德国实施反垄断法(德国《反限制竞争法》)数字化改革的主要目标之一是“更好地规制在线市场”(um Onlinemärkte besser zu regulieren)。2020 年 1 月 24 日,德国联邦经济与能源部(BMWi)公布关于德国《反限制竞争法》第十次修订(10. GWB-Novelle)的草案(Referentenentwurf),以征求德国联邦各州与协会对该草案的意见。[2] 该草案的全称为《德国联邦经济与能源部专家草案——为制定具有聚焦性、主动性、数字性的 4.0 版本竞争法而提出的关于〈反限制竞争法〉第十次修订的草案》(Referentenentwurf des Bundesministeriums für Wirtschaft und Energie—Entwurf eines Zehnten Gesetzes zur Änderung des Gesetzes gegen Wettbewerbsbeschränkungen für ein fokussiertes, proaktives und digitales Wettbewerbsrecht 4.0)。[3]

与德国现行《反限制竞争法》相比较,德国联邦经济与能源部(BMWi)公布的关于德国《反限制竞争法》第十次修订草案的一大特色是增设了“第 19a 条”,该条标题为“具有显著跨市场竞争影响企业的滥用行为”(Missbräu-

---

〔1〕 BMWi, Referentenentwurf des Bundesministeriums für Wirtschaft und Energie, S. 1, https://www.bmwi.de/Redaktion/DE/Downloads/G/gwb-digitalisierungsgesetz-referentenentwurf.pdf?__blob=publicationFile&v=10, besucht am 30.06.2020.

〔2〕 Bundeskartellamt, BMWi veröffentlicht Referentenentwurf zur 10. GWB-Novelle, https://www.bundeskartellamt.de/SharedDocs/Meldung/DE/AktuelleMeldungen/2020/28_01_2020_GWB_Novelle.html;jsessionid=028A6AD6815EC71E887D255B792384B3.2_cid387, besucht am 30.06.2020.

〔3〕 BMWi, Referentenentwurf des Bundesministeriums für Wirtschaft und Energie, https://www.bmwi.de/Redaktion/DE/Downloads/G/gwb-digitalisierungsgesetz-referentenentwurf.pdf?__blob=publicationFile&v=10, besucht am 30.06.2020.

chliches Verhalten von Unternehmen mit überragender marktübergreifender Bedeutung für den Wettbewerb)。[1] 关于德国《反限制竞争法》第十次修订草案“第19a条”第1款与第2款厘定了不同于“滥用市场支配地位行为”与“滥用市场相对优势地位行为”的第三种类型的“企业滥用市场力量行为”，即具有显著跨市场竞争影响的企业实施的滥用市场力量行为。其中，关于德国《反限制竞争法》第十次修订草案“第19a条”第1款厘定了关于一家企业是否具有显著跨市场竞争影响的评判标准，而“第19a条”第2款则确定了一家具有显著跨市场竞争影响的企业滥用市场力量行为的界定标准与否定性法律后果。

---

〔1〕 草案“第19a条”德文版本内容如下：“§ 19a Missbräuchliches Verhalten von Unternehmen mit überragender marktübergreifender Bedeutung für den Wettbewerb (1) Das Bundeskartellamt kann durch Verfügung feststellen, dass einem Unternehmen, das in erheblichem Umfang auf Märkten im Sinne des § 18 Absatz 3a tätig ist, eine überragende marktübergreifende Bedeutung für den Wettbewerb zukommt. Bei der Feststellung der überragenden marktübergreifenden Bedeutung eines Unternehmens für den Wettbewerb sind insbesondere zu berücksichtigen: 1. seine marktbeherrschende Stellung auf einem oder mehreren Märkten; 2. seine Finanzkraft oder sein Zugang zu sonstigen Ressourcen; 3. seine vertikale Integration und seine Tätigkeit auf in sonstiger Weise miteinander verbundenen Märkten; 4. sein Zugang zu wettbewerbsrelevanten Daten; 5. die Bedeutung seiner Tätigkeit für den Zugang Dritter zu Beschaffungs- und Absatzmärkten sowie sein damit verbundener Einfluss auf die Geschäftstätigkeit Dritter. (2) Das Bundeskartellamt kann im Falle einer Feststellung nach Absatz 1 dem Unternehmen untersagen: 1. beim Vermitteln des Zugangs zu Beschaffungs-und Absatzmärkten die Angebote von Wettbewerbern anders zu behandeln als eigene Angebote; 2. Wettbewerber auf einem Markt, auf dem das betreffende Unternehmen seine Stellung auch ohne marktbeherrschend zu sein schnell ausbauen kann, unmittelbar oder mittelbar zu behindern, sofern die Behinderung geeignet wäre, den Wettbewerbsprozess erheblich zu beeinträchtigen; 3. durch die Nutzung der auf einem beherrschten Markt von der Marktgegenseite gesammelten wettbewerbsrelevanten Daten, auch in Kombination mit weiteren wettbewerbsrelevanten Daten aus Quellen außerhalb des beherrschten Marktes, auf einem anderen Markt Marktzutrittsschranken zu errichten oder zu erhöhen oder andere Unternehmen in sonstiger Weise zu behindern oder Geschäftsbedingungen zu fordern, die eine solche Nutzung zulassen; 4. die Interoperabilität von Produkten oder Leistungen oder die Portabilität von Daten zu erschweren und damit den Wettbewerb zu behindern; 5. andere Unternehmen unzureichend über den Umfang, die Qualität oder den Erfolg der erbrachten oder beauftragten Leistung zu informieren oder ihnen in anderer Weise eine Beurteilung des Wertes dieser Leistung zu erschweren. Dies gilt nicht, soweit die jeweilige Verhaltensweise sachlich gerechtfertigt ist. Die Darlegungs- und Beweislast obliegt insoweit dem betreffenden Unternehmen. § 32 Absatz 2 und 3, § 32a und § 32b gelten entsprechend. Die Verfügung nach Absatz 2 kann mit der Feststellung nach Absatz 1 verbunden werden. (3) § § 19 und 20 bleiben unberührt。”

依据关于德国《反限制竞争法》第十次修订草案"第 19a 条"第 2 款规定,如果德国联邦卡特尔局确认存在本条第 1 款所述情形,那么德国联邦卡特尔局可以禁止具有显著跨市场竞争影响的企业从事以下行为:(1)在提供进入采购市场与销售市场的渠道时,对竞争对手与自身所属企业实施区别对待,给予不同的准入报价;(2)直接或间接在特定市场上(在该类市场上,具有显著跨市场竞争影响的企业即使不具有市场支配地位,亦可以迅速拓展其实力)阻碍竞争对手,而且这种阻碍行为可能显著削弱竞争机制;(3)在其占支配地位的市场上收集市场相对方主体的竞争相关性数据,然后将这类竞争相关性数据与源于其占支配地位的这一市场以外的其他竞争相关性数据相结合,最终通过整合与利用这类数据的方式,在另一个市场设立市场准入壁垒或者提高市场准入门槛,抑或是以其他方式阻碍其他企业,抑或是要求其他企业将允许该企业利用整合数据作为交易条件;(4)减损数据或服务的互操作性(Interoperabilität)或数据的可移植性(Portabilität),从而损害竞争;(5)没有将由其所提供的或受委托提供的服务的范围、质量或效果信息充分告知其他企业,或者以其他方式使其他企业难以评估这类服务的价值。

关于德国《反限制竞争法》第十次修订草案"第 19a 条"第 2 款亦进一步规定,如果前述具有显著跨市场竞争影响的企业从事的相应行为具有客观合理性,那么前述禁止性规定不予适用;在这方面,相关企业承担解释与举证责任;在此情形下,该法第 32 条第 2 款、第 3 款、第 32a 条、第 32b 条可相应适用;此外,基于"第 19a 条"第 2 款的"决定"可与基于"第 19a 条"第 1 款的"确认"相结合。依据关于德国《反限制竞争法》第十次修订草案"第 19a 条"第 3 款规定,该法第 19 条与第 20 条的效用不受影响。[1]

依据学者奥利弗·布津斯基(Oliver Budzinski)、索菲亚·甘斯尔(Sophia Gaenssle)和安妮卡·斯托尔(AnnikaStöhr)的建议,德国修法机关应当进一步在以下三个层面强化对企业滥用市场力量行为的规制力度:其一,在数字经济领域,将控制"与竞争相关的数据"获取渠道厘定为企业具有市场支配地位的参考依据之一,并补充设定相关的滥用市场支配地位行为的认定标准;其二,在滥用相对优势地位行为的规制层面,拓展现行竞争法规则的适用范围,以防范与遏制企业滥用相对优势地位的行为;其三,明晰"具有显

---

〔1〕 Hogan Lovells Kartellrechts-Radar, Herbst 2019-Was Sie auf dem Schirm haben sollten, Fokus Digitalökonomie, S. 1, https://www. hoganlovells. com/~/media/germany _ folder - for - german-team/newsletter/kartellrechts_radar_herbst_2019. pdf, besucht am 04. 07. 2020.

著跨市场竞争影响的企业所实施的滥用市场力量行为”的界定标准,经由此类界定标准,反垄断执法与司法机关应当可以解析数字生态系统的复杂结构,并进一步确定相关企业在这类数字生态系统中的角色定位。[1]

三、欧盟及欧洲自由贸易联盟国家援助法律体系的最新研究进路

就外延范畴而言,欧盟国家援助法律制度属于欧盟竞争法律制度的组成部分之一。欧盟国家援助法律制度的核心条款为《欧盟运行条约》第107—109条。这一系列法条适用于规制所有欧盟成员国,它们厘定了欧盟成员国在实施国家援助行为情形下合法性与非法性之间的区分界限。[2]

2018年7月16日,欧盟委员会颁布《关于国家援助控制程序的最佳实践行为准则》(Code of Best Practices for the Conduct of State Aid Control Procedures),该行为准则包含了关于国家援助程序实践运作的指导性内容。[3] 这一具有指南性质的法律文件的制定宗旨是提高欧盟国家援助程序的有效性、透明度与可预测性。[4] 在国家援助程序的实际执行层面,《关于国家援助控制程序的最佳实践行为准则》为欧盟成员国、国家援助受益主体以及其他有关方面提供了行动指南。

近年来,欧盟执法与司法机关在国家援助案件中严格适用“市场经营者原则”,并倾向于限缩欧盟国家援助行为豁免规则的适用范围,其典型案例为“Nemzeti Mobilfizetési Zrt.”案。2018年,欧洲法院(der Europäische Gerichtshof)对“Nemzeti Mobilfizetési Zrt.”案作出裁决,由匈牙利国家控制的一家企业独家经营匈牙利国家移动支付系统违法欧盟法,并且这一独家经营

---

〔1〕 Budzinski, Oliver/Gaenssle, Sophia/Stöhr, Annika, Der Entwurf zur 10. GWB Novelle: Interventionismus oder Laissezfaire? Ilmenau Economics Discussion Papers, No. 140, S. 28, https://www.econstor.eu/bitstream/10419/218964/1/169997652X.pdf, besucht am 05.07.2020.

〔2〕 BMWi, Handbuch über staatliche Beihilfen, Handreichung für die Praxis von BMWi-EA6, Stand: Januar 2016, S. 8.

〔3〕 Europäische Kommission, Mitteilung der Kommission, Verhaltenskodex für die Durchführung von Beihilfeverfahren, Brüssel, den 16.7.2018, C(2018)4412 final.

〔4〕 Richter, EU-Kommission veröffentlicht neuen Leitfaden für die Durchführung von Beihilfeverfahren, 18.07.2018, https://www.lutzabel.com/news/20180718-eu-kommission-veroeffentlicht-neuen-leitfaden-fuer-die-durchfuehrung-von, besucht am 21.08.2018.

行为不能基于普遍经济利益服务供给的理由而获得合法性。[1]

在该案中,匈牙利成立了一家名为“Nemzeti Mobilfizetési Zrt.”的国有独资公司,该公司负责经营一个国家移动支付系统。依据匈牙利国家的规定,公共停车场收费、道路通行费、旅客运输领域的收费以及所有其他有偿国家服务的移动收费都必须通过由国有独资公司“Nemzeti Mobilfizetési Zrt.”经营的国家移动支付系统实施。欧盟委员会认为,匈牙利设置国有独资公司独家经营国家移动支付系统的行为违反了欧盟关于“设置营业机构自由”与“服务供给自由”的规定,因而向欧洲法院起诉匈牙利政府。[2] 匈牙利政府提出两项抗辩:其一,匈牙利政府主张欧盟服务指令不适用于本案移动支付服务领域;其二,匈牙利政府认为,退一步而言,即使欧盟服务指令适用于规制本案移动支付服务领域,本案所涉及的移动支付服务亦应归属于普遍经济利益服务领域,而依据欧盟法律的规定,欧盟成员国可以依法在普遍经济利益服务领域实施一定程度的国家限制竞争行为。[3] 然而,欧洲法院最终否决了匈牙利政府所提出的抗辩主张。

在欧盟成员国长期地方自治管理实践中,以德国为代表的若干欧盟成员国基层地方政府被公认为属于高效与优秀的社会公共服务(生计预备)供给保障主体。[4] 不过,近年来在这些欧盟成员国亦出现了是否需要变革与优化社会公共服务(生计预备)供给保障主体的争议。依据皮特·桂特慈(Peter Götz)等学者观点,除非通过民营化改革能够使社会公共服务(生计预

[1] Hock, Martin, Ungarn darf für Nahverkehr, Maut und ähnliche Leistungen kein mobiles Zahlungssystem als staatliches Monopol betreiben. Das urteilte am Donnerstag der EuGH, https://www.faz.net/aktuell/finanzen/eugh-urteil-kein-staatsmonopol-fuer-zahlungssysteme-15878926.html, besucht am 15.01.2020.

[2] Hock, Martin, Ungarn darf für Nahverkehr, Maut und ähnliche Leistungen kein mobiles Zahlungssystem als staatliches Monopol betreiben. Das urteilte am Donnerstag der EuGH, https://www.faz.net/aktuell/finanzen/eugh-urteil-kein-staatsmonopol-fuer-zahlungssysteme-15878926.html, besucht am 15.01.2020.

[3] 《欧盟运行条约》第 106 条第 2 款第 1 句规定:“对于受委托从事普遍经济利益服务的企业或具有财政垄断性质的企业,适用诸条约的条款,尤其是竞争规定,只要这些条款的适用没有在法律上或事实上妨碍这些企业承担转嫁给它们的特定任务。”Hock, Martin, Ungarn darf für Nahverkehr, Maut und ähnliche Leistungen kein mobiles Zahlungssystem als staatliches Monopol betreiben. Das urteilte am Donnerstag der EuGH, https://www.faz.net/aktuell/finanzen/eugh-urteil-kein-staatsmonopol-fuer-zahlungssysteme-15878926.html, besucht am 15.01.2020.

[4] Götz, Peter, Kommunale Daseinsvorsorge: Zielkonflikte und Rechtsunsicherheit, https://www.kas.de, S. 4, besucht am 27.03.2020.

备)供给效率与质量进一步提升,否则由德国基层地方政府管理与保障社会公共服务(生计预备)供给的模式不应贸然改变。其原因在于,一旦通过民营化改革,基层地方政府管理与保障社会公共服务(生计预备)供给的模式被主动放弃,那么如果在民营化改革后社会公共服务(生计预备)供给质量或效率下降,国家势必需要花费巨额成本与漫长时间重建基层地方政府管理与保障社会公共服务(生计预备)供给的模式。[1] 相关典型例子是,近年来若干欧盟成员国原先国有化(公有化)的供水服务行业在实施民营化改革后,又因民营化改革效果不佳,这一行业被迫再次实施耗时耗资的再国有化或准国有化改革。

居于欧洲中部的瑞士不属于欧盟成员国,而系欧洲自由贸易联盟成员国。不过,在社会公共服务(生计预备)供给保障领域,瑞士与欧盟及其成员国之间的法律研究进路与趋势具有趋同性。近年来,瑞士亦在供水等社会公共服务(生计预备)供给保障领域开展公私合营的改革,这一改革引发了该国理论界的两极化观点。

依据圣加仑大学公法学教授彼得·海蒂奇(Peter Hettich)的观点,虽然私人经营者在参与瑞士供水服务行业投资过程中不能直接盈利,但它们有权获得投资的利息,而这种利息获益水准应当等同市场上类似风险投资的盈利水准。[2] 具言之,针对不具营利性的非经济型社会公共服务行业(譬如,现今瑞士大多数州的供水服务行业),地方行政主体为了确保私人经营者能够具有参与经营的意愿,可以依据"物有所值"原则保证私人经营者获得一定的"回报"(譬如,投资利息),而地方行政主体确保私人经营者获得适度"回报"的行为体现公共利益,因而这类行政行为不应被视为具有违法属性的国家限制竞争行为。

在瑞士供水服务供给模式改革过程中,瑞士竞争法专家塞缪尔·鲁兹(Samuel Rutz)赞成开放瑞士供水服务行业,允许民间资本参与该行业的投资与经营。塞缪尔·鲁兹主张,由于从经济角度而言水是一种稀缺商品,而瑞士供水服务市场缺乏价格机制,这导致瑞士居民对稀缺商品饮用水的使用缺乏节制。不过,塞缪尔·鲁兹不赞成由私人控制水资源,但他认为应当允

---

〔1〕 Götz, Peter, Kommunale Daseinsvorsorge: Zielkonflikte und Rechtsunsicherheit, https://www.kas.de, S. 4, besucht am 27.03.2020.

〔2〕 Berg, Tina/Brunner, Raphael, Übernehmen bald private Firmen?, https://www.beobachter.ch/politik/wasser-ubernehmen-bald-private-firmen, besucht am 24.03.2020.

许私人处理与配送生活用水以及清洁废水。〔1〕 同时,塞缪尔·鲁兹进一步主张,在允许民间资本参与供水行业的投资与经营的情形下,政府必须制定关于供水服务的质量标准与价格标准,并通过招标程序授予特定民营企业供水特许经营权。〔2〕 瑞士 SVGW 饮用水协会则反对开放瑞士供水服务行业。它认为,供水是一项公共任务,而供水行业属于自然垄断领域,由于供水行业具有的自然垄断属性,因而在该行业竞争机制无法发生作用,基于这一原因,公共部门必须控制与规制该自然垄断行业。〔3〕

综上所述,2018—2019 年,欧盟及其成员国竞争法理论界与实务界人士梳理与厘定数字经济时代竞争法规制面临的一系列挑战,并提出相应的契合数字经济发展需求的革新思路与立法设计,制定了具有里程碑意义的禁止"具有显著跨市场竞争影响企业的滥用行为"的条款。此外,在国家援助行为规制与豁免领域,欧盟与欧洲自由贸易联盟成员国内部依旧对于民营化改革的路径与领域有较大分歧。不过,总体而言,欧盟在联盟层面日益倾向于在社会公共服务领域限缩欧盟国家援助行为豁免规则的适用范围,以促进该领域民营化改革进程。

第三节 德国竞争法理论发展综述*

一、引言

一般认为,德国竞争法包括《反对限制竞争法》(GWB)与《反不正当竞争法》(UWG)。其中,《反对限制竞争法》更多地关注行为的市场效果,特别是特定行为是否排除或限制了竞争。《反不正当竞争法》自古老的市场道德理念发展而来,经过"反不正当竞争法现代化"的洗礼,已将越来越多的市场效果纳入考量范围,因此今天《反不正当竞争法》的适用展现出古典与现代杂糅的风格。

2019 年德国竞争法(《反对限制竞争法》与《反不正当竞争法》)的相关

---

〔1〕 Berg, Tina/Brunner, Raphael, Übernehmen bald private Firmen?, https://www.beobachter.ch/politik/wasser-ubernehmen-bald-private-firmen, besucht am 24.03.2020.

〔2〕 Berg, Tina/Brunner, Raphael, Übernehmen bald private Firmen?, https://www.beobachter.ch/politik/wasser-ubernehmen-bald-private-firmen, besucht am 24.03.2020.

〔3〕 Berg, Tina/Brunner, Raphael, Übernehmen bald private Firmen?, https://www.beobachter.ch/politik/wasser-ubernehmen-bald-private-firmen, besucht am 24.03.2020.

* 作者简介:程子薇,深圳大学法学院助理教授,硕士生导师,法学博士。

的立法、司法及执法均获得一定程度的发展。从立法上来看,《商业秘密保护法》[Das Gesetz zum Schutz von Geschäftsgeheimnissen(GeschGehG)]的颁布是2019年的大事件。在《商业秘密保护法》颁布之前,德国法对商业秘密的保护主要由《反不正当竞争法》第17—19条来实现。《反不正当竞争法》第17—19条是刑法性质的规定,普遍被认为年代久远,祇待更新。《保护商业秘密法》转化了《欧盟商业秘密指令》,取代了《反不正当竞争法》中既有的不协调规定。一直以来,《反不正当竞争法》由实务部门所主导,并随着德国时代与社会的变迁而不断变化。尽管被学者批评为"远离最新经济学及其他学科发展的伊甸园",《反不正当竞争法》在以传统市场伦理为基础的前提下始终保持着较强的灵活性,一直是应对新型市场问题的前沿阵地,因此依据《反不正当竞争法》所作出的针对新型市场纠纷的不正当竞争判决具有很高的指向作用。2018年德国联邦最高法院就备受瞩目的屏蔽广告软件案作出判决,认定屏蔽广告软件 Adblock Plus 不构成不正当竞争,为沸沸扬扬的屏蔽广告软件争议划下一个休止符。从理论上看,德国反不正当竞争法学界高度关注新型不正当竞争纠纷,除了对诸如算法歧视问题、人工智能问题、数字平台的治理等具体问题展开讨论外,还有学者对网络不正当竞争的实施路径问题进行反思,提出增加对互联网不正当竞争行为的行政执法路径,亦有学者在德国市场规制法越来越深受来自美国法经济学影响的背景下,从方法论层面进行反思,尝试提出协调法律秩序与经济秩序的一般性原则。

二、德国竞争法立法及相关理论的最新发展

2019年3月21日,德国联邦议员多数通过《商业秘密保护法》,从而实现了对《欧盟商业秘密保护指令》(GeschGeh-RL)2016/93的转化。该法律于2019年4月26日正式颁布实施。《商业秘密保护法》共设有23个条款,分为4个部分。其中第1—5条是概论部分,分别对《商业秘密保护法》的适用范围,该法所涉及的立法定义、被允许的行为、被禁止的行为以及例外情形进行规定;第6—14条为受害一方配置了包括排除妨害、停止侵害、毁损或交出侵权材料及文件等在内的针对违法行为的请求权,还对滥用权利做出禁止性规定;第15—22条规定了解决商业秘密争端的程序。

总体而言,德国学界对新出台的《商业秘密保护法》给予正面评价,认为其对德国《反不正当竞争法》第17条、第18条、第19条这些古老并且存在显著漏洞的法律规则做出了根本性改变,体现了商业秘密保护规范体系的进步。[1] 但是,德国学者同时也指出,《商业秘密保护法》也存在一些问题,如对《欧盟商业秘密保护指令》的偏离,以及遗留了一些没能够解决的问题。这主要表现在商业秘密的概念界定、雇员侵犯商业秘密的违法边界等方面。[2]

(一)商业秘密的概念界定

《欧盟商业秘密保护指令》将"商业秘密"界定为具有"秘密性、商业价值并被采取合理手段进行保护"的信息。这一定义源于TRIPs第39条。美国法同样借鉴了这一对商业秘密的界定方法。然而德国《商业秘密法》第1条规定的商业秘密的概念,却在"不为公众所知、具有商业价值、受到合理保护"之外又增加了"商业秘密具有合法利益"这一要求。这一对《欧盟商业秘密保护指令》显而易见的偏离源于德国立法者的两点考虑:第一,对非法的阴谋诡计的保密不能够得到法律的保护;第二,担心新法会对媒体独立调查权产生不利影响,因此通过"合法利益"要素来限制受到保护信息的范围。然而有学者对此提出质疑,原因是《欧盟商业秘密保护指令》对"商业秘密"作出的是最低限度的界定,这意味着成员国不允许规定更为狭窄的"商业秘密"概念。更何况《商业秘密保护法》第5条规定了商业秘密保护的例外条款,完全可以将对新闻媒体的独立调查权保护放在例外条款中,而无须扰乱欧洲统一的"商业秘密"概念。[3]

(二)侵害行为

《反不正当竞争法》第17—19条是以主体作为划分规制的标准。第17条第1款规制以雇员作为行为主体的侵害商业秘密行为,第17条第2款规制外部人员侵犯商业秘密的行为,第18条第1款则规定了因为违反诚信原则而侵害商业秘密的特定类型。《商业秘密保护法》有别于这一区分标准,按照时间顺序对行为进行了分类。质言之,《商业秘密保护法》第4条第1款规定了对非法获取商业秘密的禁止;第4条第2款规定了对非法使用或公开商业秘密的禁止;第4条第3款第1句禁止第三人使用或公开他人非法获得或公开的商业秘密;第4条第3款第2句禁止经营侵权产品。《商业秘密保护法》第4条对侵害行为的规定被认为是阶梯式的,[4] 行为的可责性递减,

---

〔1〕 Ohly, GRUR 2019, 441.

〔2〕 Ohly, GRUR 2019, 441.

〔3〕 Ohly, GRUR 2019, 441.

〔4〕 Ohly, GRUR 2019, 441.

违法构成要件则逐渐严格。《商业秘密保护法》对非法获取商业秘密的禁止与非法使用或公开商业秘密的禁止并不要求行为人具有主观过错,而针对第三人侵害商业秘密或经营侵害商业秘密的产品则规定只有当行为人具有主观过错(知道或应当知道)时才违法。

企业前员工或退休员工的权利与义务和商业秘密保护之间的关系是一个难题。[1] 一方面,德国法承认前雇员诚实地使用其在以往工作中获得的经验与能力的权利;另一方面,前雇员自行利用在前雇主处获得的商业秘密,比如将前雇主的商业秘密出售或告知后雇主则会给前雇主带来极大的商业风险。《欧盟商业秘密保护指令》没有能够对规制雇员行为提出切实具体的解决方案,而这一空白也未能在德国《商业秘密保护法》中得到填补。

《商业秘密保护法》第 4 条第 3 款第 2 句对侵害商业秘密产品的经营行为,包括制造、提供、营销以及为此目的而进行的进口、出口、储存在内的各种行为进行了限制。有学者指出,该法这一对具体行为的禁止与知识产权法的规定相一致,但是在侵害商业秘密时并没有对产品的基本结构造成影响,而只是一定程度上影响了产品的营销,在这种情形下,这样的规制则显得过于严格。[2]

(三)合法行为与例外情形

1. 合法行为

《商业秘密保护法》第 3 条规定了对他人商业秘密造成影响的合法行为,从而构成对第 4 条禁止性行为的限制。第 3 条第 1 款第 1 项规定,通过“自己的”(eigenständig)开发或创作获得商业秘密是合法的。但有学者指出,如果从字面上理解,则这一规定事实上偏离了《欧盟商业秘密保护指令》,后者要求开发或创作是“不依赖的”(unabhängig)。当用于开发或创作的知识是来自第三人的自主研发时,则其开发或创作并非“自己的”,但却是“不依赖”于商业秘密所有人的。因此如果从与欧盟指令保持一致出发,则应当在解释论上将“自己的”与“不依赖的”等同起来。[3] 此外,《商业秘密保护法》第 3 条第 1 款第 2 项明确了反向工程的合法性。这一规定彻底改变了《反不正当竞争法》第 17 条第 2 款第 1 项一直以来所秉持的否认反向工

---

〔1〕 Kalbfus, Know-how-Schutz in Deutschland zwischen Strafrecht und Zivilrecht-welcher Reformbedarf besteht?, 2011, S. 181.

〔2〕 Ohly, GRUR 2019, 441.

〔3〕 Ohly, GRUR 2019, 441.

程合法性的立场。

2. 例外情形

《商业秘密保护法》第 5 条规定了商业秘密保护的例外情形,其中第 5 条第 2 款规定,当获取、使用或公开商业秘密是为了揭发违法行为或者职业性错误行为,且足以保护一般性公共利益时,则该获取、使用或公开商业秘密的行为不属于第 4 条所禁止的侵害行为。这一规定与政府提交的草案以及《欧盟商业秘密保护指令》均有区别,后两者均提出"告密者"需要有保护公共利益的主观目的,但是联邦议会通过的法案却采取了"足以(geeignet ist)保护一般性公共利益"这一客观性表述。这意味着,"告密者"不必须"利他",也可以是"利己的",[1]例如告密者可以为揭发企业逃税行为而将企业的银行信息提供给税务机关,以获得报酬。虽然《商业秘密保护法》的这一规定不仅与《欧盟商业秘密保护指令》的德文表达存在紧张关系,也与英文和法文表达存在明显的不协调之处,但仍然被认为是能够被接受的。

三、德国竞争法司法及相关理论的最新发展

19 世纪初期,普鲁士决心推进工商业自由,以促进经济繁荣,壮大自身实力。经过努力,到 19 世纪二三十年代,全德境内统一的贸易规则(einheitliche Gewerbeordnung)得以形成,这一规则被称为西欧最自由的贸易规则。这一贸易规则极大程度地推进了贸易自由化,成功排除了行会经济——之后行会或者自行解散,或者被解散,新成立的行会已寥寥无几。[2]然而,贸易自由的引入废除了早期的行会规制,取代了行会关于商业行为的种类与方法的相关规定,从而使得自由贸易行为的边界产生了规则真空。到了 19 世纪中后期,违反道德的不正当竞争行为成为日益严重的问题,西欧逐渐形成需要对竞争进行一定程度的管制的共识。1896 年德国颁布实施了世界第一部《反不正当竞争法》,主要对涉及商业标识的不正当竞争行为进行规制,旨在保护诚实信用的企业主的利益。到了魏玛共和国时期,《反不正当竞争法》发生了变化,早期的习惯标准被弱化,竞争功能标准得以凸显,这也带来了保护方向上的改变,保护公共利益的目标逐渐浮现,法院也开始在适用《反不正当竞争法》时区分对个体经营者的保护与对"公共利益"的保护,

[1] Alexander, AfP 2019, 1; Hauck, WRP 2018, 1032.

[2] Jacobi, Jahrbuch für Gesetzgebung Verwaltung und Volkswirtschaft im Deutschen Recht, 7 (1883), Leipzig, S. 101.

并随之阐释出《反不正当竞争法》对消费者的保护。[1] 魏玛共和国时期的《反不正当竞争法》告别了"侵权法",其面向公共利益的塑造迎合了纳粹政权的要求。在纳粹时期,竞争者相互之间不视彼此为敌人,而是作为"共同体中的一员"。民主德国时期实行中央计划经济,大型国有企业在不同的行业领域经营,相互之间不存在竞争。在此时期虽然对资本主义大加鞭挞,但为了维护对外经济贸易,《反不正当竞争法》并未被废除,但受到了社会主义改造。到联邦德国时期,《反不正当竞争法》重新确立了对个体利益进行保护的价值目标,并一度将个体利益置于保护公共利益之前。《反不正当竞争法》变化发展一直伴随着其保护目标的扩张与收缩,从实用主义的角度出发,则伴随着管制与去管制。从最开始只保护竞争者个体利益,到关注公共利益,又到只关注公共利益,再到个体利益保护的复归。不同的保护目标会给个案判断带来不同的结果。当下,德国《反不正当竞争法》的适用处于放松管制的话语背景当中,从强调保护个体利益向保护竞争自由的方向发展,也带来处理具体案件的变化。

屏蔽广告软件纠纷是引起广泛关注的热点问题。在 20 世纪末期,更换、覆盖他人广告的情形便时常出现。当时实务的做法是从两个方面进行考虑:第一,考虑广告载体的所有者,如果是竞争者覆盖他人的广告载体,即广告载体与广告利益人相一致,则一般认为构成阻碍他人的不正当竞争。如果竞争者是广告载体的所有人,而广告体现的是另一主体的利益,则一般认为覆盖或毁损广告载体的行为合法。第二,考虑毁损或覆盖行为对利益人的影响,是否会导致对其他经营者一直以来商业模式的根本性破坏。[2] 进入互联网时代以后,屏蔽广告问题变得更加突出。2004 年的电视精灵案,原告经营一个完全以商业广告作为收入来源的电视台,被告经营着一个被称为"Fernseh-Werbeblockern"的设备。该设备可以与电视机或者录音机相连接,并具有屏蔽广告的功能,即会在电视频道播放广告时自动切换到一个没有插播广告的频道,在广告结束后再自动切换回来。原告称被告的设备屏蔽其 20%的广告,在极大程度上威胁了被告的财政情况,起诉被告行为构成竞争阻碍。被告则辩称其设备并没有非常普及,不会真正威胁原告收入。高级法院(Oberlandesgericht)部分接纳了被告抗辩,判决被告行为不构成竞争阻碍,认为原告虽然可能遭受重大经济损失,但这并非实际发生的损失,而只是存在

〔1〕 GRUR 1933,782.

〔2〕 WRP 1994,119,121.

发生的风险。另外,被告产品的顾客,特别是电视节目的观众,无论如何都可以使用遥控器更换电视频道,或者在插播广告时离开房间。而且,为了使用被告的设备,消费者必须为设备支付设备使用费,每个月都需要为原告支付服务费。然而,Fernseh-Werbeblockern 并不能够真正带来流畅的观影体验,因为电视节目仍然会被打断。因此可以合理估计,Fernseh-Werbeblockern 的使用者并不会太多,不至于对原告的生存造成真正的冲击。原告不服,继续诉讼至联邦最高法院。联邦最高法院基本赞同高级法院的立场,更进一步论证到:受到《基本法》第 5 条与第 12 条所保护的宪法权利并不能使经营者免于受到竞争的生存压力。[1] 联邦最高法院对电视精灵案的判决既得到了支持,也引起了一些质疑。有学者指出联邦最高法院将消费者的选择置于中心位置并不合适,原因是现实中大量立法是为了实现其他目的而限制消费者选择权,因此没有理由认为在这一案件中,消费者自由选择就应当居于优先地位。[2]

得到联邦最高法院背书的电视精灵案成为近年来发生的 AdBlock Plus 等一系列纠纷案无法回避的“先例”。但由于电视精灵案显然更多地考虑了消费者选择自由和经营者行为自由,与阻碍竞争案例一直以来所把持的尺度存在区别,而该案又是处理广告屏蔽类竞争纠纷无法回避的案件,因此 AdBlock 案件在地方法院判决层面发生了显著分歧。AdBlock 是一种开源软件,通过将广告服务商纳入黑名单,同时设置白名单来实现对广告的有选择屏蔽。该案原告是内容经营网站,依靠广告收入维持经营。AdBlock 提供给消费者屏蔽广告的工具,导致原告的广告收入减少,从而引起诉讼纠纷。针对 AdBlock 的诉讼在德国境内包括法兰克福、汉堡、科隆、慕尼黑、柏林在内的不同地区提起,而各地方法院的判决及论证均存在差异。其中,柏林地方法院认为 AdBlock 构成基于产品的阻碍,是不正当竞争行为,原因是 AdBlock 改变了原告所经营的网页的内容和形式(屏蔽了原本应当展示的广告),构成涉及产品的不当阻碍。[3] 汉堡地方法院与柏林地方法院持相同观点,认为 AdBlock 违法。[4] 慕尼黑地方法院则判决 AdBlock 不构成不正当竞争,原因是 AdBlock 对网页所作出的改变是以用户意愿为基础的、个别进

〔1〕 GRUR 2004,877.

〔2〕 GRUR 2005,559.

〔3〕 LG Berlin,Urt. v. 08. 12. 2015-16 O 449/15,S. 5;K & R 2016,360.

〔4〕 LG Hamburg,Urt. v. 22. 07. 2016-308 O 244/16.

行的。[1] 科隆高级法院认为 AdBlock 构成不正当竞争，但并非依据柏林地方法院、汉堡地方法院和慕尼黑地方法院所集中讨论的不当阻碍条款，而是认为 AdBlock 的行为虽然不构成由《反不正当竞争法》第 4 条第 4 款所规制的不当阻碍，但是构成由第 4a 条所规制的侵略性行为。[2] 因为电视精灵案的案件事实与 AdBlock 案具有相似性，因此各地方法院在处理 AdBlock 案时也必须对电视精灵案作出回应。以判决 AdBlock 违反《反不正当竞争法》的柏林地方法院为例。由于柏林地方法院的判决结果显然与电视精灵案不一致，因此柏林地方法院在判决书中对 AdBlock 与电视精灵案进行了区分，一个重要的区分理由是电视精灵案中，Fernseh-Werbeblockern 并不能够真正去除广告，给用户提供不被打断的观影体验，且用户必须为 Fernseh-Werbeblockern 支付费用，这降低了 Fernseh-Werbeblockern 的受欢迎程度，限制了其对内容制造商的经济影响。但是 AdBlock 可以完全去除广告，且免费向用户提供，因此 AdBlock 可能更加普及，对网站经营者的经济影响更深，因此不能简单以电视精灵案的判决结果来决定 AdBlock 的合法性。地方法院的判决之间，地方法院与联邦最高法院类似判决之间出现这样的不一致情形，无疑需要联邦最高法院介入，以增加行为人对行为结果的可预期性。

AdBlock 案最终到达了德国联邦最高法院，联邦最高法院于 2018 年作出支持被告 AdBlock 的判决，主要理由在于其认为：第一，AdBlock 并未导致产品相关的阻碍，因为事实上安装 AdBlock 的是用户，决定屏蔽广告的也是用户。第二，AdBlock 没有导致经营相关的阻碍，原因是 AdBlock 仅作用于用户终端设备，而并非作用于原告网站的服务器。第三，综合考虑原被告双方、消费者以及其他市场参与者的利益并进行权衡，认为被告以及消费者的利益更值得保护。这是因为，原告网站经营者拥有《基本法》第 5 条第 1 款第 2 项所规定的出版自由（Pressefreiheit）与《基本法》第 12 条第 1 款所规定的职业自由（Berufsfreiheit）。而用户言论自由同样受《基本法》第 5 条第 1 款的保护，《基本法》不仅保护用户积极发表言论的权利，还保护用户不接受某种信息的权利。用户有权拒绝以广告收入为收入来源的，免费的内容网站所投放的广告。在原告职业自由与用户拒绝商业言论（广告）的利益衡量中，联邦最高法院认为用户的利益更值得保护，因为原告存在应对 AdBlock 的技术能力，即可以实施私力救济，而《基本法》对职业自由的保护并不能保护经营

---

〔1〕 LG München I, Urt. v. 22. 03. 2016-33 O 5017/15, S. 32; MMR 2016, 406.

〔2〕 OLG Köln, Urt. v. 24. 06. 2016-6U 149/15, S. 20; WRP 2016, 1027.

者免于竞争的失败。第四,联邦最高法院认为 AdBlock 并不构成违反《反不正当竞争法》第4a条所禁止的侵略性行为,原因是根据与《欧盟商业秘密保护指令》相一致的解释方法:第4a条仅适用于纵向商业关系,即上下游经营者之间,或经营者与消费者之间;而不适用于水平商业关系,即不适用于同一环节的经营者之间。[1]

四、德国竞争法执法及相关理论的最新发展

一直以来,德国《反不正当竞争法》都是由私人诉讼推动实施。这与其最初源于背俗侵权有很密切的关系。近年来,随着互联网经济快速发展,竞争者、消费者、其他市场主体之间既有的平衡关系被打破,德国学界与实务界从不同的角度试图修复平衡关系,《反不正当竞争法》的实施便是其中一个重要的部分。传统上,德国正当竞争行为所带来的一般性利益保护主要是通过去中心化的私人实施来实现的。但是数字经济背景下,私人实施被认为存在局限性,德国学界在政策层面开始讨论令德国联邦卡特尔局承担部分数字经济不正当竞争行为的执法活动的可行性与必要性。[2] 增加《反不正当竞争法》的公共实施所面临的第一个阻碍是其私法定位,以及与德国《反对限制竞争法》之间的分工。[3] 但是有学者反对这一观点,认为《反不正当竞争法》与《反对限制竞争法》之间的边界原本就是模糊的,因为两者有共同的侵权基础,且都对竞争保护给予关注,并且两部法律的基础趋于统一并非坏事。[4] 增加《反不正当竞争法》的公共实施所面临的第二个阻碍是有学者认为《反不正当竞争法》有限制竞争的倾向,因此扩张其实施方式有可能带来限制竞争的结果。[5] 反对者则认为,这一担忧成立的前提是所禁止的某种不正当竞争行为,不属于《反对限制竞争法》第1条的规制范围,但这种情形在今天已经很少见了,通过"不正当竞争"驱逐令人不舒服的竞争的风险显著地降低了。有些学者亦对增加《反不正当竞争法》的公共实施的必要性进行了阐述。其中一个重要的理由在于,《反对限制竞争法》以经营者具有市场力量作为前提,这使《反对限制竞争法》对限制竞争行为的规制总像是在追逐一辆"远去的列车",而在数字经济时代,《反对限制竞争法》的滞后性

---

[1] GRUR 2018,1251.

[2] WRP 2019,283.

[3] Schweitzer/Haucap/Kerber, Modernisierung der Missbrauchsaufsicht für marktmächtige Unternehmen, 2018, S. 59.

[4] WRP 2019,283.

[5] Mestmäcker, Der verwaltete Wettbewerb. 1984, S. 143.

更加突出。这时,由《反不正当竞争法》对数字领域的边缘型案例进行规制具有现实意义。

学者对需要《反不正当竞争法》执法进行规制的情形进行了整理,具体有以下几个方面:第一,网络效应。直接网络效应描述的是用户与用户群体的数量之间的关系。[1] 当用户数量达到一定规模后,用户数量可能呈现指数增长,这是因为用户越多,网络服务的吸引力就越大。非直接的网络效应是指不同的用户群体在相互之间获得利益。比如网络平台,它在不同的市场当中充当中间人。较大的网络或多变市场可能形成虹吸效应,出现类似自然垄断的效果。[2] 而德国《反不正当竞争法》第 4 条第 4 款禁止不当阻碍行为,被称为"小一般条款",与第 3 条第 1 款可以作为填补《反对限制竞争法》对规制数字经济中的排斥竞争行为的有效路径。而针对这些行为的民事司法过程则欠缺必要的专业技能,因此引入公共实施作为补充是有必要的。第二,《反不正当竞争法》的公共实施可以与该法第 5 条、第 5a 条对误导性的规制相结合,能够有效规制经营者的产品控制行为(Produktmanipulation),并以此保护市场参与者和有效竞争市场。比如谷歌所经营的比价软件控制其搜索结果,只显示向其支付佣金的经营者。这一方面可能涉及对其市场支配地位的滥用,另一方面也可能涉及误导问题。因为对于一般用户来说,可以期待比价软件从其页面广告中获取资金来源,却很难想到它向经营者收取佣金,且排除拒绝支付佣金的比价软件的经营者的产品信息。[3] 在经营者"计划报废"类行为中,《反不正当竞争法》也可以扮演重要角色。所谓"计划报废"是指耐用产品有意使用质量非常差的配件,典型的如苹果手机安装内置的、不易更换且寿命较短的电池。或者有意控制耐用产品的技术功能随着新产品的诞生,以及产品维护(常见的如软件升级)而下降。这种行为固然涉及德国《限制竞争法》第 19 条,但同时也涉及《反不正当竞争法》第 5 条和第 5a 条,即涉及误导性问题。这其中的原因是,消费者很有可能被隐瞒了产品性能下降的真正原因。最近成立的意大利卡特尔局即认为苹果与三星从事了误导性商业行为,因为在软件升级以后,两大品牌的旧机器的性能下降了。毫无疑问,即使不考虑市场支配地位,这些商业行为也具有巨大的危害

---

〔1〕 Evans/Schmatensee, Competetiion Policy International 2007, Vol. 3, 151, 164.

〔2〕 Evans/Schmatensee, Competetiion Policy International 2007, Vol. 3, 168.

〔3〕 Kommission, Entsch. v. 27. 06. 2017-AT. 39740-Google Shopping.

性。[1] 然而,德国学者认为,去中心化的私人诉讼很难真正对这样的行为产生有效控制,原因是所涉及的举证责任过于复杂,而且相关证据涉及公司商业秘密,更增添举证难度。除此之外,勘查市场需要相当高的经济能力,而法院一般不被认为具有这样的专业能力。[2]

五、数字经济与德国竞争法相关理论的最新发展

(一)价格算法与竞争法理论最新发展

算法的高速发展改写了我们对传统竞争的理解。算法可能被运用于实现共谋,能够帮助实现一级价格歧视,从而侵吞所有的消费者福利,进而产生前互联网时代所没有的对竞争的排斥效果,这无疑引起了学界的忧虑。德国学界,特别是竞争法学界就算法对竞争法以及消费者权益的影响展开了讨论。有的学者持悲观态度,认为应当对算法实施全面规制,[3]但也有学者持较为乐观的态度,认为现有的卡特尔法已经为价格算法提供了强大的监管框架,因此目前卡特尔监管机构无须提供一个根本性的变革。[4] 但是,厘清价格算法规制中的主要概念,形成价格算法的主要竞争案例类型,以及逐步构建价格算法的教义基础无论如何都是必要的——对此应当联合侵权责任法中狭义的交往安全义务(Verkehrssicherungspflichten),与知识产权法中的阻碍责任(Störerhaftung)构建一个基础广泛的规范体系。[5] 除此之外,引入举证责任倒置,允许消费者保护协会通过卡特尔局发起针对特定行业的调查均可以一定程度上实现对价格算法的规制。当然,在对价格算法进行规制的过程中,需要对规制行为所带来的影响进行评估,考虑规制是否可能导致改变原先鼓励创新与风险适当的环境,在谨慎考量规制的后果后采取行动。[6]

(二)经济秩序与法律秩序的交互影响

受历史学派的影响,诞生于英国的古典经济学很长时间以来在德国受到抗拒。直到"二战"末期,德国弗赖堡学派才接纳了自由主义的早期思想,认同自由竞争是市场机制发挥功效,带来经济繁荣的必要前提。同时弗赖堡学派强调,市场的运作必须处于一定的宪法架构之下,以保护竞争过程不受歪曲,同时保障市场收益在全社会尽可能得到公平的分配。这一思想被描述为

---

[1] Art. 20,21,22,24 Codice del consume.

[2] WRP 2019,283.

[3] Vgl. die Nachw. bei Hennemann,ZWeR 2018,161.

[4] GRUR 2019,43.

[5] GRUR 2019,43.

[6] GRUR 2019,43.

"秩序自由主义"。弗赖堡学派的基本思想在"二战"结束后的德国迅速吸引了大批信徒。对市场效果的关注意味着需要考虑经济秩序,而法律在传统上关注法律秩序,经济秩序与法律秩序的交互影响最初由弗赖堡学派的核心经济学家欧肯(Walter Eucken)和法学家伯姆(Franz Böhm)提出,这一理念被后来的德国总理爱哈德·路德维希(Ludwig Erhard)所接受,继而在德国推动了一系列被称为"社会市场主义"的政治经济改革,为战后德国带来了经济奇迹。"秩序自由主义"在战后德国的影响如此深远,时至今日德国学界对国家与市场关系的讨论仍然需要通过对弗赖堡学派观点的阐释来实现。从2005年起,支持自由经济的基督教民主联盟(CDU)成为主要执政党执政至今,德国的经济持续向自由化方向发展,并对传统法律的实施产生影响。德国竞争法(《反不正当竞争法》和《反限制竞争法》)原先体现出"经济"与"社会"双重成色,而如今"社会"的成色不断淡化,对"经济"的考虑越来越突出。于是有学者通过对弗赖堡学派观点的阐释后论称,经济秩序应当优于法律秩序,对经济福利最大化的考虑应当取代机会均等与意思自治。〔1〕这一观点亦激起了强烈的反对,有学者通过对欧肯和伯姆观点的重新梳理与阐述,认为伯姆的思想前后发生过重大转变,后期伯姆强调个体的自我决定与自我价值并不应当屈居经济学上的福利最大化之下,并通过进一步分析认为:在法律的视野之下,社会市场经济中的法律必须关注竞争功能,但来自传统法学,以康德哲学为基础的自由权利应当优先于经济效用分析。〔2〕

第四节　日本竞争法理论最新发展综述*

一、《禁止垄断法》的概要

(一)《禁止垄断法》的目的及作用

日本的竞争法是《关于禁止私人垄断及确保公正交易的法律》(以下简称《禁止垄断法》)。该法于1947年以美国反托拉斯法为样本而制定,之后经历多次修改,并通过后来的判例法及公正交易委员会的执法而形成其独自的发展。

《禁止垄断法》的目的是,以自由主义经济为前提,通过确保市场机制的

〔1〕 Mohr JZ 2018,685.

〔2〕 Mohr JZ 2018,685.

* 作者简介:渡边惠理子,日本长岛·大野·常松律师事务所合伙人。

正常运行、排除市场中阻碍自由和公平竞争的因素,促使国内经济健全发展,及保护消费者的利益(第 1 条)。

(二)执法机关——公正交易委员会

1. 机构职能

公正交易委员会是独立于其他省厅的负责执行禁止垄断法的独立行政委员会。禁止垄断法赋予了公正交易委员会作为禁止垄断法的执法机关广泛的调查权限等重要权限。而且,公正交易委员会除负责禁止垄断法的执行外,还制定禁止垄断法相关指导方针,运用事前咨询制度,倡导竞争政策等,发挥着作为主管禁止垄断法的行政机关的作用。

2. 组织构成

公正交易委员会原则上由委员长(1 名)及委员(4 名)组成并作出决策。公正交易委员会下设负责实际业务的事务总局,事务总局除下设负责法律执行的审查局外,还设有经济交易局等。

3. 指导方针(运用标准)

公正交易委员会为了提高经营者的可预测性,根据法律执行等情况,制定并发布指导方针。公正交易委员会发布的有关禁止垄断法的主要指导方针如下。

(1)私人垄断

《有关排除型私人垄断的禁止垄断法上的指针》。

(2)不当廉价销售

《关于不当廉价销售的禁止垄断法上的见解》《关于应对酒类流通中的不当廉价销售、差别价格等》《有关应对汽油等流通中的不当廉价销售、差别价格等》《关于应对家用电器产品流通中的不当廉价销售、差别价格等》《关于解决涉及公共建设工程低价竞标问题》。

(3)优势地位的滥用

《有关滥用优势地位的禁止垄断法上的见解》,《有关特许经营体系的禁止垄断法上的见解》,关于公布《有关在数字平台经营者与提供个人信息等的消费者之间的交易中滥用优势地位的禁止垄断法上的见解》(2019 年 12 月 17 日新设)。

(4)流通

《有关流通、交易习惯的禁止垄断法上的指针》(2017 年 6 月 16 日进行了最新修改)。

(5)知识产权

《有关共同研究开发的禁止垄断法上的指针》《有关知识产权使用的禁止垄断法上的指针》《有关伴随标准化的专利池形成等的禁止垄断法上的见解》。

(6)经营者团体等

《有关经营者团体活动的禁止垄断法上的指针》《有关农业合作组织活动的禁止垄断法上的指针》。

(7)与限制行业种类及管辖机关等的关系

《关于合理电力交易的指针》《关于合理煤气交易的指针》《有关促进电气通信事业领域竞争的指针》《有关行政指导的禁止垄断法上的见解》。

(8)企业结合

《有关企业结合审查的禁止垄断法的运用指针》《有关企业结合审查程序的应对方针》《事业控制力过度集中的公司的见解》。

(9)业务合作

《有关业务合作的研究会报告书》(公正交易委员会竞争政策中心)(2019年7月10日)。

4. 事前咨询制度

对经营者欲实施的具体行为是否构成违反禁止垄断法(企业结合除外)或《转分包法》(译者注:日语原文为“下請法”,下同。)的问题,公正交易委员会设置了针对这些问题的回答制度。事前咨询中,除了会公布的事前咨询外(“有关经营者等活动的事前咨询制度”),还有非公布的一般咨询。而且,对于一般咨询的回答,公正交易委员会将先例案件作成《咨询事例集》每年度(4月1日至翌年3月末)进行公布,很多经营者在探讨其经营活动时都以此作为参考。另外,企业结合由企业结合课管理,包括业务合作;事前咨询由咨询指导室管理。

(三)《禁止垄断法》的适用(管辖)

虽然《禁止垄断法》上没有明文规定,但公正交易委员会采用效果主义,即对影响日本市场的某种行为,即使是在国外实施的行为也适用《禁止垄断法》。而且,对在国内没有设立具有送达权限的分支机构等的外国经营者,《禁止垄断法》规定公正交易委员会也可以公示送达作出处分(第70-8条),而实务上也已经有了根据该条实施公示送达的事例。此外,也有对日本市场造成影响的境外行为适用禁止垄断法的事例。[1]

(四)《禁止垄断法》(实体法)的构成及框架

1. 主要的禁止行为

《禁止垄断法》主要禁止的行为有“私人垄断”(第3条前半段)、“不正当的交易限制”(第3条后半段)及“不公正的交易方法”(第19条)(具体的禁止内容后述)。《禁止垄断法》在禁止经营者实施此类行为的同时也禁止经营者团体实施此类行为。

2. 企业结合限制(一定的企业结合等的禁止)

《禁止垄断法》为防止经济力量集中带来的弊端,制定了以下有关禁止或限制的规定。

(1)禁止取得及持有股份等导致事业控制力过度集中的行为(第9条)

《禁止垄断法》禁止因取得及持有股份导致某公司的事业控制力过度集中的行为控股公司及子公司及其他控股公司可以其持有的股份而支配事业活动的国内的综合的事业规模之大;涉及许多事业领域的;有关这些公司的资金的交易导致对其他事业的影响力非常大的;或者有些公司在相互有关联性的许多事业领域中各自占据有利地位,因此给国民经济带来很大影响,妨碍促进公正、自由竞争的。而且,持有一定总资产额的公司必须提交有关该公司及其子公司事业的报告书。

(2)持有银行或保险公司的表决权的限制(第11条)

除一定的例外情况外,《禁止垄断法》规定经营银行业或保险业的公司各自取得、持有的其他国内公司的表决权不得超过总股东表决权的5%或10%。

(3)禁止实质性限制竞争的企业结合(第10条、第13—16条)

《禁止垄断法》禁止实质性限制一定交易领域内的竞争时,则不得取得或持有该股份公司不得以不公正的交易方法取得或持有国内公司的股份。这些条款也适用于对日本国内市场造成影响的外国公司之间的企业结合行为。而且,就满足备案要件的上述交易(兼任高级管理人员除外)必须要事

[1] 在对行政罚款缴付命令提起的撤销复审决定诉讼中,最高裁判所针对日本显像管电视生产销售者决定显像管的供货方、供货价格、供货数量等重要的交易条件,指示日本境外的生产显像管电视的子公司等进行购买的行为,以其对进行该卡特尔行为的经营者间的交易条件进行了直接交涉为由,将在日本境外涉及进行商定电视机用显像管销售价格的卡特尔行为的经营者认为应适用《禁止垄断法》(2017年12月12日)。本案件被公正交易委员会评为域外适用的第一例。

前备案。

3. 经营者团体的活动(第8条)

一方面经营者团体就商品的安全使用等向消费者开展启蒙普及等有意义的活动,但另一方面经营者团体也有实施卡特尔行为及不公正的交易方法的行为。而且,因其活动的实施方法有时也会使经营者团体实施的活动(如统计活动)具有与卡特尔相同的效果。《禁止垄断法》规定了经营者团体违反禁止垄断法的行为,公正交易委员会以防止其违反禁止垄断法行为为目的,针对经营者团体活动发布了《有关经营者团体活动的禁止垄断法上的指针》。

4. 针对垄断状态的措施(第8.4条)

公正交易委员会认为存在垄断状态时,可以在一定的条件下命令处于垄断状态的经营者采取包括转让该事业经营的一部分在内的恢复竞争的措施。

二、主要的禁止行为(各论)与排除适用以及企业结合限制

(一)主要的禁止行为

1. 私人垄断(第3条前半段及第2条第5款)

(1)《禁止垄断法》禁止经营者通过“排除”或“控制”其他经营者的事业活动来实质性地限制一定交易领域内的竞争。

(2)关于构成私人垄断的行为主体,至今为止的判决/复议决定及指导方针中没有对作为特殊指标的市场份额作出说明,很多时候,公认持有能够实施构成私人垄断行为的市场份额的经营者的行为成了执法的对象。而且,作为优先审查的案例,公正交易委员举出了“行为人在行为开始后供给的商品份额超过大概1/2,综合考虑市场规模及行为人的事业活动范围、商品的特性等,认为对国民生活造成了较大影响”的案例(《有关排除型私人垄断的禁止垄断法上的指针》)。

(3)“控制行为”,是指对其他经营者强加限制使其按照自己的意思进行经营行为,持有股份及指派高级管理人员等是典型例子,并不论其所用方法。

根据排除型私人垄断指导方针,“排除”行为,是指使其他经营者的事业活动难以继续进行,或使新加入的经营者的事业活动难以开始的,与实质性限制一定交易领域内的竞争相关的各种行为,无论其形式如何。典型例子有“不当廉价销售”、“排他交易”(也包括以回扣等形式)、“搭配销售”和“拒绝交易及差别对待”等。而且,不一定要求实际发生将其他经营者从市场上完全驱逐出去的结果,只要存在使其他经营者的事业活动难以继续及新加入的经营者的事业活动难以开始的、有较大必然性的行为即可构成排除行为,并且不要求行为人对排除其他经营者的事业活动等行为有主观意图及认识。

(4)裁判判例和公正交易委员会认为,“一定的交易领域”是指排除行为造成实质性限制竞争的范围,研究涉及该行为的交易及受到其影响的范围来决定划分其竞争实质性被限制的范围,必要时还应考虑对需求者(或供给者)而言具有可代替性商品的范围或地理范围。[1] 并且,就“实质性限制一定交易领域中的竞争”,被解释为“竞争本身减少,特定的经营者或经营者集团按照其意志通过某种程度自由地操控价格、品质、数量及其他各项条件,形成、维持、强化可以控制市场的状态”。[2]

(5)对私人垄断的行政制裁有排除措施命令及缴纳行政罚款命令(对象商品×行为期间×计算比率,但以3年为上限。)但是,根据2019年6月19日成立的改正《禁止垄断法》(预定1年半以内实施,但到2020年7月19日现在仍未实施。以下称为2019年改正禁止垄断法),行政罚款可以追溯至调查开始日的10年之前,就控制行为及排除行为,计算比率分别实施一体化。(见表1-2)

表1-2 对私人垄断行政罚款的计算比率

单位:%

行为	制造业等	批发业	零售业	一体化
控制行为 (对商品价格的影响)	10	3	2	10
排除行为	6	2	1	6

《禁止垄断法》中虽然也有刑事处罚的规定,但至今没有被刑事处罚过的先例。而且,构成“不正当的交易限制”的行为是第25条(无过失责任)、《民法》第709条(不法行为)规定的损害赔偿请求,以及《民法》第704条规定的不当得利返还请求的对象。并且,《禁止垄断法》还规定了提出意见等公正交易委员会支援原告的制度。另外,对私人垄断的违法行为也可以提起禁令诉讼(第24条)。

---

[1] TOPPAN FORMS案件东京高等裁判所判决(1993年12月14日)等。

[2] NTT东日本FTTH服务案件东京高等裁判所判决(2009年5月29日)。另外同案件最高裁判所判决(2010年12月17日)也认为是“市场控制力的形成、维持及强化”,沿袭了东宝·新东宝事件东京高等裁判所的判决(1953年12月9日)。

2. 不正当的交易限制(第3条后半段及第2条第6款)

(1)《禁止垄断法》将经营者通过与其他经营者联合相互制约或实施其事业活动来实质性限制一定交易领域中的竞争行为作为“不正当的交易限制”予以禁止(第2条第6款)。因“不正当的交易限制”而违反《禁止垄断法》的典型行为类型有价格卡特尔及协议等,竞争经营者之间的业务合作等行为“实质性限制一定交易领域中的竞争”时,也作为“不正当的交易限制”予以禁止[请参考下述(3)]。

(2)关于行为主体,至今为止的判决/复议决定是站在“不正当的交易限制”成立于处在竞争关系中相互独立的经营者之间的观点上考虑的,公正交易委员会也认为至少在法律执行中,“不正当的交易限制”成立于处于竞争关系中相互独立的经营者之间。[1]

“不正当的交易限制”是以经营者“共同”为之,即经营者之间有“意思的联络”为要件。东芝CHEMICAL案件高等裁判所(1995年9月25日)的判决认为“意思的联络”是指“多数经营者认识乃至预测到相互间会实施相同内容或上调同种类价格的行为,并有协同一致的意思”,而且,虽然一方认识到或认可另一方上调价格的行为并不足以构成意思的联络,但经营者之间对相互制约的明确同意也并非必要条件,只要相互之间对其他经营者上调价格的行为有所认识,默认表示同意即可构成“意思的联络”,至今为止的判决及公正交易委员会均沿袭了这点。

一般来说,“协商一致”“协定(君子协议)”、“相互了解”和“约定”等各种用语都有“意思的联络”(或“相互制约”)的意思。公正交易委员会则使用了“形成共同的意思”的用语。“意思的联络”不必以有法律约束力的协议、约定及协定为必要条件,只要有作为社会事实的“协商一致”“了解”等即可满足。例如,多摩碴商案件最高裁判所判决(2012年2月20日)以“造成了各公司的事业活动事实上被限制的结果”为由判断其形成了“意思的联络”。

“意思的联络”不仅限于明示的情况,默示的情况也可成立。信息交换也可构成“意思的联络”。东芝CHEMICAL案件高等裁判所判决认为,在不认为经营者的行为是“与其他经营者的行动无关”“表明是独自判断实施的特别事情”时,经营者进行信息交换,“作出了相同的或与此类似的行为时”,即被推定构成“意思的联络”。此外,实际上,公正交易委员会对进行信息交

---

[1] 但是,seal串通投标案件东京高等裁判所判决(1993年12月14日)及《有关流通、交易习惯的禁止垄断法上的指针》认为对“经营者”并不要求严格意义上的竞争关系。

换,将预算报价等价格设定在相同价格或价格带的行为作为价格卡特尔而认定为违法行为。

无论是判例还是实务,均认为只要有“意思的联络”即可构成“不正当的交易限制”,即使是尚未实施(根据竞争经营者之间协商的价格建议、提出投标和预算报价的行为)的行为也可构成“不正当的交易限制”。而且,判决/复议决定中也确立了在所谓的串通投标案件中,如有针对接单调整等规则的基本协议时,单个接单调整行为不需要有“协商一致等”要件即可,公正交易委员会的执法也是照此原则进行。

实质性限制一定交易领域中的竞争的意思被认为与“私人垄断”的情形一样,但按照至今为止的判例与公正交易委员会的执法,事实上是在“被实质性限制了竞争的范围内”划定“一定交易领域”的解释及运用,并且与各种不被认可的抗辩相辅相成,在实务上被认为是依照“当然违法原则”判断卡特尔/协议。

对于涉及政府订单的招标案件,公正交易委员会以前按照各订货人划定“一定交易领域”。近年来,公正交易委员会在面向民间经营者的接单调整及价格卡特尔案件中,一方面按以往的情况划定了设想一定的需求者群体的“一定交易领域”,另一方面按照各用户划定“一定交易领域”的例子也很多(最近的事例有东京电力株式会社下单的虚假送电工程的工程经营者及地下送电线路工程的工程经营者调整接单的案件)。

公正交易委员会采取了法律措施的案件基本都与供给者的销售行为有关,但也有地方公共团体出售熔态金属等的招标等参加经营者购买卡特尔案件(2008年10月17日排除措施命令及缴纳行政罚款命令)。

通过协商一致实质性限制一定交易领域中的竞争即构成了既遂,是否实施了协商一致的内容及实施时期是否已到来已不作为其成立的要件(石油卡特尔最高裁判所判决,1984年2月24日)。只要公正交易委员会不认为行为者已经脱离了明显的违法行为,那么实务上一般会将公正交易委员会开始现场调查,或事业转让等从违法行为者的事业中脱离出来的时期判断为终止时期。

(3)经营者的行为作为“不正当的交易限制”违反第3条后半段时,成为排除措施命令(第7条)及缴纳行政罚款命令(第7.2条)[对象商品×行为期间×计算比率(见表 1-3)。但以 3 年为上限]的对象。[1]

表 1-3　第 7-2 条第 4 款(修订法第 5 款)中规定的中小企业的计算比率

单位:%

交易类型	制造业等	批发业	零售业
不正当的交易限制	10	3	2

但是,根据 2019 年改正禁止垄断法,行政罚款可以追溯至调查开始日的 10 年之前,计算比率实施一体化为 10%(另外,对中小型企业的计算比率被限定为实质上的中小型企业)。

而且,计算期间也从现行期间(最长 3 年)开始延长,可以追溯至调查开始日的 10 年之前。另外,作为计算基础的"销售额"包括违规行为产生的不当得利、"作为不提供对象商品及服务的回馈而收到的经济利益(密谋金等)"、"与对象商品及服务密切相关的业务(承包订单等)产生的销售额"及"接受了违规经营者的指示及信息的某些集团企业(全资子公司等)的销售额"。

根据现行《禁止垄断法》,向继承了违规业务的子公司等征收行政罚款,虽然仅限于在调查开始日之后继承的情况,但根据 2019 年改正禁止垄断法,在调查开始日之前继承了违规业务的子公司等也要被征收行政罚款。

并且,关于"不正当的交易限制"有行政罚款减免制度,在满足法定条件时可以申请,按照规定程序协助公平交易委员会调查的经营者可以根据其排名获得减免行政罚款(第 7-2 条第 10 款至第 18 款)。另外,公平交易委员会公布了对被认定为第 1 位申请人的经营者及其董事、员工不提起刑事告发(第 74 条)的方针。

根据现行《禁止垄断法》,对第 1 位进行全额免除(不提起刑事告发),对第 2 位以后按 50%和 30%的减免率递减,而且,公平交易委员会的调查开始日之前和调查开始日之后合计最多 5 家公司(但是调查开始日之后最多 3 家)可以申请减免,但 2019 年改正禁止垄断法进行了根本性的修改如表 1-4。

[1] 2017 年 4 月在公正交易委员会公布的《禁止垄断法研究会报告书》中提出,关于卡特尔行为,对没有销售额的境外经营者也征收行政罚款、提高对协助调查的经营者的减免率、撤销或延长计算期间(3 年)等法律修改意见,认为将在这个方面进行法律修改。

表 1-4　2019 年改正垄断法关于“不正当交易限制”行政罚款减免制度的修改

调查阶段	申请排名	按照申请排名的减免率	按照协助力度的减算率
调查开始之前	第 1 位	全额免除	
	第 2 位	20%	+最多 40%
	第 3~5 位	10%	
	第 6 位以后	5%	
调查开始之后	最多 3 家公司(注)	10%	+最多 20%
	上述以下	5%	

资料来源:公正交易委员会网页。

注:1. 按照申请排名的减免率附加按照经营者对查明实情提供协助的力度(经营者自主提出证据的价值)的减算率。

2. 撤销申请者数量上限(所有调查对象的经营者都有自主提供协助调查的机会)。

3. 两者就经营者的协助内容与公正交易委员会实施的减算率进行协议。

4. 与调查开始日之前合计 5 位以内时适用。

行政罚款的减免流程(见图 1-3)。

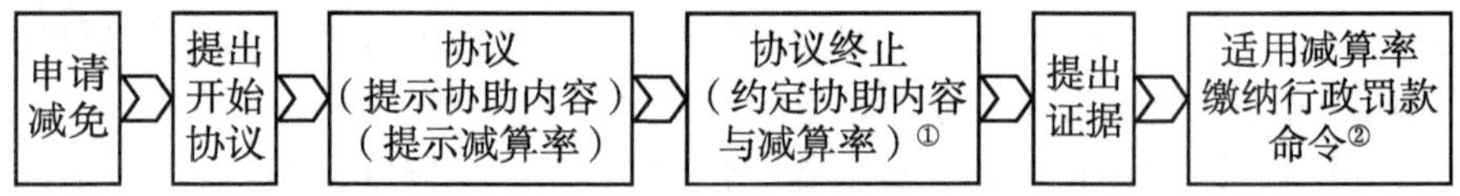

图 1-3　行政罚款减免申请流程

①如果协议不顺利,即使记录了协议中经营者说明的内容,其本身也不能作为证据。

②经营者实施了协议中提示的协助行为时,适用公正交易委员会提示的减算率(经营者构成取消减免事由时,按照申请排名的减免率及按照协助力度的减算率均不适用)。

实施违法行为的个人、法人是刑事处罚的对象(第 89 条及第 95 条)。而且,针对“不正当的交易限制”有减免行政罚款制度,只要满足法定要件即可申请,并按照所需程序向公正交易委员会的调查提供协助的经营者按其排名可以减免行政罚款(第 7-2 条第 10 款至第 18 款)。另外,公正交易委员会还发布了对其认可的作为第 1 位申请人的经营者及其高级管理人员和员工不提出刑事举报(第 74 条)的方针。此外,构成“不正当的交易限制”的行为是《关于禁止私人垄断及确保公正交易的法律》第 25 条、《民法》第 709 条(不法行为)规定的损害赔偿请求以及《民法》第 704 条规定的不当得利返还请求的对象(但是,不认可进行第 24 条的禁令请求)。

公正交易委员会对"实质性限制一定交易领域中竞争的价格卡特尔、供给限制卡特尔、市场分割协定、串通投标、共同抵制(内容省略)及其他违反行为,可能对国民生活造成广泛影响的性质恶劣及重大的案件"积极地进行刑事举报及违规调查(《举报违规调查方针》)。

对于构成"不正当的交易限制"行为中的磋商,刑法规定了对行为者的刑罚(第 96-6 条第 2 款),而且,串通投标等参与行为防止法对涉及国家等订单的串通投标行为规定了由公正交易委员会提出改善措施要求、针对作为行为者的员工的损害赔偿请求及针对员工的投标等违法行为的罚则(第 1 条)。

(4)在日本,在根据禁止垄断法进行分析时,经营者的协同行为一般分为:①所谓的"核心卡特尔"(串通投标、价格卡特尔等);②可能有促进竞争效果的业务合作、分工作业等的协同行为。

第 2 条第 6 款中的"不正当的交易限制"并没有将此区分,而是按照同样的要件作为执法的对象。但是,公正交易委员会在执法及运用上还是有差别的。例如,在一定程度的综合业务合作的事前咨询中,其与企业结合一样,从产业结构去把握,重点考虑多数用户,并从功能、效果的可代替性及价格带等方面进行探讨(相关案例有 2012 年金融机关手续费的免费化、2010 年对有关广告办理标准的共同策划决定的事前咨询的回答)。而且,在多数业务合作的情况下,都有明确协商一致的情形,讨论"意思的联络"意义不大。

另外,关于竞争经营者实施协同行为中的一部分,例如,已经在共同开发指导方针、知识产权使用指导方针、标准化指导方针等中表明了公正交易委员会的见解,但尚未发布有关分工作业的指导方针。

3. 不公正的交易方法

(1)《禁止垄断法》第 19 条禁止经营者使用"不公正的交易方法"(可能阻碍市场公正竞争的行为)。"不公正的交易方法"包括,违反时征收行政罚款的"不公正的交易方法"(法定行为)(第 2 条第 9 款第 1 项至第 5 项)以及不征收行政罚款的"不公正的交易方法"(公正交易委员会指定的行为)(第 2 条第 9 款第 6 项)。而且,公正交易委员会指定的"不公正的交易方法"包括所有行业均适用的"不公正的交易方法"(一般指定)和针对某些行业及事业鉴于其特性而被指定的、只适用于特定行业的"不公正的交易方法"(特殊指定)。

(2)作为行政罚款对象的"不公正的交易方法"(法定的"不公正的交易

方法")有以下五点。

第一,协同拒绝交易。无正当理由,[1]与竞争者共同实施以下各项所列行为之一的:①对某经营者拒绝进行交易或限制与交易有关的商品、劳务的数量、内容的;②使其他经营者对某经营者拒绝进行交易或使其限制与交易有关的商品、劳务的数量、内容的。

第二,差别价格。不当地[2]根据地域或对象而以差别性价格持续供给商品或劳务,可能使其他经营者的事业活动发生困难的。

第三,不当廉价销售。无正当理由却以明显低于供给所需费用的价格继续供给商品或劳务,可能使其他经营者的事业活动发生困难的。

第四,再销售价格的限制。向购入自己供给商品的相对方供给该商品时,无正当理由却附加以下各项所列限制条件之一的:①规定相对方销售该商品的销售价格并使其维持该销售价格,或其他限制相对方自由决定该商品销售价格的。②规定购入相对方所销售该商品的经营者再销售该商品的销售价格,并促使相对方使该经营者维持该销售价格,或其他促使相对方限制该经营者自由决定该商品销售价格的。

第五,滥用优势地位。[3] 利用自己比相对方优越的交易地位,按照正常商业习惯[②]不正当实施以下各项之一所列行为的:①对继续交易的相对方(包括欲继续交易的新相对方,②也相同),使其购买有关该交易的商品或劳务以外的商品或劳务的。②对继续交易的相对方,使其为自己提供金钱、劳务及其他经济上的利益的。③拒绝接受交易相对方提供的交易相关商品,接受交易相对方提供的交易有关商品后使该交易相对方领取该商品,延迟向交易相对方支付交易对价,或者减少该金额、向其他交易相对方设定或变更不利的交易条件,或者实施交易的。

(3)不作为行政罚款对象的"不公正的交易方法"(公正交易委员会指定的"不公正的交易方法")主要内容有以下几点:

第一,共同拒绝接受(一般指定第1款)。无正当理由,却同与自己处于

---

[1] "虽无正当理由"这一用语用于原则上阻碍公正竞争,属于"不公正的交易方法",仅在存在不阻碍公正竞争的特殊理由(正当理由)的例外情况中被判断为不构成不公正的交易方法的行为类型。

[2] "不当"之用语用于考虑到其目的、效果等需要个别具体判断时的行为类型。

[3] 关于"滥用优势地位",除了滥用优势地位指导方针及以全行业作为对象的流通交易习惯指导方针外,针对特定行业的还有"大规模零售商与供应商的交易中的特定的不公正的交易方法"的运用标准及"有关特许经营体系的禁止垄断法上的见解"等。

竞争关系的其他经营者（以下简称“竞争者”）共同实施以下各项所列行为之一的：①拒绝接受某经营者供给的商品或劳务，或限制接受供给商品或劳务的数量或内容的。②使其他经营者拒绝接受某经营者供给的商品或劳务，或限制接受供给商品或劳务的数量或内容的。

第二，其他的交易拒绝（一般指定第 2 款）。不当地对某经营者拒绝交易或限制与交易有关的商品或劳务的数量或内容，或使其他经营者实施构成此类行为的。

第三，差别价格（一般指定第 3 款）。除法定的“差别价格”外，还有不当地根据地域或对象以差别性价格供给商品或劳务，或接受此类供给的。

第四，交易条件等的差别性对待（一般指定第 4 款）。不当地对某经营者就交易条件或交易的实施，进行有利或不利对待的。

第五，不当廉价销售（一般指定第 6 款）。除法定的“不当廉价销售”外，不当地以低价供给商品或劳务，可能使其他经营者的事业活动发生困难的。

第六，搭配销售等（一般指定第 10 款）。在向相对方供给商品或劳务的同时，不当地强制相对方从自己或自己指定的经营者处购入其他商品或劳务，或者同自己或自己指定的经营者进行其他交易的。

第七，附加排他性条件的交易（一般指定第 11 款）。不当地以对方不与竞争者进行交易为条件而同该对方进行交易，可能会减少竞争者交易机会的。

第八，附加限制性条件的交易（一般指定第 12 款）。[1] 除法定的“再销售价格的限制”外，对对方与其交易的第三方的交易及其他对方的事业活动附加不正当的限制条件，与该对方实施交易的。

第九，对竞争者的交易妨害（一般指定第 14 款）。对与自己或自己是其股东或高级管理人员的公司在国内存在竞争关系的其他经营者和其交易第三方进行的交易，无论是阻止合同的成立、引诱不履行合同还是使用其他任何方法，不当地妨碍该交易的。

---

〔1〕 即使在其他不构成“不公正的交易方法”的情形时，可能阻碍公正竞争的行为也可能构成附加限制性条件的交易。例如，以维持再销售价格为目的而实施的行为，即使形式上不满足第 2 条第 9 款第 2 项的要求，但有时也会构成“附加限制性条件的交易”。至今为止认为有问题的行为类型主要有：有关价格的限制、有关价格表示（如广告）的限制、有关销售方法的限制、有关销售地域的限制、有关销售对象的限制等。根据流通交易习惯指导方针，现在公正交易委员会对大概“可能维持成为行为对象的商品及劳务价格的情形”或“减少竞争者的交易机会，可能变得不容易找到可替代的交易方的情形”以经营者的行为构成附加限制性条件的交易为由而进行执法和实施。

(4)“不公正的交易方法”是排除措施命令的对象。而且,在法定事项中,除滥用优势地位以外的行为,同一行为反复发生时,即从调查(公正交易委员会的现场检查)开始日等起追溯 10 年以内就同一行为类型受到命令或复议决定时,就滥用优势地位应直接按照对象商品×行为期间×计算比率(见表 1-5)。但以 3 年为上限征收行政罚款(第 20-2 条至第 20-5 条)。

表 1-5 行政罚款的计算比率

单位:%

<table>
<tr><th rowspan="2">交易方法</th><th rowspan="2">交易形式</th><th colspan="3">行业</th></tr>
<tr><th>制造业等</th><th>批发业</th><th>零售业</th></tr>
<tr><td rowspan="2">不公正的交易方法</td><td>(a)拒绝或限制交易
(第 2 条第 9 款第 1 项)
(b)差别价格
(第 2 条第 9 款第 2 项)
(c)不当廉价销售
(第 2 条第 9 款第 3 项)
(d)再销售价格的限制
(第 2 条第 9 款第 4 项)</td><td>3</td><td>2</td><td>1</td></tr>
<tr><td>(e)滥用优势地位
(第 2 条第 9 款第 5 项)</td><td colspan="3">1</td></tr>
</table>

对不公正的交易方法没有规定刑事处罚,但其作为损害赔偿诉讼的对象时与“私人垄断”和“不正当的交易限制”一样。另外还可对提起禁令诉讼(第 24 条)。

(二)《禁止垄断法》的排除适用

1. 概要

《禁止垄断法》虽禁止私人垄断、不正当的交易限制、不公正的交易方法等,但从达成其他政策目的的观点出发,亦能够认可特定领域的一定行为不适用禁止垄断法的排除适用制度。排除适用包括基于《禁止垄断法》本身规定和基于事业法等个别法律规定的内容。

2. 基于《禁止垄断法》的排除适用

(1)基于《禁止垄断法》的排除适用制度

《禁止垄断法》认可知识产权的使用行为(第 21 条)、一定组合的行为

(第22条)及维持再销售价格合同(第23条)在一定范围内排除适用《禁止垄断法》。而且,伴随以前认可的"有关自然垄断固有行为的排除适用制度"的废止,公正交易委员会与各事业法的主管省厅就具有垄断地位或市场支配力的经营者的行为,对《禁止垄断法》上的问题进行整理,并且从减少限制、自由化、鼓励新主体参与市场等促进竞争的观点出发,公布了《关于合理电力交易的指针》、《关于合理煤气交易的指针》以及《有关促进电气通信事业领域竞争的指针》。之后这些指导方针也按照事业法的修订及实务情况进行了修改,对这些限制行业的实务有很大的影响。

(2)知识产权的使用行为(第21条)

第一,《禁止垄断法》第21条对《著作权法》、《专利法》、《实用新型法》、《外观设计法》或《商标法》的"被认为是行使权利的行为"排除适用《禁止垄断法》,但对"不被认为是行使权利"的行为适用《禁止垄断法》。

第二,公正交易委员会在知识产权使用指导方针及索尼电脑娱乐公司案件的复议决定中认为,"在考虑了行为的目的、形态、对竞争的影响等后,认为脱离了知识产权制度的宗旨或违反该制度的目的时,适用《禁止垄断法》"。(2001年8月1日)。而且,裁判所也认为,唱片公司共同拒绝其各自基于著作邻接权而享有的原盘权的使用许可时,就已超出各自享有的著作邻接权所保护的范围,不构成著作权法认可的行使权利的行为。

(3)协同组合的行为(第22条)

第一,《禁止垄断法》第22条规定以小规模的经营者或消费者互助为目的的协同组合(包括联合会)的行为,除"使用不公正的交易方法时"或"因实质性限制一定交易领域中的竞争而造成不当上调价格时"外,不适用《禁止垄断法》。

第二,第22条规定无法单独对抗大规模经营者的、由小规模经营者组织的协同组合(除《农业协同组合法》、《水产业协同组合法》等协同组合法外,还有《根据烟草耕作组合法》、《信用金库法》、《商店街振兴组合法》、《劳动金库法》设立的协同组合)等实施的行为中,即使在外观形式上涉嫌违反《禁止垄断法》,但除非明显违反《禁止垄断法》目的的情形外,不适用该法。

第三,但是,公正交易委员会对协同组合与其他经营者进行的磋商及卡特尔行为不会排除适用,而是认为其违反了《禁止垄断法》第3条后半段。而且,就协同组合对第三者实施的行为(例如,限制供给对象向协同组合和竞争经营者供给商品等),适用《禁止垄断法》并构成不公正的交易方法,因而被质疑违反第19条的案例不在少数。此外,也有协同组合对组合成员实施的行为被认为违反了第19条的案例。

(4)维持再销售价格合同(第 23 条)

《禁止垄断法》第 23 条只就维持公正交易委员会指定的一定商品和著作物的再销售价格行为作为例外认可其排除适用《禁止垄断法》。但是对竞争有较大影响的再销售价格排除适用《禁止垄断法》,却屡次被指出弊端。经过数次重新修改后,关于指定再销售制度,因取消了指定,现在已经没有适用对象的商品了,而且,关于著作物的排除适用制度,在运用中也被严格限定了排除适用的范围。

3. 基于个别法的排除适用制度

在个别法律中,规定了就特定经营者或经营者团体的行为排除适用《禁止垄断法》,例如,关于航空保险、原子能保险、汽车损害赔偿保险、地震保险等的承保(保险业法),汽车损害赔偿责任保险与地震保险的基准费率的计算(有关计算损害保险费率团体的法律)均被认为是共同行为。另外,在《道路运输法》中,为确保生活路线的共同经营、为有利于提高旅客的便利性设定运行时刻的共同经营、在航空法中为确保国内生活路线的共同经营、为增进国际航空中公众便利的有关联合运输等协议均被予以认可。

这些根据个别法而排除适用的卡特尔,主要是考虑到单独的经营者无法承担发生灾害时巨额损失的填补的行业特殊性(保险业法的保险卡特尔)、确保地区居民生活所必需的旅客运输(生活路线)(道路运输法等的运输卡特尔)等理由而被予以认可。一般而言,这些排除适用的情形都以公正交易委员会的同意、协议或通知为要件,并取得了主务大臣的批准。

除此之外,《消费税转嫁对策特别措施法》(2013 年 10 月 1 日施行)也规定了对经营者等实施的消费税的转嫁卡特尔及表示卡特尔行为排除适用禁止垄断法的制度。

(三)实质性限制竞争的企业结合(第 10 条、第 13 条至第 16 条)

《禁止垄断法》禁止造成实质性限制一定交易领域(相关市场)内竞争的公司取得股份(表决权)、合并、公司分立、共同转让股份、受让业务等及兼任高级管理人员的行为。这些《禁止垄断法》的条款也适用于对日本国内市场造成影响的外国公司之间的企业结合行为。

公正交易委员会在《企业结合审查指导方针》中指出,“因企业结合造成市场结构变成非竞争状态,因当事人公司单独或与其他公司的协同行动而使可以在某种程度上自由操控价格、品质、数量及其他各项条件的状态比较容易出现时,则构成实质性地限制一定交易领域中竞争的行为,应予以禁止”。

该指导方针在规定企业结合关系产生的同时,将企业结合分为水平型企业结合、垂直型企业结合及混合型企业结合三种类型,并公布了各自的避风港标准(水平型企业结合通常不认为是实质性地限制一定交易领域中竞争的行为时)、讨论的框架(作为存疑事项,对单独行为的存疑,对协同行为的存疑等)及应考虑的要素(市场份额、地位、与竞争者的竞争关系及是否存在较强的购买者等)。并且,《禁止垄断法》对满足一定备案条件的公司取得股份、合并、公司分立、共同转让股份及受让业务等行为,要求一方或双方的事业公司承担事前备案义务。公正交易委员会已公布了进行第2次审查的案件,但已备案的案件中第1次审查后终止的案件尚未被公布。以实现透明性为目的,公正交易委员会从2017年开始公布已备案的案件一览表。

三、《禁止垄断法》的补充法

《禁止垄断法》("不公正的交易方法")的补充法有《不当赠品类及不当表示防止法》和《转分包对价支付延迟等防止法》。

(一)《不当赠品类及不当表示防止法》(以下简称《赠品表示法》)

《赠品表示法》禁止高额的赠品及不当的表示。因为任何一种都会妨碍消费者的正确选择,并且歪曲商品、劳务相关品质和价格的竞争,所以作为"不公正的交易方法"被《禁止垄断法》所禁止。但为迅速应对针对一般消费者的高额的赠品及不当的表示,使当局能在形式上判断并迅速采取措施,制定了作为禁止垄断法的补充法的《赠品表示法》。

另外,虽然《赠品表示法》作为消费者法的一部分现在由消费者厅管辖,但消费者厅的法律执行、运用也是依照移交管辖前公正交易委员会的行为进行。此外,地方上的调查由公正交易委员会进行,消费者厅与公正交易委员会及其他地方公共团体等也联合开展实务。

对于经营者可以向消费者提供的赠品,《赠品表示法》规定了一般奖品(对商品、服务的利用者,根据抽签等的偶然性、特定行为的优劣等提供赠品类的)的最高额与总额的上限,共同奖品(商店街及一定地区内同业者共同进行)的最高额与总额的上限以及全部附加赠品(对商品的购买者及来店客人全部提供赠品)的最高额(第3条)。

《赠品表示法》禁止的不当表示分为优良误认(对商品及服务的品质、规格及其他内容的不当表示)、有利误认(对商品及服务的价格及其他交易条件的不当表示)及内阁总理大臣(消费者厅)指定的内容(例如,《有关商品原产国的不当表示》及《有关诱售广告的表示》)(第4条第1款)。

关于优良误认,可分为以下两种:(1)对一般消费者作出明显优于实物的表示(例如,将实际的羊绒混用率是80%的毛毯表示为"羊绒100%",将行驶10万公里以上的二手汽车表示为“行驶3万5千公里”);(2)向一般消费者作出与事实不符的、明显优于竞争经营者的相关商品的表示(例如,将实际上与其他公司商品含量相同的商品表示为“是其他公司1.5倍的量”)的情况。消费者厅长官在认为需要判断是否构成优良误认表示(第4条第1款第1项)时,可以要求经营者在规定期间内提交说明作出表示的合理依据的资料(第4条第2款),经营者没有在期间内提交要求的资料时或提交的资料不被认可为作出表示的合理依据时,视为不当表示。

有利误认可分为以下两种:(1)使一般消费者误认为比实际情况明显有利于交易相对方的表示(例如,虽与其他旅行的条件相同却被表示为“优惠旅行”,将实际价格为6万日元左右的商品以5万日元销售时,作出“市价10万日元的商品以5万日元提供”的表示);(2)使一般消费者误认为比起竞争经营者的相关商品明显有利于交易相对方的表示(例如,虽然其他公司也提供相同服务,但作出“只有本公司可以提供无利息贷款的优惠购物”的表示)。

消费者厅在怀疑实施违反《赠品表示法》的行为时,会向经营者听取情况、开展资料收集等行动实施调查,在确认违反时会发出警告或措施命令(排除给消费者带来的误认、采取对策防止再次发生及制止其他违法行为等)。消费者厅发出措施命令前,会给予其一次书面解释、提出证据的机会。而且,除使经营者承担调整防止不当表示的组织架构等义务外,其还会对其不当表示予以行政罚款。

《赠品表示法》中有作为特别制度的公正竞争规则。公正竞争规则是指,经营者或经营者团体受到消费者厅长官(公正交易委员会)的认可,自主设定的有关表示或赠品类事项的业界规定(《赠品表示法》第11条)。因为公正竞争规则是经营者或经营者团体对自己行业作出的规定,故被期待按照其行业的商品特性及交易实态制定恰当且更加具体的规定。消费者厅长官可以在公正竞争规则不可能侵害一般消费者及相关经营者的利益等要件全部满足时予以认可,经营者遵守被认可的公正。

(二)《转分包对价支付延迟等防止法》(以下简称《转分包法》)

1. 目的

在日本,因各种各样的理由,经营者会利用承包商(日语原文为:“下請業者”)进行商品的生产及提供劳务。作为承包商的中小企业依赖作为大企业的总承包商(日语原文为:“親事業者”)。开展事业活动时,在与总承包商的交涉中易处于较弱的立场,为防止总承包商利用其优越地位对交易相对方的承包商及中小企业实施不当行为,《转分包法》作为禁止垄断法的补充法而被制定。

2.《转分包法》的适用范围

《转分包法》将交易内容(生产委托、修理委托、信息成果物制作委托或劳务提供委托等)和将总承包商与承包商的资本金标准作为适用的对象。例如,以下交易中的下订单者(总承包商)与交易的接受订单者(承包商)之间的交易适用《转分包法》。

第一,商品的生产、修理委托和政府命令规定的信息成果物制作及劳务提供委托的情况下:(1)总承包商的资本金超过3亿日元时,资本金为3亿日元以下的公司(包括个人,以下相同)属于承包商。(2)总承包商的资本金超过1千万日元且在3亿日元以下时,资本金为1千万日元以下的公司属于承包商。

第二,信息成果物制作、劳务提供委托(上述记载内容除外)的情况下:(1)总承包商的资本金超过5千万日元时,资本金为5千万日元以下的公司属于承包商。(2)总承包商的资本金超过1千万日元且在5千万日元以下时,资本金为1千万日元以下的公司属于承包商。

3. 总承包商的遵守事项

总承包商与承包商之间的交易适用《转分包法》时,总承包商委托承包商生产等下述内容的业务时,负有遵守以下义务。

第一,就交易内容(法定事项)提交书面文件(第3条)。总承包商在下订单时负有立即向承包商交付记载下述全部具体记载事项的书面文件(第3条书面文件)的义务。

第二,规定向承包商支付对价的日期(接受交货后60日以内)的义务(第2-2条)。总承包商在与承包商协商一致后,无论对承包商交付的内容是否进行检查,总承包商都负有将转分包对价的支付日期规定在接受物品之日(劳务提供委托时,为承包商提供劳务之日)起60日以内的尽早期间内的义务。

第三,记载交易内容的书面文件的制作和保存(第5条)。总承包商向承包商进行生产委托、修理委托、信息成果物制作委托或劳务提供委托时,对记载了交付内容、转分包对价金额等的书面文件(第5条书面文件)负有制作并保存2年的义务。

第四,法定延迟利息的支付(第4-2条)。从经过60日起到实际支付日为止的期间,总承包商负有按其天数以该未支付金额乘以年率14.6%计算所得的金额支付迟延利息的义务。

4. 总承包商的禁止行为（第4条）

总承包商与承包商之间的交易适用《转分包法》时，禁止总承包商对承包商实施下列行为。（见表1-6）

表1-6 总承包商的禁止行为

禁止事项	概要
拒绝接受（第1款第1项）	拒绝接受订购的物品等的
转分包对价的支付延迟（第1款第2项）	收到订购物品等后60日以内至规定的日期没有支付转分包对价的
转分包对价的减少（第1款第3项）	减少事前规定的转分包对价的
退货（第1款第4项）	将接受的物品退货的
杀价购买（第1款第5项）	不当规定明显低于类似物品等的价格或市价的转分包对价的
购买、强制使用（第1款第6项）	强制购买、使用总承包商指定的物品及劳务的
报复措施（第1款第7项）	以承包商将总承包商的不公正行为告知公正交易委员会或中小企业厅为由，对该承包商实施削减交易数量、停止交易等不利行为的
有偿支付原材料等对价的提前付款（第2款第1项）	将有偿提供的原材料等的对价在比使用了该原材料等的交付相关的转分包对价支付日较早的期间相抵消或使承包商进行支付的
交付难以贴现的票据（第2款第2项）	交付认为在一般金融机构难以进行贴现的票据的
请求提供不当的经济上的利益（第2款第3项）	使承包商提供金钱、劳务等的
不当给付内容的变更及不当的修改（第2款第4项）	不承担费用而变更订单内容，或在承包商接受后要求修改的

资料来源：公正交易委员会网页。

5. 调查与制裁

公正交易委员会与中小企业厅定期进行大规模的书面调查，在接到申报并发现有违法嫌疑时进行报告收集、现场检查(第9条),认为违反时会发出劝告(根据行政指导改正)(第7条)要求改正,并严格进行执法。

第五节 韩国竞争法理论的最新进展*

一、韩国竞争法理论的最新进展

作为韩国经济秩序的基本法,《关于垄断规制及公平交易的法律》(以下简称《公平交易法》)通过规范不公平交易和限制竞争的交易行为,对建立自由、公平竞争的交易秩序作出了重大贡献。《公平交易法》自1980年制定以来,目前首次面临全面修订。

经济社会环境急剧变化,社会对公平经济的要求也越来越高,在这样的经济大环境下韩国公平交易委员会(以下简称公平委)设立了全面改善公平交易法制特别委员会(以下简称特别委员会),通过召开2次全体会议和21次分科会议最终制定了《公平交易法全面修订方案最终报告书》。公平委以该最终报告书为基础,通过立法预告、征求意见等行政程序,最终于2018年11月30日向韩国国会正式提交了《公平交易法全部修订案》(以下简称《公平交易法修订案》)。《公平交易法修订案》的主要内容有:完善执法体系、改善大企业集团相关政策、构建创新的公平竞争环境等。

但从目前的立法情况来看,国会对《公平交易法修订案》的讨论进展缓慢,大部分观点认为,本次修订案得以通过的机会非常渺茫。[1] 即便如此,本次修订案日后可以作为重要的立法参考资料,因此本部分将对本次修订案所涉及的以下几个问题展开探讨。

二、规制限制竞争的信息交换行为

(一)概述

经营者之间直接达成明示垄断协议的违法成本和风险较高,因此,经营者越来越倾向于通过默示性的信息交换等行为方式达成协同行为。对此,韩国大法院认定,经营者之间在没有明示垄断协议的情况下,仅仅通过交换未来的价格信息,从而在一定程度上达成价格相似性的行为,不能认定为构成

---

* 作者简介:朴益洙,法学硕士,金张法律事务所合伙人律师,现任韩国竞争法学会副会长,现任首尔大学竞争法中心咨询委员,曾就职于公平委;李殷宜,金张法律事务所律师。

〔1〕 第20代国会议员的任期将于2020年4月届满,届时尚处于搁置状态的《公平交易法修订案》也将自动废除。

《公平交易法》第 19 条第 1 款项下的“默示合意”。[1] 可以看出,法院在默示合意的认定方面采取严格解释的态度,鉴于此,具有竞争关系的经营者之间交换未来价格等敏感信息的行为,尽管在限制竞争方面存在很大的弊端,但没有确凿证据的情况下,目前很难通过现行法律规范该等行为。

(二)主要内容

为了有效规范通过信息交换达成的垄断协议,《公平交易法修订案》第 39 条制定了两种方案。第一种方案是将“交换价格和产量信息等限制竞争行为”追加为不正当共同行为的类型之一。第二种方案是若经营者之间外观上存在协调一致的行为,且交换了必要信息的,即将其推定为经营者之间达成了垄断协议。

法院判决和学界一致认为,《公平交易法》第 19 条第 1 款规定的不正当共同行为的要件之“合意”是指两个以上的经营者之间的意思联络或意思合意,无须构成法律上有效成立的合同,其包含明示以及默示合意或当事人之间已达成意思一致的相互认知、相互理解或默许。[2]

公平委在生命人寿保险公司案件中认定经营者之间通过信息交换行为达成垄断协议,并下达了处分决定。但大法院通过判决最终撤回了公平委的处分决定,并指出:《公平交易法》规定的不正当共同行为的成立要件之合意包括明示及默示合意,且仅根据经营者之间外观上存在协调一致的行为这一点,不能认定为即构成垄断协议。具有竞争关系的经营者之间交换价格等竞争因素相关信息时,该等信息交换行为可能会成为促使经营者之间达成垄断协议的一种手段。即便如此,仅根据信息交换这一事实不能认定为是垄断协议,而应综合考虑相关市场的结构、特性,信息的性质、内容,交换信息的主体、时间、方法,信息交换的目的、意图,信息交换以后经营者在价格、产量等方面是否存在外观上协调一致的行为以及行为是否具有偏差,意思决策的过程、内容以及其他信息交换行为对市场产生的影响等各项因素,再判断经营者之间是否存在合意。[3]

大法院的判决一方面承认具有竞争关系的经营者之间的信息交换行为

---

〔1〕 大法院 2014 年 7 月 24 日宣告 2013DU16951 判决、大法院 2015 年 12 月 24 日宣告 2013DU25924 判决。

〔2〕 参见权五乘:《经济法》(第 8 版),法文社 2010 年版,第 244~246 页。首尔高等法院 2000 年 12 月 12 日宣告 98NU12293 判决、首尔高等法院 2001 年 12 月 11 日宣告 2000NU16830 判决、首尔高等法院 2011 年 8 月 18 日宣告 2010NU15058 判决等。

〔3〕 参见大法院 2014 年 7 月 24 日宣告 2013DU16951 判决、2013DU16395 判决等。

是判断合意是否存在的有力证据,另一方面也指出没有明示、默示合意的所谓“独立的信息交换行为”本身不属于《公平交易法》所规定的合意的范畴之内。据分析,大法院在上述案件中否定垄断协议的理由可能在于,经营者之间交换利率相关信息以后,分别制定的利率存在不少的偏差,从而难以认定经营者之间存在外观上协调一致的行为。虽然经营者之间交换了利率相关信息,但是难以判断经营者是根据交换的信息制定了利率还是仅将交换的信息作为参考数据独自制定了利率。鉴于此,若《公平交易法修订案》得以通过,预计可以达到的效果是:经营者之间交换敏感信息以后各自制定价格的情况下,若存在外观上协调一致的行为等额外的间接证据时,可以推定信息交换行为本身即构成“默示合意”。

除此以外,根据法律推定条款的字面解释,如果存在可认定为共同决定、维持、变更价格等外观上协调一致的行为,且经营者之间为了达成协调一致交换了必要的未来价格、产量等信息的,即可以推定为存在合意。鉴于此,若《公平交易法修订案》得以通过,还可以达到的效果是:若信息交换行为可以导致限制竞争效果就可以进行规制,这也将减少公平委在举证责任方面的负担。

(三)评价

《公平交易法修订案》对于限制竞争的信息交换行为的规制预计可以在法律层面上完善韩国法院在认定默示合意时采取的消极态度。但考虑到韩国法院对于“合意”采取严格解释的态度,因此在缺乏直接证据的情况下认定默示合意时,经营者之间应当达到相当程度上的外观协调一致性才有可能被认定为构成默示合意。也有部分观点认为,如果该《公平交易法修订案》得以通过的话,有必要参照欧盟的《反垄断指南》详细地列出信息交换行为对竞争产生的效果相关的评估标准,建立适当的规制标准。

三、引进私人的禁止请求制度

(一)引进必要性

韩国在《公平交易法》的执行方面,对公共执行的依赖度非常高,主要通过公平委行使公权力来执行。相反地,受到违法行为影响的法人或自然人(以下简称私人)提出损害赔偿请求等私人执行的利用率较低。根据现行法律,因违反《公平交易法》而遭受损害的当事人可以采取的私人救济方式包括损害赔偿制度,但损害赔偿制度的局限性在于其属于事后救济制度。[1]为改善这种现状,《公平交易法修订案》中包含了以私人的禁止请求制度为中心的私人执行制度相关的内容。

(二)私人的禁止请求制度的内容

私人的禁止请求制度是指,因违反《公平交易法》的行为而遭受损害的或有可能遭受损害的私人不必通过公平委,而是可以直接向法院提起诉讼请求停止违法行为的私诉制度。根据《公平交易法修订案》第 105 条,除不当支援行为外,因不公平交易行为而遭受损害或有可能遭受损害的私人,可以针对实施违法行为的或有可能实施违法行为的企业或事业单位提出禁止请求或预防侵害行为。

1. 请求的主体

可以行使禁止请求的私人是因一定类型的不公平交易行为而遭受损害或可能遭受损害的私人。对引进禁止请求制度持消极态度的观点认为,若允许通过私人途径提出禁止请求,则有可能导致滥诉行为增多而支出不必要的诉讼费用,还有可能使经营者正当的营业行为受限,因此主张应严格限制原告的主体资格。[2]

因此,《公平交易法修订案》规定,“依据第 1 款提出禁止请求诉讼的,为了保护被告的利益,如果法院认为有必要的,可以根据被告的申请或以职权要求原告提供相当数额的担保”。这作为防止私人滥用禁止请求诉讼而设立的诉讼制度,进一步完善了担保提供命令制度。

2. 可以提出禁止请求的行为

《公平交易法修订案》将禁止请求的对象限定为除不当支援行为以外的不公平交易行为。对此也有观点认为,应将所有违反《公平交易法》的行为纳入请求对象的范围,[3]但是考虑到韩国《公平交易法》的执行中公共执行和私人执行的互补性关系,通过私人进行的禁止请求对象应当限定为“单独

---

〔1〕 参见 Jeong Byeong Deok:《公平交易法修订案的争议和评价:以加强私人执行体系为中心》,载《经营法律》第 3 期。

〔2〕 参见 Lee Bong Ui:《公平交易法的有效执行》,载《经济法研究》2004 年第 10 期。

〔3〕 参见 Lee Seon Hui:《韩国经济法的私人执行制度的概要和未来发展方向》,载《经济法研究》2014 年第 29 期。

行为”。[1] 且为落实新制度，首先在公共执行和私人执行的功能差距并不大的不公平交易行为中引进私人的禁止请求制度，这种阶段性的立法也具有很大意义。

3. 请求要件

《公平交易法》下的受害人要向法院提出禁止请求，必须符合“已发生损失或存在可能发生损失之担忧”。首先，针对损失除了直接损失以外是否应当包括间接损失这一问题，法院对禁止请求诉讼采取的处分很有可能是依据不作为或作为命令而限制对方经营活动的营业自由，因此，损害的范围应限定为受害人的直接损害，而不包括间接损害。

其次，根据《公平交易法修订案》的相关条款，在“存在受害之担忧”的情况下也可以提出禁止请求。但可以证明具有损失发生之担忧时，法院是否会接受禁止请求方面，法院采取的观点是：与单纯的金钱赔偿请求不同，禁止请求是对对方当事人责令一定的不作为的请求，因此应通过衡量以金钱赔偿的救济的实效性和双方当事人的利益来判断是否应支持原告的禁止请求。[2] 鉴于法院的上述态度，仅以具有损失可能发生的抽象的风险作为判断标准是远远不够的，法院可能会以侵害行为的持续性以及是否发生不可挽回的损失作为判断标准。

4. 禁止命令的范围

关于禁止命令的范围最有可能引发争议的问题是，禁止命令能否超出消极的不作为而责令一定的作为命令。虽然需要考虑过度介入个人的经济活动而产生的负面影响等问题，但为排除、预防侵害状态，除了消极的排除命令之外，必要时可以责令积极的作为命令，对此也应赋予法院较大的自由裁量权。

（三）评价

该制度可以通过法院直接解决具有事前预防损害和私人纠纷性质的案件，可以更有效地利用行政资源，从这一点上可以找到该制度的意义。更进一步而言，韩国《公平交易法》一直以来更为注重对违法者的处罚，因此该制度在完善受害者的救济方面也具有一定意义。

---

〔1〕 参见 Hong Dae-Sik：《作为公平交易法的私人执行制度的私人提出禁止请求制度》，载《经济法研究》2019 年第 39 期。

〔2〕 大法院 2010 年 8 月 25 日宣告，2008MA1541 判决。

但是,相比于经营者或大企业,消费者个人或中小企业在时间、经济实力等方面都处于明显劣势,对于损害事实的举证也存在较大困难。因此为解决私人维权难的问题,有必要通过立法层面逐渐完善相关制度,例如,减轻举证责任负担、引进集体损害赔偿制度等。

四、损害赔偿请求诉讼中保障当事人的证据资料相关权利

(一)引进的必要性

除了个别的案例之外,受害人在已获取《公平交易法》违反行为的证据之后再提出损害赔偿请求的情形并不多见。为了引进上述私人的禁止请求制度等新的民事救济制度,并使得损害赔偿诉讼更加活跃,有必要加强和保障诉讼当事人对证据资料的接触权,减轻受害者的举证负担。

(二)保障当事人可以接触证据资料

1. 引进资料提交命令制度

根据现行法律规定,韩国具有文书提交制度,但由于该制度的范围有限无法适用于大多数《公平交易法》违法行为。具体而言,根据现行法律,受害人可以利用《民事诉讼法》第 344 条等文书提交命令制度以证明侵权人的违法行为以及自身的损失,但是侵权人可以涉及商业秘密为由拒绝提交,且电子文件、视频等资料不属于应当提交的文书范围内。同时,即使不遵从法院的提交命令,对侵权人的制裁也微乎其微,因此受害人在提交可以证明已发生损失以及损失金额大小的证据方面具有相当大的难度。

并且,现行《公平交易法》第 56 条第 2 款规定,法院在损害赔偿诉讼中,认为有必要时可以向公平委要求移交相关案件记录,但实务中公平委以保密义务等为由,消极履行该等义务,因此该制度实际上未能有效运营。[1]

鉴于此,《公平交易法修订案》第 108 条规定,在不正当的共同行为、不公平交易行为(不当支援行为除外)相关的损害赔偿请求诉讼中,法院可以根据当事人的申请责令对方当事人提交可以证明损失以及计算损失金额所需要的资料(共同行为主动申报资料除外),其保护范围相比于现行《民事诉讼法》第 344 条中的文书提交命令制度更为宽泛,从而改善了受害人对于资料的接触权。此外,受害人的资料接触权可能会与侵权人的商业秘密保护发生冲突。对此,《公平交易法修订案》规定,即使属于商业秘密,但若该资料是为证明损失或计算损失金额时所必要的材料,也不能视为拒绝提交的正当理

---

〔1〕 参见公平交易委员会:《公平交易法执行体系改善 TF 讨论结果最终报告书》(2018 年)。

由。对无正当理由拒绝履行资料提交命令的,法院可以认定受害人提交的证据材料中记载的内容是真实的,从而更充分地保护受害人的权利。

2. 对于证据资料的查阅、复制要求权

《公平交易法》第52条第2款规定,对于依据《公平交易法》相关规定进行处分的相关资料(商业秘密及主动申报相关资料除外),当事人及利害关系人(以下简称当事人等)可以向公平委要求查阅或复制。此时,公平委在征得提交资料的人员的同意或认为公益上确有必要时,应予以回应。

但目前在实务中,能享受资料要求制度相关权利的主体仅限于当事人或被审查人。判例也主要涉及当事人的资料要求权,且实务中也很难找到当事人以外的第三人要求查阅和复制资料的案例。但《公平交易法》第52条第2款明确规定,"利害关系人"也可以作为资料要求权的主体,因此,在资料要求制度中,"利害关系人"所具有的程序性权利有待重新审视。

另外,关于第52条第2款的解释,部分观点指出"与处分相关的资料"是否应解释为查阅、复制要求权的发生时间点是下达处分之后,[1]且"与处分相关的资料"的范围也没有统一的标准。对此,《公平委案件程序规则》明确规定了向被审查人送达审查报告书和附件资料相关的规定,鉴于此,公平委在下达处分之前即审议程序中,当事人等也可以要求对资料进行查阅和复制。同时,"与处分相关的资料"也被解释为审查报告书的附件资料。

大法院就可以拒绝当事人等要求的资料查阅、复制的方法论提出了如下观点:被要求查阅、复制的资料如果涉及商业秘密、隐私及主动申报,即便属于公平委可以拒绝当事人的查阅、复制要求的资料,"公平委也不得立即拒绝,应当就拒绝查阅、复制审查报告书及其附件资料而受保护的利益与因此受侵害的被审查人的防御权之内容和程度上进行比较衡量后慎重判断"。[2]大法院的这种态度也意味着公平委在拒绝当事人的资料查阅要求时应当慎重,从保障当事人的资料查阅权的角度来讲,可以给予一个肯定的评价。

但是,公平委在判断是否允许被审查人的资料查阅、复制要求时,基于大法院的上述判决内容,经过复杂的价值判断与利益衡量究竟能否真正保护当事人的程序性权利方面,仍存在质疑。部分观点认为,公平交易程序中最为

---

〔1〕 参见Yun Seong Un:《公平交易法违反案件审判程序的程序性和合法性的改善方向》,载《人权与正义》2004年第330期。

〔2〕 大法院2018年12月27日宣告,2015DU44028判决。

重要的是程序的明确性和迅速性,为了保障当事人的程序性权利,应当尽可能合理而详细地规定公平委可以拒绝查阅、复制要求的事由;并且,当公平委拒绝当事人的要求时,应向当事人出具合理的拒绝事由。

据此,为了解决上述当事人及利害关系人的资料要求和与此相关的问题,政府拟订了《公平交易法修订案》第 92 条:第一,针对此前《公平交易法》第 52 条第 2 款未予明确规定的“利害关系人”的概念及利害关系人的资料要求权行使方式等,由总统令做出更为具体的规定。第二,对于当事人等可以提出查阅、复制要求的资料的范围,特别委员会提出的修改建议是,将可以提出资料查阅、复制要求的资料范围扩大为“除了商业秘密相关资料以外的与处分相关的所有资料”。但是,《公平交易法修订案》中还是保留了现行法律中“除了商业秘密及主动申报相关资料外,根据《公平交易法》进行处分相关的资料”的条款。

(三)评价

韩国于 2004 年通过修订《公平交易法》废除了纠正措施前置主义,将举证责任转移到了违法经营者,并引进了损失额认定制度,但民事救济制度的实效性方面仍未得到有效的提升。在这种情况下,引进资料提交命令制度可能会对受害者的私力救济起到一定的积极作用。

但也有部分观点认为,在公平交易程序中,最大限度地保障当事人的程序性权利是非常重要的,但程序制度在明确的条件下得以迅速开展也是确保当事人的程序性权利保障的重要因素,从这一点来看,有必要重新考虑在程序领域适用上述最高法院判例的利益衡量方法论。因此,就证据资料的查阅、复制要求权相关问题,公平委应当明确、具体地规定可以拒绝当事人的资料要求权的理由,若不符合理由时原则上不得拒绝。此外,由于《公平交易法》拟完善第三人的程序性权利相关的规定,公平委也有必要对此予以重视,且应在其实施令和公平委规则层面上为保障第三人的程序性权利完善具体的制度。

五、专属告发制度

(一)修订的必要性

法律规定,仅在公平委提出告发的情况下才以可对不正当共同行为采取刑事处罚。因此有些观点认为,该制度在抑制限制竞争行为方面存在较大的弊端,导致无法及时通过刑事处罚等严厉措施打击不正当共同行为。因此,为了达到适当的刑事制裁水平,有必要合理修改专属告发制度。

(二)专属告发制度的改编方案

专属告发权是指,在《公平交易法》相关案件中,只限于公平委提出告发时,检察机关才能提起公诉的限制性制度,即公平委的告发是《公平交易法》相关违法行为被提起公诉的必备要件,意味着公平委对违法行为是否提出告发享有裁量权。目前在全世界各个国家的竞争法体系中,设立专属告发制度的国家只有韩国和日本。虽然韩国在法律上对大部分违法行为都规定了刑罚,但因公平委在实践中对于刑事告发采取消极态度,引发了广泛的争论探讨专属告发制度是否具有政策上的正当性。并且,也有观点认为,因刑事制裁的缺陷致使不公平行为无法得到根绝。[1]

特别委员会在探讨保留还是废除专属告发制度的过程中,相比之下对专属告发制度予以完善和保留的意见更为支持。因此,《公平交易法修订案》第 117 条及第 127 条第 1 款中规定:为了使检察机关利用其强制调查职能迅速采取严厉措施,将不正当共同行为中重大且明显的共同行为(如价格垄断、限制供应、市场划分、串通投标等垄断行为)排除在公平委专属告发对象的范围之外,在没有公平委的告发决议的情况下,检察机关也能对上述共同行为直接提起公诉,公平委和检察机关之间可以共享案件相关的资料。

不正当共同行为是危害程度较大的违法行为,因此有必要更有效地加以遏制。为此,不仅对于经营者,而且对于实际实施该等行为的个人也有必要加以处罚使其承担相关责任。并且,对个人施加的徒刑相比于对公司处以的罚款等措施,在惩罚与制裁力度方面更具有强制性。但是,对不正当共同行为采取刑事处罚的前提是在该等行为中确实存在可以作为犯罪加以谴责的某些因素,例如,该等行为侵害了刑法上的法律利益,或侵害了社会伦理价值等。然而,竞争法规定的不正当共同行为往往对市场或消费者产生危害,其实质危害大部分可以具体化为经济或金钱方面的损失。鉴于刑事制裁所具有的强制性,即刑事制裁为国家侵犯公民基本权利的最强有力的手段,部分观点认为,不当共同行为造成的危害可以从微观经济学角度得以论证,因此必须对实际上是否有必要动用刑事制裁措施进行评估。

目前,公平委对垄断行为的执法主要是向企业下达纠正命令和处以罚金。若《公平交易法修订案》得以通过,将会使检察机关采取的主要执法措施转变为针对垄断行为者个人的处罚,这样一来公平委与检察机关之间的处

---

〔1〕 参见 Choi Chang soo:《关于不正当共同行为刑事制裁的现行专属告发制度的问题和合理改编方向》,载《Justice》2017 年第 161 期。

罚措施即使不重叠也可以达到有效的制裁效果。但是,由于此前公平委对于专属告发权一直采取消极的态度,几乎没有对《公平交易法》相关违法行为采取刑事处罚的案例。因此,公平委和检察机关在相互竞争的环境下行使执法权方面缺乏经验,若两个机关在没有有效沟通的情况下单独执法,很有可能发生过度制裁的风险。

(三)评价

在本次《公平交易法修订案》中,关于专属告发权的修改方案是:对于滥用市场支配地位或不公平交易行为等需要通过经济学分析方法界定相关市场、判断限制竞争性的违法行为,维持现状则应由公平委实行专属告发权;若经营者实施固定价格、限制产量、市场分割、串通招投标等垄断行为,可以将其作为刑事告发的对象。这样一来,既可以维持公平委在经济学分析职能方面的专业性,也可以对严重影响公平竞争市场秩序的违法行为采取严厉的刑事制裁,从而有效地减少违法行为的发生。在这一层面上,本次《公平交易法修订案》的修改方案较为合理。

另外,公平委的刑事执法应当主要针对垄断行为,且通过公平委与检察机关之间的有效沟通与协调办案,就合理、合法、适当的执法标准达成共识,应当尽量避免出现职能交叉、职责重叠等弊端。

六、小结

本次《公平交易法修订案》对迄今为止执法过程中存在的问题进行了深层次的研究并提出了相应的对策,因此具有重大意义。特别是,该修订案提出了缩小《公平交易法》违反行为的刑事处罚的范围、加大执法过程的透明性、对于通过信息交换行为的垄断协议进行规制、通过引进私人的禁止请求权和法院的材料提交命令等制度加强私人救济等内容。如果本次《公平交易法修订案》得以通过,将有助于促进《公平交易法》的有效实施。

但是,即使《公平交易法修订案》是出于上述目的,但如果国家过度干预、规范私人经济活动可能会打击市场经济秩序以及参与市场经济的市场主体的自主性和积极性。因此,有部分观点认为,本次《公平交易法修订案》中包含法律层面上尚还存在争议的规定和过度限制的措施。鉴于此,该修订案的目的应该是适当调整拟引进的私人救济手段和已有的公共管制手段之间的关系,使对市场主体施加的压力保持总量平衡,并通过协调执行来建立自由竞争和公平竞争的市场秩序。

第二章　竞争立法及司法最新发展动态

第一节　我国竞争法立法发展动态*

在过去的2018—2019年，我国竞争立法取得了长足发展，引发了社会广泛的讨论与关注。反垄断配套立法进程明显加快，国家市场监管总局相继出台了《禁止垄断协议暂行规定》《禁止滥用市场支配地位行为暂行规定》《制止滥用行政权力排除、限制竞争行为暂行规定》，修订发布了《关于经营者集中申报的相关指导意见》，并加快推进《反垄断法》修订工作。公平竞争审查制度进一步落实，《公平竞争审查第三方评估实施指南》制定出台。《反不正当竞争法》在2019年迎来第二次修订，主要集中于强化商业秘密的保护。2018年8月31日，全国人大常委会表决通过了《电子商务法》，标志着电商行业进入到"有专法可依"的时代，其中多项条款涉及反垄断与反不正当竞争。

一、《反垄断法》配套规章和指南的制定

（一）制定出台《禁止垄断协议暂行规定》《禁止滥用市场支配地位行为暂行规定》《制止滥用行政权力排除、限制竞争行为暂行规定》

2018年4月10日，随着国家市场监督管理总局正式对外挂牌，原先分散于国家发改委、商务部和原国家工商总局的反垄断执法工作，统一归属于市场监管总局。为适应反垄断统一执法的需要，尤其是实现政策规章的统一，2019年6月26日，市场监管总局制定出台了《禁止垄断协议暂行规定》《禁止滥用市场支配地位行为暂行规定》《制止滥用行政权力排除、限制竞争行

---

* 作者简介：王先林，上海交通大学特聘教授，法学院竞争法律与政策研究中心主任；方翔，上海交通大学凯原法学院博士研究生；王帷韬，上海交通大学凯原法学院硕士研究生；林雨晓，上海交通大学凯原法学院硕士研究生。

为暂行规定》三部反垄断法配套规章,并于同年 9 月 1 日正式施行。三部规章的出台,对反垄断执法标准的统一具有促进作用,同时也进一步完善了反垄断制度体系,为提高反垄断执法的可操作性、提高执法透明度明确了法律依据。

1.《禁止垄断协议暂行规定》主要内容

原国家工商行政管理总局曾于 2009 年和 2010 年先后公布《工商行政管理机关查处垄断协议、滥用市场支配地位案件程序规定》和《工商行政管理机关禁止垄断协议行为的规定》。国家发改委也曾于 2010 年颁布《反价格垄断规定》和《反价格垄断行政执法程序规定》。[1]《禁止垄断协议暂行规定》在继承既有相关规定、保持制度稳定性的同时,注重适应现实需要,根据《反垄断法》的规定对相关制度进行完善,为垄断协议的反垄断执法提供明确依据。《禁止垄断协议暂行规定》共有 36 条,重点规定了六个方面的内容:

一是优化了执法机制。该规定对垄断协议、反垄断执法机制作了系统性规定,明确普遍授权原则,建立国家和省两级执法机制,规定省级市场监管部分负责本行政区域内垄断协议的反垄断执法工作。同时,明确了指定管辖、委托调查、协助调查等执法机制,以及省级市场监管部门对垄断协议的立案和处理的报告备案制度等。

二是明确了其他协同行为的具体认定方式。《反垄断法》所禁止的垄断协议包括协议、决定和其他协同行为三种类型。《禁止垄断协议暂行规定》明确了其他协同行为的定义,同时列举了认定其他协同行为应当考虑的因素,有利于执法机构在执法中把握尺度,也有利于市场主体合规经营。

三是细化了垄断协议的具体认定方式。进一步明确了相关垄断协议的具体表现形式和构成要件。同时,针对《反垄断法》未明确规定但授权国务院反垄断执法机构认定的其他垄断协议,细化了适用《反垄断法》认定其他垄断协议时需要考量的因素,约束了反垄断执法机构的自由裁量权,也给经营者合规经营以明确的指引。

四是系统规定了执法程序。《禁止垄断协议暂行规定》与《市场监督管理行政处罚程序暂行规定》和《市场监督管理行政处罚听证暂行规定》两部

---

[1] 国家发改委于 2019 年 8 月 26 日发布公告,决定废止《反价格垄断规定》和《反价格垄断行政执行法程序规定》,该决定于 2019 年 9 月 1 日起施行。同时,根据《禁止垄断协议暂行规定》第 36 条之规定,《工商行政管理机关查处垄断协议、滥用市场支配地位案件程序规定》和《工商行政管理机关禁止垄断协议行为的规定》同时废止。

规章相衔接,根据查处垄断协议案件的主要环节,分别明确了举报、立案、调查、处理等程序性规定,明确了承诺的提出、中止调查决定的作出和恢复调查,并明确了行政处罚决定书的内容。同时,明确规定反垄断执法机构查处垄断协议时,应当平等对待所有经营者;规定了反垄断执法机构对垄断协议案件作出处理决定后,依法向社会公布,并将行政处罚信息通过国家企业信用信息公示系统向社会公示,进一步提升了反垄断执法的公正性、规范性和透明度。

五是细化了豁免制度和宽大制度。细化了《反垄断法》第 15 条关于经营者可以依法申请豁免的内容,明确了豁免的申请条件、反垄断执法机构认定符合豁免情形的考量因素、豁免决定的效力等。对《反垄断法》第 46 条第 2 款经营者主动报告达成垄断协议有关情况可以减免处罚的内容作出细化,明确"重要证据"的含义,规定对前三个主动报告并提供重要证据的经营者可以按申请先后顺序减免不同幅度的罚款。

六是规定了垄断协议的处理。对处罚决定的作出、确定罚款的考虑因素以及行政处罚决定书的内容等进行细化,明确了经营者因行政性垄断而达成垄断协议同样承担法律责任,但如果经营者能够证明是被动遵守行政命令所导致的,可以依法从轻或者减轻处罚。特别是为保证执法统一性,规定了市场监管总局加强对省级市场监管部门查处垄断协议的指导和监督,统一执法尺度,提高办案质量。

2.《禁止滥用市场支配地位行为暂行规定》主要内容

《禁止滥用市场支配地位行为暂行规定》共 39 条,既总结执法经验,又注重解决现实问题,重点规定了五个方面的内容:

一是完善了执法机制。对滥用市场支配地位行为反垄断执法机制作了系统性规定,明确了普遍授权原则,建立了国家和省两级执法机制。同时,明确了指定管辖、委托调查、协助调查等执法机制以及省级市场监管部门对滥用市场支配地位行为立案和处理的报告备案制度。

二是系统规定了执法程序。与《市场监督管理行政处罚程序暂行规定》和《市场监督管理行政处罚听证暂行规定》两部规章相衔接,进一步明确了相关程序性规定,并对行政处罚决定书的内容与发布等作出规范要求。

三是细化了认定市场支配地位的依据因素。《反垄断法》虽对认定经营者具有市场支配地位依据的因素进行了明确列举,但较为原则。《禁止滥用市场支配地位行为暂行规定》进一步明确了市场支配地位的界定,并对《反垄断法》规定的认定经营者具有市场支配地位的依据因素逐一进行了细化。

特别是总结执法经验,对认定互联网、知识产权领域经营者具有市场支配地位的考虑因素予以明确,以适应现实执法需要。同时,规定了认定两个以上经营者具有市场支配地位需要考虑的因素,与垄断协议相关制度相衔接,增强了制度的可操作性。

四是明确了滥用市场支配行为的具体情形。通过借鉴国际经验并总结执法经验,具体列举了《反垄断法》规定的以不公平的高价销售商品或者以不公平的低价购买商品、以低于成本的价格销售商品、拒绝交易、限定交易、搭售或者附加不合理交易条件、差别待遇等六种滥用市场支配地位行为的具体表现形式;同时总结执法经验,对经营者从事相关行为可能具有的"正当理由"进行了规定,进一步明确了经营者行为的界限,有利于执法机构在执法中把握尺度,也有利于市场主体开展合规经营,加强自律。

五是规定了滥用市场支配地位行为的处理。对滥用市场支配地位的处理作了细化规定,包括处罚决定的作出、确定罚款的考虑因素等,明确了经营者因行政性垄断而滥用市场支配地位同样承担法律责任,如经营者能够证明是被动遵守行政命令所导致的,可以依法从轻或者减轻处罚。特别是为保证执法统一性,规定了省级市场监管部门就滥用市场支配地位案件的立案和处理进行备案、报告的制度,强化执法监督,统一执法尺度,提高办案质量。

3.《制止滥用行政权力排除、限制竞争行为暂行规定》主要内容

该规定共25条,对制止滥用行政权力排除、限制竞争行为的执法程序和实体规则作了全面系统的规定,主要包括以下四个方面的内容:

一是优化了执法机制。对制止滥用行政权力排除、限制竞争行为反垄断执法机制作了系统性规定,明确了普遍授权原则,建立了国家和省两级执法机制,规定了省级市场监管部门负责本行政区域内滥用行政权力排除、限制竞争行为的反垄断执法工作。国家市场监管总局负责查处在全国范围内有影响的、省级人民政府实施的、案情较为复杂或者认为有必要直接查处的滥用行政权力排除、限制竞争行为。同时,还明确了指定管辖、委托调查、协助调查及报告备案等机制,规定市场监管总局应加强对省级市场监管部门的指导和监督,省级市场监管部门应严格按照市场监管总局相关规定调查处理相关案件等,以在充分调动央地两级执法机构能动性的同时,统一执法尺度,提高办案质量。

二是明确了执法程序。根据制止滥用行政权力排除、限制竞争行为的反垄断执法的主要环节和实际需要,分别明确了案件的举报、受理、立案、调查、处理等程序性规定,明确了书面举报一般包括的内容,规定了省级以下市场

监管部门收到举报材料或者发现案件线索后的处理方式，明确了行政建议书应当载明的事项。同时，给予被调查单位和个人陈述意见的权利，反垄断执法机构应当对被调查单位和个人提出的事实、理由和证据进行核实。对于反垄断执法机构认为构成滥用行政权力排除、限制竞争行为的，依法向社会公布，进一步提升了行政性垄断执法的规范性、透明度。

三是细化了滥用行政权力排除、限制竞争行为。《反垄断法》第 32 条至第 37 条明确列举了限定交易，妨碍商品自由流通，招投标中的不当限制，投资或设立分支机构限制，强制经营者从事垄断行为及制定含有排除、限制竞争内容的规定等滥用行政权力排除、限制竞争行为，但规定较为原则。为进一步提高法律的可操作性，在总结执法经验并充分吸收借鉴现有规则的基础上，《制止滥用行政权力排除、限制竞争行为暂行规定》对《反垄断法》规定进行了逐一细化，既有利于指导市场监管部门依法办案，提高执法的透明度和可预见性，又有利于为行政机关和法律、法规授权的具有管理公共事务职能的组织依法行政提供指引，避免滥用行政权力排除、限制竞争。

四是规定了滥用行政权力排除、限制竞争行为的处理。对滥用行政权力排除、限制竞争行为的处理作了细化规定，区别了不同情形下的四种处理方式：对于当事人在立案前的调查期间已采取措施停止相关行为，消除相关后果的，可以不予立案；经调查，认为构成滥用行政权力排除、限制竞争行为的，可以向有关上级机关提出依法处理的建议；调查期间，当事人主动采取措施停止相关行为，消除相关后果的，可以结束调查；经调查，认为不构成滥用行政权力排除、限制竞争行为的，应当结束调查。

（二）修订发布经营者集中申报相关指导意见

机构改革后，为方便经营者集中申报，市场监管总局于 2018 年 9 月 29 日修订发布了《关于经营者集中申报的指导意见》、《关于经营者集中申报文件资料的指导意见》、《关于经营者集中简易案件申报的指导意见》和《关于规范经营者集中案件申报名称的指导意见》四份经营者集中申报相关指导意见。

《关于经营者集中申报的指导意见》共 30 条，内容涵盖对控制权的解释、合营企业的申报标准、营业额的计算、申报前商谈程序、申报义务人的确定、资源提供文件的范围等细则性规定。该意见与 2014 年商务部反垄断局修订的版本相比无实质变化，仅第 14 条至第 17 条和第 25 条中有关申报地点的部分发生改变。《关于经营者集中申报文件资料的指导意见》共 19 条，规定了申报文件资料的内容，并附件申报表格式供申报人参照，与 2009 年商务部反垄断局版本相比,除发布部门落款外无变化。《关于经营者集中简易案件申报的指导意见》共 11 条,内容涵盖申报前商谈程序、资源提供文件的范围等细则性规定,并附件申报表、公示表供申报人参照,与 2014 年商务部反垄断局发布的试行版本相比无实质变化,仅第 4 条、第 5 条、第 8 条中有关申报地点的部分发生改变。《关于规范经营者集中案件申报名称的指导意见》共 12 条,规定了在不同集中情形下案件名称的表述形式。与 2015 年商务部反垄断局版本相比无实质变化,仅第 10 条中有关登记注册管理部门的部分发生改变。

(三)起草《经营者反垄断合规指南(公开征求意见稿)》征求社会意见

为进一步完善反垄断法律制度体系,鼓励经营者合规经营,根据国务院反垄断委员会工作部署,国家市场监管总局于 2019 年 11 月 28 日发布了《经营者反垄断合规指南(公开征求意见稿)》(以下简称《合规指南(意见稿)》),并向社会公开征求意见。[1]

《合规指南(意见稿)》共有"总则""合规管理制度""合规风险重点""合规风险管理""合规管理保障""附则"六章内容,鼓励经营者根据业务状况、规模大小、行业特性等,建立反垄断合规管理制度,或者在现有合规管理制度中开展反垄断合规管理专项工作。同时,鼓励高级管理人员及员工作出反垄断合规承诺,鼓励经营者全面、有效开展反垄断合规管理工作,鼓励具备条件的经营者建立反垄断合规管理部门,或者将反垄断合规管理纳入现有合规管理体系。在第三章"合规风险重点"中,强调经营者不得与其他经营者达成或组织其他经营者达成排除、限制竞争的协议、决定或其他协同行为;不得参与或支持行业协会组织的垄断协议;经营者具有市场支配地位的,不得从事反垄断法相关规定所禁止的滥用市场支配地位行为;经营者实施《反垄断法》规定的集中行为,达到国务院《关于经营者集中申报标准的规定》第三条所规定的申报标准的,应当依法事先向反垄断执法机构申报,未申报的不得实施集中。此外,《合规指南(意见稿)》还对经营者合规风险管理与合规管理保障作出指引,鼓励经营者建立包括风险识别、风险评估、风险提醒和风险处置在内的风险管理制度,建立健全合规奖惩机制和内部举报政策,强化反垄断合规管理信息化建设,建立专业化、高素质的合规管理队伍,加强合规教育培训等。

---

〔1〕 2020 年 7 月,《经营者反垄断合规指南》经国务院反垄断委员会全体会议审议通过,并于 9 月印发实施。

事实上，早在2015年10月，中共中央、国务院颁布的《关于推进价格机制改革的若干意见》就曾明确要求反垄断执法机构“促进经营者加强反垄断合规建设”。2018年，国资委在其印发的《中央企业合规管理指引（试行）》中，提示中央企业要突出反垄断等市场交易领域的合规管理。国家发展改革委等七部委也在同年联合发布《企业境外经营合规管理指引》，要求企业在开展境外投资和境外日常经营过程中，应全面掌握经营所在地的反垄断政策法规。但这两部合规指引文件仅将反垄断作为一项风险点予以提示，不具备专业而全面的指导。2020年9月11日国务院反垄断委员会印发的《经营者反垄断合规指南》弥补了这一空白，对经营者开展竞争合规进行了专门的指引，具有重要意义，其通过促进市场主体不断增强对竞争法律和竞争益处的理解，自觉遵守并维护公平竞争的市场规则，从而激发市场主体活力，培育积极向上的竞争文化，营造出健康良好的营商环境，这也是强化竞争政策基础性地位的必然要求。此外，浙江省和上海市也在2019年相继发布了适用于本行政区域经营者的反垄断合规指引，取得了良好效果。

（四）其他反垄断配套规章和指南

2018年新的统一的反垄断执法机构国家市场监管总局成立后，国务院反垄断委员会继续推动相关反垄断指南的制定工作。在前期工作的基础上，四部反垄断指南于2018年11月新一届国务院反垄断委员会上进行了审议，并在2019年1月4日最终通过。这四部反垄断指南具体包括《关于汽车业的反垄断指南》《横向垄断协议案件宽大制度适用指南》《垄断案件经营者承诺指南》《关于知识产权领域的反垄断指南》。这四部反垄断指南全文载于国家市场监督管理总局反垄断局编、中国工商出版社2020年6月出版的《2019年反垄断规章和指南汇编》中。国家市场监督管理总局网站也在2020年9月底全文发布了这四部反垄断指南。

二、完善公平竞争审查制度

2016年公平竞争审查制度出台以来，国务院相关牵头部门积极行动、多措并举推动制度落地实施，包括建立26个部门参与的部际联席会议制度，出台实施细则，组织开展专项督查，部署开展排除、限制竞争的存量政策措施清理工作等。2019年2月，市场监管总局公布实施了《公平竞争审查第三方评估实施指南》，这有利于指导和帮助政策制定机关在开展公平竞争审查的第三方评估工作。同时，公布了公平竞争审查制度2018年总体落实情况，研究制定了《全面推进落实公平竞争审查制度2019年工作重点》。目前，公平竞争审查制度已取得阶段性成效，逐步发挥了规范政府行为、维护公平竞争的功能。

(一)出台《公平竞争审查第三方评估实施指南》

我国公平竞争审查制度在取得进展的同时,仍面临着很多的挑战和困难。例如,审查内容复杂,工作难度大、政府措施行为和行业发展思路相抵触、自我审查无法满足行业需求等。在此契机下,2019年2月,市场监管总局公布实施的《公平竞争审查第三方评估实施指南》无疑是推进公平竞争审查制度改革和完善的重要一步。

该指南全文共有七节内容,除总则与附则外,余下五节内容分别对公平竞争审查的适用范围和评估内容、评估机构、评估程序和方法、评估成果及运用还有保障措施和纪律要求做了具体明确的规定。该指南规定,政策制定机关在开展公平竞争审查工作的以下阶段和环节,均可以或者鼓励引入第三方评估,包括政策制定机关拟适用例外规定的,社会舆论普遍关注、对社会公共利益影响重大的,存在较大争议、部门意见难以协调一致的,被多个单位或者个人反映或者举报涉嫌违反公平竞争审查标准的,对拟出台的政策措施进行公平竞争审查,对经公平竞争审查出台的政策措施进行定期评估,对公平竞争审查制度实施前已出台的政策措施进行清理等。该指南第7条特别提出,拟出台的政策措施进行公平竞争审查时引入第三方评估,应当重点评估以下内容:(1)是否涉及市场主体经济活动;(2)是否违反公平竞争审查标准。如违反标准,分析对市场竞争的具体影响,并提出调整建议;(3)是否符合适用例外规定的情形和条件。如不符合,提出调整建议。

该指南的出台为公平竞争审查第三方评估的实施提供了具体可实施的标准,有利于帮助政策制定机关在开展公平竞争审查的第三方评估工作。但目前而言,该指南仅具有规范性文件的效力。事实上,我国当前的公平竞争审查制度也主要依托于国务院规范性文件形式建立。这种形式是在开始探索阶段快速推进公平审查制度中的一种较为实际可行的选择,有利于提高效率,尽快取得初步成效,也能为全面建立该制度打下基础。但由于公平竞争审查是一项非常重要的制度,事关全局,而且涉及对政府权力本身的限制,必然会遇到许多困难和阻力,这就需要有权威的法律依据,对此一种较为现实可行的选择是在目前正在研究修订《反垄断法》时增加这方面的内容,建立起这方面若干基本的制度规则。[1]

---

〔1〕 参见王先林:《强化竞争政策基础地位背景下的公平竞争审查和竞争执法》,载《中国市场监管研究》2020年第6期。

(二)公布2018年总体落实情况,研究制定2019年工作重点

2019年1月27日,市场监管总局公布公平竞争审查制度2018年总体落实情况。2018年以来,市场监管总局会同有关部门扎实工作、持续发力,组织开展重点督查并督促整改,扎实推进存量政策清理,深入研究特定领域公平竞争审查问题,持续加强宣传培训,推动公平竞争审查制度深入实施。截至2018年年底,国务院各部门、所有省级政府、98%的市级政府、85%的县级政府已部署落实。市县落实比例与2017年年底相比分别提高了5个百分点和36个百分点。其中,北京、天津、河北等17个省(区、市)实现了省市县三级全覆盖。2018年,各地区、各部门共对31万份增量文件进行了审查,对其中1700余份文件进行了修改完善;对82万份存量文件进行梳理,清理2万余份含有地方保护、指定交易、市场壁垒内容的文件,有效预防和纠正了一系列排除、限制竞争的问题,促进了统一开放、竞争有序的市场体系建设。

但与此同时,制度实施仍面临一些问题:一是落实进度不够平衡,仍有少量市级和县级政府尚未启动,已落实的地区,不同部门的工作质量和成效差距较大;二是审查范围不够全面,遗漏审查问题普遍存在;三是审查工作不够规范,没有体现公平竞争审查的任何痕迹,没有征求利害关系人意见或者向社会公开征求意见;四是审查质量有待提升,一些文件经过审查仍然含有排除限制竞争的内容,存在程序空转、工作形式化问题,一些政府部门滥用例外规定,对明显不符合适用条件的政策措施随意适用。

为了持续抓好公平竞争审查制度落实工作,2019年2月,市场监管总局会同国家发展改革委、财政部、商务部研究制定了《全面推进落实公平竞争审查制度2019年工作重点》,从以下六个方面对公平竞争审查制度作了详细的部署。一是进一步完善公平竞争审查制度规则,包括出台《公平竞争审查第三方评估实施指南》,完善《公平竞争审查制度实施细则(暂行)》,研究出台适用例外规定、责任追究等方面的配套文件。探索建立公平竞争审查考核机制,推动各地将公平竞争审查纳入政府部门绩效考核。二是切实做好增量政策措施审查工作,优化内部审查机制,严格履行审查程序,切实提高审查质量,防止出台排除、限制竞争的政策措施。三是组织开展公平竞争审查专项督查,选择重点行业和地区开展公平竞争审查专项督查。四是深入研究特定行业领域的公平竞争审查问题。五是持续清理废除妨碍统一市场和公平竞争的各种规定和做法。六是加强公平竞争审查宣传培训。

三、修订《反不正当竞争法》

(一)《反不正当竞争法》主要修订内容

2019 年 4 月 23 日,第十三届全国人民代表大会常务委员会第十次会议决定对 2017 年刚修订的《反不正当竞争法》再次修正。此次修改内容主要涉及知识产权中的商业秘密部分。一方面是受中美贸易摩擦的影响,对摩擦中的核心问题之一的强制外资企业向中方合作伙伴转让专有技术问题作出回应。另一方面也是为了配合 2019 年 3 月 15 日第十三届全国人民代表大会第二次会议通过的《外商投资法》。[1] 总体来看,本次《反不正当竞争法》的修正共涉及四部分内容。

第一,就原《反不正当竞争法》第 9 条中的商业秘密的界定以及第三人侵权商业秘密的内容做出修正。修正前的第 9 条第 1 款第 2 项规定,违反约定或者违反权利人有关保守商业秘密的要求,披露、使用或允许他人使用其所掌握的商业秘密,属于侵犯商业秘密的行为。此次修正,将“违反约定”改为“违反保密义务”,扩大了企业员工、合作伙伴等可能获得商业秘密人员的保密责任的范围,解决了在违反法定保密义务时的责任追究问题。按照旧法的规定,保密义务的来源包括保密协议的约定以及权利人的要求,属于约定的义务。实践中确实存在一种情况,即行为人不负有约定的保密义务,但因为自身特殊的身份导致负有法定的保密义务。修正后的《反不正当竞争法》将范围扩大至法律规定的保密义务,实际上扩展了潜在的侵权主体范围,对商业秘密权利人是一种利好。[2]

修正后的《反不正当竞争法》第 9 条第 1 款增加第 4 项:教唆、引诱、帮助他人违反保密义务或者违反权利人有关保守商业秘密的要求,获取、披露、使用或者允许他人使用权利人的商业秘密。经营者以外的其他自然人、法人和非法人组织实施前款所列违法行为的,视为侵犯商业秘密。新增内容明确了侵犯商业秘密行为中的第三人的行为以及第三人的范围。同时,《反不正当竞争法》第 9 条第 2 款对于商业秘密的界定从“不为公众所知悉、具有商业价值并经权利人采取相应保密措施的技术信息和经营信息”变为“本法所称的商业秘密,是指不为公众所知悉、具有商业价值并经权利人采取相应保密措

---

〔1〕 参见詹昊、宋迎等:《本次〈反不正当竞争法〉修改意义重大》,载《中国市场监管报》2019 年 5 月 21 日,第 7 版。

〔2〕 参见李占科、张艳冰:《不可不知的“商业秘密”——逐条解析修改后的〈反不正当竞争法〉》,载《中国市场监管报》2019 年 5 月 21 日,第 7 版。

施的技术信息、经营信息等商业信息”。

第二，增加了惩罚性赔偿和法定赔偿的内容。修正后的《反不正当竞争法》在第17条增加了惩罚性赔偿的规定，经营者恶意实施侵犯商业秘密行为，情节严重的，可以在按照上述方法确定数额的一倍以上五倍以下确定赔偿数额。同时，又规定了法定赔偿的数额标准，“经营者违反本法第六条、第九条规定，权利人因被侵权所受到的实际损失、侵权人因侵权所获得的利益难以确定的，由人民法院根据侵权行为的情节判决给予权利人五百万元以下的赔偿”。

第三，提高罚款数额的上限。修正后的《反不正当竞争法》第21条对罚款数额做了如下修改。原法规定“监督检查部门责令停止违法行为，处十万元以上五十万元以下的罚款；情节严重的，处五十万元以上三百万元以下的罚款”，该法修正后规定“监督检查部门责令停止违法行为，没收违法所得，处十万元以上一百万元以下的罚款；情节严重的，处五十万元以上五百万元以下的罚款”。

第四，增加侵犯商业秘密的证据分配规则。修正后的《反不正当竞争法》第32条规定，商业秘密权利人只需提供初步证据，证明其已经对所主张的商业秘密采取保密措施，且合理表明商业秘密被侵犯，而是否构成本法所保护的商业秘密由涉嫌侵权人举证证明。如若商业秘密权利人提供初步证据合理表明商业秘密被侵犯，且有证据表明涉嫌侵权人有渠道或者机会获取商业秘密，且其使用的信息与该商业秘密实质上相同，或者有证据表明商业秘密已经被涉嫌侵权人披露、使用或者有被披露、使用的风险，抑或有其他证据表明商业秘密被涉嫌侵权人侵犯，涉嫌侵权人应当证明其不存在侵犯商业秘密的行为。

（二）《反不正当竞争法》修订简评

本次《反不正当竞争法》的修正主要围绕商业秘密的认定、侵权、惩罚以及举证责任的分配四部分内容。在原法的基础上，本次修正更倾向于维护商业秘密权人的权利。首先，在商业秘密的界定上，扩大商业秘密的范围。本次修正对商业秘密范围的进一步扩大，一方面是顺应数据时代的发展，对具有商业价值的商业信息进行了重新的解读和定性；另一方面开放式的描述，是为后续可能出现的具有商业价值的信息打开空间，在实践中赋予法官更多的自由裁量权，提高商业秘密认定的灵活度，在商业秘密认定这第一道关卡上，放开空间，降低商业秘密权人的维权难度和维权成本。

其次，本次修正还进一步明晰了商业秘密的侵权行为。不仅将经营者以外的其他自然人、法人和非法人组织纳入侵犯商业秘密责任主体的范围,还进一步说明了侵权手段和侵权行为。修正后的《反不正当竞争法》在第9条新增了以电子侵入手段获取权利人商业秘密的情形。商业秘密侵权行为从单纯的人为泄露行为辐射到非法技术获取行为。除此之外,还首次规制了第三方间接获取商业秘密的手段,即新增第9条第4款"教唆、引诱、帮助他人违反保密义务或者权利人有关保密的要求,获取、披露、使用或者允许他人使用权利人的商业秘密"的情形。该条款将侵权人的范围从过去的实际侵权人扩展到帮助侵权人,延展了商业秘密侵权行为的范围,进一步在法律上维护商业秘密的稳定性,降低商业秘密权人的权利风险。除此之外,本次修正加大了对商业秘密侵权行为的打击力度。一方面,加大惩罚力度,提到了赔偿数额的上限;另一方面,增加了恶意侵权的惩罚性赔偿。其整体赔偿思路与专利侵权赔偿思路相似,这样的修正实际上提升了商业秘密的市场认可度,强调了商业秘密的市场价值和作用,并在法律上进一步确认了商业秘密在不公开情形下所具有的市场垄断效果。

最后,本次修正对诉讼过程中商业秘密侵权案件的举证责任的分配做出了详细的规定,将是否构成商业秘密的证成责任划分给涉嫌侵权方,权利人只需证明对所主张的商业秘密采取必要保密措施,且商业秘密被侵犯。这一规定表明,商业秘密侵权案件中,在涉嫌侵权方没有相反证据的情况下,涉案信息将被默认构成法律意义上的商业秘密。该规定也与第9条对于商业秘密范围的重新界定形成呼应,即法律不再对具体何种信息构成商业秘密加以规定,而是通过价值判断,直接对有价值的信息进行保护。

四、《电子商务法》的颁布实施

(一)《电子商务法》基本概况

为了保障电子商务各方主体的合法权益,规范电子商务行为,维护市场秩序,促进电子商务持续健康发展,2018年8月31日第十三届全国人大常委会第五次会议表决通过了《电子商务法》,并于2019年1月1日起施行。

随着互联网技术的日臻成熟与不断革新,我国电子商务发展迅猛,在网络零售交易额方面已经连续多年稳居世界第一。相关数据显示,2008年中国电子商务交易总额仅有3.4万亿元,进入2018年年底,中国电子商务交易总额超30万亿元,达到了31.63万亿元,10年间增长了10倍。[1] 但在电子

---

〔1〕 参见《2018年中国电子商务交易总额超30万亿,10年增长10倍》,载搜狐网2019年4月16日,http://m.sohu.com/a/308316507_224462。

商务领域,相关立法一直处于滞后状态,并分散在不同的法律规范中,难以系统性地解决电商领域出现的各类问题,亟待一部专门的、系统的法律维护市场秩序与各方主体权益。2016 年 12 月,《电子商务法(草案)》首次提请十二届全国人大常委会审议,历时一年半正式出台。该法以促进和鼓励电子商务发展为基调,在法律层面明确电子商务行业与实体经济之间为公平竞争的关系,力求促进线上线下的公平竞争。为进一步规范电子商务平台规范化运营,《电子商务法》就电子商务经营者的登记、平台经济的规制等实操性问题也做出了具体的规定。同时,对社会广泛关注的销售假冒伪劣、消费者权益保护、限制竞争与不正当竞争等突出问题作出回应。

(二)《电子商务法》中反垄断与反不正当竞争相关条款解析

1. 行政机关不得滥用行政权力排除、限制竞争(第 4 条)

我国反垄断的主要任务无疑是预防和制止经营者的垄断行为,但是,排除、限制竞争的行为不仅来自市场主体,也可能来自行政主体。在我国由传统计划经济体制向社会主义市场经济体制转轨过程中,行政性垄断显得非常突出。[1]《电子商务法》第 4 条特别强调“国家平等对待线上线下商务活动,促进线上线下融合发展,各级人民政府和有关部门不得采取歧视性的政策措施,不得滥用行政权力排除、限制市场竞争”,这对预防和制止电子商务领域的行政性垄断行为具有重要意义。

2. 不得实施默认搭售和附加不合理交易条件行为(第 19 条、第 35 条)

《电子商务法》第 19 条规定:“电子商务经营者搭售商品或者服务,应当以显著方式提请消费者注意,不得将搭售商品或者服务作为默认同意的选项。”在过去的一段时间内,曾有大批消费者反映通过一些网络平台预订机票和火车票时,在不知情的情况下,平台会默认勾选航空保险、酒店优惠券等付费项目,有损消费者合法权益。此类经营模式在 OTA 企业普遍存在,一些电子商务经营者在销售商品或提供服务时,采取使用很小的字号、默认勾选等方式,使消费者在不知情、难察觉的情况下,出让一些权利或者被捆绑搭售。[2]《电子商务法》第 19 条将有效解决此类“默认搭售”行为。与《反垄断法》中有关“搭售”规定不同的是,其适用对象不局限于具有市场支配地位

---

〔1〕 参见王先林:《国家战略视角的反垄断问题初探——写在〈中华人民共和国反垄断法〉实施十周年之际》,载《安徽大学学报(哲学社会科学版)》2018 年第 5 期。

〔2〕 参见齐志明:《电商法施行一月:消费者维权难题得到缓解》,载 http://www.xinhuanet.com/legal/2019-02/13/c_1124106822.htm。

的经营者,而是包括所有的电子商务经营者。

此外,《电子商务法》第35条还规定:"电子商务平台经营者不得利用服务协议、交易规则以及技术等手段,对平台内经营者在平台内的交易、交易价格以及与其他经营者的交易等进行不合理限制或者附加不合理条件,或者向平台内经营者收取不合理费用"。实际上,该条规定的附加不合理的限制条件是对电子商务平台经营者(相对于电子商务经营者)相对优势地位的专门规定,并非《反垄断法》规定意义上的搭售和附加不合理的限制条件行为,但可以看做对《反垄断法》和《反不正当竞争法》的补充。[1]

3. 电子商务经营者市场支配地位判断因素(第22条)

随着网络经济的发展和新兴经济业态的兴起,判断经营者市场支配地位的传统因素遇到了困难和挑战,例如,市场份额难以计算,市场的动态竞争,互联网产品的免费模式等。在电子商务领域,不仅要考虑市场份额和相关市场竞争状况,还需要结合互联网经济和产业的特点加以综合考量。《电子商务法》第22条为市场支配地位的具体分析提供了特别考虑因素,该条规定"电子商务经营者因其技术优势、用户数量、对相关行业的控制能力以及其他经营者对该电子商务经营者在交易上的依赖程度等因素而具有市场支配地位的,不得滥用市场支配地位,排除、限制竞争。"该条所列举的技术优势、用户数量、对相关行业的控制能力、其他经营者的依赖程度等判断标准,将有助于执法机构和司法机关对电子商务经营者的市场地位作出合理判断。该条实际上是《反垄断法》滥用市场支配地位判断因素在电子商务领域的具体应用,其与《反垄断法》是特别法与一般法的关系。因此,按照特别法优先于一般法的原理,在《电子商务法》有特别规定时,应当优先适用该法的规定。

第二节 美国竞争法立法发展动态*

一、经营者集中立法发展动态

(一)申报标准的调整

美国国会于1976年通过《哈特—斯科特—罗迪诺反垄断改进法案》(以下简称《HSR法案》)。该法案对《克莱顿法》第7条作了补充,从而形成现在

---

[1] 参见王先林:《电子商务领域限定交易行为的法律适用》,载《中国市场监管研究》2019年第11期。

* 作者简介:张昕,对外经济贸易大学商学院博士后,法学博士研究生。

的第 7 条 A。[1] 该条规定了申报标准的最低数额,从而减轻了集中前申报的负担。2000 年通过修正案的形式对《HSR 法案》进行实质性修改,规定申报标准应根据每年国民生产总值的变化而逐年调整。根据《克莱顿法》第 7(a)(2)条规定的申报标准,以及 2000 年后对《HSR 法案》修改后的规定,美国联邦贸易委员会(以下简称 FTC)应负责每年修订这一申报标准。FTC 每年 1 月公布修订后的申报标准,该申报标准将于公布之日起 30 日后生效。

由于 2019 年年初联邦政府遭遇停摆危机,所以今年的申报标准调整,FTC 于 2019 年 3 月 7 日以公告的形式公布,并将于 2019 年 4 月 3 日生效。[2] 根据新的申报标准,获取股票权证券和资产符合以下条件的,必须事前申报:(1)交易总额超过 3.599 亿美元;(2)交易总额超过 0.9 亿美元,不足 3.599 亿美元,且属于以下三种情况之一:收购方总资产或者年度净销售额在 1.8 亿美元以上,被收购方从事制造业、年度净销售额或总资产在 0.18 亿美元以上;收购方总资产或年度净销售额在 1.8 亿美元以上,被收购方不从事制造业、年度净销售额或总资产在 0.18 亿美元以上;收购方总资产或年净销售额在 0.18 亿美元以上,被收购方总资产或年度净销售额在 1.8 亿美元以上。

下列适用规则将帮助申报方判断适用的相关申报标准和申报义务[3]。

1. 申报案件适用的申报标准应是预计交割时有效的申报标准

确定交易是否需要申报的最重要的阈值是最小交易阈值。这个通常被称为"0.5 亿美元(调整后)"阈值,因为起点是 0.5 亿美元,现在每年对这个阈值进行调整。2019 年,这个最小交易阈值是 0.9 亿美元。要确定一项在新阈值生效前后将要完成的交易是否需要申报,需要查看这个最小交易阈值。例如,一项交易价值为 0.87 亿美元的集中将于 2019 年 4 月 3 日或之后交割,则不需要申报。因为这个营业额比新的最低申报标准低,即使此时有效的申报标准为 0.844 亿美元。

2. 申报费由申报时交易金额决定

申报费用不会改变,只是计算申报费用的阈值进行了调整。以下申报费用的阈值,自 2019 年 4 月 3 日生效。(见表 2-1)

---

[1] See 15 U. S. C. § 18a, https://www. law. cornell. edu/uscode/text/15/18a.

[2] See 84 Federal Register Notice of Section 7A, P. 7370 (March 4, 2019).

[3] See https://www. ftc. gov/news-events/blogs/competition-matters/2019/03/hsr-threshold-adjustments-reportability-2019.

表 2-1 美国的申报费用计算标准

申报费/美元	交易规模
45,000	大于 0.9 亿美元,小于 1.8 亿美元
125,000	大于等于 1.8 亿美元,小于 8.898 亿美元
280,000	大于等于 8.898 亿美元

3. 多次集中的申报阈值也逐年调整

当申报方分多次收购同一人持有的表决权股份时,《HSR 法案》豁免了相同申报方为每次交易均作申报的负担。因此,提交 HSR 申报后,相同申报方在 HSR 申报等待期满的一定期间内可多次收购同一人持有的表决权股份,无须重新申报,除非累计交易总额超过更高以及申报阈值。这包括两个要素:

(1)根据第 802.21 节的规定,申报方必须在等待期满或终止之日起一年内达到其申报中提出的某个申报阈值,如果没有达到阈值,则需要根据低一级的申报阈值重新申报。申报阈值依次为 0.9 亿美元到 1.8 亿美元、大于 1.8 亿美元。

(2)根据第 802.21 节的规定,在申报等待期届满或者终止后,申报方在五年内多次收购同一人持有的表决权股份没有超过下一档阈值的,无须重新申报。

举例来说,假设 Ben 拟收购 UFO 公司的表决权股份并提交了一份拟收购 0.92 亿美元表决权股份的 HSR 申报。自等待期期满或终止之日起一年内,Ben 从 UFO 公司收购的表决权股份的交易总额必须超过该 0.92 亿美元的阀值,否则需重新提交一份申报。交易总额介于 0.9 亿美元到 1.8 亿美元之间的,则在未来 4 年内,只要其多次收购 UFO 公司的表决权股份累计交易总额不超过 1.8 亿美元,则 Ben 均无须重新申报。

(二)横向连锁的管辖门槛调整

除了一些例外情况以外,《克莱顿法案》第 8 条禁止同一人担任两家相互竞争公司的高级员工或董事,旨在通过消除机会或诱惑,以在初期消除违反反垄断法行为的萌芽。[1] 目前第 8 条的管辖门槛每年都会随国民生产总值的变化而调整一次。

---

〔1〕 See U. S. v. Sears, Roebuck & Co. ,111 F. Supp. 614,616(S. D. N. Y. 1953).

2017 年 3 月 4 日,FTC 以联邦公报的形式公布了调整后的管辖门槛,并自公布期生效。[1] 根据新的申报标准,任何人不得同时任两家或多家公司(除银行、银行联合会、信托公司)的董事或管理人员,其中每家公司资产、盈余、未分配的利润累计超过 3,656,400 美元。

(三)美国联邦贸易委员会通过关于修改 HSR 表格和说明的修正案

2019 年 6 月 27 日,在美国司法部反垄断局(以下简称 DOJ)的同意下,美国联邦贸易委员会正式通过了关于修改 HSR 表格和说明的修正案,并以联邦公告的形式予以公布,该修正案于 2019 年 9 月 25 日正式生效[2]。在这部修正案中,FTC 主要修改了 HSR 表格的归档说明,以纳入新的 10 位北美产品分类系统(NAPCS)和更新后的 6 位北美行业分类系统(NAICS)[3]。从整体内容来看,这次修正案对 HSR 规则进行了技术性的修改,在公告中 FTC 主要对修正《HSR 法案》的背景、HSR 表格和说明的修订内容以及修正案遵守《行政程序法》(Administrative Procedure Act)、《灵活监管法》(Regulatory Flexibility Act)、《减少文书工作法》(Paperwork Reduction Act)的相关规定等情况进行了说明。

1. 背景

HSR 表格的第 5 项要求备案人员适用 NAICS 和基于 NAICS 的代码,以提交公司最近一年内完成的在美国境内开展的业务的美元收入和业务范围的信息。所有申报人都需要以 6 位数的 NAICS 行业代码级别提交非制造业收入。虽然官方的 NAICS 分类系统仅提供 6 位代码,但美国统计局为制造产品和矿物产品开发了基于 NAICS 的 10 位产品分类代码。备案人员还必须通过 HSR 表格第 5 项中的这 10 位代码报告制造产品收入(NAICS 第 31~33 条)。

2017 年,统计局更新了 6 位数字的 NAICS 代码,但停止使用和更新基于 10 位数字的 NAICS 代码。统计局改为采用基于北美产品分类系统的 10 位代码来报告产品,包括制成品。NAPCS 是针对产品(商品和服务)基于市场或需求的全面的层次分类系统。统计局使用了 10 位 NAPCS 代码以及 2018 年 5 月开始的 2017 年经济普查中的 6 位 NAICS 代码。此外,统计局还发布

---

〔1〕 See 84 Federal Register Notice for Section 8, P. 7369(March 4, 2019).

〔2〕 See https://www.ftc.gov/policy/federal-register-notices/16-cfr-part-803-premerger-notification-reporting-waiting-period-1.

〔3〕 See https://www.ftc.gov/news-events/press-releases/2019/06/ftc-doj-approve-procedural-changes-hsr-rules-and-form.

了将2012 NAICS产品代码链接到2017 NAPCS的一致性表格。现在2017年经济统计的截止日期已经过去,并且统计局已经发布了一致性表,因此FTC决定在填写HSR表格中的制造收入时使用10位数的NAPCS代码,这种决定具有合理性。

将10位数的NAPCS代码纳入HSR表格和说明,将确保备案人员可以在提供收入数据时,同统计局公布的最新完整经济数据相比较。修订后的HSR表格和说明将继续要求非制造业收入使用6位数的NAICS行业代码。对于生产收入,归档人员将被要求以6位数的NAICS行业代码和10位数的NAPCS产品代码报告收入。第6项和第7项的重叠部分的报告是根据6位NAICS代码编写的,不会改变。

2. HSR表格和说明的修订[1]

FTC修改了HSR的表格和说明,要求使用6位NAICS代码和10位NAPCS代码来申报制造收入。具体修订如下。

(1)HSR表格第5项

FTC删除了以下内容,“按非制造行业代码和制造产品代码划分的5(a)美元收入”,并用“按NAICS行业代码和基于NAPCS的产品代码划分的5(a)美元收入”代替”。还删除了以下内容,“6-数字工业代码和/或10-数字产品代码”,并将其替换为“6-数字NAICS工业代码和/或10-数字基于NAPCS的产品代码。”

(2)HSR表格修订的日期

HSR表格每页底部的“修订日期”已从“(rev. 01/02/17)”更新为“(rev. 06/07/19)”,以反映本文件中所说明的修改。

(3)表格说明的修订

在该说明的第2页增加了对北美产品分类系统的使用的引用,并更新了对北美行业分类系统的引用,以反映2017年版法规。

第2页还删除了指示申报方继续使用2012 NAICS代码的段落。

第7页第5项要求申报人从制造业务中获取收入,使用10位NAPCS代码而不是10位NAICS代码来报告此收入。

第7页第5项要求从制造业务中获取收入的申报方使用6位数字NAICS代码报告这些收入的总和。

第7页第5项要求申报方在NAICS和NAPCS代码重叠的地方勾选重

---

[1] See 84 Federal Register Notice for 16 CFR PART 803, p. 30596(June 27, 2019).

叠框。即使没有 10 位 NAPCS 代码重叠,申报者也应选中项目 5 中相应的 6 位数 NAICS 代码的重叠框。

第 7 页第 5 项作了进一步更改,以强调被收购者只应包括被收购实体中所有美元的总收入。

3. 行政程序法

FTC 在这次修正《HSR 法案》未征询公众的意见,是有充分的理由的,是符合行政程序法的。根据《行政程序法》的规定:“当出于正当理由的机构发现(并在发布的规则中将调查结果和理由的简短陈述纳入其中),则通知和公开程序是不切实际的,则不需要通知和评论。”

基于上述行政程序法的规定,FTC 认为,在修改 HSR 法案中不涉及对 HSR 约束的实体的要求进行实质性更改。相反他们仅更改,用于报告制成品收入的数据代码。

4. 灵活监管法

根据《灵活监管法》的规定:机关在拟议修正案时,应当对修正案对小企业的预期经济影响进行初步和最终的分析,除非机关负责人证明修正案不会对小企业产生重大的实质性影响。FTC 认为无须对此次修正案展开对小企业的预期经济影响的分析。理由有两点:

其一,根据《HSR 法案》的集中前申报规则的最小交易额的规定,调整为 9000 万美元,而小企业的交易额基本达不到适用集中前申报规则中规定的最小交易额。因此,这个修正案对小企业不会产生影响。

其二,《灵活监管法》的规定仅适用于根据《行政程序法》需要征求公众意见的法规修正案。而根据上面表述,该修正案无须征求公众意见,因此也就不适用于《灵活监管法》的要求。

5. 减少文书工作法

FTC 已经对 HSR 规则进行了《减少文书工作法》的审批。因此,这次技术性的修正,不会改变现有信息收集的实质和频率。因此,无须进一步的审批。

(四)美国联邦贸易委员会通过了 HSR 规则中关于外国实体规定的修正案

2019 年 10 月 31 日,在美国司法部反垄断局的同意下,FTC 以联邦公报的形式发布修正案,该修正案旨在阐明:根据《HSR 法案》,涉及外国实体的并购交易,是否可以豁免于集中前申报的规定[1]。该修正案在 2019 年 11 月 8 日,通过了 FTC 和 DOJ 的批准,正式生效。

确定一个交易实体是外国人还是外国发行人,通常是适用 HSR 规则进行集中前申报的第一步。而根据当前的 HSR 规则,确定实体是否是外国实体的标准是其"主要办事机构(principal offices)"所在地,但是现有的 HSR 规则对于"主要办事机构"这一术语并未界定。FTC 公布的此次对《HSR 法案》的修正案,主要任务就是对"主要办事机构"予以界定,以更准确识别出那些与美国联系有限的交易,并排除在适用集中前申报规则的范围之内。

根据修正案的规定实体的主要办事机构所在地,是由实体的主管人员和资产所在地决定。根据修正案中对主要办事机构的定义[2],下列情形下,实体的主要办事机构位于美国:

1. 50%或以上的人员居住在美国;

2. 50%或以上的董事居住在美国;

3. 公司资产的 50%或者更多在美国。

二、消费者保护方面报告

(一)联邦贸易委员会 2018 年隐私与数据保护年度更新[3]

2019 年 3 月 15 日,联邦贸易委员会发布了 2018 年隐私与数据保护年度更新。鉴于 FTC 的权力来源包括多部消费者保护相关法律,因此,新的技术和商业模式的发展也由 FTC 管辖。该年度更新是以 FTC 保护消费者隐私和数据安全所采取的几种措施作为框架的,主要包括执法、开展研究并发布报告、举办公共研讨会、为消费者和企业起草教育资料、在美国国会作证并对影响消费者隐私的立法和监管提案提供意见,并与国际合作伙伴就全球隐私和责任问题进行合作。

1. 执法

(1)一般隐私权

2018 年,FTC 公布的隐私权案件涉及多个隐私权问题,如垃圾邮件、社交网络、网络行为广告、假托、后门程序、P2P 文件共享和移动电话。

主要执法案件包括:MyEx. com 案、Venmo. 案、BLU Products, Inc. 案、

---

[1] See https://www. ftc. gov/news-events/press-releases/2019/11/ftc-doj-approve-procedural-amendments-hsr-rules-foreign-entities.

[2] See Federal Register Notice for 16 CFR PART 801 and 803, p. 58349(October 31, 2019).

[3] See https://www. ftc. gov/reports/privacy-data-security-update-2018.

Sun Key Publishing, Inc. and Fanmail. com 案、Mobile Money Code 案、Alliance Law Group 案、Lombardo, Daniels & Moss. 案、Hylan Asset Management, LLC 案、Facebook's 案。[1]

(2)数据安全和身份盗窃

自2002年起,FTC已提起了超过65起涉及不公平或欺诈行为的案件,这些公司未能充分保护消费者的个人信息。2018年的重要案件包括 Uber Technologies, Inc. 案[2]、BLU Products, Inc. 案、Venmo 案、Katrina Moore, Steven Simmons, George Jiri Strnad 案[3]、VTech Electronics Limited 案[4]。

(3)其他领域的执法

其他领域的执法包括了信用报告和金融隐私案件、国际执法案件、儿童隐私案件以及禁止致电案件。

2. 提供意见

当法院、政府部门或其他机构考虑影响消费者或竞争的案件或政策决定时,FTC可以提供专业知识和倡导保护消费者和促进竞争的政策。2018年,FTC对以下隐私问题提供了评论。

---

[1] See MyEx. com 案, https://www. ftc. gov/news-events/press-releases/2018/06/ftc-nevada-obtain-order-permanently-shutting-down-revenge-porn; Venmo. 案, https://www. ftc. gov/news-events/press-releases/2018/02/paypal-settles-ftc-charges-venmo-failed-disclose-information; BLU Products, Inc. 案, https://www. ftc. gov/news-events/press-releases/2018/09/ftc-gives-final-approval-settlement-phone-maker-blu; Sun Key Publishing, Inc. and Fanmail. com 案, https://www. ftc. gov/news-events/press-releases/2018/09/ftc-takes-action-against-operators-copycat-military-websites; Mobile Money Code 案, https://www. ftc. gov/news-events/press-releases/2018/06/defendants-settle-allegations-they-deceived-consumers-through-get; Alliance Law Group 案, https://www. ftc. gov/news-events/press-releases/2018/03/ftc-obtains-court-order-against-final-defendant-phantom-debt; Lombardo, Daniels & Moss. 案, https://www. ftc. gov/news-events/press-releases/2018/06/phantom-debt-collectors-settle-ftc-charges-deceiving-consumers; Hylan Asset Management, LLC 案, https://www. ftc. gov/news-events/press-releases/2018/06/ftc-new-york-attorney-general-act-against-phantom-debt-brokers; Facebook's 案, https://www. ftc. gov/news-events/press-releases/2011/11/facebook-settles-ftc-charges-it-deceived-consumers-failing-keep。

[2] See https://www. ftc. gov/news-events/press-releases/2017/08/uber-settles-ftc-allegations-it-made-deceptive-privacy-data.

[3] See https://www. ftc. gov/news-events/press-releases/2018/09/ftc-shuts-down-purveyors-fake-documents-used-fraud-identity-theft.

[4] See https://www. ftc. gov/news-events/press-releases/2018/01/electronic-toy-maker-vtech-settles-ftc-allegations-it-violated.

(1)FTC官员向消费者产品安全委员会(CPSC)提交了一份意见[1],认为物联网(loT)设备的安全性差可能会造成与技术相关的危险,这与关键安全功能的丧失、连接性的丧失有关。

(2)FTC官员向美国国家电信和信息管理局(NTIA)提交一份关于隐私的意见[2],呼吁采取平衡的方法来保护消费者隐私和创新,并引用了联邦贸易委员会在保护消费者隐私和促进创新方面的丰富经验。

(3)FTC向参议院商业委员会消费者保护、产品安全、保险和数据安全小组委员会和众议院能源和商业委员会数字商务和消费者保护小组委员会提供证词,重申其对消费者隐私和数据安全执法的承诺[3]。

(4)FTC在参议院银行、住房和城市事务委员会(Senate Banking, Housing and Urban Affairs Committee, BHUA)作证时表示,《公平信用报告法》(Fair Credit Reporting Act, FCRA)的执行仍是重中之重,并概述了该机构为向消费者和企业宣传该法要求时所做的努力。

3. 法规

国会授权FTC颁布法规,规范消费者隐私和安全的特定领域。2018年FTC对其自2000年起颁布的各项与消费者隐私和安全的法规作的新的修订,其主要方面如下。

(1)《2003年公平与准确信用交易法》(FACTA)对FCRA进行了修订,其中的处置规则[4]要求公司以安全可靠的方式处置信用报告及其衍生的信息。作为对FTC所有现行规则和指南进行系统性审查的一部分,联邦贸易委员会经过了一段公众评议期。2017年,联邦贸易委员会决定在不改变的情况下重新发布处置规则[5]。

(2)2018年5月美国国会修改了FCRA,要求FTC发布一项规定,要求

---

[1] See https://www. ftc. gov/news - events/press - releases/2018/06/ftcs - bureau - consumer-protection-staff-submits-comment-internet.

[2] See https://www. ftc. gov/news - events/press - releases/2018/11/ftc - submits - comments-ntia-consumer-privacy.

[3] See https://www. ftc. gov/news-events/press-releases/2018/07/ftc-testifies-house-energy-commerce-subcommittee-about-agencys.

[4] See https://www. ftc. gov/enforcement/rules/rulemaking - regulatory - reform - proceedings/fair-credit-reporting-act-disposal-rule.

[5] See https://www. ftc. gov/policy/federal-register-notices/16-cfr-part-682-disposal-consumer-report-information-records.

全国消费者报告机构为现役军人消费者提供免费的电子信用监测服务。2017 年 11 月，FTC 发布了一项规则制定建议[1]，要求全国范围内的消费者报告机构在 24 小时内通知现役军人消费者其信用档案的任何“实质性”增加或修改。除了定义关键术语外，拟议的规则还规定了军事消费者如何证明其现役状态。拟议的规则还禁止消费者报告机构从事某些行为，如代表消费者必须购买产品或服务才能获得免费信用监测服务。

4. 研讨会

自 1996 年起，FTC 已经举办了 70 多场研讨会、市政厅和圆桌会议。2018 年 FTC 也举办了多场关于消费者隐私和安全的研讨会。

5. 报告和调研

在独立研究和研讨会讨论的基础上，FTC 迄今起草了许多份报告。2018 年，FTC 公布了如下报告。

(1)FTC 官员发布了一份《移动安全更新：了解问题》报告[2]，该报告主要探讨了移动操作系统补丁的复杂性。该报告主要基于从 8 家移动设备制造商收集的补丁数据，对整个行业的安全更新实践提供了独特的见解。报告建议简化更新过程，教育消费者更新的重要性，并在符合消费者合理预期的一段时间内向所有移动设备提供及时更新。

(2)FTC 官员发表了一份官员观点[3]，概述了 2017 年 FTC 与美国国家公路交通安全管理局共同举办的联网汽车研讨会的要点。观点指出，联网汽车生态系统中的许多不同实体将从汽车中收集数据，这些数据将带来许多新的创新——包括更快的应急响应、更短的通勤时间和更个性化的娱乐选择。

(3)FTC 官员发布了一份官员报告[4]，概述了 2017 年 12 月的信息安全研讨会的主要观点。报告以员工视角讨论了此类事件对消费者造成的非财务伤害，包括身份证被盗、故意且有针对性地发布个人隐私信息、披露私人事实和侵蚀信任，该还讨论了如何平衡伤害的风险和信息收集的好处。

---

[1] See https://www.ftc.gov/policy/federal-register-notices/16-cfr-part-609-military-credit-monitoring-rule-notice-proposed.

[2] See https://www.ftc.gov/news-events/press-releases/2018/02/ftc-recommends-steps-improve-mobile-device-security-update.

[3] See https://www.ftc.gov/news-events/blogs/business-blog/2018/01/ftc-staff-offers-perspectives-connected-car-workshop.

[4] See https://www.ftc.gov/news-events/press-releases/2018/10/ftc-releases-staff-perspective-examining-informational-injuries.

(4)FTC 官员发表了一份官员观点[1],概述了 FTC 的网络安全计划,该计划旨在开发和分发小型企业所需的有关网络安全的、对读者友好的教育材料。

6. 消费者教育和公司指南

教育企业和消费者有关隐私和数据安全问题——以及如何应对相关威胁——是 FTC 的重要使命。FTC 已向消费者和企业分发了数百万份教育材料,以应对对安全和隐私的持续威胁。FTC 已经制定了广泛的材料,提供了一系列主题的指导,如身份盗窃,儿童互联网安全,移动隐私,信用报告,行为广告,不打电话,和计算机安全。

2018 年发布的此类教育和指南材料中,最重要的是 FTC 会同国土安全部(DHS)、国家标准与技术研究所(NIST)和小企业管理局(SBA)共同发起了一项全国性的教育活动[2],以帮助小企业主了解常见的网络威胁以及他们如何保护自己的企业。活动材料包括实况报道、vide 操作系统和小测验,涉及十多个主题,包括网络安全基础知识、理解 NIST 网络安全框架、供应商安全和网络保险。

7. 国际事务

FTC 在隐私和安全工作的一个关键部分就是参与国际合作。FTC 与外国隐私机构、国际组织和全球隐私权力网络展开密切合作,在隐私和数据安全调查方面开展强有力的相互执法合作。FTC 还在倡导为全世界消费者提供强有力的、全球可互操作的隐私保护方面发挥了带头作用。

(1)执法合作

根据美国网络安全法案,FTC 被授权在适当情况下,为外国执法部门分享信息,并为他们提供协助,行使调查收集证据的权力。2018 年执法合作的主要进展有以下几个方面。

其一,FTC 与加拿大隐私专员办公室(OPC)合作,首次针对香港电子玩具制造商 Vtech,参与了涉及联网玩具的执法行动[3]。

---

[1] See https://www.ftc.gov/news-events/press-releases/2018/04/ftc-launch-campaign-help-small-businesses-strengthen-their-cyber.

[2] See https://www.ftc.gov/tips-advice/business-center/small-businesses/cybersecurity.

[3] See https://www.ftc.gov/news-events/press-releases/2018/01/electronic-toy-maker-vtech-settles-ftc-allegations-it-violated.

其二,FTC 在旧金山主办第 49 届亚太隐私机构论坛〔1〕,来自 13 个国家的 18 个机构的代表讨论了成员国的隐私调查和执法行动以及与人工智能、数据泄露通知和跨境执法合作相关的机遇和挑战。

其三,FTC 帮助组织了一系列电话会议和第二届 GPEN 执法研讨会,作为全球隐私执法网络(GPEN)管理委员会工作的一部分。

(2)政策

FTC 主张制定健全的政策,确保对跨国传输的消费者数据提供强有力的隐私保护。还致力于促进隐私制度之间的全球协调操作性,以及参与数据传输的企业更好的问责制。

(二)联邦贸易委员会发布《客户信息保障标准》("safeguards Rule" or "Rule",以下简称《保障规则》)修正案,征求公众意见〔2〕

2019 年 4 月 4 日,FTC 发布修订《保障规则》的提案,征求公众意见。该提案对现有的规则进行了五项主要修改。第一,增加了一些条款,旨在为金融机构提供有关如何制定和实施整体信息安全计划的特定方面提供更多指导。第二,增加了旨在改善金融机构信息安全计划责任的条款。第三,使小企业免于某些要求。第四,扩大了"金融机构"的定义,将美联储认为是从事金融衍生活动的实体包括在内。第五,FTC 建议将"金融机构"的定义和相关范例纳入规则本身,而不是从 FTC 的相关规则,即消费者金融信息隐私规则中交叉引用。下面就《保障规则》的修订背景以及主要的修订项目予以阐明。

1. 背景

《保障规则》的出台源于 GLB 法案(The Gramm Leach Bliley Act,GLB),该法案用于规范金融机构的隐私和数据安全,并且要求金融机构向客户提供有关机构的隐私惯例及其退出权利的信息,并对客户信息实施安全保护措施。根据 GLB 法案的要求,FTC 和其他联邦机构要为金融机构建立特定信息的行政、技术和实物保障标准。根据该法案的指示,FTC 于 2002 年颁布《保障规则》,并于 2003 年 5 月 23 日生效。

在 FTC 于 2002 年发布该规则时,为信息安全程序提供了一般性要求和

〔1〕 See https://www.ftc.gov/news-events/press-releases/2018/06/ftc-hosts-semi-annual-forum-asia-pacific-privacy-authorities.

〔2〕 See https://www.federalregister.gov/documents/2019/04/04/2019-04981/standards-for-safeguarding-customer-information.

指导,而没有提供信息安全程序应包含的详细说明内容。采取这种方法是为了使金融机构能够灵活地针对其特定业务制定信息安全计划,并允许该计划适应技术的变化以及对应对信息安全性和完整性的威胁。尽管 FTC 认为本次拟议修订《保障规则》的修正案应当继续为金融机构提供灵活性,但也试图就适当的信息安全计划提供更详细的指导。

2. 主要修订项目的考量

(1)《保障规则》是否应包括对信息安全计划更加具体的要求。

①反对意见:一些评论者认为,在《保障规则》中对信息安全计划采用更加具体的规定性监管方法并不一定会使金融机构更加安全,并且认为如果对信息安全计划采用清单方法的监管会给公司带来自满情绪[1]。评论者还认为 FTC 应该修订的是自我规则,并将其作为一种适当的工具,而不是对规则进行修订以增加信息安全计划的更具体的规定性要求,这样才可以有效提高信息安全性[2]。

②支持意见:一些评论者建议 FTC 通过加入更加详细的安全计划来增强规则[3]。银行业协会和支付公司票据交换所协会认为,该规则的要求,至少在大型金融技术公司方面应更加类似于联邦金融考试委员会(FFIEC)机构间准则中适用于银行的规则。

③在考虑了这些意见之后,FTC 提议对《保障规则》进行修订,以包括更具体的安全要求。其一,尽管 FTC 同意评论家的观点,他们认为现行《保障规则》的灵活性可以使该规则适应不断变化的技术和威胁,但委员会认为,更具体的要求将为金融机构提供更多指导和确定性,从而使他们受益。FTC 在制定信息安全计划的同时,会很大程度保留这种灵活性。并且 FTC 认为《保障规则》适用的某些金融机构可能为规模很小、客户很少的企业,因此拟议的修正案将使较小的金融机构免于修订细则的某些要求。

其二,FTC 同意对于信息安全计划的非常具体的要求可能会过时并需要经常修改。因此,拟议的修正案对信息安全计划必须解决的问题和威胁提供了更详细的要求,但不需要针对这些问题的特定解决方案。

---

〔1〕 See e. g., Software & Information Industry Association (Comment #23); Electronic Transactions Association (Comment #24).

〔2〕 See Data & Marketing Association (Comment #38); Electronic Transactions Association (Comment #24); State Privacy & Security Coalition (Comment #26).

〔3〕 See The Clearing House Association LLC (Comment #35); Electronic Privacy Information Center (Comment #30).

(2)《保障规则》是否应当包括事件响应计划。

①反对意见:一些评论者反对添加这个计划。因为各州已经要求公司将违规行为通知消费者,并且公司必须有效地制定某些事件响应计划才能满足此要求,因此无须再规则中添加此要求[1]。

②支持意见:信息交换所指出,事件响应计划使在日益危险的环境中数据安全的重要组成部分,并敦促 FTC 对其所监管的金融机构强加这一要求。[2]

③FTC 同意,当前规则已经要求许多金融机构制定事件响应计划,并将其作为其信息安全计划的一部分。但是,FTC 认为明确提出这一要求是有价值的。因此,FTC 提议对该规则进行修订,要求涵盖的金融机构制定事件响应计划,作为其信息安全计划的一部分。

(3)《保障规则》是否应参考或纳入任何其他信息安全标准或框架,例如美国国家标准计划研究院的网络安全框架或支付卡行业数据安全标准。

①反对意见:大多数评论者主张不要将任何其他信息安全标准或框架(如 NIST 框架或 PCIDSS)纳入规则中。因为如果这样会导致"检查框"安全任务,并给机构已经本来就很复杂的监管环境增加一层复杂性[3]。

②支持意见:有些评论者则表示支持在规则中纳入对 NIST 框架的引用,但无须遵守该框架[4]。

③综合以上的评论,FTC 拒绝了更改规则以纳入或者引用特定安全标准或框架的提议。基于的原因包括有关特定标准在所有金融机构中的适用性问题,以及强制公司遵守特定的安全标准或框架会降低当前规则的灵活性。

(4)《保障规则》自身是否应包含"金融机构"定义,而不是交叉引用隐私规则中的定义。

第一,存在的问题:隐私规则中定义了"金融机构"一词,而《保障规则》中也对该术语进行了交叉引用。但是根据《多德—弗兰克法案》[5],FTC 对隐私权规则的多数制定权已经移交给消费者金融保护局,但与某些汽车经销

---

[1] See, e. g., Securities Industry and Financial Markets Association (Comment #25); National Automobile Dealers Association (Comment #40).

[2] See The Clearing House (Comment #35).

[3] See Electronic Transactions Association (Comment #24).

[4] See, e. g., Financial Services Roundtable/BITS (Comment #21); Software & Information Industry Association (Comment #23).

[5] See Public Law 111-203, 124 Stat. 1376 (2010).

商有关的法规制定权除外。因此,FTC的《隐私权规则》现在仅适用于某些汽车经销商,但是《保障规则》仍然适用FTC执法管辖权范围内的所有金融机构。这就造成一个问题,FTC引用《隐私权规制》中对金融机构的定义适用于其所管辖的所有金融机构,而大多数金融机构不再受《隐私权规则》的约束。

第二,为了解决这一问题,FTC提议将金融机构的定义以及《隐私权规则》中的附随示例一并纳入《保障规则》中[1]。并且FTC认为对这个规则修改在范围和执行上不会产生实质性影响,此更改只会增加规则的清晰度。

(5)如果对《保障规则》进行修订包括对"金融机构"定义,则该定义是否应得到扩大。扩大的情形包括:一是实体显著从事被FTC认为是金融"附带性"的活动;二是在GLB法案颁布后,根据监管和顺序效应,被认为与银行或者金融"附带"活动有密切联系的活动。

①问题的缘起:在2000年颁布的《隐私权规则》,FTC认为从事与金融活动无关活动的公司将不被视为金融机构。FTC是唯一在其《隐私权规则》中采用此限制性定义的机构,而其他机构则包括了偶然活动。并且FTC还决定,在GLB法案颁布后被确定为具有财务性质的活动将不会自动包含在其隐私规则中。这两项决定使得FTC对金融机构采用了限制性的定义,并排除后来美联储确定为金融活动或者附带活动。因此在将《隐私权规则》中关于金融机构的定义纳入《保障规则》中,就面临是否需要修改之前使用的对金融机构的限制性定义,在金融机构的定义中包括从事偶然活动以及财务活动的机构[2]。

②反对意见:多数评论者认为FTC不应该修改对于"金融机构"的定义。因为在规则中创建新的定义后修改现有的定义将消除规则在这方面的灵活性[3]。

③支持意见:全国便利商店协会(NACS),则认为不应该将金融机构的定义扩大到包括金融交易的偶然参与者。因为某些偶然参与者不存储客户识别信息,他们也没有与消费者保持基于信息的联系。[4]

④综合考虑以上观点,FTC提议修改金融机构的定义,但是没有提议扩

---

[1] See The Commission is releasing a NPRM that proposes parallel revisions to the Privacy Rule concurrently with this NRPM.

[2] See 16 CFR 314.2(a).

[3] See National Association of Convenience Stores(Comment #28).

[4] See Electronic Privacy Information Center(Comment #30).

大范围。FTC 就该项提议重点关切扩大金融机构的定义导致包括“市场发现者”所产生的影响。基于此,FTC 寻求两个方面的信息:其一,该定义中将包括的市场发现者的数量;其二,该提案的成本和收益,包括发现者和消费者的成本和收益。

第三节　欧盟竞争立法动态*

一、导论

本部分介绍了 2019 年欧盟竞争法的主要立法进展情况。为说明相关情况,本部分同时涵盖了 2018 年年底以及 2020 年年初欧盟竞争法的立法发展。在介绍欧盟合并控制方面的进展的同时,又介绍了欧盟一般竞争法相关进展。

在欧盟竞争法的适用方面,欧盟委员会的指导文件通常与正式立法一样重要。下文介绍了在本部分所述期间已经通过的或正在讨论的立法法案和欧盟委员会的指导文件。此外,本部分还涵盖了合并控制和一般竞争法领域中公众辩论的一些方面。

2019 年 11 月,新的欧盟委员会上任,任期为 5 年。新的欧盟委员会主席冯德莱恩是一位来自中右翼政党的德国政治家,曾担任德国联邦政府部长,具备多年政府工作经验。前欧盟委员会竞争事务专员、丹麦政治家玛格丽特·维斯塔格已经连任冯德莱恩任下欧盟委员会竞争事务专员。此外,维斯塔格女士还被任命为欧盟委员会执行副主席,负责欧盟的数字政策组合。同时,她还是欧盟委员会的“打造适合数字时代的欧洲”小组的主席。

欧盟委员会主席冯德莱恩的政治议程主要包括以下三项:提升欧盟产业的全球竞争力、为欧洲在数字领域的领导力做好准备(“数字转型”)以及为气候中和铺平道路(“绿色转型”),[1]竞争政策被视为实现这些目标的重要工具之一。相反,这些更广泛的政策目标预计将影响欧盟竞争法的未来发展和应用。部分出于这一原因,欧盟委员会打算在 2021 年前评估、审查并在必

---

* 作者简介:古特穆思(Axel Gutermuth)是阿诺波特律师事务所布鲁塞尔分所合伙人,加瓦拉(Athanasia Gavala)是阿诺波特律师事务所布鲁塞尔分所高级律师;安德烈(Guillaume André)和格鲁(Valentine Genu)是阿诺波特律师事务所布鲁塞尔分所律师。本文观点为个人观点,与阿诺波特律师事务所及其客户无关。

〔1〕 欧盟委员会给欧洲议会、欧洲理事会、欧盟理事会、欧洲经济和社会委员会和地区委员会的通讯,《新欧洲工业战略》,第 COM(2020)102 号最后版本。

要时调整欧盟竞争法的重要方面。

二、欧盟合并控制

(一)已通过或生效的立法和指导性文件

2019年欧盟合并控制规则主体未作修订,该规则主要包括《欧盟合并条例》、实施条例和多份欧盟委员会指导性文件。然而,2019年出现了两项重要事件影响了欧盟的合并控制:一是《外国直接投资条例》的通过,二是英国脱欧。

1.《外国直接投资条例》

2019年3月,为了安全和公共秩序之目的,欧洲议会和理事会通过了2019/452号《外国直接投资条例》,该条例为欧盟境内的外国直接投资建立了审查框架。《外国直接投资条例》是欧盟层面上第一个涉及外国直接投资的法律文件。虽然外国直接投资审查在程序上仍然与欧盟合并控制相分离,但可以预计,对于按照《欧盟合并条例》审查的交易,欧盟成员国将越来越多地根据外国直接投资规则进行审查。这两种审查在多大程度上会相互影响仍有待观察。

截至2020年4月,28个欧盟成员国(包括英国)中有15个已经制定了外国直接投资审查规则,[1]但在欧盟层面的立法缺失的情况下,成员国制度在范围、适用标准和程序等方面存在巨大差异。《外国直接投资条例》是在一定程度上统一成员国外国直接投资规则的第一步,但该条例并未在欧盟层面设立中央外国直接投资审查,审查和决策权仍属于成员国。

具体而言,《外国直接投资条例》适用于"外国投资者"的外国直接投资。外国投资者是指任何打算或已经在欧盟进行直接投资的非欧盟实体或自然人。"外国直接投资"一词包括在外国投资者和目标公司或目标资产之间建立"直接联系"的投资。《外国直接投资条例》将如何适用于"间接"投资情形尚不完全清楚,可能适用于最终由外国公司控制的欧盟实体投资于一家欧盟目标公司的情形,或者外国公司投资于在欧盟境内持有子公司或资产的外国目标公司的情形。

《外国直接投资条例》并不要求欧盟成员国维持或引入外国直接投资审查,亦不寻求成员国审查机制的程序或实质方面保持一致。例如,如果某一个成员国选择进行外国直接投资审查,其仍然可以自由确定基于何种条件决

---

〔1〕 奥地利、丹麦、芬兰、法国、德国、匈牙利、意大利、拉脱维亚、立陶宛、荷兰、波兰、葡萄牙、罗马尼亚、西班牙、英国。

定交易是否为外国直接投资(例如,以公司收入或资产价值为标准)。此外,《外国直接投资条例》允许成员国对如下事项进行选择:(1)只有在主管当局希望进行外国直接投资审查或要求外国直接投资公司进行申报的情况下才对交易进行审查;(2)允许公司在外国直接投资审查尚未结束时继续进行交易,或者在外国直接投资审查完成之前禁止交割。但是,若某成员国选择进行外国直接投资审查,《外国直接投资条例》则要求该国审查机制满足某些最低的程序标准,包括对其他国家的非差异化对待、标准透明、审查依据、程序规则和时限透明以及司法救济的可能性。

虽然成员国拥有决策权,但《外国直接投资条例》建立了一个合作和协调框架,使欧盟成员国和欧盟委员会能够进行信息交换或就具体投资提出关切。

《外国直接投资条例》提供了一份非常详尽的经济部门清单,在这些经济部门中更有可能产生实质性的安全和公共秩序问题,但各成员国可以自由选择其本国外直接投资规则所适用的经济部门。《外国直接投资条例》所列清单包括:(1)关键基础设施,无论是有形的还是虚拟的,包括数据处理、数据存储、通信和健康基础设施;(2)关键技术,包括人工智能、机器人和半导体;(3)关键投入品的供应,包括能源和原材料,以及食品安全;(4)对包括个人数据在内的敏感信息的获取;(5)传媒多元性和自由性。

《外国直接投资条例》并未规定成员国在不予通过某项直接投资之前必须确立的该投资对安全或公共秩序威胁的具体严重程度。但是,该条例鼓励各成员国在审查过程中同时考虑外国投资者是否受外国政府控制,或者是否已参与影响安全或公共秩序的活动。因此,可以预计受政府支持的投资者将受到更为严格的审查。

《外国直接投资条例》自2020年10月11日起生效。然而,在COVID-19危机发生后,欧盟委员会在《外国直接投资条例》生效之前就敦促欧盟成员国加快建立国家审查机制,以防止欧洲战略性资产的抛售,特别是医疗和研究部门战略性资产的抛售。在2020年3月26日发布的一份政策文件中,[1]欧盟委员会呼吁成员国利用现有的或采用新的审查机制来保护关键资产和技术,并在外国直接投资的影响超出特定成员国的情况下与欧盟委员会进行协调。对进入欧盟的外国直接投资加强审查是一个更广泛的政策趋势,其重

---

〔1〕　在欧盟2019/452号以及C/2020/1981号条例出台之前,欧盟委员会向成员国发出的关于外国直接投资、来自第三国资本的自由流动以及欧洲战略资产保护的指导意见。

要性将在2020年继续增加。

2. 欧盟合并控制与英国脱欧

2017年,英国向欧盟表示希望退出欧盟——所谓的“英国脱欧”。2019年的大部分时间内,英国脱欧将如何以及何时开始实际影响合并控制还不确定。2020年1月29日,英国和欧盟签署了脱欧协议并于2020年1月31日退出欧盟。但是,过渡期持续到2020年12月31日。

在过渡期内,欧盟合并控制没有发生任何变化。这尤其意味着过渡期内合并方在英国的收入将计入《欧盟合并条例》规定的合并方收入标准,并且需向欧盟申报的交易无法由英国竞争主管机构单独审查。此外,交易对英国市场竞争的影响由欧盟委员会负责审查。

自2021年1月1日开始,即过渡期结束后,英国将不再参与欧盟合并控制体系。在这种情况下,欧盟委员会和英国竞争主管部门可能分别在欧盟(不包括英国)范围内和英国范围内对同一交易的影响进行审查,[1]合并方在英国的收益将不再计入《欧盟合并条例》中规定的收入标准。

(二)正在讨论中的立法和指导意见

1. 对欧盟委员会《市场界定通知》的审议

对于是否需要更新1997年通过的欧盟委员会《为执行共同体竞争法关于相关市场界定通知》(以下简称《市场界定通知》)的辩论在2019年持续了一整年,该通知规定了相关产品和地域市场界定的相关因素和原则,并与合并控制和一般竞争法的执法相互关联。

针对这一辩论,欧盟委员会于2020年4月就《市场界定通知》的审议公开征求意见。征求意见于2021年结束,修订后的通知预计将于2022年通过。原《市场界定通知》通过后,市场发生了变化,特别是经济的数字化和全球化,该审议旨在评价原《市场界定通知》在新的环境下是否仍然“符合其设立目的”。玛格丽特·维斯塔格专员表示,产品市场界定可能需要适应数字产业下的不同商业模式。例如,对于消费者免费使用以换取数据的商品,SSNIP[2]测试并未适当解决其可替代性问题,因此,更新后的通知可能包括对产品市场界定增加测试或适用新测试。此外,更新后的通知可能会解决的数字产业领域的市场界定问题,在数字产业中,企业与产品和服务生态系统

---

〔1〕 英国有一项自发的合并控制机制,根据该机制的规定,英国有权调查达到特定标准的交易,但交易方无须进行申报。

〔2〕 SSNIP意指“小幅度但十分重要的且非暂时性的价格上涨”。

相互竞争。

在全球化背景下，地域市场界定原则可能会有所调整，以反映全球贸易流量增加的情况下欧洲单一市场以外的竞争状况。有评论认为，部分欧盟成员国呼吁放松合并控制以打造强大的欧洲企业巨头，同时欧盟委员会又拒绝在合并执法中引入对产业政策因素的考量，地域市场界定原则的调整折中解决了这一矛盾。

2. 关于欧盟合并控制的程序和司法方面的征求意见

2019 年，欧盟委员会继续对《欧盟合并条例》的可能变化进行了评估。这一评估显然是建立在 2016 年 10 月欧盟委员会发起的公开征求意见的基础上。〔1〕欧盟委员会计划于 2020 年年底前公布其评估结果。征求意见中讨论的两个最重要的议题介绍如下。

(1) 申报门槛。由于目前欧盟申报门槛以合并方收入作为基础，〔2〕因此对于收入有限但已经或未来有可能成为重要的竞争力量的小公司（如初创公司或小型创新公司）的合并，即使其收购价格很高，也无法按照《欧盟合并条例》的规定对其进行审查。例如，2014 年 Facebook 以 190 亿美元收购 WhatsApp 原本并未触发在欧盟的申报。〔3〕征求意见讨论了附加基于交易金额的执行的替代性申报门槛的可能性。但是，这一意见遭到了市场参与者〔4〕和欧盟委员会官员两方面的质疑，也没有迹象表明欧盟委员会可能会建议修改申报门槛。

(2) 不涉及实质性问题案件的申报豁免。根据现行规则，应申报交易中的特定类别有资格适用欧盟委员会的简化程序。例如，在欧洲经济区内没有实际或可预见活动的新建合营企业，或者在欧洲经济区内不存在横向和纵向重叠的并购可适用简易程序，征求意见讨论了将此类无实质问题的交易一并纳入申报豁免范围的可能性。〔5〕但是，欧盟委员会是否会提出豁免机制尚不确定。

---

〔1〕欧盟委员会，《关于欧盟合并控制的程序和司法方面的征求意见》，2016 年 10 月 7 日。

〔2〕参见《欧盟合并条例》第 1 条。

〔3〕欧盟委员会最终按照《欧盟合并条例》中第 4(5) 条规定的参照程序最终获得了对该交易审查权［欧盟，Facebook/WhatsApp（COMP/M. 7217），2014 年 10 月 3 日决定］。

〔4〕参见欧盟委员会，《对关于欧盟合并控制的程序和司法方面的公开征求意见的回复汇总》，2017 年 7 月。

〔5〕参见《欧盟委员会关于根据〈第 4064/89 号理事会条例（欧洲经济共同体）〉第 4 条规定对某些集中适用简化程序的通知》。

3. 内部文件报送最佳操作指引(草案)

2018年1月,玛格丽特·维斯塔格专员宣布了欧盟委员会将发布关于合并控制程序中提交内部文件的最佳操作指引的计划。[1] 该指引的非正式草案已对外公布。该草案涵盖了委员会可能要求提交内部文件的时点、合并方提供所需文件的时限以及法律职业特权所涵盖的文件类别等问题。但是,经过对非正式草案的初步讨论,近期没有迹象表明这些最佳操作指引将快速定稿并出台。

(三)辩论的其他方面

1. 欧盟合并控制中的产业政策考量

欧盟委员会禁止西门子收购阿尔斯通运输设备和服务业务的决定[2]引发了2019年该热烈辩论中就产业政策和竞争法之间相互影响进行的讨论。这一交易本将在该领域造就一个"欧洲企业巨头"。在其禁止决定中,欧盟委员会驳回了各方的论点,即强大的竞争者将不会出现在欧洲,只会出现在欧洲之外,特别是中国,并且很可能在未来开始在欧洲收购业务。这一决定被公开批评为没有捍卫欧洲的产业利益,也没有充分重视来自非欧洲公司的潜在竞争。

2019年7月和2020年2月,法国、德国、意大利和波兰呼吁欧盟实行现代化合并审查程序,并建议欧盟合并控制应保护其战略共同利益,且应认真考虑外国控制或资助的竞争对手的影响。[3] 2019年11月,欧洲议会发布的一份竞争报告草案回应了这些担忧,并呼吁在产业合作方面采取更为有利的方针,以帮助欧洲出现在全球范围内具有竞争力的领导企业。[4]

然而,这些呼吁遭到了Vestager专员和较小的欧盟成员国的抵制。欧盟委员会历来不会将产业政策考量纳入其合并决定。较小的欧盟成员国也同

---

〔1〕 玛格丽特·维斯塔格:"公平与竞争"演讲,全球竞争法中心,2018年1月25日,载https://wayback.archive-it.org/12090/20191129212136/https://ec.europa.eu/commission/commissioners/2014-2019/vestager/announcements/fairness-and-competition_en。

〔2〕 参见欧盟委员会,西门子/阿尔斯通(COMP/M.8677),2019年2月6日决定。

〔3〕 参见《法国、德国和波兰呼吁实现竞争规则现代化的公告》,2019年7月4日,载https://www.bmwi.de/Redaktion/DE/Downloads/M-O/modernising-eu-competition-policy.pdf?__blob=publicationFile&v=4。

〔4〕 参见欧洲议会,《欧盟竞争政策年度报告草案》,2019年11月26日。

样谨慎对待将竞争规则政治化的做法。[1] 这场辩论是否会导致欧盟合并控制体系或贸易规则的变化仍有待观察。

2."杀手收购"

"杀手收购"一词是指市场实体对持有仍处于早期开发阶段创新项目的潜在竞争者进行收购的情况。该种收购阻止了潜在竞争者成为真正的竞争者。该词最初用于制药行业的交易,现在也用于数字行业和其他行业。

由三位学术专家为欧盟委员会撰写的一份题为《数字时代竞争政策》的报告讨论了欧盟当前的合并审查制度是否能够恰当地解决与"杀手收购"有关的问题。[2] 该报告暂时认为,当前的合并控制框架可能难以充分处理这类收购。

首先,欧盟基于营业额的审查门槛可能无法遏制"杀手收购"。[3] 但是,欧盟委员会迄今一直抵制修改审查门槛的想法。其次,即使欧盟委员会对这类收购进行审查,将这类收购的促进竞争影响或中性影响与反竞争影响进行区分也是一项复杂的工作。

该辩论还涉及欧盟委员会必须收集的用以实施救济或禁止"杀手收购"证据。欧盟委员会目前对集中会严重阻碍有效竞争具有举证责任,但在审查"杀手收购"时,这一责任就成为一项艰巨的任务,特别是在市场尚未货币化或市场份额的增长有限的情况下。因此,建议欧盟委员会在审查杀手收购时,可以修改举证责任甚至将举证责任倒置。[4]

欧盟委员会预计在2020年年底前公布对《欧盟合并条例》的评估结果,届时将同步披露其对如何处理杀手收购的看法。

3.绿色政策

随着欧盟计划到2050年成为气候中立经济体,环境和可持续发展目标是否应该在欧盟合并实质性审查中予以考虑的问题再次变得重要。Vestager

---

[1] 参见瑞典、捷克、爱沙尼亚、芬兰、爱尔兰、拉脱维亚、立陶宛和荷兰政府于2020年3月10日致Vestager执行副总统的信函,载https://www.regeringen.se/493e14/globalassets/regeringen/dokument/naringsdepartementet/letter-to-executive-vice-president-margrethe-vestager---10-march-2020.pdf。

[2] See European Commission, Jacques Cremer, Yves - Alexandre de Montjoye & Heike Schweitzer, Competition Policy for the Digital Fra-Final Report. 2019.

[3] See European Commission, Jacques Cremer, Yves - Alexandre de Montjoye & Heike Schweitzer, Competition Policy for the Digital Fra-Final Report. 2019.

[4] 参见欧洲议会,《关于欧盟竞争政策的年度报告草案》,2019年11月26日。

专员已经明确指出欧盟竞争法在这方面可以发挥作用。[1] 欧盟委员会将在多大程度上将合并所产生的环境利益或损害纳入评审框架仍有待观察。

三、欧盟竞争总规则

(一)已通过或生效的竞争立法和指导意见

1. 反垄断立法

(1)ECN+指令

2019年1月,欧盟公布了一项新通过的旨在增强欧盟成员国国家竞争主管部门执法能力的指令(ECN+指令)。[2] 成员国必须在2021年2月前将"ECN+指令"纳入本国法律体系。

欧盟成员国国家竞争主管部门和欧盟委员会通过一项名为欧洲竞争网络(ECN)框架进行合作。该框架可以帮助竞争主管部门分配影响多个成员国的案件,交换意见,并确保欧盟反垄断规则的一致适用。

"ECN+指令"包括对同一案件使用欧盟竞争法(《欧盟运作条约》第101条和第102条)的同时适用国家竞争法。其中如下两个方面与对公司极其重要:

首先,该指令确保所有国家竞争主管部门均拥有与欧盟委员会相同的调查和决策权力。例如,所有国家竞争主管部门均将能够获取受审查公司或协会可以获取的任何信息,包括云端数据或位于其他国家的服务器中的数据。所有国家竞争主管部门还将有权视察企业和私人场所(如董事、经理和公司职员的住所),并可以召集公司人员和法定代表人进行面谈。该指令还确保所有国家竞争主管部门都能对违反反垄断规定的行为实施罚款,并为计算罚款确定了一套通用的核心参数。这些条款预计将有助于欧盟成员国反垄断执法权力的趋同。

其次,尽管该指令并未建立"一站式"宽大处理制度,但该指令仍然在寻求协调欧盟成员国不同的宽大处理制度。为了获得最大限度的保护,宽大申请人仍必须分别在欧盟委员会以及卡特尔可能涉及的每个成员国寻求宽大。与此同时,如果一家公司已向欧盟委员会或另一欧盟成员国国家竞争主管机

---

[1] 参见Margrethe Vestager,《可持续发展与竞争政策——连接两个世界,造就更公平的经济环境》,全球竞争法中心,2019年10月24日,载:https://www.mlex.com/GlobalAntitrust/DetailView.aspx?cid=1138066&siteid=190&rdir=1。

[2] 参见欧洲议会和理事会2018年12月11日发布第(EU)2019/1号指令,旨在使成员国的竞争主管部门成为更有效的执法者,以确保内部市场的正常运行,该指令发表于2019年1月14日的《欧盟官方公报》。

构提出了全面申请,则所有成员国现在必须建立一个标记系统并接受简易的宽大申请。此外,指令旨在通过规定加强国家宽大制度,包括保障豁免申请人的现任和前任董事、管理人员和工作人员不受刑事处罚等内容。

(2)班轮运输联合体整体豁免的续期

2020年3月,[1]欧盟委员会将《联合体整体豁免条例》的适用期限延长至2024年4月25日,该条例规定符合下列条件的班轮运输联合体将不适用禁止竞争者之间达成协议的规定(《欧盟运作条约》第101条第1款):

①联合体应提供发自或前往一个或多个欧盟港口的国际班轮运输服务;②联合体成员在联合体开展业务的相关市场中的合并份额合计不得超过30%;③联合体给予成员退出的权利,退出成员不得受到经济或其他处罚(但须事先通知)。

满足这些条件的联合体被认为可以通过规模经济、服务合理化和更好地利用船舶来节约成本,同时不会过度限制竞争。享受整体豁免的联合体成员之间可以约定船期,调整运力(仅能按照供需波动进行调整),在船舶、联营船舶及/或港口设施上互换舱位或箱位,合作经营或合作使用港口码头及相关服务。但该联合体成员不得自行确定向第三方提供班轮运输的服务价格,不得分配市场或客户,不得限制运力。

2. 反垄断指南及通知

(1)新冠肺炎疫情期间颁布的指南

为应对新冠肺炎疫情及随之而来的基本产品(如卫生护理用品)供需链中断,2020年4月8日,欧盟委员会通过了一份临时性框架性通讯文件,[2]该文件规定了欧盟委员会对竞争者间为解决新冠肺炎疫情期间基本产品和服务供应短缺而达成的合作协议进行评估的主要标准。

该临时框架适用于所有经济领域(不仅是卫生护理),但仅限于为解决因新冠肺炎疫情导致的基本产品和服务供应短缺而开展的合作项目。产品和服务的“基本”性质将视具体情况而定。为规避《欧盟运作条约》第101条的禁止性规定,这些协议规定了以下几点:①必须以最有效的方式增加产量以解决或避免供应短缺问题,并在客观上是达到该等目标所必要的水平;

---

〔1〕 2020年3月24日颁布的欧盟委员会第(EU)2020/436号条例修改了第(EC)906/2009号条例的适用期限,C/2020/1734号。

〔2〕 参见欧盟委员会,《为应对当前新冠肺炎疫情导致的紧急情况,评估业务合作中涉及的反垄断问题而制定的临时框架》,2020年4月8日。

②必须是临时性协议(合作仅在存在短缺风险时或在新冠肺炎疫情期间进行);③不得超过为实现解决或避免供应短缺的目标而严格要求的必要水平。

这些协议建议此类合作项目的各方将彼此之间的所有通信和协议记录在案,并根据要求向委员会提供。在评估协议是否符合欧盟竞争法时,将对公共当局对该等合作进行鼓励和/或协调的事实予以考量。

该临时框架不要求向欧盟委员会通报合作协议。但协议各方必须像在正常情况下一样进行自我评估。该文件已经预计到欧盟委员会就框架范围内的具体合作项目发出"告慰函"的可能性,从而给商界带来更多的法律层面的肯定。欧盟委员会有权发出此类信函,亦可选择口头指导。

(2)反垄断损害赔偿请求中转嫁影响量化指南

2019 年 8 月,根据 2014 年通过的《欧盟反垄断损害诉讼指令》(以下简称《反垄断损害赔偿指令》),欧盟委员会发布了《反垄断损害赔偿请求中转嫁影响量化指南》(以下简称《量化指南》)[1]。

《反垄断损害赔偿指令》促进了欧盟成员国就违反欧盟和成员国国家竞争法的行为向国家法院提出的损害赔偿请求。根据该指令,不仅直接消费者,间接消费者和最终消费者也可以对参与侵权行为的公司要求损害赔偿。与此同时,通过证明原告向其客户转嫁了因侵权行为而产生的任何过高定价,被告可以反驳该损害赔偿请求。

《量化指南》旨在帮助成员国法院计算转嫁给间接购买者的过高定价比例。《量化指南》描述了成员国法院和被告可用来量化过高定价转嫁对销售量和价格影响的最相关的法律工具和经济方法。此外,《量化指南》还讨论了包括专家意见在内的相关证据的潜在来源以及《反垄断损害赔偿指令》项下的信息披露要求的程度。

(3)eLeniency 工具

2019 年 3 月,欧盟委员会推出了一项名为"eLeniency"的信息技术工具,该工具可以帮助公司通过加密系统在线提交公司说明和文件。[2] 该工具的推出旨在促进宽大和和解申请,因为相关公司或其律师此前必须到欧盟委员会所在地进行口头说明,以保护该等说明不被披露。

---

〔1〕 参见欧盟委员会,《关于成员国法院如何计算转嫁给间接购买者的过高定价之份额的指南》,2020 年 4 月 8 日。

〔2〕 参见欧盟委员会关于引入 eLeniency 的新闻稿,载 https://ec.europa.eu/commission/presscorner/detail/en/IP_19_1594。更多信息可在欧盟委员会网站上查阅,载 https://ec.europa.eu/competition/cartels/leniency/eleniency.html。

相关公司及其律师可以使用 eLeniency 在宽大申请时提交公司说明和证明文件,对宽大申请程序中要求进一步提供的信息作出答复,并向欧盟委员会提交正式的和解申请。eLeniency 也可用于根据《欧盟运作条约》第 101 条和第 102 条规定的非卡特尔程序。通过 eLeniency 制作的公司说明受到保密保护,不会被披露。eLeniency 是公司及其律师可自由选择工具,但他们也可以继续选择使用传统方式申请宽大已经与欧盟委员会进行沟通。

(4)为查阅欧盟委员会档案提供便利的指南

2018 年 12 月,欧盟委员会公布了两份新的指导文件,以便参与反垄断程序的公司查阅欧盟委员会的案卷。

这两份文件规定,当在反垄断调查中相关交易未得到通过时,被调查方有权查阅欧盟委员会在调查过程中获取、制作或收集的文件。查阅欧盟委员会档案是当事方抗辩权的组成部分,但不得妨害欧盟委员会履行保护第三方保密信息的一般义务。

这两份指导文件是欧盟委员会提高执法透明度和保证程序正当的努力的一部分。第一份文件包含了以查阅案卷为目的的自愿使用协商披露程序的指南以及一份模板(所谓的“保密环”),[1]第二份文件为要求保密的公司提供了最新的判例法参考资料和经改进的实用信息。[2]

3. 竞争法与英国脱欧

英国于 2020 年 1 月 31 日退出欧盟。但是,在截至 2020 年 12 月 31 日的过渡期内,欧盟反垄断法也会继续适用于英国。自 2021 年 1 月 1 日开始,即过渡期结束后,英国将被视为第三国。根据英国和欧盟为规范过渡期结束后的关系可能订立的协议中的规定,过渡期结束时预计将对公司产生以下主要影响:

(1)英国当局和法院将不再有权适用欧盟竞争规则。在英国适用英国竞争法时,可以偏离欧盟当局和法院今后适用欧盟竞争法的方式。这可能导致欧盟和英国竞争法之间的实质性差异。

(2)欧盟委员会将不再有权在英国进行检查或要求英国当局代表其进行检查。正如目前对非欧盟成员国国家的公司所做的那样,欧盟委员会将仅

---

〔1〕 参见欧盟委员会,《反垄断案件下案卷查阅程序中保密环的适用》。协商披露是在竞争审查程序中有权查阅案卷的一方与向欧盟委员会提供保密信息的一方之间在欧盟委员会的监督下达成的双边协议。根据这些协议,在有权查阅案卷的一方保证其组织内仅少数人员可以解除保密信息的前提下,其将收到案卷中的全部或部分保密信息。

〔2〕 参见欧盟委员会,《欧盟反垄断程序中的保密索赔指南》。

能向设立在英国的公司发送信息请求。

(3)在过渡期结束时,影响英国自欧盟整体豁免规定中受益的协议将继续有效,直至整体豁免规定(和/或英国法也实施这些规定)到期或被撤销。

(4)过渡期结束后在英国开展的调查将仅受英国国内法的管辖。

(二)正在讨论中的反垄断立法和指导意见

1. 纵向整体豁免条例和指南

2019 年,欧盟委员会就现行的《纵向整体豁免条例》的审议进行公开征求意见,该条例将于 2022 年 5 月到期。[1] 纵向协议对竞争的损害通常小于横向协议。《纵向整体豁免条例》规定,只要合同各方在上下游市场中的市场份额不超过 30%(安全港),就可豁免对符合一定条件的纵向协议适用《欧盟运行条约》第 101 条的规定。该条例还包括一系列“核心限制”,即使交易双方的市场份额低于 30%,也不能适用《纵向整体豁免条例》的纵向协议的规定。欧盟委员会还发布了指引,对《纵向整体豁免条例》的适用进行了解释和引导。[2]

《纵向整体豁免条例》的征求意见旨在评估其有效性,找出差距和改进之处,且侧重于数字领域的纵向协议。在线销售和在线平台是欧盟委员会审查的一个重要方面。审查中的问题主要包括零售价格维持、专属和选择性分销、双重分销制度以及欧盟和成员国规则之间缺乏一致性。特别是,公开征求的意见指出,针对互联网上新的分销方式、“最惠国”待遇或“平价”条款、为在线广告的目的购买关键词的限制以及中介施加的纵向限制方面需要提高法律的确定性。

欧盟委员会预计在 2020 年第三季度公布其对征求意见的评价结果。

2. 横向整体豁免条例和指南

2019 年,欧盟委员就审议涵盖竞争者之间协议的欧盟竞争规则的事项发起了一项公开征求意见。其中包括将于 2022 年 12 月 31 日到期的研发协议和专业化协议的两个整体豁免条例,[3] 以及欧盟委员会 2011 年发布的相

---

[1] 参见 2010 年 4 月 20 日欧盟委员会第 330/2010 号条例关于《欧洲联盟运行条约》第 101 条第 3 款适用于各类纵向协议和协同行为的规定。

[2] 参见欧盟委员会,《关于纵向限制的指南》,第 2010/C/130/01 号。

[3] 参见 2010 年 12 月 14 日欧盟委员会第 1217/2010 号关于将《欧盟运作条约》第 101 条第 3 款适用于某些类别的研发协议的条例,2010 年 12 月 14 日第 1218/2010 号关于将《欧盟运作条约》第 101 条第 3 款适用于某些类别的专业化协议的条例。

关横向指南。[1] 该审议将使欧盟委员会能够决定是否以及如何修改这些规则以反映过去十年的发展。

公开征求意见于2020年2月结束。参与者强调了环境(或可持续性)协议需要有明确的反垄断豁免。参与者还提到,欧盟委员会的《横向指南》应该涵盖人工智能、生态系统以及平台领域的标准制定、数据收集和数据共享以及其他新型合作的问题。根据现行指南,这种数据共享可能违反竞争规则。市场参与者提出的其他问题还包括与标准必要专利和新型零售联盟或买方安排有关的问题。

欧盟委员会预计于2021年公布其评价结果。新的《整体豁免条例》必须在2022年年底生效。

(三)对欧盟竞争法进行补充的立法

1. 举报人保护

关于保护举报人的欧盟新指令于2019年12月16日生效。[2] 其规定了欧盟成员国必须采用的共同最低标准,以保护举报违反欧盟法律(包括竞争和国家援助规则)的个人。直到最近,对举报人的保护还只在欧盟成员国的国家立法中,这导致了欧盟境内对举报人的保护的不平衡和不完整。这一情况对个人举报违反欧盟法律的行为产生了阻碍作用。

该指令要求建立内部和外部举报的安全通道,并保护举报人免遭报复。它还要求成员国向公民通报接受举报的方式,并对公共当局进行相关培训。具体而言:

(1)欧盟成员国必须制定法律,强制雇员超过50人的私营企业(以及公有制企业)建立内部报告和后续行动的渠道和程序。它们还必须指定主管当局接收举报、提供反馈和跟进举报。内部和外部举报制度附有数项义务,包括对举报人身份保密的义务以及根据保密要求对报告进行记录保存的义务。

(2)欧盟成员国必须采取必要措施禁止对举报人的任何形式的报复。该指令列举了被禁止的一系列报复性措施,包括裁员、降低工资、降职或拒绝晋升,在社交媒体上损害名誉等。

---

[1] 参见《关于〈欧盟运作条约〉第101条适用于横向合作协议的指南》,2011/C 11/01号。

[2] 参见欧洲议会和欧盟理事会2019年10月23日第(EU)2019/1937号关于保护举报违反欧盟法律行为的人员的指令。

(3)在某些条件下,举报人在各种法律诉讼程序中免于承担责任,包括诽谤、违反数据保护规则和泄露商业秘密的诉讼。

(4)成员国必须确保该指令规定的权利和救济不得通过雇佣合同或公司政策予以放弃或限制。

由于新规则以指令的形式获得通过,因此在成员国境内不具有直接效力。相反,每个成员国必须在指令生效后两年内(2021 年 12 月 16 日前)将其纳入国内立法。

2. 禁止地理限制行为

《欧盟禁止地理限制条例》[1]于 2018 年 12 月 3 日生效,[2]该条例禁止基于用户地理位置限制访问网站的做法。

《欧盟禁止地理限制条例》适用于在任何欧盟成员国在线出售商品的贸易商,并阻止其以客户国籍、居住地或所在地为由阻止或限制其在线服务的使用。该条例还禁止贸易商将客户重新定向到客户最初寻求访问的网站的另一版本,客户明确同意的除外。此外,贸易商不得在价格和其他条款和条件,包括付款方式方面对国内和其他欧盟客户差别对待。

《欧盟禁止地理限制条例》是欧盟委员会 2016 年启动的更广泛的"单一数字市场"计划的一部分,该计划旨在加快欧盟地区数字服务的融合。尽管该条例不是反垄断法,但其是对《欧盟运作条约》第 101 条规则的补充。事实上,即使在《欧盟禁止地理限制条例》生效之后,欧盟委员会仍根据《欧盟运作条约》第 101 条规定对地理封锁做法进行了调查和制裁。[3]

3. 数字经济即将采取的措施

在过去几年中,执行欧盟竞争规则一直是数字领域的关键优先事项。2019 年关于欧盟竞争法或其他法律的潜在改革以更好地处理数字经济中出现的问题的争论有所加剧。

2019 年 4 月,欧盟委员会发布了一份由三位学术专家撰写的关于数字时代竞争政策的报告。报告认为,欧盟竞争法的现有框架尽管为解决数字经济问题提供了可靠和足够灵活的基础,但仍应该进行调整,以确保在数字市场

---

[1] 参见欧洲议会和理事会 2018 年 2 月 28 日第(EU)2018/302 号关于处理无正当理由的地理封锁和基于客户国籍、居住地或内部市场内的所在地等其他形式的歧视的条例,并对第(EC)2006/2004 号条例和第(EU)2017/2394 号条例以及第 2009/22/EC 指令进行修改。

[2] 不包括关于被动销售限制的第 6 条,该条款将于 2020 年 3 月 23 日生效。

[3] 例如,2019 年 4 月,欧盟委员会对 Valve 及其他 5 家视频游戏出版商进行了正式调查,调查内容为电脑端视频游戏的地理封锁。

更有力地执行竞争政策。报告还就欧盟应予考虑的政策项目提出了具体建议。第一份立法提案已于2020年年底出台。

第四节 德国竞争司法领域最新进展及典型案例*

一、反不正当竞争法

(一)实体法

1. 违法行为(第3a条)

德国《反不正当竞争法》第3a条规定,行为人实施的行为违反为市场参与者利益而规制市场行为的法律规定,且该违法行为足以严重地损害消费者、其他市场参与者或竞争者利益的,构成不正当行为。这里的"法律规定",不是反不正当竞争法的其他规定,而是反不正当竞争法之外的法律规定;不是非以市场参与者利益保护为立法目标或不以市场行为为规制对象的法律规定,而是为市场参与者利益而规制市场行为的法律规定。

(1)宪法规范作为市场行为规定

"Crailsheimer Stadtblatt Ⅱ"案判决涉及从德国宪法《基本法》第5条第2款推导出的新闻机构与国家保持距离之要求是否属于《反不正当竞争法》第3a条意义的市场行为规定。联邦最高法院对此予以了认可。[1]

该案中,原告是一家私人出版公司。被告是克雷尔斯海姆(Crailsheim)大区镇。原告出版一份付费日报和一份免费广告报纸。两种出版物都出现在被告所辖市区,被告自1968年以来出版题为"Stadtblatt"的市政公报。"Stadtblatt"自2003年起在一家私人出版公司的参与下出版,由官方公报、采编的新闻和广告三部分组成。被告负责采编的新闻。最初该公报通过订阅和零售进行每周发行。根据市议会2015年6月25日的决议,自2016年1月1日起,被告免费向该市约17,000户家庭发行"Stadtblatt"。

联邦宪法法院判决指出,《基本法》第5条第1款第2句的规定要求新闻机构与国家保持距离,以确保意见表达的多样性。该原则排除国家直接或间接控制新闻机构。国家在新闻出版的有限领域内进行活动。新闻不受国家影响之宪法要求不仅涉及从事新闻的公司受到直接控制或谴责的明显危险,

---

* 作者简介:范长军,华中科技大学法学院讲师,德国拜罗伊特大学法学博士研究生;陈娅,华中科技大学法学院硕士研究生;钱思彤,华中科技大学法学院硕士研究生。

〔1〕 BGH, NJW 2019, 763-Crailsheimer Stadtblatt Ⅱ.

而且还涉及防止国家的所有间接和微妙的影响。从《基本法》第5条第1款第2句新闻出版自由这一制度推导出的对国家的要求,即在新闻出版的有限领域内进行活动,其规制的问题是,公权力主体和由公权力主体主导的公司在参与新闻出版领域的竞争时如何行为。该要求在《反不正当竞争法》第3a条至少还旨在为了市场参与者的利益来而规制市场行为。新闻机构与国家保持距离之要求为了利于其他市场参与者,特别是受制度保护的新闻机构,同时也为了公民的独立信息和意见形成之利益,对在市场上活动的公权力主体设置了严格的边界。其并不是要让某些提供者远离特定市场,而是允许私人和政府机构在市场上重叠的区域相遇。

新闻机构与国家保持距离之要求的范围与边界,在区镇出版物的情况下,一方面要考虑从《基本法》第28条第2款第1句保障的区镇自治推导出的区镇的权限,另一方面要考虑第5条第1款第2句规定的新闻自由之制度保障。二审法院指出,如果执行官方公告、法规公告和危险警告之类的公共(行政)任务,或者在较小范围内进行新闻采编,则国家的新闻出版活动是允许的。从自治之保障不能推导出出版以新闻采编形式形成的官方公报的权限。地方执行任务的原则不是区镇当局排挤或限制私人基本权利的职权范围。自治之保障既不能使新闻报道也不能使限制新闻自由合法化。从《基本法》第28条第2款第1句推导出的普遍管辖权的联结点不是当地区镇的所有事务,而仅仅是公共行政任务的执行。

(2)客运法

《客运法》第49条第4款第2句、第5句关于租赁车辆接受运输订单的规定是市场行为规定。智能手机APP"Uber Black"的运营被法院认定违反了《客运法》第49条第4款第2句。[1]

根据《客运法》第49条第4款第2句的规定,租车司机不得直接接受运输订单,无论该订单是由乘客本人还是代表他们的中介人下达的。

该案中,原告是位于柏林的出租车公司。被告是一家位于荷兰的公司,提供名为"UBER Black"的智能手机应用程序,用户可以使用该应用程序与司机预订汽车租赁。为此,被告与拥有运输乘客许可证的租车公司合作。属于这些公司的车辆在被告的广告中被标识为"UBER"。由被告所居中介绍的车辆的运输定价、付款交易处理和打折广告由被告进行;它所设定的条件适用于驾驶委托。通过UBER Black收到的租车订单转发给被告在荷兰的服

---

〔1〕 BGH,GRUR 2019,298-Uber Black Ⅱ.

务器，在下订单时最接近乘客的驾驶员接受运输委托，并确认该订单。运输委托按照被告设定的条件执行，并通过被告的应用程序付款。被告与第三方达成协议，以增加对在特定活动中与之合作的租车公司的需求。

二审法院认定，与被告合作的租车公司及其司机违反《客运法》第 49 条第 4 款第 1 句、第 2 句、第 5 句的规定。立法机关认为通过与驾驶员直接接触来发出运输委托是出租车交通的特征。租车司机不仅受《客运法》第 49 条第 4 款第 3 句规定的返程义务的约束，而且在通信技术上还限于营业地，法律仅允许在行驶期间将先前将在营业地收到的订单传递给司机的情况下才有返程要求之例外。例如，仅在人工接听或被答录机录下的地方，电话订单才达成。因此，如果在使用 UBER Black 应用程序时，以与乘客和司机直接联系相同的方式发布订单，而没有公司营业地其他人的参与，则是不被允许的。因而被告作为与之合作的租车公司和在该公司工作的司机的违反竞争的行为的参与者而承担责任。

联邦最高法院认可了二审法院的判决理由，指出《客运法》第 49 条第 4 款第 2 句、第 5 句的规定是市场行为规定。联邦最高法院在先前的判例〔1〕已经认定，《客运法》第 49 条第 4 款第 3 句、第 5 句中在租车公司之间以及租车公司与出租车公司之间的关系竞争中的竞争规制功能方面关于租车的返程义务和避免与出租车交通混淆的规定，是市场行为规定。在本案中，被告促进了他人的竞争。原告与通过 UBER Black 与被告合作的租车公司是《反不正当竞争法》第 2 条第 1 款第 3 项所规定的竞争者。此外，原告与被告之间存在具体的竞争关系，使用被责难的智能手机应用程序会阻碍原告提供服务。

(3) 纺织品标识法

《纺织品标识条例》(TextilKennzVO) 第 5 条第 1 款规定，只有特定名称可用于在纺织品标签上描述纤维成分。该规定被法院认定为市场行为规定。〔2〕 如在德国"慢跑裤"案中，法院认为但以英语名称"Cotton"(棉花)代替德语名称"Baumwolle"(棉花)，虽然违反了《纺织品标识条例》，但不构成《反不正当竞争法》第 3a 条意义的"严重地"损害消费者利益，因为英语名称"Cotton"已驯化成为德语口语。然而，对于术语"Acrylic"(丙烯酸)则不同。

---

〔1〕 BGH, GRUR 2012, 645 Rn. 12 – Mietwagenwerbung; GRUR 2015, 1235 Rn. 12 – Rückkehrpflicht V.

〔2〕 BGH, NJW-RR 2019, 610–Jogginghosen.

欧盟法将信息分类为必要信息这一事实,并不免除法院的审查义务,即消费者在具体情况下是否需要该信息以作出知情决定,以及隐瞒该信息是否能够诱使消费者作出他本来不会作出的商业决定。

(4)数据保护法

学者科勒(Köhler)认为,《数据保护基本条例》(Datenschutzgrundverordnung)的法律制裁制度是封闭的,对于违反该法的行为不能通过《反不正当竞争法》第 3a 条而予以反不正当竞争法制裁。[1] 与之相反,汉堡高等法院判决指出,必须在个案中根据具体情况审查,数据保护法规范是否具有市场行为规定的特征。[2] 维尔茨堡州法院在临时处分程序中的裁定认可了对《数据保护基本条例》的违反构成《反不正当竞争法》第 3a 条的"违法行为"。[3]

该案中,原告与被告一样,制造和销售用于特定免疫疗法(SIT)的治疗过敏原的药物,请求被告不得使用在未征得患者必要的同意的情况下而收集、处理和使用患者的个人健康数据制成的订购表。除原告、被告当事人外,在生产和销售治疗过敏原药物领域还有两个主要的竞争者。为 SIT 生产的旨在使患者脱敏的免疫治疗药物,一方面是根据《药品法》需要审批的成品药物,另一方面是根据处方为患者单独制造的、因此不需要审批的药物。但它们都需要医生开处方和在药房购买。脱敏治疗平均持续三年到五年,在此期间,每四周到六周定期向患者注射治疗过敏原药物。还有舌下给药的治疗性过敏原药物。被告仅出售注射药物。它们装在带有 1 个至 2 个小瓶(注射瓶)的盒子中,每个小瓶包含五种用途的治疗过敏原药物。治疗过敏原药物可以在打开的小瓶中保存 4 个月,未打开的小瓶可保存五年。在治疗过程中,主治医生(通常是专门从事变态反应的医生)将一个盒子在冰箱中放置几个月。医生通常会同时为大约 200 名患者存储这些药物。但是,也有医生同时使用过敏原药物治疗 500 名或更多的患者。治疗过敏原药物是通过主治医生订购的。对于需要治疗的患者,由该医生选择提供治疗过敏原药物的公司。每个公司都使用自己的订购表订购这些药物。使用这些表格订购治疗性过敏原药物。这些表格由医生填写。在被告的订购表中,不仅规定了患者或被保险人(如果有的话)的姓名和出生日期,还规定要输入健康保险号

---

[1] Köhler, GRUR 2019, 265.

[2] OLG Hamburg, GRUR 2019, 86-Allergenbestellbögen.

[3] LG Würzburg, ZD 2019, 38.

码、被保险人的号码、被保险人的身份(被告声称在大多数情况下),只有在药店向其下订单后才将此信息添加到药房中(或者根本不添加),这些信息包括合同医生编号、客户编号、有关患者过敏的信息以及姓名主治医师的地址及其客户编号。医生会在此类订购表的最后右下角签名。同样在下面有"提示":医生保证,为确保质量并为进行订购目的在患者同意下而将带有患者姓名的订购表发送给……(被告)。医生同时保证,将确保仅将数据用于前述目的和重复订购。该表格没有可供患者表达自己同意使用其数据的板块。根据区法院的当事人未予以否认的事实认定,被告未获得此类同意。患者向药房出示填写了患者数据和主治医生数据的订购表。药剂师在表格上盖章,或填写客户编号及其签名,然后通过传真或邮寄方式将其发送给被告。在被告对表格内容进行合理性检查后,被告将订购转发给其母公司,该母公司生产相应的药剂和治疗过敏原的药剂,在装满药物的小瓶贴上患者的姓名和出生日期。然后将小瓶发送给被告,由被告将药物转发到相应的药房,患者从药房将它们取走并带给主治医生以进行给药。

汉堡高等法院判决指出,被告使用订购表违反了《联邦数据保护法》(旧法)第 28 条第 7 款,因为被告或其母公司及其各自的雇员使用这些订购表不是该款意义上所"必要"的。但《联邦数据保护法》(旧法)第 28 条第 7 款不是《反不正当竞争法》第 3a 条所指的市场行为规定。如果一项规范以这种方式显示其与竞争有关,即保护那些被视为商品或服务的提供者或购买者的人的竞争需求,则其是以竞争者、消费者或其他市场参与者的利益为出发点来规制市场行为。如果受保护的利益恰恰是通过市场参与,即通过订立交换合同以及随后的消费或使用商品或服务而受到影响,则旨在保护市场参与者的权利、法益或其他利益的法规就是市场行为规定。不必要的是该种意义上的专门针对竞争的保护功能,即该种规定专门保护市场参与者使其市场行为免受不正当影响的风险。但是,该种规定必须(至少也是)旨在保护市场参与者的竞争利益;因此仅仅是其他被保护利益的反射影响还不足够。如果准则保护了竞争的自由开展,则其是旨在保护竞争者利益;仅仅保护重要的公共利益或第三方的利益还不足够,除非同时还保护了市场参与者的利益。

根据《联邦数据保护法》(旧法)第 4 条第 1 款,只有在数据主体同意的情况下,或者在《联邦数据保护法》(旧法)或其他法律规定允许或命令使用此类数据的情况下,才可以收集、处理和使用个人数据。该款包含的保留许可之禁令通常并不旨在规范市场行为。但是,如果在未经有关人员同意的情况下使用数据,则必须审查相应的数据使用许可,以了解其所划定的边界是否也旨在保护相关人员作为市场参与者的地位，如果受保护利益受到市场参与的影响，则属于这种情况。根据《联邦数据保护法》（旧法）第28条第3款，出于广告目的使用他人数据的行为被私法判例[1]认定为受保护的利益受到市场参与的影响。

在《联邦数据保护法》（旧法）第28条第7款的许可范围内，它涉及特别敏感的健康数据及其用于医疗保健、医学诊断、治疗或卫生服务管理的处理。其并非像《联邦数据保护法》（旧法）第28条第3款规定的出于广告目的使用他人数据的行为，其中受保护的利益受到市场参与的影响。被告无争议地提出，其不是将诉讼涉及的个人数据用于广告目的，在其中也看不到有关人员甚或原告参与市场的行为。虽然原告提出，其市场地位受到影响是因为被告未经数据主体同意而更容易获得治疗过敏原药物的订购，若被请求同意的患者可能不愿许可，则原告更难以赢得客户。但汉堡高等法院认为，这充其量只是违反《联邦数据保护法》（旧法）第4条、第4a条、第28条第7款的结果的反射影响。涉及数据的个人，并非以消费者和市场参与者的身份，而是以患者和人格权载体的身份出现。对于他们而言，这与商品或服务的供求无关。作为市场参与者的当事方仅诉讼当事人双方仅在他们维护相关患者参与市场时的人格权时才谈及他们的市场参与者身份。与《联邦数据保护法》（旧法）第28条第3款相反，第7款并未追求在竞争者之间创造平等市场条件的目标。

2. 竞争者保护（第4条）

根据《联邦数据保护法》（旧法）第4条第3项a，供应构成对竞争者的商品或服务的模仿，且导致对顾客遭受关于企业来源的可避免的欺骗，构成不正当行为。在"Industrienähmaschinen"案判决中，联邦最高法院认定，被告虽然几乎相同地仿造了原告的机器，但不构成可避免的来源欺骗，因为使用了不同于原告的商标，[2]但构成第4条第3项b规定的不合理的充分利用或损害被模仿商品或服务的声誉。在系统性地仿造原告大量具有竞争优势的产品时，构成第4条第4项的有针对性的阻碍。

该案中，原告是一家全球性公司，也生产工业缝纫机。被告是一家位于

---

[1] OLG Stuttgart, GRUR-RR 2007, 330, juris-Rn. 27-Weitergabe von Kundendaten; OLG Köln, GRUR-RR 2010, 34-Rückgewinnungsschreiben; CR 2011, 680 = BeckRS 2011, 14259; ZD 2012, 421; OLG Karlsruhe, GRUR-RR 2012, 396, juris-Rn. 34-Neuer Versorger; OLG Dresden, Urt. v. 26. 3. 2013-14 U 1776/12, BeckRS 2014, 15220.

[2] BGH, GRUR 2019, 196 Rn. 17 ff. -Industrienähmaschinen.

C市的公司,该公司也生产工业缝纫机,2013年6月在法兰克福举行的国际贸易展览会"Texprocess 2013"上展出了其产品。在被告展位上展示的目录中有五种型号,它们在外观、技术性能数据以及两种型号的操作说明方面,几乎与原告同类型相同。展台和宣传册中显示的缝纫机均清楚地标有"S"标识。

二审法院否定了原告基于反不正当竞争法禁止模仿和有针对性的阻碍而主张的请求权。作为理由,二审法院指出:受到责难的机器仅针对参加展会的专业人群。机器、宣传手册和展台上均清楚地标有被告的"S"标识。这种公开模仿通常不会导致任何直接的来源欺骗,且没有足够的迹象表明存在间接来源欺骗。基于具体情景,既不存在相关交易人群将与原告机器关联的声誉转移到被告在展位上提供的模仿品的风险,也不存在针对性的阻碍。不明显的是,被告通过模仿节省了成本或获得了任何其他竞争优势。

联邦最高法院撤销了二审判决,并指出虽然不存在可避免的来源欺骗,但二审法院没有根据具体情况来确定是否不合理地利用了原告产品的良好声誉。此外,根据《反不正当竞争法》第4条第4项,有针对性地阻碍竞争者,构成不正当行为。"有针对性"地阻碍竞争者,是指根据个案中的具体情形,经营者实施的行为不是以促进自己竞争的开展为指向,而是以损害竞争者的竞争的开展为指向,即主观上出于阻碍竞争者的意图。通常情况下,这种主观意图很难确定。但是,根据个案中的具体情况,除了阻碍竞争者的目的之外,再没有其他主观意图,则可认定"有针对性"地阻碍存在。如果经营者出于促进自己竞争的意图,即使他知道其行为会造成对竞争者的阻碍,也不构成不正当的阻碍。即使经营者不知道其行为构成了不正当行为,即不存在阻碍竞争的主观意图时,但是根据具体情形也可以将其行为认定为不正当的阻碍行为,特别是实施阻碍行为导致竞争者任凭自己的努力都不能将自己的业绩在市场上适当地展示的。因为在这种情况下,阻碍竞争不再是竞争的内在的附属结果,而是其主要或唯一结果;经营者也不是以自己的业绩来促进自己的竞争,而是通过阻碍竞争者来促进自己的竞争。二审法院没有根据具体情况来认定是否存在有针对性的阻碍,因而适用法律存在错误。

3. 攻击性的商业行为(第4a条)

"Werbeblocker Ⅱ"案判决[1]所涉及的情形在许多方面与2004年的

---

〔1〕 BGH, NJW 2018, 3640-Werbeblocker Ⅱ.

“Werbeblocker”案判决[1]相符。受争议的是屏蔽网络广告的软件。其特别之处在于,已经被列入了所谓的白名单的广告,不会被禁止。大公司必须支付一定的费用才能被列入这份白名单。

联邦最高法院首先肯定了受广告资助的互联网内容提供商和广告过滤提供商之间的具体竞争关系。虽然它认为当事方不销售相似的商品(服务),但再次提出了这一表述,“为了有效提供反不正当竞争法的个人保护,原则上对竞争关系的存在不会提出高要求”。但它没有提供一个有用的界定标准。无论如何,这种情况很难从“竞争要素”的概念中看出,即在不存在该要素时就应该排除具体的竞争关系。法院随后否认了存在《反不正当竞争法》第 4 条第 4 项的有针对性的阻碍和第 3 条第 1 款的整体的市场障碍以及第 4a 条的攻击性商业行为。

该案中,原告出版社及其子公司出版报纸和杂志在网络上提供其编辑内容,通过对在其网站上发布广告的其他公司收取费用的方式支撑网站内容提供。被告销售的软件“A”,是一个用于所有常见网络浏览器的附加程序,可屏蔽网页广告。原告的网站内容通常是从内容服务器检索,而非从广告服务器检索广告。如果用户调用网页,则编辑内容和广告内容将作为统一的网页内容予以显示。

“A”根据过滤规则屏蔽在所谓的黑名单中的广告。原告的国内用户标准化地使用国际和德国过滤器列表(“Easylist”和“Easylist Germany”)。被告通过将公司列入所谓的白名单中,为公司提供机会,使其广告免于屏蔽。前提是,该广告必须符合被告的“可接受的广告”的要求,并且公司允许被告参与分享营业额。作为中小型公司的自动屏蔽之例外,被告不参与收益分享。当将“A”提供给用户时,会以该种方式初装,即将已列入白名单中的广告显示给用户。用户可以更改此默认设置,使白名单中的广告也被屏蔽。原告及其子公司与被告没有达成白名单协议,因而其网站广告在用户运行“A”时被屏蔽。原告以被告实施有针对性的阻碍和攻击性商业行为为由提起诉讼。

二审法院判决认为无法确定被告的损害意图,因为阻碍及损害竞争者是竞争内在的天然本质,也是竞争不可避免的必然结果;并且也不能推定损害意图的存在。原告也没有被阻碍通过自己的努力以适当的方式将其绩效推向市场。被告的供应没有直接或间接地以物理的方式影响原告的商品或服务。软件 A 没有导致当访问客户的网站时数据流的发送被中断,而是单个

---

[1] BGH,NJW 2004,3032-Werbeblocker.

数据包不会到达用户。它仅在用户的接收区域中起作用。另外,由于用户自己安装了软件,因此其自己对内容的过滤负责。被告也没有侵害著作权,因为使用A不会干扰网站的程序运行,也不会非法使用该类的内容。新闻自由之基本权利虽然要求保护新闻产品的发行,包括广告招商,但是广告的投放不会因A而受阻。相反,用户可以援引其消极信息自由之基本权利作为理由。联邦最高法院认为,这种理由具有合理性。

原告声称,被告的行为是出于排挤意图,因为其商业模式除了能排挤或削弱竞争对手之外,没有其他目的。它的目的仅在于破坏原告的广告收入这一资金根基。此外,被告以不正当的方式将被责难的行为置于原告及其顾客之间,因为这迫使原告通过将其添加到白名单的方式免受广告屏蔽。联邦最高法院指出,根据二审法院的事实认定,被告并非出于损害意图。原告错误地认为本案争议接近于那些行为主要旨在损害竞争对手的竞争展开而不是促进自己的竞争的情形。受责难的商业模式虽然通过屏蔽网页广告,对原告的广告收入产生了不利影响。但是,被告的程序并没有从根本上阻止这种收入的获得,因为它提供了将其添加到白名单来激活广告的可能性。被告的程序以原告网站的正常运行为条件。被告要求为激活广告付费,虽然降低了网站运营商的广告收入,但同时证明了被告被责难行为背后的自我经济利益。如果人们还关注网络用户的利益,即他们希望通过安装的A程序在访问免费网站时不希望显示由被告归类为骚扰广告,那么受到责难的商业理念是有市场的服务,其主要目的不是损害原告竞争的开展。

整体的市场阻碍是司法从《反不正当竞争法》一般条款发展而来的案例群。"整体的市场阻碍"不是对单个竞争者的阻碍,而是危及市场上的整体竞争的存在,是对全体竞争者的阻碍。但是,它并不是以维持现存的市场结构为目标,而只是对作为竞争措施的、根据具体情形并考虑到对市场结构的影响而构成不正当行为的商业行为的规制。[1] 根据联邦最高法院的司法判例[2],如果不是虽然自一开始就是不正当的、但是在竞争上存在疑问的竞争措施,单独地或与竞争者可能预期采取的同种措施相联系,而程度显著地限制业绩竞争的严重危险的,就构成"整体的市场阻碍"。在本案中,二审法院指出,被告的程序虽然有损原告将可免费访问的内容与广告相结合。但是,

---

〔1〕 BGH GRUR 2002,827-Elektroarbeiten.

〔2〕 如BGH GRUR 1991,617-Motorboot-Fachzeitschrift;2001,81-ad-hoc-Meldung;2004,603-20 Minuten zu Köln。

没有迹象表明如果不同时与广告相结合,则原告无法提供内容。相反,原告可以选择从技术上"阻止"使用广告屏蔽的用户获取其内容,或者对内容收费。联邦最高法院认可了二审法院的这一判决理由。此外,原告声称,被告的程序破坏了互联网中的"免费+广告"商业模式。联邦最高法院指出,没有证据表明,被告受责难的程序会将原告受广告支撑的内容排挤出市场。原告必须面对竞争的挑战。维护现有的竞争结构并压制市场先进入者认为对其客户群构成威胁的经济发展,一般而言,不是"整体的市场阻碍"和反不正当竞争法的任务。

二审法院指出,被告的行为不针对原告而是针对有广告意愿的市场参与者的《反不正当竞争法》第4a条第1款第1句意义的攻击性商业行为,只要被告以参与分享这些市场参与者的营业额为条件使他们免受广告屏蔽。原告、被告双方在争夺有广告意愿的经营者方面即构成竞争者。被告的行为产生了《反不正当竞争法》第4a条第1款第2句第3项规定的不合法的影响。被告的权力地位在于黑名单功能,它建立了技术上有效的限制,只有被告控制的白名单功能才能克服这一限制。这是非合同性质的障碍,阻碍了实际广告合作伙伴行使合同权利。被告通过控制黑名单和白名单功能而获得的地位如此强大,以至于其作为"守门员"对于有广告意愿的经营者的广告融资选择占有了基础入口。广告屏蔽是否迎合许多互联网客户的意愿对于攻击性商业行为问题无关紧要,因为这是针对其他市场参与者而不是互联网内容用户的经济决策自由,《反不正当竞争法》第4a条的保护,在欧盟法的要求之外,旨在保护非消费者。有广告意愿的公司的决定自由会受到严重损害,因为它们只有通过白名单才能逃脱屏蔽。付费与被告达成协议的经营者,因黑名单和白名单的组合而促使其使用若没有屏蔽就不需要的服务。

联邦最高法院认为,被告行为不构成《反不正当竞争法》第4a条第1款第1句意义的攻击性商业行为,即足以导致消费者或其他市场参与者做出他们本来不会做出的商业决定行为。对于本案中的对消费者或其他市场参与者的决定或行为自由的不合法的影响(《反不正当竞争法》第4a条第1款第2句第3项)所必要的是,经营者必须拥有对消费者或其他市场参与者施加压力的权力地位,即使在没有使用或威胁使用身体暴力,并以严重限制消费者或其他市场参与者做出明智决定的能力的方式利用这种地位。联邦最高法院指出,根据《反不正当竞争法》第4a条第2款第4项,在确定商业行为是否具有攻击性时,重点是非合同性质的负担性或不合比例的障碍,即经营者试图以此来阻止消费者或其他市场参与者行使其合同权利,其中包括终止合同或转向其他产品或服务或其他经营者的权利。根据本规定的措辞和含义，阻碍行使合同权利的影响涉及消费者或其他市场参与者对向对他采取攻击性商业行为的经营者所享有的合同权利。根据二审法院认定的事实，本案中不存在这一情况。因为这一方面需要被告正在对原告的广告合作伙伴采取攻击性商业行为；另一方面要求在原告及其广告合作伙伴之间阻止合同的履行。在受商业行为影响的消费者或其他市场参与者与第三方之间存在的合同关系中的权利行使的影响不受《反不正当竞争法》第 4a 条第 2 款第 4 项的约束。对于是否运用压力严重限制消费者或其他市场参与者做出明智决定的能力，需要根据商业行为所指向的普通相对人——在本案中是其他市场参与者——的标准来确定。如果商业行为影响了其他市场参与者的判断，即他不能再充分地感知和权衡交易的优缺点，则存在这种限制。二审法院指出大型的网站运营商和广告中间商的决策能力受到了损害，但这不能证明被告违反了第 4a 条，因为不是这些公司，而是有广告意愿的公司（原告的潜在客户）是被告攻击性商业行为的相对人。在商业行为以其他市场参与者（有广告意愿的公司）时，以所涉及公司的通常商业经验为判断的出发点。联邦最高法院认为，如果应用此标准，则不能认为仅凭付费列入白名单就会损害有关人员的判断，并导致他们采取非理性行动。经营者在互联网投放广告且遭遇广告屏蔽时，会将经济决策过程中的各种选项进行商业上的考虑和权衡。

4. 禁止误导（第 5 条、第 5a 条第 1 款）

在“Vollsynthetisches Motorenöl”案判决中，联邦最高法院指出，根据《反不正当竞争法》第 5 条第 1 款第 1 句和第 2 句第 1 项，对商品主要特征的误导不仅存在于不真实地为商品分配了特定属性，还存在于不真实地将其归属于某一产品种类。将利用加氢裂化工艺生产的发动机 API 组Ⅲ类原油命名为全合成机油，就属于这一情形。[1]

该案中，原告、被告双方出售汽车用油和润滑油。机油通常从矿物原油中获得，其中由 75%—80%的原油和 20%—25%的添加剂组成。这些常规机油已被归入美国石油协会（API）分类的 API 组Ⅰ和Ⅱ。自 20 世纪 70 年代以来销售的机油的原油不是由矿物油而是由简单的基础化合物通过聚合或酯化制得。使用的是基于聚 α-烯烃或二羧酸酯的原油。这类油已归入 API 组Ⅳ和Ⅴ。另一组原油是所谓的“加氢裂化油”（API 组Ⅲ）。被告在针对消费

---

〔1〕 BGH, NJW-RR 2019, 102-Vollsynthetisches Motorenöl.

者的产品信息中,将加氢裂化油“SPECIFIC 504 00,507 00,5 W-30”标识为“全合成”和“全合成新一代机油”。原告声称该信息具有误导性,这是由于:自1970年代以来,全合成机油一直属于高端市场;全合成油比其他油制造起来更复杂且昂贵;交易人群在“完全合成”之下理解的是原油几乎完全由聚α-烯烃或二羧酸酯组成的机油;相反,像被告这样的加氢裂化油则不属于全合成油。

二审法院判决认定,被告行为构成误导:如果机油中含有相当大比例的加氢裂化油(API组Ⅲ),则将其标识为“全合成”机油且没有进一步的解释是误导行为。这不取决于产品的特定质量。自20世纪70年代以来,原油成分不是来自矿物油(API组Ⅰ和Ⅱ)组成,而是来自API组Ⅳ和Ⅴ的油,因其生产工艺的昂贵而处于较高价格段,并以“合成”的名称投放市场。消费者将“全合成油”这一名称与具有较高价格的特殊质量联系在一起。普通消费者可以期望标识为“全合成”的机油对应于他以前在市场上遇到的以该名称命名的产品。联邦最高法院认可了二审法院的判决。

5.利润返还请求权(第10条)

根据《反不正当竞争法》第10条第1款,故意实施不合法商业行为并因此不利于多数消费者而获得利润的,得由根据第8条第3款第2—4项有权主张不作为请求权的工商业组织、消费者组织等请求其向联邦财政返还所获得的利润。在“Prozessfinanzierer”案中,消费者协会根据第10条主张利润返还请求权,并与诉讼资助人签订合同,由后者资助诉讼,前者向后者支付被告返还的部分利润。联邦司法部同意该合同,放弃了对此提出反对意见,因为根据第10条第4款第2句,债权人如果未能从债务人获得补偿,可以请求联邦管辖机关偿还为主张请求权所必要的费用,但该合同涉及的要返还的利润不是这里的必要费用。然而,与前审法院的判决相反,联邦最高法院认为该诉讼属于滥诉。因为承诺将被告返还的部分利润付给诉讼资助人,违反了立法目的。有权提起诉讼的组织,在胜诉时必须将被告返还的利润交予联邦财政;在败诉时必须自己承担诉讼费用,这样的规定是基于立法者有意决定。[1]

6.商业秘密保护(第17条)

联邦最高法院根据《反不正当竞争法》第17条再次非常详细地进行了侵害商业秘密案件的审理:体现于设计方案和最终产品的设备部件的具体尺寸

---

〔1〕 BGH, NJW 2018, 3581-Prozessfinanzierer.

和布置也可构成商业秘密。事实能为特定的甚至更大范围的人群所知,并不排除商业秘密的认定。起决定性因素的是,事实是否广为公众所知。同样,事实属于现有技术也对为公众所知这一问题的判断无关紧要。

后者并非完全不成问题,因为目前还没有统一的"现有技术"的定义。如果事实不受商业秘密保护,其已辞职的员工也可以使用该事实,前提是他们不受(有效的)竞业禁止的约束。然而,这只适用于前雇员记忆中保留的信息。

该案中,原告从属于 F-Medical-Care 集团,在德国销售透析过滤器,该过滤器作为一次性产品用于肾脏疾病患者的血液透析治疗,以从血液中去除有害物质。这些透析过滤器中使用的中空纤维是在特殊的纺丝系统上由液态聚合物溶液以无休止工艺生产而成,并加工成过滤器。自 1981 年以来,这些纺纱装置一直由原告不断开发并在委托下制造。纤维是在纺丝系统中借助于安装有喷嘴(喷嘴主体)的喷嘴组生产的。在 1990 年前后,原告的"HEIDI Ⅱ"纺纱装置投入运行,每个喷嘴组有 32 个喷嘴,容量为 1024 根纱("端头")。喷嘴块由三块板组成,即上、中和下板,上面安装了 32 个喷嘴或喷嘴主体。原告不将纤维纺丝装置出售给集团外的第三方。在大约两年的准备工作之后,原告于 1999 年建立了进一步发展的纤维纺丝装置"HEID Ⅱ",该装置配备了带有 48 个喷嘴的喷嘴组,可容纳 1536 根纱。第一被告生产和销售用于生产透析过滤器的合成中空纤维的纺纱装置。第二被告是化学家,他的博士毕业论文研究制造碳纤维,中空纤维和 PAN 纤维。从 1982 年到 1989 年,他为原告的竞争对手工作,从事中空膜长丝溶液纺纱装置的制造。从 1990 年 11 月到 1993 年 6 月,他被原告的法定前身雇用为"膜生产"领域的生产经理,并被委托从事喷嘴的生产。在这种情况下,他可以使用原告法定前身的技术图纸和数据集,并根据雇用合同中负保密义务。在 1993 年夏天,第二被告的雇用因解聘而终止。终止协议包含有关雇佣关系中第二被告所知的所有技术和经营秘密的保密义务。自从 1993 年 7 月起,第二被告就一直为第一被告工作,同时担任总经理。1996 年,第一被告首次提供了具有 128 个喷嘴的纤维纺纱装置。第一被告于 2004 年 9 月 29 日在市场上提供具有 1536 条线的中空纤维膜纺纱装置。原告声称,被告使用原告的制造图、草图和其他信息非法仿造了具有 1024 和 1536 股线的中空纤维纺纱装置;被告违法使用了其商业秘密,违反了合同保密义务。

二审法院判决如下:被告未违反《反不正当竞争法》第 17 条侵害商业秘密。原告需描述寻求商业秘密保护的事实。该案涉及的是 30 米长的装置,该装置由大量具有不同功能的技术组件和结构组成。负有描述和举证责任的原告没有具体证明装置的哪个部分或哪个元素构成商业秘密。原告也没有解释纺纱装置的哪个制造草图、哪个单独的部分或区域包含商业秘密。此外,原告没有充分证据证明第二被告违法使用了从原告获得的知识。仅从原告、被告双方装置相同这一事实还不能得出这样的结论。只要以诚实获取的知识和经验为基础进行利用,且装置之间的一致可能是合法开发工作的结果,就不能禁止利用商业秘密。原告没有说明其所主张的商业秘密不为专业人士所知,也没有被专业人士用于作为解决问题的技术方案。原告也没有将其自一开始就没有具体描述的商业秘密与第二被告诚实获得的经验知识区分开来。原告也不享合同上的请求权。由于原告没有指出其超出专业人士显性知识的商业秘密,因此没有证据证明第二被告违反了对商业秘密保密的合同义务。

联邦最高法院撤销了二审法院的判决,并发回二审法院重审。最高法院认为,二审法院认定原告没有充分证明其商业秘密和被告的无权使用,不能经受住法律审查。二审法院对于商业秘密的描述义务提出了过高的要求。根据《反不正当竞争法》第 17 条,禁止企业的工作人员,以竞争为目的,或出于私利,或为第三人利益,或出于损害企业主的意图,在雇佣关系存续期间,擅自将在雇佣关系范围内所委托或所知道的商业秘密告诉他人(第 1 款);禁止以竞争为目的,或出于私利,或为第三人利益,或出于损害企业主的意图,通过使用技术手段、制作秘密载体之复本、盗取载有秘密之物体的方式,擅自获取或保全商业秘密(第 2 款第 1 项);禁止将通过第 1 款所称之告诉行为或依第 2 款第 1 项通过自己或他人的行为获取或以其他方式擅自获取或保全的商业秘密,擅自利用或告诉他人(第 2 款第 2 项)。该条意义上的商业秘密,是指与企业相关的、未公开的、仅为特定人群所知的、企业主基于经济利益而予以保密的任何事实。具有技术性质的商业秘密尤其是指构造、制造图、配方,制造工艺、技术组成和装置功能。一审法院根据专家鉴定意见,认定原告的纺纱装置,特别是喷嘴主体和喷嘴块的尺寸和布置是商业秘密。喷嘴座和喷丝板代表着纺纱装置技术操作的核心要素,不为外部人员所知,而只有公司中的特定人群所知。原告对于这些情况采取保密措施也有相当大的经济利益。喷嘴座和喷丝板的设计非常具有"秘密强度"。各个喷丝板上的喷丝头的构造和设计是整个装置的核心技术,喷丝板本身也属于"关键设备"。在此基础上,一审法院认定在制造图和最终产品中体现的喷嘴体和喷嘴块的具体尺寸和构造属于商业秘密。原告为此也进行了描述和举证。联邦最高法院认可了一审法院的判决,同时认为二审法院对于事实什么时候已公开从而作为商业秘密存疑的判断采用了不适当的法律标准,尤其是以不适当的“公开”概念作为出发点。排除事实的秘密之特征的公开指的是事实已为公众所知。事实为特定人群甚或较大人群所知,并不有损秘密性。特别是在生产过程中为雇员所知,不导致秘密性的丧失。此外,二审法院将事实纳入现有技术与排除秘密性之特征的为公众所知之问题无关。即使通常的现有技术通过出版而为人所知,也不能轻易地就认定制造方法已经公开。对于商业秘密保护,判断是否为商业秘密的决定性因素是现有技术是否只有花费大量时间或金钱才能发现、获取并因而对企业有用。尤其是,本案争议中的体现了机器技术组件的尺寸和构造的制造草图的使用,通常在很大程度上能节省自己的工作。因此,可以将这种制造草图作为商业秘密加以保护。二审法院还错误地认为,原告要描述商业秘密,必须将商业秘密与第二被告诚实获得的经验知识相区分。联邦最高法院认为,对于审查商业秘密的存在无关紧要的是,员工是否了解相关情况。事实的秘密性之特征通常不会因生产流程被员工所知而丧失。(前)雇员是否具有专业的经验知识,使其即使在不使用其雇佣期间获得或自己制作的文件的情况下,也能够实施侵犯商业秘密的行为,对于哪些使用行为是为法律所允许之问题相当重要。二审法院在《反不正当竞争法》第 17 条第 2 款第 2 项规定的侵害行为方面的判断也不能经受法律的审查。二审法院认为,从一审法院认定的原、被告双方的装置一致这一事实,不能得出第二被告未经授权就使用了从原告所获得的知识这一结论;如果构造的一致不能通过经验知识予以解释且不是已公开的,则其可作为非法利用从原告获得的知识的证据;只要对商业秘密的利用是基于诚实获得经验知识,且不能确定装置的一致是否是合法开发的结果,则不能享有禁止利用商业秘密之保护;第二被告从事纤维纺纱装置和技术已有多年;根据一审程序中的专家鉴定,第二被告基于其经验知识不仅可以整体制造纤维纺纱装置,而且无须借助制造图可以独立制造喷嘴;第二被告于 1992 年 11 月离开原告,第一被告直到 1996 年才首次提供具有 128 个喷嘴的纤维纺纱装置,这说明其对被告的竞争法利益——继续使用和深化自己的经验知识——具有特别重要的意义。联邦最高法院认为,虽然辞职的员工以后可以不受限制地使用在雇佣期间获得的知识,但以其——二审法院没有确认——不负任何竞业禁止义务为限。但是二审法院并未考虑到,这仅与前雇员保留在其记忆中的信息有关。在解除雇佣关系后即使损害前雇主的利益而使用所获得的知识的权利,并不涉及离职雇员只有依靠在其雇用期间制作的书面文件才能知道的信息。离职员工无权通过带走或窃取文件来重温或确保其已获取的知识,也无权将已获取的知识作为体现于这些文件的秘密而为其自身目的进行保存和使用。如果离职雇员拥有此类书面文件——例如以私人记录的形式或保存在私人笔记本上的文件的形式——并且从这些文件获取了其前雇主的商业秘密,则其构成《反不正当竞争法》第 17 条第 2 款第 2 项意义的违法获取商业秘密。这便不会仅因为被告能够自己开发这种设备或设备零件,而丧失竞争法方面的意义。

(二)程序法

1. 针对临时处分决定的宪法申诉

联邦宪法法院对于未经法律听证而颁发的临时禁令在过去的裁判[1]中已经将其认定为违宪。联邦宪法法院在本年度的裁判[2]中再次证实了这一判例。其首先肯定以确认为指向的宪法申诉的可准许性,而无论各自的主要程序的进程。对与基本权利相同的诉讼程序中的平等权的侵害之责难在专门法院无法得到有效的质疑,因而满足允许穷尽法律救济途径的标准。没有听证相对人而颁发临时禁令,或仅向申请人发布单方面信息,都违反了当事人在民事诉讼中地位平等之宪法要求。但是,在是否应举行口头审理的问题上,专门法院享有较大的决定空间。在此法院还应考虑到相对人就此事在程序前发表意见的可能性。

2. 权利滥用

《反不正当竞争法》第 8 条第 4 款规定,主张反不正当竞争法规定的请求权,如果考虑到整体情形其构成滥用,特别是其主要是为了产生针对不合法行为的赔偿垫款或权利实现费用的请求权的,则是不合法的。联邦最高法院继续在《反不正当竞争法》第 8 条第 4 款中设定滥用权利的判例法。与下级法院不同,联邦法院在一个相当不典型的案件中称,通过警告产生了相对于原告年利润的不合理的追究成本,并且原告在防止侵权方面没有任何重大的经济利益。[3]

二、反垄断法

(一)立法

《反限制竞争法》目前没有重大变化。然而,《反限制竞争法》第十次修

---

[1] BVerfG, NJW 2017, 2985.

[2] BVerfG, NJW 2018, 3631.

[3] BGH, GRUR 2019, 199-Abmahnaktion Ⅱ.

订案的工作始于联邦经济和能源部于 2018 年 9 月成立专家委员会。在全球化和数字化日益扩大的背景下,委员会“竞争法 4.0”的任务基本上以德国和欧洲竞争法的进一步发展为主题。委员会的报告宣布于 2019 年秋季发布。报告之后将马上提出立法草案。

(二)禁止卡特尔

1. 横向竞争限制

《反限制竞争法》第 1 条规定,禁止以阻碍、限制或扭曲竞争为目的或者产生阻碍、限制或扭曲竞争后果的企业间协议、企业联合组织的决议以及协同行为。所审查的行为是否具有限制竞争的目的或者后果,对于第 1 条规定的构成条件的实现有着重要的作用。如果有限制竞争的目的,则无须审查限制竞争的后果。如果没有有目的的竞争限制,则只有在带来竞争限制后果的情况下,即在实际上限制竞争的情况下,该构成条件才会实现。在“Flüssiggas Ⅰ”案判决[1]中,联邦最高法院深入分析了《反限制竞争法》第 1 条的有目的的限制竞争概念。该案反限制竞争协议的主题是液化气企业之间的“互不侵犯协议”。除了协议的内容之外,联邦最高法院指出了经济和法律背景(关联)并得出结论认为,竞争对手之间的客户划分基本上是对竞争的有目的的限制。杜塞尔多夫高等法院同样需要处理协议(银行一般交易条款之规定)的归类问题:将禁止客户在特定网站之外使用其 PIN(Personal Identity Number,个人识别密码)的行为归类为有目的的限制竞争。[2] 杜塞尔多夫高等法院还审理了就联邦卡特尔局对糖果行业一些参与企业违反反垄断法的行为处以罚款的决定进行的申诉。[3] 参与企业的销售经理之间就与特定贸易伙伴进行谈判的状态和内容进行的信息交换被视为限制竞争协议,即被视为交换数据的基本协议。[4] 法院认为,1998 年 8 月 6 日《反限制竞争法》第 1 条以“相互处于竞争”企业之间的协议为条件,对此不应将其解释为仅属于同一产品市场的企业之间的协议才纳入其适用范围。[5] 法兰克福高等法院审理了小企业之间的采购合作。法院只认可有后果的而非有目的的限制竞争,并

---

[1] BGH, NZKart 2019, 146-Flüssiggas Ⅰ.

[2] OLG Düsseldorf, NZKart 2019, 164-Zahlungsauslösedienst.

[3] OLG Düsseldorf, NZKart 2018, 270-Süßwarenkartell.

[4] OLG Düsseldorf, NZKart 2018, 270-Süßwarenkartell.

[5] OLG Düsseldorf, NZKart 2018, 270(272)-Süßwarenkartell.

根据欧盟委员会的横向准则,认定对竞争没有明显的限制。[1]

2. 纵向竞争限制

在"Busverkehr im Altmarkkreis"案中,[2]联邦最高法院审理在很大程度上取决于纵向限制竞争的显著性问题。以限制竞争为目的和限制竞争的后果的区分在纵向协议中也起着决定性作用。在以限制竞争为目的的情况下,法院的判决不取决于限制竞争的后果以及因此而引起的后果的显著性。就内容方面而言,该案涉及将客运许可证的持有人约束于后续企业而无论其特许权的期限如何的合同是否违反了《反限制竞争法》第 1 条的问题。联邦最高法院认为这种约束并不构成以限制竞争为目的,特别是不存在核心限制。因此可以审查合同是否导致显著的竞争限制之后果。在"Depotkosmetik Ⅳ"案中,[3]法兰克福高等法院对于选择性分销系统中平台禁令问题,认为在质量选择性分销系统的框架内,可以限制外部可识别的第三方销售平台对合同产品在互联网上的分销。在"King des Monats"案中,[4]慕尼黑第一州法院深入分析了纵向价格约束。州法院认为,为低价促销的广告提供资金所需要的与销售额有关的广告费用,构成《反限制竞争法》第 1 条规定的纵向价格限制,且不能根据欧盟第 330/2010 号条例第 4a 条予以豁免。州法院认定,特许经营公司在定价方面存在事实上的压力,其已经超出了无约束力的价格建议的界限。

(三)不公平阻碍、滥用和歧视

在"Kabelanlagen"案中,[5]杜塞尔多夫高等法院基于《反限制竞争法》第 19 条第 1 款和第 2 款的第 4 项、第 5 项审理针对下水道系统所有者的共享使用费金额的诉讼。法院对反对下水道系统所有者的高额共享使用费表示支持。该裁决与联邦最高法院在 2017 年 1 月 24 日的裁决[6]有关。该案涉及的主要问题是,如果将电缆使用费的金额和电缆网络的购买价格相捆绑进行谈判,是否可以审查其价格滥用。在"Bewegungsvektor"案中,[7]杜塞尔多夫州法院判定,并非每一个标准必要专利,都会形成市场支配地位。但是,

---

〔1〕 OLG Frankfurt a. M. ,NZKart 2019,230(231)-Telefonbuchverlage.

〔2〕 BGH,NZKart 2018,372-Busverkehr im Altmarkkreis.

〔3〕 OLG Frankfurt a. M. ,NZKart 2018,586-Depotkosmetik Ⅳ.

〔4〕 LG München Ⅰ,NZKart 2019,114-King des Monats.

〔5〕 OLG Düsseldorf,NZKart 2018,235-Kabelanlagen.

〔6〕 BGH,NZKart 2017,198.

〔7〕 LG Düsseldorf,NZKart 2019,111-Bewegungsvektor.

如果在相关市场上仅提供使用标准必要专利来实施该标准的产品,则该产品将具有市场优势地位。在"MQB-Hintersitzlehnen"案中,[1]多特蒙德州法院审理汽车零部件供应商与汽车制造商之间的供应关系中断问题并认定,如果终止供应关系是对追究供应商违反合同的行为的反应,则不构成不公平的阻碍。

根据《反限制竞争法》第19条第1款,联邦卡特尔局禁止Facebook. com的运营公司对由德国私人用户在使用WhatsApp,Oculus,Masquerade和其他属于集团公司的服务的情况下被提交和存储的与用户和设备相关的数据,未经用户而予以收集与使用。[2] 根据《反限制竞争法》第九次修正案而引入的《反限制竞争法》第18条第2a款和第3a款的多边市场之规定,联邦卡特尔局得出Facebook占市场支配地位的结论。但是,棘手的问题是有争议的交易条件的使用与市场支配力之间的应处于何种相互关系。联邦卡特尔局在考虑到《数据保护条例》的价值评价之下将交易条件归为不合理。联邦卡特尔局由此得出滥用市场支配地位的结论:因为市场支配地位而能强加该交易条件,这一点并不是必要条件。市场支配地位与交易条款的不合理性之间的规范因果关系或结果因果关系即已足够。

联邦卡特尔局对汉莎航空公司滥用德国国内航线的价格水平进行了调查,但于2018年5月决定不启动任何程序。虽然由于柏林航空退出市场,2017年11月至12月,汉莎航空对已成为垄断航线的连接收取的价格远高于上一年的水平。但是,当竞争对手通过这些路线进入市场后,价格又会再次下跌,因此联邦卡特尔局认为没有理由进行干预。[3]

(四)企业合并控制

根据2018年的年鉴,联邦卡特尔局在2018年执行了约1,300项企业合并控制程序。此外,2018年,联邦卡特尔局对其中几个合并进行了主要审查;通过三个主要审查程序驳回了申报。

在"EDEKA/Kaiser's Tengelmann Ⅱ"案中,[4]联邦最高法院审理了联邦卡特尔局的对涉及申报合并的参与企业的联合购买货物因为违反《反限制

[1] LG Dortmund,NZKart 2019,231(232)-MQB-Hintersitzlehnen.

[2] BKartA,Beschl. v. 6. 2. 2019-B6-22/16.

[3] BKartA,Entsch. v. Mai 2018-B9-175/17(Fallbericht v. 29. 5. 2018).

[4] BGH,NZKart 2018,541(543)-EDEKA/Kaiser's Tengelmann Ⅱ.

竞争法》第41条第1款第1句[1]的实施之禁止而颁发的临时命令。法院首先裁定,共同购买商品的开始违反了实施之禁止,因为在合并被拒绝的情况下联合购买商品不可能轻易恢复原来状态,因此成为合并的一部分。联邦最高法院进一步审查了对实施之禁止的这种理解是否与欧洲法院"Ernst & Young"案判决[2]相符。联邦最高法院得出的结论是,不同于《合并控制条例》第7条,对《反限制竞争法》第41条第1款第1句具有决定性意义的"实施"概念不必仅指向合并之取得,而可以补充性地考虑到参与企业的预期整合,因此如果预先部分地开始进行合并预期的整合,则也违反实施之禁止。

在"Ticketvertrieb"案中,[3]杜塞尔多夫高等法院审理了对联邦卡特尔局在机票销售领域作出的禁止合并之决定的申诉。州高等法院驳回了申诉。申诉人声称,因为引入了指向对有效竞争严重限制的"SIEC测试",必须对市场支配地位的增强的严重性予以审查。杜塞尔多夫高等法院否认了这一点:增强市场支配地位始终是有效竞争的严重障碍,因而市场支配地位的显著增强不是必要条件。

(五)制裁

在"Flüssiggas Ⅰ"案中,[4]联邦最高法院2018年10月9日关于液化天然气卡特尔法律抗告的裁决涉及与罚款有关的争议。联邦最高法院必须根据《违反社会秩序法》(旧法)第30条处理概括继受情况下的罚款责任条件。尽管有多个合并和转让流程,但联邦最高法院发现,从经济角度来看,直接参与卡特尔的公司的(唯一)有限合伙人份额已占其他相关企业总资产的主要部分,因此满足《违法社会秩序法》(旧法)第30条的条件。在"Flüssiggas Ⅱ"案中,[5]对于《违反社会秩序法》第31条第3款规定的行为终止(并由此开始追诉时效),联邦最高法院判定,将受卡特尔影响的业务转移至全资子公司从继续进行的违反卡特尔行为,可以归于母公司,因此对母公司提起诉讼的时效期限仅在子公司终止该行为时才开始。

联邦卡特尔局完成了多项罚款程序,例如针对期刊汇集册出租经营者

---

[1] 参见《反限制竞争法》第41条第1款第1句:在第40条第1款第1句和第2款第2句规定的期限届满之前,企业不得实施未经联邦卡特尔局准许的合并或参与此类合并的实施。

[2] EuGH, EuZW 2018, 603-Ernst & Young.

[3] OLG Düsseldorf, NZKart 2019, 53(58)-Ticketvertrieb.

[4] BGH, NZKart 2019, 146(149)-Flüssiggas Ⅰ.

[5] BGH, NZKart 2019, 152(153)-Flüssiggas Ⅱ.

（其将自己组织成五个区域卡特尔，各自不在其他区域争夺顾客）[1]、土豆和洋葱包装公司[2]以及混合沥青制造商[3]的罚款程序。此外，还有针对区域订阅日报的程序[4]：两家公司已经达成了区域卡特尔协议，希望借此减少日报之间的竞争；此外，他们将通过参与在联邦卡特尔局申请但被其拒绝的协议连接在一起。

（六）私人执行/损害赔偿

在"Grauzement Ⅱ"案判决[5]中，联邦最高法院审理了2005年《反限制竞争法》第33条第4款和第5款时间方面的适用问题，并带来了人们期待已久的解释：2005年7月1日版《反限制竞争法》第33条第5款的时效中断规定也应适用于因在该规范生效之前实施的、在生效时尚未终止的违反卡特尔而导致的损害赔偿请求权。2005年7月1日版《反限制竞争法》第33条第4款的约束效力在如果罚款程序在该时间点之前启动且直到该时间点之后才终止时也可适用。关于利息，联邦最高法院判定，在违反卡特尔法的配额协议责任的案件中，应适用《德国民法典》第849条[6]，因为在由于高价格的反卡特尔法协议而遭受损害的情况下，这类似于减少金钱的情况，因此对相应的《德国民法典》第849条的适用是合理的。这也旨在满足欧盟法律的要求，即应将利息作为违法卡特尔赔偿中不可或缺的一部分。联邦最高法院确认，因第七修正案引入的在2005年7月1日前的引起损害赔偿请求权的付款规定将不再适用，因此不能从损害开始就要求滞纳金。[7]

各级法院再次就卡特尔的影响[8]和损害的发生[9]举证减轻问题作出

---

〔1〕 BKartA, Entsch. v. 24. 1. 2019-B7-50/16(Fallbericht v. 24. 1. 2019).

〔2〕 BKartA, Entsch. v. 30. 4. 2018-B11-21/15(Fallbericht v. 30. 4. 2018).

〔3〕 BKartA, Entsch. v. 7. 12. 2018-B1-189/18, B1-11/15(Fallbericht v. 7. 12. 2018).

〔4〕 BKartA, Entsch. v. 3. 9. 2018-B7-185/17(Fallbericht v. 3. 9. 2018).

〔5〕 BGH, NJW 2018, 2479-Grauzement Ⅱ.

〔6〕 参见《德国民法典》第849条：因侵夺物而须补偿价额，或因损坏物而须补偿所减少的价额的，自确定价额的基准时点起，受害人可以请求支付补偿金额的利息。

〔7〕 BGH, NZKart 2018, 226(227) - VBL-Gegenwertforderung.

〔8〕 OLG München, NZKart 2018, 230-Kartell der Schienenfreunde; OLG Düsseldorf, NZKart 2018, 477 - Schienenkartell; LG Stuttgart, NZKart 2018, 484 - Lkw - Kartell; LG Nürnberg - Fürth, NZKart 2018, 492 (493) - HEMA - Vertriebskreis; LG Nürnberg - Fürth, NZKart 2018, 546 - Süßwarenkartell; LG Nürnberg-Fürth, NZKart 2018, 593(594) - Bildröhrenkartell.

〔9〕 OLG München, NZKart 2018, 230-Kartell der Schienenfreunde; OLG Düsseldorf, NZKart 2018, 477-Schienenkartell; LG Stuttgart, NZKart 2019, 177-LkwKartell.

了一系列判决。联邦最高法院对铁路卡特尔案的裁决[1]在实践中有着非常重要的意义。联邦最高法院否定了这种情况下的区域和客户保护卡特尔在卡特尔影响和损害发生方面的任何典型性。但是,在援引该裁决时,杜塞尔多夫高等法院裁定,[2]如果是多年的配额或客户保护卡特尔,则可以反驳地事实上推定,该卡特尔协议已经适用于所有采购流程。但证据法上的表面证据和事实推定始终依赖于典型案情。

对于在集团内部以购买价转售与卡特尔相关的商品,法兰克福高等法院判定,[3]在这方面,损害已经按照联邦最高法院的 ORWI 原则[4]转嫁了,原始购买者不再享有任何请求权。

(七)诉讼

在"Schienenkartell"案判决[5]中,联邦最高法院认为,确认之诉并不因损害必须由鉴定专家来量化而予以允许。原则上,可以要求原告提供这些数据,因而给付之诉优先。如果有必要通过针对时效届满危险的确认之诉来确保损害赔偿请求权,则可以给予例外,因为此时不能及时提出给付之诉。在"Zahlungsauslösedienst"案裁决中[6],杜塞尔多夫高等法院裁定,由于法律状况的变化而使请求撤销的卡特尔机构的命令变得没有对象时,那么由于缺乏持续存在的实体的抗告人而导致的撤销抗告不可受理,尽管存在卡特尔机构的决定对根据《反限制竞争法》第 33b 条提出的损害赔偿诉讼具有约束力这种风险。

在"Holzvermarktung Baden-Württemberg"案裁决中,[7]联邦最高法院审理了对因义务承诺而结束的卡特尔行政程序的恢复问题。该案因责任承诺而终止。根据《反限制竞争法》第 32b 条第 2 款第 1 项,如果实际情况随后发生对于裁决至关重要的变化,参与的企业未履行其义务,或者处分是基于当事人的不完整、不正确或误导性信息而作出,联邦卡特尔局可以取消义务承诺决定。在"PC mit Festplatte III"案裁决中,[8]联邦最高法院明确,由所

[1] BGH, NJW 2019, 661(664) - Schienenkartell.

[2] OLG Düsseldorf, NJW 2019, 661-Schienenkartell.

[3] LG Frankfurt a. M., NZKart 2018, 490(491) - Schlecker Insolvenz.

[4] BGHZ 190, 145 = NJW 2012, 928-ORWI.

[5] BGH, NJW 2019, 661 = NZKart 2019, 101(102) - Schienenkartell.

[6] OLG Düsseldorf, NZKart 2019, 164-Zahlungsauslösedienst.

[7] BGH, NZKart 2018, 368-Holzvermarktung Baden-Württemberg.

[8] BGH, NJW 2019, 778(779) - PC mit Festplatte Ⅲ.

指控的违法卡特尔所涉及的企业之一主张同样的不作为请求权的，不影响《反限制竞争法》第 33 条第 2 款第 1 项规定的团体诉权。

在针对液化气诉讼的各种法律抗告中，联邦最高法院对各种刑事程序问题作出了判决：在州高等法院提起的《违反社会秩序法》诉讼中，不存在撤销判决的 5 个月最长期限；而是适用《刑事诉讼法》第 275 条第 1 款第 2 句规定的截止日期。[1]

第五节 韩国竞争司法领域最新进展及典型案例*

一、韩国竞争法相关行政诉讼的提起及判决现状

2018 年韩国公平委共下达了 356 件纠正措施，其中因企业不服该等处分提起行政诉讼的案件为 82 件，对处分不服率为 23.0%。其中占大部分比重的是不当共同行为案件，此外还有不公平转包交易案件、大规模流通业法违反案件等多种违反类型相关的行政诉讼。[2]

2018 年，韩国法院共对 124 件以公平委为被告提起的行政诉讼作出了生效判决。自 2011 年至 2018 年提起的行政诉讼案件中，公平委胜诉 87 件，部分胜诉 28 件，败诉 9 件。

二、韩国竞争法司法领域的典型案例

（一）Valvet 株式会社滥用市场支配地位的案件

1. 案情简介

Valvet 株式会社（本案例以下简称原告）是宠物相关的动物用医药品销售企业，在 2010—2014 年在犬恶丝虫病驱虫药（以下简称驱虫药）市场占据 25%—29%的市场占有率，是市场第二大销售企业。包含原告在内的驱虫药市场的前三大企业（市场占有率合计占 83%）都将流通渠道限制为动物医院进行销售。但，自 2013 年 8 月起，驱虫药被分为兽用非处方药，无须凭兽医处方，消费者可以在动物药店等场所自由地购买驱虫药。

尽管如此，原告拒绝动物药店及大韩药师协会的供货要求，继续将驱虫药的销售对象限定为动物医院。同时，原告彻底地追踪和管理流通渠道，揭

〔1〕 BGH，NZKart 2019，146（147）- Flüssiggas Ⅰ.

* 作者简介：朴益洙，法学硕士，金张法律事务所合伙人律师，现任韩国竞争法学会副会长，现任首尔大学竞争法中心咨询委员，曾就职于公平委。李殷宜，金张法律事务所律师。

〔2〕 参见公平委：《2019 年公平交易白皮书》，2019 年 10 月 24 日发布，第 96 页。

发向动物药店或批发商转售驱虫药的动物医院,并且对相关动物医院采取了停止供货、中断交易等措施,拒绝中断向其供货。公平委认为原告的行为构成《公平交易法》项下不公平交易行为中的“其他拒绝交易行为”[法第 23 条第 1 款第 1 项、实施令第 36 条第 1 款(附表 1 之 2)第 1 项②]〔1〕,责令纠正违法行为,避免今后再次发生与上述行为相同或类似的违法行为。〔2〕 原告对此不服,向首尔高等法院提出了对公平委纠正命令的停止执行申请及撤销申请。

2. 法院判决主旨

原审法院认为,原告的行为不足以认定为“其他拒绝交易行为”,从而支持了原告的全部诉讼请求,判决撤销公平委的纠正命令。〔3〕 原审法院的判决依据如下:

公平交易相关法令规定的“其他拒绝交易行为”,是指单独经营者对于“特定经营者的拒绝交易行为”。因此,单独经营者为自身的生产或销售政策设定适当的标准,并拒绝与不符合该等标准的不特定多数经营者进行交易的行为,原则上不属于“其他拒绝交易行为”。原告拒绝供应驱虫药的对象并不仅限于特定的动物药店或批发商,而是所有的动物药店和批发商,因此原告拒绝交易的对象不能认定为是“特定经营者”。公平委在《不公平交易行为审查指南》中举例说明:“在没有合理理由的情况下,对特定类型的经营者进行拒绝交易”属于“其他拒绝交易行为”。但上述审查指南未经法律授权,仅为公平委内部的事务处理指南,因此不得对于《公平交易法实施令》中明文规定的“特定经营者”进行扩大变更解释,解释为“特定经营者”包括“特定类型的经营者”。在自由市场经济体制下普遍认可自由选择交易对象的原则来看,原告拒绝供应的驱虫药并非动物药店或批发商的经营活动中所必需的产品,或不能认定为因原告的行为致使该等经营者在同业竞争领域的经营活动难以继续进行,鉴于此,不足以说明原告的行为已构成违法。

公平委对此不服,向大法院提起上诉并主张:原告设定的拒绝交易标准属于限制竞争的标准;因原告设定了该等标准,事实上已经特定了拒绝交易的相对方;原告的拒绝交易行为,事实上已导致动物药店的进货渠道被封锁

---

〔1〕 参见《公平交易法实施令》第 36 条第 1 款(附表 1 之 2)第 1 项②“其他拒绝交易行为”:不正当地拒绝与特定经营者开始交易,或对具有持续交易关系的特定经营者中断交易或明显限制交易商品或劳务的数量或内容的行为。

〔2〕 参见公平委 2017 年 2 月 10 日全体会议决议,第 2017-054 号。

〔3〕 参见首尔高等法院 2018 年 1 月 19 日宣告,2017NU39862 判决。

的效果;以销售驱虫药不属于动物药店等在经营活动中的必要业务为由,否定原告行为的违法性显然是对公平交易法令的错误解释,属于狭义解释。对此,大法院驳回了公平委的上诉,认定原审判决认定事实清楚,适用法律正确,大法院对此予以支持。[1]

3. 案件评析

公平委对法院判决作出的评价是:原告对动物药店拒绝供应的销售标准显然会在相关市场上导致限制竞争的效果,法院也肯定了该等行为的限制竞争性以及对于消费者福利产生的负面影响。本案中拒绝交易行为的违法性判断标准是,驱虫药销售市场中对于整体流通渠道的拒绝交易行为,相比于对个别经营者的拒绝交易行为,前者导致的限制竞争效果远远大于后者,但本案未采纳上述观点,对此深表遗憾。日后有必要通过修改《公平交易法实施令》《不公平交易行为审查指南》等方式,在立法层面上对此予以完善。

在纵向垄断方面,驱虫药销售市场的前三大企业的市场占有率合计占83%,属于寡头垄断市场。另外,在本案中消费者购买驱虫药方面,兽医的影响力非常大,并且根据公平委的审决书所示,兽医是从目前流通渠道结构中获利最多的群体。事实上,通过公平委的审决及法院的判决,也确认了兽医们要求包括原告在内的前三大企业继续维持目前的流通渠道结构这一事实。即在这种结构中,在上游的前三大企业和在下游的支配性购买者(兽医、动物医院)的利害关系一致,同时形成横向垄断和纵向垄断,因此本案应认定为是"垂直诱导型拒绝交易"(vertically induced refusal to deal)。本案中,法院忽略了供应商之间以及供应商与部分需求方之间的利害关系的一致导致的拒绝交易行为。

(二)两家工业火药制造销售企业的不当共同行为案件

1. 案情简介

韩华和高丽诺贝尔火药株式会社(本案例以下简称两家公司)是火药制造企业,截至2015年,两家公司在工业火药市场上形成寡头垄断市场,分别以70%和30%的比例占据了100%的市场份额。为了保持寡头垄断的局面,且最大限度地扩大收益,两家公司从1999年3月开始就价格、市场份额达成并实施垄断协议,共同抵御潜在的新竞争者进入相关市场。

对此,公平委认为上述两家公司的行为属于《公平交易法》上的不正当共同行为(法第19条第1款第1项、第3项、第9项),责令原告纠正违法行

[1] 参见大法院2018年6月15日宣告,2018DU36080判决。

为并处以约 643.8 亿韩元的罚金,并决定向检方告发上述两家公司。[1] 公平委在 2012 年 4 月 9 日对本案共同行为进行现场调查之后,韩华集团作为第一顺位于 2012 年 4 月 18 日提出宽恕申请,高丽诺贝尔公司(本案例以下简称原告)作为第二顺位于 2012 年 4 月 18 日提出了宽恕申请,但公平委以韩华集团是在公平委已经掌握了足以证明垄断协议的证据的情况下,只是非自愿地协助调查为由,而对于原告则是以没有履行诚实协助调查义务为由,驳回了上述两家公司的宽恕申请。[2] 于是原告主张公平委的不认可减免处分违法,并向首尔高等法院提起了诉讼。

2. 法院判决主旨

原审法院认为,在判断是否违反诚实协助调查义务的问题上,可以考虑主动申报之前的情况。原审法院认为,在原告提出宽恕申请的时间点,公平委通过现场调查及第一顺位申请人韩华集团所提供的证据,已经确保充分证据证明本案共同行为。同时,基于现场调查期间,原告的职员删除了证明本案共同行为所需的资料、原告的高管和职员删除了电脑中的部分资料或直接更换至新电脑等事实,很难认为原告已经充分履行了调查协助者的诚实协助调查义务,从而认定公平委的不认可减免处分并不存在滥用自由裁量权的行为。但是,原审法院认为共同行为的终止日期不是发送解除协议公函之日(2012 年 5 月 30 日)的前一天,而是宽恕申请人提出宽恕申请之日(2012 年 5 月 18 日),因此宣判撤销本案公平委的罚金缴纳命令。[3] 尽管如此,原告还是不服,从而向最高法院提起了上诉。

大法院提出了如下新的法理依据,驳回上诉,判决支持原审判决。《公平交易法》及其实施令项下第二顺位的调查协助者减免对象是指,公平委开始调查之后予以协助调查的,在满足"陈述与不当共同行为有关的全部事实,且直至调查结束为止诚实地协助调查,其中包括提交相关资料等"等要件时,可以按照 50%幅度减轻罚金。原则上,该等诚实协助调查义务是从主动申报或协助调查之时便开始发生。但是,上述诚实协助调查义务又以主动申报人或调查协助者(以下统称为主动申报人)必须陈述与违反行为有关的全部事实并提交相关资料为前提。从这一点看,即使主动申报人毁灭违法行为相关证

---

〔1〕 公平委 2015 年 4 月 8 日全体会议决议,第 2015-100 号、公平委 2015 年 3 月 30 日全体会议决定,第 2015-013 号。

〔2〕 公平委 2015 年 4 月 8 日全体会议决议,第 2015-101 号、102 号。

〔3〕 参见首尔高等法院 2016 年 6 月 17 日宣告,2015NU42529 判决。

据是在主动申报或协助调查之前进行，但其毁灭证据的行为等对拟向公平委提交的资料或作出的陈述内容产生影响是毋庸置疑的，除非有特殊情况，否则势必影响主动申报或协助调查行为的诚实度。因此，即使毁灭证据的行为是在主动申报或协助调查之前发生的，但鉴于此可以认定主动申报或协助调查之时提交的证据材料本身是不充分的，那么主动申报或协助调查本身也可以被认定为是“不诚实”的。

在本案中，原告的职员做出毁灭不正当共同行为相关证据的行为，是在原告不得不具体考虑是否应在近期内协助调查的时间点进行的，且随后不久原告实际上也主动提出了宽恕申请。因此，大法院认为，原告未能满足“陈述与不当共同行为有关的全部事实，且直至调查结束为止诚实地予以协助调查，包括提交相关资料等”要件。[1]

3. 案件评析

本判决是首次阐释违反诚实协助调查义务的判断时点及其标准的判决。主动申报宽恕制度的主旨在于预防和遏制不正当共同行为，因此没有必要将本制度适用于以规避制裁措施等目的而利用本制度的经营者。因此，有部分观点认为，从以上角度出发，大法院不认可销毁证据后的主动申报宽恕的本次判决是有理有据的。[2]

相反，也有部分观点认为，该判决是在要求经营者在无法得知公平委何时开始调查的情况下，不得随意销毁材料，使得经营者承担过多的资料保管义务，这实际上等于将协助调查义务的时间点提前至主动申报以前，这明显是不合理的。[3]

(三)关于当事人的查阅、复制要求权的意义和界限的案件

1. 案情简介

2010 年 9 月，POSCO 建设与 Hansol EME 公司(本案例以下简称两家公司)在政府招投标过程中串通投标构成横向垄断协议，公平委认为两家公司的上述行为构成《公平交易法》项下不正当共同行为(法第 19 条第 1 款第 8 项)，于 2014 年 8 月 19 日责令两家公司纠正违法行为，同时处以 62.42 亿韩元的罚金。

---

〔1〕 参见大法院 2018 年 7 月 11 日宣告，2016DU46458 判决。

〔2〕 See Hyun-Jin Cho：A Legal Study on Leniency - Focused on a Recent Supreme Court of Korea's Decision, Journal of Law and Politics Research, 2018 vol. 18 no. 3, p. 161-186.

〔3〕 参见 Park Hae Sik：《2018 年各领域主要判例分析 14. 公平交易法》，载 https://m.lawtimes.co.kr/Content/Article? serial=152358。

在审理此案的过程中,公平委以审查报告附件中的部分资料属于他人的商业秘密等理由,向原告送达审查报告书时未提供附件资料,在 2014 年 3 月 14 日意见提交期限截止后,于 2014 年 4 月 4 日向原告提供了部分附件资料,直到公平委全体会议审议日期为止仍拒绝原告查阅附件资料。对此,POSCO 建设(本案例以下简称原告)以公平委案件处理程序存在瑕疵为由,向首尔高等法院起诉,主张应取消公平委的处分。

2. 法院判决主旨

原审法院认为,虽然公平委没有送达部分附件资料,但已在审查报告书中写明未送达资料内容中与本案共同行为相关的部分,且原告一一反驳了审查报告书中所述的内容,可以看出原告应当知道该等内容;公平委于 2014 年 4 月 4 日提供了部分资料,因此截至全体会议日为止,原告有充分的时间查阅公平委提供的资料,且认为有必要时,也可以提供必要的资料或陈述其意见,但原告对此从未提出异议;相关资料是 Hansol EME 等公司以涉及商业秘密而要求不公开的资料,因此原审判决认为,本案处理没有实质上侵犯原告的意见陈述权和防御权,不构成程序性违法。[1]

大法院提出了如下新的法理依据:《行政程序法》规定,对《公平交易法》不适用《行政程序法》的规定(法第 3 条、实施令第 2 条第 6 款)。排除对《公平交易法》适用《行政程序法》中有关文件查阅和复制请求权的规定的主旨法律理念是:相比于《行政程序法》,对适用《公平交易法》的当事人应当在程序上提供更强有力的保障,也是因为公平委决议程序上所提供的保障程度相比于普通行政程序更高。公平委理论上作为"准司法机关",对公平委决议不服而提起行政诉讼的,以首尔高等法院作为专属管辖,也是基于上述理念而设计的。《公平交易法》规定的资料查阅要求条款(法第 52 条之 2)赋予当事人的不仅是单纯的查阅、复制"请求权",而是查阅、复制"要求权",其同样是基于上述理念。鉴于此,大法院认为,公平委在审理和决议过程中,除其他法令限制公开等特殊情况外,原则上公平委应当允许被调查人查阅、复制相关资料,从而切实保障被调查人的防御权,且公平委在设定违反《公平交易法》相关案件的处理程序等内部规则的内容时,也应当在该等界限范围内予以设定。

---

〔1〕 参见首尔高等法院 2015 年 5 月 7 日宣告,2014NU63048 判决。该判决书中还包括原告的其他诉讼请求,如:公平委的纠正措施或缴纳命令因不符合《公平交易法》项下的程序要件应当被取消等,但本稿中对于其他部分进行了省略。

同时,大法院认为,《公平交易法》赋予当事人的资料查阅、复制权,是为了保障被调查人对于审查官的审查结果行使有效的防御权,以保证审查程序的适当性,并使公平委通过合法的审查程序具体掌握案件的事实关系,审慎制定处分决定。鉴于此,应当比较衡量因拒绝查阅、复制资料而受到保护的利益与被侵害的被调查人的防御权的内容及程度以后,再作出慎重的判断。但如果要求查阅、复制的资料属于商业秘密、个人隐私等其他法令规定为非公开信息的,或者属于主动申报相关资料,涉及宽恕申请人个人信息的部分等,公平委可以拒绝查阅、复制要求。

因此大法院认为,被调查人为了在审议、决议程序中行使其防御权,申请查阅、复制必要的审查报告书的附加资料,但公平委在没有正当理由的情况下拒绝该要求的,公平委的审议、决议程序便丧失其正当性,原则上公平委的该等处分因程序方面存在瑕疵而被依法撤销。但是,在不能认定程序方面的瑕疵确实妨碍了被调查人的行使防御权的情况下,即使公平委拒绝提供或查阅、复制资料,也不能因此认定公平委的审议、决议丧失了程序上的正当性,鉴于此,不足以撤销公平委的处分。〔1〕

3. 案件评析

本案判决是首次就《公平交易法》项下资料查阅要求(法第52条之2)与相关法令之间的关系提出系统性解释论的判决,具有重大意义。特别是首次提及了公平委作为理论上的准司法机关的地位,其决议与一审法院的判决具有同等效力,也明确提及《公平交易法》与《行政程序法》之间的关系,并阐述了程序规定的范围和界限,同时也明确指出日后有必要完善公平委的审查程序相关规定。本案判决的主旨在于,公平委的审查程序规定的内容与判决中的法律解释论相矛盾或相冲突时,审查程序规定本身可以视为无效,并且基于该等无效规定作出的决议(处分)也是违法的,理应被撤销〔2〕。

(四)(株)现代百货公司违反《大规模流通业法》的案件

1. 案情简介

现代百货公司株式会社(本案例以下简称原告)于2013年3月和2014年3月就原告计划新开业的现代折扣购物中心金铺店和加山店相关事宜,分别要求供货商通过“入驻意向书”的形式提供与原告具有竞争关系的折扣购

〔1〕 参见大法院2018年12月27日宣告,2015DU44028判决。

〔2〕 参见Park Hae Sik:《2018年各领域主要判例分析14. 公平交易法》,载https://m.lawtimes.co.kr/Content/Article? serial=152358。

物中心的销售额、利润等信息。公平委认为原告利用在百货店市场的地位,获得了供货商在其他竞争者的折扣购物中心的核心经营信息,认为这属于《关于大规模流通行业交易公平化的法律》(以下简称《大规模流通业法》)项下的不当要求提供经营信息之行为(法第14条第1款,实施令第11条第1款第2项),因此下达纠正命令、受命事实通知命令并处以2.9亿韩元的罚金。[1] 对此原告向首尔高等法院提出了诉讼。

2.法院判决主旨

一审法院鉴于大多数供货商希望与原告等大企业签订交易合同并维持交易关系,且在对百货商店的供货竞争非常激烈的流通行业,供货商与其他百货商店(而非与原告)重新建立交易关系实际上并不容易等情形,认定原告在交易中处于优势地位。

但是,一审法院认为,鉴于本案原告要求提供经营信息的行为存在以下问题:(1)难以认定原告对拒绝提供经营信息或未提供充分信息的供应商给予了不利待遇;(2)供应商提供的经营信息并非依据具体且客观的资料,而是基于供货商的主观判断所制定;(3)原告实际上也没有使用过供货商提供的经营信息等情形,不能认定本案要求提供经营信息的行为具有"不正当性"。因此,认为原告的行为不构成《大规模流通业法》项下的不当要求提供经营信息之行为,从而作出了撤销公平委全部处分的判决。[2] 对此,公平委向大法院提起了上诉。

针对一审法院的判决,大法院认为原告要求提供经营信息的行为具有"不正当性",从而撤销一审法院的部分判决,发回重审。对此,大法院阐明了如下法理依据。

大法院援引了先行判决的法理依据:"《大规模流通业法》第14条第1款所禁止的要求提供经营信息之行为的"不正当性"系指,综合考虑当事人所处的市场及交易情况,作为交易对象的产品特性,要求提供经营信息的意图、原委、目的、结果、影响及具体要求的形式,被要求提供的信息之内容和范围,被要求提供经营信息的主体拒绝提供或逾期不予答复时受到或可能受到的不利待遇之内容和程度,要求提供信息的经营者在市场上的占据优势地位的程度以及当事人之间业务规模的差距等各项因素以后,仍然'可以认定该等

[1] 参见公平委2015年3月2日第二小会议决议,第2015-056号。
[2] 参见首尔高等法院2015年12月17日宣告,2015NU38902判决。

要求提供行为不符合正常的交易惯例,且有可能阻碍公平交易’的情形。”〔1〕

就本案而言,应综合考虑以下几个方面:(1)原告要求提供的经营信息为供货商在与原告具有竞争关系的其他折扣购物中心的销售额和具体利润等相关信息,原告今后不仅可能在其新开设的折扣购物中心的交易过程中使用该等信息,还亦可能为谋求自身利益在与百货店相关的交易过程中使用该等信息;(2)不能认为该等经营信息是原告就新开设购物中心进行的市场调研过程中必不可少的信息;(3)供货商没有任何动机主动向原告提供销售额或利润等非公开信息,也并未因此获取了额外利益,相反地,若供货商拒不配合原告的要求,以后入驻原告新开设的折扣购物中心时可能会因此遭受不利待遇,鉴于此才提供了经营信息;(4)即使有部分供货商不予配合拒不提供经营信息,但大部分供货商还是按照原告的要求提供了经营信息,部分供货商还以其向原告的竞争者供货时的毛利率标准提供了大致相同的毛利率,可以看出供货商在提供经营信息时考虑了与原告之间的交易条件,原告在业务过程中也使用了相关经营信息;(5)除了新开设折扣购物中心的目的之外,没有其他情况能证明原告要求提供经营信息的行为是为了改善与供货商之间的交易关系等,鉴于此,可以认定原告要求供货商提供经营信息的行为不符合正常的交易惯例,可以认定为属于阻碍公平交易的不正当行为。〔2〕

3. 案件评析

本案判决是首次就《大规模流通业法》第14条第1款项下要求提供经营信息之行为之“不正当性”的标准进行详细分析的案例,且将“要求提供经营信息”的行为本身视为不正当性的标志。这一判决可能会对今后相关类似案件中对不正当性作出判断时,具有重要的借鉴意义。

(五)关于对《转包法》项下不正当的承包款决定行为等承认惩罚性损害赔偿的案件

1. 案情简介

Daebo建设、HanJin重工业、Hyosung(以下简称为被告)在组成共同体并推进驻韩美军基地转移事业相关的新建工程过程中,于2014年年初签订了关于将临时搭建及钢筋混凝土工程、突贯工程(是指集中投入人员和装备迅

---

〔1〕 参见大法院2017年12月22日宣告,2015DU36010判决。

〔2〕 参见大法院2018年10月12日宣告,2016DU30897判决(部分撤销并发回重审)。由于原告在重审中撤销了诉讼,大法院的上述判断已确定生效。

速竣工的工程)外包给 Sampyong 土建(本案例以下简称原告)的协议。但在施工过程中,原告于 2015 年 4 月末因缺乏资金中断了工程。被告敦促原告履行承包合同中约定的工程,并于同年 5 月向原告发出通知解除合同。

原告提出三点诉求:(1)开工日期延误是因可归责于被告的事由,因此被告有义务赔偿因开工延误而给原告带来的损失,即应向原告支付相当于原告因开工延误投入的费用约 1.1 亿韩元;(2)被告应支付其拖欠的突贯工程款约 11.5 亿韩元,且有义务赔偿相当于石棺工程款两倍金额的 22.9 亿韩元;(3)被告应赔偿其在 2015 年 4 月以直营投入费的名义从工程款中不当抵扣的金额约 8500 万韩元,且有义务赔偿相当于该金额 3 倍的 2.5 亿韩元等主张。[1]

2. 法院判决主旨

法院认为:本案中的各个承包合同规定,因不可归责于原告的事由而延误工期的,应由原告承担因此而增加的间接费用。基于合同约定,即使原告在没有自身归责事由的情况下,因工期延误而在该时间段内额外支出的工程款,也无法向被告要求追偿。本案各个承包合同中未另行规定“因不可归责于原告的事由而延误工期的,原告可以要求调整合同金额”等相关条款属于《承包交易公平化相关法律》(以下简称《转包法》)所禁止的不合理的特别约定事项(《转包法》第 3 条之 4 第 3 款 4 项、实施令第 6 条之 2 第 3 款),因此被告应向原告赔偿因开工延误而给原告造成的损失 8900 万韩元。

法院还认为:原告是因未能从被告收取巨额的石棺工程款,导致资金周转出现严重困难,导致工程被迫中断。被告有义务按突贯工程的完成进度支付工程款,但却反而提出由原告投入额外资金等原告难以接受的不当要求。被告的该等行为属于处于优势地位的原事业者(发包人)滥用其地位的行为。法院还指出,原告无法根据本案承包合同调整合同金额,在工程实施过程中因此而蒙受了额外损失,然而,被告却在拖欠支付工程款的情况下,通过缩短工期获取了经济利益。鉴于上述情况,法院认为,被告约定应由原告承担石棺工程款中 50%的劳务费的行为违反了《建设基本法》项下的有关建设工程的承包合同原则(法第 22 条第 1 款、第 5 款第 1 项)均为无效条款,且同时构成《转包法》项下不正当的承包款决定行为(法第 4 条第 1 款),因此被

---

〔1〕 除上述请求要点以外,原告还提出了要求返还板桩工程款、ARM 清除工程款、系统地板桩工程款等额外的工程款、雇用保险费及废弃物处理费等诉讼请求,但本部分省略了上述部分。

告有义务向原告支付约8.9亿韩元的石棺工程款。与此同时,根据《转包法》第35条第2款的惩罚性损害赔偿条款,被告须另向原告支付除了石棺工程款之外的相当于石棺工程款50%的损害赔偿金约4.5亿韩元。

此外,法院认为,被告在未与原告协商一致的情况下擅自抵扣直营投入费的行为属于《转包法》项下不正当的减价行为(法第11条第1款),应向原告支付约8500万韩元的不正当抵扣金额。与此同时,根据《转包法》第35条第2款的惩罚性损害赔偿条款,被告须另向原告支付相当于不正当抵扣金额50%的损害赔偿金约4200万韩元。

据此,法院责令被告对原告承担连带责任,并向原告支付因开工延误而产生的损害赔偿金、石棺工程款及50%的惩罚性损害赔偿金、直营投入费及50%的惩罚性损害赔偿金以及其他额外工程款请求金额等合计约18多亿韩元,并作出了原告部分胜诉判决。[1]

3. 案件评析

《转包法》规定,在承包交易中,原事业者做出不正当的承包款决定行为、不正当的减价行为等违规行为,而给承包商造成损失的,原事业者最多应赔偿损失金额的3倍[2]。

2011年3月,《转包法》修订案引进了惩罚性损害赔偿制度,该制度以制裁和预防大企业和中小企业之间承包交易过程中出现的不公正行为为主旨,但法院在相关判例中从未认可通过惩罚性损害赔偿制度的损害救济模式。因此,本案判决对认定惩罚性损害赔偿方面具有重要的借鉴意义。有相关人士认为,为了在更多的案件中采用惩罚性损害赔偿制度,有必要制定减轻受害者的诉讼负担、加大法律咨询等诉讼援助等能够提高惩罚性损害赔偿制度实效性的方案。

三、小结

在2018年至2019年,韩国法院在《公平交易法》《转包法》《大规模流通业法》等竞争法相关领域,作出了许多具有借鉴意义的判决,法院提出的法理依据对今后审判工作也具有相当重要的借鉴意义。尤其,在《公平交易法》全面修订案尚待国会审议通过的情况下,对今后《公平交易法》领域的法理进展也有重要意义。

---

〔1〕 参见首尔中央地方法院2019年6月14日宣告,2016GAHAP533325(本诉)、2017GAHAP568106(反诉)判决。

〔2〕 参见《转包法》第35条第2款。

第三章　竞争法执法最新发展概述和典型案例

第一节　我国竞争执法机构执法概况及典型案例*

2018年,我国反垄断法实施机制迎来重大改革,原先三大反垄断执法机构整合,统一由新组建的国家市场监督管理总局行使反垄断执法权。两年来,反垄断执法力度不断加强,市场监管部门依法制裁损害市场竞争的垄断行为,涉及药品、汽车、电子、化工、建材等多个行业和领域,在维护公平竞争市场秩序、保护消费者合法权益方面发挥了重要作用。

一、我国反垄断执法机构改革概况

2018年3月,根据第十三届全国人民代表大会第一次会议批准的《国务院机构改革方案》,将国家工商行政管理总局的职责,国家质量监督检验检疫总局的职责,国家食品药品监督管理总局的职责,国家发展和改革委员会的价格监督检查与反垄断执法职责,商务部的经营者集中反垄断执法以及国务院反垄断委员会办公室等职责整合,组建国家市场监督管理总局。作为国务院直属机构,国家市场监管总局负责反垄断统一执法,包括统筹推进竞争政策实施,指导实施公平竞争审查制度;依法对经营者集中行为进行反垄断审查,负责垄断协议、滥用市场支配地位和滥用行政权力排除、限制竞争等反垄断执法工作;指导企业在国外的反垄断应诉工作;承担国务院反垄断委员会日常工作。

根据2018年9月10日中央机构编制委员会办公室发布的《国家市场监督管理总局职能配置、内设机构和人员编制规定》,国家市场监督管理总局下

---

* 作者简介:王先林,上海交通大学特聘教授,法学院竞争法律与政策研究中心主任;方翔,上海交通大学凯原法学院博士研究生;王帷韬,上海交通大学凯原法学院硕士研究生;林雨晓,上海交通大学凯原法学院硕士研究生。

设反垄断局负责反垄断的具体工作,其主要职能包括拟订反垄断制度措施和指南,组织实施反垄断执法工作,承担指导企业在国外的反垄断应诉工作;组织指导公平竞争审查工作;承担反垄断执法国际合作与交流工作;承办国务院反垄断委员会日常工作等。目前,反垄断局共有11个处组成,分别负责经营者集中、滥用行为调查、垄断协议调查、行政垄断调查、公平竞争审查、反垄断委员会协调、国际交流等。

二、垄断协议案件执法概况及典型案例分析

(一)垄断协议案件执法概况

通过梳理市场监管总局发布的垄断案件行政处罚决定书及相关媒体新闻信息报道,2018年至2019年,我国反垄断执法机构共查处垄断协议案件22件(见表3-1),其中2018年度与2019年度各有11件案件。国家发改委在机构改革前查处了大庆天然气公司垄断案,新组建的市场监管总局查处了深圳拖轮公司垄断案、深圳港区理货公司垄断案和冰醋酸原料药垄断案等3件垄断协议案件,其余18件则是由各省级反垄断执法机构开展的执法调查。从垄断协议的类型看,涉及横向垄断协议的共有17件,纵向垄断协议案件5件。

表3-1　垄断协议案件执法情况

序号	案件名称	时间	执法机关	违法行为类型	查处情况
1	北京混凝土协会垄断案	2018年1月	北京市发改委	固定价格	罚款50万元
2	大庆天然气公司垄断案	2018年1月	国家发改委	维持转售价格	处上一年度销售额6%的罚款,合计8406万元
3	山东银座家居商场垄断案	2018年3月	山东省工商局	联合抵制	对6家商场分别处10万元罚款
4	日照注册会计师行业垄断案	2018年5月	山东省工商局	分割市场	对14家日照自律委员会会员单位分别处2013年度统筹相关业务销售额1%—1.5%的罚款,合计约41万元

续表

序号	案件名称	时间	执法机关	违法行为类型	查处情况
5	深圳拖轮公司垄断案	2018年6月	市场监管总局	固定价格	对4家拖轮公司分别处上一年度相关销售额4%的罚款,合计约1286万元
6	广西钦州烟花爆竹垄断案	2018年7月	广西壮族自治区工商局	分割市场	对3名当事人分别处上一年度销售额5%和8%的罚款,合计约11.4万元
7	深圳港区理货公司垄断案	2018年7月	市场监管总局	分割市场、固定价格	对2家理货公司分别处上一年度相关销售额4%的罚款,合计约316.3万元
8	河南濮阳工程质量检测垄断案	2018年10月	河南省工商局	分割市场	对3名当事人没收违法所得并处2016年度经营额6%—7%的罚款,罚没合计105.8万元
9	天津港堆场垄断案	2018年12月	天津市发改委	固定价格	对16名当事人分别处上一年度销售额2%—5%的罚款,合计约4511.2万元,1名当事人适用宽恕制度免除处罚
10	冰醋酸原料药垄断案	2018年12月	市场监管总局	固定价格	对3名当事人没收违法所得并处上一年度销售额4%的罚款,罚没合计1283.38万元

续表

序号	案件名称	时间	执法机关	违法行为类型	查处情况
11	湖北民爆器材经营垄断案	2018年12月	湖北省市场监管局	独家销售协议	2018年11月中止调查,2018年12月终止调查
12	咸宁机动车安全技术检测机构垄断	2019年3月	湖北省市场监管局	固定价格	对2名当事人没收违法所得并处上一年度销售额5%的罚款,另1名当事人因上一年度无销售额未罚款,仅没收违法所得
13	上海隐形眼镜公司垄断案	2019年4月	上海市市场监管局	维持转售价格	2019年4月终止调查
14	衢州混凝土企业垄断案	2019年5月	浙江省市场监管局	分割市场、限制生产及销售数量	对7名当事人分别处上一年度销售额1%的罚款,合计7,708,477元;另1名当事人因上一年度无销售额未罚款
15	赤峰巴林左旗餐饮行业垄断案	2019年7月	内蒙古自治区市场监管局	联合抵制	对巴林左旗餐饮行业商会处以罚款20万元;对4家餐饮企业分别处上一年度销售额3%的罚款,合计45万元
16	重庆烧结砖生产经营行业垄断案	2019年8月	重庆市市场监管局	固定价格、限制生产及销售数量	对7名当事人分别处上一年度销售额5%的罚款,合计约387万元;对2名已注销的页岩砖厂分别没收违法所得

续表

序号	案件名称	时间	执法机关	违法行为类型	查处情况
17	延安混凝土企业垄断案	2019年8月	陕西省市场监管局	固定价格	对10名当事人处上一年度销售额1%的罚款,合计492.29万元
18	永济混凝土企业垄断案	2019年9月	山西省市场监管局	固定价格	对5名尚未实施垄断协议的当事人分别罚款5万元,合计25万元
19	联想(北京)有限公司垄断案	2019年9月	北京市市场监管局	维持转售价格	2019年9月中止调查
20	菏泽市汽车行业协会垄断案	2019年10月	山东省市场监管局	联合抵制	对菏泽市汽车行业协会处罚款30万元
21	张家界永定区瓶装液化气垄断案	2019年11月	湖南省市场监管局	固定价格、分割市场	对7名当事人分别处上一年度销售额1%—2%的罚款,合计约41万元
22	丰田公司垄断案	2019年12月	江苏省市场监管局	维持转售价格	处上一年度销售额2%的罚款,计87,613,059.48元

(二)典型案例分析

1. 日照注册会计师行业垄断案

2014年8月,山东省工商局在获总局授权调查临沂市注册会计师行业自律委员会25家会员单位涉嫌行业垄断案件的过程中,发现日照市注册会计师行业存在与此类似的涉嫌违法行为。2014年9月10日,山东省工商局同时启动对日照市注册会计师行业的调查。经查,日照市14家会计师事务所组成“日照市注册会计师行业自律委员会”(未进行社会团体登记),全体会员单位签订《日照市会计师事务所行业自律公约》,共同达成并实施《业务收入统筹分配实施办法》《业务检查、统筹、分配实施细则》《莒县业务统筹分配办法》,各单位将其本地审计、验资等相关业务收入交纳至统一的专用银行账户，再按照提前约定好的指标对各单位收入进行重新分配。山东省工商局认为，当事人的上述行为涉嫌违反《反垄断法》第 13 条第 1 款的相关规定，构成分割销售市场的行为。对 14 家日照自律委员会会员单位分别处 2013 年度统筹相关业务销售额 1%—1.5%的罚款，合计约 41 万元。

本案是山东省工商局在 2016 年查处临沂市 25 家注册会计师行业自律委员会会员单位达成并实施垄断协议案后，查处的又一起会计师行业的垄断协议案，违法事实非常相似。执法人员在谈及办案体会时认为本案有两个鲜明特点：一是划分市场的方式特殊，分割销售市场通常是通过划分商品销售地域、销售对象或者销售商品的种类、数量等进行分割，而本案则是通过直接划分各经营者的业务收入进行分割，也就是对竞争的结果进行分割。二是对限制竞争的效果隐蔽，表面上各事务所在争取业务上相互竞争，但实际上经过竞争取得业务收入后，经自律委员会的再分配，竞争市场份额取得增长的事务所需出钱补贴竞争不力、市场份额降低的事务所，影响了各个事务所进一步竞争的积极性。这种行为使得日照地区的验资、审计等相关市场的竞争机制无法发挥作用，事务所不再致力于通过提高业务水平和降低价格来取得或保持市场优势，相关市场无法保持有效竞争，市场也就失去了合理配置资源和实现社会福利最大化的动力。另外，这种行为不仅在微观上侵害了成员会计师事务所的合法经营权和企业财产权，更在宏观上严重损害了临沂地区的审计、验资等相关市场的竞争秩序。[1]

值得关注的是，本案还是一起以行业协会的名义达成并实施垄断协议的案件。与往年相同，行业协会一直是执法机构关注的重点对象，2018 年至 2019 年查处的垄断协议案件与行业协会有关的共有 4 件。就我国而言，竞争意识淡薄是造成行业协会垄断问题突出的重要原因。据执法办案人员透露，本案中的行业协会负责人对竞争政策方面尤其是《反垄断法》知之甚少，认为《反垄断法》只是规制自然垄断行业和那些市场份额巨大的企业。由于其对《反垄断法》等竞争政策不了解，容易出台一些限制竞争的规定，从而出现为了规范竞争环境而排除限制竞争的情况。由此可见，竞争文化的倡导和竞争合规意识的觉醒，在我国仍然还有很长的路要走。

就其本质而言，行业协会垄断行为是行业协会行使自治权的市场活

---

〔1〕 参见李婉莹、臧欣：《山东查处日照 14 家会计师事务所实施垄断协议案》，载 http://www.cicn.com.cn/zggsb/2018-06/21/cms107989article.shtml。

动。[1] 但凡是权力,便具有双重效应,因此我们也应充分认识到行业协会的此种自治权亦具有规制同行业经营者、促进市场竞争的可能性和现实性。由于行业协会限制竞争行为具有很强的隐蔽性和行业特质,国家制定法难以顾及此中差异,让行业协会发挥自律责任或许是破解现实困境的新思路。[2] 一些国家的既有经验值得借鉴,如德国《反限制竞争法》第四章对"竞争规则"作出规定,其第 24 条明确,"经济联合组织和企业联合组织可以为它们所在的领域制定竞争规则。竞争规则,是指那些调整企业竞争行为,抵制竞争中有悖正当竞争原则或有效的效能竞争原则的行为,并鼓励在竞争中符合这些基本原则的行为的规定"。还有一些国家通过竞争合规指引的方式,倡导行业协会发挥自律监管的功能。我国反垄断法的实施不仅要加强执法力度,还应注重引导行业协会通过自律监管自主克服垄断倾向,这也是提高行业协会竞争意识、倡导竞争文化建设的有益举措。[3]

2. 冰醋酸原料药垄断案

近年来,我国短缺药品供应保障不断加强,取得了积极成效,但违法操纵市场抬高短缺药和原料药价格现象在一些地方仍较突出。机构改革后的市场监管总局持续加强对原料药垄断的打击,本案是《反垄断法》实施以来涉及原料药领域的第一大罚单,对原料药领域垄断行为形成了有力震慑,同时也是市场监管总局 2018 年度反垄断执法十大典型案例之一。

冰醋酸(无水乙酸)作为一种原料药,主要用于生产血液透析浓缩液,治疗晚期肾脏衰竭、尿毒症等疾病。根据我国药品管理有关规定,冰醋酸是生产血液透析浓缩液的必备原料之一,不具有可替代性。我国冰醋酸原料药市场需求量为 1500—1600 吨/年,其中约 90%用于生产血液透析浓缩液,约 10%用于生产治疗真菌感染的药品。2017 年以来,我国冰醋酸原料药市场实际只有台山市新宁制药有限公司、四川金山制药有限公司和成都华邑药用辅料制造有限责任公司生产销售冰醋酸原料药。经查,三名当事人通过电话沟通、当面交流、召开会议等方式,达成了提高冰醋酸原料药销售价格的垄断协议,共同约定自 2018 年 3 月 1 日起统一提高冰醋酸原料药销售价格,针对下

---

[1] 参见高重迎:《行业协会的反垄断法规制》,中国政法大学出版社 2016 年版,第 19 页。

[2] 参见鲁篱:《行业协会限制竞争法律规制研究》,北京大学出版社 2009 年版,第 206 页。

[3] 参见方翔:《行业协会从事垄断协议法律责任之检视与重构——基于执法案例的实效评估》,载《中国市场监管研究》2019 年第 8 期。

游血液透析厂执行 28—28.5 元/公斤的售价，针对制药企业执行 33 元/公斤的售价。市场监管总局认为，三名当事人是具有竞争关系的经营者，通过交换价格信息，形成统一涨价的意愿，构成与具有竞争关系的经营者达成价格垄断协议的违法行为，并且在制定冰醋酸原料药销售价格以及实际销售过程中实施了上述价格垄断协议。执法机关依法责令三名当事人立即停止违法行为，没收违法所得并处上一年度销售额 4%的罚款，合计 1283.38 万元。

事实上，自 2011 年以来，我国反垄断执法机构就相继查处了复方利血平原料药垄断案、别嘌醇原料药垄断案、艾司唑仑原料药垄断案、苯酚原料药垄断案、水杨酸甲酯原料药垄断案、异烟肼原料药垄断案等。原料药市场的垄断问题之所以屡禁不止，与行业本身的特殊性相关。从生产环节看，一些原料药市场规模小，某种原料药有资质并且在生产的厂家可能只有两三家，容易形成垄断；从流通环节看，有的商业公司与某种原料药的几家生产企业签订包销协议自行营销定价，则可以利用“包销模式”获取高额利润。[1] 因此在现实案件中，实施具体垄断行为的主体除了原料药生产企业外，还有可能包括下游的销售企业（医药公司），这就需要进一步规范原料药的销售渠道，建立健全药品价格动态监控体系。[2]

为进一步做好短缺药品保供稳价工作，更好保障群众基本用药需求，2019 年 10 月，国务院办公厅发布《关于进一步做好短缺药品保供稳价工作的意见》，指出要建立市场监管、公安、税务、药品监督管理等部门协同联动工作机制，开展多部门联合整治，整治结果及时向社会公布，以最严的标准依法查处原料药和制剂领域垄断、价格违法等行为，坚持从重从快查处，对构成犯罪的依法追究刑事责任，坚决处置相关责任人，形成有效震慑。

三、滥用市场支配地位案件执法概况及典型案例分析

（一）滥用市场支配地位案件执法概况

相较于垄断协议案件，2018 年至 2019 年查处的滥用市场支配地位案件数量较少，共有 10 件（见表 3-2）。其中，扑尔敏原料药垄断案系为市场监管总局直接查办的案件，其余 9 起则由各省级反垄断执法机构查办。从案件所涉及的行业领域看，多集中在供电、供水、供气、医药等民生领域，这也说明执

---

〔1〕《我国开出原料药领域反垄断最大罚单共计 1283 万》，载 http://www.rmfz.org.cn/contents/2/175479.html。

〔2〕参见李世杰、李伟：《产业链纵向价格形成机制与中间产品市场垄断机理研究——兼论原料药市场的垄断成因及反垄断规制》，载《管理世界》2019 年第 12 期。

法部门始终以民生为重点,持续加强对关系人民群众切身利益的行业领域的反垄断执法。

表 3-2 滥用市场支配地位案件执法情况

序号	案件名称	时间	执法机关	违法行为类型	查处情况
1	湖北银杏沱公司垄断案	2018年1月	湖北省工商局	差别待遇	处上一年度经营额6%的罚款,合计约97.74万元
2	上海 GPO 垄断案	2018年1月	上海市工商局	联合抵制	2018年1月中止调查,2018年7月终止调查
3	中国农业银行内蒙古分行垄断案	2018年1月	内蒙古自治区工商局	附加不合理的交易条件	2018年1月中止调查,2018年8月终止调查
4	南京溧水供电公司垄断案	2018年8月	江苏省工商局	附加不合理的交易条件	2018年8月中止调查,2018年12月终止调查
5	扑尔敏原料药垄断案	2018年12月	市场监管总局	不公平高价、拒绝交易、搭售	对湖南尔康医药经营有限公司(以下简称湖南尔康)没收违法所得239.47万元,并处上一年度销售额8%的罚款,计847.94万元;对河南九势制药股份有限公司(以下简称河南九势)处上一年度销售额4%的罚款,合计约155.73万元
6	精华制药南通公司垄断案	2019年2月	江苏省市场监管局	拒绝交易	2019年2月中止调查

续表

序号	案件名称	时间	执法机关	违法行为类型	查处情况
7	盐城新奥燃气公司垄断案	2019 年 2 月	江苏省市场监管局	附加不合理的交易条件	2019 年 2 月中止调查
8	伊士曼公司垄断案	2019 年 4 月	上海市市场监管局	限定交易	处上一年度销售额 5% 的罚款，合计约 24,378,711.35 元
9	天津自来水公司垄断案	2019 年 5 月	天津市市场监管局	附加不合理的交易条件	处上一年度销售额 3% 的罚款，合计约 7,438,622.77 元
10	宿迁自来水公司垄断案	2019 年 10 月	江苏省市场监管局	限定交易	没收违法所得 1,176,414.23 元，处上一年度销售额 4%的罚款 877,640 元，罚没合计 2,054,054.23 元

(二)典型案例分析

1. 扑尔敏原料药垄断案

除垄断协议行为外，原料药企业还因滥用市场支配地位受到反垄断处罚。2018 年 6 月，多家媒体报道扑尔敏原料药价格暴涨，导致部分药品停产，市场监管总局及时立案调查。经查，涉案企业滥用扑尔敏原料药市场的支配地位，实施了以不公平高价销售商品、没有正当理由拒绝交易以及没有正当理由搭售商品的行为。2018 年 12 月，市场监管总局决定责令当事人停止违法行为，对湖南尔康没收违法所得 239.47 万元，并处上一年度销售额 8%的罚款，计 847.94 万元，对河南九势处上一年度销售额 4%的罚款，计 155.73 万元。本案有力打击了原料药领域垄断行为，及时回应了社会关切，形成了执法威慑，维护了市场公平竞争，并入选国家市场监督管理总局发布的 2018

年反垄断执法十大典型案例。[1]

本案的相关市场界定方面,市场监管总局首先明确调查对象是扑尔敏原料药。从需求替代角度考虑,由于我国实行药品国家管制,每一类成品药配方(包括使用原料药的种类和用量)均需严格依据《药典》和其他标准执行,配方中含有扑尔敏原料药的成品药,事实上不可能使用其他成分的原料药替代。从供给替代角度考虑,同样出于药品特殊管制的原因,从国外进口扑尔敏原料药必须具备相关进口批文等资质。因此,其他原料药生产企业对于扑尔敏原料药市场短期内不存在有效的供给替代。综合考虑下,本案的相关商品市场是扑尔敏原料药市场,相关地域市场为中国。在市场支配地位认定方面,市场监管总局除了采取传统的市场份额推定法外,还对控制销售市场的能力、下游经营者对涉案企业的依赖程度、其他经营者进入相关市场的难度以及两家企业共同支配地位等要素进行了详细分析。本案共涉及不公平高价、拒绝交易和搭售三项滥用市场支配地位的行为。2018 年 7 月,湖南尔康以其采购扑尔敏原料药平均成本的 3—4 倍向下游经营者销售扑尔敏原料药。在此期间,扑尔敏原料药的生产和采购成本没有发生重大变化,湖南尔康对原料药的定价明显超过正常幅度,缺乏合理正当的理由。作为在扑尔敏原料药具有市场支配地位的企业,当事人可以有效控制原料药销售价格,下游经营者对此只能被动接受。湖南尔康以不公平高价销售的行为造成药企无法公平竞争,破坏竞争秩序。河南九势和湖南尔康两家原料药企业多次以"无货"为由拒绝向下游相关药品生产厂商供应扑尔敏原料药,或以缴纳高额保证金、将成药回购统一销售、成药涨价并提成等作为供应扑尔敏原料药的条件,事实上变相拒绝与下游经营者进行交易。此外,河南九势与湖南尔康利用其在相关市场上的支配地位,要求下游经营者在采购扑尔敏原料药时必须购买或更大批量购买湖南尔康的淀粉胶囊、药用蔗糖等药用辅料,否则将不供应扑尔敏原料药。涉案企业将自己在扑尔敏原料药上的支配力不正当地延伸至其他市场,属于《反垄断法》所禁止的搭售行为。

本案中,市场监管总局根据滥用市场地位案件的基本思路,对相关市场、市场支配地位和滥用行为作出了充分认定。由于本案涉及药品,我国目前对药品管理实行较为严格的监管体制,生产、销售、进出口药品均需经过严格的审批手续,因此对相关市场认定时相对比较简单,无论从需求还是供给替代

---

[1] 参见《市场监管总局发布 2018 年反垄断执法十大典型案例》,载 http://www.gov.cn/xinwen/2019-05/11/content_5390670.htm。

角度出发,相关市场都应当是中国范围内的扑尔敏原料药市场。在对市场支配地位认定时,执法机构没有局限于使用市场份额推定的方法,这和我国人民法院在认定市场支配地位时的思路一致。执法机构合考虑了市场份额、控制销售市场能力、下游经营者的依赖程度、其他经营者进入市场的难度等多方面因素,最终得出涉案企业具有市场支配地位的结论,更加符合反垄断法的立法精神。涉案企业从事的滥用市场支配地位行为也比较明显,包括搭售、不公平高价销售、拒绝交易等。由于本案涉及药品,相关企业的滥用行为不仅严重破坏了药品销售竞争秩序和消费者福利,还客观上对患者就医用药带来严重困难,造成了恶劣的社会影响。市场监管总局依法介入调查并及时作出处罚决定,体现了市场监管总局在维护市场竞争秩序、保障消费者福利等方面起到了及时、有效作用,很好地震慑了相关企业的违法垄断行为。

2. 伊士曼公司垄断案

2017 年 8 月,经原国家工商总局授权,原上海市工商局对伊士曼(中国)投资管理有限公司涉嫌滥用市场支配地位行为立案调查。经查明,2013 年至 2015 年,伊士曼公司利用其在中国内地醇酯十二成膜助剂市场的市场支配地位,通过与客户签订具有排除、限制竞争效果的排他性协议,实施了无正当理由限定交易的滥用市场支配地位行为。上海市市场监管局认为,伊士曼公司构成了《反垄断法》第 17 条第 1 款第 4 项规定的滥用市场支配地位行为,对伊士曼公司处上一年度销售额 5%的罚款,计 24,378,711.35 元。

相关市场界定方面,本案涉及的商品主要是满足生产性需要,因此执法机关重点考察了行业生产者的需求,从商品的特性、用途、价格等方面进行需求替代分析和供给替代分析,将本案相关商品市场界定为醇酯十二成膜助剂市场,相关地域市场界定为中国市场。在市场支配地位的认定方面,执法机关在对经营者在相关市场的市场份额和相关市场竞争状况、经营者控制原材料市场的能力、经营者的财力和技术条件、其他经营者对其依赖程度及进入相关市场的难易程度等因素进行综合性分析的基础上,认为当事人在中国醇酯十二成膜助剂市场具有支配地位。经查,2013 年至 2015 年,当事人与国内相关涂料企业签订并实施了含有限制最低采购数量条款和照付不议条款的排他性协议。同时,当事人以最低采购数量为生效条件,签订并实施了含有"最惠国待遇"等条款的排他性协议(《成膜助剂合作与佣金协议》)。原上海市工商局认为,上述含有最低采购数量条款、照付不议条款的长期协议及"最惠国待遇协议"均属于排他性协议,其主要内容是要求或诱导购买商主要从一个供应商处购买某特定类型的产品。本案中,当事人在相关市场内实施的排他性协议促使交易相对方向当事人及其关联公司购买大部分甚至全部醇酯十二成膜助剂,限制了交易相对方与其他竞争对手的交易,进而损害了相关市场的竞争。

在本案的竞争分析过程中,执法机关采用了临界损失分析法和勒纳指数分析方法,这两种经济分析方法尚属首次在反垄断执法机构公开的处罚决定书中出现。临界损失分析法是在假定垄断者测试分析方法基础上发展而来的新的分析方法,是指假定垄断者在对其相关商品或服务施加一个微幅但显著的非暂时的涨价后,能够实现有利可图所能承受的最大销售额损失。把临界损失和实际损失相比较,就可以确定某种替代商品(区域)是否应该被纳入相关市场,如果假定垄断者可能的实际损失小于临界损失,那么涨价就是有利可图的,应该把替代商品(区域)纳入相关市场,反之则不属于同一相关市场。[1] 在合理的经济学假设下,临界损失率可通过经济学模型 $CL=\frac{x}{x+m}$ 来表示。其中 m 为目标商品的毛利率,x 为目标商品的涨价幅度。根据不同组合条件下的 x 与 m,可计算出对应的临界损失率区间。同时,通过市场实际交易数据估算出醇酯十二市场需求函数与需求价格弹性,并在此基础上计算出不同涨价幅度下醇酯十二的实际损失率。计算结果显示,在不同涨价幅度及合理毛利率条件下,醇酯十二的临界损失率均大于相应的实际损失率。该结果表明在 2013—2016 年如果所有醇酯十二由假定垄断者销售,相对于样本内的价格平均值涨价 5%或 10%都是有利可图的,且该涨价行为可维持。因此可以判定,醇酯十二成膜助剂构成独立的相关商品市场。

此外,本案还运用了勒纳指数分析。勒纳指数也称为勒纳市场势力指数,它通过对价格与边际成本偏离程度的度量,反映市场中垄断力量的强弱。勒纳指数实际上计量的是价格偏离边际成本的程度,价格越是高于边际成本,表明垄断势力越强,其加价能力也就越强,在市场完全竞争时,勒纳指数等于 0。本案中,当事人等三家供应商的勒纳指数主要通过 2013 年 1 月至 2017 年 6 月三家企业的醇酯十二销售数据及异丁醛采购价格数据计算得出的分析结果表明,违法行为持续期间,当事人、润泰、德纳三家供应商的勒纳指数呈上升趋势,且当事人的勒纳指数始终高于其他两家,说明三家企业之间的竞争水平减弱,整个市场的垄断力量在加强。然而随着 2017 年年初当

---

〔1〕 参见李虹:《相关市场理论与实践——反垄断中相关市场界定的经济学分析》,商务印书馆 2011 年版,第 117~118 页。

事人取消"照付不议"条款,当事人、德纳与润泰的勒纳指数开始明显下降,说明市场垄断力量减弱,竞争水平逐步增强。该对比结果进一步说明了"照付不议"等排他性协议产生了实际的排除、限制竞争效果。

四、经营者集中案件执法概况及典型案例分析

(一)经营者集中案件执法概况

据市场监管总局公布的数据显示,《反垄断法》实施以来,全国共审结经营者集中案件2500件,交易总金额超过45万亿元,有力地维护了市场公平竞争,促进了统一开放、竞争有序的市场体系建设。特别是机构改革以来,反垄断执法力度进一步强化,2018年共收到经营者集中申报513件,同比增长超过30%,创下历史新高。[1] 其中,无条件批准案件444件,审结简易案件362件,公布了13件应申报未申报案件的处罚决定书,调查处罚的案件涉及化工、机电、汽配、矿产、医疗等多个行业。[2] 从市场监管总局反垄断局网站公布的数据显示,2019年经营者集中简易案件共有308件,无条件批准经营者集中案件有443件,对17件应申报未申报案件作出行政处罚决定,总体情况与2018年基本相当。

在附条件批准经营者集中案件中,2018年反垄断局共附条件批准了4件案件,分别为拜耳股份公司收购孟山都公司股权案,依视路国际与陆逊梯卡集团合并案,林德集团与普莱克斯公司合并案以及联合技术公司收购罗克韦尔柯林斯公司股权案,涵盖了农业、眼镜行业、化工以及航空航天行业。2019年共附条件批准了5件案件,分别为科天公司收购奥宝科技有限公司股权案,卡哥特科集团收购德瑞斯集团部分业务案,高意股份有限公司收购菲尼萨股份有限公司股权案,浙江花园生物高科股份有限公司与皇家帝斯曼有限公司新设合营企业案,以及诺贝丽斯公司收购爱励公司股权案。(见表3-3)

表3-3 附条件批准经营者集中案件

序号	案件名称	限制性条件类型
1	拜耳股份公司收购孟山都公司股权案	结构性条件+行为性条件
2	依视路国际与陆逊梯卡集团合并案	行为性条件

---

〔1〕 参见《对十三届全国人大二次会议第6144号建议的答复》,载http://gkml.samr.gov.cn/nsjg/fldj/201911/t20191115_308561.html。

〔2〕 参见顾正平、孙思慧:《2018年中国反垄断执法回顾——经营者集中篇》,载http://www.sohu.com/a/288942055_221481。

续表

序号	案件名称	限制性条件类型
3	林德集团与普莱克斯公司合并案	结构性条件+行为性条件
4	联合技术公司收购罗克韦尔柯林斯公司股权案	结构性条件+行为性条件
5	科天公司收购奥宝科技有限公司股权案	行为性条件
6	卡哥特科集团收购德瑞斯集团部分业务案	行为性条件
7	高意股份有限公司收购菲尼萨股份有限公司股权案	行为性条件
8	浙江花园生物高科股份有限公司与皇家帝斯曼有限公司新设合营企业案	行为性条件
9	诺贝丽斯公司收购爱励公司股权案	结构性条件+行为性条件

(二)典型案例分析

1. 依视路国际(Essilor International,以下简称依视路)与陆逊梯卡集团(Luxottica Group S. p. A. ,以下简称陆逊梯卡)合并案

2018 年 7 月 25 日,市场监管总局发布公告,附加限制性条件批准了法国依视路与意大利陆逊梯卡合并案。本案是我国反垄断执法机构改革后作出的第一份附加限制性条件批准决定,其关于相关市场界定和竞争影响分析等方面值得关注。

依视路于 1971 年在法国设立,在巴黎泛欧证券交易所上市,主要从事光学镜片、太阳镜、光学镜架的生产和销售。陆逊梯卡集团于 1981 年在意大利设立,在米兰证券交易所上市,主要从事光学镜架、太阳镜的生产和销售业务。根据双方合并协议,拟设立名为依视路陆逊梯卡的新公司。集中完成后,原依视路和原陆逊梯卡的股东分别持有集中后实体 50%的股权。此项集中交易金额高达 3385 亿元人民币,为全球眼镜行业史上第一大并购交易,交易后的实体将成为全球最大眼镜企业。在相关市场界定方面,本案的相关商品市场比较复杂,市场监管总局认为:光学镜片、光学镜架、太阳镜批发和眼镜产品零售市场存在横向重叠;光学镜片、光学镜架、太阳镜批发市场和眼镜产品零售市场存在纵向关联;光学镜片批发市场、光学镜架批发市场和太阳镜批发市场存在相邻关系。在相关地域市场上,中国眼镜企业主要在国内从事经营活动,绝大部分跨国眼镜企业在中国设有生产设施。中国消费者面部

特征与西方消费者存在明显区别,眼镜产品在设计、制造等方面会针对中国人面部特征对鼻托、镜脚等关键部位进行调整。因此,光学镜片、光学镜架和太阳镜批发的相关地域市场为中国市场。而眼镜产品通常需要定期更换,消费者习惯在其生活或工作的城市购买眼镜,不同城市眼镜产品零售店替代性较低。因此,眼镜产品零售的相关地域市场为城市市场。

竞争分析方面,执法机构根据《反垄断法》第 27 条规定,从参与集中的经营者在相关市场的市场份额及其对市场的控制力、对消费者和其他有关经营者的影响等方面,深入分析了此项经营者集中对市场竞争的影响,认为此项集中对中国中高端光学镜片、低端光学镜片、中高端光学镜架、低端光学镜架、中高端太阳镜批发市场和眼镜产品零售市场,具有或可能具有排除、限制竞争的效果。执法机构在本案中运用了“潜在竞争原则”(the potential competition doctrine),该原则曾是美国反垄断当局评估混合并购的反竞争效应的主要理论依据。在产品扩张型和市场扩张型的混合并购交易中,如果交易一方原本是处于相关市场之外并随时可以进入市场的主要潜在竞争者,该企业通过并购在位企业(而非直接投资)的方式进入了市场,并购行为消除了该企业潜在竞争者地位,从而有可能实质性损害了竞争,这样的交易应当被禁止。[1] 执法机构认为,依视路和陆逊梯卡在中高端光学镜片、低端光学镜片、中高端太阳镜批发市场横向重叠有限,但双方是各自的潜在竞争者。由此可见,应通过举证 2016 年、2017 年集中双方为进入对方市场所做的投入,以证明本件集中消除潜在竞争约束的可能性。执法机构认为,从长远和动态分析,依视路和陆逊梯卡作为光学镜片和光学镜架市场的领先竞争者,未来可能成为彼此的重要竞争约束,本次集中将消除这一约束,进一步强化双方在各相关市场的控制力,实质性减少市场竞争。此外,执法机构还进一步分析了集中后实体有动机在光学镜片、光学镜架和太阳镜批发市场进行捆绑或搭售,并可能在眼镜产品零售市场具有排除、限制竞争的效果。

鉴于此项经营者集中在中国中高端光学镜片、低端光学镜片、中高端光学镜架、低端光学镜架、中高端太阳镜批发市场和眼镜产品零售市场具有或可能具有排除、限制竞争效果,根据申报方提交的限制性条件建议最终稿,市场监管总局决定附加 10 项行为性限制条件,以防止对竞争造成的不利影响,限制性条件的实行时间为 5 年。

---

〔1〕 参见田明君:《美国反垄断法中的潜在竞争原则研究》,载《产业组织评论》2013 年第 1 期。

2. 联合技术公司收购罗克韦尔柯林斯公司股权案

本案是市场监管总局2018年反垄断执法十大典型案例之一,此项集中交易为民用航空制造业史上最大交易,交易金额达1993亿元人民币。交易完成后,联合技术公司将成为全球最大、最全面的航空零部件系统级供应商之一。市场监管总局认为,此项集中交易将在航电设备等多个航空零部件市场产生排除、限制竞争影响,并于2018年11月附条件批准此项集中交易,剥离罗克韦尔柯林斯可调水平安定面作动器等业务,剥离联合技术供氧系统全部研发项目,并对航电设备等产品的销售附加限制性条件等,有效维护了全球航空市场的公平竞争。

联合技术公司于1934年在美国设立,主要从事飞机发动机等航空零部件,建筑环境、控制与安防系统等生产和销售。被收购方罗克韦尔柯林斯公司于2001年在美国设立,主要从事飞机零部件、国防产品生产和销售。根据双方协议,联合技术拟收购罗克韦尔柯林斯全部股份,并取得其单独控制权。在相关市场界定方面,执法机构认为,联合技术和罗克韦尔柯林斯在可调水平安定面作动器、油门弧座组件、方向舵制动踏板系统、机翼防冰系统、供氧系统、机舱乘务员座椅、公务机旅客座椅、飞行员座椅、外部照明、舱内照明、螺旋桨加热器、旅客服务组件等12个商品市场存在横向重叠,在航电设备、发动机短舱、辅助飞控作动器、探冰系统、发电系统、防火系统以及大气数据传感器、大气数据计算机、综合大气数据系统市场存在相邻关系。由于本案所涉航空零部件的供应商在全球从事业务活动,在全球范围内向客户进行销售,飞机制造商采用全球采购策略,在全球范围内招投标选择供应商,各相关航空零部件也是全球定价,不同国家间不存在明显价差,因此相关地域市场应界定为全球市场。

在竞争分析过程中,执法机构认为此项集中对全球可调水平安定面作动器、油门弧座组件、方向舵制动踏板、机翼防冰系统、供氧系统、航电设备、发动机短舱、辅助飞控作动器、探冰系统、发电系统、防火系统以及大气数据传感器、大气数据计算机、综合大气数据系统市场,具有或可能具有排除、限制竞争效果,因此作出附加限制性条件批准此项集中。本案同时采用了结构性限制性条件和行为性限制性条件,要求剥离罗克韦尔柯林斯全部可调水平安定面作动器业务、飞行员控制系统业务(包括油门弧座组件业务、方向舵制动踏板系统业务等)、SMR技术(应用于制造机翼防冰系统等)业务,剥离联合技术的供氧系统全部研发项目。行为性条件要求不得进行强制搭售、捆绑销售,或者在交易时附加其他不合理的交易条件。如果中国市场仍存在相应需求,联合技术、罗克韦尔柯林斯以及交易后的实体承诺,集中前在中国已有的合同和组织形式(包括合营企业),按照原有条款继续推行,除非合同方或合作方共同同意改变。行为性承诺实施 5 年后可申请解除。

五、滥用行政权力排除、限制竞争行为案件查处概况

自党的十八大以来,党和政府高度重视行政性垄断的规制。2018 年至 2019 年,新组建的市场监管部门认真履行法定职责,积极开展打破行政性垄断工作,通过行政建议、行政指导等方式,促使行政机关及时纠正滥用行政权力排除、限制竞争行为。根据市场监管总局相关数据,自机构改革起至 2019 年 8 月 16 日止,反垄断执法机构纠正公共资源交易、医疗、发电设备、太阳能等领域的 57 起行政性垄断行为。[1] 2018 年年底,市场监管总局公布了 16 起滥用行政权力排除、限制竞争行为的典型案例(见表 3-4),涉及民生和社会关注的多个领域,违法行为包括了限定单位或个人使用指定经营者提供的商品,制定含有排除、限制竞争效果内容的规定,设置关卡阻碍外地商品进入等多种类型。

表 3-4　各地查处滥用行政权力排除、限制竞争行为的典型案例

序号	案件名称	主要违法行为
1	北京市纠正房山区燃气开发中心行政性垄断行为	该中心在开展燃气项目报装审批过程中,以直接委托、指定等形式,要求开发单位签订由房山区燃气开发中心提供的制式合同,限定开发单位选择房山区燃气开发中心下属企业从事施工建设
2	山西省纠正晋中市住房保障和城乡建设局行政性垄断行为	该局召开专题会议研究晋中市城区新建公共租赁住房项目建设前期准备工作有关事宜,形成会议纪要,指定山西恒龙施工图审查有限公司负责该项目施工图设计文件审查。此外,在无法律法规依据的情况下,设置了施工图审查备案条件,限制了外地施工图审查机构与本地施工图审查机构的公平竞争
3	上海市纠正上海市商务委行政性垄断行为	该委发布的《上海市商务委关于开展 2016 年度典当行年审工作的通知》直接指定了负责年审工作的会计师事务所,限制了会计师事务所在典当行年审市场的竞争

〔1〕 参见《对十三届全国人大二次会议第 6144 号建议的答复》,载 http://gkml.samr.gov.cn/nsjg/fldj/201911/t20191115_308561.html。

续表

序号	案件名称	主要违法行为
4	江苏省纠正苏州市道路运输管理机构行政性垄断行为	该机构未严格执行《道路运输条例》，在驾驶培训市场管理中通过招投标方式增设准入条件，提高驾驶培训市场准入门槛
5	安徽省纠正六安市安全生产监督管理局行政性垄断行为	该局在安全生产责任保险项目采购中，通过竞争性谈判确认5家财产保险公司为候选人，并明确了每家公司的承保区域，同时与5家公司约定了统一保险责任、统一保险费率、统一保险金额、统一理赔标准、统一浮动机制；5家公司如未执行“五统一”，或超出划分的承保区域向投保企业收取保费，一经发现，取消其承保资格，并不得参加下一轮六安市安全生产责任保险投标活动
6	江西省纠正新建区“营改增”工作协调推进领导小组行政性垄断行为	该领导小组印发了《关于进一步加强综合治税有关工作的通知》，通过增加登记注册要求限制了域外有关企业参与域内相关工程业务招投标的竞争，不利于促进相关市场充分竞争
7	江西省纠正宜春市盐务局、鹰潭市盐务局行政性垄断行为	两家单位分别向辖区内各食盐零售店发布告知书，要求所有经营食盐的商户要严格执行《食盐专营办法》，从食盐定点批发企业购进食盐，否则予以行政处罚，并具体公布了取得食盐批发许可证的企业名单
8	山东省纠正临沂市莒南县公共资源交易服务中心行政性垄断行为	该中心以防止工程建设项目招投标领域的腐败行为为由，利用行政权力，强制要求投资总额在50万元以下的项目招标人须采用资源交易系统自动抽取方式选聘招标代理机构，并印发了有关文件，从而剥夺了招标人自行选择招标代理机构的权利，限制了招标代理机构之间的合法竞争
9	山东省纠正济南市建委行政性垄断行为	该委作为主管建设的行政机关，在无法律依据的情况下，通过下发文件的方式限制相关太阳能企业在济南高层建筑领域的公平竞争

续表

序号	案件名称	主要违法行为
10	河南省纠正封丘县人民政府行政性垄断行为	该县政府以会议纪要的方式,要求在本县中标的基本药物配送企业须经其指定的药业公司转配送,并在本纪要下发后签订转配送协议,如中标企业不签订转配送协议,取消在本县的配送资格
11	湖北省发展和改革委员会纠正天门市人力资源和社会保障局行政性垄断行为	该局在《关于在工程建设领域实行农民工工资与工程款分账管理的公告》中规定"施工企业在指定的中国银行、中国工商银行、中国建设银行开设农民工工资专用账户"
12	湖南省纠正部分市州经信部门行政性垄断行为	湖南省内大部分市州经信部门就开展电网非统调电源发电数据采集工作制发的文件涉及市场主体经济活动,但缺失按规定进行公平竞争审查环节,其中株洲、邵阳、常德、怀化、张家界、娄底、郴州、益阳等市州经信部门制发的文件要求各电站统一设备生产厂商和型号、分区域进行、限定供应商数量等内容
13	广东省纠正中山市住房和城乡建设局行政性垄断行为	该局签发《关于审定转发〈中山市燃气行业自律一规二则〉的请示》,批准中山市燃气协会起草上报的行业自律准则,其内容含有实施分割瓶装燃气销售市场,加强对燃气经营企业和瓶装气供应站的管控,排除、限制企业之间的市场竞争,并通过强制燃气经营企业和瓶装气供应站加入行业协会、收取违约保证金等方式保障实施的内容
14	四川省纠正南充市西充县人民政府行政性垄断行为	该县政府通过若干规范性文件的规定,排除和限制了西充县药品托管、药品配送市场的竞争,剥夺了县级公立医疗卫生机构选择药品配送企业的自主权
15	陕西省纠正西安市国土资源局行政性垄断行为	该局下发《西安市国土资源局关于印发〈西安市不动产权籍调查工作方案(试行)〉的通知》,其中的规定剥夺了委托土地测绘、房产测绘当事人的自主选择权,排除和限制了具备不动产测绘资质机构在土地测绘、房产测绘市场的相互竞争

续表

序号	案件名称	主要违法行为
16	甘肃省纠正庆阳市西峰区政府行政性垄断行为	该县政府印发《庆阳市西峰城区集中供热管理办法(试行)的通知》,赋予了供热企业“提出改造方案”“委托”有资质设计单位进行设计,以及热用户不购置安装与供热企业监控系统相匹配的远程监控及温度调控设备,供热可以“停止供暖”的权利,构成限定购买、使用特定经营者提供的商品和服务

六、反不正当竞争案件执法概况

2017年修订版《反不正当竞争法》自2018年1月1日正式施行以来,全国市场监管部门加大普法宣传力度,依法加强行政监管执法,通过开展反不正当竞争执法重点行动提升对《反不正当竞争法》的实践运用。据报道,《反不正当竞争法》实施3年来,市场监管总局和12部门开展联合整治“保健”市场乱象百日行动并及时开展督导和“回头看”工作,其间,全国共立案28,287件,案值137.03亿元,罚没款9.6亿元,为消费者挽回经济损失1.23亿元。此外,对互联网领域不正当竞争行为立案279件,结案272件,案值879.9万元,罚没款820.2万元;在医药购销、医疗服务领域,立案941件,结案713件,案值7265万元,罚没款5352万元;针对商业诋毁行为,立案13件,结案11件,案值11万元,罚没款104.3万元;针对其他不正当竞争行为,立案932件,结案967件,案值2037万元,罚没款4275万元。〔1〕

第二节 美国竞争法执法领域最新进展及典型案例*

一、经营者集中审查

(一)经营者集中审查概况

根据《哈特—科斯特—罗迪诺法》(HSR Act),〔2〕2018年,司法部DOJ

〔1〕 参见《新〈反不正当竞争法〉颁布两周年|市场监管晒成绩单》,载百度2019年11月9日,https://baijiahao.baidu.com/s?id=1649652634793892579&wfr=spider&for=pc。

* 作者简介:冯博,法学博士,天津财经大学法学院副教授;杨童,天津财经大学法律经济分析与政策评价中心法律经济学博士研究生。

〔2〕 参见Federal Trade Commission, Department of Justice. HART-SCOTT-RODINO ANNUAL REPORT FISCAL YEAR 2018,载https://www.ftc.gov/policy/reports/policy-reports/annual-competition-reports。

与联邦贸易委员会(FTC)共收到经营者集中的申报 2111 起,比 2017 增加了 2.9%。其中,45 件经营者集中申报在审查之后进行了二次申报(Second Request)。这些案件中,有 26 件是向联邦贸易委员会提出的,另外 19 件是向司法部提出的。2018 年二次申报案件相比 2017 年减少了 2.2%。同时,调整申报后审查提前终止(Early Termination)的案件约占总案件量的 74%(1500 件),同比下降 3.9%,申报通过审查的比例为 78%,同比下降 0.6%,如图 3-1 所示。

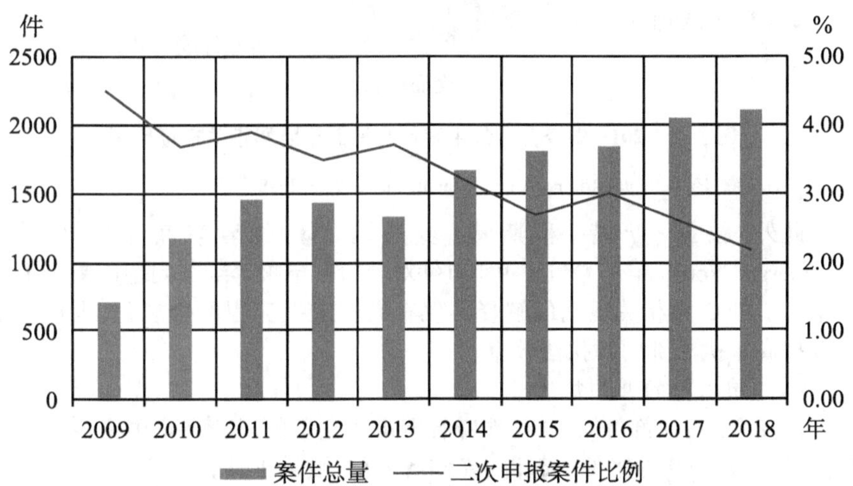

图 3-1　2009—2018 年美国司法部与联邦贸易委员会接受经营者集中申报案件总量及二次申报案件比例

资料来源:Hart-Scott-Rodino Annual Report Fiscal Year 2018。

2018 年申报经营者集中的交易总额为 2.2 万亿美元。反垄断执法部门以经营者集中为诉由提起诉讼案件 17 件,其中,8 件和解结案,1 件予以禁止,4 件撤诉处理,4 件判决重组。反垄断执法部门通过对经营者集中案件的申报、审查和再评估在药品、高新技术、能源等众多经济领域实现了竞争秩序的维护(2018 年经营者集中案件交易额于所属相关市场比例,见图 3-2)。

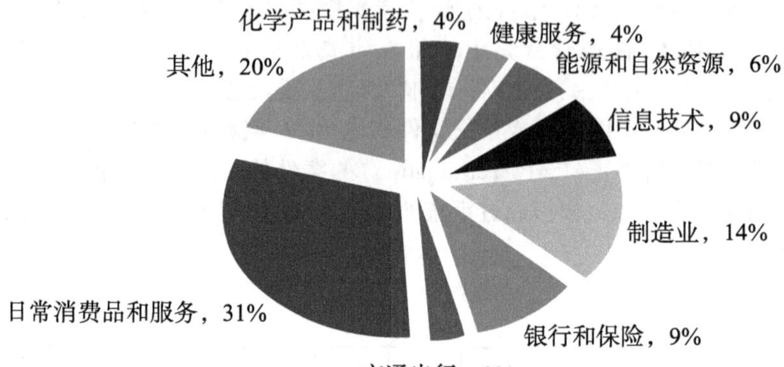

图 3-2 2018 年经营者集中案件交易额于所属相关市场比例

资料来源:Hart-Scott-Rodino Annual Report Fiscal Year 2018。

此外,根据《哈特—科斯特—罗迪诺法》,经营者集中前申报办(Premerger Notification Office,PNO)针对填写和申报等细节问题回复了上千条信息。PNO对相关规则的解释不仅有助于申报流程的合规化,也在一定程度提高了执法部门的执法效率。

(二)司法部的并购执法

2018年,司法部针对17件涉嫌有碍市场竞争的经营者集中案件进行了审查,针对其中9件案件提起诉讼(和解8件,败诉1件)。另外8件未予起诉的案件中,4件当事人终止了经营者集中行为,4件当事人通过申报调整,消除了其对竞争的潜在影响。

1. CenturyLink 与 Level 3 通讯公司并购案[1]

电信行业一直是美国反垄断执法高度关注的领域。近年来,在美国,针对数据储存服务,强化网络效应的并购案件时有发生。2016年10月,CenturyLink 宣布收购 Level 3 以强化其在光纤网络和高速数据服务这一相关市场的竞争力。此项并购一旦成立 Level 3 将与 CenturyLink 的通讯网络相整合。CenturyLink 的光纤网络将达20万英里。

司法部认为 CenturyLink 收购 Level 3 通讯公司一旦通过将严重影响三

[1] 参见 U. S. v. CenturyLink, Inc. and Level 3 Communications, Inc.,载 https://www.justice.gov/atr/case-document/file/1068411/download。

大都市统计区(Metropolitan Statistical Area,MSA)〔1〕内电信服务和数据存储服务市场的竞争。一旦并购达成,CenturyLink 将成为该区域三大光纤连接电信服务提供商之一。此项经营者集中将导致至少 30 个城市的电信服务和数据存储服务市场形成双寡头垄断或垄断的市场机构,进而严重妨碍城际光纤销售市场的竞争。

2017 年 10 月,司法部向法院提出建议要求 CenturyLink 撤销对 Level 3 通讯公司在阿尔伯克基州、新墨西哥州、爱达荷州博伊西市南帕区、亚利桑那州图森市光纤城域网络的兼并。同时,要求 CenturyLink 转让 30 条特定线路的 24 股深色纤维的非限用权(Indefensible Right of Use,IRU)。鉴于随后 CenturyLink 做出经营者集中申报内容的调整,法院于 2018 年 3 月作出最终判决,许可此项并购。

2. 华特迪士尼公司收购 21 世纪福克斯公司案〔2〕

2017 年 11 月华特迪士尼公司(以下简称迪士尼)宣布收购 21 世纪福克斯公司(以下简称福克斯),交易金额为 731 亿美元,涉及范围包括福克斯对其区域体育网络(Regional Sports Networks,RSNs)、有线电视网络、国家地理有线电视网络、电视演播室、HULU、电影制片厂和内部电视业务的所有权及其相关权益。本次收购界定的相关市场为特定地区内视频节目分销商的有线体育节目许可。在此相关市场内迪士尼和福克斯是美国境内最大的两家企业。2018 年 6 月,司法部向法院针对这一收购提起诉讼,并提出了附条件批准的建议。

司法部认为,一旦此项申请被批准,迪士尼将至少在美国境内的 19 个地区拥有市场支配地位(市场份额达到 60%以上),在美国境内的 6 个地区具有较强的市场势力(市场份额达到 45%以上)。司法部基于赫芬达尔—赫希曼指数(Herfindahl—Hirschman Index,HHI)方法分析了此项收购对市场竞争的影响。此外,鉴于广播电视节目与有线体育节目无法形成替代,司法部也根据“进退无障碍”理论提出,由于转播权购买与续约的竞价并不常见,因而此项并购将严重阻碍新进入者参与市场竞争。

2018 年 6 月司法部提出判决建议要求迪士尼放弃福克斯在亚利桑那州

〔1〕 根据 2018 年 3 月法院的终审判决,都市统计区是指美国行政管理与预算局划定的特定区域。

〔2〕 参见 U. S. v. The Walt Disney Company and Twenty-First Century Fox, Inc. ,载 https://www. justice. gov/atr/case/us-v-walt-disney-company-and-twenty-first-century-fox-inc。

等 22 个特定区域的体育网络的收购。鉴于随后迪士尼做出经营者集中申报内容的调整已不再具有潜在竞争损害,法院于 2019 年 9 月做出最终判决,许可此项并购。

3. 拜耳公司收购孟山都公司案〔1〕

拜耳公司和孟山都公司是世界上最大的两家农业生物技术公司。2018 年 5 月,拜耳公司宣布以 625 亿美元收购孟山都公司。此次收购包含转基因种子和性状、基础除草剂、种子培育以及蔬菜种子 4 大类,涉及 17 个农产品的相关市场。此项申报一旦被批准,美国农民和消费者的利益将直接受到影响。

司法部认为此项收购将直接导致相关市场价格上涨、创新减少、选择减少和质量下降。因此,司法部向法院提出判决建议,要求拜耳公司剥离其市值 90 亿美元的业务和资产给 BASF 公司。同时,拜耳公司和孟山都公司都不可以不合理地以提高成本等干预竞争的行为影响 BASF 公司参与市场竞争。

2019 年 2 月拜耳公司同意剥离相应业务和资产给 BASF 公司。这些业务包括与孟都山有竞争的并可能导致价格上涨的业务和知识产权、研发能力及必要的相关业务。鉴于拜耳公司已对影响竞争的业务进行剥离,法院做出最终判决,许可此项申报。

(三)联邦贸易委员会的并购执法

2018 年,联邦贸易委员会对 22 项经营者集中案件存有异议,认为如果这些申报一旦被通过将会严重影响市场竞争秩序。为保障市场竞争,联邦贸易委员会对其中 5 起申报向法院提起诉讼。

1. Wilhelmsen 海运服务公司收购德鲁伊海运公司案〔2〕

2017 年 4 月,Wilhelmsen 海运服务公司宣布将以 4 亿美金收购德鲁伊海运公司海水处理化学品技术服务相关业务。德鲁伊海运公司是一家为海运业提供先进性能化学品和技术解决方案的制造商。通过此项收购,Wilhelmsen 海运服务公司的年收入预计增加 1.5 亿美元。

联邦贸易委员会认为这项经营者集中违反了反垄断法相关规定,将显著

---

〔1〕 参见 U. S. v. Bayer AG, et al., 载 https://www.justice.gov/atr/case/us-v-bayer-ag-and-monsanto-company,最后访问日期:2019 年 12 月 29 日。

〔2〕 参见 Wilhelm Wilhelmsen/Drew Marine, In the Matter of, 载 https://www.ftc.gov/enforcement/cases-proceedings/171-0161/wilhelm-wilhelmsendrew-marine,最后访问日期:2019 年 12 月 28 日。

降低全球船舶使用的海水处理化学品和服务市场的竞争程度。海水处理化学品及服务用于油轮、集装箱船、散货船、游船和军事支援船等船舶设备的维护。联邦贸易委员会认为，一旦并购达成，Wilhelmsen 海运服务公司将控制全球海水处理化学品和服务市场至少 60%的市场份额。联邦贸易委员会为阻止此项合并，特向法院申请禁令并同时起诉。

2018 年 7 月 21 日，美国哥伦比亚特区地方法院宣布批准美国联邦贸易委员会的禁令，禁止 Wilhelmsen 海运服务公司收购德鲁伊海运公司。因此，Wilhelmsen 海运服务公司最终放弃了此项收购。

2. Seven & i 公司收购 Sunoco 公司案〔1〕

Seven & i 公司是 7-11 便利店的母公司。2018 年 1 月 Seven & i 公司宣布以 33 亿美元收购 Sunoco 公司下属的 1100 个零售加油站。这 1100 家零售加油站覆盖 20 个大都市统计区，此项经营者集中的申报可能会影响至少 76 个相关市场的竞争秩序。

联邦贸易委员会认为，零售加油站将以便利店的形式从产品价格、供应方式和地理位置上影响竞争。因为鲜有消费者愿意选择跨地区加油，所以燃料零售市场往往具有区域性特征。地理位置是影响其市场竞争的主要因素，一般从几个街区到几英里不等。在某些特殊情况下，一个零售加油站才可能存在一个以上的小型区域市场内参与竞争。联邦贸易委员会认为一旦此项收购通过，那么至少有 76 个相关市场的市场集中度将会大幅提高并可能存在有碍竞争、损害消费者福利的隐患。

2018 年 3 月，联邦贸易委员会经过公开听证，最终做出附条件同意的决定。此项决定要求 Seven & i 公司将下属的 7-11 便利店的 26 家零售加油站剥离给 Sunoco 公司，同时 Sunoco 公司保留原有的 33 家零售加油站。此外，所有 Sunoco 公司被收购的零售加油站需从公司运营模式转型为委托代理模式，Sunoco 公司作为供货方决定所有被收购的零售加油站的燃料价格。

3. Tronox 公司收购 Cristal 公司案〔2〕

2017 年 2 月，Tronox 公司宣布以 16.63 亿美元收购 Cristal 公司的钛白粉业务。Cristal 是一家全球化工和采矿公司，其经营的钛白粉业务又称二氧化

---

〔1〕 参见 Seven & i Holdings, 7-Eleven and Sunoco, In the Matter of, 载 https://www.ftc.gov/enforcement/cases-proceedings/171-0126-c-4641/seven-i-holdings-7-eleven-sunoco. 最后访问日期：2019 年 12 月 28 日。

〔2〕 参见 Tronox/Cristal USA, In the Matter of, 载 https://www.ftc.gov/enforcement/cases-proceedings/171-0085/tronoxcristal-usa。最后访问日期：2019 年 12 月 28 日。

钛(TiO_2)业务(用于涂料、塑料和纸等产品制造的白色颜料)。此项经营者集中一旦通过,Tronox 公司将拥有 Cristal 公司 24%的股份。同时,北美市场(特指美国和加拿大)的钛白粉市场的竞争程度将显著下降。相关市场内的竞争者为规避市场风险亦存在采取协同行为维持市场竞争力的可能。北美市场内的钛白粉价格和产量都会受到严重影响。

联邦贸易委员会认为,此项收购将使 Tronox 公司和 Chemours 公司(另外一家钛白粉供应商)成为能够控制北美市场绝大部分钛白粉氯化钛销售的两家企业。这两家企业将在北美市场拥有超过 80%的钛白粉市场份额,形成双寡头垄断的市场结构。这种寡头垄断将会成为美国涂料业的竞争隐患。因此,2018 年 9 月,联邦贸易委员会向法院申请禁令,禁止此项经营者集中行为。

2018 年 12 月,法院初审判决支持联邦贸易委员会的诉请,认为此项经营者集中将损害二氧化钛相关市场的竞争,禁止此项经营者集中的达成。Tronox 公司随即提起上诉。2019 年 5 月,法院终审根据联邦贸易委员会和 Tronox 公司、Cristal 公司达成的和解协议判决此项经营者集中附条件通过。此项和解协议包括 Cristal 公司需要在合并前剥离其位于俄亥俄州阿什塔布拉的两家钛白粉生产厂及相关资产给 Ineos 公司(另一家钛白粉生产商),转让或许可在阿什塔布拉生产氯化物制钛白粉产品所需的所有知识产权等。

二、滥用市场支配地位的执法概况及案例

为保护消费者权益、维护竞争秩序,2018 年联邦贸易委员会处理的滥用市场支配地位案件涵盖医药、金融服务以及广播电视等多个行业。其中,医疗行业与高新技术行业是关于滥用市场支配地位行为的重点执法领域。

(一)医疗行业滥用市场支配地位的相关执法

2018 年联邦贸易委员会继续致力于维护各种医疗保健用品市场的竞争秩序,从而鼓励创新疗法的出现,提高社会整体福利水平。制止知识产权的滥用和消费者欺诈行为是联邦贸易委员会维护医疗健康消费者权益的两大执法关注点。其中,对艾伯维公司滥用市场支配的处罚是 2018 年最大的执法亮点。

典型案例:艾伯维公司滥用市场支配地位案

艾伯维公司滥用市场支配地位案是美国反垄断执法史上首例利用虚假诉讼方式实现市场支配地位滥用的案件,对于美国反垄断执法,甚至全球反垄断执法均具有里程碑意义。AndroGel 是著名的睾丸激素替代药。在美国,AndroGel 的年销售额超过 10 亿美元。艾伯维公司及其合作伙伴博赏医药公

司为维持其市场势力对梯瓦制药和百利高公司提起专利侵权诉讼，以延缓替代药物的上市。与此同时，艾伯维公司与梯瓦制药以和解的方式达成协议，参与 AndroGel 的收益分成。梯瓦制药因此项协议每年可从艾伯维公司获得至少 1.75 亿美元的收益。

联邦贸易委员会认为，艾伯维公司及其合作伙伴博赏医药公司对潜在的仿制药竞争对手提起毫无根据的专利侵权诉讼，以推迟竞争对手推出价格较低的替代 AndroGel 药品的行为属于滥用市场支配地位行为。在 AndroGel 及其仿制药的相关市场内，艾伯维公司通过虚假诉讼的方式达到了排除、限制竞争的目的。艾伯维公司不仅滥用市场支配地位阻碍低价药品的上市，而且与梯瓦制药达成了垄断协议，导致原本的 AndroGel 价格也被提高，严重损害了消费者福利，破坏了竞争秩序。2009 年 1 月，美国联邦贸易委员会向地方法院对上述四家公司提起反垄断诉讼，诉称涉案行为“本身违法”。2010 年 2 月地方法院作出判决，认为联邦贸易委员会没有详细论述四家公司的反竞争影响，不能够当然认定涉案行为限制竞争，驳回了联邦贸易委员会的诉讼请求。联邦贸易委员会随即上诉至第十一巡回法院。2012 年 4 月，第十一巡回法院依据专利豁免原则（Exclusionary Scope of Patent）维持原判。2012 年 12 月，联邦最高法院通过了联邦贸易委员会的申请，并做出初步裁决，认为四家公司的行为并不能因专利而豁免于反垄断审查，需要适用合理推定原则进行进一步判断。

2018 年 6 月联邦最高法院做出判决，认定艾伯维公司和博赏医药公司通过一系列滥用市场支配地位的行为，尤其是对梯瓦制药和百利高公司提起虚假的专利诉讼，维持其垄断地位，严重妨碍了市场竞争秩序的，违反了反垄断法。同时，法院判决，艾伯维公司与梯瓦制药达成的和解协议实际上为反向支付（Reverse Payments）的垄断协议，实质上产生了合谋的垄断效果，违法了反垄断法。

（二）技术领域滥用市场支配地位的相关执法

技术作为生产要素对于经济增长起着尤为重要的作用。技术创新可以有利于低价、高质的新产品的研发。最为重要的是，在数字经济时期，技术与数据、知识等生产要素相互融合，已成为影响经济的第一要素。2018 年，美国反垄断执法机构专门成立技术工作组（Technology Task Force），密切关注高新技术公司的市场行为，尤其是具有较强市场势力的企业。技术工作组将帮助反垄断执法机构加深对技术市场的了解，并促进在这一关键经济领域进行有力和有效的反垄断执法。

典型案例:高通公司滥用市场支配地位案〔1〕

高通公司是全球基带处理器(管理移动产品中蜂窝通信的设备)的主要生产商。2015 年以来,高通公司涉嫌利用其作为某些基带处理器供应商的市场支配地位,向手机制造商施加繁重的垄断供应和许可条款,从而形成垄断高价,实现垄断利润的攫取。高通公司利用其在基带处理器市场内的市场势力,威胁手机制造商,获取高额专利费,强加授权条款。此外,高通公司通过特许使用费的方式向手机制造商变相加价,提高市场准入,将潜在竞争对手排除在外。

联邦贸易委员会认为,高通公司滥用市场支配地位的行为严重扰乱了竞争秩序,阻碍了技术创新。2017 年 1 月联邦贸易委员会对高通公司提起诉讼,指出高通公司"无许可无芯片"政策,拒绝将标准必要专利转授权和与苹果公司达成专利交换协议,这三项行为涉嫌滥用市场支配地位,排除限制竞争。

2018 年 5 月,地方法院判决高通公司违反反垄断法,存在滥用市场支配地位的行为,损害了消费者福利,扰乱了竞争秩序。然而,判决一经做出便产生了强烈的社会效应。高通公司随即向第九巡回法院上诉,上诉法院认为由于联邦政府内部本身对判决的适当性及其对公共利益的影响存在分歧,因而宣布暂停执法。2019 年 1 月,针对此案,司法部和联邦贸易委员会进行公开听证。此间,高通公司辩称继续反垄断执法可能会推翻其与手机制造商在 5G 芯片上的合作,从而影响美国在 5G 领域的主导地位,将有损美国国家安全利益。2019 年 8 月,高通公司的抗辩得到了上诉法院的支持。上诉法院判决可以部分暂停执行原判决。

三、垄断协议的执法概况及案例

垄断协议,尤其是横向垄断协议因其对市场竞争的恶劣影响,一直以来备受美国反垄断执法部门的关注。当前,经营者的垄断协议已不再局限于其主营业务范围或其产品价格,而更加隐蔽地通过互联网平台深入到了诸如搜索广告等诸多领域,对相关市场内的多个环节的竞争产生了排除和限制。

---

〔1〕 参见 FTC Charges Qualcomm With Monopolizing Key Semiconductor Device Used in Cell Phones,载 https://www.ftc.gov/news-events/press-releases/2017/01/ftc-charges-qualcomm-monopolizing-key-semiconductor-device-used. 最后访问日期:2019 年 12 月 29 日。

1. Benco、Schein 和 Patterson 三大牙科产品经销商合谋案[1]

Benco、Schein 和 Patterson 三家公司是美国主要的牙科产品经销商，其为牙科诊所提供手术手套、消毒产品及系列牙科手术消耗品，以及牙科手术椅等设备。三家公司达成协议拒绝向独立的牙科诊所（或者牙医）组成的购买团体[2]提供产品折扣。这一协议迫使独立的牙科诊所（或牙医）只能从全国性的大型分销商处购买牙科用品。在全美境内牙科产品的相关市场，这三家公司的市场份额超过 85%。美国牙科产品市场价值约 100 亿美元。换言之，这一垄断行为可能造成至少 85 亿美元市场影响。与此同时，Benco 还曾多次与 Burkhart 公司（全美境内第四大牙科产品经销商）交涉，希望其加入协议，希冀形成更大范围的合谋。

联邦贸易委员会认为三家公司的合谋行为不合理地限制了美国境内牙科产品的价格竞争，形成了扭曲价格，损害了独立牙科诊所（或牙医）获得低价的能力，进而侵犯了消费者权益。与此同时，此项协议也将大量减少经营者之间的竞争，降低产品的创新动力。独立牙科诊所（或牙医）不得不减少购买数量或者选择进口产品（如从欧盟购买相应产品）的方式保证其正常经营。2018 年 10 月，法院终审认定，支持联邦贸易委员会的诉由，认定 Benco、Schein 和 Patterson 三家公司的协议为垄断协议，严重损害公共利益，违反反垄断法。

2. 1-800 Contacts 公司等 14 家公司搜索广告竞价协议案[3]

1-800 Contacts 公司是美国境内最大的隐形眼镜在线经销商。自 2004 年开始，1-800 Contacts 公司与至少 14 个相关市场内的隐形眼镜网上销售商达成了协议，商定双方不得在谷歌、必应等搜索引擎平台的广告拍卖中相互竞价。1-800 Contacts 公司为协议签订的所有主体制定在线广告推广计划，

---

[1] 参见 FTC Sues Dental Products Distributors for Alleged Conspiracy Not to Provide Discounts to a Customer Segment，载 https://www.ftc.gov/system/files/documents/cases/docket_no_9379_benco_schein_patterson_part_3_complaint_final_public_version_2.pdf. 最后访问日期：2019 年 12 月 30 日。

[2] 为增加购买产品的便捷性，独立的小型牙科诊所或者单独执业的牙医一般会通过组成小型团体的方式统一向牙科产品经销商购买产品，以求通过增加购买数量而获取相应的价格折扣。

[3] 参见 Administrative Law Judge Upholds FTC's Complaint that 1-800 Contacts Unlawfully Harmed Competition in Online Search Advertising Auctions，Restricting the Availability of Truthful Advertising to Consumers，载 https://www.ftc.gov/news-events/press-releases/2017/10/administrative-law-judge-upholds-ftcs-complaint-1-800-contacts. 最后访问日期：2019 年 12 月 28 日。

并将某些特定的在线广告划归自己。与其他广告形式不同,搜索广告让广告商可以在消费者对某个特定主题表示出兴趣并存在潜在购买动机的精确时刻向消费者传递信息。一般情况下,消费者搜索关键词会得到除广告商之外的其他搜索结果(包括与广告商存在竞争关系的公司)。因此,在线广告应界定为一个独立的相关市场。这些协议不合理地限制了搜索引擎上广告拍卖的价格竞争,将有碍在线广告的真实性,存在误导消费者支付高价的隐患。

2016 年 8 月联邦贸易委员会对 1-800 Contacts 公司起诉,指控其与 14 家存在竞争关系的公司达成损害消费者对比价格权利的协议,违反了反垄断法。联邦贸易委员会认为,搜索广告是指响应搜索查询而出现在搜索引擎结果页面上或与未付费的"有机"或"自然"结果相邻的付费广告。作为美国最大的隐形眼镜在线销售商,2015 年 1-800 Contacts 公司的销售收入约为 100 万美元(约占隐形眼镜网上零售额的 50%)。以 1-800 Contacts 公司为首的 14 家合谋企业在相关市场内的整体市场份额约为 80%。此项投标协议涉及某些搜索广告拍卖中不合理地限制价格,降低搜索广告的竞拍效率以及阻止搜索引擎公司在搜索结果页面上向消费者显示最能响应用户搜索的广告等行为。这些规定不仅降低了搜索引擎提供给消费者的服务质量,同时有碍消费者寻找低价产品的可能,严重影响在线广告市场的竞争秩序。

2017 年 10 月,地方法院判决支持联邦贸易委员会诉请,确认 1-800 Contacts 等 14 家公司的合谋行为,认定竞价协议为有碍市场竞争的垄断协议。1-800 Contacts 公司随即向第二巡回法院提起上诉。2018 年 11 月,联邦贸易委员会向 1-800 Contacts 公司作出处罚,要求其停止并调整在在线广告竞价拍卖中有碍竞争的系列行为。2018 年 12 月,1-800 Contacts 公司提出复审申请。2019 年 2 月,最高法院驳回 1-800 Contacts 公司复审申请。

四、与反垄断执法有关的其他执法情况概述

美国反垄断执法机构在 2018 年采取了几项重要的执法举措。2018 年 6 月,联邦贸易委员会建立了 21 世纪竞争和消费者保护听证会制度并针对一些正在执法的案件进行听证审查。例如,美国联邦贸易委员会和司法部在 MoneyGram 案件中为消费者主张了 1.25 亿美元的民事赔偿,退回违法所得超过 5.05 亿美元。

2018 年反垄断执法机构也向 OECD 提供了 16 份报告,内容涉及电子商务、药品定价等多个全球性反垄断执法的焦点问题。在反垄断执法的国际协调方面,2018 年美国反垄断执法机构与阿根廷、加拿大、法国、以色列、日本、韩国、墨西哥、菲律宾、南非、英国等多国的反垄断执法机构进行合作,与欧盟就执法调查时间和程序、经营者集中救济措施和经济计量分析的执法应用等问题上深入交换了意见。同时,联邦贸易委员会与上述司法辖区的执法机构或多边组织就43个事项进行了执法协调。例如,联邦贸易委员会利用美国安全网络法案的信息共享权与加拿大隐私专员办公室在反垄断执法行动中合作,针对基于互联网销售的香港玩具制造商VTECH进行了反垄断审查。此外,联邦贸易委员会还与英国竞争执法机构签署了谅解备忘录,就消费者保护事项的信息共享和执法达成一致。

第三节 欧盟竞争法执法领域最新进展及典型案例*

一、欧盟竞争法执法领域最新进展

2018年全年至2019年(截至11月30日,下同),欧盟委员会共做出19项处罚决定,其中7项针对卡特尔,7项针对滥用市场支配地位,并在纵向垄断协议和经营者集中审查方面展开了多项调查。其中,欧盟委员会对谷歌针对安卓设备制造商及移动网络运营商实施的限制竞争行为开出了43.4亿欧元罚单,再次刷新了去年谷歌购物比较服务案针对单个企业开出的最高反垄断罚款记录。

(一)横向垄断协议

2018年至2019年,欧盟委员会共对6项卡特尔作出了处罚决定,涉及电子零部件、海上运输服务业、汽车业、外汇市场等领域。[1]

---

* 作者简介:应品广,上海对外经贸大学贸易谈判学院、世界贸易组织讲席(中国)研究院副教授,上海高校智库国际经贸治理与中国改革开放联合研究中心副主任;陈蕾,上海对外经贸大学贸易谈判学院硕士研究生。

〔1〕 2018年有四件案件:(1)海上汽车运输案,参见Commission decisions of 21 February 2018:case 40009 Maritime car carriers,载http://ec.europa.eu/competition/elojade/isef/case_details.cfm?proc_code=1_40009;(2)火花塞案,参见case 40113 Spark plugs,载http://ec.europa.eu/competition/elojade/isef/case_details.cfm?proc_code=1_40113;(3)制动系统案,参见case 39920 Braking systems,载http://ec.europa.eu/competition/elojade/isef/case_details.cfm?proc_code=1_39920;(4)电容器案,参见Commission decision of 21 March 2018:case 40136 Capacitors,载http://ec.europa.eu/competition/elojade/isef/case_details.cfm?proc_code=1_40136。2019年有两件案件:(1)大众—宝马垄断协议案,参见Commission decisions of 5 March 2019:case 40481 Occupants Safety Systems Ⅱ,载https://eur-lex.europa.eu/legal-content/EN/TXT/PDF/?uri=CELEX:52019XC0614(01)&from=EN;(2)外汇合谋案,参见European Commission-Press release,Antitrust:Commission fines Barclays,RBS,Citigroup,JPMorgan and MUFG € 1.07 billion for participating in foreign exchange spot trading cartel,载http://europa.eu/rapid/press-release_IP-19-2568_en.htm。

欧盟委员会在开展卡特尔调查的过程中很好地运用了宽恕制度。宽恕制度是反垄断执法机构通过鼓励参与卡特尔的经营者与反垄断执法机构合作,积极提供有力证据并协助调查,来获取卡特尔信息的反垄断执法措施。依据宽恕制度,反垄断执法机构可以对检举揭发的经营者给予全部或部分罚款豁免。以电容器案为例,在该案中,欧盟委员会对八家电容器生产商持续长达 14 年的卡特尔行为处以总计 2. 54 亿欧元的罚款。该项卡特尔的参与者通过定期会面、召开会议的方式,交换预期的定价、产量与需求等敏感商业信息,并在包括欧洲在内的全球市场实施卡特尔。作为参与者之一的日本三洋电器(Sanyo)因主动向执法机构揭发该项卡特尔而免于 3238 万欧元的罚款。由于欧盟竞争法的惩罚力度相当大,因此经营者违反欧盟竞争法付出的代价也很高。严厉的处罚是促使卡特尔成员申请宽恕的主要原因。

(二)纵向垄断协议

2018 年至 2019 年,欧盟委员会作出 5 项关于纵向垄断协议的决定,[1]

---

[1] 2018 年有两件案件:(1)华硕、天龙和马兰士、飞利浦、先锋纵向垄断协议案,参见 Commission decisions of 24 July 2018:case(vertical restraints). 40181 Philips,载 http://ec. europa. eu/competition/elojade/isef/case_details. cfm? proc_code=1_40181;case 40182 Pioneer,载 http://ec. europa. eu/competition/elojade/isef/case_details. cfm? proc_code=1_40182;case 40465 Asus,载 http://ec. europa. eu/competition/elojade/isef/case_details. cfm? proc_code=1_40465;and case 40469 Denon & Marantz,载 http://ec. europa. eu/competition/elojade/isef/case_details. cfm? proc_code=1_40469;(2)GUESS 地域屏蔽案,参见 European Commission-Press release, Antitrust: Commission fines Guess € 40 million for anticompetitive agreements to block cross-border sales,载 https://ec. europa. eu/commission/presscorner/detail/en/ip_18_6844。2019 年有三件案件:(1)三丽鸥纵向垄断协议案,参见 European Commission-Press release, Antitrust:Commission fines Sanrio € 6. 2 million for restricting cross-border sales of merchandising products featuring Hello Kitty characters,载 https://ec. europa. eu/commission/presscorner/detail/en/ip_19_1828;(2)耐克纵向垄断协议案,参见 European Commission-Press release, Antitrust: Commission fines Nike € 12. 5 million for restricting cross-border sales of merchandising products,载 https://ec. europa. eu/commission/presscorner/detail/en/ip_19_3950;(3)迪士尼、NBC 环球、索尼电影、华纳兄弟、Sky 广播公司纵向垄断协议案(本案欧盟委员会未作出处罚决定,以承诺决定方式结案),参见 European Commission-Press release, Antitrust: Commission accepts commitments by Disney, NBC Universal, Sony Pictures, Warner Bros. and Sky on cross-border pay-TV services,载 https://ec. europa. eu/commission/presscorner/detail/en/IP_19_1590。

主要涉及固定或限制最低转售价格和地域屏蔽(Geo-blocking)[1]行为。

自欧盟禁止地域屏蔽新规[2]于2018年12月3日生效后,"GUESS地域屏蔽案"[3]是首例涉及地域屏蔽的反垄断案件。欧盟委员会调查发现,GUESS的分销协议对零售商作出的限制包括5个方面:(1)限制在网络搜索广告中使用GUESS的品牌和商标;(2)限制未经GUESS特别授权的网络销售;(3)限制对特定分配区域外的顾客销售产品;(4)限制批发商与零售商之间的"交叉销售";(5)限制独立制定零售价格。这些限制条款违反了欧盟竞争法,使GUESS在中东欧国家人为地维持了过高的产品零售价。值得强调的是,基于宽恕制度,GUESS通过提供自证其罪的证据(self-incriminating evidence),获得了欧盟委员会50%的罚款减免。除此之外,得益于和解程序,在另外一个纵向垄断协议案中,有4家公司通过承认违法事实并积极配合调查,获得了相应的罚款减免。[4] 相关罚款减免制度不但为被调查公司免除了相当数额的罚款,而且显著加快了执法程序,提高了执法行动的及时性。

(三)滥用市场支配地位

2018年至2019年,欧盟委员会对7项滥用市场支配地位案件作出处罚

---

〔1〕 地域屏蔽,是指经营者拒绝与特定国家或处于特定地区的消费者交易或施加歧视性的交易条件等。

〔2〕 See Regulation(EU) 2018/302 of the European Parliament and of the Council of 28 February 2018 on addressing unjustified geo-blocking and other forms of discrimination based on customers' nationality, place of residence or place of establishment within the internal market.

〔3〕 GUESS地域屏蔽案,参见European Commission-Press release, Antitrust: Commission fines Guess € 40 million for anticompetitive agreements to block cross-border sales,载https://ec.europa.eu/commission/presscorner/detail/en/ip_18_6844。

〔4〕 华硕、天龙和马兰士、飞利浦、先锋纵向垄断协议案,参见Commission decisions of 24 July 2018: case(vertical restraints). 40181 Philips,载http://ec.europa.eu/competition/elojade/isef/case_details.cfm?proc_code=1_40181; case 40182 Pioneer,载http://ec.europa.eu/competition/elojade/isef/case_details.cfm?proc_code=1_40182; case 40465 Asus,载http://ec.europa.eu/competition/elojade/isef/case_details.cfm?proc_code=1_40465; and case 40469 Denon & Marantz,载http://ec.europa.eu/competition/elojade/isef/case_details.cfm?proc_code=1_40469。

决定,涉及消费类电子行业、广告业、芯片行业和啤酒行业。[1]

继2017年购物比较服务案后,谷歌于2018年和2019年再遭连续重罚。2018年7月,谷歌因向安卓设备制造商及移动网络运营商实施非法限制行为,被欧盟委员会处以43.4亿欧元的巨额罚款。2019年3月,欧盟委员会公布谷歌AdSense广告服务案的调查结果,对谷歌课以14.9亿欧元的罚款。深陷反垄断调查及诉讼泥潭的谷歌的商业模式及运营策略面临巨大的挑战。

除了谷歌,高通公司同样正遭受全球范围的围剿式反垄断执法。继中国国家发展改革委、韩国公平委和美国联邦贸易委员会对高通作出处罚决定后,欧盟委员会也于2018年1月24日正式认定高通滥用其在LTE基带芯片市场的市场支配地位排除限制竞争,并对其处以9.97亿欧元的罚款。[2]

值得强调的是,2018年欧盟委员会还在两个案件中作出了"承诺决定"[3]:一是俄罗斯天然气工业股份公司滥用市场支配地位案[4],二是德

[1] 2018年有三件案件:(1)高通排他支付案,参见Case .40220 Qualcomm(exclusivity payments),Commission decision of 24 January 2018,载http://ec. europa. eu/competition/elojade/isef/case_details. cfm? proc_code=1_40220;(2)谷歌安卓操作系统案,参见Case .40099 Google Android,Commission decision of 18 July 2018,载http://ec. europa. eu/competition/elojade/isef/case_details. cfm? proc_code=1_40099;(3)保加利亚能源控股公司天然气案,参见Case .39849 BEH gas,Commission decision of 17 December 2018,载http://ec. europa. eu/competition/elojade/isef/case_details. cfm? proc_code=1_39849。2019年有三件案件:(1)谷歌AdSense广告服务案,参见European Commission-Press release,Antitrust:Commission fines Google € 1.49 billion for abusive practices in online advertising,载https://ec. europa. eu/commission/presscorner/detail/en/IP_19_1770;(2)百世英博滥用比利时啤酒市场支配地位案,参见European Commission-Press release,Antitrust:Commission fines AB InBev € 200 million for restricting cross-border sales of beer,载https://ec. europa. eu/commission/presscorner/detail/en/ip_19_2488;(3)高通滥用3G基带芯片组市场支配地位案,参见European Commission-Press release,Antitrust:Commission fines US chipmaker Qualcomm € 242 million for engaging in predatory pricing,载https://ec. europa. eu/commission/presscorner/detail/en/IP_19_4350。

[2] 高通排他支付案,参见Case 40220 Qualcomm(exclusivity payments),Commission decision of 24 January 2018,载http://ec. europa. eu/competition/elojade/isef/case_details. cfm? proc_code=1_40220。

[3] 承诺决定是一种非对抗性的执法手段。具体而言,在欧盟委员会完成初步评估后,被调查企业能够以承诺的方式自愿停止一项涉嫌违法的行为,双方共同协商补救措施的设计。参见Article 9 of Council Regulation(EC)No. 1/2003 of 16 December 2002 on the implementation of the rules on competition laid down in Articles 81 and 82 of the Treaty,OJ L 1,04.01.2003。

[4] 俄罗斯天然气工业股份公司滥用市场支配地位案,参见Case 39816 Upstream gas supplies in Central and Eastern Europe,Commission decision of 24 May 2018,载http://ec. europa. eu/competition/elojade/isef/case_details. cfm? proc_code=1_39816。

国电网运营商 TenneT 跨境传输电力容量限制案[1]。在前案中,俄罗斯天然气工业股份公司在价格基准、价格评估以及基础设施方面作出了为期 8 年的承诺,从而大幅改变其在中东欧天然气市场的经营模式。一旦违反承诺,俄罗斯天然气工业股份公司将重新面临全球营业额 10%的巨额罚款。后案的调查系 2018 年 3 月启动,从启动到结束调查仅耗时数月,充分体现了承诺决定和解执法的优势。

(四)经营者集中

欧盟委员会针对经营者集中的反垄断审查也十分活跃。2018 年,欧盟的经营者集中申报案件数量为 414 件,刷新了欧盟经营者集中申报年总数的最高纪录,相比 2013 年增长了近 50%。其中,第一阶段无条件通过 364 件,附条件通过 17 件;第二阶段无条件通过 4 件,附条件通过 6 件;此外还有 2 起在欧盟委员会展开深入调查后当事方主动放弃交易。[2] 2019 年欧盟的反垄断申报案件数量为 298 件。

德国农化巨头拜耳(Bayer)收购美国孟山都(Monsanto)案的交易金额达 630 亿美元,是德企有史以来规模最大的海外并购,备受市场关注。该案历时一年半,于 2018 年 3 月获欧盟委员会附条件批准。当事方为此提交了价值逾 74 亿美元的补救措施,[3]用以消除欧盟委员会对市场竞争的忧虑。所附的条件包括剥离拜耳全球的大田种子业务、欧洲的工业领域草甘膦除草剂业务,以及孟山都剥离全球的杀线虫剂 Nema Strike 业务。此外,拜耳还需出售非选择性除草剂领域的三个研究项目,以及向第三方许可拜耳的数字农业产品。

欧盟委员会在 2018 年采取的救济措施依旧以结构性救济(主要是资产

---

[1] TenneT 跨境传输电力容量限制案,参见 Case 40461 DE/DK Interconnector, Commission decision of 24 May 2018, 载 http://ec. europa. eu/competition/elojade/isef/case_details. cfm? proc_code=1_40461。

[2] 塞拉尼斯/黑石集团合资案, APERAM/VDM 购并交易案,参见 Case M. 8547-CELANESE/BLACKSTONE/JV, notified to the Commission on 12 September 2017 and the notification withdrawn on 19 march 2018 and case M. 8907-APERAM /VDM, notified to the Commission on 23 October 2018 and the notification withdrawn on 21 December 2018.

[3] 美国司法部也于 2018 年 5 月 29 日附条件批准了本次交易,要求拜耳剥离约 90 亿美元的相关资产及授权数字农业产品。本案成为美国有史以来最大规模资产剥离的案件。

剥离)为主。[1] 但在两起并购[2]中,欧盟委员会接受了行为性救济措施。比如,在美国高通公司收购恩智浦案中,高通对欧盟委员会作出两项承诺:一是在未来 8 年内继续对外提供恩智浦的 MIFARE 技术和商标授权,授权条款至少不比目前的差;二是保证不收购恩智浦的 NFC 标准必要专利以及部分 NFC 非标准必要专利。相关承诺解决了欧盟委员会对相关芯片通用性以及关于 NFC 知识产权问题的担忧。

此外,欧盟委员会继续打击在经营者集中申报过程中违反程序性义务的行为。继 2017 年对 Facebook 处以 1.1 亿欧元罚款之后,欧盟委员会在 2018 年对跨国电缆电信公司 Altice 处以 1.245 亿欧元的罚款,以处罚其在收购葡萄牙电信运营商 PT Portugal 时的“抢跑”做法,即不进行申报并获得批准便实施并购的行为,见表 3-5。

表 3-5　欧盟竞争执法典型案例(2018—2019 年)

序号	时间	竞争执法情况
1	2018 年 1 月 24 日	欧盟委员会认定高通滥用其在 LTE 基带芯片市场的市场支配地位排除限制竞争,并对其处以 9.97 亿欧元的罚款
2	2018 年 2 月 21 日	欧盟委员会集中公布 4 项涉及汽车行业的卡特尔案件处罚决定,对 7 家涉案企业给予总额 5.46 亿欧元的罚款
3	2018 年 3 月 19 日	德国电网运营商 TenneT 因限制电力跨境传输,遭欧盟委员会反垄断调查
4	2018 年 3 月 21 日	欧盟委员会对 8 家电容器生产商持续长达 14 年的卡特尔行为处以总计达 2.54 亿欧元的罚款
5	2018 年 3 月 21 日	欧盟委员会有条件地批准拜耳以逾 600 亿美元收购孟山都的交易

[1] 拜耳收购孟山都案,安赛乐米塔尔收购 IlVA 案,普莱克斯/林德合并案,参见 Case M. 8084-Bayer/Monsanto, Commission decision of 21 March 2018; Case M. 8444-Arcelormittal/Ilva, Commission decision of 7 May 2018; Case M. 8480-Praxair/Linde, Commission decision of 20 August 201。

[2] 高通收购恩智浦半导体案,Libery Global 收购 Ziggo 案,See Case M. 8306-Qualcomm/NXP semiconductors, Commission decision of 18 January 2018; Case M. 7000-Libery Global/Ziggo, Commission decision of 30 May 2018。

续表

序号	时间	竞争执法情况
6	2018 年 4 月 24 日	欧盟委员会对跨国电缆电信公司 Alitice 开出 1.25 亿欧元的巨额罚单,因 Alitice 在申报中"抢跑",即在收购葡萄牙电信运营商 PT Portugal 时未向欧盟委员会申报和获取批准
7	2018 年 6 月 21 日	欧盟委员会对全球最大的液化天然气(Liquefied Natural Gas,LNG)供应商卡塔尔石油公司(Qatar Petroleum)展开正式的反垄断调查,以评估卡塔尔石油公司和欧洲进口商之间的 LNG 供应协议是否阻碍了欧洲经济区内天然气的"自由流通"
8	2018 年 7 月 18 日	欧盟向谷歌开出了 43.4 亿欧元(约合 50.6 亿美元)的天价罚单,并要求谷歌对其在移动设备领域基于安卓系统的核心商业模式做出改变。谷歌公司表示将对此提出上诉
9	2018 年 7 月 24 日	欧盟反委员会宣布,对消费类电子公司华硕、飞利浦、天龙马兰士(Denon& Marantz)和先锋公司作出超过 1.1 亿欧元的处罚决定,因该 4 家公司对其在线零售商实施固定或限制最低转售价格的行为违反欧盟竞争法
10	2018 年 11 月 6 日	欧盟委员会对迪士尼(Disney)收购福克斯(Twenty-First Century Fox,Inc.)部分业务的交易作出附条件批准的决定
11	2018 年 12 月 17 日	欧盟委员会针对国际著名服装品牌 GUESS 限制经销商进行网络推广与欧盟境内跨国销售的反竞争行为(此类行为在欧盟被称为"Geo-blocking",地域屏蔽)开出反垄断罚单,罚款高达近 4000 万欧元。该案也是欧盟禁止地域屏蔽新规于 12 月 3 日生效后,首例涉及地域屏蔽的反垄断案件
12	2018 年 12 月 17 日	保加利亚能源控股公司及其子公司因滥用市场支配地位行为被欧盟委员会处以罚款约 7700 万欧元
13	2019 年 1 月 22 日	因 MasterCard(万事达卡)限制了商户在欧盟单一市场中以较低费率享受银行服务的权利,欧盟委员会对其处以 5.7 亿欧元的罚款
14	2019 年 2 月 6 日	欧盟委员会宣布否决德法两国铁路业巨头西门子和阿尔斯通的并购交易

续表

序号	时间	竞争执法情况
15	2019年 3月5日	欧盟委员会对2家汽车安全零部件制造商奥托立夫(Autoliv)和汤普森-拉莫-伍尔德里奇公司(Thompson Ramo Wooldridge,TRW)处以合计3.68亿欧元(4.16亿美元)的罚款,因其在汽车座椅、安全气囊和方向盘销售时达成了2项卡特尔
16	2019年 3月7日	欧盟委员会宣布接受迪士尼、NBC环球、索尼电影、华纳兄弟和广播公司Sky在付费电视反垄断调查中做出的承诺
17	2019年 3月20日	欧盟委员会以广告合同不公平为由,决定对Google的AdSense广告服务处以14.9亿欧元的反垄断罚款
18	2019年 3月25日	欧盟对耐克公司(Nike)处以1255.5万欧元(约合1412万美元)罚款,因耐克限制其授权销经销商在欧盟单一市场内跨地区销售特定产品
19	2019年 4月5日	欧盟委员会正式指控大众、戴姆勒和宝马串通限制清洁排放技术的推出,非法垄断了柴油发动机尾气排放清洁技术
20	2019年 4月8日	欧盟委员会对通用电气公司(General Electric)罚款5200万欧元,因其在与LM Wind的合并交易中提供虚假信息
21	2019年 5月13日	国际啤酒巨头百威英博滥用其在比利时啤酒市场的主导地位,阻碍批发商从荷兰进口更便宜的Jupiler啤酒到比利时,以维持Jupiler啤酒在比利时的较高价格,因而被欧盟委员会罚款2亿欧元
22	2019年 5月16日	欧盟反垄断机构对英国巴克莱银行、苏格兰皇家银行、花旗集团、摩根大通和三菱日联处以合计10.7亿欧元的罚款,称上述5家银行串通操纵11种货币汇率,相互交换商业敏感信息和交易计划。其中,瑞银免于数额为2.85亿欧元的处罚,因其第一个向欧盟告知外汇合谋行为
23	2019年 6月11日	欧盟委员会否决了2家炼钢企业印度塔塔钢铁有限公司(Tata Steel)和德国蒂森克虏伯股份公司(Thyssen-Krupp)的新设合营企业计划,称该交易将减少汽车和包装行业特种钢材供应的竞争

续表

序号	时间	竞争执法情况
24	2019 年 6 月 26 日	欧盟委员会正式对博通公司(Broadcom)展开反垄断调查,以评估该公司是否通过一些排他性措施限制了市场公平竞争。在调查期间,欧盟委员会计划对博通采取一些临时措施
25	2019 年 6 月 27 日	日本佳能公司被欧盟委员会罚款 2800 万欧元(约合 3200 万美元),原因是该公司在寻求欧盟并购批准前推进了对东芝医疗系统部门的收购
26	2019 年 7 月 9 日	欧盟委员会对三丽鸥(Sanrio)罚款 620 万欧元,原因是该公司禁止交易商向欧洲经济区(EEA)内的其他国家出售许可商品
27	2019 年 7 月 17 日	欧盟委员会宣布其已启动针对亚马逊的正式反垄断调查,以评估亚马逊使用其平台上独立零售商的敏感信息的行为是否违反了欧盟的竞争规则
28	2019 年 7 月 18 日	欧盟委员会就高通公司滥用其在 3G 基带芯片组中的市场主导地位的行为,对其处以 2.42 亿欧元的罚款
29	2019 年 9 月 27 日	欧盟委员会查明 3 家蔬菜罐头厂商 Coroos、Groupe CECAB 和 Bonduelle 违反欧盟反垄断法规则达成一系列卡特尔协议,决定对前 2 家生产商处以合计 3164.7 万欧元罚款。其中,Bonduelle 因向欧盟委员会揭露了存在卡特尔这一事实而免于处罚
30	2019 年 10 月 16 日	欧盟委员会责令博通暂停与其 6 个主要客户达成的某些业务交易。临时禁令在欧委会执法中极为罕见,此系欧盟时隔 18 年后,首次运用临时禁令

二、典型案例分析

(一)谷歌安卓操作系统案[1]

1. 案情回顾

2018 年 7 月 18 日,欧盟委员会公布了谷歌安卓(Android)手机操作系统案的处罚公告,认定谷歌向安卓设备制造商及移动网络运营商实施非法限制

---

〔1〕 See European Commission - Press release, Antitrust: Commission fines Google €4.34 billion for illegal practices regarding Android mobile devices to strengthen dominance of Google's search engine, available at http://europa.eu/rapid/press-release_IP-18-4581_en.htm.

行为以巩固其在通用互联网搜索服务市场上的支配地位。谷歌被课以高达43.4亿欧元的天价罚款。

在本案中，欧盟委员会认为，谷歌在以下三个市场具有支配地位：(1)通用互联网搜索服务市场；(2)可许可的智能手机操作系统(Licensable Smart Mobile Operating Systems)市场；(3)安卓手机操作系统的应用商店(App Stores for the Android Mobile Operating System)市场。在欧盟范围内，谷歌在上述三个市场的份额均超过90%。其中，就后两个市场而言，谷歌在除中国外的全球市场的份额也超过90%。

根据欧盟委员会的认定，谷歌存在以下三项触犯欧盟竞争法的行为：(1)要求制造商预装谷歌搜索和谷歌Chrome浏览器的应用程序，作为授权进入谷歌应用商店的条件；(2)给制造商和网络运营商提供财务激励，以换取他们在其设备上独家预装谷歌搜索；(3)阻止希望预装谷歌应用的设备制造商销售运行未经谷歌认可的其他可替代版本的操作系统。

2. 案例分析

本案的主要争议焦点有以下两点：(1)谷歌在相关市场上是否具有支配地位；(2)谷歌是否实施了滥用市场支配地位的行为。

对于谷歌是否具有通用互联网搜索服务市场的支配地位：由于谷歌在绝大多数欧盟成员国内均占有超过90%的市场份额，欧盟委员会基于欧盟处罚谷歌购物比较服务案中的法理，即在一个本该竞争活跃的市场内出现异常稳定的高市场份额，说明该企业在相关市场内具有极强的支配力，认定谷歌具有通用互联网搜索服务市场的支配地位。

对于谷歌是否具有安卓手机操作系统应用商店市场的支配地位：由于安卓设备上下载的应用程序中有超过90%是通过谷歌的Play应用商店，欧盟委员会同样认定了谷歌在安卓手机操作系统应用商店市场上的支配地位。

对于谷歌是否具有可授权的智能手机操作系统市场的支配地位，欧盟委员会从多个角度进行了分析。首先，谷歌在全球市场的份额超过95%，而第二大竞争对手微软的移动操作系统的市场份额仅占不足5%，且于去年退出了相关市场。其次，可授权的智能手机操作系统市场一方面因网络效应[1]的存在而产生很高的进入门槛，另一方面成功开发一种可授权的智能手机操作系统需要大量的资源，因此，欧盟委员会认定谷歌具有可授权智能手机操

---

[1] 越多的消费者使用安卓操作系统，越多的应用开发人员会为该系统编写应用程序，这将会使更多的用户使用该操作系统。

作系统市场上的支配地位。

对于滥用行为,欧盟委员会认为,谷歌从事了三种排除、限制竞争的行为:(1)非法搭售谷歌搜索及谷歌浏览器;(2)通过非法的财务激励换取独家预装谷歌搜索;(3)非法阻碍具有竞争关系的其他安卓系统的开发与分销。

首先,欧盟委员会认为,对于设备制造商来说,Play 应用商店系"必需的"应用程序,用户无法自行合法下载。谷歌因此制定其授权条件将 Play 应用商店、谷歌搜索及谷歌浏览器等重要的流量入口捆绑预装。欧盟委员会认为,以上应用程序的预装将显著影响用户的使用惯性。用户倾向于使用已经安装在手机设备上的既有程序。欧盟委员会认为谷歌的预装搭售行为既削弱了制造商预装其他搜索引擎及浏览器的激励,也削弱了终端用户下载同类应用程序的激励,由此降低了竞争对手的有效竞争。

其次,谷歌通过给予相当数目的财务激励措施,使一些设备制造商及移动网络运营商独家预装谷歌搜索。一方面,这显著减弱了制造商和网络运营商在其销售的设备上预装其他搜索服务的动机;另一方面,其他竞争性搜索引擎无法弥补制造商或网络运营商因不预装谷歌搜索而损失的利润。

最后,欧盟委员会认为谷歌阻碍了设备制造商使用替代性的安卓操作系统(安卓分支)。为了使设备得以预装谷歌专有的应用程序(包括谷歌 Play 应用商店和谷歌搜索),设备制造商必须承诺不开发或销售任何运用安卓分支系统的手机。这样的行为显著限制了安卓分支的开发与销售,也使其他竞争性的搜索引擎及应用程序无法在安卓分支系统上运行。欧盟委员会认为,谷歌可以就维护安卓系统的稳定性设定必要的技术要求,但这种技术要求不能成为阻碍其他竞争性安卓分支系统发展的"烟幕弹"。

基于上述三类违法行为,欧盟委员会认为,谷歌损害了相关市场的竞争,扼杀了相关市场的创新。谷歌的行为使竞争对手的搜索引擎无法与之竞争。比如,搭售行为使谷歌搜索及谷歌浏览器几乎预装在所有安卓设备上,降低了设备商预装竞争对手的软件的可能性。这样也使竞争对手无法获得等量的流量及有价值的数据,使谷歌得以巩固其搜索服务的支配地位而使其他竞争对手的服务质量难以提升或创新。此外,欧盟委员会也认为,谷歌不仅削弱了互联网搜索服务市场上的竞争,其也通过限制安卓分支的开发使其他互联网产品的创新可能性降低。无论是竞争对手的搜索引擎、抑或是其他手机应用程序开发商均无法获得更多的平台使其得到进一步的发展与创新。

3. 小结

本案是继购物比较服务案后欧盟委员会向谷歌开出的第二张反垄断巨

额罚单。韩国公平委也于 2018 年立案调查谷歌是否对当地游戏运营商施加了不合理的限制条件。〔1〕可以说，谷歌的商业模式和运营策略正面临巨大挑战。

本案中，欧盟委员会认为谷歌的一系列预装条件系非法搭售，其旨在排除、限制竞争对手的有效竞争。谷歌则认为，无论是预装还是反碎片化（anti-fragmentation）的相关操作，其均系为了维持安卓系统的免费开放及稳定运行，其并没有排除限制竞争的故意或过失。孰是孰非仍有待法院的进一步审查。

（二）高通排他性支付案〔2〕

1. 案情回顾

2018 年 1 月 24 日，欧盟委员会发布了处罚公告，认定高通公司通过向苹果公司支付巨额款项以换取苹果公司独家采购其生产的 LTE 基带芯片，滥用其在 LTE 基带芯片市场上的支配地位，损害 LTE 基带芯片市场上的竞争，并对高通公司课以高达 9.97 亿欧元的罚款。

LTE 基带芯片是满足 4G 通信标准的基带芯片。高通公司是目前为止世界上最大的 LTE 基带芯片供应商，而英特尔公司一直与高通公司展开激烈的竞争。苹果公司作为全球范围内高端手机和平板电脑的尖端品牌，是 LTE 基带芯片生产商竞相争取的重要客户。

根据欧盟委员会的认定，高通公司与苹果公司于 2011 年 2 月 25 日签订基带芯片供应协议。在该协议及其后续的一系列补充协议中，高通公司均承诺向苹果公司支付巨额报酬，以换取苹果公司在其 iPhone 和 iPad 产品上独家使用高通公司的基带芯片。同时，协议中明确约定，一旦苹果公司发行某款搭载高通公司竞争对手芯片的产品，高通公司将立即终止支付巨额款项，且苹果公司须退还已收到的款项。欧盟委员会由此认为，高通公司的排他性支付行为剥夺了其他竞争对手的有效竞争，使其他可能有赖于苹果公司业务的竞争对手失去了商业合作的机会，限制了消费者获得更多的选择，同时损害了 LTE 基带芯片市场的创新。

2018 年 4 月 6 日，高通公司正式向欧盟普通法院提出上诉，要求欧盟普

---

〔1〕 腾讯科技：《韩国将对谷歌发起反垄断调查：涉嫌压榨当地游戏开发商》，载 https://tech.qq.com/a/20180828/071249.htm。

〔2〕 See European Commission-Press release, Antitrust: Commission fines Qualcomm €997 million for abuse of dominant market position, available at http://europa.eu/rapid/press-release_IP-18-421_en.htm.

通法院撤销处罚决定或至少显著降低处罚金额。

2. 案例分析

本案的主要争议焦点有二:(1)高通公司在相关市场是否具有支配地位;(2)高通公司的巨额支付是否构成滥用市场支配地位行为。

首先,欧盟委员会将相关市场界定为全球范围的 LTE 基带芯片市场,并认定高通公司在该市场上具有支配地位。高通公司在涉案协议的有效期(2011 年至 2016 年)占据了相关市场上超过 90%的市场份额。而且,由于巨大的研发投入和成本开支,以及因高通公司拥有的一系列专利所带来的壁垒,LTE 基带芯片市场的进入壁垒非常高。除此之外,欧盟委员会也考虑了买方力量抵消的因素:苹果公司等 LTE 基带芯片客户的商业优势尚不足以影响高通公司的支配地位。

其次,欧盟委员会认为高通公司的排他性支付阻碍了其他竞争对手在相关市场进行有效竞争。欧盟委员会认为,这种巨额支付并不是一种针对芯片客户的短期价格折扣,而是通过独家交易条件切断了其他竞争者的竞争可能性。这种巨额的排他性支付降低了苹果公司转向其他芯片供应商的动机和意愿。大量的证据(包括苹果公司的内部文件)足以证明高通公司的巨额支付促使苹果公司不愿转向高通公司的其他竞争对手。欧盟委员会还认为,由于苹果公司占据了约 1/3 的 LTE 基带芯片采购份额,高通公司通过排他性支付锁定苹果公司的业务的行为使其他竞争对手无法与之竞争,损害了整个 LTE 基带芯片市场的竞争。

高通公司针对欧盟委员会的指控提出了相应抗辩。首先,高通公司认为欧盟委员会的市场界定存在问题。欧盟委员会过于强调市场份额的指示作用,夸大了高通公司的市场力量,不能反映目前 LTE 基带芯片市场上的竞争状况。根据 2016 年 KFTC 处罚高通公司及 2017 年 FTC 诉高通案披露的数据来看,高通公司在 LTE 基带芯片市场上的份额和利润均呈下降趋势。其次,高通公司指出欧盟委员会未能就竞争损害期间的确定给出充分的理由。最后,高通公司认为欧盟委员会在买方力量抵消因素上的认定有误。高通公司指出自与苹果公司的芯片供应协议结束以来,高通公司的市场份额呈现下降趋势,这正说明了苹果公司是强劲的买方力量,足以影响高通公司的市场支配地位。

基于目前有限的公开信息,高通公司所提出的“价格—成本测试”(price-cost test)遭到了欧盟委员会的否决。欧盟委员会认为高通公司没有证明其排他性支付行为不具有反竞争的效果,同时通过排除竞争限制了消费者的选择并损害创新。但是高通公司在上诉状中坚持认为,欧盟委员会并未充分论证其行为的反竞争效果。

3. 小结

与 FTC 诉高通案[1]一样,欧盟委员会没有将高通公司所掌握的 4G 通信标准必要专利视为单独的相关市场。此外,欧盟委员会也没有将高通公司的标准必要专利与其芯片销售的反馈效应(feedback effect)考虑在内。欧盟委员会只是认为高通公司的标准必要专利加剧了芯片市场的壁垒。有观点认为,无论是市场支配地位还是竞争损害的认定,本案中欧盟委员会的说理似乎缺乏说服力。首先,欧盟委员会没有考虑高通公司在丢失苹果公司这一重要客户后市场份额的迅速下降的因素。同时,苹果公司选择在 2016 年协议到期时更换芯片供应商也恰恰证明其有选择的余地与能力,并不是必须依赖高通公司的基带芯片。[2] 其次,虽然苹果公司的市场份额占 LTE 基带芯片采购市场的 1/3,但这并不意味着锁定了苹果公司就足以使其他竞争对手难以在相关市场进行竞争,仍有 2/3 的市场份额可供其他竞争对手去争取,据此很难得出高通公司的排他性支付能够产生强有力封锁效应的结论。[3]

(三)拜耳收购孟山都反垄断审查案[4]

1. 案情回顾

2018 年 6 月 7 日,拜耳股份公司宣布,已成功完成对孟山都公司的收购,交易总金额达 630 亿美元。交易完成后孟山都将在美国纽约证券交易所退市,拜耳成为其唯一股东。

拜耳总部位于德国,核心业务包括医药保健、农业及畜牧业。拜耳最知名的产品是被称为世纪之药的阿司匹林。孟山都是一家总部位于美国的跨国农业公司,是全球最大的种子公司。此外,孟山都还生产农化产品,其产品草铵膦除草剂在全球被广泛使用。近年来,孟山都致力推动数字农业服务,

---

[1] See FTC v. Qualcomm Inc. , Case No. 17-CV-00220-LHK, available at https://www.ftc.gov/system/files/documents/cases/qualcomm_judgment.pdf.

[2] See Richard H. Stern, *Who Should Own the Benefits of Standardization and the Value It Creates*, 19 Minn. J. L. Sci. & Tech. 107(2018).

[3] See John B. Kirkwood, *Market Power and Antitrust Enforcement*, 98 B. U. L. Rev. 1169 (2018).

[4] See European Commission-Press release, Mergers: Commission clears Bayer's acquisition of Monsanto, subject to conditions, available at http://europa.eu/rapid/press-release_IP-18-2282_en.htm.

借助计算机技术监测调控作物生长的过程，调控农业生产。交易完成后，世界农业巨头将呈现三足鼎立的格局，陶氏杜邦、中国化工和拜耳将合计掌握全球60%的种子和农药市场份额。

拜耳和孟山都的业务遍布全球，其交易应通过欧盟、美国、中国等十几个辖区的反垄断审查。2018年3月21日，欧盟委员会批准了该交易，认为集中双方拜耳和孟山都提出的救济措施能消除其对市场竞争的顾虑。拜耳承诺的救济条件包括剥离双方重叠的种子、性状和农药业务以及同意授权数字农业产品。[1]

值得一提的是，美国司法部也于2018年5月29日附条件批准了本次交易，要求拜耳剥离约90亿美元的相关资产及授权数字农业产品，成为美国有史以来最大规模资产剥离的案件。此外，中国商务部也于2018年3月13日附条件批准拜耳收购孟山都案，所附条件包括结构性条件和行为性条件。结构性条件包括要求剥离拜耳的蔬菜种子、非选择性除草剂业务以及一部分的性状业务；行为性条件包括承诺中国用户能够以公平、合理和无歧视的条件使用拜耳和孟山都的数字农业产品。

2. 案例分析

由于拜耳和孟山都在种子和农药产品市场均具有极大影响力，本交易将使交易后的拜耳成为全球最大的种子和农药产品供应商。欧盟认为拜耳收购孟山都的交易会对市场竞争格局产生重大影响，要求其提出救济措施，以消除影响相关产品市场的竞争顾虑。原因主要包括：拜耳和孟山都是行业巨头，两者的市场份额较高；市场上可以与之匹敌的具有竞争力和相应研发能力的竞争对手寥寥无几；拜耳收购孟山都后可能导致种子和农药产品的价格上涨、质量下跌、消费者选择减少以及扼杀农业技术的创新。

在本案审查过程中，欧盟委员会主要关注了如下方面：(1)本次交易将对哪些市场带来竞争影响；(2)何种救济措施方案能维持相关市场的竞争以及保障农民和消费者的利益。

欧盟委员会对种子、性状、农药和数字农业的市场进行了分析。在不同的地域，拜耳和孟山都在非选择性除草剂(如草甘膦和草铵膦)、种子、性状以及数字农业等市场存在横向重叠，在农药和种子等商品市场存在纵向关系。

---

〔1〕 See European Commission - Decision, CASE M. 8084 - Bayer/Monsanto, available at http://ec.europa.eu/competition/mergers/cases/decisions/m8084_13335_3.pdf.

在种子与性状方面，孟山都是全球最大的种子供应商。拜耳虽在种子业务市场的份额较小，但因其在种子研发方面投入巨大，拥有非常优秀的研发团队，近年来一直是孟山都不容小觑的竞争对手。在转基因种子、非转基因性状方面，拜耳和孟山都合计市场份额达六成，且市场前四位竞争者占据八成以上的市场份额，全球市场已高度集中，本次交易将进一步增强拜耳在全球性状市场的支配地位。因此，执法机构认为本次交易会排除种子和性状市场的竞争。

在农药市场中，孟山都是非选择性除草剂市场份额最大的供应商，而拜耳在市场份额方面排名第三，两者市场份额相近，在交易前竞争非常激烈。此外，孟山都和拜耳都持有大量制剂专利，对市场有极强的控制力，因此执法机构认为本次交易会对非选择性除草剂的竞争造成不利影响，同时会减少两者的创新动机。

全球数字农业市场尚在起步阶段，需要投入大量人力物力进行研发，市场现存的竞争者和潜在进入者非常有限。目前孟山都是该市场的领先者。考虑到拜耳一贯较强的研发能力，拜耳被看作是数字农业领域的重要潜在竞争者。但是集中后的拜耳将失去数字农业技术的研发动机，相关市场的整体创新能力和未来的技术进步将受到影响。此外，集中将结合双方的市场力量，提高相关市场进入门槛，增加后来者进入市场的难度，从而进一步减少相关市场的潜在竞争，最终对消费者产生不利影响。

综上所述，欧盟委员会认为本交易将会增强拜耳对非选择性除草剂市场及数字农业市场的控制力，并会巩固双方在蔬菜种子市场及性状市场的支配地位。集中将直接消除一个较大的竞争者，短期无法出现有效竞争者，且可能导致价格上涨等排除、限制竞争效果。欧盟委员会最终决定，以剥离部分种子业务、部分性状业务以及非选择性除草剂业务作为结构性救济措施，并要求拜耳许可竞争者巴斯夫将其数字农业软件应用程序连接到拜耳的数字农业平台，作为行为性救济措施。

3. 小结

收购孟山都是拜耳历史上最大的一笔交易，也是德国企业有史以来规模最大的海外并购，使得拜耳和孟山都的交易备受市场关注。由于二者合并后将对全球农业、农化业的版图造成巨大影响，因此各大法域的竞争法执法机构皆谨慎看待此次交易，相互之间也保持着密切的联系和合作。

值得一提的是，在拜耳和孟山都交易过程中，各国环保人士和组织不断发出警告，反对两大农业巨头的合并。理由主要为拜耳和孟山都在其公司历史上皆有不良的记录:拜耳在1991年推出的杀虫剂诱发了欧美数以百万的蜜蜂死亡的生态危机;孟山都则于2018年被美国加利福尼亚州旧金山高等法院裁决向因使用孟山都的除草剂草甘膦而致癌的花草管理员约翰逊赔偿2.89亿美元。[1] 此外,环保人士还认为本次交易将导致转基因食品增加、食物选择减少、环境和气候变迁等危害。但欧盟委员会认为,虽然各界提出的担忧对于人类的发展都极其重要,但其职责在于保护公平竞争,上述考量不属于竞争分析的考察范围,拜耳提出的救济措施已足以消弭欧盟委员会对竞争的顾虑。

近年来在大环境的驱使下,全球农业、农化企业纷纷强强联手,如2017年中国化工收购先正达(Syngenta)和陶氏杜邦案。[2] 不可否认,虽然资本集中可能导致竞争减少,但通过集中可以进行资源整合,获得足够的能力以改进农业系统,产生协同效应,提高粮食产量,降低自然资源消耗。因此,需要对经营者集中的综合效应进行评估。

第四节 日本竞争法司法领域最新进展及典型案例*

一、涉嫌违反禁止垄断法案件的审查和执法

(一)审查程序

1. 审查程序起因于依职权调查、《禁止垄断法》第45条规定的报告(申报)[3]

---

[1] See Column, Monsantos ethics are questionable, but the $289-million verdict against it is still unjustified, available at https://www.latimes.com/business/hiltzik/la-fi-hiltzik-monsanto-20180816-story.html.

[2] 顾正平:《2017年国际反垄断十大经典案例评析》,载《竞争政策研究》2018年第2期。

* 作者简介:宇都官秀,日本森滨田律师事务所律师,本节内容由孙彦律师翻译。

[3] 公正交易委员会于2016年10月21日就"农业"、"电力"及"IT·电子设备相关"业务领域的交易可能涉嫌违反禁止垄断法的行为设置了信息提供窗口,并公布了再次使现有窗口众所周知的内容,提供的信息应当用于公正交易委员会的调查等,可见公正交易委员会意图在该等领域积极执法。特别是关于数字平台,公平委2019年10月31日发布了关于"数字平台经营者交易习惯等的实况调查(网上商城/应用程序商店的经营者之间的交易)"的报告书,并实施了"关于数字平台经营者交易习惯等的实况调查(数字广告领域)",2020年4月28日发布了中期报告书,提出了禁止垄断法方面的观点、竞争政策方面的建议,同时还积极推进执法。

(包括内部举报)、申请减免行政罚款〔1〕等。

2. 违反禁止垄断法审查(调查)有行政调查以及违规调查。

(1)行政调查除按照处罚规则规定的间接担保履行的间接强制权限进行现场检查、命令提交、留置、命令到场、询问、命令报告等处分(第47条)外,还可依据经营者等的任意协助,通过听取供述、委托报告等进行案件调查。此外,关于行政调查程序,除规则外,日本还公布了《禁止垄断法审查程序指针》(以下简称审查程序指导方针)。

行政调查程序(保证程序除外)的概要如图3-3所示。

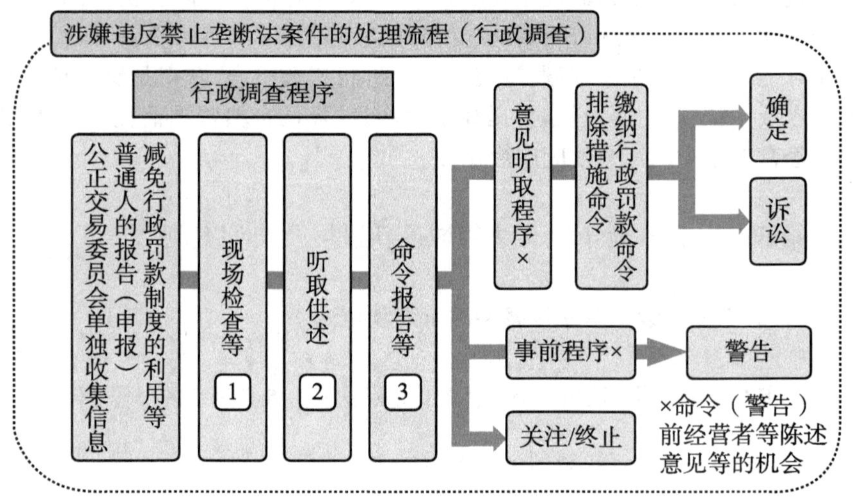

图3-3　涉嫌违反《禁止垄断法》案件的处理流程

资料来源:公正交易委员会网页。

〔1〕 减免行政罚款制度:关于"不正当的交易限制",有减免行政罚款制度(关于经营者自身参与的卡特尔/串通投标,通过主动向公正交易委员会报告其违法内容来减免行政罚款的制度)。现行《禁止垄断法》规定,第1名全额免除(不进行刑事举报),第2名以下减免50%或30%,减额比例减少,并且在公正交易委员会开始调查日之前和开始调查日之后合计最多可由5家(但在开始调查日之后最多3家)公司提出申请,但在2019年修改的《禁止垄断法》中进行了彻底的修改[详细内容请参考《禁止垄断法的法理论》第2部分2(3)]。关于减免行政罚款制度的适用,以前如提出申请的经营者未提出要求的,公正交易委员会均不予以公布,但公正交易委员会在2016年5月25日公布,今后在该案件的报道发布中,一律应当公布适用该制度的经营者的免除事实或减额比例(但是,该新公布的措施不适用于2016年5月31日以前已申请减免行政罚款的经营者)。

在审查程序指导方针中，具体规定了开始检查时的说明、现场检查对象的范围与提交及留置物品、现场检查时的律师到场（明确指出在不妨碍现场检查顺利实施的范围内也可以让律师到场，但即使没有律师到场也可以进行现场检查）、听取供述、命令报告等程序。

（2）在涉嫌违反《禁止垄断法》的案件中，为调查违规案件（涉嫌该法第89条至第91条罪名的案件）而需要时，可以根据法官发出的许可令进行现场检查、搜查或扣押（第101条），并在必要时取得法官发出的许可令，可以直接通过强制方法进行现场检查、搜查、扣押物品（该法第102条第1款、第2款）。（如图3-4所示）

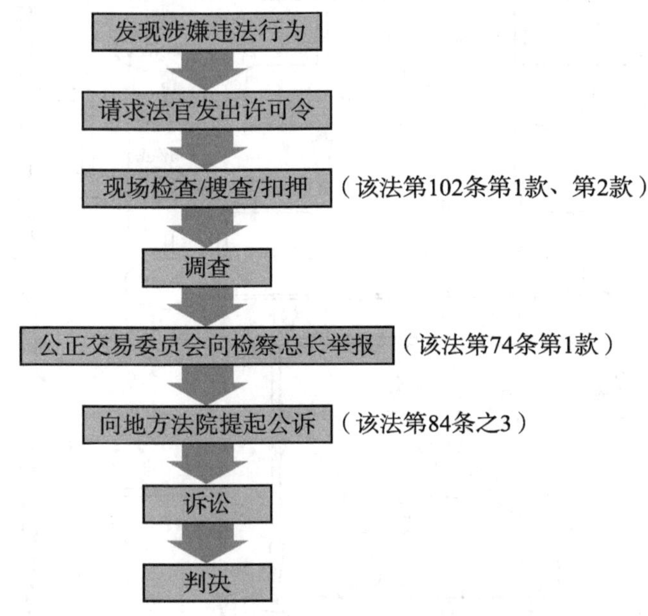

图3-4　违反《禁止垄断法》案件司法流程

资料来源：公正交易委员会网页。

（3）行政调查及违规调查程序的概要如图3-5所示：

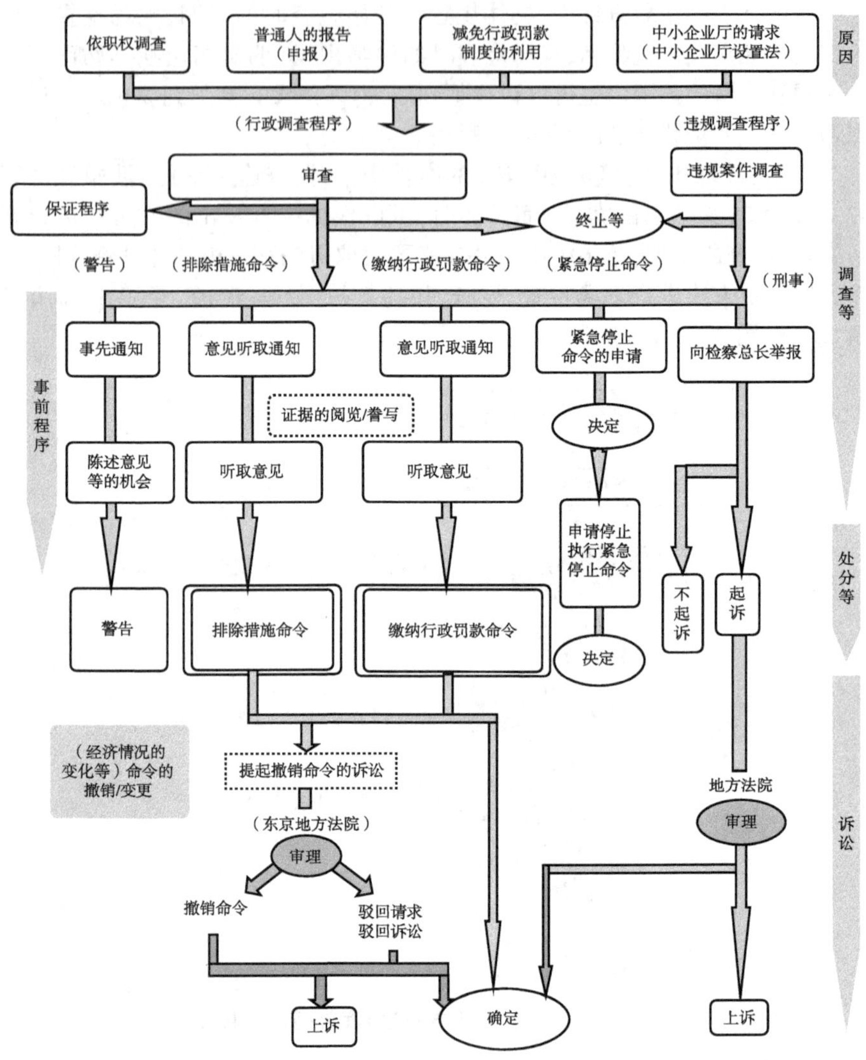

图 3–5 违反《禁止垄断法》案件处理程序

资料来源:公正交易委员会网页。

3. 保证程序

(1)随着《跨太平洋伙伴关系协定》的签订,日本引入了自主解决制度,根据实施了涉嫌违反《禁止垄断法》的行为的经营者和公正交易委员会之间达成的协议,经营者停止实施涉嫌违法行为,采取必要的措施以防止再次发生,公正交易委员会不再下达排除措施命令、缴纳行政罚款命令并予以结案。

(2)以下违法行为不适用保证程序:

①属于串通投标、价格卡特尔等核心卡特尔(Hard Core Cartel)的涉嫌违法行为。

②与过去十年内实施的违法行为相同(反复实施)的涉嫌违法行为。

③相当于刑事举报的性质恶劣且严重的涉嫌违法行为。

(3)为了确保恢复竞争秩序以及确保将来不再发生该行为,保证措施应当满足下列条件:

①足以确保排除涉嫌违法行为或者涉嫌违法行为已被排除。

②可以预见确实实施。

(4)公正交易委员会认可的保证措施的典型例子如下:

①确认涉嫌违法行为停止或已经停止。

②通知交易对方、用户等或者使众所周知。

③合规制度的完善。

④合同变更、业务转让等。

⑤恢复提供给交易对方等的具有金钱性质的价值。

⑥履行情况的报告。

(5)保证程序的流程(概要)如图 3-6 所示。

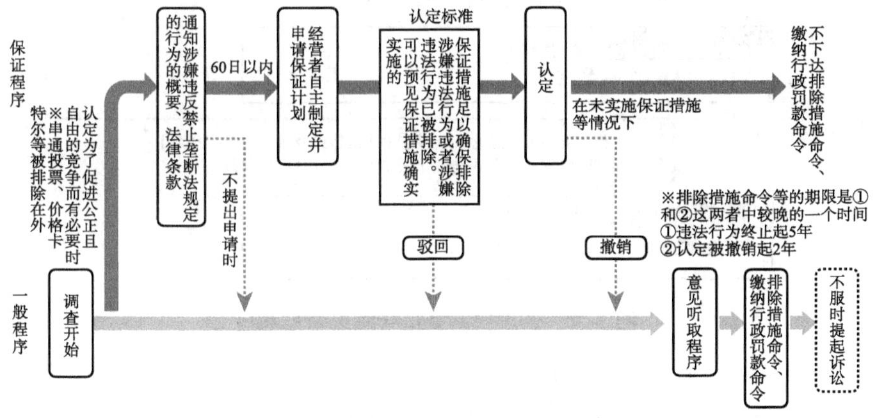

图 3-6　保证程序流程

(6)2019 年对 2 名经营者涉嫌违反《禁止垄断法》的行为(附加限制条件的交易 1 件、私人垄断和妨碍竞争对手交易 1 件)认定了保证计划。

4. 排除措施命令、缴纳行政罚款命令中的正当程序(Due Process)

公正交易委员会拟下达排除措施命令时,应当听取应该成为该排除措施命令接收方的人员的意见(第 49 条)(关于程序,见“公正交易委员会意见听取相关规则”)。缴纳行政罚款命令也应当实施同样的程序(第 62 条第 4 款)。(详见图 3-7)

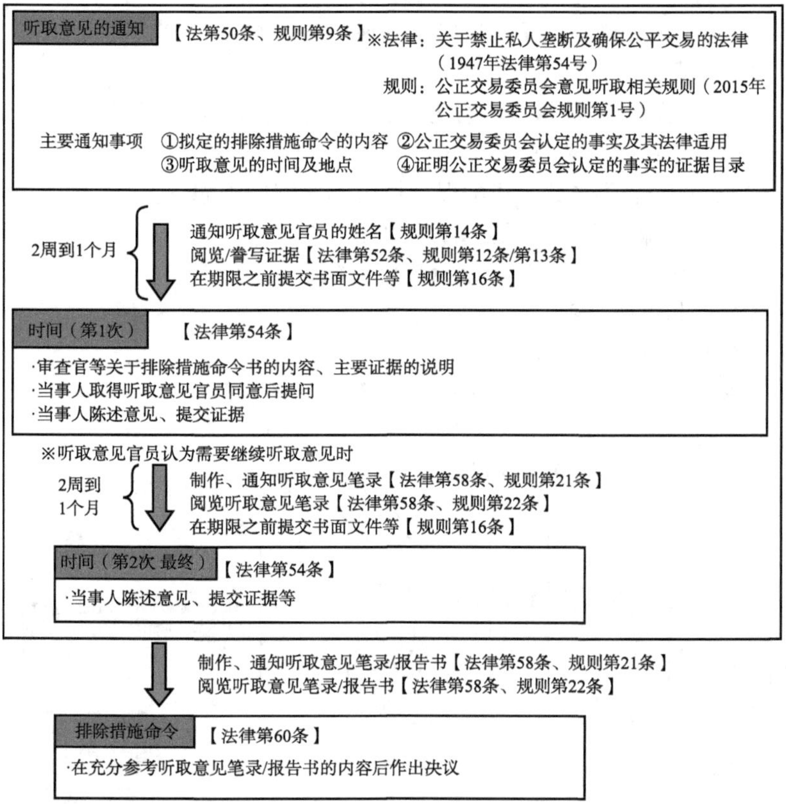

听取意见的通知 【法第50条、规则第9条】

※法律:关于禁止私人垄断及确保公平交易的法律(1947年法律第54号)
规则:公正交易委员会意见听取相关规则(2015年公正交易委员会规则第1号)

主要通知事项 ①拟定的排除措施命令的内容 ②公正交易委员会认定的事实及其法律适用 ③听取意见的时间及地点 ④证明公正交易委员会认定的事实的证据目录

2周到1个月
- 通知听取意见官员的姓名【规则第14条】
- 阅览/誊写证据【法律第52条、规则第12条/第13条】
- 在期限之前提交书面文件等【规则第16条】

时间(第1次) 【法律第54条】
- ·审查官等关于排除措施命令书的内容、主要证据的说明
- ·当事人取得听取意见官员同意后提问
- ·当事人陈述意见、提交证据

※听取意见官员认为需要继续听取意见时

2周到1个月
- 制作、通知听取意见笔录【法律第58条、规则第21条】
- 阅览听取意见笔录【法律第58条、规则第22条】
- 在期限之前提交书面文件等【规则第16条】

时间(第2次 最终) 【法律第54条】
- ·当事人陈述意见、提交证据等

- 制作、通知听取意见笔录/报告书【法律第58条、规则第21条】
- 阅览听取意见笔录/报告书【法律第58条、规则第22条】

排除措施命令 【法律第60条】
- ·在充分参考听取意见笔录/报告书的内容后作出决议

图 3-7 公正交易委员会意见听取程序

资料来源:公正交易委员会网页。

5. 排除措施命令和缴纳行政罚款命令的撤销诉讼

公正交易委员会下达的排除措施命令及缴纳行政罚款命令的复议一直

以来均是通过公正交易委员会自行进行的复议程序在依据其判断作出的复议决定中作出判断。主体可以向东京高等法院提起撤销该复议决定的诉讼，但会因实质证据法则（公正交易委员会认定的事实在存在证明该事实的实质性证据时应当对法院有约束力）及限制提交新证据规定（仅限于公正交易委员会在复议程序中无正当理由未采用该证据等时才可在审判程序中申请提交证据）而事实上难以推翻公正交易委员会的复议决定。

2015 年 4 月 1 日施行的《禁止垄断法》的修订废止了公正交易委员会的复议制度，关于对公正交易委员会行政处分（排除措施命令等）不服的审查，应当作为行政诉讼案件由东京地方法院审理。此外，还同时废止了实质证据法则和限制提交新证据规定。

根据 2015 年 4 月 1 日施行的修订版《禁止垄断法》，对于公正交易委员会的命令，可以作为行政诉讼案件向东京地方法院[1]提起，与其他行政诉讼一样应当确保高等法院/最高法院三审制。

此外，关于在 2015 年 3 月 31 日之前已就排除措施命令及缴纳行政罚款命令进行事前通知的案件，仍然按照之前的规定执行（该修订法附则第 2 条）。

截至 2019 年年初，东京地方法院和东京高等法院正在审理的请求撤销排除措施命令等的诉讼分别有 9 件（其中 2019 年已经作出判决的有 4 件，其中 3 件由东京高等法院正在审理，1 件由最高法院正在审理）和 1 件，2019 年有 3 件在东京地方法院提起的请求撤销排除措施命令等的新诉讼（2020 年 6 月 17 日“关于 2019 年度违反禁止垄断法案件的处理情况”）。

（二）执法情况

根据公正交易委员会公布的情况，其执法情况如下：

（1）2019 年度（2019 年 4 月—2020 年 3 月）对违反《禁止垄断法》行为采取的法律措施如图 3-8 所示（对一件事件同时下达排除措施命令和缴纳行政罚款命令的，将其作为一件案件处理）。

---

〔1〕 从确保法院专业性的观点来看，东京地方法院应当具有专属管辖。

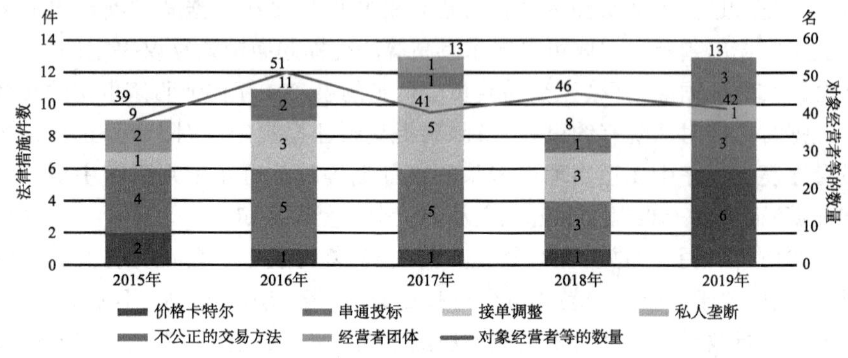

图 3-8　对违反《禁止垄断法》行为采取法律措施数量变化

资料来源:公正交易委员会网页。法律措施包括保证计划的认定。——笔者注

(2)2019 年度下达的缴纳行政罚款命令共对 40 名经营者处以总额 6,927,560 万日元(每位经营者 187,232 万日元)的行政罚款。

(3)2016 年 2 月 29 日,关于东日本高速道路株式会社东北支社发标的东日本大地震道路辅修灾害修复工程的串通投标案件,10 家参与投标的经营者以及从事该 10 家经营者承包的该道路工程等业务的 11 名人员受到刑事举报。2016 年 4 月至 2019 年 3 月无刑事举报。

(4)2019 年度向公正交易委员会申报的案件数量为 3193 件,向申报人通知措施结果的案件数量为 2910 件。

(5)2019 年度申请减免行政罚款案件数量如表 3-6 所述。

表 3-6　申请减免行政罚款案件的数量变化

单位:件

年度	2013 年	2014 年	2015 年	2016 年	2017 年	2018 年	2019 年
申请案件数	50	61	102	124	103	72	73

资料来源:公正交易委员会网页。

(6)2019 年度,因实施卡特尔而被采取法律措施的案件为 9 件,实施警告和公布的案件有 3 件。此外,公正交易委员会设置工作组(task force)并积极执法的滥用优势地位案件有 29 件被提请关注。而且,关于不当廉价销售,经迅速处理的(原则上,对于被申报的不当廉价销售案件原则上在 2 个月以内处理)酒类、石油产品、家电产品等零售业所涉及的不当廉价销售的申报并提请注意的案件数量为1155件。

(三)典型执法案例

1.私人垄断

在2019年度的执法中,没有因私人垄断而被下达排除措施命令、缴纳行政罚款命令的案件,但对日本Medi-Physics株式会社的涉嫌私人垄断行为实施了保证认定。

氟代脱氧葡萄糖(Fludeoxyglucose)(以下简称FDG)是一种测试药,制造、销售该药的日本Medi-Physics株式会社2017年5月左右在FUJIFILM RI Pharma株式会社(以下简称FRI)刚进入市场、希望通过从事FDG批发的公益社团法人日本Radioisotope协会(以下简称协会)进行销售时,通知协会,如与FRI交易,其将停止销售自己公司的FDG等。2017年5月以后,该公司对于某些能够引入FRI与FDG的自动投药装置制造销售者共同开发的FDG自动投药装置(以下简称特定自动投药装置)的地区的医疗机构(交易对象),在没有明确根据的情况下向其告知自己公司的FDG不能使用于特定自动投药装置,以及规定了从FRI处购买FDG的某些地区的医疗机构(交易对象)委托在当天之内配送自己公司的FDG时予以拒绝的方针,并公告公司内部,之后根据该方针拒绝委托的行为构成私人垄断和妨碍交易,可能违反《禁止垄断法》(2020年3月11日认定保证计划)。

此外,近年来,作为典型的私人垄断行为而被认定为违法的案件有如下几件。

(1)供应大部分在国内销售的游戏机的10家生产销售经营者在持有游戏机制造专利的同时实施的、对现有经营者以外的经营者拒绝许可实施该等专利的行为被认定属于私人垄断的案件(1997年8月6日劝告型复议决定)。

(2)在东日本地区的光纤通信服务中占据相当大份额的电气通信经营者NTT东日本对获取本公司的网络连接并向用户提供该服务的新加入经营者设定高于用户价格的网络连接费用的行为被认定属于私人垄断的案件(2009年5月29日东京高等法院判决)。

(3)用于注射器等容器的安瓿用材质管的唯一一家生产商的独家代理商尼普洛对从海外进口和销售进口生地管的以前的交易对象拒绝交易/提高交易条件等的行为被认定属于私人垄断的案件(2006年6月5日最终复议决定)。

(4)英特尔日本子公司(该公司销售的英特尔CPU约占据向日本国内电脑生产销售商销售的CPU总量的90%)约定以购买份额为90%以上为条件

提供回扣/退还金等资金的行为被认定属于私人垄断的案件(2005 年 4 月 13 日劝告型复议决定)。

2. 不正当的交易限制

2019 年度日本对价格卡特尔、串通投标、接单调整等典型案件进行了执法。最近的案件有水和碳酸镧口腔崩解片(Lanthanum carbonate hydrate Orally Disintegrating Tablets)的仿制药(Generic Drug)制造商的价格卡特尔案件(2019 年 6 月 4 日的排除措施命令及缴纳行政罚款命令)(行政罚款总额:137 万日元)、铺路用改良沥青制造销售商的价格卡特尔案件(2019 年 6 月 20 日的排除措施命令及缴纳行政罚款命令)(行政罚款总额:314,098 万日元)、沥青合成材料的制造销售商的价格卡特尔案件(2019 年 7 月 30 日的排除措施命令及缴纳行政罚款命令)(行政罚款总额:3,989,804 万日元)、特定铝罐及特定钢罐的制造销售商的价格卡特尔案件(2019 年 9 月 26 日的 2 件排除措施命令以及缴纳行政罚款命令)(行政罚款总额:2,572,356 万日元)、盐酸贝凡洛尔片(Bevantolol Hydrochloride Tablets,商标名称:Calvan)的多家销售商的价格卡特尔案件(2020 年 3 月 5 日的排除措施命令及缴纳行政罚款命令)(行政罚款总额:287 万日元)、参加东京都订购的净水厂排水处理设施运转管理作业的报价的经营者串通协商案件(2019 年 7 月 11 日的排除措施命令及缴纳行政罚款命令)(行政罚款总额:7418 万日元)等。

此外,近年来公正交易委员会积极执法的国际卡特尔案件有汽车相关产品(汽车线束除外)案件(缴纳行政罚款命令)(2012 年 1 月 19 日)、海洋软管国际卡特尔案件(排除措施命令)(2008 年 2 月 20 日)等。另外,在阴极射线管国际卡特尔案件(排除措施命令/缴纳行政罚款命令 2009 年 10 月 7 日)中,包括外国经营者在内的 11 家电视机阴极射线管生产销售商对于日本阴极射线管电视机生产销售商让位于海外的当地生产子公司等购买的电视机阴极射线管,协商一致设定了针对其当地生产子公司等的销售价格的最低目标价格等,因而被怀疑违反了《禁止垄断法》。

3. 不公正的交易方法

2019 年度受到公正交易委员会调查并被公布的案件有以下几件。

(1)限制再销售价格

①Aprica Children's Products Inc. 不仅让零售商按照其规定的“建议售价”等销售其育儿产品,还亲自定期调查零售商的售价,并且事先亲自确认或者让批发商(交易对方)确认零售商宣传单上记载的售价(2019 年 7 月 1 日下达排除措施命令)。

②Combi Corporation 让零售商同意按照其规定的“建议售价”等销售其标有“WHITE LABEL”品牌的婴儿推车、儿童座椅和摇篮(2019 年 7 月 24 日下达排除措施命令)。

(2)附加限制条件的交易

①乐天株式会社与在其运营的名为“乐天旅行”的网站上发布住宿设施的住宿设施经营者签订的合同规定了该经营者在该网站上列出的最少房间数,同时针对住宿费以及房间数规定了须与其他销售渠道相同或优于其他销售渠道的条件,该等行为涉嫌构成附加限制条件的交易(2019 年 10 月 25 日认定保证计划)。

②秋田北农业协同组合和株式会社本家比内地鸡涉嫌就部会员生产的比内地鸡的销售签订协议,规定只有满足不向秋田北农业协同组合指定的收货人以外的收货人发货并且能够遵守秋田北农业协同组合规定的关于比内地鸡的小鸡数量的引进计划等条件时才与之交易,如果不遵守该等条件,可以与其解除合同并停止发货(2019 年 7 月 3 日受到警告)。

(3)滥用优势地位

①丸井产业株式会社涉嫌要求供应商中的 171 家供应商提供金钱,用作自己公司的员工旅行费用的一部分,尽管该等供应商并不能获得促销等的利益(2019 年 5 月 15 日受到警告)。

②Amazon Japan 合同会社修改了与 Amazon market place 的商品展出者之间的 Amazon 积分服务使用规则,对出售的所有商品最低授予 1%的积分,该积分的资金来源由商品出售者承担,公正交易委员会对此启动了调查,确定 Amazon Japan 合同会社修改了规则,由卖家自行决定是否给出积分后,调查终止(2019 年 4 月 11 日公布)。

③针对乐天株式会社采取的、店铺经营者一律不得另外收取运费这一措施,公正交易委员会向东京地方法院申请了针对乐天株式会社的紧急停止命令(第 70 条之 4 第 1 款),但在乐天株式会社于 2020 年 3 月 6 日公布了店铺经营者可以自行判断选择是否参加后,公正交易委员会于同月 10 日撤销了紧急停止命令申请,并对本案涉嫌违法行为继续审查(2020 年 2 月 28 日、3 月 10 日公布)。

最近几年的执法典型案件有如下几件。

(1)维持再销售价格

阿迪达斯日本株式会社以普通消费者的认知度高等为由,要求零售商以一定的价格销售对零售店来说重要的运动鞋“EasyTone”,监视、纠正零售价格,并为了确保实际效果而暗示不遵从要求时则停止发货等,停止向以实际上违反要求的价格继续销售的零售商发货,并要求其退还库存品等案件(2012 年 3 月 2 日阿迪达斯日本株式会社案件排除措施命令)。

(2)滥用优势地位

专门经营儿童/婴儿用品的零售商中的最大型经营者玩具"反"斗城日本株式会社利用对供应商(特定供应商)的优势地位,尽管不存在应归责于供应商的事由,仍向供应低销售额商品等的供应商退还商品等;自行对低销售额商品等进行减价销售,对于其供应商,尽管不存在应归责于该供应商的事由,仍然从应向供应商支付的价款中减去相当于该公司拟减价金额的价款的一部分或全部,因此被认定属于滥用优势地位的案件(2011 年 12 月 13 日玩具"反"斗城日本株式会社案件排除措施命令/缴纳行政罚款命令)。

在经营家电产品等零售业的经营者中合并销售额处于日本国内第 2 名的株式会社爱电王利用对供应商(特定供应商)的优势地位,为使该特定供应商进行与销售不相关的技术或能力的搬出/搬入/店面建设,促使该特定供应商派遣其员工等,该行为被认定属于滥用优势地位的案件(2012 年 2 月 16 日爱电王案件排除措施命令/缴纳行政罚款命令)。

(3)附加限制条件的交易

①在隐形眼镜领域,日本拥有最高销售额的强生公司针对其隐形眼镜,除了在店面广告、直邮广告(Direct Mail)、网站首页以外的页面等中标示外,广泛禁止通过其他方法标示销售价格,该行为被认定为附加限制条件的交易(2010 年 12 月 1 日强生公司案件排除措施命令)。

②微软公司在和电脑生产商之间的合同中协商一致的专利非纠纷条款(non-assertion of patent)被认定即使在该条款存续期间以及效力终止后,也很有可能因该条款而损害电脑生产商研究开发电脑 AV 技术的积极性,被认定为属于附加限制条件的交易案件(2008 年 9 月 16 日微软案件最终复议决定)。

③高通公司在签订向手机终端等的生产销售商"一揽子"许可无线通信知识产权的合同时,设置了以使该生产销售商等无偿许可其已持有或将来持有的知识产权许可等,且该生产销售商等不向高通公司主张该生产销售商等的知识产权项下的权利为内容的专利非纠纷义务的行为,有损生产销售商等研究开发手机终端等技术的积极性,并强化了高通公司的该技术在市场上的有利地位,因此被认定属于附加限制条件的交易(2009 年 9 月 28 日高通公司案件排除措施命令)。

二、企业结合

(一)事前备案等

(1)《禁止垄断法》对满足一定备案条件的公司取得股份(表决权)、合并、公司分立、共同转让股份以及业务受让等规定了一方当事人或双方当事人事前备案的义务。

(2)承担备案义务的当事方和备案条件会因上述交易类型而不同。此外,某一交易包含多种交易类型时,需要按照每一交易类型来特定交易当事方,并确认相关国内销售额等的备案条件,如表 3-7 所示。

表 3-7　各种形式需要备案时的概要

<table>
<tr><th colspan="2">形式(相关法条)</th><th>需要备案时的概要</th></tr>
<tr><td colspan="2">取得股份
(第 10 条)</td><td>(1)国内销售额合计[①]超过 200 亿日元的公司
(2)取得股份发行公司及其子公司的国内销售额合计超过 50 亿日元的股份发行公司的股份
(3)持有表决权比例[②]超过 20%或 50%时</td></tr>
<tr><td colspan="2">合并(第 15 条)
共同转让股份
(第 15 条之 3)</td><td>(1)国内销售额合计超过 200 亿日元的公司
(2)国内销售额合计超过 50 亿日元的公司
(3)合并(或共同转让股份)时</td></tr>
<tr><td rowspan="2">分立
(第 15 条之 2)</td><td>共同
新设分立</td><td>(1)国内销售额合计超过 200 亿日元的公司
(2)国内销售额合计超过 50 亿日元的公司
(3)使通过共同新设分立设立的公司承继全部业务时等</td></tr>
<tr><td>吸收分立</td><td>(1)国内销售额合计超过 200 亿日元的公司使
(2)国内销售额合计超过 50 亿日元的公司
(3)承继其全部业务时等</td></tr>
<tr><td colspan="2">业务受让等
(第 16 条)</td><td>(1)国内销售额合计超过 200 亿日元的公司受让
(2)国内销售额超过 30 亿日元的公司的全部业务时
或者
(1)国内销售额合计超过 200 亿日元的公司受让
(2)国内销售额超过 30 亿日元的业务的重要部分(或者业务上的固定资产的全部或重要部分)时</td></tr>
</table>

资料来源:公正交易委员会网页。

①国内销售额合计,是指企业结合集团(由备案公司的"最终母公司"及其子公司组成的集

团)内的公司等的国内销售额的合计。

②持有表决权比例,是指隶属于企业结合集团的公司等持有的表决权比例。

(3)为迅速且顺利实施备案后的审查,公正交易委员会设置了备案前咨询制度,并实际利用了该制度。备案包括第一次审查(等待时间原则上为受理备案起30日)、第二次审查(等待时间原则上为审查所需的报告等均受理后90日)。在第二次审查开始时需要公布案件,公正交易委员会应当要求当事方提交审查所需的资料等,并对第三方实施听证或听取意见。该等程序规定于《企业结合审查程序应对方针》中。(见图3-9)

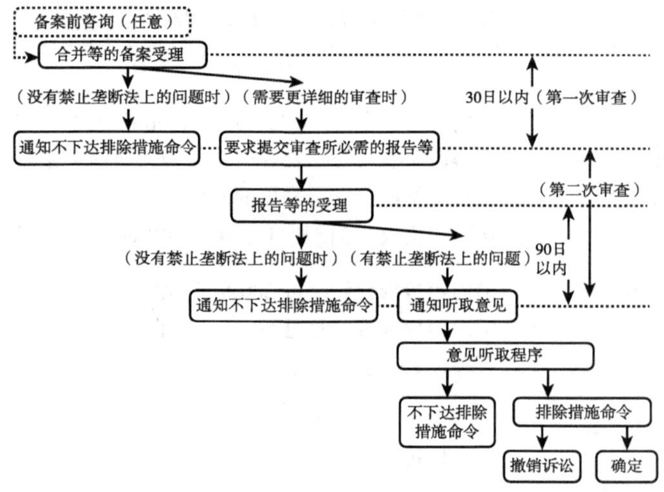

图3-9 企业结合审查流程

资料来源:公正交易委员会网页。

注:除此之外,公正交易委员会认为适当时,对于违反《禁止垄断法》的嫌疑,为了根据该委员会和经营者(包括经营者团体等)之间达成的合意进行自主解决,会进行《禁止垄断法》第48条之2至第48条之9规定的程序(保证程序)相关的《禁止垄断法》第48条之2规定的通知(保证程序通知)。

(二)2018年度备案件数和审查情况(如表3-8、3-9、3-10所示)

表3-8 2014年度至2016年度受理的备案的处理情况

单位:件

类型	2014年度	2015年度	2016年度
备案件数	319	306	321

续表

类型	2014 年度	2015 年度	2016 年度
第一次审查后终止的案件①	308	299	315
其中,缩短禁止期限的案件	171	193	240
第 1 次审查终止前撤销的案件	8	6	4
移交第 2 次审查的案件	3	1	2

①第一次审查后,如果没有《禁止垄断法》上的问题,就通知不下达排除措施命令。

表 3-9　2016 年度至 2018 年度第 2 次审查的处理情况

单位:件

类型	2016 年度	2017 年度	2018 年度
第 2 次审查后终止的案件①	3	1	3
以涉事公司申请的措施为前提认定没问题的案件	3	0	2
下达排除措施命令的案件	0	0	0

①第二次审查后,如果没有《禁止垄断法》上的问题,就通知不下达排除措施命令。

表 3-10　涉事公司包含外国企业的企业结合计划相关备案的变化

单位:件

备案类型	2016 年度	2017 年度	2018 年度
日本企业和外国企业的整合计划相关的备案	12	12	6
外国企业之间的整合计划相关的备案	47	31	34
合计	59	43	40

资料来源:公正交易委员会网页。

此外,迄今为止公正交易委员会已经公布了进行第 2 次审查的案件,但已备案的案件中第 1 次审查后终止的案件尚未公布,但公正交易委员会自 2017 年起以谋求透明度为目的公布了已备案的案件一览表。

(三)典型案例

1. 2018 年度公布案例中被认为实施了典型审查的一件案件是 Oji Holdings Corporation 收购三菱制纸株式会社股份案。

(1)案件概要

旗下拥有纸、板纸制造销售公司的控股公司 Oji Holdings Corporation 取得同样制造销售纸、板纸的三菱制纸株式会社股份的 33%表决权。

(2)审查结果概要

公正交易委员会审查了涉事公司集团处于竞争或者交易关系的约 40 个交易领域,针对本案企业结合实施后被认为可能会对竞争产生较大影响的铜版纸、壁纸的原料纸以及压榨纸板的各交易领域,对需求方等进行听证,进行了重点审查。

关于铜版纸、壁纸的原料纸以及压榨纸板的各交易领域,虽然存在涉事公司集团的市场份额和 HHI 值上升幅度较大这些情况,但考虑到存在来自相邻市场的竞争压力、输入压力等情况,认定本案行为在特定交易领域均不会实质上限制竞争。

另外,关于其他交易领域,考虑到存在来自竞争对手的竞争压力等情况,认定本案行为在特定交易领域均不会实质上限制竞争。

2. 2018 年公布的案件中,有一件案件用尽了能够想到的审查手段,这就是株式会社 USEN-NEXT HOLDINGS 收购 CANSYSTEM. CO. ,LTD. 股份案。

(1)案件概要

从事音乐播放/网络传播业等的株式会社 USEN 的最终母公司株式会社 USEN-NEXT HOLDINGS 取得了同样从事音乐播放/网络传播业等的 CANSYSTEM. CO. ,LTD. 股份的所有表决权。虽然涉事公司集团在面向店家的音乐播放/网络传播业和面向个人的音乐播放/网络传播业中分别处于水平关系,但涉事公司集团的主要业务是面向店家的音乐播放/网络传播,被认为对其竞争产生了较大影响,所以公正交易委员会特别对面向店家的音乐播放/网络传播业进行了详细审查。

(2)审查结果概要

①特定交易领域

面向店家的音乐播放/网络传播经营者,通常由于会代替需求方(店家)对被提供的音乐进行必要的著作权处理(如果是面向个人的网络传播,则不需要)以及使用费的价格区间不同于面向个人的网络传播等各种原因,所以面向店家的音乐播放/网络传播业和面向个人的音乐播放/网络传播业之间不具有可替代性。而且,面向店家的音乐播放/网络传播经营者和面向个人的音乐播放/网络传播经营者,由于在代理著作权处理时需要取得相关专业知识等原因,想要进入面向店家的音乐播放/网络传播业并非易事,所以服务范围被界定为“面向店家的音乐播放/网络传播业”。此外,地理范围被界定为“日本全国”。

②给竞争带来的影响

USEN 集团和 CANSYSTEM 集团分别拥有约 75%、约 15%的市场份额,合计市场份额约为 90%、排名为第一名。第三名的市场份额约为 5%,第四名至第 11 名的竞争对手的市场份额均为 0—5%。

涉事公司集团均以高于竞争对手的价格区间提供全套服务,其服务内容相似,没有竞争对手提供和涉事公司集团相同的服务,所以本案行为实施后,涉事公司集团将几乎独家提供全套服务。此外,虽然被认定需求方施加了一定程度的竞争压力,但市场准入的压力是有限的,根据经济分析的结果,单独行动造成的价格上涨的压力指数的测定结果也比较高。

③破产公司的法理主张

第一,CANSYSTEM 被认为已经实质上陷入了资不抵债的境地,而且从根据该公司的财务资料进行的安全性分析的结果和 CANSYSTEM 的业务前景来看,如果没有本案行为,该公司被认为很有可能在不久的将来破产、退出市场。

第二,从 CANSYSTEM 的上述经营状况来看,USEN 集团以外的第三人通过企业结合挽救 CANSYSTEM 的可能性被认为较低。但是,不能认定 CANSYSTEM 就与 USEN 集团以外的第三人进行企业结合的可能性进行了充分的讨论,因此不能说很难认定存在可以通过企业结合的方式挽救 CANSYSTEM 和本案行为相比对竞争带来的影响更小的经营者。

④竞争方面的担心

在 CANSYSTEM 的需求方中,对于在不实施本企业结合、CANSYSTEM 退出市场的情况下希望转而使用 USEN 集团以外的竞争对手提供的服务的这一部分需求方来说,如果实施本企业结合,就需要向继续提供服务的 CANSYSTEM 支付解约违约金后转而使用该竞争对手提供的服务,因此有可能会犹豫是否转而使用该等竞争对手提供的服务,对于竞争对手来说,也可能会更加难以获取客户。需求方和竞争对手认为,与 CANSYSTEM 之间的合同约定的解约违约金条款和提前 2 个月通知条款妨碍了需求方转而和竞争对手进行交易。因此,不能说由于存在解约违约金条款等,所以无论本案行为是否存在,面向店家的音乐播放/网络传播业的竞争状况均不会产生实质性的差异。

⑤涉事公司申请采取措施

基于上述论述,涉事公司申请采取如下措施,以解决问题:CANSYSTEM将解约违约金条款等作废2年,并将之通知该公司全体需求方,并且在本案企业结合实施后3年内,每个会计年度向公正交易委员会报告一次本案措施的实施情况。

⑥公正交易委员会的判断

公正交易委员会认为,将解约违约金条款以及提前2个月通知条款作废2年,从而消除CANSYSTEM需求方转而和竞争对手进行交易以及竞争对手获取客户的障碍,在通知该公司的需求方后,需求方将有足够的机会和时间来探讨是否转而和竞争对手进行交易。因此,在采取本措施这一前提下,不能说本企业结合实施后CANSYSTEM的需求方仍然很难转而和竞争对手进行交易,在涉事公司采取本措施的前提下,本案行为不会实质性限制竞争。

第五节　韩国竞争法执法领域最新进展及典型案例*

一、韩国公平委及其职能

(一)公平委的主要业务现状

1. 简介[1]

韩国公平委身为竞争执法当局,其委员会以委员长、副委员长和3名常任委员、4名非常任委员组成,事务处则以事务处长、本部(6局、4官、1发言人)和5个地方事务所组成。[2]

一方面,公平委是合议制中央行政机构,以建立自由而公平的市场秩序为主要功能,并在制定和执行竞争政策和消费者政策等方面发挥主导作用。另一方面,与其他行政机构不同的是,公平委具有准司法性质,在对审结构

---

* 作者简介:朴益洙,法学硕士,金张法律事务所合伙人律师,现任韩国竞争法学会副会长,现任首尔大学竞争法中心咨询委员,曾就职于公平交易委员会;李殷宜,金张法律事务所律师。

[1] 参见公平委报道资料:《公平委于政务委员会国政监查中报告主要业务现状》,2019年10月7日发布。

[2] 6局:竞争政策局、企业集团局、消费者政策局、市场监视局、卡特尔调查局、企业交易政策局。4官:在原先审判管理官、企划调整官、市场结构改善政策官以外,为加强中小企业保护职能于2018年10月新设流通政策官。5个地方事务所:首尔、釜山、光州、大田、大邱地方事务所。

下,对违反管辖法律的案件进行审理、决议。[1] 公平委确保独立性和政治中立性,其决议具有一审法院判决的同等效力,对此不服的企业应向首尔高等法院(二审法院)提起诉讼。

目前共有14部法律属于公平委管辖。竞争政策和公平交易领域相关法律包括6部:《公平交易法》、《关于转包交易公平化的法律》(以下简称《转包法》)、《关于振兴加盟事业的法律》(以下简称《加盟业务法》)、《大规模流通业法》、《卡特尔整理法》和《关于代理店交易公平化的法律》(以下简称《代理店法》)。消费者政策相关法律包括8部:《消费者基本法》、《关于标示广告公平化的法律》(以下简称《标示广告法》)、《关于规制格式条款的法律》(以下简称《格式条款法》)、《关于分期交易的法律》(以下简称《分期交易法》)、《关于访问销售等的法律》(以下简称《访问销售法》)、《关于电子商务交易中消费者保护的法律》(以下简称《电子商务法》)、《消费者协会法》、《产品责任法》。

公平委的职能大体上分为以下四种:(1)促进市场整体竞争,对垄断行为等不公平行为予以制裁;(2)解决大企业集团的支配结构与竞争问题,改善大企业集团财力集中的弊端;(3)保护企业之间的交易公平,尤其大企业与中小企业之间公平的交易秩序;(4)保护企业与消费者之间的公平交易秩序。

2. 2018年公平委案件处理业绩[2]

2018年处理的案件数共计3517件,相比于2017年的3031件增加了16%。其中,被公平委认定为违法下达责令纠正或采取警告以上措施的案件数共计1820件。近5年,公平委按各行为类型的案件处理业绩如表3-11所示。

表3-11　2014年至2018年各行为类型纠正业绩

单位:件

区分	2014年	2015年	2016年	2017年	2018年
滥用市场支配地位	0	5	0	4	1

[1] 由9名委员组成的全体会议,或由3名委员组成的会议中,针对法律违法行为达成合意后进行决议。

[2] 本部分参考了《2018年公平交易委员会统计年报》(2019年5月20日发布)、《2019年公平交易白皮书》(2019年10月24日发布)的最新统计数据。2019年数值还未予以公布,因此本文侧重介绍2018年的案件处理情况。

续表

区分	2014 年	2015 年	2016 年	2017 年	2018 年
企业合并限制	39	24	22	35	32
遏制经济力集中	63	97	120	60	69
不当共同行为	76	88	64	69	157
禁止经营者团体行为	57	63	35	42	44
不公平交易行为	122	103	60	45	43
标示广告法	231	180	185	180	206
格式条款法	265	285	193	121	83
转包法	911	1358	1035	782	874
电子商务交易法	536	216	297	129	21
访问销售法	24	36	28	37	24
加盟业务法	70	121	190	240	172
分期交易法	34	66	34	73	82
大规模流通业法	6	15	9	15	9
其他①	1	4	7	8	3
总计	2435	2661	2279	1840	1820

资料来源:公平交易委员会:《2019 年公平交易白皮书》,第 87~88 页。

①未提交资料、拒绝调查、不履行纠正措施等。

2018 年罚金案件数为 181 件,相比于 2017 年的 149 件增加了 21.5%,罚金金额共计 3105 亿韩元。罚金规模最大的案件为 7 家制钢公司的不正当共同行为案(1143 亿韩元)、6 家铝电容器制造销售企业的不正当共同行为案(358 亿韩元)、LS 企业集团公司的不正当支援行为案(260 亿韩元)等。

(二)ICT 领域不公平交易行为调查专门负责组〔1〕

2019 年 11 月 15 日,公平委成立了专门负责网络平台、移动手机和知识产权的“ICT 领域专门小组(Task Force)”(以下简称 ICT 专门小组),并召开

〔1〕 参见公平委报道资料:《启动对 ICT 领域不公平交易行为的调查专门业务组(Task Force)》,2019 年 11 月 18 日发布。

了首次审查会议。成立ICT专门小组的原因是,认为仅凭现有组织难以针对国内外平台运营商做出适当的应对措施,也难以遏制不公平交易行为。

ICT专门小组是为了迅速应对和妥善处理国内外主要平台企业等的不正当行为案件而设立的特别小组。ICT专门小组在公平委事务处长的领导下分为网络平台、移动手机、知识产权等三个分组,目前成员共有15名左右。各分组主要业务详见表3-12。

表3-12 各分组的主要业务

组别	业务
网络平台分组	监管平台运营商的差别待遇、排他性交易等行为
移动手机分组	监管具有垄断地位的经营者的捆绑销售、排他性交易等行为
知识产权分组	监管不当收取专利使用费等给交易相对方给予不利待遇等行为

首次召开的审查会议主要讨论了与网络平台有关的主要问题和各种类型的不公平交易行为等议题。据公平委透露,ICT专责小组计划今后将定期召开分组检查会议,且在处理案件的过程中也将积极征求具有承办高通、英特尔等案件处理经验的案件诉讼负责人、业界专家等人的意见。

(三)公平交易自律遵守机制

1.概要

为确立自由公平的市场秩序,企业自觉遵守法律法规的重要性不亚于法律的强制执行。随着企业自觉遵守法律法规的重要性日益突显,作为竞争倡导的一环,公平委正在运营公平交易自律遵守机制。公平交易自律遵守机制(Compliance Program,CP)是指为遵守公平交易相关法律法规,企业自主制定并运营的教育、监督等内部合规系统。

公平委于2001年7月5日制定并发布了自律遵守规范,且于2006年首次引入了CP等级评价制度。2008年10月,公平委将分散在多个文件中的规定进行统一整合,制定了《运营及引导公平交易自律遵守机制等相关规定》(以下简称CP规定),且为完善此前CP运营过程中的不足之处,对CP规定的内容进行了修订,修订案于2019年10月10日起实施。

2. CP等级评价制度

公平委于2006年首次引入了CP等级评价制度,为了增强等级评价机关的公平性及信赖度,自2010年3月起,等级评价业务由公共机关韩国公平交易调解院负责实施。

CP 等级评价,是指以运营 CP 超过 1 年以上且申请等级评价的企业作为评价对象,以 CP 运营业绩等为标准,每年 1 次以上核算各个企业的评价等级的制度。这一制度的目的是,根据一定的标准评价 CP 运营企业并赋予等级,对于优秀企业(被评为 A 等级以上的企业)提供优厚的奖励来引导企业自主、有效地运营 CP,评选结果见表 3-13。评级等级由"AAA(最佳)"到"D(非常不满意)",共分为 6 个等级。

表 3-13 2014—2018 年申请 CP 等级评价的企业及优秀企业(A 等级以上)评选结果

单位:个

年份	申请企业数	评价等级		
		AAA	AA	A
2014	18	—	5	5
2015	15	—	5	4
2016	9	—	3	5
2017	18	—	5	10
2018	11	—	7	3

3. CP 运营赋予的奖励(详见表 3-14)

对优秀企业赋予的奖励是:对于企业违反职权调查相关法律法规行为,在一定期限内免于职权调查、对于公平委责令纠正之事实免除或减轻公布义务。

表 3-14 CP 等级评价赋予的奖励

下列期间内免于职权调查	免除或减轻公布义务
·被评为 A 等级以上的 — A:1 年 — AA:1 年 6 个月 — AAA:2 年	·被评为 AAA 等级的 — 免除公布被责令纠正之事实 ·被评为 AA 或 A 等级的 — 公布范围及媒体数减轻一个阶段,缩短公布期间(只限一次)

公平委认为,今后如果很多企业有效运营公平交易自律遵守机制,可以

弘扬事前预防监管、倡导企业自觉遵守法律法规的法治文化，亦可建立自由和公平竞争的市场秩序。

二、韩国公平交易调解院及其职能、作用

(一) 公平交易调解院简介

韩国公平交易调解院(以下简称调解院)是2007年成立的公共机关，旨在迅速调解因不正当行为等引发的纠纷，为建立公平、自律的市场竞争秩序做出贡献。

调解院在《公平交易法》、《加盟业务法》、《转包法》、《大规模流通业法》、《格式条款法》及《代理店法》等法律的个别授权下，致力于救济因不公平交易行为而遭受损失的企业。[1] 除此之外，调解院还负责推进上述公平交易自律遵守机制(CP)的等级评价等由公平委授权的业务、执行可改善大中小企业间交易秩序的各项业务，致力于为自由、公平的市场竞争秩序做出新的贡献。

(二) 调解院案件处理业绩

1. 2018年度调解受理与处理业绩

2018年受理的调解案件数达到3480件，比2017年(3354件)同比增加4%，处理案件数也达3631件，比2017年(3035件)同比增加20%。从2018年度调解受理和处理案件情况来看，不公平交易领域的案件所占比重最大(受理993件、处理1024件)，加盟事业交易领域位居第二(受理805件、处理848件)。2018年度案件平均审理期间为46天，在法定审理期间(60天)内及时安排调解并结案。(见表3-15)

表3-15　2017—2018年调解受理及处理业绩

区分	受理			处理		
	2017年/件	2018年/件	增加率/%	2017年/件	2018年/件	增加率/%
一般不公平交易	964	993	3	858	1024	19
加盟事业交易	779	805	3	750	848	13
转包交易	1416	1376	3	1267	1455	15

[1] 参见韩国公平交易调解院官网，http://www.kofair.or.kr/hp/kof/role.do，最后访问日期：2019年11月18日。

续表

区分	受理			处理		
	2017 年/件	2018 年/件	增加率/%	2017 年/件	2018 年/件	增加率/%
大规模流通业交易	35	38	9	34	38	12
条款	133	207	56	120	198	65
代理店交易	27	61	126	6	68	1033
合计	3354	3480	4	3035	3631	20

资料来源:参见公平交易委员会报道资料:《韩国公平交易调解院,2018 年处理 3,631 件纠纷调解案》,2019 年 1 月 23 日发布。

2. 救济成果

2018 年通过达成调解,取得了约 1179 亿韩元的受害救济成果,相比于 2017 年(950 亿韩元)同比增加 24%。具体而言,调解金额约达 1060 亿韩元,节约诉讼成本约达 119 亿韩元。在救济成果中,转包交易领域所占比重较大(约 919 亿韩元),占全体救济成果的 78%。

在引入调解制度之前,因不公平交易行为遭受损害时,只有提起损害赔偿诉讼才能获得损害救济。因举证难、时间及经济成本较高、损害金额较小等问题难以通过诉讼的方式得以解决的纠纷,可以通过调解制度获得实质性救济。[1]

三、2018—2019 年韩国竞争法执行领域的典型案例

(一)制止阻碍创新竞争的滥用垄断力行为

1. 概要

公平委在 2018 年加强对具有市场支配地位的经营者滥用垄断力的监督,积极纠正与国民生活密切相关的领域发生的不公平交易行为,也致力于增进消费者和社会福利。

2. KoreanRe 排除其他竞争经营者进入航空再保险市场的行为[2]

KoreanRe 再保险公司(以下简称 KoreanRe)从 1999 年便开始与国内航空保险市场的所有损害保险公司签订了《航空保险再保险和转分保特约》,

---

〔1〕 参见韩国公平交易调解院市场研究室:《通过公平交易相关纠纷调解实现救济》,2014 年 9 月,第 2 页。

〔2〕 参见公平委 2019 年 3 月 19 日全体会议决议第 2019-066 号。

且通过以下行为垄断相关市场并排除潜在的竞争经营者进入相关市场。[1]

(1)要求损害保险公司依据 KoreanRe 计算的费率承保原保险,并限制损害保险公司的再保险只能向其进行转分保;

(2)对拟与国内损害保险公司进行交易的海外再保险公司或向国内损害保险公司和海外再保险公司提供中介服务的保险公司给予不利待遇,妨碍国内损害保险公司和海外再保险公司之间的正常交易;

(3)与拟进军韩国市场的海外再保险公司签订海外转分保特约条款,限制海外再保险公司不得直接与国内损害保险公司进行交易,而只能通过 KoreanRe 进行交易。

KoreanRe 通过上述行为,使国内 88%的航空再保险都转分保给自己,从而封锁了潜在竞者进入相关市场的可能性。并且,阻碍国内市场中引进海外费率,形成了高于竞争均衡水平的保险费率,进而限制了保险投保人自主比较、选择多种保险产品的机会,导致消费者的选择权受到很大限制等后果,极大地限制了国内航空原保险和再保险市场的竞争。

对此,公平委认为,KoreanRe 在国内航空再保险市场上排除潜在竞争者进入相关市场的行为属于《公平交易法》禁止的滥用市场支配地位中的排除竞争经营者的行为(法第 3 条之 2 第 1 款第 5 项、实施令第 5 条第 5 款第 2 项)及不公平交易行为中的附条件排他性交易行为(法第 23 条第 1 款第 5 项、实施令第 36 条第 1 款)。鉴于此,公平委向 KoreanRe 下达纠正命令并处以约 76 亿韩元的罚金。

3. 韩国疫苗的出库调整行为

韩国疫苗株式会社(以下简称韩国疫苗)应韩国疾病管理本部的要求,为进口“皮内接种 BCG 疫苗产品”[2](以下简称皮内接种疫苗),通过韩国疫苗商社于 2016 年 8 月 10 日与日本的 Japan BCG Laboratory(以下简称 JBL)签署了个别供应合同,约定截至 2017 年 3 月 21 日进口皮内接种疫苗 2 万支。

但从 2016 年 9 月起,韩国疫苗的关联公司韩国疫苗销售公司原先独家进口销售的高价“经皮接种 BCG 疫苗产品”(以下简称经皮接种疫苗)的销量开始急剧下降,对此,韩国疫苗为了增加经皮接种疫苗的销售额,逐渐削减

---

〔1〕 参见公平委报道资料:《对 KoreanRe 再保险注水会社的市场支配地位滥用行为予以制裁》,2018 年 12 月 17 日发布。

〔2〕 BCG(Bacille Calmette-Querin)疫苗是用来预防婴幼儿结核病的疫苗。

了皮内接种疫苗的订货量及供应量。2016 年 10 月 31 日,韩国疫苗将原本计划从 JBL 进口的 2 万支皮内接种疫苗变更为 1 万支;同年 12 月,在与 JBL 进行业务协商的过程中韩国疫苗表示将进一步削减订货量。最后,2017 年度未进口任何皮内接种疫苗。在此过程中,韩国疫苗未与疾病管理本部进行任何协商,取消所有进口订货量以后也没有如实告知。这导致皮内接种疫苗供应紧张,最终导致断货。

为了预防婴幼儿肺结核,疾病管理本部自 2017 年 10 月到 2018 年 6 月,对高价的经皮接种疫苗实施了临时免费接种,相同期间内,韩国疫苗则实现了垄断利润。具体而言,经皮接种疫苗月平均使用量为 27,566 支,与前一个月相比激增约 88.6%、经皮接种疫苗月平均销售额达到 76,200 万韩元,与前一个月相比激增约 63.2%;[1]相反,偏爱皮内接种疫苗的婴幼儿家属只能选择经皮接种疫苗,这导致消费者的选择权受到很大限制,且国家对高价的经皮接种疫苗实行免费接种,额外花费了约 140 亿韩元的预算,造成国库资金损失。

公平委认为,韩国疫苗利用其在国内 BCG 疫苗市场的市场支配地位,联合其关联公司韩国疫苗销售和韩国疫苗商社,自 2016 年 10 月 31 日至 2018 年 6 月 15 日,故意停止供应免费必打疫苗(皮内接种疫苗),促使高价的经皮接种疫苗的销售量增加,非法获得垄断利润、侵害消费者的选择权,且也不存在正当理由,该行为是《公平交易法》所禁止的滥用市场支配地位行为中的不当出库调整行为(第 3 条第 2 款第 2 项,实施令第 5 条第 2 款),因此判断为违法行为。鉴于此,公平委决定,对包括韩国疫苗在内的 3 家公司下达纠正命令,并处以 99,000 万韩元的罚金,并向检察机关告发韩国疫苗和 2 名相关高管人员。[2]

(二)重点监控大企业的技术挪用行为

1. 概要

公平委强调,在第四次产业革命时代,为了培育具备较强技术创新能力的中小企业,首先要营造公平、公正、透明的技术交易环境。对此,公平委于 2017 年 9 月发布了《关于杜绝挪用技术的对策》,且作为其政策的一环,新设

---

〔1〕 参见公平委报道资料:《对调控出生后四周婴幼儿结核疫苗出库的韩国疫苗公司等予以制裁》,2019 年 5 月 16 日发布。

〔2〕 参见公平委 2019 年 5 月 14 日全体会议决议第 2019-029 号、2019 年 9 月 19 日决定第 2019-239 号。

了“技术挪用案件业务专组”,由其专门负责处理技术挪用案件。

此外,为了加强对技术挪用的制裁,公平委正在推进扩充专组人员、将专组设为正式部门等方案,并将定额罚金〔1〕上限从原先的5亿韩元上调至10亿韩元。〔2〕

2. 对Honors挪用中小企业技术行为的制裁

Honors拟降低吸尘器主要零部件“电源控制装置”的交货单价,但与承包商(以下简称A公司)协商未果。Honors便要求A公司提交制造电源控制装置相关“电子电路线路图”等18份技术资料,且在2015年6月—2017年6月共分19次获取了相关技术资料。在2016年11月—2017年6月,Honors以降低电源控制装置的交货价格为目的,分别向A公司的8家竞争企业提供了上述技术资料中的7份资料〔3〕,并要求8家竞争企业利用这些技术资料制造交付类似的零部件。据此,其中6家竞争企业向Honors提供了报价单,其中1家甚至提供了与A公司类似的零部件样品。

Honors将类似零部件的样品转达给A公司,并利用竞争企业提供的报价和具体的成本明细,促使A公司在2016年12月—2017年6月先后3次降低了供货单价约20%,致使A公司的供货单价与竞争企业提交的报价中的最低价格相一致。由于在短短7个月内交货单价降低了约20%,A公司最终在2017年8月因担心其营业损失而停止了供货。并且,由于A公司的大部分销售额来自本案零部件的供应,其经营状况发生明显恶化。

Honors在公平委的案件调查和审议过程中主张,其要求A公司提供技术资料的目的是审核价格合理性以及产品检验。但公平委认为,Honors的主张无任何正当理由。因此,公平委认为Honors的行为属于“要求提供技术资料的行为”及“挪用技术资料的行为”(《转包法》第12条之3第1款、第3款),责令Honors今后在没有正当理由的情况下不得对承包商要求提供技术资料或挪用承包商的技术资料,同时处以5亿韩元的罚金,且决定向检察机关告发Honors公司和其代表理事等3名高管人员。〔4〕

---

〔1〕 定额罚金,是指在难以计算技术资料泄露挪用、报复行为、合同未交付等违法行为相关金额的情况下征收的罚金。

〔2〕 参见《转包法实施令》,2018年10月18日起实施。

〔3〕 参见该“7份技术资料”几乎涵盖了所有电源控制装置制造所需的信息。获得该等资料的竞争企业可以大幅减少技术开发所需时间和费用成本,从而以低于现有企业的单价供货。

〔4〕 参见公平委2018年12月11日第二小会议决议第2018-364号、2018年12月11日决定第2018-079号。

(三)企业合并制度的运营

1. 2018—2019 年企业合并动向

根据公平委发布的相关资料,2018 年公平委审查的企业合并[1]项目共计 702 件(企业合并项目的总金额为 486.6 兆韩元),是近 10 年以来审查企业合并项目最多的一年。经审查,公平委对有可能限制竞争的 2 件企业合并项目采取了纠正措施[2],并对违反经营者集中申报相关规定的 25 件企业合并案件处以了罚金。受到全球经济陷入长期停滞状态等影响,由外国企业推进的企业合并项目共计 132 件,涉及金额 443.0 兆韩元,与 2017 年相比项目数减少了 22 件、金额减少了 12.6 兆韩元。[3]

2019 年上半期公平委审查的企业合并项目共计 349 件(企业合并项目的总金额为 201.9 兆韩元)。据分析,随着美国企业在韩国的医药品、信息通信、机械金属领域推进大型企业合并项目,由外国企业推进的企业合并项目相比 2018 年上半期项目数增加了 9 件,即 79 件;涉及金额增加了 35.4 兆韩元,即 189.2 兆韩元。[4]

2. 对跨国工业燃气制造企业之间的企业合并采取纠正措施

Linde plc[5] 于 2017 年 6 月 1 日通过反三角合并取得 Linde 和 Praxair 的股份后,签订合同约定:以上述两家公司成为 Linde plc 的子公司的方式进行企业合并,并于 2017 年 8 月 14 日向公平委申报了规模约达 73 兆韩元的企业合并项目。Linde 及 Praxair 是跨国工业燃气公司,Linde 是位于德国的世界第二大运营商,Praxair 是位于美国的世界第三大运营商。

在相关市场划分方面,公平委将工业燃气市场按照种类及供应方式各划

---

[1] 根据《公平交易法》规定,若参与合并经营者中任何一方的前一事业年度资产总额或销售额超过 3000 亿韩元,且另一方的前一事业年度资产总额或销售额超过 300 亿韩元时,则发生企业集中申报义务。就外国企业而言,若达到资产总额或销售额标准,且在中国境内销售超过 300 亿韩元时,发生申报义务。

[2] 公平委针对高通-NXP 案件(2018 年 1 月)、Linde-Praxair 案件(2018 年 10 月)采取了纠正措施。另外,关于 Celanese-Blackstone 案件(2018 年 3 月),公平委在出具该企业合并可能限制竞争的审查报告书之后,当事人撤回了企业合并申报。

[3] 参见公平委企业合并科:《2018 年企业合并的主要特征及动向》,2019 年 3 月 6 日发布。

[4] 参见公平委报道资料:《2019 年上半期企业合并动向》,2019 年 8 月 23 日发布。

[5] Linde plc 是位于爱尔兰的公司,在 2017 年 4 月 18 日为本案企业合并而被设立,拟成为由本案企业合并而诞生的合并组织的控股公司。

分为“管道输送氧气”、“散装氧气”、“管道输送氮气”、“散装氮气”以及“散装氩气”(包括管道输送)、“准分子激光气体”、“氦气”市场。就氧气、氮气、氩气而言,由于国内企业采用国内招标等方式选定工业燃气供应商,因此将其划分为国内市场。此外,考虑到“准分子激光气体”和“氦气”的进口比重较高,运输费用占供应价格的比重较低等因素,将其划分为全球市场。

关于结合类型,由于参与合并的几家公司在氧气、氮气、氩气市场、准分子激光气体市场、氦气批发及零售市场中相互有竞争关系,公平委认为本案企业合并的类型属于横向合并。

关于限制竞争性的判断,由于参与合并的几家公司因本案企业合并在韩国国内散装氧气、氮气、氩气市场和国内管道输送氮气、全球准分子激光气体市场及氦气批发及零售市场中将成为排名第一的经营者,符合限制竞争性的推定条件;参与合并的几家公司的单独定价能力降低、实质性竞争企业数减少,使公司在合并以后更易于协商;且不能认为通过本案企业合并产生的效率性提升效果大于上述弊端,因此公平委决定采取纠正措施。

因此,公平委要求在完成本案企业合并之日起的 6 个月内:(1)Linde 或 Praxair 应出售其在韩国管道输送氧气、氮气、氩气及散装供应事业相关的所有资产(指人力、组织、制造设备、开发及制造相关技术知识产权技术诀窍、营业相关各种权利及成品库存、相关合同等所有有形、无形资产,下同);(2)Linde 应出售在美国新泽西州所拥有的准分子激光气体相关资产或 Praxair 应出售在韩国拥有的准分子激光气体相关资产;(3)Linde 和 Praxair 应出售与全球氦气批发相关的部分资产。〔1〕

(四)对国际卡特尔的制裁

1. 概要

公平委正在持续揭发并制裁国际卡特尔,致力于维护韩国市场的公平竞争秩序。即便是位于韩国领土以外的外国企业在境外实施的不正当共同行为,若该等行为对韩国相应市场产生影响的,适用韩国法的域外适用而采取措施的案件也在逐渐增加。

2. 9 家日本铝、钽电容器制造和销售企业的不正当共同行为

日本电容器企业从 20 世纪 90 年代开始运营社长会、ECC 会、TC 会等竞争企业之间的协议体(以下简称卡特尔会议体)。在上调原材料价格、降低汇率等需要相关行业采取统一应对措施时,日本 6 家铝电容器及 7 家钽电容

〔1〕 参见公平委 2018 年 10 月 5 日全体会议决议第 2018-300 号。

器制造销售公司[1](以下简称 9 家企业)在卡特尔会议体中就海外产品价格上调或维持等行业整体的应对方案进行了讨论。

自 2000 年 7 月至 2014 年 1 月,上述电容器企业持续聚集在一起交换产量、销售量、价格计划、价格增长率等敏感信息,也实施了垄断协议。导致在上述期间内,出口到韩国的电容器的价格上涨或阻碍下跌,价格变动严重受到了本案共同行为的影响,从而导致了限制竞争的效果。并且,参与本案共同行为的 9 家企业的铝和钽电容器在韩国市场的占有率分别占 60%—70%和 40%—50%;在上述期间内,该共同行为对出口到韩国的电容器供应价格产生了严重影响,规模约达 7366 亿韩元(铝 2438 亿韩元、钽 4928 亿韩元)。

公平委认为,上述 9 家企业的行为属于《公平交易法》项下之不正当共同行为(法第 19 条第 1 款第 1 项),属于违法行为。为防止今后再次发生与本案共同行为相同或类似的行为,公平委下达了禁止行为命令及禁止交换信息命令,并处以了总计 3,609,500 万韩元的罚金。[2]

3. 3 家汽车点火线圈制造销售商的不正当共同行为

2006 年 2 月至 2006 年 3 月,日本 Diamond 电机、三菱电机、Denso 公司等 3 家跨国汽车零部件企业(以下简称 3 家企业)为了实现稳定的利益,达成了垄断协议。3 家企业约定彼此之间互不竞争,同时约定交易对象,通过禁止与特定经营者进行交易或只与特定经营者进行交易等方式限制了交易对象。并且,为了抑制价格竞争,在投标过程中 3 家企业事先交换中标预定人、投标价格水平等敏感信息。在 GM 汽车的 L850 点火线圈招标项目中,Diamond 电机尊重 Denso 公司的既有供应权而放弃了投标,三菱电机则提交了高于 Denso 公司的报价,3 家企业通过以上方式落实了垄断协议。

垄断协议结果,Denso 公司在 2006 年 10 月被选定为本案 GM 汽车 L850 点火线圈的供应商。此后,随着 GM 北美的 L850 发动机生产线转移到 GM 韩国,本案 L850 点火线圈也直接进口到了韩国。在 GM 韩国与 Denso 公司签订供货合同的过程中,也是以 Denso 曾向 GM 北美供应的单价为基础进行了单价协商。

---

〔1〕 因有重复的企业,实际为 9 个电容器制造和销售公司。具体如下:铝:Nichicon(株)、SANYO 电机(株)、ELNA(株)、Hitachi Chemical Electronics(株)、Rubycon(株)、Nippon Chemi-Con(株);钽:Nichicon(株)、SANYO 电机(株)、ELNA(株)、Hitachi Chemical Electronics(株)、TOKIN、Matsuo 电机(株)、VISHAY POLYTEC(株)。

〔2〕 参见公平委 2018 年 11 月 27 日全体会议决议第 2018-350 号;公平委 2018 年 10 月 4 日全体会议决议第 2018-067 号。

《公平交易法》第2条之2规定:“即使是在海外发生的行为,该行为若对国内市场产生影响时,则适用本法律”。关于该条款的适用标准,公平委在决议书中引用了韩国法院的立场:“应将《公平交易法》第2条之2所述的‘若对国内市场产生影响时’解释为仅限该行为对国内市场产生直接的、相当的、合理且可预测的影响的情形。且为了判断是否符合这一标准,必须先综合考虑该行为的内容、意图、作为行为对象的财物或服务的特性、交易结构及对国内市场产生的影响之内容和程度等,再进行具体个别的判断。”

公平委认为,上述三家企业之间达成反竞争性协议并实施该协议的行为虽然是在国外发生的,但对韩国市场产生了直接的、相当的、合理而可预测的影响,从而可以适用韩国《公平交易法》。公平委认为,上述3家企业的行为属于《公平交易法》项下不正当共同行为(法第19条第1款第4项),属于违法行为。同时认为,为防止今后再次发生与本案共同行为相同或类似的行为,公平委下达了预期禁止行为命令,并处以了9.1亿韩元的罚金。[1]

(五)消费者的权益增进

1. 概要

公平委于2019年11月25日首次发布了通过Instagram、Youtube等社交媒体进行广告时未披露发帖代价行为相关的执法案例。并且,公平委还表示,其将制定SNS广告的登载及利用行为方面企业、网红、消费者应注意的事项相关的指南,从而提高消费者之间共享信息的准确性,同时期待社交媒体能够为消费者合理行使选择权做出贡献。

2. 就未披露支付代价事实的7家企业违反《标示广告法》的纠正措施

LOK、LVMH Cosmetics、LG生活健康、爱茉莉、Dyson韩国、TGRN、Aplnature等7家企业(以下简称7家企业)要求“网红”在Instagram上传介绍和推荐该企业销售商品的帖子。7家企业通过向“网红”支付现金或无偿提供广告商品等方式,支付了上传帖子的相应代价,所支付的代价总计约达115,000千万韩元。在以上述方式上传的帖子中,没有披露支付代价之事实的帖子共有4177个。

公平委认为,消费者当看到未披露支付代价事实的帖子时,可能无法意识到该帖子实际上是商业广告,且误认为“网红”是根据个人的意愿对商品提供意见、评价等信息,因此,可能会导致消费者的购买决定权受到一定阻碍。同时,《关于推荐、保证等的标示、广告审查指南》中已规定“存在经济上

[1] 参见公平委2019年9月3日全体会议决议第2019-210号。

的利害关系时”应公开其事实。7家企业也承认在Instagram上通过已收取代价的“网红”进行广告时,并没有公开“存在经济上的利害关系”这一事实,实施了欺骗消费者的不正当广告行为。

对此,公平委认为上述行为是欺骗性的标示广告行为(《标示广告行为公平化相关法律》第3条第1款第2项,该法施行令第3条第2款),对7家企业均下达了纠正命令,且处以了26,900万韩元的罚金。[1]

四、小结

从2018年到2019年,公平委开始修订《公平交易法》以来,在完善程序相关制度、改善以往惯例等方面作出了很大努力。同时为了实现公平经济、适应第四次产业革命时代、维持市场经济的活力,采取了各项先发制人的措施。

新上任的公平委委员长赵成旭在2019年11月11日《亚洲今日》的采访中表示:“不论企业具有何国国籍,公平委在竞争法执行方面一直适用了同一标准,今后无论是国内企业,还是外国企业,对其滥用垄断力的行为、不公平交易行为均依法严惩”。今后,公平委为打造健康的市场经济生态、为韩国企业提高自身的竞争力,也将持续致力于探索严格执法、完善市场结构等改善方案。

---

〔1〕 参见公平委报道资料:《就未公开支付代价事实的7家企业违反标示广告法行为的纠正措施》,2019年11月25日发布。

第四章　竞争政策与公平竞争审查制度最新发展

第一节　我国公平竞争审查制度的推进落实概述*

公平竞争是社会主义市场经济的基本特征，是激发市场活力和创造社会财富的重要源泉。随着经济体制改革的深化，我国的社会主义市场经济体系基本建成，公平竞争已成为我国经济市场领域的基本原则。但同时必须认识到，垄断的存在会排斥、限制市场竞争。尤其是某些部门和地方政府为保护当地经济，会出台一系列限制、阻碍竞争的地方立法或者政策措施。为健全统一的市场竞争机制，我国开始构建和推进公平竞争审查制度，对政府机关以及法律法规授权具有管理公共事务职能的组织出台的有关市场主体经营活动的政策措施进行审查，如若相关规定不符合公平竞争要求，将禁止颁布实施，以避免损及市场公平竞争机制。公平竞争审查制度对处理好政府和市场关系、深入推进供给侧结构性改革、持续深化"放管服"改革、优化营商环境极具重要意义。〔1〕

国家市场监督管理总局 2017 年、2019 年先后两次公布了公平竞争审查制度的年度工作重点。两份年度工作重点安排均有六点，都涉及制度规则的制定、存量清理、增量审查、专项督查、宣传培训。对比可以发现，2019 年的公平竞争审查更为强调制度落实和督查；在审查对象方面，2019 年的公平竞争审查更为强调对增量政策措施的审查，并开始强化对特定行业、特定领域的公平竞争审查；在审查方式方面，2017 年的公平竞争审查是以自我审查为

---

* 作者简介：万江，法学博士，西南政法大学经济法学院教授、博士生导师；董晓飞，西南政法大学经济法学院经济法学专业硕士研究生。

〔1〕 参见霍艳梅等：《公平竞争审查制度的理论认识与实践探索》，载《河北工程大学学报（社会科学版）》2019 年第 3 期。

主,2019年则开始加强第三方评估;在成果利用方面,2017年的公平竞争审查主要属于行政部门的内部管理,2019年则开始要求公开审查结果,并以此来约束政策制定者。

一、公平竞争审查的顶层设计

自国务院在2016年6月颁布《国务院关于在市场体系建设中建立公平竞争审查制度的意见》(本节以下简称《意见》)后,我国就加快了公平竞争审查制度建设的步伐。《意见》从紧迫性和必要性、总体要求和基本原则、制度建设、制度实施、保障措施五个方面,全面阐述了公平竞争审查的基本框架。但由于《意见》规定的内容较为原则,国家发展改革委、财政部、商务部、工商总局、国务院法制办,在2017年10月,联合印发了《公平竞争审查制度实施细则(暂行)》(本节以下简称《细则》),对公平竞争审查制度的机制和程序、审查标准、例外规定、社会监督和责任追究等进行了详细规定,尤其是将《意见》中的18条审查标准细化为45个小指标,大大加强了公平竞争审查制度的操作性。而从2018年起,公平竞争审查不再只是国务院文件所倡导,开始逐渐得到中共中央、全国人大的重视,并开始被纳入法律体系之中。

(一)中共中央对公平竞争审查日渐重视

清理废除妨碍统一市场和公平竞争的各种规定和做法,是党的十九大作出的重大决策部署。[1] 2019年5月,中央全面依法治国委员会办公室印发的《关于开展法治政府建设示范创建活动的意见》附件中细化了市县法治政府建设示范指标体系。其中,在政府职能依法全面履行方面,就要求对涉及市场主体经营活动的规章、文件、政策措施进行全面的公平竞争审查,做到不存在未进行审查的文件。2019年6月,中共中央办公厅和国务院办公厅联合引发的有关促进中小企业健康发展的文件中同样指出,要推进落实公平竞争审查制度,为中小企业创造一个公平、开放、透明的市场环境,加大力度清理、排除限制竞争的政策措施。[2] 2019年10月召开的中共十九届四中全会发布的《中共中央关于坚持和完善中国特色社会主义制度推进国家治理体系和治理能力现代化若干重大问题的决定》更是明确提出,要加快完善中国特色

---

〔1〕 参见2019年12月25日市场监督管理总局等四部门《关于开展妨碍统一市场和公平竞争的政策措施清理工作的通知》(国市监反垄断〔2019〕245号)。

〔2〕 参见2019年4月7日《中共中央办公厅、国务院办公厅印发〈关于促进中小企业健康发展的指导意见〉》(国务院公报2019年第11号)。

社会主义市场经济体制,强化竞争政策的基础地位,推进落实公平竞争审查制度,优化完善反垄断执法。2019 年 12 月 4 日,中共中央、国务院联合制定的有关民营企业发展的意见进一步细化指出,要强化公平竞争审查制度刚性约束,坚持存量清理与增量审查并重,持续清理和废除有关企业生产经营的文件和在做法中妨碍统一市场和公平竞争的规定内容,加强规范程序,引入第三方评估制度,建立市场主体的投诉举报和处理回应机制,及时向社会公开,接受社会监督。在区域协调发展方面,要深入实施公平竞争审查制度,致力于消除地方保护主义,促进地区间的市场联合,优化营商环境,激发市场主体活力。〔1〕 除此之外,在支持建设深圳先行示范区、完善促进消费体制机制等事项方面,中共中央都明确提出要构建公平开放的市场环境,推进落实公平竞争审查制度,促使市场主体公平竞争。〔2〕 由此可见,中共中央对公平竞争审查制度的重视日渐增加,对公平竞争审查的诸多方面都予以了高屋建瓴的论述。

(二)全国人大逐步强化公平竞争审查实施

在中共中央对公平竞争审查制度建设予以充分强调的情况下,全国人大也开始重视公平竞争审查的制度建设与落实。第十三届全国人民代表大会第一次会议、第十三届全国人民代表大会第二次会议都对公平竞争审查予以了高度重视。第十三届全国人民代表大会第一次会议在对 2017 年的国民经济和社会发展计划执行情况总结时指出,公平竞争审查制度之于公平竞争市场、深化经济体制改革具有重要意义。并强调,2018 年应当构建竞争公平有序的市场体系,着重清理阻碍市场公平竞争、破坏我国统一市场建立的各种规定,全面推动实施公平竞争审查制度,加强反垄断执法。〔3〕 第十三届全国人民代表大会第二次会议在论述 2019 年的经济社会发展政策取向时同样强调,要加强政策统筹协调,强化具有基础地位性的竞争政策,发挥市场在资源配置中的决定性作用,加强公平竞争审查,规范政府的行为和政策出台,避免

---

〔1〕 参见 2018 年 11 月 18 日中共中央、国务院《关于建立更加有效的区域协调发展新机制的意见》(中发〔2018〕43 号)。

〔2〕 参见 2018 年 9 月 20 日中共中央、国务院《关于完善促进消费体制机制 进一步激发居民消费潜力的若干意见》。2019 年 8 月 9 日中共中央、国务院《关于支持深圳建设中国特色社会主义先行示范区的意见》。

〔3〕 参见 2018 年 3 月 20 日第十三届全国人民代表大会第一次会议《关于 2017 年国民经济和社会发展计划执行情况与 2018 年国民经济和社会发展计划的决议》(2018 年 3 月 20 日第十三届全国人民代表大会第一次会议通过)。

部门及地方政府出现地区垄断和地方性保护,营造公平竞争的市场环境,促进我国统一市场建设,激发中小企业的经济活力。〔1〕

(三)公平竞争审查开始纳入正式法律规则体系

在我国,法律、行政法规、部委规章、地方立法都是正式法律规则体系的重要组成部分,而规范性文件则属于非正式法律规则体系。〔2〕 早前的公平竞争审查是由行政部门推动,是行政系统内部的一项制度,而非来自正式法律规则的变迁。但自 2019 年起,公平竞争审查开始进入正式法律规则体系内。

早前,中国的市场是以地方竞争为主导,并因此而展开了法治建设竞争。这种地方法治建设竞争一方面支撑了企业发展的法治需求,但另一方面又必然出现损及市场公平竞争的现象。〔3〕 营商环境的优化离不开公平竞争市场,因而必须打破地方保护主义,避免政府出台有碍市场主体公平竞争的政策措施。2019 年 10 月,国务院公布的《优化营商环境条例》(以下简称《条例》)将公平竞争审查作为优化营商环境的重要手段。《条例》第 63 条规定,制定与市场主体生产经营活动密切相关的行政法规、规章、行政规范性文件,应当按照国务院的规定进行公平竞争审查。国务院在 2019 年公布的《重大行政决策程序暂行条例》同样强调,决策草案的提交要具有公平竞争审查的相关材料。

而在 2019 年年底公布的《〈反垄断法〉修订草案(公开征求意见稿)》,对《反垄断法》的一些规定进行了修改,同时也增加了一些新的规定。其中一项重要的新规定就是将公平竞争审查制度法律化。在制度规定方面,该征求意见稿第 9 条明确规定了国家建立和实施公平竞争审查制度。将公平竞争审查纳入《反垄断法》系统,将会提供公平竞争审查制度的合法性来源,进而推动公平竞争审查制度的实施。在具体工作方面,意见稿中为反垄断委员会增加了一项职责,即协调公平竞争审查工作,〔4〕形成公平竞争审查联席会议

〔1〕 参见 2019 年 3 月 15 日第十三届全国人民代表大会第二次会议《关于 2018 年国民经济和社会发展计划执行情况与 2019 年国民经济和社会发展计划的决议》(2019 年 3 月 15 日第十三届全国人民代表大会第二次会议通过)。

〔2〕 See Cui & Wei and Wan & Jiang, *When Do Chinese Subnational Governments Make Law?* (October 10, 2019), Available at SSRN, https://ssrn.com/abstract=3467703.

〔3〕 参见万江:《中国的地方法治建设竞争》,载《中外法学》2013 年第 4 期。

〔4〕 《〈反垄断法〉修订草案(公开征求意见稿)》第 10 条规定:(四)协调反垄断行政执法和公平竞争审查工作。

和反垄断委员会双协调机构体系，促进各地、各部门的公平竞争审查工作的落实。另外，在规范滥用行政权力排除、限制竞争行为的规定中，要求政策制定机构在制定相关政策措施时，贯彻落实公平竞争审查制度，认真开展公平竞争审查工作。[1] 表4-1为部分行政法规和重要文件中涉及公平竞争审查的内容。

表4-1　部分行政法规和重要文件中涉及公平竞争审查的内容

文件名称	涉及公平竞争审查的内容
第十三届全国人民代表大会第二次会议关于2018年国民经济和社会发展计划执行情况与2019年国民经济和社会发展计划的决议	强化竞争政策的基础性地位，着眼于使市场在资源配置中起决定性作用和更好发挥政府作用，加强公平竞争审查和反垄断、反不正当竞争执法，规范政府行为，打破行政垄断和地方保护，优化和完善技术、环保、质量、安全等标准，降低市场准入门槛，完善产权制度和市场退出制度，营造公平竞争的制度环境，进一步构建和完善全国统一大市场，鼓励中小企业加快成长
第十三届全国人民代表大会第一次会议关于2017年国民经济和社会发展计划执行情况与2018年国民经济和社会发展计划的决议	六是公平竞争市场环境进一步健全。公平竞争审查制度加快推进。知识产权保护力度加大
	四是构建竞争公平有序的市场体系。全面实施并不断完善全国统一的市场准入负面清单制度，破除歧视性限制和各种隐性障碍，放宽民间资本准入领域。清理废除妨碍统一市场和公平竞争的各种规定和做法，全面推行公平竞争审查制度，强化反垄断执法

[1]《〈反垄断法〉修订草案（公开征求意见稿）》第42条第2款规定：行政机关和法律、法规授权的具有管理公共事务职能的组织，在制定涉及市场主体经济活动的规定时，应当按照国家有关规定进行公平竞争审查。

续表

文件名称	涉及公平竞争审查的内容
中共中央、国务院关于营造更好发展环境支持民营企业改革发展的意见	强化公平竞争审查制度刚性约束。坚持存量清理和增量审查并重,持续清理和废除妨碍统一市场和公平竞争的各种规定和做法,加快清理与企业性质挂钩的行业准入、资质标准、产业补贴等规定和做法。推进产业政策由差异化、选择性向普惠化、功能性转变。严格审查新出台的政策措施,建立规范流程,引入第三方开展评估审查。建立面向各类市场主体的有违公平竞争问题的投诉举报和处理回应机制并及时向社会公布处理情况
中共中央关于坚持和完善中国特色社会主义制度　推进国家治理体系和治理能力现代化若干重大问题的决定	加快完善社会主义市场经济体制。建设高标准市场体系,完善公平竞争制度,全面实施市场准入负面清单制度,改革生产许可制度,健全破产制度。强化竞争政策基础地位,落实公平竞争审查制度,加强和改进反垄断和反不正当竞争执法
中共中央、国务院关于支持深圳建设中国特色社会主义先行示范区的意见	改革完善公平竞争审查和公正监管制度,推进“双随机、一公开”监管,推行信用监管改革,促进各类市场主体守法诚信经营
中共中央办公厅、国务院办公厅印发关于促进中小企业健康发展的指导意见	落实好公平竞争审查制度,营造公平、开放、透明的市场环境,清理废除妨碍统一市场和公平竞争的各种规定和做法
中共中央、国务院关于建立更加有效的区域协调发展新机制的意见	深入实施公平竞争审查制度,消除区域市场壁垒,打破行政性垄断,清理和废除妨碍统一市场和公平竞争的各种规定和做法,进一步优化营商环境,激发市场活力

续表

文件名称	涉及公平竞争审查的内容
中共中央、国务院关于完善促进消费体制机制 进一步激发居民消费潜力的若干意见	(二)构建公平开放的市场环境 积极培育和壮大各类消费供给主体,消除所有制歧视,实行包容审慎有效的准入制度,全面实施公平竞争审查制度,加快建立全国统一、开放、竞争、有序的市场体系,打破地域分割和市场分割
优化营商环境条例	第 63 条第 1 款 制定与市场主体生产经营活动密切相关的行政法规、规章、行政规范性文件,应当按照国务院的规定进行公平竞争审查
	第 64 条第 1 款 没有法律、法规或者国务院决定和命令依据的,行政规范性文件不得减损市场主体合法权益或者增加其义务,不得设置市场准入和退出条件,不得干预市场主体正常生产经营活动
重大行政决策程序暂行条例	第 29 条 决策承办单位提交决策机关讨论决策草案,应当报送下列材料:(一)决策草案及相关材料,决策草案涉及市场主体经济活动的,应当包含公平竞争审查的有关情况……
国务院关于加强和规范事中事后监管的指导意见	强化竞争政策的基础性地位,落实并完善公平竞争审查制度,加快清理妨碍全国统一市场和公平竞争的各种规定和做法
国务院办公厅关于聚焦企业关切进一步推动优化营商环境政策落实的通知	(三)清理地方保护和行政垄断行为。市场监管总局、发展改革委要在 2018 年底前组织各地区、各有关部门完成对清理废除妨碍统一市场和公平竞争政策文件、执行公平竞争审查制度情况的自查,并向全社会公示,接受社会监督;2019 年修订《公平竞争审查制度实施细则(暂行)》。市场监督管理总局要牵头负责在 2018 年年底前清理废除现有政策措施中涉及地方保护、指定交易、市场壁垒等的内容,查处并公布一批行政垄断案件,坚决纠正滥用行政权力排除、限制竞争行为

续表

文件名称	涉及公平竞争审查的内容
国务院办公厅关于加强行政规范性文件制定和监督管理工作的通知	起草行政规范性文件,要对有关行政措施的预期效果和可能产生的影响进行评估,对该文件是否符合法律法规和国家政策、是否符合社会主义核心价值观、是否符合公平竞争审查要求等进行把关

除国务院制定的行政法规外,国务院制定的其他规范性文件同样对公平竞争审查有不少涉及。比如,为优化营商环境、维护公平竞争,国务院办公厅就发文强调要清理地方保护和行政性垄断,在公平竞争审查自查的基础上,面向社会监督,各地区和各部门都要将现存的各种涉及地方保护等妨碍公平竞争的政策措施进行清理,纠正滥用行政权力排除、限制竞争行为。[1] 在规范事中事后监管时,国务院同样强调了公平竞争审查之于完善监管、制约监管的重要意义,要求强化竞争政策的基础性地位,落实完善公平竞争审查制度,坚持做好文件的存量清理和增量审查工作。[2]

二、公平竞争审查的国务院部委实施

公平竞争审查作为规范政府行政的重要抓手,自然要约束国务院部委。就国务院部委而言,其在制定部门规章、规范性文件和其他政策措施时依然要进行公平竞争审查。不过,尽管公平竞争审查主要是由国务院推动,但具体制度设计则是由市场监督管理总局负责(原由国家发展改革委员会负责),因而国家市场监督管理总局既是公平竞争审查的制度供给者也是公平竞争审查的被约束者。

(一)国家市场监督管理总局

最初的公平竞争审查是由国家发展和改革委员会统一领导的,国务院机构改革新组建了国家市场监督管理总局,连同公平竞争审查在内的相关反垄断工作都由市场监督管理总局负担。《国家市场监督管理总局职能配置、内设机构和人员编制规定》明确规定:国家市场监督管理总局负责反垄断统一

---

〔1〕 参见 2018 年 10 月 29 日国务院办公厅《关于聚焦企业关切进一步推动优化营商环境政策落实的通知》(国办发〔2018〕104 号)。

〔2〕 参见 2019 年 9 月 6 日国务院《关于加强和规范事中事后监管的指导意见》(国发〔2019〕18 号)。

执法,统筹我国竞争政策的推进和实施,并且负责公平竞争审查的指导和实施工作,具体由其下设立的反垄断局负责。国家市场监督管理总局大致分为“对内”“对外”两个方面来推进落实公平竞争审查制度,即一方面加强自身的公平竞争审查制度建设,另一方面统筹指导其他部委及地方各级政府的公平竞争审查工作。

1. 作为公平竞争审查的制度供给者

国家市场监督管理总局是我国反垄断的主要执法部门,负责公平竞争审查的指导和实施。因而,其制定的不少政策都属于公平竞争审查的一般性制度供给。2019 年,国家市场监督管理总局制定了两份涉及公平竞争审查的重要文件。

2019 年 6 月,国家市场监督管理总局制定了《制止滥用行政权力排除、限制竞争行为暂行规定》(以下简称《暂行规定》)。该行政规章吸收了大量公平竞争审查方面的内容,对制止滥用行政权力排除、限制竞争行为的执法程序和实体规则作了全面、系统的规定,涉及行政垄断类型、监管者的执法权限和执法程序等多个方面。[1] 在滥用行政权力排除、限制竞争行为的类型划分方面,《暂行规定》从第 4 条到第 9 条共六条规定了二十项具体行为。《暂行规定》第 9 条规定,行政机关不得滥用行政权力,以规定、办法、决定、公告、通知、意见、会议纪要等形式,制定、发布含有排除、限制竞争内容的市场准入、产业发展、招商引资、招标投标、政府采购、经营行为规范、资质标准等涉及市场主体经济活动的规章、规范性文件和其他政策措施。显然,《暂行规定》第 9 条正是对公平竞争审查的论述。当然,对比《暂行规定》与公平竞争审查的《意见》和《细则》可以发现,《暂行规定》更加全面地规制行政机关违背市场公平竞争的行为,不限于出台的政策措施,还要规范现实中行政机关具体的排除、限制竞争的行为。《暂行规定》的出台,在当下简政放权等政府职能转变、构建统一开放市场的大环境中,具有突破性的意义。

《意见》强调鼓励委托第三方评估政策措施,《细则》也提出鼓励委托第三方进行公平竞争审查和定期评估。针对公平竞争自我审查模式之不足,国家市场监督管理总局在 2019 年 2 月制定了第三方评估指南,即《市场监管总局关于发布公平竞争审查第三方评估实施指南的公告》(本节以下简称《指南》)。《指南》首先明确了第三方评估的定义,即“受政策制定机关委托,由

---

[1] 参见国家市场监督管理总局《制止滥用行政权力排除、限制竞争行为暂行规定》(2019 年 6 月 26 日国家市场监督管理总局令第 12 号)。

利害关系方以外的组织机构,依据一定的标准和程序,运用科学、系统、规范的评估方法,对有关政策措施进行公平竞争评估,或者对公平竞争审查其他有关工作进行评估,形成评估报告供政策制定机关决策参考的活动"。《指南》第二部分明确了第三方评估的适用范围和评估内容。《指南》第 5 条指出,以下六种情形都可以引入第三方评估:对拟出台的政策措施进行公平竞争审查、对经公平竞争审查出台的政策措施进行定期评估、对适用例外规定出台的政策措施进行逐年评估、对公平竞争审查制度实施前已出台的政策措施进行清理、对公平竞争审查制度实施情况进行综合评估、与公平竞争审查工作相关的其他阶段和环节。《指南》第 6~11 条则针对上述六种情形分别予以了细化。《指南》第三部分还明确了评估机构的选取。第四部分则规定了评估程序和方法,其中第 14 条规定,对相关政策措施进行事前评估后再进行事后评估时原则上不得委托同一个第三方评估机构。第五部分涉及评估成果及运用。《指南》鼓励各政策制定机关以适当方式共享评估成果,并要求政策制定机关应当在书面审查结论中说明第三方评估的相关情况。《指南》第六部分探讨了第三方评估的保障措施和纪律要求,明确提出将第三方评估经费纳入政府预算管理。〔1〕《指南》的出台,有利于促进第三方评估制度的应用,有助于规范第三方评估行为。

2. 作为督促其他主体落实公平竞争审查的监督者

除制定公平竞争审查的细化规则外,国家市场监督管理总局统筹公平竞争审查的另一重要方式是督促、监督其他主体的公平竞争审查实践。为落实国务院要求于 2018 年完成公平竞争审查的要求,2018 年 11 月,国家市场监督管理总局发文要求各省、自治区、直辖市和部门将公平竞争审查制度的执行情况、政策措施的清理情况报送国家市场监督管理总局,并以此督促各部委和各地方认真完成公平竞争审查。〔2〕为贯彻落实党中央、国务院决策部署,营造公平竞争的制度环境和市场化、法治化、国际化的营商环境,促进统一开放、竞争有序的市场体系建设,2019 年 12 月,国家市场监督管理总局联合国家发展改革委、财政部、商务部,再次要求地方政府、国务院各部委、各直属机构加强对存量文件的清理工作。此次清理的范围是县级以上地方各级

---

〔1〕 参见 2019 年 2 月 12 日市场监督管理总局《关于发布公平竞争审查第三方评估实施指南的公告》(2019 年第 6 号)。

〔2〕 参见 2018 年 11 月 12 日市场监督管理总局办公厅《关于请提供清理现行排除限制竞争政策措施和执行公平竞争审查制度情况的函》(市监竞争函〔2018〕1429 号)。

人民政府及其所属部门和国务院部门在2019年12月31日前制定的规章、规范性文件和其他政策措施。清理重点包括:妨碍各类市场主体依法平等进入和退出市场,限制商品和要素在地区之间自由流动,违法违规实行区别性、歧视性优惠政策,不当干预市场主体生产经营行为。[1] 督促做好存量清理工作,有利于从根本上构建公平、开放的社会主义市场环境。

另外,为了更好地督促地方的公平竞争审查工作,增强制度约束力,提高工作质量,国家市场监督管理总局在地方自查的基础上进行了抽查,共计抽查了北京、四川、安徽等8个省区市的420份文件,发现了一些含有不公平竞争因素的"问题文件"。[2] 督查发现,各地在公平竞争审查的制度建设和落实中存在审查工作不到位、审查程序不健全、审查质量不高等问题。[3] 上述行为有助于发现公平竞争审查地方实施的问题,推动地方政府有效落实公平竞争审查制度。

3. 作为制度领导者的其他制度推进情况

政策的宣传培训与指导是促进制度贯彻落实的一个重要手段。2019年,市场监督管理总局发布了"广东省经济和信息化委文件要求仅对省内企业实施保费补贴措施"等典型案例,从而引起了地方政府对公平竞争审查的重视。同时,市场监督管理总局还通过举办政策吹风会,开展专题宣传,营造了公平竞争的市场氛围,引起社会对公平竞争审查制度的关注。国家市场监督管理总局还派遣反垄断执法骨干到商务部等部门以及上海等12个省区市,对相关部门及地方机构进行培训、讲解制度和案例。[4] 而加强国际交流,市场监督管理总局还与欧盟委员会竞争总司签署了公平竞争相关文件[5],同时与其举办中欧竞争周,联合讨论公平竞争审查等相关问题,建立两者的对话机制,以此为契机,借鉴欧盟公平竞争审查方面的先进工作经验。

---

〔1〕 参见2019年12月25日市场监督管理总局等四部门《关于开展妨碍统一市场和公平竞争的政策措施清理工作的通知》(国市监反垄断〔2019〕245号)。

〔2〕 参见倪泰:《五指成拳为优化营商环境保驾护航》,载《中国市场监管报》2020年第3期。

〔3〕 参见《五省区积极整改2018年公平竞争审查重点督查发现的典型问题》,载《中国质量与标准导报》2019年第2期。

〔4〕 参见倪泰:《五指成拳为优化营商环境保驾护航》,载《中国市场监管报》2020年第3期。

〔5〕 市场监督管理总局先后与欧盟委员会竞争总司签署《关于在公平竞争审查制度与欧盟国家援助控制制度领域建立对话机制的谅解备忘录》和《关于在公平竞争审查制度与欧盟国家援助控制制度对话机制下设立指导小组的指令》。

4. 作为普通行政部门的自我审查

一方面,国家市场监督管理总局是公平竞争审查的制度供给者和监督者;但另一方面,国家市场监督管理总局也会制定其他类型的规章、规范性文件和政策措施,此时则属于公平竞争审查的规范对象。2019年,国家市场监督管理总局在规范市场监督管理总局规章制定程序时就增加了公平竞争审查内容。《国家市场监督管理总局规章制定程序规定》第18条规定,起草机构起草影响市场主体经济活动的规章应当按照规定进行公平竞争审查,第20条则规定,起草机构在报送规章送审稿时,同样需要提交公平竞争审查情况或者报告。〔1〕 自身带头做好公平竞争审查示范,无论对于以后的制度设计,还是督促落实,都具有重要的作用。

(二)其他国务院部委

基于"北大法宝"检索发现,〔2〕2018年1月1日至2019年12月31日,总共有7份行政规章、17份部门规范性文件、16份部门工作文件提及公平竞争审查,发布主体遍布部、委、局、人民银行。其中,有30份文件是由单独的主体发布的,涉及多个部、委、局等机构,国家市场监督管理总局发布了6份,国家能源局也发布了4份,质检总局和国家税务总局均发布了3份,其余的大部分仅发布过1份提及公平竞争审查的文件。剩下的10份文件,是由多个主体联合发布的,共涉及20多个机构,工业和信息化部参与的次数最多,达到6次。其次是国家发展和改革委和财政部,有5次,国家市场监督管理总局有4次,民政部有2次。在这些文件当中,关于文件制定与管理多达9份,关于优化营商环境的有3份。

从上述的文件发布数量情况可以看出,国务院各部委都在加强公平竞争审查制度建设。公平竞争审查的主要对象是规章、规范性文件和政策措施。因此,很多部委在2018年、2019年都规范了规章、规范性文件和政策措施的制定程序和管理办法,对增量文件增加公平竞争审查程序。例如,国家税务总局规定,在对税务性规范文件的送审稿进行审查时,一并审查公平竞争审查方面的材料;〔3〕中国气象局办公室同样规定,在制定气象文件时要严格进

〔1〕 参见2019年4月23日《国家市场监督管理总局规章制定程序规定》(国家市场监督管理总局令第8号公布)。

〔2〕 检索时间为2020年1月10日。

〔3〕 参见2019年《税务规范性文件制定管理办法(2019修正)》(国家税务总局令第50号)。

行公平竞争审查;〔1〕中国人民银行规定,在起草规章时要进行公平竞争审查,同时撰写起草说明,说明中要包括公平竞争审查的情况,条法司对规章送审稿审查时一并审查起草说明。〔2〕还有个别部委,针对优化营商环境、完善市场主体退出制度等特定事项强化了公平竞争审查。在优化营商环境方面,比如,财政部规定在制定政府采购办法时,要严格贯彻落实公平竞争审查制度,按照《意见》规定的公平竞争审查要求进行审查;〔3〕在完善市场主体退出制度方面,国家发展改革委、最高人民法院等 13 个部委进行了联合规定,要求建立并完善市场主体优劣甄选机制,规范产业政策,在市场无法自行发挥作用、需要政府干预的领域,制定具有功能性和预测性的政策措施,并且要对这些政策措施进行公平竞争审查,避免出现排除、限制竞争的情形。〔4〕与此同时,因国家市场监督管理总局加快清理存量文件公平竞争审查的要求,一些部门也对存量文件进行了公平竞争审查清理,比如,工业和信息化部组织开展存量政策文件清理工作,共梳理政策文件 917 项;民政部在 2018 年共清理文件 182 件,其中规章 43 件(包括联合规章)、规范性文件 139 件。目前,发改委、司法部已经将公平竞争审查纳入我国营商环境评价和市县法治政府建设示范指标体系。〔5〕在国家市场监督管理总局的统一领导和协调下,国务院各部委逐渐完成公平竞争审查制度覆盖,为地方各政府机构的制度推进落实树立了"模范"。

三、公平竞争审查的地方实施

在我国现行体制下,中央文件出台后,很快就会有地方政府的政策回应。〔6〕中央层面对公平竞争审查制度的强调必然会引导地方政府推进公平竞争审查的制度建设。

---

〔1〕参见 2019 年 2 月 27 日中国气象局办公室《关于加强气象规范性文件管理工作的通知》(气办发〔2019〕3 号)。

〔2〕参见 2018 年 9 月 30 日《中国人民银行规章制定程序与管理规定》(中国人民银行令〔2018〕第 3 号)。

〔3〕参见 2019 年 7 月 26 日财政部《关于促进政府采购公平竞争优化营商环境的通知》(财库〔2019〕38 号)。

〔4〕参见 2019 年 6 月 22 日国家发展改革委、最高人民法院、工业和信息化部等《关于印发〈加快完善市场主体退出制度改革方案〉的通知》(发改财金〔2019〕1104 号)。

〔5〕参见倪泰:《五指成拳为优化营商环境保驾护航》,载《中国市场监管报》2020 年第 3 期。

〔6〕参见万江:《央地关系视角下地方政府规范性文件制定研究》,载《法治现代化研究》2018 年第 6 期。

(一)公平竞争审查的地方制度建设

国家市场监督管理总局发布的《公平竞争审查制度2018年总体落实情况》表明,截至2018年年底,国务院各部门、所有省级政府、98%市级政府、85%县级政府已部署落实。市县落实比例与2017年底相比分别提高了5个百分点和36个百分点。其中,北京、天津、河北等17个省(区、市)实现省市县三级全覆盖。浙江省在2018年实现了省政府及省级30多个部门、11个设区市及87个县(市、区)已建立公平竞争审查工作机制;〔1〕山东省截至2019年5月底,全省16个市、137个县、市、区政府实现了公平竞争审查制度三级全覆盖;黑龙江省在2019年致力于促进本省的全覆盖,采取督促、现场督导等一系列方式,最终实现了省、市、县三级全覆盖。山西省同样在2019年采取诸多综合手段,最终全省11个市、117个县出台了公平竞争审查相关文件,实现了本省的全覆盖。〔2〕而截至2019年9月,我国公平竞争审查制度实现了国家、省、市、县四级全覆盖。〔3〕表明我国在公平竞争审查制度建设与推广方面,趋向于成熟。课题组进一步在"北大法宝"上搜索公平竞争审查地方性文件,总共有299份,2016年有25份,2017年有218份,2018年有51份,2019年仅有5份。〔4〕2018年以来新增的56份文件中,17份文件是细化《意见》规定,7份文件是贯彻《细则》精神,7份文件涉及联席会议建设,6份涉及公平竞争审查督查。有关公平竞争审查工作规则和程序的文件数量为6份,关于年度公平竞争审查工作执行情况的仅有2份,分别是山东省交通运输厅的自查报告和广东省卫生健康委的2018年执行情况。

1. 公平竞争审查的地方工作规则和程序

《意见》和《细则》都对公平竞争审查的工作规则和程序有一定的规定,但这些部委文件通常需要转换成地方文件才能够得以实施。在所搜索到的相关文件中,有6份地方文件是地方根据《细则》和《意见》制定的工作规则和程序。这些文件对公平竞争审查的制度设计大同小异,都包括审查主体、审查对象、意见征求、审查结论、审查评估等方面。不过,一些地方在审查的

---

〔1〕 参见浙江省物价局:《统筹谋划 多措并举 全面落实公平竞争审查制度》,载《中国价格监管与反垄断》2018年第8期。

〔2〕 参见山东省市场监督管理局:《国家市场监管总局副局长甘霖调研山东省反垄断执法和竞争政策实施工作》,载《中国价格监管与反垄断》2019年第11期。

〔3〕 参见倪泰:《五指成拳为优化营商环境保驾护航》,载《中国市场监管报》2020年第3期。

〔4〕 检索时间为2020年1月10日。

机制体制方面进行了积极探索。

体制机制的创新本身就是一项制度完善的过程。通过部分有条件的地区先行探索新机制,再将实施有效的机制逐渐推广各地,是我国制度建设的一大特色。例如,江苏强化了联席会议的协查机制;湖南的公平竞争审查约谈机制;福建的工作落实台账和"每月一通报"机制;广东省健康委建立公平竞争审查三年一评估定期评估制度,建立专人负责制度;天津、浙江、广东、广西、贵州、重庆、甘肃等将公平竞争审查纳入依法行政、法治政府考核评价体系,增强了公平竞争审查的刚性约束力。

在工作方式创新方面,部分地方利用当地的经济、科技等有利条件,积极探索新方法,以便于更好地执行公平竞争审查工作。例如,广东省珠海市海洋农业和水务局发布的《珠海市海洋农业和水务局公平竞争审查工作暂行办法》规定,文件审查采取 OA 在线留痕技术,[1] 即政策制定机关出台的文件需在 OA 系统上上传,对需要进行公平竞争审查的文件要选择对应文件类型,并上传公平竞争审查表。制度的推进落实一方面是源于制度本身的条件,另一方面也不可缺少外在条件的帮助,在当今这个互联网时代,将网络技术应用到制度的执行当中,会极大促进制度的完善与工作的贯彻落实。

2. 公平竞争审查地方联席会议制度

公平竞争审查是贯穿政府各个部门、各个级别的制度,级别的不同可以按照下级服从上级和上级管理下级的原则进行协调沟通,但同级的"工作壁垒"却是难以解决的。联席会议制度就是针对这个难题而设计出来的。2016年12月,国务院办公厅发布了《国务院办公厅关于同意建立公平竞争审查工作部际联席会议制度的函》(国办函〔2016〕109号),标志着我国公平竞争审查联席会议制度的初步建立。联席会议的工作职责主要是统筹全局,协调解决重大问题,加强各个部门的信息交流和相互协助。在该制度的发展与实践中,联席会议还逐渐发掘督查职责。联席会议制度的建立,对于我国公平竞争审查制度的建设和落实是一个"划时代"的事件。

在国务院办公厅文件公布之后,地方省市相继成立了自己的公平竞争审查联席会议。还有个别地区成立了公平竞争审查领导小组,如内蒙古自治区经济和信息化委员会。课题组在"北大法宝"上搜索到的2018年和2019年的地方公平竞争审查文件中,有7个是关于联席会议的。2019年,国家市场

〔1〕 全称为办公自动化,即将计算机、通信等现代信息网络技术应用到办公领域,形成一个极大简化人工办公人员手动以及重复性的工作的新型办公方式。

监督管理总局督促各地联席会议进行成员调整,健全工作机制。目前已经有31个省区市完成了调整,辽宁省、江西省等地调整为由本级政府分管负责人担任召集人,辽宁省还建立了联席会议成员单位审查机构协调机制和联络员制度。[1]

3. 公平竞争审查地方督促制度

在中央督促的背景下,很多省市政府也开始建立地方的督查制度,检查公平竞争审查制度的建设情况,以及审查成果的情况。督查制度大概涉及三方面,即督查内容、督查方式和工作要求。在督促内容方面各地有较大区别。黑龙江省物价监督管理局规定,督查的内容主要为公平竞争审查制度的推进落实情况和清理现行政策措施的情况。[2] 宝鸡市则规定,督促的内容主要是工作机制建立、自审机制建立、存量清理和增量审查四个方面。[3] 西安市则规定,督促的重点是公平竞争审查实施方案印发情况、工作协调机制的建立和运转情况、政策解读和培训、增量审查和存量清理、各区县制度落实情况。[4] 在督查方式上,黑龙江省以自查报告和专项督查组相结合的方式,宝鸡市采取听取说明、查阅资料和抽查的方式,西安市采取听取说明、查阅资料的方式。尽管具体的规定有所不同,但都对激励本地区的公平竞争审查工作具有重要作用,有利于弥补“自我审查”机制的不足,促进公平竞争制度的落实。

(二)公平竞争审查的地方实施绩效

公平竞争审查的制度建设相对容易,具体的审查能够落实才是难点。《公平竞争审查制度2018年总体落实情况》表明,在2018年,各地区、各部门共对31万份增量文件进行了审查,比2017年增长154%,对其中1700余份文件进行了修改完善,比2017年增长157%,审查效果进一步显现。到2019年2月底,全国共审查新出台文件43万份,其中对2300多份文件进行了修

〔1〕 参见倪泰:《五指成拳为优化营商环境保驾护航》,载《中国市场监管报》2020年第3期。

〔2〕 参见2018年7月24日黑龙江省物价监督管理局《关于开展2018年公平竞争审查制度落实情况专项督查的通知》(黑价法〔2018〕115号)。

〔3〕 参见2018年4月3日《宝鸡市人民政府办公室关于开展公平竞争审查制度工作专项督导的通知》(宝政办函[2018]36号)。

〔4〕 参见2018年8月9日西安市物价局、西安市发展和改革委员会、西安市财政局、西安市商务局、西安市原工商行管理局、西安市人民政府法制办公室《关于开展公平竞争审查制度落实情况专项督查的通知》(市物发〔2018〕143号)。

改和完善。〔1〕在具体的地方省市方面,江苏省在2017年省级各部门审查新增政策200余件,设区市政府及所属部门共审查1395件,县级政府和部门共审查967件。〔2〕湖南省2018年全省共审查增量文件9154份,经审查修改159份;在存量清理方面,全省共清理存量文件13,600多份,其中修改220多份,废止540多份。〔3〕贵州省在2018年审查文件过程中发现违反公平竞争审查制度文件163份,已废止涉及严重排除和限制竞争的文件12份,其余正在调整中。山西省2019年全省共审查新出台文件3299件,清理存量文件3906件,废止或修订违反审查标准文件161件。河北省在存量清理工作中取得成就,共清理存量文件16,314件,修改104件,废止342件。各省市无论在存量文件清理上,还是在增量文件审查上,都取得了阶段性的成就。

为进一步考察地方公平竞争审查的实际效果,课题组在省级市场监督管理局网站进行搜索,得到10个省份的具体数据(见表4-2)。从公平竞争审查结果的呈现形式看,有的是由政府、市场监督管理部门或者公平竞争审查联席会议专门向公众报告,如广东省、江苏省、山东省、河南省和河北省;有的是由媒体报道所得,如山西省;还有个别省市的相关数据出现于对省政协提案的答复以及年度工作总结中。更要注意,有20多个省市根本没有报告公平竞争审查的相关数据。从汇报的公平竞争审查对象来看,有的汇报了2018年度审查的文件数量,有的汇报的是自公平竞争审查实施以来的总数。只有广东省的数据说明最详细,其在2019年1月28日发布的《广东省市场监督管理局发布2018年广东执行公平竞争审查制度情况报告》中,从存量清理和增量审查两个方面进行说明,并细分了省、市、县的相关具体数据,同时还公布了设置过渡期、适用例外规定、修改、废止的文件数量。审查情况公布得越详细,就越利于外部监督,越有助于提升公平竞争审查的质量。

---

〔1〕国家市场监督管理总局副局长甘霖在2019年4月9日国务院新闻办公室举行推进放管服改革优化营商环境和调整进境物品进口税吹风会上介绍的。

〔2〕参见江苏省物价局反价格垄断分局:《凝聚共识　健全机制　努力推进公平竞争审查工作再上新台阶》,载《中国价格监管与反垄断》2018年第8期。

〔3〕参见湖南省市场监督管理局:《强化监督　善借外力　加强培训　努力做好全省公平竞争审查工作》,载《中国价格监管与反垄断》2019年第8期。

表4-2 部分省份公平竞争审查文件数量情况

省份(文件)	内容
广东省市场监督管理局发布2018年广东执行公平竞争审查制度情况报告	2018年全省共梳理现行有效的规章、规范性文件和其他政策措施29,284件,对含有排除、限制竞争内容的政策措施,废止184件、修订57件。其中,共清理省级政府及所属部门文件3317份,无排除限制竞争问题3263份、修改5份、废止49份;共清理市级政府及所属部门文件14,071份,无排除限制竞争问题13,961份、设置过渡期3份、适用例外规定2份、修改33份、废止72份;共清理县级政府及所属部门文件11,896份,无排除限制竞争问题11,804份、设置过渡期6份、适用例外规定4份、修改19份、废止63份 2018年,全省共审查增量文件21,131份,政策制定机关及时修订了在审查中发现的含有排除限制竞争内容的文件。其中,共审查省级政府及所属部门文件2524份,经审查修改调整2份、适用例外规定7份;共审查市级政府及所属部门文件9182份,经审查修改调整32份、适用例外规定8份;共审查县级政府及所属部门文件9425份,经审查修改调整81份、适用例外规定5份
江苏省市场监管局2018年省政府重点工作完成情况	督促97个县(市、区、园区)出台实施意见,覆盖率达到97.98%。牵头省级各部门审查新增政策1186件,各设区市审查新增政策2986件,纠正了一批违反公平竞争原则的政策措施。梳理现行各类政策措施36,000余份,修改废止90余份含有地方保护、指定交易、市场壁垒等内容的文件。对44家省级部门和13个设区市公平竞争审查落实情况进行全面督查,督查报告即将上报省政府
山东关于清理现行排除限制竞争政策措施和执行公平竞争审查制度情况的公示	我省已有17个设区市和144个县(市、区)部署落实了公平竞争审查制度,17个设区市和139个县(市、区)建立了工作联席会议制度。各级政府及有关部门共审查涉及市场准入、招标投标、政府采购、经营行为规范、资质标准等市场主体经济活动的政策措施100,823件,废止6255件,修改1532件,适用例外规定55件。其中:存量文件75,562件,废止6255件,修改1492件,适用例外规定36件;增量文件25,261件,修改40件,适用例外规定19件

续表

省份(文件)	内容
中国质量报:山西公平竞争审查和反垄断工作取得突破性进展	山西省公平竞争审查联席会议30个成员单位审查文件351份,11个市政府和行政部门审查文件1326份,县级审查文件1622份。按照"稳妥有序,分类处置"的原则,全省各级政府和行政部门开展了对存量政策措施的清理,截至2019年12月16日,全省共清理存量文件3906份,废止107份,修改54份
河南省公平竞争审查工作厅际联席会议在省市场监管局召开	已实现了省、市、县(区)三级全覆盖。在规范增量政策方面,截至2019年12月3日,全省共审查文件6121份,经审查调整15份,适用例外规定3份。在清理存量政策方面,截至2019年12月3日,省级层面共梳理文件24,333份,审查文件1095份,调整或废除相关文件40份;市县级层面共梳理文件48,859份,审查文件21,698份,调整或废除相关文件154份
河北省公平竞争审查工作联席会议召开	省联席会议办公室制定方案,强化部署和调度,全省共完成清理存量文件16,314件,修改104件,废止342件
贵州省市场监管局关于省政协十二届会议第1129号委员提案的会办意见黔市监提复字(2019)35号	截至2018年11月29日,我省省直机关、市县各级政府及其职能部门共清理现行政策措施11,507份,发现不符合公平竞争审查制度的文件163份,已废止涉嫌严重排除和限制竞争的文件18份,其余正在调整中
上海市市场监督管理局2018年工作总结和2019年工作计划	推动各区、各部门清理现行排除限制竞争政策措施近13,800件,废止或调整政策措施81件。依法纠正本市有关部门滥用行政权力指定交易和排除、限制竞争行为
其他	浙江省审查新制定政策文件11,873件,经审查修改或者未出台317件;组织全省清理排除限制竞争的存量政策文件17,722件,废止修改832件
	辽宁省对新出台的1469项涉及市场主体经济活动增量的政策措施严格审查,排查38,663项涉及市场主体的存量政策措施,对254项妨碍统一市场和公平竞争的政策措施进行了清理

除以上省份数据以外,个别地级市、行政部门也公布了公平竞争审查的

实施情况。比如,西双版纳就公布了辖区县(市)公平竞争审查的文件数量和结果详情。[1] 在2018年12月20日,山东省交通运输厅发布《关于执行公平竞争审查制度情况自查报告》,公布了其公平竞争审查的相关情况。另外,广东省卫生健康委也发布相关文件,对其审查情况进行了公布。[2]

不少地方公布的公平竞争审查情况报告都显示"未发现违背公平竞争的文件"。但国务院为了更好地优化营商环境,避免政府出台相关违背公平竞争的文件,进行了一系列的督查工作。在2019年11月12日发布的《关于国务院第六次大督查发现部分地方和单位落实深化"放管服"改革优化营商环境政策要求不到位典型问题的通报》中,就发现了很多地方政府部门及具有管理公共事务职能的组织都有违背公平竞争的做法。比如,山西省药师协会自行出台的政策措施垄断了药师行业的继续教育,从中牟取了大量的非法利益;重庆市渝北区住房和城乡建设委员会出台了一个没有上位法依据的文件,要求竣工验收前要到其指定的机构进行第三方评估,存在收费混乱和评估结果不合格仍然给予办理竣工验收等问题;凉山彝族自治州发展和改革委员会制定的文件对本地企业和外地企业采取不同的评分标准,阻碍外地企业参与本地的招投标活动,进行地方保护,构成了区域市场壁垒,违背了市场的公平竞争,同时违反了我国的《招标投标法》。由此可见,不少地方公布的审查的"表面成果"是引人注目的,但审查质量还有待提高。如何保障政府审查的全面性、真实性和有效性,是未来制度完善的方向。

(三)公平竞争审查第三方评估的实施情况

随着第三方评估制度《指南》的发布,相继有地方政府着手实施公平竞争审查工作的第三方评估,如浙江省市场监督管理局通过招标的形式,委托第三方评估机构对嘉兴市的公平竞争审查进行第三方评估。具体评估内容包括三个方面:一是听取嘉兴市有关公平竞争审查制度的文件发布、工作协调、督查、存量清理、增量审查、宣传培训等制度建设与实施情况;二是组织了两类座谈会,即政府机关内部的座谈会和包括市场上企业、协会等市场主体在内的座谈会;三是抽查文件和调查问卷。重庆市也开展了公平竞争审查的第三方评估工作,出台《公平竞争审查工作第三方评估实施方案》,随后委托

[1] 参见2018年5月27日西双版纳人民政府办公室《关于落实公平竞争审查制度工作督查情况的通报》(西政办函〔2018〕62号)。

[2] 参见2018年12月10日广东省卫生健康委《关于报送2018年执行公平竞争审查制度情况的函》(粤卫函〔2018〕1661号)。

第三方评估机构对其下属的市级机构和县级机构的公平竞争审查总体实施效果进行评估，在2019年首先对重庆市的市教育委员会、市规划自然资源局、市文化旅游委、市知识产权局四个机构进行了评估。评估的内容包括：制度实施情况、存量清理、增量审查，以及利害关系人、社会媒体等对政府公平竞争审查工作的评价等方面。另外，广州市越秀区委托法律顾问协助审查并出具书面审查建议的第三方评估制度，山东省交通运输厅鼓励通过政府购买服务方式委托第三方评估机构开展评估，评估流程、评估结果以适当方式向社会公开。除此之外，还有湖南、辽宁、上海、湖北、海南等省市地区都进行了公平竞争审查的第三方评估。

四、小结

公平竞争审查制度针对的是行政垄断中的抽象性行政垄断，[1]防止政府机关出台排除、限制竞争的政策措施，从规则层面预防与制止政府干预公平竞争的现象出现，提升我国社会主义市场经济的公平竞争性。经过2016年的初步建立，2017年和2018年的全面推广，以及2019年的完善，目前已形成以《意见》和《细则》为基础，以联席会议制度、第三方评估制度等配套规定为辅的一个系统制度体系。在中央的推动下，省、市、县三级也全部建立了公平竞争审查的相关制度。由此看来，公平竞争审查制度已经基本建立。

但制度建设和制度落实是有距离的，加之公平竞争审查在我国产生时间短，在各方面还处于探索阶段，“公平竞争审查工作虽然取得了积极成效，但还存在着审查不全面、监督不严格等一些突出问题”。[2]

首先，效力级别不够。尽管中共中央、全国人大及其常委会对公平竞争审查制度都极度重视，在多份文件中反复强调要加强公平竞争审查，但尚无法律明确规定公平竞争审查制度，由此限制了公平竞争审查的适用空间和约束力强度。《〈反垄断法〉修订草案（公开征求意见稿）》从法律层面关注公平

---

〔1〕 抽象性行政垄断，是指行政机关或法律、法规授权具有管理公共事务职能的组织滥用行政权力，制定排除、限制竞争的规章、规范性文件和政策措施等行为。

〔2〕 参见《多举措聚焦制度短板弱项 完善公平竞争审查制度》，载国务院新闻办公室网站2019年4月9日，http://www.scio.gov.cn/32344/32345/39620/40172/zy40176/Document/1651524/1651524.htm。

竞争审查制度。[1] 若该修订草案最终通过,公平竞争审查方才有法律层面之明确依据。

其次,配套制度还存在诸多问题。公平竞争审查的配套制度主要有联席会议制度、第三方评估制度,公平竞争审查例外适用、责任追究等方面的配套制度则尚未建立。而且,既有配套制度有关公平竞争审查联席会议的职责、成员范围、召集人等规定并未明确,有关第三方评估机构的独立性、公正性和权威性等问题也未得到充分关注。

最后,公平竞争审查的政务信息公开亟待改进。良好的信息公开环境,对于监督和改善政府的工作具有重要作用,有利于提升政府工作效率,推动国家相关制度的贯彻落实。随着《政府信息公开条例》的出台,我国在政府信息公开方面明显有重大改善。但在这次搜查资料过程中发现,某些省市的公平竞争审查文件无论是在其官网,还是在其他相关的文件搜查网站中,都无法搜集到。实际上,这些省市已经建立了公平竞争审查制度,也制定了相关文件,但在信息公开方面做的却远远不够。尤其是在公平竞争审查执行情况上,能够在网站上看到的很少。及时向社会公开公平竞争审查工作实施情况,有利于社会监督公平竞争审查,也有利于市场主体维护自身的合法权利。

除此之外,我国的公平竞争审查制度还存在审查质量不高、审查不全面等问题。制度成熟是一个发展的阶段,我们要同时认识到成就与问题,加强对公平竞争审查制度的探索与完善,不断夯实公平竞争审查的制度基础。

第二节　交通领域公平竞争审查相关问题研究*

一、序言

(一)交通领域政策文件现状

在全国范围内,交通运输领域具有法律效力的政策文件有法律、行政法

---

[1] 参见市场监督管理总局就《〈反垄断法〉修订草案(公开征求意见稿)》公开征求意见的公告,其中,第 9 条规定“国家建立和实施公平竞争审查制度,规范政府行政行为,防止出台排除、限制竞争的政策措施”。

* 本节内容系 2018 年国家市场监督管理总局委托课题《我国交通领域公平竞争审查制度实施研究》的阶段性成果,由武汉大学竞争法与竞争政策孙晋课题组完成,课题组主要成员:邝磊,博士后,武汉大学竞争法与竞争政策研究中心研究员;袁野,博士研究生,中南民族大学法学院讲师,武汉大学竞争法与竞争政策研究中心研究员;徐则林,博士研究生,武汉大学竞争法与竞争政策研究中心研究员;谈立群,博士研究生,武汉大学竞争法与竞争政策研究中心研究员。

规、部门规章和各类规范性文件等几种形式。根据交通部网站的查询，全国人大常委会共颁布法律八部，其中包括《航道法》、《海上交通安全法》、《邮政法》、《公路法》、《海商法》、《民用航空法》、《铁路法》和《港口法》，其涵盖了该领域内的方方面面。当然，在其他的法律中也有关于交通运输的相关规定，如《网络安全法》《安全生产法》等，但是这些法律仅某一条或者某几条涉及交通运输领域，而不是专门的领域性立法。从目的上看，大部分法律的立法目的相似，都是为了保障某项交通领域的事项顺利进行，为了社会主义建设的需要，具备浓厚的公法特征。以《铁路法》为例，其立法目的为了保障铁路运输和铁路建设的顺利进行，适应社会主义现代化建设和人民生活的需要。值得一提的是，《海商法》的目的是调整海上运输关系、船舶关系，维护当事人各方的合法权益，促进海上运输和经济贸易的发展，这样的立法目的兼具了公法和私法的特征。鉴于我国公平竞争审查制度目前只规范行政法规、部门规章和规范性文件，因而交通领域这些法律没有被本课题纳入其中进行考虑。

国务院行政法规涉及交通运输领域的共有 57 部，其中主要包括《国际海运条例》、《道路运输条例》以及《国内水路运输管理条例》等。我国《立法法》规定，行政法规的制定是为了执行法律的规定和履行国务院行政管理职权，但这些职权立法的条件尚且不成熟，因而需要制定行政法规进行“试验”。具体来说，这些行政法规的制定目的也是为了保障各种交通运输的工作推进和稳步发展，更为细化，同时也需要遵循法律保留原则。

据交通运输部网站统计，交通运输部部门规章共有 303 个（包括试行规定和补充规定），其中主要包括《港口经营管理规定》、《公路水路行业内部审计工作规定》和《民用航空器驾驶员合格审定规则》等规定。根据《立法法》的规定，部门规章的目的是执行法律或者国务院的行政法规、决定、命令。

此外，规范性文件的数量不胜枚举，交通运输部下属的各个司局单位都有权制定规范性文件，仅以民用航空局为例，其自创办至今发布的规范性文件的数量一共有 812 个（包括已失效和废止的文件），因此该类文件数量庞杂、涉及的内容也较为细致，其目的是实行法律、行政法规和规章的需要。

（二）公平竞争审查的政策依据

2016 年 6 月，国务院颁布了《关于在市场体系建设中建立公平竞争审查制度的意见》，对于在市场体系中建立公平竞争审查制度提出了纲领性意见。

2016 年 12 月 22 日,为贯彻落实国务院《关于在市场体系建设中建立公平竞争审查制度的意见》,切实加强对公平竞争审查工作的协调指导,推动公平竞争审查工作的落实,国务院批复建立由国家发改委牵头的公平竞争审查工作部际联席会议制度,以实现跨部门的有效沟通和高效工作。2017 年 10 月,《公平竞争审查制度实施细则(暂行)》颁布。2018 年 3 月,为保障国家铁路局公平竞争审查工作顺利开展,推动公平竞争审查制度有效实施,国家铁路局关于印发《国家铁路局公平竞争审查制度实施办法(暂行)》的通知。2019 年 2 月,国家市场监督管理总局在其官网公布了《公平竞争审查第三方评估实施指南》,通过细化公平竞争审查第三方评估,解决制度落实中的缺陷,推进公平竞争审查制度的落实。

1. 国务院《关于在市场体系建设中建立公平竞争审查制度的意见》

国务院《关于在市场体系建设中建立公平竞争审查制度的意见》(本节以下统称《意见》)规定了建立公平竞争审查制度的宏观指导思想。阐明了公平竞争审查制度建立的动因是因为公平竞争审查制度是深入推进经济体制改革的客观需要,是全面推进依法治国的有力保障,是实现创新驱动发展的必然选择,是释放市场主体活力的有效举措。《意见》指出公平竞争审查制度建立的总体要求是“建立公平竞争审查制度,要按照加快建设统一开放、竞争有序市场体系的要求,确保政府相关行为符合公平竞争要求和相关法律法规,维护公平竞争秩序,保障各类市场主体平等使用生产要素、公平参与市场竞争、同等受到法律保护,激发市场活力,提高资源配置效率,推动大众创业、万众创新,促进实现创新驱动发展和经济持续健康发展”。《意见》在指导思想部分还明确了公平竞争审查制度建立的四项基本原则,分别是:尊重市场,竞争优先;立足全局,统筹兼顾;科学谋划,分步实施;依法审查,强化监督。

《意见》规定了公平竞争审查制度核心内容。公平竞争审查制度的审查对象是“行政机关和法律、法规授权的具有管理公共事务职能的组织(以下统称政策制定机关)制定市场准入、产业发展、招商引资、招标投标、政府采购、经营行为规范、资质标准等涉及市场主体经济活动的规章、规范性文件和其他政策措施”。审查方式是自我审查,并明确了市场准入和退出标准,商品和要素自由流动标准,影响生产经营成本标准,影响生产经营行为标准。除此以外,《意见》规定了公平竞争审查制度适用的例外,在维护国家经济安全、文化安全或者涉及国防建设的;为实现扶贫开发、救灾救助等社会保障目的的;为实现节约能源资源、保护生态环境等社会公共利益的;法律、行政法规规定的其他情形下可以不适用公平竞争审查,但是政策制定机关应当说明相关政策措施对实现政策目的不可或缺,且不会严重排除和限制市场竞争,并明确实施期限,并对实施效果进行逐年评估。

《意见》规范了公平竞争审查制度的实施路径。包括推动公平竞争审查的制度建设步骤和推动公平竞争审查的制度建设保障两部分。在公平竞争审查制度建设步骤中要求要明确工作机制、有序清理存量、定期评估完善、制定实施细则以及加强宣传培训。在推动公平竞争审查制度保障方面明确了要健全竞争政策、完善政府守信机制、加强执法监督和强化责任追究。

2.《公平竞争审查制度实施细则(暂行)》

《意见》主要是构建了公平竞争审查制度的基本框架,具体推进落实公平竞争审查制度,在这之后相关部门又出台了具体的实施细则,即《公平竞争审查制度实施细则(暂行)》(本节以下简称《实施细则》)。《实施细则》主要从以下几个方面强化了公平竞争审查制度的落实:

一是严格细化审查程序。现阶段,我国公平竞争审查主要采取自我审查的方式。为避免自我审查沦为不审查,并使之具有实质意义,必须严格并细化相关审查程序。《实施细则》充分体现了"强化程序约束"的特点和要求,在审查程序方面作出了更为细致、更具针对性的制度安排。

二是全面细化审查标准。全面细化 18 条审查标准,也是《实施细则》的一大亮点。国务院《意见》从维护全国统一市场和公平竞争的维度,确立了四个方面 18 条审查标准,可以说基本涵盖了当前政府部门妨碍市场竞争的主要行为类型,为竞争影响评估创设了一套完备的标准体系。但是,公平竞争审查毕竟是一项专业性审查,政策性、专业性很强,大多数行政机关尚不具备竞争方面的专业知识和相关经验,造成审查能力不足,影响了制度的实施效果。解决这一问题,重要途径就是进一步细化审查标准,使其更加具体化,便于理解和把握。为此,《实施细则》将 18 条审查标准细化成为 50 余条二级标准,进一步明确了概念内涵、列举了表现形式,对政策制定机关在实际审查中准确理解把握相关标准,不断提高自身审查能力具有重要作用。同时,为了弥补政策制定机关审查能力不足问题,《实施细则》还建立了专家咨询机制,政策制定机关开展公平竞争审查可以咨询专家学者、法律顾问、专业机构的意见。

三是《实施细则》在完善监督与评估方面也作出了进一步规定。首先,健全监督举报机制。对未进行审查或者违反审查标准出台政策措施的情况,任何单位和个人都有权监督举报,可以向政策制定机关反映,也可以向上级机关或反垄断执法机构举报。其次,明确责任追究问题。政策制定机关首先要主动纠正,未审查的补做审查,违反标准的停止执行或调整修改;上级机关要责令政策制定机关改正,拒不改正或者不及时改正的要依法追究相关人员的责任,相关的处理决定要依法向社会公开。最后,完善定期评估机制。定期评估实际上是二次评估或者后评估,是对政策措施出台前公平竞争审查的补充。在自我审查模式下,定期评估非常重要,可以弥补事前审查的遗漏或不足,同时还可以应对政策措施实施中市场环境出现的新变化。《实施细则》对定期评估进行了细化,包括明确了定期评估的时限要求、机制建立要求,并提出鼓励委托第三方评估等,便于定期评估的实际操作与运行。

四是加强反垄断执法机构的指导与监督。公平竞争审查与反垄断执法是实施竞争政策的两大工具:一个事前防范有违公平竞争的政策措施出台,一个事后确保有违公平竞争的政策措施得以及时制止。而反垄断执法在纠正行政垄断行为的同时,也是对公平竞争审查的有效监督。通过有力的执法活动,形成倒逼效应,督促行政机关认真开展审查,促进公平竞争审查制度的贯彻落实。因此,反垄断执法机构在落实公平竞争审查制度中发挥非常重要的作用。《实施细则》进一步明确和强化了这一作用,主要体现在两个方面:①指导,即建立了向反垄断执法机构咨询的机制。反垄断执法机构相较于其他政策制定机关,在竞争专业知识上更有优势,且拥有丰富的反垄断执法经验,对审查标准和例外规定的理解和把握更加准确深入。政策制定机关在公平竞争审查过程中遇到疑难问题,可以向反垄断执法机构提出咨询。反垄断执法机构基于政策制定机关提供的材料,提出咨询意见,加强对公平竞争审查工作的实体指导。②监督,即进一步强化执法监督。反垄断法赋予了反垄断执法机构调查行政机关滥用行政权力排除、限制竞争行为的职权。从近年来执法效果看,反垄断执法对预防和制止行政垄断行为发挥了重要作用。《实施细则》进一步强化了反垄断执法机构的监督问责作用。

3.《国家铁路局公平竞争审查制度实施办法(暂行)》

《国家铁路局公平竞争审查制度实施办法(暂行)》在审查机制和程序方面规定了国家铁路局实行起草部门自我审查工作机制,由负责起草政策措施的业务部门或单位开展公平竞争自我审查。国家铁路局设立公平竞争审查办公室,日常工作由科技与法制司承担。并列举了详细的审查标准、例外规定以及社会监督和责任追究机制。

4.《公平竞争审查第三方评估实施指南》

《公平竞争审查第三方评估实施指南》实施的目的是建立健全公平竞争

审查第三方评估机制,鼓励支持政策制定机关在公平竞争审查工作中引入第三方评估,提高审查质量,确保审查效果,推动公平竞争审查制度的深入实施。该指南对评估机构提出了较高的要求。尽管评估机构的范围较为宽泛,包括政府决策咨询及评估机构、高等院校、科研院所、专业咨询公司、律师事务所及其他社会组织等实体性咨询研究机构,但要求在法学、经济学、公共政策等领域具有一定的影响力,拥有专业的研究团队,具备评估所需的理论研究、数据收集分析和决策咨询能力。该指南对评估程序和方法提出了非常明确的较高标准,避免评估只有形式。通过政府采购程序确定评估机构,事前评估与事后评估不应为同一家机构制定评估方案、验收评估成果。开展评估工作部分提出了相应的具体要求:第三方评估机构通过全面调查、抽样调查、网络调查、实地调研、舆情跟踪、专家论证等方式方法,汇总收集相关信息,广泛听取意见建议,全面了解真实情况,深入开展研究分析,形成评估报告。评估报告一般应包括基本情况、评估内容、评估方法、评估结论、意见建议、评估机构主要负责人及参与评估工作人员的签名、评估机构盖章以及需要说明的其他问题等。评估成果鼓励政策制定机关通过合适的方式共享,但也强调评估机构的保密与纪律,以及对违约和失信行为的通报。评估经费纳入政府预算。

(三)公平竞争审查的基本流程

对于行政机关和法律、法规授权的具有管理公共事务职能的组织制定的规章、规范性文件和其他政策措施,首先判断其是否涉及市场主体的经济管理活动,是否属于市场准入、产业发展、招商引资、招标投标、政府采购、经营行为规范、资质标准等范畴的规章、规范性文件和其他政策措施。如果不属于涉及市场主体经济活动的规章、规范性文件和其他政策措施则不需要进行公平竞争审查。如果是涉及市场主体经济活动的规章、规范性文件和其他政策措施则需要进行公平竞争审查,下一步就应该对照《实施细则》规定的 18 条标准逐条进行比对审查。如果满足规定的标准,不违反 18 条中的任意一条,该规章、规范性文件和其他政策措施就可以出台实施,如果违反任何一项标准就要详细说明违反的是哪一项标准并说明对市场竞争的影响。在此情形下还要考虑对标准的违反是否适用例外规定,如果适用例外规定该规章、规范性文件和其他政策措施可以出台,但要充分说明符合例外规定的条件,并逐年评估实施效果,如果不符合例外规定的情形,那该规章、规范性文件和其他政策措施不能通过公平竞争审查,或者不允许出台,或者对其进行调整,将调整之后的内容重新与 18 项标准进行核对审查。

以我国公平竞争审查制度的具体规定对我国交通领域具有典型意义的规范性文件和具体政策措施开展研究,能为我国公平竞争审查制度在该领域的下一步具体实施和有效推进提供理论支持。本课题将主要对我国交通领域(铁路、公路、水路和民航)存量和增量政策措施,依据公平竞争审查制度要求,进行甄别和分析,并得出初步结论。

二、国家铁路运输政策文件的公平竞争审查梳理

(一)国家铁路局《关于公布〈铁路公务计量器具运用管理办法〉的通知》第 8 条:公务计量器具按照国家和铁道部有关规定实行准入制度

该条疑似违反了《关于在市场体系建设中建立公平竞争审查制度的意见》第三点“审查标准”第 1 点的第(5)小点,即不得对市场准入负面清单以外的行业、领域、业务等设置审批程序。由于 2018 年版《市场准入负面清单》在交通运输业一类中仅表达出了“未获得许可,不得从事铁路运输业务”,后标说明“为铁路运输企业准入许可”。从这两句话中并不能推断出铁路公务计量器具需要行政许可制度设置市场准入。也许《标准化法》第 10 条(对保障人身健康和生命财产安全、国家安全、生态环境安全以及满足经济社会管理基本需要的技术要求,应当制定强制性国家标准)阐述了铁路工务计量器具需要设置一定标准实行市场准入的理由,但是上述条文似乎没有提及这一点,仅是“国家和铁道部的有关规定”的表述太过于泛化,并不能让人信服。因此,建议将该条修改为,根据标准化法(或者其他更细致的行政法规和部门规章)的要求,铁路工务计量器具按照行政许可的规定实行相应的准入制度。这样在提高了法律的明确性的同时,也为适用准入制度提供了法律依据。

(二)《关于进一步鼓励和扩大社会资本投资建设铁路的实施意见》第 23 项:实行税收优惠、社会资本投资的铁路项目符合《公共基础设施项目企业所得税优惠目录》规定条件的,自项目取得第一笔生产经营收入所属纳税年度起,第一年至第三年免征企业所得税,第四年至第六年减半征收企业所得税

该条可能违反了《关于在市场体系建设中建立公平竞争审查制度的意见》第三点“审查标准”第 3 点的第(1)小点,即不得违法给予特定经营者优惠政策。因为根据税收法定主义的理念,税收基本制度需要由狭义的法律规定,这包括了减税和免税的一系列规定。虽然《企业所得税法》第 27 条第 2 项规定了基础设施项目的减免税事由,而《企业所得税法实施条例》第 87 条规定了税收优惠的幅度和细节,这在立法的逻辑上是周延的;虽然该文件也符合《企业所得税法实施条例》规定的标准,也符合《公共基础设施项目企业

所得税优惠目录》中确定的铁路建设事项，但《公共基础设施项目企业所得税优惠目录》中并没有表述"社会资本投资的铁路"的字样，《企业所得税法实施条例》也没有该表述，根据《公共基础设施项目企业所得税优惠目录》的规定，其仅为"铁路新线建设项目"和"既有线路改造项目"，其符合该目录规定的要求的，都可以享受减免税的待遇，而并不仅是社会资本投资建设的铁路。因此，建议删去"社会资本投资"的字样，有助于平等地对待所有可以实行在基础设施建设领域享有税收优惠的企业，防止给予特定经营者优惠政策造成不公平待遇。

（三）《铁路专用计量器具新产品技术认证管理办法》第 7 条第 1 项：申请铁专量具新产品技术认证的企业应具有企业法人资格

根据《铁路专用计量器具新产品技术认证管理办法》第 7 条第 1 项的规定，申请铁路专用计量器具（以下简称铁专量具）新产品技术认证的主体必须具备企业法人资格。实际上，企业的组织形式和内部治理结构完全属于发起人和投资人意思自治的范畴，与其提供的商品或服务质量的高低之间不存在必然关系。除法人企业外，发起人和投资人还可以选择创设个人独资、合伙等组织形式的企业，在新产品技术认证标准事先确定的情况下，如果没有法律对主体资格的限制，很难说这些企业就不能设计和制造符合法定标准的产品。特别是对于一些初创型企业，由于合伙企业往往在节省运营成本、保护商业秘密及提升决策效率等方面相比法人企业都更有优势，因而投资人有时更青睐企业采取合伙的组织形式。更进一步来讲，将申请铁专量具新产品技术认证的主体限定在企业范围内也是不无疑问的。相比一般的企业，一些科研机构、高校等事业单位可能在设计制造新的产品方面拥有更强的能力。根据《铁路工务计量器具管理办法》第 8 条的规定，铁路工务中的通用计量器具同样须取得相应的型式批准证书，但作为其设立依据的《计量法》《计量法实施细则》却并未明确限定生产制造通用计量器具的主体范围，二者在谈到制造计量器具的主体时，只是将其笼统地描述为"企业、事业单位"。可见，该办法第 7 条第 1 项将申请铁专量具新产品技术认证的主体局限于企业法人的做法会不当地缩小生产铁专量具经营者的范围，从而对相关市场产生严重排除、限制竞争的效果。同时，无论申请主体为何，只要新的铁专量具通过同等条件的技术认证就表明其可以在铁路工务中发挥应有的计量作用，即技术认证本身才是确保铁专量具质量的必要手段，而对申请主体的限制并非为保障铁专量具质量安全的必要和重要措施，其也并不存在保护国家安全和社会公共利益方面的抗辩理由。因此，该项规定属于设置消除或者减少经营者之间竞争的市场准入条件,应当予以纠正,建议删除该项内容,并参照《计量法》,将该管理办法中的“企业法人”统一改为“企业、事业单位”。

(四)《关于进一步鼓励和扩大社会资本投资建设铁路的实施意见》(二十):加强政府资金引导。对社会资本控股的城际铁路和中西部干线铁路项目,中央预算内投资可以视情况通过贷款贴息、投资补助等方式给予支持。对社会资本承担的公益性运输,按照事权与支出责任相适应的原则,建立合理的补偿制度。鼓励各地研究建立相应的政府资金支持政策

该规定实际上是一种以政府之手代替市场进行资源配置的手段,从而严重干预市场机制的正常运行。具体而言,政府的补贴和资金支持政策会直接降低企业的融资难度和生产经营成本,会导致铁路建设领域形成过多的市场进入。在这种情况下,一方面,在铁路建设领域最终很可能形成过度投资和重复投资的局面,同时增加相关的钢铁、水泥等产业再次出现产能过剩的风险;另一方面,会影响不同产业间的公平竞争和协调发展,由于本行业融资难度大、生产经营成本较高,一些企业会转换本来的经营方向而进入融资难度和生产经营成本都较低的铁路建设领域,从而抑制原本所在行业的发展,而有些行业实际上可能是充满潜力的。可见,政府的补贴政策不仅直接进行资源配置,而且甚至会传递错误的信号,导致人力、物力的异常流动,扭曲市场后续配置资源的功能。同时,相比该意见(二十三)的税收优惠措施存在《企业所得税法》第 27 条和《企业所得税法实施条例》第 87 条的实证法依据,该条的补贴并无相关法律和法规依据。而且在已经有税收优惠和当前基础设施建设领域产能过剩的情况下,再对铁路建设领域实施补贴和资金支持也谈不上保障公共利益。综上所述,建议取消该意见对于社会资本投资建设铁路的补贴和资金支持。

(五)《铁路机车车辆设计制造维修进口许可办法》第 6 条第 8 项、第 7 条第 7 项、第 8 条第 7 项和第 9 条第 3 项设置不合理的准入条件

《铁路机车车辆设计制造维修进口许可办法》第 6 条第 8 项、第 7 条第 7 项、第 8 条第 7 项分别规定申请取得铁路机车车辆型号、制造、维修这三种许可证的企业均不得有知识产权侵权行为,第 9 条第 3 项则规定申请进口铁路机车车辆的企业应当证明制造企业无知识产权侵权行为。然而,一方面,从事设计、制造、维修铁路机车车辆运用的知识产权是多种多样的,尤其是在前两种情况下涉及的知识产权更是可能多达成百上千种;而另一方面,从行业特性来看,其属于技术和资本密集型行业,前期需要大量科研和资金投入,存在巨大的沉没成本,因而存在规模经济的特点,由此从事设计、制造、维修铁

路机车车辆的企业规模通常也较大。基于这两方面的原因,这些企业往往很难避免自身卷入知识产权纠纷当中,而一旦这些企业被确认成立知识产权侵权,即使仅有一次,也不可能在以后取得新的许可证,从而无法再持续生产和供应新的产品或服务。由此可见,这种做法会严重限制相关市场上存在的企业数量。具体而言,一是使有知识产权侵权记录的既有企业退出相关市场,二是使其他有知识产权侵权记录的企业无法进入市场,最终抑制、排除相关市场上的竞争。同时,这种做法使企业可能仅因一次侵权而使自身前期的巨额投入全部转化为沉没成本,显然也有违比例原则的要求,企业违法的后果远远重于其违法行为造成的损失,实质上相当于给市场主体的民事侵权行为附加了行政责任,涉嫌行政权的滥用。此外,知识产权侵权的界定本身也具有很大的模糊性,是仅以法院的司法判决结果为准还是将当事人之间的和解也算作侵权存在的证明,如果后者不算的话,企业很可能通过寻求与权利人和解而规避该办法有关知识产权侵权的限制性条件。况且企业有无知识产权侵权行为与其提供的产品或服务质量高低之间也并无必然联系,因而要求申请相关许可证的企业无知识产权侵权并非保障其产品或服务质量的必要条件。综上所述,该办法中申请取得铁路机车车辆型号、制造、维修及进口许可证时,要求相关企业无知识产权侵权属于设置明显不必要或者超出实际需要的准入条件,排斥、限制了相关经营者参与市场竞争,建议予以取消。

三、国家公路运输政策文件的公平竞争审查梳理

据统计,交通运输部官方网站上发布的关于公路运输的规范性文件和部门规章一共 161 件,其中包括规范客车旅客运输、出租车、网约车、高速公路设施、公路工程建设、道路货运等行业的文件,这些文件大部分是符合公平竞争审查要求的,但是,仍然存在一些具有排除限制竞争效果的政策和规范性文件,对于这些文件应当及时进行废止,或经过调整符合相关要求后出台。

对于交通运输部的许多规范性文件,由于项目众多、管理不统一,导致许多市场准入条件有违背公平竞争的嫌疑,我国《公平竞争审查制度实施细则(暂行)》第 14 条对市场主体的准入和退出标准进行了较为详细的阐述——不得设置不合理和歧视性的准入和退出条件,包括但不限于:(1)设置明显不必要或者超出实际需要的准入和退出条件,排斥或者限制经营者参与市场竞争;(2)没有法律法规依据或者国务院规定,对不同所有制、地区、组织形式的经营者实施差别化待遇,设置不平等的市场准入和退出条件;(3)没有法律法规依据或者国务院规定,以备案、登记、注册、名录、年检、监制、认定、

认证、审定、指定、配号、换证、要求设立分支机构等形式,设定或者变相设定市场准入障碍;(4)没有法律法规依据或者国务院规定,设置消除或者减少经营者之间竞争的市场准入或者退出条件。其中包含了行政法的内在逻辑体系,同时是为了实现《反垄断法》与《反不正当竞争法》的立法目的——预防和制止垄断行为,保护市场公平竞争。因此,在公平竞争审查制度下,对交通运输部文件在市场准入的方面的审查可以从两个方面来看:

第一,如果该法律文件属于"首创行政许可"的类型,则主要审查该法律文件本身是否具有《行政许可法》所授予的创设权限,如根据《行政许可法》第 14～17 条的规定,规章及其规章以下的规范性文件是无权创设行政许可的,依据交通运输部《外商投资道路运输业管理规定》(交通运输部令 2014 年第 4 号)第 4 条"外商投资道路运输业的立项及相关事项应当经省级交通运输主管部门批准。外商投资设立道路运输企业的合同和章程应当经省级商务主管部门批准"。对外商投资道路运输业进行立项审批并没有《行政许可法》授予的权限,不符合行政许可合法性标准,对外商投资道路进行了附加的审批条件,因此也违背了政府对市场主体不得设置没有法律法规依据的审批或者具有行政审批性质的事前备案程序,并且同时因为设置需要批准的事项,给外商投资进入道路投资无形中设置了"天花板""玻璃门",具有限制竞争的风险与效果,违背了政府不得设置不合理和歧视性准入和退出条件的规定。

第二,如果相关法律文件属于"具体规定行政许可"的类型,则主要审查其规定的行政许可是否严格遵守上位法,是否与上位法所创设的行政许可相冲突。例如,《公路法》仅规定了县级以上人民政府交通主管部门应当履行监管公路建设、维护公路建设秩序的职责,并未授权其他文件设定公路建设监管行政许可。但交通运输部随后发布的《公路建设市场管理办法》(交通运输部令 2011 年第 11 号),设定了收费公路项目建设管理单位和建设项目法人进入公路建设市场需要备案、收费公路建设项目可行性研究报告需要批准或依法核准、项目建设管理单位的有关情况需要报送交通运输主管部门备案等规定,从法律层级来讲,《公路建设市场管理办法》违背上位法规定,属于增设行政许可的情形,"没有法律法规依据或者国务院规定,以备案、登记、注册、名录、年检、监制、认定、认证、审定、指定、配号、换证、要求设立分支机构等形式,设定或者变相设定市场准入障碍",也违反了政府应该保持公平竞争的中立态度。

具体而言,《北京市网络预约出租车经营服务管理实施细则》(以下简称

《北京市网约车细则》)第8条规定:“在本市申请《网络语言出租车驾驶员证》的驾驶员,应当符合下列条件:(一)本市户籍……”此条规定违反了《公平竞争审查制度实施细则(暂行)》第14条市场准入和退出标准中的第1款,不得设置不合理和歧视性的准入和退出条件。而北京市设置明显不必要或者超出实际需要的准入和退出条件,排斥或者限制经营者参与市场竞争,北京市对于网约车法规的仅限于本地户口对网约车运营的要求,符合文件中列举的两个方面:设置明显不必要或者超出实际需要的准入和退出条件,排斥或者限制经营者参与市场竞争;没有法律法规依据或者国务院规定,对不同所有制、地区、组织形式的经营者实施差别化待遇,设置不平等的市场准入和退出条件阻止外地户口进入网络汽车市场,从而保护传统本地的出租车和网约车,在一定程度上竞争将被限制。虽然限制北京和上海的户籍可以缓解城市交通压力,但减少城市压力并不是意味着可以排除或限制竞争,而那些无法继续运行网约车的人将继续开车,且随着市场上车辆的数量越来越多,更多人将选择开车,增加了城市的压力。此外,本地汽车管理系统基于与该地区传统出租车管理模式相关的措施,它模糊了汽车运输和出租车之间的界限,并将参与由组装汽车运营的车辆,进行定性即可使用。在网上汽车市场,包括各种形式的出租车,特快车和拼车网络的管理上,不同类型的网约车的市场是不同的,对互联网车辆的驾驶员和车辆的要求也应该不同。

《北京市网约车细则》第7条规定,在本市申请从事网约车经营的网约车平台公司,应当具有企业法人资格。从运营商运行监管的角度来看,虽然网约车管理和服务管理复杂,网络订单的临时措施对网络汽车平台公司提出了更高的要求,但措施中规定的要求仅为法人实体,且必须具备一般条件。平台对网约车的管理许可证要符合当地法规的具体要求。同时,《北京市网约车细则》没有对网络运营商与车辆平台司机之间的法律责任分担作出具体细致的划分规定。而且,该细则不区分不同类型的网络接收订单的责任,并混淆了各种形式的网络车辆,使基于网络的车辆平台的责任更具风险性。虽然这项立法促进了对消费者权利的保护,但它确实造成了运营平台与司机之间风险分担的不平衡。从市场监管的角度来看,这些措施不仅阐明了平台机构在网络汽车市场中的作用,而且还强调了平台机构的责任,但并没有针对争议的问题,采取具体的解决程序和处罚措施。

综上所述,交通运输部关于公路方面的规章或者规范性文件众多,因为我国幅员辽阔,而公路这一运输体系灵活机动、迅速方便,覆盖了我国几乎所有区域,其投资建设以及后期维护运营,包括在公路上的交通工具都由交通运输部门来规范管理,在公路已经不完全是由政府垄断供应的情况下,社会资本进入公路投资建设以及交通工具市场是众多企业参与竞争的领域,交通运输部在许多方面没有法律或国务院的许可下设置了不合理的市场准入门槛,不符合行政法的规定,同时违反了竞争中立政策,因此建议重点对市场准入的规定进行删除或者修改,还一个各主体能够自由进出的竞争性市场。

四、国家水路运输政策文件的公平竞争审查梳理

根据交通运输部网站统计,关于水路运输的(包括规定公路的文件)规章和规范性文件共有 186 件(包括试行规定和补充规定)。并且随着时间的推移,很多的文件中强调了公平竞争的作用。例如,《关于贯彻实〈中华人民共和国国际海运〉条例》有关事项的通知》《关于国际集装箱班轮运价备案实施办法的公告》《关于实施国内水路运输及辅助业管理规定有关事项的通知》《关于推进珠江水运科学发展的若干意见》等许多文件中,都对公平竞争审查制度的相关精神有所提及。

可以发现,在涉及水路运输的文件中,许多文件的精神和内涵是鼓励水路运输事业发展的,许多地方提到了鼓励竞争、鼓励经济体的进入,鼓励社会资本投资和政府投资。因此,在社会经济发展的今天,现行存在的文件在整体上是鼓励水运的经营的。此外,对于许多重要的港口。例如,长江流域以及京杭运等地,有单独的文件对该地的运输业务进行更加严格的规定,但是由于中国地大物博,不同地方港口的经济情况是不一样的,对于十分繁荣的地区进行不一样的准入标准规定,是符合我国目前正处于社会转型期的现状的,我国现在市场主体呈多元化趋势,随之而来的就是经营方式的多样化。在良好的法治环境下,每个市场主体有平等参与市场竞争的权利,鼓励每个市场主体合法追求各自利益的最大化。但应该强调的是,不能以结果公平否定起点公平,应当在实质上倡导和保护起点公平,从而实现起点公平与结果公平的良性互动。所以对于不同领域的地方因地制宜,是没有违反公平竞争的,反而有利于国家的整体经济事业发展。

总体来看,水路运输的文件基本上符合《公平竞争审查制度实施细则(暂行)》《国务院关于在市场体系建设中建立公平竞争审查制度的意见》的规定,但是在一些文件中,还存在一小部分问题,需要进行改正。

(一)《国内水路运输经营资质管理规定》第 6 条涉嫌设置消除或者减少经营者之间竞争

根据《国内水路运输经营资质管理规定》第 6 条第(一)项对于经营资质的条件认定,除经营单船 600 总吨以下的内河普通货船运输外,经营国内水路运输应当取得企业法人资格。但根据《公司法》对于不同企业组织的认定,企业的组织形式和内部治理结构是属于发起人和投资人意思进行自治的范畴,并且对于航海运输、船舶的质量和经营者的资质能力实际上是无法完全与是否为企业相关联的。就经营者而言,除了选择法人企业外,发起人和投资人还可以选择创设个人独资、合伙等组织形式的企业。此外,现在许多企业法人的创立事实上只是为了满足政府对于特定行业或者特定领域的交易要求,并不一定有实际运作,而此类规定则会导致许多个人创办空壳公司进行运用,到最后实质上还是个人在进行经营运作,反而会对一些除了公司形式其他方面都符合要求的经营者形成市场准入壁垒。比如,对于一些刚刚成立的企业,类似于合伙企业往往在节省运营成本、保护商业秘密及提升决策效率等方面相比法人企业都更有优势,但规章则限制了他们只能经营单船600总吨以下的内河普通货船运输。在实务中,经营者往往可能更喜爱企业采取合伙的组织形式。

此外,对于自然人经营单船600总吨以下的内河普通货船运输应当办理个体工商户登记而言,则明确表示了600总吨以上的经营方式是不允许自然人进行的,只能以企业的资格进行运营。然而,笔者认为,船舶的重量与资质并无完全的联系,反而是《国内水路运输经营资质管理规定》第7条的资格条件应该属于重点考察和关注的点。同时,办理个人工商户登记是否完全有利于运输的正当性,也并无必然关系。反而《国内水路运输经营资质管理规定》第6条的规定,使竞争的公平性有所不对称。

综上所述,根据《关于在市场体系建设中建立公平竞争审查制度的意见》第3项、科学建立公平竞争审查制度中的规定:审查对象、行政机关和法律、法规授权的具有管理公共事务职能的组织(以下统称政策制定机关)制定市场准入、产业发展、招商引资、招标投标、政府采购、经营行为规范、资质标准等涉及市场主体经济活动的规章、规范性文件和其他政策措施,应当进行公平竞争审查。《国内水路运输经营资质管理规定》中的该项规定属于设置消除或者减少经营者之间竞争的市场准入条件,应当予以纠正,建议删除该项内容,并将该管理规定中的"企业法人"统一改为"企业、事业单位"。

(二)《外商独资船务公司设立管理办法》第9条涉嫌限制商品和要素自由流动

根据《关于在市场体系建设中建立公平竞争审查制度的意见》:在建立公平竞争审查制度的要求中,需要尊重市场,竞争优先。尊重市场经济规律,处理好政府与市场的关系,着力转变政府职能,最大限度地减少对微观经济的干预,促进和保护市场主体公平竞争,保障市场配置资源的决定性作用得到充分发挥。

而竞争优先的一个前提条件便是给予经营者相同的准入条件和资格认定,该规定则违反了公平竞争审查制度的原则。可以发现,该规定中提到了独资船务公司的母公司在拟设分公司所在对外口岸开放城市具有稳定的货源或者客源的。但是什么是稳定,并没有明确地指出和认定,这便会造成在进行市场准入的时候对部门经营者造成壁垒,而这样的壁垒是很容易人为产生的。竞争优先的一个要点便在于促进良性竞争,而此规定中提到的内容在一开始便使得许多经营者无法进入该市场,市场的繁荣与否是根据市场中经营者的实力和能力说话的。如果企业没有稳定的资源或者客源,但是具有高标准的业务能力,高水平的操作能力,是完全可以在一个地方进行运作的,并且很大可能会取得很好的成绩,经济市场的运作模式更多的是依靠经营者能力进行运作,才能让整个市场向一个积极、更加繁荣、更加创新的方向前进。

可以发现,如果客源或者货源作为壁垒的话,政府企业就很容易更多地参与到市场经济中,这是因为,这个资格审查是由政府的相关部门进行处理和审核的,本应该多给市场的在此时便很容易被政府所控制,不仅"稳定"一词无法定性,何为满足条件的客源和货源也无法很准确地鉴定。

此外,《关于在市场体系建设中建立公平竞争审查制度的意见》中对商品和要素自由流动划定了标准:(1)不得对外地和进口商品、服务实行歧视性价格和歧视性补贴政策;(2)不得限制外地和进口商品、服务进入本地市场或者阻碍本地商品运出、服务输出;(3)不得排斥或者限制外地经营者参加本地招标投标活动;(4)不得排斥、限制或者强制外地经营者在本地投资或者设立分支机构;(5)不得对外地经营者在本地的投资或者设立的分支机构实行歧视性待遇,侵害其合法权益。同时,该意见还规定了:市场体系应该立足全局,统筹兼顾。着力打破地区封锁和行业垄断,清除市场壁垒,促进商品和要素在全国范围内自由流动。统筹考虑维护国家利益和经济安全、促进区域协调发展、保持经济平稳健康运行等多重目标需要,稳妥推进制度实施。然而在现实生活中,往往一个企业在当地有客源或者货源都是基于已有的社会关系,进行延伸和扩展。一个企业一直在甲地生产经营,在乙地也要有客源货源本来就很难,此规定实际上是为了该意见中流动的规定。

综上所述,建议将其内容中关于需要有稳定的货源或者客源的规定予以删除,让更多有资质的企业能够参与到市场竞争中来。

五、国家民航运输政策文件的公平竞争审查梳理

(一)《民用机场管理条例》部分条文涉嫌违反公平竞争审查制度

2009年4月1日国务院第五十五次常务会议通过的《民用机场管理条例》第15条规定,“运输机场的安全和运营管理由依法组建的或者受委托的具有法人资格的机构负责”。因此,我国机场管理当局不仅承担机场建设的责任,同时也是机场的最主要的经营者和管理者。因此,在开展市场竞争时,机场相对航空公司或第三方处于明显的优势地位。在这样的管理体制之下,《民用机场管理条例》第38条第1款规定:“机场范围内的零售、餐饮、航空地面服务等经营性业务采取有偿转让经营权的方式经营的,机场管理机构应当按照国务院民用航空主管部门的规定与取得经营权的企业签订协议,明确服务标准、收费水平、安全规范和责任等事项。”该条文可能不符合《公平竞争审查制度实施细则(暂行)》中第17条影响生产经营行为标准:“……(四)不得违法干预实行市场调节价的商品和服务的价格水平,包括但不限于:1.制定公布商品和服务的统一执行价、参考价……”的规定。

(二)民用航空领域政府补贴政策即使于法有据也要慎之又慎

中央与地方各级政府一直都对民航业的发展给予了有力的财政支持,2014年至2017年,国内四大航空公司共获得各类财政补贴372亿元,占利润总额的36%,其中最高的东航达到69%;各种形式的补贴更是机场建设和运营的重要资金来源。政府“有形的手”是强力的指挥棒,当财政资源较多的介入和引导市场行为时,会对企业的经营策略乃至发展战略都产生影响。以南航为例,为落实“广州之路”战略,2010年至2014年5月,新增的8条洲际客运航线中7条是广州始发的直达航线。但从2014年6月各地补贴大战起,洲际运力逐渐分散,随后两年开通的11条洲际客运航线只有4条是广州始发的直达航线,这无疑会分流广州的中转客源,削弱广州的枢纽地位。但航空公司却是不得不为之,自己不飞,其他公司在补贴吸引下也一样会飞,枢纽地位同样难以保持。主动执飞至少还能拿些补贴,也更易于协调补贴航线与自身枢纽航线之间的竞争关系。政府合理引导市场与过度干预市场没有明显的界线,很难说巨额的财政补贴扭曲了市场资源配置,但从结果来看,确实与企业的一些既定战略方向产生了较大的冲突。

(三)《中国民航国内航线航班评审规则》第二部分基本原则中的原则(三)分级分类管理涉嫌违反公平竞争审查制度

该评审规则是根据民航局的部门规章《中国民用航空国内航线经营许可规定》而制定的,尽管2018年11月我国民航局对之前的《中国民航国内航线

航班评审规则》进行了重新修订,但是该评审规则中的“分级分类管理”〔1〕规定有可能违反了《公平竞争审查制度实施细则(暂行)》第3章审查标准“第十四条市场准入和退出标准中的(一)不得设置不合理和歧视性的准入和退出条件,包括但不限于:……3.没有法律法规依据或者国务院规定,以备案、登记、注册、名录、年检、监制、认定、认证、审定、指定、配号、换证、要求设立分支机构等形式,设定或者变相设定市场准入障碍……”从《中国民航国内航线航班评审规则》的分级分类原则可以看出,民航局将北京、上海、广州等大城市间的“黄金”航线划定为核准航线这一类,其他类型航线则按评审规则归入登记航线,这意味着航空公司在申请上述“黄金”航线的经营许可时仍需获得民航局形式上的同意,或许民航局这样的分级分类管理是出于调控整个航空资源优化配置以及便于安全管理等因素的考量,但在《中国民航国内航线航班评审规则》的具体评审条件中仍为航空公司申请获得这样的核准航线航班制定了附加条件。这样的附加条件对于早已在“黄金”航线资源方面具有先发优势,并占据着大部分优质国际航线经营权的三大国有航空集团(国航、南航、东航)来说,想要进入该航线进行经营轻而易举,但对中小型航空公司来说,航班航线和航班时刻本就是其在市场竞争中生存下来的稀缺资源,《中国民航国内航线航班评审规则》为核准类航线制定的经营许可附加条件极有可能成为限制其进入该市场的“行政门槛”,而核准航线上的市场竞争也很有可能因为该门槛而导致经营者数量不充足,最终难以达到公平竞争的效果。

(四)《民用机场收费改革方案》对非航空性业务收费项目的收费标准、机场收费管理方式涉嫌违反公平竞争审查制度

根据《民用机场收费改革方案》的规定,非航空性业务重要收费项目(不包括国际及港澳航班的地面服务收费)的收费标准实行政府指导价;国际及港澳航班的地面服务收费实行市场调节价。非航空性业务其他收费项目的收费标准,原则上以市场调节价为主;对于市场竞争不充分的收费项目的收费标准,依据《价格法》定价目录来管理。

随着国内航空市场和机场业务的快速发展,非航空性收入占比逐年提

〔1〕 分类管理,是指将国内航线分为核准、登记两类。核准航线是指涉及北京、上海、广州机场(以下简称北上广)之间及北上广连接部分国内繁忙机场的客运航线,其他客运、货运航线为登记航线。对核准航线实施核准管理,登记航线实施登记管理。分级管理,是指国内航线由民航局和民航地区管理局两级管理。核准航线及其他涉及北上广的跨地区管理局航线由民航局管理;其余航线由地区管理局管理。

高，特别是上海浦东、首都、深圳等旅客吞吐量排名靠前的大型机场，非航空性收入占机场总收入的比例已超过50%。非航空性业务重要收费项目出于公共服务的行业性质实行政府指导价具有一定的合理性，民航局对于非航空性业务其他收费项目实行市场调节价的原则之外仍做了例外规定，即对于市场竞争不充分的收费项目需要按照定价目录来管理。实际上，非航空性业务其他收费项目，如商品零售、餐饮、物业出租、广告、停车等基本上采用了市场竞争的方式吸纳经营者，与此相应的收费标准也均为市场竞争的结果，《民用机场收费改革方案》的原则性规定是符合社会现实情况的，但既然非航空性业务其他收费项目并不像航空业务那样主要承担公共服务的角色，那么民航局可以考虑从其商业经营性的本质出发，放开对非航空性业务其他收费项目的收费标准的规定，使其完全适用市场调节价。

如果仍按照现在的例外性规定，可能造成一些商业行为行政化，脱离市场调节，无法激发市场活力，并且也可能不符合《公平竞争审查制度实施细则（暂行）》中第17条影响生产经营行为标准："……（四）不得违法干预实行市场调节价的商品和服务的价格水平，包括但不限于：1. 制定公布商品和服务的统一执行价、参考价……"的规定。

（五）《外商投资民用航空业规定》部分条文涉嫌违反公平竞争审查制度

2002年8月1日起施行的民航规章《外商投资民用航空业规定》第5条规定了优先资格："外商投资公共航空运输企业和民用机场，在同等条件下，对具有国际先进经营管理水平的外国同类企业予以优先考虑。"不过在实践中，由于对于国际先进经营管理水平的界定非常抽象，没有行业标准及市场反响加以对比，这个规定仿若一纸空谈。主管部门的自由裁量很可能涉及不公平不合理的市场准入要求。该规定第8条规定了价格标准："外商投资的民用机场企业，其航空业务收费执行国家统一标准，非航空业务收费标准由企业商请当地物价部门确定。外商投资的公共航空运输企业和通用航空企业，必须执行国家价格政策。"这条标准鲜见于航空业发达国家的法律法规中，这个规范还带有强烈的计划经济色彩，体现了政府对市场的绝对把控的现实，可能不符合《公平竞争审查制度实施细则（暂行）》中第17条影响生产经营行为标准："……（四）不得违法干预实行市场调节价的商品和服务的价格水平，包括但不限于：1. 制定公布商品和服务的统一执行价、参考价……"的规定。

《外商投资民用航空业规定》是我国对外商投资公共航空运输公司市场准入的相关问题规定的最为具体的一部部门法规，但是即便是我国最具体的法规,仍旧规范得相当粗糙而简单,该法规不仅暴露了我国外商投资民航企业市场准入的立法短板,还显现了我国航空产业的行政性审批的庞杂性,加之各个法条的规定对外商投资的限制,使得我国航空业虽然开启了吸引外资的市场化的大门,但是仍旧被以父爱之名保护航空产业的相对繁重的行政"镣铐"牵制着,对于当今的中国民航市场,以及从目前的国际航空形势来看,无疑是不利于我国航空业的快速成长和长远发展的。

第三节　竞争政策在结构性改革中的重要作用*

一、市场主导是我国结构性改革的基本逻辑

(一)我国结构性改革的发展变化历程

我国经济发展长期重视需求侧管理,由"投资、消费和出口三驾马车"拉动经济增长也早已成为社会各界对中国经济的共识。我国市场改革集中在供给侧,而有关供给侧方面的改革并非始于现阶段。改革开放之初,我国便尝试从要素端和生产端两方面进行供给侧管理的革新,不同的是改革开放初期实施的供给侧改革主要是为了增加产量、扩大产能,解决供给不足的问题;而现在更多的是供给无效、高端供给不足的问题。但改革始终沿着从政府主导到市场主导,从政府干预调整到市场自主调节的基本逻辑演进。而金融危机之后,我国在供给领域、生产领域日益暴露出生产成本不断上升、产品供需错配、杠杆率高等问题。正是在此背景下,我国经济管理的重心开始从需求转移到供给,而供给侧的管理正是以市场为主导。因此,从政府干预经济到通过市场竞争实现资源配置也是我国经济发展的必然趋势。事实上,我国经济建设之所以能在改革开放以来取得举世瞩目的伟大成就,也正是自1980年国务院颁布《开展和保护社会主义竞争的暂行规定》以来逐步正视并践行市场竞争的结果。尤其是在1992年社会主义市场经济体系正式建立之后,党中央和国务院多次进行生产端和要素端的改革,将国有企业以及以往由政府掌控的行业领域推向市场,积极引入竞争,并通过《反不正当竞争法》《反垄断法》等法律法规予以保障,这些改革举措为现如今我国经济平稳、健康发

---

* 本节内容系国家市场监督管理总局2019年政策研究课题"竞争政策在结构性改革中的重要作用"的阶段性成果。作者简介:孙晋,武汉大学竞争法与竞争政策研究中心主任、教授、博士生导师,新疆大学"天山学者";王健,法学博士,浙江理工大学法政学院院长,教授;李国海,法学博士,中南大学法学院教授、博士生导师,中南大学经济法研究所所长,中南大学企业法与国企改革研究中心主任;李胜利,法学博士,安徽大学法学院暨经济法制研究中心教授、博士生导师。

展奠定了基础,也进一步验证了竞争政策的实施可以有效推动国家长远发展的结论。因此,从我国市场经济的发展趋势来看,市场机制发挥主导作用应是供给侧结构性改革的基本逻辑,而用供给管理政策替代长期实行的需求管理政策也标志着我国经济治理思路的重大调整。

(二)发挥市场在资源配置中的决定性作用是结构性改革的关键

承认市场的决定性地位,发挥市场在资源配置中的决定性作用,经历了漫长的发展历程。纵观人类近代历史,商品经济中资源配置主要是市场与政府二者进行。至于国家根据自身的时代背景、生产力水平、意识形态等因素自主选择经济模式,其结果各相迥异。例如,19 世纪欧洲和北美洲大多数国家在自由市场模式下取得的经济繁荣。但是,市场不是万能的,市场机制也有许多自身不可克服的固有缺陷,以至在资源配置上失灵和失效。[1] 爆发于 1929—1933 年的资本主义世界经济危机说明了这点,暴露了生产社会化同无政府主义的矛盾。政府失灵与市场失灵皆为客观存在,二者之间的动态管控比例的把握至关重要。这就决定了发挥市场在资源配置中决定作用的基础实现途径是严格限制政府干预范围。[2] 而我国在探索如何正确处理政府与市场的关系上经过了漫长艰难的考验,最终成功由计划经济向市场经济转轨,由政府主导培育市场变为市场决定资源配置。这是推行竞争政策的前提,也是实施供给侧结构性改革的关键。只有在市场经济下竞争才有得以萌芽的机会。市场机制才能有效配置资源,形成兼容的鼓励机制,通过市场竞争形成的价格能反映供求关系,最终实现市场所有有效的机制。[3] 在市场机制发挥决定性作用的基础上,激发市场主体活力,保障市场主体平等地位,激励市场主体创新经济制度,实现权力上的明确分工。通过市场在资源配置中基础性地位的奠定为供给侧结构性改革提供保障,通过竞争政策等各项制度上的完善为供给侧结构性改革提供动力。在推进供给侧结构性改革的前提下,实现我国缓解经济发展的主要矛盾,平衡供求关系,减少资源错位配置与浪费,从而全面推进小康社会的建设步伐。

虽然我国目前经济基本面依然良好,经济运行总体平稳,经济韧性好、潜力足、回旋空间大,经济结构调整优化的前进态势没有变、经济持续增长的良好支撑基础没有变,但是也存在一定问题,如主要经济指标之间联动性出现

---

[1] 参见王全兴:《经济法基础理论专题研究》,中国检察出版社 2002 年版,第 80 页。

[2] 参见丁茂中:《竞争中立政策研究》,法律出版社 2018 年版,第 3 页。

[3] 参见吴敬琏:《没有竞争的市场更可怕》,载《新华日报》2013 年 2 月 26 日,第 A03 版。

背离,经济增长持续下行,CPI持续低位运行。因此,我国面临资源错配、生产成本持续增长、市场机制运转不畅等结构性问题,经济形势依然严峻。其中最突出的便是经济增长速度缓慢,经济增长区域不平衡带来制度性和结构性二者矛盾,为此,中央力图通过推进去产能、去库存、去杠杆、降成本、补短板的供给侧结构性改革以期实现经济转型、结构调整,并带动经济增长。通过全面深化改革摆脱对传统经济模式的依赖,从而建立促进经济发展的新模式,保证供给侧改革的顺利推进。就目前实践经验来看,通过制度保障主体经济地位,通过对主体角色配置的调整是确保供给侧改革顺利开展推进的关键。一是因为经济法从市场和政府两个方向出发,在二元架构的模式下凸显出不平等的特性,而供给侧的改革无疑与二次元架构下的经济主体和各主体地位的平等要求相契合。二是由于政府的过多干预导致市场各主体的角色分工出现扭曲现象,在我国经济转型的过程中,行政性垄断问题表现尤为突出,需要在确立市场主导地位的前提下,充分发挥竞争政策的作用,塑造健康、公平的竞争环境。在经济发展新形势下,传统的需求侧干预已经无法保持我国经济高速增长的态势,在这一背景要求下,扩大需求的双向拉动成为必然趋势,要充分发挥市场在资源配置中的作用,在此基础上,再确立竞争性政策的重要地位,二者相结合共同维护经济健康良好运行。到目前为止,我国市场活力没有得到充分激发,主要由于市场主导地位没有得到充分发挥,国家干预过多,因此我国应当进一步简政放权,放管结合,充分发挥市场的主导性作用,激发市场活力,通过市场的自由竞争激发经济人的主观能动性,使资源得到优化配置。

实施供给侧结构的改革是我国特色社会主义发展路上以促进经济发展为目的的一次重大探索性调整,改革应当建立在综合分析世界经济长周期和我国发展阶段性特征及其相互作用的基础上,在承认市场发挥主体地位的先决条件下,充分应用竞争政策,牢牢把握中国特色社会主义政治经济学的几个重大原则:坚持解放和发展社会生产力,坚持社会主义市场经济改革方向,坚持调动各方面积极性,提高人民群众生产生活水平,提升社会福祉。

(三)利用竞争政策推动结构性改革

市场经济是一种受法制保障的竞争经济,竞争在市场经济体制中处于核心地位,是市场经济的最高权威。正如马克思在书中所著:“市场不承认任何别的权威,只承认竞争的权威,只承认他们相互利益的压力和加载他们身上的强制。”竞争机制得到充分良好的发挥与否,关乎市场能否在资源配置中起决定性作用。关乎市场机制能否高效运行,关乎在此基础上国民经济能否又好又快发展，其意义重大，影响深远，不言而喻。由此可见，构建一个自由、公平、有序、健康的市场环境，为竞争机制蓬勃发展提供沃壤是当下研究的重要议题。而竞争政策作为国际竞争法在推动市场公平竞争方面的实践成果，同时还伴随深入推进国企改革和如火如荼的国际经贸治理规则的新一轮谈判展开，越来越需要得到我们的重视。[1] 我国自改革开放之初就积极探索利用竞争政策推动结构性改革，经历了漫长的成长过程。出于我国国情考虑，其长期存在的行政性垄断危及市场经济体制和市场竞争机制，我国在竞争政策和立法实践上有长足进步，此为政策规则基础。竞争政策的实现对改善市场环境、维持国企与私企之间公平竞争、推行全面深化改革意义非凡。在我国社会主义市场经济的发展过程中，由于其脱胎于计划经济的先天不足，导致行政主体缺乏制度硬性约束，而市场主体又缺乏规则意识。据此可知，我国在关于竞争政策的理论和政策上多有研究实践。例如，在改革开放之初国务院发布的《关于开展和保护社会主义竞争的暂行规定》（1980 年 10 月 17 日），在国家层面首次提出“必须打破地区封锁和部门分割”，并且难能可贵地规定“允许和提倡各种经济成分之间、各企业之间，发挥所长，开展竞争”。成为我国倡导“所有制中立”的滥觞。[2] 即使《反垄断法》长期缺失，1993 年的《反不正当竞争法》在第 7 条针对典型行政垄断行为进行了专条规定“政府及其所属部门不得滥用行政权力，限定他人购买指定经营者的商品，限制其他经营者正当的经营活动，政府及所属部门不得滥用行政权力，限制外地商品进入本地市场，或者本地商品流向外地市场”。2001 年国务院针对地方保护和地区封锁发布了《关于禁止在市场经济活动中进行地区封锁的规定》。2007 年颁布的《反垄断法》，以专章规定了滥用行政权力排除、限制竞争，对政府行政性垄断行为予以规制，其出台和实施促进了竞争政策传播，为我国竞争政策的实施和传播奠定基础法律条件。[3] 于 2009 年 5 月 1 日实施的《企业国有资产法》与《反垄断法》相得益彰，从法律层面规范国有资产管理，其中暗含竞争中立理念。在制度建设方面，2015 年 3 月国务院发布的《关于深化体制改革加快实施创新驱动发展若干意见》提出“探索公平竞争审查制度”。并于 2016 年 6 月 1 日，国务院正式公布了《关于在市场体系建

---

〔1〕 参见白亚金：《国有企业竞争中立制度研究》，知识产权出版社 2019 年版，第 1 页。

〔2〕 参见孙晋：《我国反行政性立法垄断的最新成果》，载《中国市场监管报》2019 年 9 月 17 日，第 7 版。

〔3〕 参见白亚金：《国有企业竞争中立制度研究》，知识产权出版社 2019 年版，第 91 页。

设中建设公平竞争审查制度的意见》作为竞争政策的重要组成部分,公平竞争审查制度是在竞争政策逐步确立基础性地位的前提下,对竞争法律制度进行补充的“事后规制方式”。其实施和完善将为竞争中立制度的建立奠定基础。随着经济形势的不断变化,竞争政策在结构性改革中的作用越来越明显。在国内不断进行探索研究的同时,为了适应国际环境的变幻莫测,国内自贸区的蓬勃发展和我国参与自由贸易协定,也为竞争政策适用的探索提供了实践基础。我国在上海、广东、天津、福建等自贸区开展了试点,2013 年 8 月国务院正式批准建立中国上海自由贸易试验区,为实施竞争政策提供可行性的理想平台。自贸区肩负着新时期加快政府职能转变、积极探索管理模式创新、促进贸易和投资便利化,为全面深化改革和扩大开放探索新途径、积累新经验的重要使命,是国家战略需要。这不仅要求政府全面推行负面清单管理模式严控政府干预范围,还需要政府通过实施竞争政策以确保政府干预公平〔1〕,因此自贸区对竞争政策有着强烈的内在需求,竞争政策的推行为自贸区的目标实现提供外在动力,二者相辅相成。广泛的区域合作丰富了我国参与国际竞争的实践经验,也体现了竞争政策为创造公平市场环境的本质和初衷,也是推动我国供给侧改革的外在动力之一。

我国的竞争政策必须依托供给侧改革的主要内容进行重新选择与构建。我国的竞争政策在供给侧改革的背景之下必须坚持公平性的目标。竞争的本质在于公平,只有在保证公平的前提下,竞争的能动性才能被充分发挥。首先,公平性竞争能够实现资源的优化配置,能够使得同质行业利用自己手中掌握的资源进行生产,提升产品服务质量,提升资源配置的效率。其次,竞争政策公平可以提升经营者的积极性。激励他们不断完善组织结构,应用创新理念进行产业革新,向市场提供性价比更高的新产品。最后,公平性竞争能够有力推动国民经济更好更快发展。竞争政策的制定与施行只有首先确保公平,利用良好的竞争政策增进市场健康,才能激发主体活力,保障合法权益,维护有序秩序。这是竞争政策在供给侧改革中的可行性路径之一。我国当前正在大力全面推行的公平竞争审查制度入法,以及如火如荼进行中的《反垄断法》修订,都是竞争政策不断革新的典型。通过这些举措,从顶层设计层面规制我国长久以来由政府不当干预带来的“痼疾”。为市场主体充分发挥自身活力提供平台,也是政府优化职能、依法行政的必然要求。此外,竞争政策要突出创新性。创新是企业活力之源,也是提升经济水平的助推器。

〔1〕 参见丁茂中:《竞争中立政策研究》,法律出版社 2018 年版,第 11 页。

创新改变了原来财政刺激需求的局面。创新丰富了人们的需求,创新也为社会日新月异提供了不竭动力。竞争政策突出创新性特点不仅能够提高自身的普适性,增强自身灵活性,还可以根据客观的实际情况变化而做出适时调整,使其能够在复杂多变的国际国内环境下作用得到充分发挥,与时俱进,这是为了满足现实国情的需要,也是竞争政策自身能够长足发展的必经之路。供给侧改革旨在从生产领域加强优质供给,减少无效供给,扩大有效供给,提高供给结构适应性和灵活性,优化资源配置。我国的竞争政策也可参考这一价值理念。供给的有效性直接决定了资源的配置效率,有效供给所占的份额越高,意味着资源配置效率越高。而供给结构的灵活性恰好在很大程度上避免了无效供给,提升了有效供给的比重。因此,灵活性目标对于经济效率的提升具有很大的意义,对于竞争政策的制定也有重要参考价值。

供给侧改革背景下的目标与当前我国的竞争政策目标必须保持一致才能适应新时期经济社会的进步与发展。竞争政策的制定与完善必须符合经济发展和竞争趋势。政府应该明晰自己的权力边界,坚守自身职责,依法行政,为经济发展保驾护航;企业主体应该按照国家意志充分发挥其生产积极性,优化产业结构、推动技术革新,满足人们日益增长的需求。在此背景下,竞争政策的制定与完善应该立足于国情,借鉴国外先进经验的同时,在充分发挥市场决定性作用的前提下,有效规制政府的不当干预,为市场主体提供公平、有序的竞争环境,为供给侧改革提供不竭动力。

二、竞争制度的不健全影响我国市场机制作用的发挥

市场机制之所以能实现优化资源配置源于统一开放、自由竞争、充分公平竞争、竞争有序的竞争秩序和竞争制度,但是我国当前的竞争制度尚不健全,这在很大程度上影响了资源的优化配置,也阻碍了我国市场机制作用的发挥。缺乏有效的竞争也进而导致供给领域出现过多无效供给与低端供给,不合理的重复建设导致产能过剩,落后的企业与落后、过剩的产能却无法通过正常的市场退出机制被市场淘汰出局,无法为先进的具有创新性的企业与产业留出发展空间,供给的质量与效率低下,有效供给与中高端供给也无法扩大。以上这些原因造成的后果使我国供给结构与需求结构失去平衡。鉴于市场在资源配置中起决定性作用不仅是供给侧结构性改革的基本思路,更是我国全面深化改革的基本要求,经济体制改革的核心问题是处理好政府与市场的关系,这也是竞争制度作用充分发挥的前提。竞争制度的完善与健全就显得尤为重要。如果以竞争政策为视角进行分析,笔者认为,我国竞争制度至少存在以下几个方面的不足。

(一)竞争者的竞争利益没有得到良好维护

从微观层面分析,竞争者的竞争利益没有得到很好的维护。这里的竞争者主要是指中小企业。也就是说,中小企业的竞争利益没有得到很好保护。

竞争法学理论界与实务界长期流行的"保护竞争而不保护竞争者"观点认为,竞争中性原则是反垄断法的原则,也就是"保护竞争而不保护竞争者",《反垄断法》乃至于整个竞争法体系保护的是竞争秩序而非竞争者,从而忽略了对竞争者尤其是中小企业的保护。

吴宏伟与谭袁认为,"保护竞争而不保护竞争者"是对美国联邦最高法院所作判决从而产生的原则的曲解、误读之后得出的结论。通过将其还原到原始文本之中、联系上下文来考察其真正含义后,并不能得出"不保护竞争者"的结论。从《反垄断法》的价值体系来看,"保护竞争者"和"保护竞争"属于不同层次的价值目标,二者并不矛盾。〔1〕"保护竞争而不保护竞争者"诞生的背景是布朗鞋业公司诉美国一案。联邦最高法院对"竞争者"进行了区分:保护小的竞争者,而不是大的竞争者。联邦最高法院指出,国会已经意识到某些合并对竞争具有刺激性作用,那么对于这种类型的合并就不应当予以禁止。比如,两家小企业的合并能够使其与在相关市场上占支配地位的大公司展开有效的竞争,一家财务状况较好竞争力较强的公司与一家在市场上不具竞争力的财务状况较差的公司之间的合并,也不会对市场整体竞争格局产生不利影响,对于诸如此类的合并,都不应当一禁了之。〔2〕在这种情况下,不被保护的是作为竞争者的大企业。小企业之间的合并被认为是"竞争",占支配地位的大公司被认为是不被保护的"竞争者",但是也不要忽视,小企业本身也是竞争者,只是在此种情况下没有过于强调而已。如果只是机械地记住了"保护竞争而不是保护竞争者",在进行学术研究时与实务操作时遗忘了对大企业的不保护与对小企业的保护,一概地强调不保护竞争者,最终不被保护的是小企业的利益。因为大企业自身具有强大的实力,本不需要保护,需要保护的恰恰是实力不够雄厚的小企业。认识"保护竞争而不是竞争者"中的"竞争者"时不能进行泛泛的理解,事实上无论大小企业都是竞争者,必须予以区分的是,不被保护的是那些作为竞争者的大企业,因为如果对

〔1〕参见吴宏伟、谭袁:《保护竞争而不保护竞争者?——对主流反垄断法观点的审视》,载《北方法学》2013年第4期。

〔2〕参见吴宏伟、谭袁:《保护竞争而不保护竞争者?——对主流反垄断法观点的审视》,载《北方法学》2013年第4期。

其进行保护,则小企业之间的合并会受到禁止,最终就会妨碍竞争,违背国会和联邦最高法院“保护竞争”的原意。正是基于此,联邦最高法院才提出“国会关心的是保护竞争,而不是竞争者”。只有厘清了美国联邦最高法院判决所确立的规则的真正含义,才能正确地进行理论研究,正确地将其运用于我国市场经济的运行与发展之中。

“虽然大法官们可以笼统地说,反托拉斯法为公共利益只保护竞争而与竞争者无关,但就是在布朗案中,最高法院实现了司法观念的大变革。判决的结果还是保护了竞争者,否定了这一有效率的合并”。〔1〕 这不能不引起竞争法学界的深思,仅从字面理解某些内容是很危险的,容易走上错误的道路。此外,单就经营者集中案件而言,我国学界已经错误理解了“保护竞争”的内涵,将“保护竞争而不保护竞争者”推而广之地适用于反垄断案件中经营者集中案件以外的领域,尤其是适用于反垄断法领域乃至于整个竞争法体系,更是不正确的。可以说,正是对美国联邦最高法院布朗案判决所确立的规则的错误理解,直接导致了对竞争者尤其是中小企业竞争者利益保护的忽视。

此外,垄断企业凭借其垄断优势排除、限制相关市场上其他经营者的合法竞争,为市场设置不合理的进入壁垒等情形在现实中屡见不鲜,反托拉斯法的产生也与保护中小企业利益有密切关系。这点在我国国有企业身上表现得尤为明显,市场竞争中国有企业极易滥用市场支配地位损害其他竞争者的合法权益,中小企业的竞争利益因而得不到保护。

大企业本身具有资金雄厚、盈利能力强、信用较好等优势,更容易获得银行等金融机构的青睐,而具有得天独厚优势的国有企业更是金融机构信任与惯常合作的对象。受“肥水不流外人田”“肉要烂在锅里”等错误思想的指导,金融机构对大企业、国有企业的审查较为宽松,倾向于将资金借贷给他们。支持中小企业直接融资的法律制度则主要有:《证券法》第16条和《首次公开发行股票并在创业板上市管理暂行办法》第10条。以上条例规范了中小企业在进行内生融资与外部融资,在外部融资发行股票、债券,新三板上市制度作出了具体规定。然而,在现实运行中,银行等金融机构为维护自身利益,降低不良贷款率并没有因为国家的政策支持而放宽对中小企业的审

〔1〕 吴宏伟、谭袁:《保护竞争而不保护竞争者?——对主流反垄断法观点的审视》,载《北方法学》2013年第4期。

查,依旧与以往无二致,对中小企业的审查依旧非常严格。[1] 资金是企业发展的命脉,中小企业缺少金融机构资金的支持,在竞争伊始就处于劣势地位,想在后续的竞争中施展手脚、追赶上来甚至超越大企业,基本上是不可能做到的事。中小企业融资困难一定程度上体现了国家对中小企业竞争利益维护的缺位。在国土资源领域,民营企业反映最为集中的问题就是"用地难",这其中包含两个层面的意思——用不到地和用不起地。与国企相比,民企在方方面面都缺少竞争优势。

(二)部分行业经济活动仍然为政府所干预

从中观层面分析,部分行业经济活动仍然为政府所干预甚至可以说被政府紧紧控制,市场机制被公权力所妨碍,资源并没有真正得到优化配置,导致部分行业内竞争不足,资本涌向被政府干预较少的行业,又导致了那些行业竞争过度,滋生不正当竞争现象。本书重点论述竞争不足现象。因而,创造竞争成为竞争法在中观层面的基本路向。我国当前仍然是一种二元经济体,即包括受到政府监管的子经济体以及相对开放、自由竞争的子经济体,而本次改革所要解决的诸如结构失衡、产能过剩等问题主要集中在受到政府监管的子经济体方面。在这些行业和领域中,市场并没有实现完全开放,私主体被限制进入与发展,我国垄断法通过设立行政垄断专章,对政府滥用行政权力实施排除、限制竞争行为予以规制,一定程度上限制了政府对市场竞争机制的干预与破坏。

行政行为以其对象是否特定为标准,可分为抽象行政行为与具体行政行为,行政行为带来的行政垄断相应的也分为两种。我国《反垄断法》对具体行政行为导致的行政垄断设有专章条款,在第5章中规定了滥用行政权力排除、限制竞争,但是对抽象行政行为导致的垄断只有第37条[2]这一条的原则性规定。然而实际上借助于抽象行政行为实施的限制、排除竞争行为带来的危害性后果远高于借助具体行政行为实施的垄断,因为前者针对的是一系列相同的行为进行统一规制,涉及的是不特定对象,可以重复适用,受影响的企业不止一家两家,波及范围可能是某地区内整个行业的竞争秩序,更关键的是,政府确认了某种行政垄断的"合法性",行政垄断被披上了"合法"的外

---

[1] 参见李舒:《供应链金融视角下中小企业融资法制研究》,载《金融经济》2019年第16期。

[2] 《反垄断法》第37条:"行政机关不得滥用行政权力,制定含有排除、限制竞争内容的规定。"

衣。例如,2013 年内蒙古自治区出现的行政垄断案件中,2013 年 4 月内蒙古自治区公安厅印发《全区印章治安管理信息系统整合联网及推广使用新型防伪印章实施方案》(内公办〔2013〕60 号)(以下简称"60 号文"),直接指定内蒙古恭安金丰网络印章科技有限责任公司(以下简称金丰公司)统一负责全区新型防伪印章系统软件的开发建设。在执行"60 号文"过程中,内蒙古自治区公安厅采取各种措施强制各盟市公安机关和刻章企业卸载正在使用的、经公安部检测通过的系统软件,统一安装金丰公司开发的系统软件,并要求刻章企业向金丰公司购买刻章设备和装有加密电子芯片的硬质章材。内蒙古自治区公安厅上述做法排除和限制了印章治安管理信息系统软件市场以及刻章设备、章材市场的竞争,侵犯了各盟市公安机关和刻章企业的自主选择权,不合理地推高了印章价格,人为地增加了企业刻章生产成本。相关行为违反了《反垄断法》第 8 条"行政机关和法律、法规授权的具有管理公共事务职能的组织不得滥用行政权力,排除、限制竞争"的规定,属于《反垄断法》第 32 条所列"限定或者变相限定单位或者个人经营、购买、使用其指定的经营者提供的商品"的行为,而且属于第 37 条所列"制定含有排除、限制竞争内容的规定"的行为。从本案可以看出,本质上属于政府限制竞争的系统软件使用选择,经过法定颁行程序"摇身一变"成了合法的规范性文件,有关部门依此文件执行限制竞争行为不仅不会遭受惩处,反而是一种合法行政行为,为行政法规所认可,抽象行政行为限制竞争的危害性由此可见一斑。国务院 2016 年 6 月出台的《关于在市场体系建设中建立公平竞争审查制度的意见》(国发〔2016〕34 号)(本节以下简称《意见》)体现了公平竞争审查制度的建立。《意见》明确规定,行政机关以及法律、法规授权的具有管理公共事务职能的组织在制定涉及市场主体经济活动的政策措施时,必须对照"市场准入和退出标准"、"商品和要素自由流动标准"、"影响生产经营成本标准"以及"影响生产经营行为标准"等四大类总共 18 项标准进行自我审查,具有排除、限制竞争效果的政策不能出台,或者需修订至符合相关要求才能正式颁行。

2019 年 10 月 23 日,国务院总理李克强签署国务院令,公布《优化营商环境条例》。该条例第 21 条规定:"政府有关部门应当加大反垄断和反不正当竞争执法力度,有效预防和制止市场经济活动中的垄断行为、不正当竞争行为以及滥用行政权力排除、限制竞争的行为,营造公平竞争的市场环境。"该条文虽未明确指向行政垄断尤其是抽象行政行为导致的垄断,但是应当承认,政府意识到了我国反垄断执法力度不够的问题。加大反垄断执法力度,有助于减少部分行业竞争不足的现象。此外,该条例第 63 条规定:"制定与市场主体生产经营活动密切相关的行政法规、规章、行政规范性文件,应当按照国务院的规定进行公平竞争审查。”该条例明确提出了在进行与市场主体生产经营活动密切相关的抽象行政行为时应当进行公平竞争审查,笔者认为,这将对公平竞争环境的营造起到非常重要的作用。

通过浏览国家市场监督管理总局反垄断局的官方网站,我们发现,与“行政处罚”“附条件批准/禁止经营者集中案件”“公平竞争审查”等板块相比,“滥用行政权力排除、限制竞争案件”板块的内容显得过于“寂寥”,目前能看到的只有区区两条内容而已。这不意味着我国行政机关滥用行政权力排除、限制竞争的案件比较少,从我国市场机制被公权力妨碍的现状看,部分行业由于行政垄断存在竞争不足是客观存在的。这也在一定程度上说明我国对于行政垄断的重视度不够,对行政垄断进行限制与处罚仍有很大的作为空间,让资源实现优化配置还有作为的余地。

(三)我国欠缺在各行各业的统一竞争体系

从宏观层面分析,我国没有在各行各业建立起统一的竞争体系,也即竞争政策并没有落实到各个行业、各个地区。针对某些企业、某些行业的扶持政策始终存在,针对国有企业的隐形担保也在默默进行,国有企业总是更容易获得融资,其中很大一部分原因在于背后有政府的隐形担保与背书。这点在本次供给侧结构性改革进程中尤为明显。许多地区仍然在针对某一企业给予补贴,就某一行业制定特殊的扶持政策,而这种以行政手段而非市场主导的方式并没有起到很好的效果。就单一企业、单一行业实行特殊的扶持担保政策会使相关市场内无法实现公平竞争,置未获得扶持与担保的企业与行业于不利竞争地位,导致竞争机制无法发挥作用。同时,由于竞争政策在部分行业、部分地区未能落实,我国市场处于割裂状态。因而,建立起统一的竞争体系非常有必要。

财政补贴与专项补贴给竞争带来了负面影响。政府补贴是政府或公共机构出于特定目的而对经济活动中的企业或个人提供的无偿的财产性资助。政府补贴是现代各国普遍采用的产业政策措施之一,具有必要性和正当性。我国的政府补贴范围广、数量多,实践中存在诸多问题,亟须以产业政策法、财政法和竞争法进行协同治理,将其纳入法治化运行轨道。[1] 政府补贴在我国社会主义市场经济建设和经济转型升级过程中被普遍采用,存在向国有

---

〔1〕 参见姚海放:《论政府补贴法治:产业政策法、财政法和竞争法的协同治理》,载《政治与法律》2017 年第 12 期。

企业进行补贴的习惯和倾向。〔1〕这对中小企业无疑是非常大的打击,中小企业的竞争劣势更加明显,公平的竞争秩序被打破,竞争者的利益无法得到维护。

我国长期存在产业政策,产业政策主要发挥政府主导作用,由政府根据自身的认知确定主导产业或者行业内应重点扶持的企业,这是政府对市场经济活动的直接干预。然而,产业政策对一个国家经济发展是否有必要是很难证明的,因为在一国范围内讨论产业政策时没有相反的事实作为支撑,只有假想的情况作为论据。国家与国家之间的国情差异巨大,即使经济在短期内取得飞速进步的国家对待产业政策也有不同的看法。比如日本,战后实现从中等收入国家向高收入国家的转变,被世界银行评定为"第二次世界大战"后 13 个成功地实现中等收入国家向高收入国家转型的案例之一。日本的经济学家在产业政策上的分歧也非常大。一部分经济学家认为日本经济的腾飞得益于产业政策,另一部分经济学家认为正是因为产业政策的存在,日本错过了 20 年的发展机会。因而对产业政策的效果进行有效判断是非常困难的。但是可以直接判断的是,中国的产业政策不可能覆盖所有的产业,同一产业内部也不是所有的企业都能获得支持。实际上,获得产业政策支持的只是部分行业里面的部分企业而已,政府人为地制造了竞争上的不公平,这是显而易见的。另外,由于地方政府的介入和支持,部分产业政策出台后都可能带来该行业过度的进入和投资。比如,光伏产业政策导致该产业的过度进入,很多地方都去发展光伏产业,后果是产能迅速过剩,导致产业发展迅速进入整合阶段。〔2〕供给再次过剩,这与供给侧改革的目的相去甚远。中国的产业政策不少是直接补贴或减税,这条道路只会越走越窄。中国经济与世界经济的联系越来越密切,贸易量不断增加,贸易摩擦也时有发生。当贸易摩擦发生时,不少国家指责我国政府对产品和产业的补贴有失公平。国际上已经认识到了我国产业政策的问题,事实上,产业政策带来的最直接的问题并不是国际竞争中的不公平,首先影响的是国内竞争中的不公平,因为能走上国际竞争舞台的企业是少数的,大部分企业面向的仍旧是国内市场,不公平竞争问题不容小觑。

---

〔1〕参见杨丹辉、李晓华、渠慎宁:《当前产业补贴存在的主要问题与完善措施》,载《问题与对策》2014 年第 1 期。

〔2〕《财经》专访张军:"产业政策到底是利大于弊还是弊大于利?",载和讯网,http://opinion.hexun.com/2018-11-10/195166412.html。

破除产业补贴、产业政策带来的消极影响需要整体竞争体系的建立。所谓整体竞争,是指将竞争政策基础性地位落实到各个领域,去掉针对某一企业、某一行业的扶持政策,去掉针对国有企业的隐形担保,以竞争政策为统领,形成多层次、多角度、多方面的政策体系。〔1〕这是供给侧结构性改革作为全国经济改革的应有之义,也是以整体观全面推进本次改革的具体体现。〔2〕在以往的理论研究中,"整体竞争"较少为人所提及,但笔者认为,在供给侧结构性改革中,整体竞争是必要的,也是竞争法可以帮助实现的。供给侧结构性改革并非针对部分企业、部分行业和部分地区的改革,它是一项针对全国所有领域的改革,目的是通过解决供给侧长期积累的问题,从而实现全国整体经济的好转。正如前文反复强调的,供给侧问题的解决以市场机制的主导作用为基本逻辑,竞争的缺位只会使该行业供给侧一端的矛盾不能得到化解,这显然与本次改革的初衷不符。整体竞争意味着在全国范围内落实竞争政策,这也与世界各国越发重视竞争政策基础性地位的趋势相契合。最为明显的例证便是 2008 年金融危机中,欧美等发达国家在这次堪比 20 世纪"大萧条"的危机中,并没有一如既往地通过政府全面干预的方式化解,而是注重运用竞争政策与产业政策的协调以应对本次危机。〔3〕竞争法是竞争政策最为重要的组成部分,也只有法律才能使市场竞争成为可能,并促进和塑造竞争。通过竞争法确立竞争政策的基础性地位不仅具有法律权威性,能从根本上建立通行全国的整体竞争体系,更符合当前全面依法治国的基本方略,保证了供给侧结构性改革在宏观层面的扎实推进。

三、域外竞争政策在市场改革中起到的积极作用

经济学意义上的供给侧思想有多种来源,其中最为重要的理论是法国经济学家萨伊的萨伊定律,经济学中的新古典理论正是以该定律为核心。萨伊定律认为生产过剩是不会出现的,因为在自由竞争的市场条件下,通过价格机制的作用将使供求之间短期内的失衡趋于相等,并且供给本身也可以创造需求,因此应从供给侧的角度制定和实施各项经济政策。

在随后的经济大萧条时代,以凯恩斯为代表的经济学家对供给侧管理思想产生置疑,他们相应提出应以需求侧管理作为摆脱经济危机、克服经济衰

---

〔1〕 钟原:《供给侧结构性改革的竞争法实现》,载《理论月刊》2017 年第 11 期。

〔2〕 参见刘尚希:《以整体观推进结构性改革》,载《财政科学》2016 年第 8 期。

〔3〕 参见孙晋:《国际金融危机之应对与欧盟竞争政策:兼论后危机时代我国竞争政策和产业政策的冲突与协调》,载《法学评论》2011 年第 1 期。

退的手段。凯恩斯主义在很长一段时间内成为各主要资本主义国家的经济政策依据，国家对经济的全面干预也成为大萧条后各国经济发展最主要的手段，而通过扩张或者紧缩的经济政策来对需求侧加以调控也是此后多数经济问题的有效解决手段。

20世纪70年代由石油危机引发的经济滞胀问题在各主要资本主义国家爆发，以往通过需求侧调控经济的方式遇到了困境，扩张总需求会持续提高价格水平，而收缩则会加剧经济发展停滞的状态。同时，长期、全面的经济干预也使国家经济活力消失殆尽，这点在美国体现的尤为明显。此阶段最为主要的理论由当时的供给学派提出，也就是以传统供给经济学为内核的新供给经济学。他们认为造成经济滞胀的根本原因在供给一端而非需求侧，政府应该减少对经济活动的干预措施，减轻企业的税务负担，并逐步取消限制市场竞争的系列法规制度。20世纪80年代上台的美国里根政府，以及撒切尔夫人领导的英国内阁都将供给学派的理论作为经济政策制定的理论依据，而注重通过供给侧管理，减少需求侧刺激也成为至今最为重要的经济管理手段。甚至，在2008年的经济危机中各国也并没有如以往一样，片面地采取国家干预和调控的方式刺激需求侧，而是重视市场竞争机制的自发作用，通过协调竞争政策与产业政策等方式予以应对。

（一）美国竞争政策：不同时期发挥不同作用

1. 19世纪下半叶至20世纪70年代：摸索之中，震慑垄断组织

19世纪下半叶是美国资本主义自由竞争的鼎盛时期，托拉斯等垄断组织引起公众的反感和恐惧，继而爆发了大规模的抵制垄断运动。美国政府于是在1890年出台了第一部反托拉斯法——《谢尔曼法》。《谢尔曼法》更像是政治宣誓，可操作性较弱，于是，美国又通过了《联邦贸易委员会法》《克莱顿法》，在实际运行中，它们较为有效地阻止了大型的垄断组织对市场秩序的破坏，维护了市场的公平竞争。

2. 20世纪70年代至90年代：宽松执行，为产业发展放行

进入20世纪70年代以后，由于传统产业的国际竞争力日趋减弱，美国经济出现了大量的财政赤字和贸易赤字，一些重要产业的生产活动向国外转移，历史上通常用“滞胀”一词来概括当时美国经济的糟糕状况。由于当时美国实施的是世界上最严厉的反垄断战略，这被认为是削弱美国产业竞争力的重要原因。围绕放松反垄断公共政策，批判和反对结构主义政策论的理论观点开始受到关注，一些新的理论和研究方法也应运而生。其中最具影响力的便是芝加哥学派的理论观点，其逐渐取代了哈佛学派成为影响政府决策的

主流经济理论。受芝加哥学派等新自由主义经济学的影响,美国政府开始审慎对待反垄断战略,并逐步消除反垄断中的教条主义倾向,更加关注垄断行为对经济效率的影响。与此同时,美国政府开始实行对私人企业放松管制的政策,对企业兼并行为的控制明显放松,使得美国出现了新一轮的兼并浪潮。

3. 20世纪90年代以来:复归严格,保护消费者福利

但20世纪90年代后,经济一体化及国际市场开放,越来越多的国家更倾向于竞争开放,保护消费者福利。美国政府诉微软垄断案备受世界关注,原因在于它一定程度上代表了美国信息产业政策趋向及竞争选择。1998年,美国政府递交诉状,控告微软公司"网络探索者"Internet浏览器,控告它利用其"视窗"操作系统捆绑销售,强迫消费者购买或使用它的其他软件产品。法院判定微软公司不正当竞争、滥用垄断地位,后来虽然庭外调解,但也彰显了美国竞争政策在实践中的实施优先于产业保护政策,[1]以及重视消费者保护的趋向。

(二)日本竞争政策:缓解产业政策带来的经济矛盾

20世纪70年代以后,日本开始进入发达国家的行列。但随着经济国际化和全球化进程的加快,日本特有的一些有悖于国际竞争规则的交易习惯,也导致国际经济摩擦的加剧。与此同时,国内的经济矛盾也日益加深。[2] 1973年是日本经济发展的"分水岭"。经历了石油危机后,虽然日本政府仍保持政府主导的经济干预,但其产业政策已与经济高速增长时期显著不同。政界、学界开始对曾经辉煌的产业政策进行反思,并重新看待产业政策和竞争政策的相互关系。[3]

改革的方向就是放松政府规制,加大市场竞争的力度,使《禁止垄断法》恢复作用并逐步规范化。20世纪90年代,规制革新进程加快。日本对《禁止垄断法》等竞争政策法规进行了强化性修改。特别是进入20世纪90年代中期,日本经济萧条的延续使政府意识到结构改革的紧迫性和重要性,规制革新作为政府的一项基本政策加以全面实施。1993年首相私人咨询机关——经济改革研究会发表了关于经济改革的最终报告,确定了缓和规制的

---

[1] 参见明丰:《产业政策与竞争政策逻辑分析、优先适用及现实选择路径》,载《发展研究》2018年第12期。

[2] 参见肖竹:《竞争政策与政府规制——关系、协调及竞争法的制度构建》,中国法制出版社2009年版,第95页。

[3] 参见李慧敏、王忠:《产业政策与竞争政策能否协调——日本产业政策与竞争政策协调机制及其启示》,载《日本学刊》2019年第2期。

基本思路:经济规制以原则自由、例外规制为目标,社会规制以必要的最小限度为原则。[1] 具体而言,为了适应规制革新的要求并推动规制革新的进程,20世纪90年代日本《禁止垄断法》等竞争政策及其执行体制的调整变化主要包括:减少和取消适用除外规定;取消控股公司禁令;强化对反竞争行为的制裁;强化执法体制。

通过上述改革,日本《禁止垄断法》及其相关体制在经济生活中的影响不断增大,在维护市场公平竞争方面发挥着越来越重要的作用。日本公正交易委员会在放松规制的过程之中,积极主动参与,与规制机关共同发布处理规制产业内部竞争行为的指南,例如与经济产业省共同策划指定的《关于合法电力交易的指南》《关于合法燃气交易的指南》,以及和总务省共同制定的《有关促进电器通信事业领域内竞争的指南》。[2]

而进入21世纪,日本产业政策也日趋具有竞争精神。经济产业省为了实现顺畅的产业重组进而实现经济的灵活发展,促进市场竞争、强化市场机能,于2004年设立了以市场竞争为核心的产业政策的综合部门——竞争环境整备室。该室在对重要的市场进行竞争状况评估的同时,受理各事业者间的竞争纷争和通报。对纷争的解决提供帮助,并拟定强化市场机能的必要的产业政策。随着市场运行的完善,产业政策和竞争政策将会共同作用,促进经济的协调发展。[3]

(三)欧盟竞争政策:实现市场一体化,维护区域自由贸易

欧盟的竞争政策具有自己的独特性。其一,欧共体的竞争政策是在一个特殊的背景下实施的,这一政策的总目标是为实现市场一体化服务的,因而,欧共体的竞争政策带有浓厚的市场一体化的特色。[4] 在这一背景下,欧共体的竞争政策属于一个范围很广的制度,旨在消除成员之间的壁垒以及推动统一大市场的建立。[5] 在过去五十余年的历史中人们已经广泛地认同欧共

---

〔1〕 参见齐虹丽:《政府规制与反垄断法的适用除外制度——以日本反垄断法中的适用除外制度为讨论中心》,载《法学评论》2004年第6期。

〔2〕 参见[日]根岸哲、舟田正之:《日本禁止垄断法概论》,王为农译,中国法制出版社2007年版,第367页。

〔3〕 参见孙亚锋:《经济发展中的产业政策与竞争政策——日本的分析与借鉴》,载《市场周刊(理论研究)》2007年第2期。

〔4〕 Gerbera, D., *Law and Competition in Twentieth century Europe*, Oxford University Press, 1998.

〔5〕 Report of American Bar Association on Private Anti-Competitive Practices as Market Access Barriers, 2000.

体竞争政策的这一基本目标。为了实现这一总目标，不仅要清除成员国政府设置的限制，还要保证这一空间不被私人的限制性商业做法替代，因为不论是政府壁垒还是私人壁垒都会对实现统一大市场的目标构成障碍。因而，欧共体竞争政策的中心思想是实现市场一体化。其二，由于欧共体竞争政策的主线是为市场一体化服务，所以欧共体竞争政策的制定具有不同于传统竞争政策的模式。这意味着欧共体竞争政策的制定不仅是为了提高效率和确保消费者福利，还在于成为一个落实更广泛政治目标的工具。因此，欧共体竞争政策具有多种目标，这也反映了欧共体规制的模式。

《罗马条约》建立了一个全新的自治体制，以解释、适用和实施欧共体法律。欧共体关于竞争问题的两条最重要的法律是《罗马条约》第85条和第86条。这两条法律条款就竞争做法规定了欧共体在所有成员追求的目标。为此，欧共体体制也就是欧洲法院和欧洲委员会（以下简称欧委会）在欧共体竞争政策的解释和实施工作中起到主导作用。作为负责竞争法执法的机构，欧委会在其管辖范围内对第三方提起的案件进行调查并且根据《罗马条约》的相关条款作出相应的裁决。同样，欧委会也可以发起对违反《罗马条约》相关条款的协议进行自主的调查。按照欧委会的想法，为了进一步深化市场一体化，中央体制的欧共体竞争政策执法是实现欧共体主要目标的唯一适宜的制度。作为一项中央体制，欧委会认为，这一体制能够使欧共体竞争政策在各成员得到统一的适用，通过消除私人壁垒推动市场一体化，创制一个各成员和产业都能接受的竞争规则主管机关，作为统一大市场良好运行的基础。

在20世纪60年代和70年代，欧共体的基本目标就是消除成员之间的贸易壁垒。因此，欧委会把纵向限制以及经销渠道控制作为重点的监督对象。根据欧委会的观点，供应商和经销商之间的协议在阻止国外竞争者市场渗透的同时还具有妨碍在共同体内贸易自由化的效应。欧委会无意专门涉足横向限制或者市场支配地位滥用之类的案件，而各成员的主管机构则可以在此类案件中自由行事，欧共体希望这一战略服务于下述两个目标：其一，通过反对纵向限制，欧共体内部成员之间的贸易壁垒得以降低，进而使本地企业尽快适应来自外部的竞争；其二，把横向限制和市场支配地位问题居于次要的监管对象，将有助于更大的欧洲企业的发展，以更好

地适应国际竞争。〔1〕

(四)俄罗斯竞争政策:促进公平竞争环境的形成

保护市场主体间的平等竞争和机会平等,是反垄断法追求的重要目标,也是一国反垄断战略应有之义。俄罗斯竞争政策同样具有更加注重形成竞争环境、注重公平的特点,这主要体现在对特殊垄断现象重点严格的规制,为弱势一方的市场主体提供实质上的竞争性市场环境。俄罗斯竞争政策在市场改革中的作用主要体现在以下几个方面。

1. 大企业限制竞争行为的规制得以强化

与美国的《谢尔曼法》、《克莱顿法》所强调的效率竞争政策目标不同,俄罗斯对于不同企业的立法态度是不同的,着眼于实现竞争自由,更加注重市场主体之间的公平竞争,对处于经济强势的主体进行打压,而对处于相对弱势的一方采取支持的政策。在私有化改革的初期,俄罗斯需要面对的是打破旧有垄断,规制新垄断力量的问题。因为不公平的私有化过程,权贵阶层转为"私营企业家",在大大低估国有资产价值的基础上进行了"资本原始积累"。他们迅速获得权力,形成了各种行业寡头、官僚集团,特别是形成了一些大型的金融工业集团,对国民经济领域的重要行业产生重要影响。对这些大型企业的设立、并购过程实施监管是当时反垄断法的一项重要规制内容,并且在实践中不断强化监管的手段。1998 年俄罗斯竞争法进行修订时引入"卡特尔"的概念,明确界定控制权主体的含义,对处于从属关系的经营主体所从事的经营活动进行反垄断规制。在这一点上,俄罗斯反垄断战略是一以贯之的。2006 年《俄罗斯联邦保护竞争法》将国有化以后所形成的新官僚利益集团作为反垄断法的重点规制对象,通过联邦法律和专门的行政规章对大企业的反竞争行为进行规制,维护公平的交易机会。

2. 对自然垄断行业的反垄断更加严格

自然垄断行业已经根深蒂固于计划经济时期的国家垄断,对于保障国家经济利益和消费者总福利具有重要的战略意义。目前,俄罗斯自然垄断规制通过价格规制、特许制度、非歧视性市场准入制度和其他调整竞争关系的措施展开。这些规制手段与特定市场相结合,以此处理复杂的现实问题。而且产业政策与竞争政策的内在冲突也可能使竞争政策偏向于追求产业的经济效率,而加大自然垄断规制的难度。但是在自然垄断行业引入竞争也能提高

〔1〕 参见白树强:《全球竞争政策——WTO 框架下竞争政策议题研究》,北京大学出版社 2011 年版,第 127 页。

产业效率,特别是区分相关产业环节的具体属性,在不属于自然垄断性质的环节引入竞争机制是俄罗斯竞争政策所坚持的方向。总体上说,俄罗斯运用综合手段严格对自然垄断进行规制,并已经取得明显的成效。

3. 行政机关的反竞争行为受到限制

行政机关享有国家赋予的权力,容易使竞争弱势的经营主体处于不平等的地位,而严重损害诚实经营竞争者的利益。世界多数国家都非常重视对行政机关权力的正当行使进行约束。但是在现实生活中适用统一的规则难以达到最佳规制效果,特别是在进行公共资源分配时行政机关"寻租"的风险相对较高,而且行政垄断自身的特殊性决定其必然减损反垄断法的实施效果。在俄罗斯,私有化改革的结果是国家垄断体制的瓦解,垄断的性质、市场结构正在变化。一些商业集团成功消除赤字,产生了最初的竞争市场,但是私有化也没有像预期那样带来市场竞争和经济效率。市场竞争是低水平的竞争,俄罗斯需要面对的却是国有垄断向私人垄断的转变的问题。私有化过程中产生的垄断利益集团多具有政商勾结的特点。1991 年《关于在商品市场中竞争和限制垄断活动的法律》强调对行政机关、中介组织和其他具有公共职能的社会团体或者组织的行为实行严格的约束,特别是对行政机关权力实行全面预防和规制。2006 年《俄罗斯联邦保护竞争法》将反垄断的目标定位于保障反垄断机构的调查顺利进行和反垄断决议、命令的有效执行,赋予了反垄断机构更多的强有力的职权,强化对行政机关的监督,并对行政机关消极影响市场竞争的行为作出专门的禁止性规定。

4. 中小企业发展获得支持

提高企业的竞争力,需要培育自由、公平竞争的市场环境,良好的市场环境的形成有赖于市场力量的制衡发展。对处于市场竞争弱势的中小企业的扶助,是发挥法律的平衡功能。从竞争法律制度的角度,促进竞争的措施体现为积极地促进和消极地促进。《俄罗斯联邦保护竞争法》的一个主要特点就是将直接促进竞争的措施和间接促进竞争的措施都纳入竞争法的调整范围。俄罗斯除颁布专门针对中小企业的法规和发展纲要外,在联邦保护竞争法的修订中也将国家对中小企业的保护和支持作为重要的目标。例如,提高监管对象标准,减少行政限制,保障中小企业的经营自由;增加为中小企业提供国家援助的规定等。

5. 消费者福利保障得到重视

消费者权益保护是由多个部门法调整的共同责任。经济法在消费者权益保护方面发挥着重要的作用,其中最重要的途径之一就是反垄断。对传统三种垄断行为的规制都会直接或间接地保护消费者的权利和利益。例如,在价格规制中,对垄断高价、垄断低价、固定价格以及限制转售价格的行为规制都使消费者直接受益。1991 年俄罗斯首部反垄断法《关于在商品市场中竞争和限制垄断活动的法律》,即关于商品市场中的反垄断行为规制的立法。而且在前述反垄断立法的初步建立的一系列其他相关规范性文件,都十分重视商品价格的规制,尤其是垄断高价的规制。2006 年《俄罗斯联邦保护竞争法》除了明确禁止垄断高价、垄断低价、固定价格、限制转售价格行为以外,还将保障消费者的需求作为认定经营者行为违法的判断依据。根据俄罗斯竞争法,在可能生产这些商品的条件下,经济上或技术上不合理地减少或停止生产市场上有需求或者消费者订购的商品构成滥用市场支配地位。在一些垄断行业,尤其是电力、电信、铁路、邮政、石油等国家垄断行业,经营者往往凭借垄断地位,实施垄断高价或者制定不合理的定价规则。在这种情况下,消费者明显处于不平等的地位,被迫接受价高质次的服务,切身利益受到严重侵害。对此,俄罗斯保护竞争法做出了制度回应,将对消费者的保护作为反垄断的终极目标。除了司法上的反垄断公益诉讼,消费者还享有行政程序上的反垄断诉权,即消费者可以作为反垄断案件审查的提起主体并享有审查程序上的权利。

四、结构性改革中竞争政策实现的具体建构

(一)微观层面的具体建构:竞争执法与私人执行的协调

竞争执法是目前我国最为主要的竞争政策实现方式,目前正常的执法工作日趋常态化,执法队伍专业素质也有了很大程度地提升。在供给侧结构性改革的背景下,竞争者竞争利益的保护将被进一步重视,应允许其能够通过自身力量,也即通过私人执行的方式维护其竞争利益。私人执行以诉讼为最主要方式,它相比公共执行具有救济功能方面的比较优势。这是因为竞争者个人对于竞争利益的损害能够最先发现,同时由于其受到反竞争行为的直接损害,经济利益促使私人原告尽最大努力提起诉讼。在案件调查和证据收集中,其作为当事人有一定的便利条件,并且成本也更为低廉。当然,由于竞争者个人本身不具有执法机构的权威地位,可能部分案件核心证据的收集存在困难,这要求执法机构与其相互配合。因此,这时更需要私人执行作为公共执法的补充来共同实施竞争法。

市场经济的本质和精髓就是竞争,市场机制发挥作用的关键也是竞争。竞争是在市场机制中发挥决定性作用的关键因素,是市场经济发展的源动力。竞争最基本的功能是优胜劣汰,因此在激烈的市场竞争中,竞争和各种

反竞争行为常常相伴而生。一方面，竞争能够最大限度地调动经营者的积极性，激励企业努力创新、推动技术进步、提高产品质量、满足消费需求、使经济充满活力；另一方面，经营者为了规避竞争的压力和风险，会通过各种手段排除、限制竞争，压制竞争者，抑制潜在竞争对手的成长，也可能产生各种违反诚实信用原则的不正当竞争行为，造成对市场秩序的破坏。〔1〕 这些不正当竞争以及垄断等市场自身存在的固有弊端无法通过市场自身来解决和克服，且不能任其肆意发展。那么在中国特色社会主义市场经济的大背景下，在结构性改革过程中，要通过制定和执行竞争法律，采取有效措施对市场的失灵问题进行矫正，从而抑止不正当竞争行为，维护公平竞争秩序。

我国的竞争执法主要是围绕两部法律展开的，即2007年颁布、2008年实施的《反垄断法》以及1993年颁布、并于2017年修订的《反不正当竞争法》。根据2018年的国家机构改革，国家市场监督管理总局作为主要的竞争执法机构，在维护消费者的合法权益、维护公平的市场竞争秩序上起着越来越重要的作用，在结构性改革过程中，竞争执法作为我国目前最主要的竞争政策实现方式也发挥着重要的作用。

1.2017年《反不正当竞争法》的修订带来竞争执法的改变

由于2017年11月4日全国人大常委会通过了《反不正当竞争法》的修订，该次修订对我国《反不正当竞争法》的原有框架和内容体系做了较大幅度的改动和调整，也对执法部门和执法人员在内的竞争执法提出了更高更新的要求。因此，在结构性改革过程中，执法部门和执法人员必须要及时转变观念，在提高业务能力的同时，也要迅速调整工作方式和工作思路。

首先，由于2017年《反不正当竞争法》对旧法的改动非常大，2017年《反不正当竞争法》修订并生效施行后，执法部门和执法人员加强对2017年《反不正当竞争法》的学习和培训，为2017年《反不正当竞争法》的顺利施行奠定思想基础和知识基础。不仅对2017年《反不正当竞争法》的立法背景和立法指导思想进行充分理解，还应准确把握修改法条的真实含义。对于尚未了结的案件，如果能够判定明显不符合2017年《反不正当竞争法》精神的，那么可以不再按照旧法的原有框架进行处理。并且，对于存疑案件要采取审慎的态度，防止冤假错案的出现。另外，对于未审结的案件，按照2017年《反不正当竞争法》的处罚结果重于旧法的处罚结果的，要按照旧法处理。

其次，制定严谨规范的实施细则，为2017年《反不正当竞争法》的实施提

---

〔1〕 参见任爱荣：《竞争执法工作及面临的挑战》，载《中国工商管理研究》2014年第4期。

供有利的技术保障。2017 年《反不正当竞争法》中新增了兜底条款,这有利于更加准确认定不正当竞争行为。例如在执法过程中,对于“有一定影响”以及“标识”如何在实践中界定。虽然我国并不是判例法国家,但是在执法过程中,可以将司法案例作为重要的执法参照。不仅如此,对于经济发展中出现的新现象,2017 年《反不正当竞争法》也予以了规制,例如 2017 年《反不正当竞争法》的第 12 条增加了互联网不正当竞争行为等。对于 2017 年《反不正当竞争法》的第 12 条,由于互联网是开放且无边界的,其涉及面非常之广,因此违法行为也就无处不在。只有明确了互联网反不正当竞争行为的查处机构的层级和原则,才能明确互联网反不正当竞争执法的管辖和调查权限问题。否则就会有多头执法、一事多罚现象的出现。另外,2017 年《反不正当竞争法》将原《反不正当竞争法》、《反垄断法》、《广告法》和《商标法》四者之间的关系理顺,将竞争执法领域存在的交叉重叠条款梳理清楚。并明确了民事赔偿责任有限的原则,加大了行政处罚力度。

最后,在 2017 年《反不正当竞争法》实施的过程中,敢于进行执法探索,为该法的顺利实施和更好开展积累实践经验。对于监管方面,建立反不正当竞争协调机制,建立反不正当竞争政府管理与社会监督相结合的模式,从而有利于反不正当竞争问题作出正确决策,协调处理好维护市场竞争秩序的重大问题。由于 2017 年《反不正当竞争法》刚刚施行不久,对于行为类型的界定标准存在许多不明确的地方,例如,在商业混淆行为中,对于标识的界定标准、容易混淆和一定影响的认定标准等问题。细化商业贿赂的认定标准,建立全面合理详尽的会计标准。研究虚假或者引人误解商业宣传的判断标准。研究界定商业秘密中使用的含义,列举商业秘密的形式,以及反向工程、保密措施等。在有奖销售中研究电子产品、汽车等物品使用权的奖励金额计算需要考虑的因素。[1] 对于上述的问题,应当在实践过程中结合经验细化认定标准,从而增强 2017 年《反不正当竞争法》的可行性。对于新型的互联网不正当竞争行为,竞争执法部门对其加大打击力度,如经营者采用的刷单行为,以及以链接为手段的新型网络不正当竞争行为为重点来加强互联网不正当竞争行为的打击力度。

2. 稳步推进反垄断执法,适应竞争执法的专业化要求

反垄断执法是反垄断执法机构按照反垄断法的规定,选择恰当的分析模

---

〔1〕 参见韦浩:《〈反不正当竞争法〉的修改与竞争执法工作的调整》,载《中国市场监管研究》2018 年第 1 期。

式与分析工具对垄断行为进行认定,并遵循特定的行政执法程序进行执法处理的活动。对于反垄断执法机制的意义,借用波斯纳在《反托拉斯法》中提出的观点:反托拉斯政策的健全不但依赖于法律规则,还依赖于执法机制;只有好的规则是不够的,还必须有执法的机制保证法律以合理的成本获得合理程度的遵守。[1] 自2008年《反垄断法》实施以来,虽然暴露出一些问题,但我国的反垄断事业也在不断成熟和蓬勃发展。在2018年机构改革前,我国的反垄断执法工作主要在反垄断委员会指导下,由三个部门负责,分别是:商务部、国家发展改革委员会以及国家原工商行政管理总局。在2018年机构改革后,我国反垄断执法主要由市场监督管理总局负责,其承担反垄断统一执法职责,标志着我国的反垄断执法工作进入了一个全新的时代。

在《反垄断法》施行的这十余年里,我们在取得成就的同时,也暴露出了一些问题。在结构性改革过程中,亟待立法机关通过立法手段完善以及执法机关健全执法机制去解决。

我国的反垄断执法机构在规制滥用市场支配地位案件的过程中,取得了一定的成绩和不错的社会效果,但是我们仍可以窥视出我国的反垄断执法存在的很多问题。首先,在一些地方执法积极性较低,执法水平也十分有限,因此执法效果也不理想。由于在我国滥用市场支配地位行为的主体主要是公用企业,使得情况变得更加复杂,加剧了反垄断部门执法的难度。涉嫌违法者行为背后牵动更为复杂的利益格局和分配机制,致使以经济垄断为表征的滥用市场支配地位行为其实质上暗藏了行政垄断的因子,更有甚者其行为俨然是一种行政垄断。[2] 其次,在反垄断执法取得巨大成绩的过程中,也暴露出了我国执法资源、执法力量不足以及在执法过程中出现了信息披露延迟、案久不决、执法效率不高等情况。这些现象折射出在反垄断执法过程中存在的一些问题,一是这些现象的发生与案件本身的专业性和复杂性无关,而是由于执法人员的执业态度和综合素养不符合要求造成的;二是反映出个别地区的反垄断执法资源整体配置不足的问题。

现行《反垄断法》第10条第2款规定"国务院反垄断执法机构根据工作需要,可以授权省、自治区、直辖市人民政府相应的机构,依照本法规定负责

---

[1] 参见邹婕、洪莹莹:《我国反垄断执法效果评估标准之构建》,载《行政与法》2019年第5期。

[2] 参见陈兵:《我国反垄断执法十年回顾与展望——以规制滥用市场支配地位案件为例的解说》,载《学术论坛》2018年第6期。

有关反垄断执法工作”。由此可知,当前我国反垄断执法采取了中央集中执法与地方授权执法相结合的双轨模式,该模式的启动前提和运行基础是中央执法机构的授权和指导。[1] 该模式的优点不言而喻,然而缺点也显而易见。该模式导致地方执法机构对上级机构的严重依赖,消极执法的现象严重,无法发挥其主观能动性和创造性。在结构性改革过程中,要对执法过程中遇到的问题有针对性地解决,推进反垄断执法。

(二)中观层面的具体建构:公平竞争审查制度的落实

供给侧结构性改革的核心在于如何处理好政府与市场的关系,从而更好发挥市场机制在资源配置中的决定性作用。这与竞争法维护市场竞争秩序的立法宗旨具有天然的内在统一性。事实上,在市场经济中出现的各种不正当竞争行为和垄断行为都会对市场机制有效运行造成不同程度的破坏。而通过抽象行政行为实施的限制竞争行为对竞争秩序的破坏往往更为严重,因为它能从根本上确认某种行政垄断的合法性,使损害行业公平竞争秩序的行为披上“合法”外衣。

市场主体之间的公平竞争是市场经济的精髓,政府作为市场经济的守护者和管理者,维护市场竞争秩序是应有之义。在推进供给侧结构性改革和突出竞争政策作用的背景下,我国初步建立了公平竞争审查制度以维护竞争秩序、促进市场经济可持续发展。它的有效实施不仅能规制抽象行政垄断,打破部分领域的进入壁垒,促进特殊行业的竞争开展,更能防止公权力对竞争秩序的破坏,保证结构性改革在中观层面的成功推行。当然,由于该制度颁行时间不久,多项规定尚不够成熟,在日后的实施过程中仍应结合理论发展和实践经验进一步完善。如何进一步贯彻落实公平竞争审查制度,使其真正发挥规制行政垄断、发挥竞争法“创造”与维护竞争的作用,从而在结构性改革的经济背景下落实我国的竞争政策,是需要我们进一步思考的问题。

《意见》和于2017年10月发布的《公平竞争审查制度实施细则(暂行)》(发改价监〔2017〕1849号)(本节以下简称《细则》)标志着我国初步建立起公平竞争审查制度,政策制定机关自我审查为主、外部指导监督为辅的“内部审查”模式就此确立。[2] 审查主体制度的选择学界争论已久,最终在我国法

---

〔1〕 陈兵:《我国反垄断执法十年回顾与展望——以规制滥用市场支配地位案件为例的解说》,载《学术论坛》2018年第6期。

〔2〕 参见孙晋、孙凯茜:《我国公平竞争审查主体制度探析》,载《湖北警官学院学报》2016年第4期。

规政策存量浩繁且增量巨大、国家发展改革委员会等竞争主管机关独立竞争审查能力不足的现实国情的基础上选择确立了内部审查模式。当下行政垄断和一些妨碍公平竞争的产业政策严重影响了我国市场经济的健康发展,由政策制定机关自身从源头上进行遏制,确为兼顾行政效率和市场公平的可行选择。

然而我国当前确立的公平竞争审查制度在实践中出现审查机关的能力先天不足、自我审查程序粗糙易导致审查流于形式的困境。全面重构公平竞争审查制度的条件在较长时间内难以成熟,应通过建构政策制定机关激励机制、外部监督惩戒机制以及第三方评估制度来完善现行的公平竞争审查制度,并待未来修订《反垄断法》的时机成熟后将公平竞争审查制度写入《反垄断法》,将其从规范性文件规定的层面纳入反不正当竞争法的法治规范轨道。

1. 构建公平竞争审查激励机制

自我审查制度里隐含两个动机预设假定:审查机关有促进竞争的主观动机和抑制竞争的主观动机。[1] 而当抑制竞争的动机比促进竞争的动机更加强烈时,“既是运动员又是裁判员”的政策制定机关会让自我审查流于形式,公平竞争审查制度则将会被架空。而在现今缺少激励机制和惩戒机制的情况下,对常年习惯于通过发布大量规章文件来干预地方经济发展的各政府部门而言,其通过自查自纠来促进竞争的主观动机难以强化。[2] 在程序上,《细则》中虽规定政策制定机关审查后需形成书面审查结论备案,但不要求公开,审查报告的内容也有待细化;其中规定了联席会议指导制度和公众监督,但向联席会议进行书面报告的形式和缺少细化规则的公众监督制度仍难以真正发挥外部监督的效力。为促使“内部审查”真正发挥公平竞争审查的效力,上述困局必须加以破解。

要使制度建设发挥预期作用,就必须要明确规定制度体系里的各项具体内容,这样才能进一步制定出相应制度的实施办法,以真正发挥制度效力。要建构自上而下的多方位激励机制,具体内容应包括以下四个方面。

(1)各级政策制定机关树立正确的竞争观念

当下,我国不少地区和领域的政策环境以及经济生态仍然是“非竞争友

---

〔1〕 参见朱静洁:《我国行政性垄断的公平竞争审查规制研究》,载《价格理论与实践》2017 年第 6 期。

〔2〕 参见李俊峰:《公平竞争自我审查的困局及其破解》,载《华东政法大学学报》2017 年第 1 期。

好型”的。改革开放后我国地区发展不平衡的问题持续存在,广大的中西部地区长时间充当东部地区资源和廉价劳动力供应者的角色,而本地市场由于历史、自然条件、经济条件等原因处于不发达状态,当地企业大都缺乏竞争力。由于企业的竞争能力和竞争以及政府服务市场的能力与东部地区有较大差距,且对于中西部地区而言,实施公平竞争审查制度并不能在当下为其带来显性收益,相反会带来显而易见的损失,在制度不完善的情形下,当地政府更会倾向于使公平竞争审查流于形式。〔1〕 此外,由于过于追求地方政绩产生的地方保护主义也是落实公平竞争审查的一大拦路虎。归根结底,都是作为市场经济的守护者和管理者的各级政府部门缺少正确的竞争观念造成的。

在强调发挥竞争政策作用、促进市场经济可持续发展的时代背景下,为能真正落实公平竞争审查制度,首先,各级政策制定机关必须树立正确的竞争观念。在市场对资源配置起决定性作用的形势下,各级地方政府首先要摒弃“唯 GDP 论”,一时的 GDP 高低并不是衡量经济发展水平的指向标。其次,改变习惯通过各种“红头文件”对经济进行过多、过深干预的工作方式,让市场主体之间公平竞争,为市场能发挥其优胜劣汰的作用留出空间。最后,各级地方政府可以定期开展一些专业讲座和专业培训,让各级领导干部和政策制定机关受到正确竞争观念的熏陶,政策制定机关的审查能力得以提高。

(2)建立审查报告公示制度

《细则》第 6 条规定:“政策制定机关开展公平竞争审查应当遵循审查基本流程,并形成明确的书面审查结论。书面审查结论由政策制定机关存档。未形成书面审查结论出台政策措施的,视为未进行公平竞争审查。”当前只规定了书面审查报告备案制度,审查报告内容不够细化,审查过程中审查了哪些问题等缺乏说明,审查信息仍然缺乏透明度。建立审查报告公示制度,通过外部监督打破地方政府和市场主体之间的竞争合规信息壁垒,是激励行政机关提高行为底线、推动公平竞争制度落实的必然选择。

近年来判决书公示制度起到了良好的外部监督作用。这是一种“以结果监督过程”的倒逼机制,通过强化说理增强结论的公正性,是以过程正义保障

---

〔1〕 参见徐士英:《竞争政策视野下行政性垄断行为规制路径新探》,载《华东政法大学学报》2015 年第 4 期。

实体正义的社会监督形式。[1] 借鉴法院判决书公示制度的经验以及日本在政府官网上公布《政策评价书》的成功经验,我国建立公平竞争审查制度中的审查报告公示制度时,可以利用互联网技术,由国家反垄断委员会组织构建一个全国公平竞争审查报告公示平台,强制各级各类政府部门接入该平台并及时将本部门的审查报告上传,供市场主体查阅和社会公众监督。[2] 此外,在细化审查报告内容后可规定上传的书面格式化要求,以便查阅起来达到重点突出且简明扼要的效果。

(3)构建财政激励制度

我国的财税制度决定了地方政府财政常处于紧张状态,通过财政奖励增加地方财政收入必然可以使地方政府落实公平竞争审查的积极性大大提高。因此,我国可以借鉴竞争支付制度的建构经验,为政策制定机关建立动态化和长期化的财政激励制度以提高其落实制度的积极性。

构建财政激励制度首先要确定财政奖励款的管理机构。由于像澳大利亚一样另行设立一个完全独立于其他行政机关的监督管理机构并确立一套独立的监管评估机制的成本太大,我国的财政奖励款可以由国家财政部代为管理和统一发放。[3] 财政奖励款的评估发放工作则可以通过完善规范国家反垄断委员会的职权、设立专门的分支机构来完成。其次,财政奖励的发放条件需要确定。公平竞争审查成效应当成为财政奖励的发放与否和数量的主要评价指标,对于制度落实效果非常不理想的政策制定机关,应当推后或停止发放款项,并将相关情况向社会通报。具体的实施办法应由国务院经研究后制定发布,其中评估竞争审查成效的内容应至少包括两个方面:细化目标任务并进行阶段化任务设置,明确地方政府必须在规定时间节点内完成相应审查任务;在国务院颁布的实施办法的框架下,省政府和直辖市政府应建立地方标准以便实施。最后,财政激励制度应与目前《细则》中规定的联席会议制度相结合,将各级联席会议的指导监督情况汇总引入省内的竞争审查成效评估。

---

〔1〕 参见刘继峰:《论公平竞争审查制度中的问题与解决》,载《价格理论与实践》2016 年第 11 期。

〔2〕 参见李俊峰:《公平竞争自我审查的困局及其破解》,载《华东政法大学学报》2017 年第 1 期。

〔3〕 参见郑鹏程、黎林:《澳大利亚公平竞争审查中的竞争支付制度及其启示》,载《价格理论与实践》2017 年第 11 期。

(4)引入竞争审查成效至领导干部政绩考核指标体系

政绩考核一向对地方政府管理起到鲜明的导向作用。经济发展状况成为领导干部政绩考核的主要指标后,政府官员为了自己的职位顺利晋升,定然会竭力稳定自己任期内辖区内的经济增长速度,在这个过程中为一时的经济指标增长就很容易滋生行政垄断行为。十八届四中全会提出将法治建设成效纳入领导干部政绩考核体系,这将推动各级政府领导干部保持正确的政绩观,有利于正确行使政府职能、促进经济发展。为充分发挥公平竞争审查效力,在领导干部政绩考核指标体系中将竞争审查成效纳入法治建设的考核指标不仅符合依法治国的要求,也是建构政策制定机关激励机制的必需内容。“据不完全统计,自《意见》颁布以来,全国已有19个省(区、市)明确将公平竞争审查成效纳入政府绩效评价体系”〔1〕。如何将新考核指标与原有考核体系有机融合则是竞争审查成效引入至领导干部政绩考核指标体系后亟待解决的关键问题。

2.建立公平竞争审查外部监督机制

如要使促进竞争的主观动机大于抑制的动机,无非两种途径:一是强化促进竞争的主观动机;二是遏制抑止竞争的动机。目前《细则》规定了联席会议制度,而在《细则》的规定中丝毫未提及任何激励措施,只以一纸行政命令来要求地方各政策制定机关自觉落实自查自纠的公平竞争审查制度,不免有些理想化。通过建构公平竞争审查外部监督机制并将其放入国家与地方的博弈中的策略组合,使双方利益博弈保持动态平衡,无疑是落实公平竞争审查制度、促使地方行政机关真正发挥审查效力的不二选择。

(1)完善上级行政机关的监督机制

《地方各级人民代表大会和地方各级人民政府组织法》第55条第2款规定,全国地方各级人民政府都是国务院统一领导下的国家行政机关,都服从国务院。该法第59条规定,县级以上的地方各级人民政府行使下列职权:①执行本级人民代表大会及其常务委员会的决议,以及上级国家行政机关的决定和命令,规定行政措施,发布决定和命令;②领导所属各工作部门和下级人民政府的工作;③改变或者撤销所属各工作部门的不适当的命令、指示和下级人民政府的不适当的决定、命令……根据这些规定,毫无疑问,上级行政机关对下级行政机关拥有绝对的领导权。当金字塔式的行政权结构建立起

〔1〕万静:《19省将公平竞争审查纳入政绩考核》,载法制网2017年11月2日,https://www.chinanews.com/gn/2017111-02/8367048.shtml。

来以后,其自上而下的运行模式和自下而上的信息提供模式就显得十分重要。[1] 在这种权力组织体系下,上级行政机关就有责任确保下级行政机关所作所为不存在妨碍市场公平竞争问题。

上级行政机关可以通过政务报批机制来积极对下级行政机关所实施的内容进行公平竞争审查。根据现行的宪法性规范规定,我国行政管理系统在权限分配上采取了级别化的梯形架构。最高权限的行政组织对所有级别递减的行政组织在管辖内容上实行全额涵盖,级别递减的行政组织在权限递增的行政组织所领导的范围内根据分工进行协作。

在《反垄断法》对滥用行政权力排除、限制竞争明令禁止和国务院明确要求各级行政机关必须按照规定推进公平竞争审查工作的情况下,"诊断"自己的下级行政机关是否存在或者可能存在滥用行政权力排除、限制竞争以及是否按照要求自我开展了公平竞争审查工作应当成为上级行政机关监督检查的重要事项之一。[2] 如果上级行政机关在现有行政管理体系内对已经制度化授权下级行政机关负责的事项进行"过滤式"的公平竞争审查,那么这不仅将会影响分工与协作的秩序,而且将会影响体系运作的效率。除非有特别严厉的惩罚机制或者极大的激励机制,下级行政机关在这种情况下对自己应有的公平竞争审查责任的履行必然将会走向形式化,这就导致了无效的行政管理。因此,基于现有行政管理体系在分工与协作上的秩序需求,上级行政机关对下级行政机关负有的公平竞争审查责任在制度框架上应当以下级行政机关按照规定必须向上级行政机关报批的范畴为限。

(2)细化公众监督及举报机制

竞争文化是指在市场竞争意识的作用下所产生的有关市场竞争的现象总和,是市场经济健康发展的底蕴所在。然而,我国的竞争文化受长期计划经济的影响目前仍然相对薄弱。各市场主体和社会公众会因为不了解公平竞争审查制度而不能体会实施该制度的积极意义,遑论能积极投身公平竞争审查制度的建设和监督中去了。当前主要有三个方面的体系测度来衡量竞争文化的发展程度,即消费者和经营者是否能积极维持公平有效的市场竞争、对于竞争问题社会媒体是否足够敏感以及政府能否营造有效的竞争环

---

〔1〕 参见关保英:《论上下级行政机关的法律关系》,载《吉林大学社会科学学报》2008年第1期。

〔2〕 参见丁茂中:《论公平竞争审查的责任主体》,载《竞争政策研究》2018年第2期。

境。后两者是提升第一个测度指标的基础。[1] 互联网时代下媒体可以采取多种形式对公平竞争审查的目标和意义进行宣传普及,呼吁社会公众积极投入对制度的监督落实。另外,可以邀请专业人士对相关制度进行解读以增进社会公众的理解,对公平竞争审查制度落实的典型案例和最新进展多加报道,让更多的人了解制度的运行方式和作用。

《细则》第23条规定任何单位和个人对政策制定机关涉嫌未进行公平竞争审查或者违反审查标准出台政策措施的,可以向政策制定机关的上级机关或者反垄断执法机构举报,但并未规定监督举报的渠道和保障制度。为充分发挥审查效力,细化公众监督及举报机制是促使政策制定机关有效落实公平竞争审查制度的外部监督保障。

与建立审查报告公示制度类似,细化公众监督及举报机制也应建立一个全国性的信息处理平台以保障社会监督的渠道畅通、增加公平竞争审查制度实施的透明度。全国统一的信息处理平台下,各省(自治区、直辖市)设立专区,各级地方政府强制性接入相应版块,在调查后及时对社会公众的举报监督做出回应。社会公众可用自己的身份信息登录平台,将自己的举报监督意见及证据上传,案件的利害相关人也可登录平台查看案件进展。[2] 信息处理平台的后台工作人员可以每一季度定期将省市对公众举报监督的处理情况进行汇总公布,各省市之间进行排名对比,对执行效率非常低下的省市在首页进行点名通报。考虑到国家政务网站的权威性和公平竞争审查工作的专业性,信息处理平台的后台管理人员应由国家反垄断委员会指派技术人才和专业执法人才组成。

3. 探索实施公平竞争审查第三方评估制度

供给侧结构性改革,是我国经济发展方式的重大转变,这种转变是对经济政策、体制以及市场运行方式的调整和优化。当前我国面临较大的经济下行压力,社会矛盾日渐突出,而这种矛盾集中体现在社会资源的过度集中和社会财富分配不均。为缓和化解这样的结构性矛盾,解决政府对市场干预的内源性动力成为市场正常运行的关键。

我国建立的公平竞争审查制度中,政策制定机关担任审查者,以其自身

---

〔1〕 参见王贵:《论我国公平竞争审查制度构建的基准与进路》,载《政治与法律》2017年第11期。

〔2〕 参见李俊峰:《公平竞争自我审查的困局及其破解》,载《华东政法大学学报》2017年第1期。

制定的涉及市场经济活动的规章和政策措施为被审查对象,开展自我反省、自我批判和自我矫正,即为我国现行公平竞争审查制度的核心机制。政策制定机关对自身制定的政策措施进行自查自纠,的确能高效地从源头上遏制政府反竞争行为,但客观上其审查能力存在先天不足。要在自查自纠时将阻碍、限制竞争的相关违法性要素筛选过滤出去很大程度上是识别能力的问题。因为这需要审查机关能准确理解《反垄断法》主旨,并掌握反竞争行为的认定标准及其背后的原理。可这种要求和现实状况显然相差甚远。当前我国的政策制定机关专业的竞争法人才储备匮乏,同时又缺少反垄断执法经验,在对自身制定的规章、文件进行审查纠正时常由于专业知识的缺漏和实践经验的不足导致评估结果不够专业、精确,其发布的政策措施的预期效果也易发生偏差,这样自我审查的效果终是大打折扣甚至无用。此时就需要第三方评估加以辅助,以期解决审查中遇到的专业问题。

2019 年 2 月 12 日,国家市场监督管理总局发布了《公平竞争审查第三方评估实施指南》,第三方评估制度的建立正式拉开帷幕,但许多规定仍有待进一步在实践中加以细化。

(1)建立第三方评估机构遴选制度

《公平竞争审查第三方评估实施指南》中第三章对评估机构的选择已经作出了初步规定。我们注意到公平竞争审查中的第三方评估制度与现实中第三方机构承担的角色存在差异,其与政府之间具有较强的关联性,这必然使其在运作过程存在特殊性。当前环境下,作为政府机构外部监督的第三方机构,其通过专业评估出具政府部门所需的专业意见,这种相互依赖的情形使得市场经济作用得不到发挥,竞争秩序遭受破坏,而最终承担结果的是普通消费者。因此,为了避免第三方机构与政府部门相互依赖的现象,公平竞争审查制度中的第三方评估机制需要建立完善的遴选制度。对第三方评估机构的遴选需要建立在信息公开的基础之上,信息公开是指在遴选第三方机构时需要面向全社会进行征求意见,充分调动社会监督效力和操作的透明度。在遴选时,需建立一套明确的遴选标准,从专业性、独立性、客观性出发对第三方评估机构进行筛选。当然,遴选制度并不能完全隔离政府与第三方机构之间的依赖性,因而需要建立政府信息公开机制,对所有涉及法律法规、规章和政策性文件的事项都向社会进行充分公开,以此保障第三方机构的客观性。[1]

(2)探索建立完善的评估机构责任追究制

责任制度的确立是约束第三方评估质量的最终保障,现实中第三方评估工作存在诸多问题,很大一部分是缺乏相应的责任追究制度。比如一些研究机构或者高校作为相关政府部门的外部评审单位,承担更多的法律文件的审核工作,然而对于评估结果如何这类外部机构并不承担任何的责任。在此情形下迫于政府机关等给予的隐性的外界压力,第三方机构可能会冒着被惩罚的风险而出具不实评估结论,导致在这类工作中责任机制的运行存在严重的权利责任失衡现象。因此,需要在第三方评估制度中引入责任追究制度,通过民事责任和刑事责任来约束第三方机构,同时基于不同的评估对象和造成的影响设定不同的责任等级。但鉴于目前国内实践经验不足,各地区情况差异不同,各方面仍有较大的探讨空间,具体的责任追究制度如何建构并落地实施,仍有待进一步研究。

(三)宏观层面的具体建构:竞争政策基础性地位的确立

相较于竞争政策,产业政策常常在我国有着更重要的地位,这首先体现在其确立时间较早,发展也更为迅速。早在“七五”规划时“产业政策”一词就已正式出现在我国官方文件之中,之后国家计委也专门成立了产业政策司。而竞争政策则是在2007年《反垄断法》正式出台之后才逐渐引起重视,但自2015年国务院《关于推进价格机制改革的若干意见》中明确提出竞争政策基础性地位以来,我国正稳步推行并在经济政策中积极予以落实,公平竞争审查制度正是其关键一步。可以说,竞争政策基础性地位的确立已成为不可逆转的发展趋势。毫无疑问,竞争政策和产业政策都是我国经济发展中不可缺少的经济政策,二者协调尤为重要。供给侧结构性改革由于其市场主导的基本逻辑,应通过竞争法将竞争政策置于优先地位,同时在改革过程中进一步增加产业政策制定的科学性,发挥其引领作用,真正实现“产业政策要准”的要求。

1. 产业政策与竞争政策的冲突与协调

产业政策是指政府为实现特定的经济和社会目标而对特定的产业形成与发展进行干预的各项政策的总和。目前从我国已经实施的产业政策来看,我国的产业政策主要集中在对特定产业的扶持与培育,以促进产业结构的转

[1] 参见徐则林:《论第三方评估在公平竞争审查制度中的引入》,载《广西政法管理干部学院学报》2017年第6期。

型升级。[1] 毋庸置疑,有效、合理的产业政策对我国的经济发展起到了至关重要的作用,尤其是产业政策在市场失灵时的纠正上发挥了重要作用,有利于稳定我国的经济环境、促进我国经济发展和提升我国的国际竞争力。但在经济高速发展的今天,过多的产业政策和政府干预会阻碍经济的发展和市场机制自身的发挥,如过度的财政补贴、信贷支持、财政优惠等。

竞争政策有广义和狭义之分。广义上的竞争政策包括了与市场竞争有密切联系或者足以影响市场竞争条件或者竞争环境的所有政策,而竞争法上所说的竞争政策是一种法律化的经济政策,通常是指国家为保护和促进市场竞争而采取的行动措施、制定的法规条例等行为的总和。狭义上的竞争政策几乎可以等同于竞争法,尤其是反垄断法。因此,国家实施竞争政策的主要目的便是保护和促进正当的市场竞争,以形成公平的竞争秩序。[2] 竞争政策是指保护和促进竞争的一系列政策措施,通过建立维护公平竞争的制度体系,保障市场机制有效运转,促进资源有效配置,实现社会福利最大化。竞争政策充分体现了市场经济规律,中国进一步发展和完善社会主义市场经济,实现经济高质量发展,客观需要延续改革开放40余年的基本经验,更大限度上发挥竞争政策的作用,通过有效实施来强化竞争政策的基础性地位。

虽然产业政策和竞争政策均是建立在市场经济基础之上的国家进行规制型的政策,但是共性的存在并不意味着产业政策和竞争政策之间不存在矛盾和冲突,二者在很多方面都存在很大差异。首先,调整范围上的差异。产业政策调整的对象主要包括产业组织、产业结构、区域经济、产业技术等方面的内容,主要是以政府有形之手对市场进行调节和控制,对市场的固有的内在缺陷和局限性进行弥补。其次,调整手段上的差异。产业政策的实施主要依靠的是国家的强制力量进行调控,从而对国民经济进行调节和控制。而竞争政策主要采取的是单一的法律规制的方法,对不正当竞争行为以及垄断行为等破坏市场公平竞争秩序的行为予以法律规制,调整手段相对单一,调整内容也相对单调。再次,价值导向上的差异。产业政策的价值导向是通过政策上的强制力量对弱势的企业进行政策倾斜,从而扶持其发展。但产业政策

---

〔1〕 参见石达:《公平竞争审查视角下产业政策与竞争政策的协调机制研究》,载《市场周刊》2019年第8期。

〔2〕 参见石达:《公平竞争审查视角下产业政策与竞争政策的协调机制研究》,载《市场周刊》2019年第8期。

的价值导向也暴露出它的突出的弊端，它过度地关注生产者的发展，以生产者的经济发展为重点，而忽视了消费者利益的保护和实现。竞争政策的价值导向是通过鼓励和支持市场主体之间的竞争来促进公平竞争秩序的形成，其制度的价值导向是宏观上的保护竞争秩序而非个别竞争者。虽然保护竞争秩序在一定程度上就是保护一个具体的竞争者，但竞争政策出台的最终目的还是为了维护竞争秩序和保护消费者合法权益。最后，实施机制上的差异。产业政策因可以随时变动和调整而具有较大的灵活性。对弱小产业的扶持、主导产业的支持以及对衰退产业的变化调整都体现出阶段性变化的特点。

实现经济政策由产业政策为导向向竞争政策为基础的转变。首先，强化竞争政策的基础地位，要改变差异化、选择性的产业政策。以强制清除、限制开工等行政化手段为主推动的“去产能”政策，“有保有压”的选择性、歧视性特征明显，在多方面加大了民企的压力，加大了民企与国企间的不平等竞争。其次，按照竞争中性原则推进产业政策转型。要改变以往以倾斜性的行政力量对市场资源的直接配置，大幅度减少现有中央各部门、地方产业补贴与扶持项目；制定适用产业扶持政策的负面清单，将产业政策严格限定在具有重大外溢效应或关键核心技术领域。最后，强化竞争政策的基础性地位要有重要举措。当前，“降成本”的重点难点在于降低制度性交易成本。例如，全面实施企业自主登记制度与简易注销制度，取消企业一般投资项目备案制，尽快推广企业法人承诺制等。

产业政策的长期强势会导致竞争弱化，长此以往，企业会对产业政策形成依赖性，从而缺乏创造性、丧失了抗风险的能力，无法在激烈的经济竞争中具有顽强的生命力。当政府政策或市场需要发生重大情势变更时，企业会因缺乏抗风险的能力而带来严重的损害，从而陷入重大困境。例如，我国的光伏产业从繁荣发展到严重产能危机，从而造成众多光伏企业倒闭就是产业政策带来的结果。

应当认识到，产业政策的背后实质上就是行政垄断，强势的产业政策会导致行政垄断行为与反垄断法的基本精神之间的裂痕越来越深。产业政策与竞争政策之间的矛盾，其实就是政府有形之手与市场无形之手之间的矛盾。产业政策依赖的是行政强制力量对市场进行干预，这就使得行政垄断有了可乘之机。不仅如此，我国现行的《反垄断法》中对行政垄断的法律规制本就不完善，加之产业政策的加持，会使得行政垄断状况更为严重，反垄断执法机构的执法难度将会进一步加大，从而使得产业政策与竞争政策之间的沟壑越来越深。

此外,产业政策与竞争政策之间的冲突也会导致产业政策的制定机构与竞争执法机构之间产生矛盾和冲突。政府部门之间缺乏交流沟通,导致意见无法达成统一,使得产业政策制定机构与竞争执法机构之间的矛盾外化,容易引起市场混乱,不利于市场的稳定发展和公平竞争秩序的建立。

2. 新时代确立竞争政策的基础性地位具有重大意义

竞争政策是市场决定资源配置和资源优化配置的制度保障,竞争政策基础性地位是市场经济的基本要求。竞争政策源于对市场机制的依循,对个体自由、私权保障、意思自治等基础法治原则的尊重和对公权力的警惕与约束,受制度内在驱动力所致,市场经济和现代法治也就顺理成章地成为竞争政策制度运行体系化、成熟化的自然状态。[1]

竞争政策基础性地位的确立是不可逆转的发展趋势,明确竞争政策的基础性地位兼具理论意义和实践价值。首先,竞争政策作为公平秩序的调节器,竞争政策的基础性地位有助于使得市场在资源配置中起决定性作用并更好地发挥政府作用。确立竞争政策在经济政策体系中的基础、核心地位,是对市场经济运行规律的尊重。只有尊重市场规律,才能使市场在资源配置中起决定性作用,并提升其他经济政策配置资源的效率;才能制定出有利于市场发展的经济政策,并构建以竞争政策为基础和核心的经济政策体系;才能纠正其他经济政策在实施过程中出现的偏差,并有效约束政府对市场运行的不当干预;才能在各类经济政策实施机构之间建立良性的协调机制,并形成推动市场经济发展的合力,以实现各项经济政策的应然目标。[2] 无论是经济繁荣发展时期还是经济不景气时期,都不应当忽视竞争政策的作用,竞争政策应当是调节经济健康发展的有力武器。

竞争政策的主导思想是鼓励竞争机制在市场中发挥作用并调节市场的发展。竞争政策基础性地位的确立有利于实现充分的竞争,促进公平竞争秩序的构建。激烈的市场竞争和健康的市场环境并依靠技术创新和管理创新提升服务质量和产品质量,有助于形成优质的竞争文化和培育出实力雄厚的市场主体。而反观被产业政策一直给予政策倾斜保护的企业,就无法具备强

---

〔1〕 参见孙晋:《新时代确立竞争政策基础性地位的现实意义及其法律实现——兼议〈反垄断法〉的修改》,载《政法论坛》2019年第2期。

〔2〕 参见时建中:《论竞争政策在经济政策体系中的地位——兼论反垄断法在管制性产业中的适用》,载《价格理论与实践》2014年第7期。

劲的市场竞争意识和市场竞争力。

公平是竞争政策的灵魂,实现公平竞争是竞争政策存在的最终目的。竞争政策有利于形成竞争中立的理念并促进竞争执法。竞争中立,即所有竞争者在竞争法面前一律平等的执法理念。竞争政策保护的是宏观的竞争秩序而非某个市场竞争者。而随着改革的不断深化、我国经济的不断发展,影响经济发展的因素也日趋多元化和多样化。尽管如此,竞争政策在我国经济体系中占据的基础性地位仍是毋庸置疑的,在结构性改革过程中,确立并强化竞争政策的基础性地位,有利于正确处理政府与市场的关系问题,有利于充分发挥市场在资源配置中的决定性作用。

确立竞争政策的基础性地位有利于市场决定资源配置,新时代只有切实确立竞争政策基础性地位,为市场竞争提供制度基础,为政府干预划定边界厘定标准,并为政府干预提供优化工具,才能真正实现"市场在资源配置中起决定性作用"。竞争政策和确立竞争政策基础性地位可谓是"市场决定资源配置"的标配。[1] 在市场决定资源配置的大背景大环境下,我国对待竞争政策愈发重视、关于竞争政策的理论体系也日益丰富和发展、竞争执法部门的执法力度不断加大,竞争政策倡导的思想也在全社会起到了良好的社会效果,由此观之,竞争政策的基础性地位逐步确立并日益得到巩固。

3. 确立竞争政策基础性地位的法治保障

(1)通过将竞争政策纳入顶层设计加强竞争政策的法理地位

党的十八大以来,一系列相关政策和文件的出台将竞争政策的基础性地位逐步确立,并提出实施公平竞争审查制度,各地也相继出台关于公平竞争审查意见的实施方案。但为了使各项政策和制度的实施拥有法律上的保障,我国应当在国家治理层面上有计划有步骤地将竞争政策的基础性地位以及公平竞争审查制度纳入我国的顶层设计之中,在推进依法治国的进程中为竞争政策提供合法性保障。

首先,我国 2008 年开始施行的《反垄断法》中首次提到了"竞争政策"这一概念:《反垄断法》第 9 条规定"国务院设立反垄断委员会,负责组织、协调、指导反垄断工作,履行下列职责:(一)研究拟订有关竞争政策……"而反观产业政策却是由来已久且深入人心。那么加强竞争政策的基础性地位首

---

〔1〕 参见孙晋:《新时代确立竞争政策基础性地位的现实意义及其法律实现——兼议〈反垄断法〉的修改》,载《政法论坛》2019 年第 2 期。

先要将竞争政策的概念放置于与产业政策平等的地位。

其次,充分发挥竞争政策作为基础性经济政策的作用。党的十八大以来我国强调市场在资源配置中的决定性作用和更好发挥市场作用,而对市场决定性地位的尊重就是对以市场机制和竞争机制为核心的竞争政策的尊重。随着我国从"半市场经济"向市场经济的过渡,通过对竞争评估的法治化构建对行政干预的合理限制、有效的竞争执法和积极竞争文化的倡导,市场机制将更加健全,从而使得竞争政策通过借助市场无形之手来驱动创新、发展的目标得以实现。最终,竞争政策成为基础性经济政策,并且发挥主导性作用是市场归位的题中应有之义和必然之选。〔1〕

最后,通过解释宪法为竞争政策的基础性地位提供宪法依据。《宪法》第 15 条规定:"国家实行社会主义市场经济。国家加强经济立法,完善宏观调控。国家依法禁止任何组织或者个人扰乱社会经济秩序。"国家实行社会主义市场经济,而只有在市场经济中才有竞争的概念,竞争政策的存在才有价值和意义。宪法对于与竞争政策机密相关的国家(主要通过政府)干预市场的权力与行权有授权和拘束力规定,对国家权力干预经济运行范围、程度、方式、责任诸约束也是宪法与竞争政策密切联系的表现之一。我国宪法规定"国家完善宏观调控""法禁止任何组织或者个人扰乱社会经济秩序",表明从应然层面上,国家调节经济的自由和限度应当受到宪法和法律的约束;而竞争政策基础性和优先性实施也是为了防止国家公权力限制竞争或者过度干预市场损害竞争机制,从而破坏社会主义市场经济。〔2〕

(2)深入推进和贯彻落实公平竞争审查制度

竞争政策和产业政策应当实现协调,其二者之间并不是互相排斥的关系,而是应当在相互配合的基础上,既充分发挥竞争政策的调节作用,又要通过合理程序和适当方式引入产业政策。由于我国长期以来都是产业政策占据着十分重要的地位,在结构性改革过程中,若想让竞争政策完全取代产业政策,成为调节我国经济的唯一手段,显然是不太现实的。然而,2008 年《反垄断法》的出台已经为突破产业政策过于强势奠定了理论基础。

---

〔1〕 参见黄勇:《论中国竞争政策基础性地位的法治保障》,载《经贸法律评论》2018 年第 1 期。

〔2〕 参见孙晋:《新时代确立竞争政策基础性地位的现实意义及其法律实现——兼议〈反垄断法〉的修改》,载《政法论坛》2019 年第 2 期。

在我国落实公平审查制度以来,虽然取得了一定成绩,如各地区在市场准入、产业发展、招商引资、招标投标、政府采购、经营行为规范、资质标准等涉及市场主体经济活动制定了政策措施。[1] 但是在制度实施过程中也暴露出很多问题,亟待我们去解决。首先,不同地区对公平竞争审查制度的落实情况参差不齐,部分地区甚至尚未落实公平竞争审查制度。其次,在落实的过程中,审查的范围也不够全面,一些应当审查的政策措施被遗漏,无法全方位地进行全面审查。最后,审查工作的流程不够规范,没有形成体系化的基本程序规范。

我国公平竞争审查制度不断推进的举措主要有:一是按照竞争中性原则,清理妨碍公平竞争、束缚民营企业发展、有违内外资一视同仁的政策措施;二是严格做好新出台文件的审查,2019 年年底之前,实现国家、省、市、县各级政府全覆盖审查;三是进一步改革完善公平竞争审查制度,修订实施细则,建立定期的评估清理机制,推行第三方评估工作;四是强化公平竞争审查的监督机制,定期开展文件的抽查,将公平竞争审查纳入相关考核体系等。

(3)尽快启动《反垄断法》的修订

自 2008 年我国《反垄断法》实施的十余年以来,我国的反垄断执法取得了显著的效果。但这十余年是我国经济迅速发展的十余年,经济的迅速发展、经济形势的变化以及市场经济体制改革的不断深化使得我国现行的《反垄断法》已经无法适应现实经济发展的需要,《反垄断法》越来越暴露出其缺陷和局限性。纵观反垄断执法实践我们可以得出,现行法暴露出的问题主要体现在两个方面:一方面是对《反垄断法》既存的规范进行调整和完善,尤其是对于争议较大的垄断行为加大惩处力度,增加垄断行为的违法成本,从而起到威慑作用。另一方面,对于在十多年的反垄断执法实践中取得的良好经验纳入《反垄断法》中,以增强《反垄断法》的规范性和实践性,并将公平竞争审查制度写入《反垄断法》中,使得公平竞争审查制度从规范性文件为依托的"软法"上升为"硬法",成为《反垄断法》的有机组成部分。

---

[1] 参见李慧敏、王忠:《产业政策与竞争政策能否协调——日本产业政策与竞争政策协调机制及其启示》,载《日本学刊》2019 年第 2 期。

第四节　湖北省公平竞争审查第三方评估报告(2019—2020年)*

一、总则

为推动湖北省(以下简称我省)公平竞争审查制度深入实施,在全省逐步全面推广落实公平竞争审查第三方评估,以评促建,以公平竞争审查切实优化我省营商环境,《意见》《湖北省人民政府关于在市场体系建设中建立公平竞争审查制度的通知》(鄂政发〔2016〕66号)《公平竞争审查第三方评估实施指南》(2019年第6号)(本节以下简称《指南》)以及湖北省市场监督管理局与武汉大学签订的《湖北省公平竞争审查第三方评估合作协议》(本节以下简称《合作协议》)要求,开展此次公平竞争审查第三方评估。

根据国家市场监管总局、国家发展改革委、财政部、商务部《全面推进落实公平竞争审查制度2019年工作重点》,我省公平竞争审查第三方评估机制2019年的工作重点为促进持续清理废除妨碍统一市场和公平竞争的各种规定和做法。

为保证第三方评估质量,推动全省、市、县各级政策制定机关在三年内全面建立健全公平竞争审查第三方评估机制,政策制定机关在不影响正常工作的前提下要积极主动配合评估工作,主动、全面、准确提供相关资料和情况。

二、评估内容

按照《合作协议》的要求,此次公平竞争审查第三方评估包含两个主要内容:第一,按照3份/年的比例对湖北省26个公平竞争审查工作联席会议成员单位于2016年至2019年出台的关于市场准入、产业发展、招商引资、招标投标、政府采购、经营行为规范、资质标准等涉及市场主体经济活动的规章、规范性文件和其他存量政策措施的自我审查进行评估。第二,通过实际调研、查阅自我审查流程、了解审查机构建立情况等方式评估26个成员单位建立、实施公平竞争审查机制的具体情况,找出自我审查中存在的不足和就工作完善给出建议。

三、评估标准

根据《意见》明确的基本分析框架和审查标准,本中心按照以下标准开

---

* 武汉大学竞争法与竞争政策研究中心。

展此次公平竞争审查第三方评估。

(一)市场准入和退出标准

(1)不得设置不合理和歧视性的准入和退出条件;

(2)公布特许经营权目录清单,且未经公平竞争,不得授予经营者特许经营权;

(3)不得限定经营、购买、使用特定经营者提供的商品和服务;

(4)不得设置没有法律法规依据的审批或者事前备案程序;

(5)不得对市场准入负面清单以外的行业、领域、业务等设置审批程序。

(二)商品和要素自由流动标准

(1)不得对外地和进口商品、服务实行歧视性价格和歧视性补贴政策;

(2)不得限制外地和进口商品、服务进入本地市场或者阻碍本地商品运出、服务输出;

(3)不得排斥或者限制外地经营者参加本地招标投标活动;

(4)不得排斥、限制或者强制外地经营者在本地投资或者设立分支机构;

(5)不得对外地经营者在本地的投资或者设立的分支机构实行歧视性待遇,侵害其合法权益。

(三)影响生产经营成本标准

(1)不得违法给予特定经营者优惠政策;

(2)安排财政支出一般不得与企业缴纳的税收或非税收入挂钩;

(3)不得违法免除特定经营者需要缴纳的社会保险费用;

(4)不得在法律规定之外要求经营者提供或者扣留经营者各类保证金。

(四)影响生产经营行为标准

(1)不得强制经营者从事《反垄断法》规定的垄断行为;

(2)不得违法披露或者要求经营者披露生产经营敏感信息,为经营者从事垄断行为提供便利条件;

(3)不得超越定价权限进行政府定价;

(4)不得违法干预实行市场调节价的商品和服务的价格水平。

四、政策措施的自我审查

(一)评估基本情况

2019年12月17日,省市场监管局组织召开公平竞争审查第三方评估工作安排座谈会,与会的各成员单位相关负责人研究学习了《2019年湖北省公平竞争审查第三方评估实施方案》,并相互交换了意见。由武汉大学竞争法与竞争政策研究中心(以下简称本中心)承担的政策措施评估(2016 年—2019 年存量)与公平竞争审查机制实施评估工作也随之正式展开。2019 年年底正当本中心按计划准备全面开展第三方评估工作的时候,由于新冠肺炎疫情在武汉暴发,继而武汉市"封城",各成员单位均在党中央的统一领导和省委省政府积极部署下全力投入到抗"疫"救灾的工作中去,开展公平竞争审查第三方评估工作的外部条件不具备,本中心被迫暂时中止第三方评估工作。

从 2020 年 4 月初开始,疫情得到有效遏制,评估工作也得以在公平竞争审查联席会议各成员单位的配合下尤其在省市场监管局领导的大力支持下稳步恢复并逐渐展开。截至 2020 年 6 月 3 日,26 个成员单位中共有 23 个单位向本中心提交了包含 255 个文件名称的清单。其中,教育厅及水利厅均以 2016—2019 年度出台的所有政策措施均不涉及市场准入、产业发展、招商引资、招标投标、政府采购、经营行为规范、资质标准等涉及市场主体经济活动范围为由,未提供任何可评估的文件。人民银行武汉分行则以人民银行总行不同意其参加此次第三方评估为由,未提供任何可评估的文件。

如图 4-1 所示,此次第三方评估本中心按照 3 份/年的比例在 23 个部门提交的 255 份文件中抽取了 166 份进行审查,其中,省经济和信息化厅的《湖北省工业互联网发展工作计划(2018—2020 年)》《湖北省人民政府办公厅关于加快推进新一轮技术改造和设备更新促进工业转型升级的意见》《湖北省人民政府办公厅关于印发湖北省开展消费品工业"三品"专项行动计划(2016—2018 年)的通知》《湖北省人民政府办公厅关于加快促进云计算创新发展培育信息产业新业态的实施意见》《湖北省人民政府关于加快推进传统产业改造升级的若干意见》,省卫生健康委员会的《湖北省职业健康检查机构备案管理办法》《省卫生健康委员会关于印发湖北省乙类大型医用设备配置许可管理实施细则(试行)的通知》,中国证券监督管理委员会湖北监管局的《关于修订〈湖北证监局拟上市公司辅导工作监管指引(试行)〉的通知》、省市场监督管理局的《省工商局关于贯彻党的十八届五中全会精神营造一流营商环境的意见》、中国银行保险监督管理委员会湖北监管局的《湖北银行业支持推进长江经济带发展指导意见》以及商务厅的《关于印发〈厅机关办公用品采购管理实施细则〉的通知》等 11 份文件中出现了违反公平竞争相关审查标准的情况。

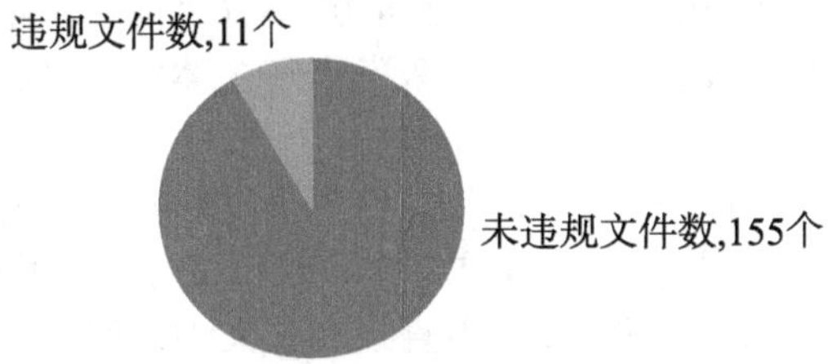

图 4-1　违规文件占比

由于 166 份文件作为评估样品数量实在太少,难以准确评价违规文件数量与发文单位所处行业之关联性,但是由图 4-2 仍可在一定程度上看出违规文件出现较多的单位均为与市场主体活动紧密相关的行业监管机构,尤其是省经信厅,提交文件 20 份,其中违规文件 5 份,占比 25%,远远高于此次评估总体 6.6%的违规率。本中心认为,虽然该现象符合逻辑规律,但是在实践中,这部分重点单位今后一定要注意加强自我审查与机制建设的能力,省市场监管局下一步也应着重对这些单位的公平竞争审查工作进行监督和指导。

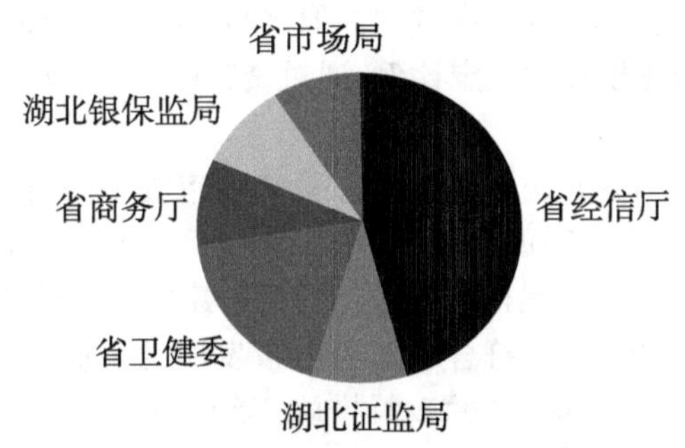

图 4-2　违规文件发文单位占比

(二)现存的问题

总体而言,此次评估中绝大部分的文件都是符合公平竞争审查相关规定和要求的,不存在限制、扭曲市场竞争的情况。有部分文件的规定甚至与市场公平竞争之精神相当契合,值得各成员单位学习。例如,省工商局《关于加快打造一流营商环境　服务社会主义现代化强省建设的意见》中提出的深化"多证合一""证照分离"改革、推进登记和注销服务便利化改革、全面推行市场主体准入负面清单管理等措施,减少了市场准入门槛、便利了准入条件、优化了营商环境。特别是要求对"双随机"抽查公式率达到 100%、以公用企业等为重点加强民生领域反垄断执法等措施，不仅事前行政审批更加便捷，同时在事中事后监管上下大功夫，大大激发市场主体活力、促进了市场公平竞争。

尽管如此，评估中在部分单位的文件中仍发现若干值得关注的问题，需要得到所有成员单位的重视，以期在未来政策制定过程中避免。

第一，湖北证监局的两份文件不直接在正文中列明行业准入条件、申请行政审批前提条件或享受优惠政策的门槛，而通过后附行政审批“申请表”或非该文件附件的“参考标准”“需提交文件清单”等较为隐蔽的形式，实质上设置准入门槛或将门槛具体化、特定化。

第二，省经信厅在多个文件中直接列明“未来将重点发展的企业名称”，部分条文明确提出要优先发展“楚天云”“长江云”“联想”“富士”“潜江小龙虾”“东风”等企业。类似“要求优先发展”的规定违反《意见》中关于“不得违法给予特定竞争者优惠政策”的规定。

第三，省经信厅在多个文件强调“支持我省优先”“要求在省内注册”属于设置不合理和歧视性的准入和退出条件。例如，“引导地方政府加大对企业技术改造的财税支持力度，在省内注册、设备投资过 2000 万元的重点技术改造项目，按照企业投资的一定比例，通过贷款贴息、专项补助和奖励等方式给予支持”。

第四，各成员单位的相关部门在公平竞争审查中需要统一标准，比如对产业政策与市场竞争关系的认识，可能会影响到对部分文件规定的理解，如湖北银保监局提出“鼓励银行业金融机构探索建立长江经济带重点项目授信审查审批绿色通道机制，对符合长江经济带发展的企业、涉及长江经济带的重大项目优先安排审查审批”的政策措施，疑似与中央确立竞争政策基础性地位的战略决策相冲突。

第五，相关文件残缺和不准确。此次评估由政府部门主动提供该部门需要审查的文件，其中难保有无意或故意的遗漏。如何保证所有应被审查的文件实际上得到审查，是评估工作有效开展面临的一个初始且重要的问题。例如，全国多地教育和水利部门已公示对妨碍统一市场和公平竞争政策措施的清理结果，在该领域也已有部分反垄断执法案例，两种情况均不在少数，甚至可以说是违规（案件）多发领域。然而此次评估，省教育厅和水利厅却称在 2016—2019 年未出台任何与市场活动相关的政策措施，令人生疑。最后，部分单位对文件评估要求的理解不准确，例如，省交通运输厅在清单中总共提交了 21 个文件名称，其中只有 5 份的出台日期是在规定的 2016—2019 年度之内，其他16份文件居然都不符合这次评估工作要求的年度。

五、公平竞争审查机制的构建

（一）评估基本情况

本次关于成员单位公平竞争审查机制构建的第三方评估本应进行上门实地调研，因为疫情影响，结合防控实际，经与公平竞争审查联席会议办公室领导商请后改为调研问卷的形式，并以本中心的名义向26家成员单位发送了《关于填写湖北省公平竞争审查第三方评估工作调研问卷的通知》。多数单位在约定截止日期2020年5月19日前提交了回复，然而有一部分单位逾期后，经本中心多次甚至十余次催促，依然迟迟不愿提交，极少数几家单位对待调研态度消极，给评估工作带来困难。截至本报告成稿之日，共回收26家公平竞争审查联席会议单位中的23家的23份问卷。

（二）现存的问题

如图4-3所示，随着2016年7月各省级政府及所属部门开始在有关政策措施制定过程中进行公平竞争审查，虽然与市场主体活动相关的政策措施数量呈折线上升趋势，违反公平竞争审查相关标准的文件数量却无明显增加。然而，本中心认为，由于存在评估文件样本数量过小、文件抽取标准不够科学等限制因素，现阶段无法对违规文件数量与成员单位实际落实公平竞争审查制度情况的相关性作出科学定论。对此，本中心将此次评估公平竞争审查机制的重点放在对调研问卷的样本分析上。

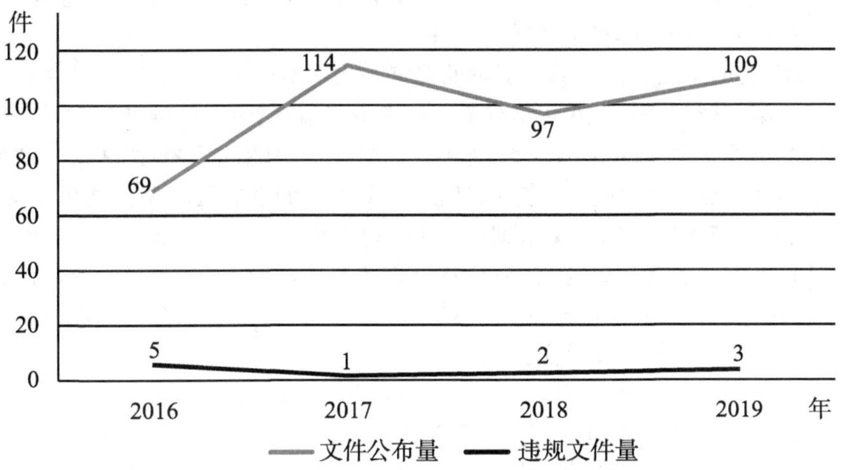

图4-3　2016—2019年发文量与文件违规量

在回收的23份调查问卷中,可以看到各单位在公平竞争审查机制建设中积极的一面,部分单位审查流程规范明确,征求意见全面充分。例如,交通厅对问卷2.2问题答复:“本单位开展自我审查的基本流程是:起草处室自查——报送送审稿、起草说明、起草依据、公开征求意见及采纳情况——厅法规处组织厅办公室、厅机关纪委、厅法律顾问联席审查,邀请企业代表参加——审查后出具审查评估意见给起草处室——起草处室结合审查意见组织修改——报厅分管领导签批同意后发文。”同样,自然资源厅在问卷2.2问题的答复中,明确回答了自我审查的流程,全面细致。商务厅在问卷答复同时附加了厅办公室关于进一步加强公平竞争审查工作的通知,内容规范,所附加公平竞争审查基本流程非常明确细致,公平竞争审查表也同样标准规范,堪称样本。但像这样如此详细清晰的自我审查流程在其他成员单位的回复中却是罕见的。

问卷中暴露更多的是现存机制中的问题,需引起成员单位的高度重视。

第一,对需经公平竞争审查的文件范围不清楚。省税务局认为其并未出台涉及市场主体经济活动的文件,同时提到“我局职能不涉及市场准入,因此所有规范性文件内容均不涉及市场准入,无就公平竞争审查情况公开征求意见情况”。可是,《公平竞争审查制度实施细则(暂行)》采用不完全列举的形式表明涉及市场主体经济的活动至少包含市场准入、产业发展、招商引资、招标投标、政府采购、经营行为规范、资质标准,绝非只是市场准入这一项而已。与之类似,省国资委认为其不具备公共事务管理职能,没有行政审批事项,未出台过涉及市场主体经济活动的文件。

第二,向第三方评估单位提供的待审查文件不全面。生态环境厅在问卷答复中说,其对2016—2019年有关文件进行了梳理,主要包括7件文件。但是这列举的7件文件,却无一包括在其2020年4月所提供的评估文件清单中。自然资源厅指出《关于进一步创新政策举措助推脱贫攻坚的实施意见》符合《公平竞争审查制度实施细则(暂行)》的例外规定,要求在我省脱贫攻坚战任务完成后废止该意见,但该意见却不见于其2020年4月所提供的评估文件清单,并且可能由于政府信息公开的滞后性,本中心在省自然资源厅官方网站上并未搜索到该文件原文。

第三,第三方评估工作缺乏一定的强制力。如人民银行武汉分行指出:“就我分行制定的规范性文件是否参与省公平竞争审查第三方评估相关事项,经请示总行,总行不同意。”关于垂直管理单位参与公平竞争审查第三方评估的问题,仍需有关部门颁布更为细致的说明,若成员单位可随意选择是否参与第三方评估，第三方评估的严肃性、评估的公平性和评估报告结论的科学性都难以保障，省公平竞争审查联席会议的权威性将大大降低，通过第三方评估推动公平竞争审查制度有效落实将成为空谈。

第四，部分单位公平竞争审查工作负责处室与公平竞争审查工作严重不符，未贯彻落实公平竞争审查制度。省民政厅的公平竞争审查评估工作联系人是养老服务处工作人员，疑似该厅由养老服务处负责公平竞争审查工作，在调研问卷答复中，全部以养老服务处为答复主体。在问卷1.3问题答复中表示“2016年以来，涉养老服务市场主体经济活动相关文件7个”。未回答问卷2.1、2.2问题中本单位公平竞争自我审查机制的建立与实施情况。在问题6.3（为更好完成公平竞争审查，本单位未来将在哪些方面改进完善）的回答中表示发挥湖北省养老服务省际联席会议制度作用，明确部门职责，形成部门合力，共同营造公平竞争环境。与此情况相似，目前住建厅也对单位内负责公平竞争审查和第三方评估联络的部门不甚了解，这种极其低效低质的公平竞争审查制度的落实程度与中央在战略上对公平竞争审查制度高度重视的态度形成强烈反差，这种情况必须尽快得到转变，必须得到相关单位及负责同志的高度重视。

第五，部分单位对公平竞争审查工作缺乏了解，分不清“梳理”与“审查”之区别。省证监局对问卷1.3问题的答复：“根据《中国证监会派出机构监管职责规定》，我局无制定规章、规范性文件等权限。同时，我局公平竞争审查审理小组对历年来以我局名义对外发布的所有涉及市场主体经济活动的相关文件进行了梳理，相关文件均属于贯彻落实法律法规要求或者上级机关统一部署作出，不存在影响、限制市场竞争效果的内容。”在问卷2.3问题答复又说道“我局尚无需要启动公平竞争审查的相关文件”。到底是做了梳理没有涉及市场主体经济活动的文件，还是已经进行自我公平竞争审查，认为不存在影响、限制市场竞争效果的内容？让人不知所云。

第六，部分单位缺乏公平竞争审查相关专门性人才。公平竞争审查是一种专业性审查，不仅需要考虑竞争价值与其他政策目标的平衡，还要结合竞争法律制度，对行业发展、创新激励、竞争状况等市场客观情况做出综合考察和准确判断。从本次调研的结果来看，大多数部门负责审查的工作人员缺乏相关的知识，不具备开展审查工作的专业能力，使得审查流于形式，审查效果大打折扣。

针对该问题，省交通运输厅在回复中作了详细地说明：“公平竞争审查分为政策制定的具体业务处室自查、法规处负责审查，一方面制定处室从事审查工作的同志对政策了解不深、专业化程度不够、政策实施后评估做得不够,自查工作流于形式;另一方面,常年以来,厅法规处人手短缺,人员变动较为频繁,很多工作难以连续、深入开展。厅法规处在与厅审批办合并前,正式在编人员仅有 3 人、挂职同志 1 名,实际从事法治审查的同志仅 1 人,而且还是兼职,在如此情况下继续维持规范性文件审查机制的运转实属不易。审查人员工作精力和能力的局限,难以将法制审查工作推向更高水平。"同时,省能源局在问卷 2. 2 问题答复中表示:"以能源局文头出台的文件由省能源局能源监管处牵头负责审查。"处室职能不明确、专门性人才的缺乏,容易导致对公平竞争审查制度的理解和把握不足。

第七,公平竞争自我审查与合法性审查同时进行,但无书面审查文件存档,公平竞争审查容易流于形式。省广电局在问卷 2. 3 答复中表示"本单位公平竞争自我审查与合法性审查同时进行,但没有书面审查文件",并在建议中表示"建议省市场监管局出台公平竞争审查标准表格,便于各单位具体操作"。省卫健委也在问卷中建议省公平竞争审查联席会议办公室制定一套标准化、规范化审查制度范本。对于合法性审查和公平竞争审查的关系问题,评估工作组认为,就目前公平竞争审查制度实施的指导思想来看,它们是政策措施正式发布前必经的两套体系两个程序,负责单位和负责人可能重合,但是流程并非相同,意义也不尽一致,须独立展开,故而公平竞争审查不可作为合法性审查的一部分,更不应以合法性审查代替公平竞争审查。

第八,成员单位在本次评估工作中存在形式主义问题,问卷答复有繁有简,不少单位对第三方评估调研问卷回复有应付之嫌,没有真正重视公平竞争审查工作。例如,省生态环境厅在提交给省、市场监管局的《关于报送 2019 年度公平竞争审查工作总结的报告》中说:"共审查 2018 年以来规范性文件 6 件,其中适用例外规定 5 件,征求意见 5 件,专家咨询 1 件。"可是在问卷答复中却说并无涉嫌违反公平竞争及适用例外规定的文件,此中差异,不知作何解释。省财政厅在问卷 2. 1 与 2. 3 问题答复中表示已建立自我审查机制,明确由法规税政处负责,但无法提供开展自我审查的文件数量与书面审查文件。另外,广电局与卫健委等单位对问卷中的大部分问题均以"无"作答,而教育厅发来《关于报送公平竞争审查第三方评估工作调研问卷的函》,未对调研问卷的问题作出任何回应,令人困惑不已。

六、关于工作改进的意见建议

本次第三方评估工作的开展充满了困难与挑战。此次是湖北省历史上开展的第一次由所有公平竞争审查联席会议成员单位参与的第三方评估,无建设性先例可循。各成员单位间，包括本中心，都在摸索更有效的合作方式，搭建更流畅的沟通渠道。本中心认为，当下各成员单位对公平竞争审查制度及其第三方评估的具体内容、要求、程序等缺乏认识是可以理解的，良好的体系有效的机制需要在经历时间的历练和总结各种经验甚至不同部门之间多次磨合后才得以构建。

基于以上审查评估的发现和分析，以及专家咨询组的论证总结，本中心就此次第三方评估提供以下意见和建议。

第一，增强省市场监管局在公平竞争审查第三方评估中的核心作用。从某种意义上看，第三方评估机构的工作是辅助省市场监管局更好履行其既定职能，但是第三方评估机构对于体制内的成员单位来说仅是一个“局外人”，因此部分单位会认为没有配合的必要性和强制力，此次评估中无端损耗的大量的时间成本和沟通成本即是明证。鉴于此，本中心建议未来第三方评估工作的开展要以省市场监管局为中心，主动、积极联合公平竞争审查联席会议成员单位以及第三方评估机构，建立更为流畅的沟通交流通道，加强公平竞争文化在政策制定机关的传播，并正面宣传第三方评估的强制性与必要性，以提高各单位对该项工作的重视程度。例如，浙江省市场监管局就发公函要求地、市政府机关积极配合第三方评估工作。

第二，改革现行的评估文件选取和收集模式。经过此次评估，本中心认为3份/年的抽取比例不足以支持建立可进行精准量化评估的样本池，可用数据不足直接导致结论的不确定性和偶然性大大提高，建议未来成员单位能与评估机构共同协商，合理扩大审查文件的范围。另外，由第三方评估机构直接联系成员单位获取文件则无谓提高了评估的时间和人力成本，而且部分单位对于第三方评估存在一定抵触，收集文件的难度也被人为加大，经历近两个月的沟通与催促，在此报告完成之时部分评估文件与调研问卷仍未收齐。因此本中心建议省市场监管局承担收取文件原文的责任，令评估机构可以将工作重心、主要精力放在审查文件、评估机制实施上。

第三，由成员单位自主提交评估文件清单的做法与建立第三方评估制度的初衷相违背。评估机构作为客观、独立的第三方，在评估中本应有权对被纳入审查范围的所有文件进行筛选、审查，而允许成员单位先行梳理文件是否“与市场主体活动相关”再提供文件清单，则会为政策制定部门逃避清理违规文件的责任创造空间、提供机会。鉴于此，本中心提议建立如下公平竞争审查流程。首先，建议湖北省人民政府对公平竞争审查联席会议成员单位出台的、依法可予以公开的所有政策文件（不管是否与市场主体经济活动关系密切)均上传同一数据库进行保存。其次,在该数据库中设两个档案,其中一个储存所有成员单位自我审查过且认为涉及市场主体经济活动的政策措施用于未来的第三方评估,另一个储存的即为成员单位认为不涉及市场主体经济活动的政策措施,该档案由湖北省市场监管局不定时不定量进行抽查,尤其是对与市场主体活动特别相关的部门加大抽查力度,若发现任何涉及市场主体经济活动的政策措施即予以公开,并督促相关部门及时对相关文件进行修改、清理。

第四,建立以打分(量化)机制为中心、奖惩结合的“标准化第三方评估模式”和公平竞争审查激励机制。本中心建议,以浙江省和四川省公平竞争审查第三方评估的成功试点经验为参照,通过设定公平的权重指数、统一的计分标准来量化各单位落实公平竞争审查制度配合第三方评估的表现,由评估机构对参与评估的单位就自我审查、机构建设、存量清理和评估配合程度等类目进行打分并排序,并将分数纳入法治政府考核指标以更好更强约束、激励各相关单位。

第五,各单位参与公平竞争审查的人员需要保证所在领域的专业性,增加专业性人才储备,加强公平竞争政策的宣传,增加公平竞争审查的培训力度。不同政府部门有不同的权限范围,其发布的文件往往涉及一个专门领域,如国企、银行、财政、卫健等,这些规定具有很强的专业性。而且省级部门发布的文件,需以法律、行政法规、党中央和国务院的决定、省政府规章、省级地方性法规等为上位法依据,这是一个较为复杂的系统。不同行业具有不同的特点,就要求对涉及该行业的文件进行公平审查时,审查人员必须对该行业有较为深入的理解。

第六,公平竞争审查工作未来可以考虑吸纳社会公众参与进来,并与专业第三方机构、专家智库等进行更密切的交流合作。本次第三方评估中审查的存量文件已经在实践中运行了一段时间,那么受文件影响的利害关系人自然对相关规定有较深的了解,参与的市场主体本身对于文件规定是否具有排除、限制竞争效果更为清楚,对此进行以问卷、访谈为主要形式的调研具有现实价值。

第七,此次成员单位提交的文件中,有将近1/3与市场主体经济活动的关系微弱,建议省市场监管局能够定期组织联席会议成员单位有关人员认真学习《意见》、《公平竞争审查制度实施细则》以及国家市场监管总局或学者撰写的其他相关读本,并在未来的评估中更加积极指导审查工作、支持评估工作。

第八,根据成员单位在调研问卷中的回复,以下措施可以有效改善现行审查机制的效果,本中心积极提倡。例如,编印一些先进经验做法(发改委),列举讲解典型审查案例(自然资源厅),引入政府购买服务(交通运输厅),细化工作流程(证监局),制定规范性文件(财政厅)等。

七、附件

(一)附件1:湖北省公平竞争审查工作联席会议成员单位

省市场监管局
省发展改革委
省财政厅
省商务厅
省教育厅
省科技厅
省经信厅
省民政厅
省司法厅
省自然资源厅
省生态环境厅
省住建厅
省交通运输厅
省水利厅
省农业农村厅
省文化和旅游厅
省卫生健康委
人民银行武汉分行
省国资委
省税务局
省广播电视局
湖北银保监局
湖北证监局
省能源局
省药监局
省知识产权局

(二)附件2:2019—2020年湖北省公平竞争审查第三方评估报告专家咨询组组成人员名单及评估报告专家论证会召开情况

孙　晋　武汉大学法学院教授、博士生导师,武汉大学竞争法与竞争政策研究中心主任,国家市场监管总局反垄断专家库专家,湖北省公平竞争审查专家咨询委员会副主任委员,湖北省人民政府法律顾问。

王　健　浙江理工大学法学院院长、教授,国务院反垄断委员会专家咨询组成员,湖北省公平竞争审查专家咨询委员会成员。

叶　明　西南政法大学经济法学院教授、博士生导师,国家市场监管总局反垄断专家库专家,湖北省公平竞争审查专家咨询委员会成员。

李胜利　安徽大学法学院教授、博士生导师,国家市场监管总局反垄断专家库专家,湖北省公平竞争审查专家咨询委员会成员。

刘桂清　中南财经政法大学法学院教授,湖北省公平竞争审查专家咨询委员会成员。

袁　嘉　四川大学法学院副教授,四川省市场监管局公平竞争审查第三方评估项目负责人。

邝　磊　英国爱丁堡大学法学博士,武汉大学竞争法与竞争政策研究中心博士后研究员,湖北省公平竞争审查专家咨询委员会秘书。

为更好修改完善本次第三方评估报告,确保报告结论更客观更公允,2020年6月12日19时30分至22时30分,武汉大学竞争法与竞争政策研究中心线上召开了“2020年湖北省公平竞争审查第三方评估报告”线上专家论证会。会议由本中心主任孙晋教授主持,湖北省公平竞争审查第三方评估报告专家咨询组委员浙江理工大学法学院王健教授、西南政法大学经济法学院叶明教授、安徽大学法学院李胜利教授、中南财经政法大学法学院刘桂清教授,以及四川大学法学院袁嘉副教授应邀出席会议。

孙晋教授对2020年湖北省公平竞争审查第三方评估工作的开展情况做了简要介绍:近10位本中心成员参与了此次评估工作并承担了不同的重要职责,包括与成员单位的联络对接、材料收集汇总、政策措施审查、调研问卷设计与分析以及评估内容复核、汇总文件审查与问卷分析的结果进行正式报告的撰写等;虽然在评估期间疫情突发给工作带来极大困难,评估组还是能较好地完成既定任务。随后中心邝磊博士从《2020年湖北省公平竞争审查第三方评估报告》的评估内容、评估标准、评估基本情况和评估结论等几个方面向与会专家进行了汇报。

在专家论证环节,叶明教授从研究方法完整、考察标准科学以及采用了动静结合的考察方式等方面对评估报告进行了肯定,认为此次评估工作比较扎实,成果值得肯定。同时提出了报告对共性问题提炼不够、没有形成普遍性认识的问题,强调了实地调研的重要性,并提出了在未来进行问卷调研时可以采取 SPSS(Statistical Product and Service Solutions)即“统计产品与服务解决方案”模型对数据进行分析,从内容和形式上对报告进行丰富的修改建议。

刘桂清教授对评估报告的总体质量和专业性给予了肯定,在认可报告提出的评估建议的同时从逻辑体系思路、结构和文本格式等方面提出了改进建议,提出评估内容应当更好地体现评估方法。

袁嘉副教授认为该评估报告内容全面,在疫情期间开展评估工作克服了很多困难。他根据四川省公平竞争审查第三方评估工作的实践经验,建议报告可以对《国务院关于在市场体系建设中建立公平竞争审查制度的意见》和《公平竞争审查制度实施细则》出台前后发布的文件进行对比分析,并在未来的第三方评估中引入量化打分制度、制定打分标准以增强相关单位对评估的重视程度。

王健教授结合浙江省第三方评估工作的经验提出了具体建议。关于报告中反映的在评估中沟通成本过重的问题,他提出可以由省市场监管局发文到各个地市市场监管局,并采取文件抽查的方式确定公平竞争审查工作的样本。关于部分被评估部门配合程度不高的问题,他建议通过制作权重指数和计算分数的方式对各部门的实施情况进行打分,并纳入法治政府的考核标准以激励各部门。

李胜利教授认为该报告细致严谨,鲜明地指明了湖北省公平竞争审查制度存在的问题。他认同第三方评估有必要引入打分机制,并建议对于调研形成数据的处理可以做出更加具体的分类和统计,通过图表的方式能够呈现更好的效果。

本中心根据各位专家的意见建议进一步补充修订了报告。

(三)附件 3(附表 4-3)

附表 4-3　2020 年湖北省公平竞争审查第三方评估涉及的文件、问卷数量汇总

单位:份

单位名称	2016—2019 年文件存量	第三方评估审查数量	涉嫌限制、排除竞争文件数量	是否填写调研问卷(是/否)
卫健委	17	10	2	是

续表

单位名称	2016—2019年文件存量	第三方评估审查数量	涉嫌限制、排除竞争文件数量	是否填写调研问卷（是/否）
商务厅	15	12	1	是
发改委	11	11	0	是
国资委	10	10	0	是
经信厅	20	12	5	是
财政厅	13	10	0	是
生态环境厅	7	7	0	是
自然资源厅	11	10	0	是
住建厅	5	5	0	否
民政厅	3	3	0	是
科技厅	10	9	0	是
文化旅游厅	6	5	0	是
司法厅	2	2	0	否
税务局	30	14	0	是
银保监局	24	12	1	是
证监局	3	3	1	是
能源局	1	1	0	是
农业农村厅	9	7	0	是
药监局	1	1	0	是
交通运输厅	21	5	0	是
广电局	5	5	0	是
知识产权局	3	3	0	是
市场监管局	28	9	1	是
教育厅	0	—	—	是
水利厅	0	—	—	是
人民银行武汉分行	—	—	—	否
总计	255	166	11	23

第五章　数字经济领域竞争法问题研究

第一节　大数据、算法反垄断问题研究*

2019年全球主要竞争当局、国际组织、研究机构和学界继续深入展开数据、算法相关竞争法问题的研究。相关文献已不限于数据、算法本身，而是进一步探索以往是否存在执法漏洞，数据、算法给竞争立法和执法带来什么挑战，以及应当如何有效应对这些挑战。以德国为例，就执法而言，德国联邦卡特尔局（Bundeskartellamt）于2019年2月作出决定，认定Facebook聚合并分配自有服务与第三方网站的数据的行为构成剥削型滥用，并责令Facebook停止上述行为。[1] 据此，Facebook向杜塞尔多夫高等地区法院提起紧急上诉，请求中止德国联邦卡特尔局上述决定的法律效力。2019年8月，杜塞尔多夫高等地区法院作出决定，支持Facebook主张。[2] 就立法而言，2019年10月，有关修订《德国反限制竞争法》（GWB）的第十次部长级修订草案公布，以更有力地规制数字经济中企业的市场行为。其中一点修订意见涉及获取“竞争相关数据”的权利，并建议将其作为认定市场支配地位的考虑因素

---

* 作者简介：韩伟，法学博士，中国社会科学院大学竞争法中心执行主任，副教授；高雅洁，博士研究生，英国伦敦大学玛丽女王学院。

〔1〕 Bundeskartellamt, Administrative Proceedings, Decision under Section 32 (1) German Competition Act (GWB), 6 February 2019, https://www.bundeskartellamt.de/SharedDocs/Entscheidung/EN/Entscheidungen/Missbrauchsaufsicht/2019/B6-22-16.pdf?__blob=publicationFile&v=5。

〔2〕 Facebook./. Bundeskartellamt, The Decision of the Higher Regional Court of Düsseldorf (Oberlandesgericht Düsseldorf) in interim proceedings, 26 August 2019, Case VI-Kart 1/19 (V), https://www.d-kart.de/wp-content/uploads/2019/08/OLG-D%C3%BCsseldorf-Facebook-2019-English.pdf（非官方英译版，附跳转至德文原版裁定书网络链接）.

之一,并可以考虑将拒绝获取这类数据的行为认定为滥用市场支配地位。[1]

过去颇具影响力的研究报告包括但不限于欧委会2019年4月发布的《数字时代的竞争政策:最终报告》(Competition Policy for the digital era: Final report)[2]、经英国竞争与市场管理局(CMA)委托经济咨询公司Lear2019年5月发布的《数字市场合并控制执法事后评估》(Ex-post Assessment of Merger Control Decisions in Digital Markets)研究报告[3]、芝加哥大学布斯商学院施蒂格勒中心"数字平台项目"(Digital Platforms Project)下的"市场结构与反垄断分委员会"(Market Structure and Antitrust Subcommittee)2019年9月发布的调研报告(最终报告)[4]、澳大利亚竞争和消费者委员会(ACCC)2019年6月发布的《数字平台问询:最终报告》(Digital Platforms Inquiry: Final Report)[5]、加拿大竞争局2019年8月发布的《论数字时代的竞争政策》报告(Highlights from the Competition Bureau's Data Forum-Discussing competition policy in the digital era)[6]、金砖国家竞争法律与政策中心2019年9月发布的关于数字时代竞争法的报告《数字时

---

[1] See Entwurf eines Zehnten Gesetzes zur Änderung des Gesetzes gegen Wettbewerbsbeschränkungen für ein fokussiertes, proaktives und digitales Wettbewerbsrecht 4.0 (GWB-Digitalisierungsgesetz), https://www.d-kart.de/wp-content/uploads/2019/10/GWB-Digitalisierungsgesetz-Fassung-Ressortabstimmung.pdf.

[2] See European Commission, Jacques Crémer, Yves-Alexandre de Montjoye & Heike Schweitzer, Competition Policy for the Digital Era-Final Report, 2019, https://ec.europa.eu/competition/publications/reports/kd0419345enn.pdf.

[3] See Competition and Market Authority, Lear, Ex-post Assessment of Merger Control Decisions in Digital Markets, Final report, May 2019, https://www.gov.uk/government/publications/assessment-of-merger-control-decisions-in-digital-markets.

[4] See George J. Stigler Center for the Study of the Economy and the State, The University of Chicago Booth School of Business, Committee for the Study of Digital Platforms, Market Structure and Antitrust Subcommittee Report (Final Report), September 2019, https://research.chicagobooth.edu/stigler/media/news/committee-on-digital-platforms-final-report.

[5] See Australian Competition and Consumer Commission, Digital platforms inquiry-final report, June 2019, https://www.accc.gov.au/publications/digital-platforms-inquiry-final-report.

[6] Competition Bureau Canada, *Highlights from the Competition Bureau's Data Forum-Discussing competition policy in the digital era*, August 2019, https://www.competitionbureau.gc.ca/eic/site/cb-bc.nsf/vwapj/CB-DataForumHighlights-Eng.pdf/$file/CB-DataForumHighlights-Eng.pdf.

代下的竞争:金砖国家视野》(Digital Era Competition:A BRICS View)〔1〕、纽约大学创新法律与政策英格堡中心 2019 年 11 月发布《数据可移植性和平台竞争:从 Facebook 导出的用户数据是否对竞争对手有用?》白皮书〔2〕以及德国联邦卡特尔局与法国竞争管理局 2019 年 11 月共同发布《算法与竞争》(Algorithms and Competition)调研报告〔3〕。

一、大数据相关反垄断问题

数据,通常是在线服务、生产流程、后勤保障、智能产品以及 AI 的重要投入品。因此,企业的竞争力日益依赖于能够及时获得相关数据。一方面,最大数量的企业可以广泛传播与使用数据似乎是可取的。然而,另一方面,广泛数据传播的效率必须与许多其他政策问题相协调,如,隐私保护,以及数据共享可能导致的合谋。欧委会《数字时代的竞争政策:最终报告》便指出,数据以及数据访问对于竞争的重要性,总是取决于个案中对既定市场的特性、数据类型以及数据使用情况的具体分析,具体体现在以下几个方面:〔4〕

第一,依据欧洲《一般数据保护条例》(GDPR)体现的以风险为基础的方法,可以对拥有市场支配地位的企业施加更为严格的数据可迁移制度,从而克服特别明显的封锁效应。尽管 GDPR 引入的数据可携权(right to data portability)可以促进数据驱动服务之间的转换,但其无法促进多归属或促进补充性服务的提供,(因为)这些往往依赖于持续且实时的数据访问(权)。更为苛刻的数据访问规则(包括数据互操作性要求)可以通过特定部门法[如《支付服务指令》(2015/2366/EU)],或者基于 TFEU 第 102 条提出。

第二,数据共享以及数据汇集(data pooling)安排通常有利于竞争。但是,在某些情况下,这类安排也可能是反竞争的。例如:(1)被拒绝访问数据(或只能基于不利的条件获准访问)的竞争者,可能无法进入市场;(2)如果

---

〔1〕 The BRICS Competition Law and Policy Centre, *Digital Era Competition: A BRICS View*, September 2019, http://bricscompetition.org/upload/iblock/6a1/brics%20book%20full.pdf.

〔2〕 Engelberg Center on Innovation Law & Policy, *NYU School of Law*, *Data Portability and Platform Competition: Is User Data Exported From Facebook Actually Useful to Competitors?* November 2019, https://www.law.nyu.edu/centers/engelberg/pubs/2019-11-06-Data-Portability-And-Platform-Competition.

〔3〕 Autorité de la concurrence, Bundeskartellamt, Algorithms and Competition, November 2019, https://www.autoritedelaconcurrence.fr/sites/default/files/algorithms-and-competition.pdf.

〔4〕 European Commission, Jacques Crémer, Yves-Alexandre de Montjoye & Heike Schweitzer, Competition Policy for the Digital Era-Final Report, 2019, https://ec.europa.eu/competition/publications/reports/kd0419345enn.pdf, p. 8-10.

涉及竞争性敏感信息,数据共享安排可能构成反竞争性信息交换;(3)数据共享或汇集可能阻碍竞争对手区分以及改进其自身的数据收集和分析渠道;(4)在某些情况下,只允许基于非 FRAND(fair, reasonable and non-discrimina-tory)条款访问数据,可能构成剥削性滥用。竞争法评估尤其需要取决于所分享的数据类型、数据共享安排或数据汇集的确切形式,以及相关各方的市场地位。迄今为止,该问题是竞争法中一个相对较新且研究不足的问题。

第三,基于 TFEU 第 102 条的数据访问。如果竞争对手请求从拥有市场支配地位的企业访问数据,则需要对这种数据访问是否真的必不可少进行全面的分析。此外,还需要考虑双方的合法利益。

第四,数据与售后市场原则。如果机器生产商不允许用户访问机器数据,人们担心这可能构成对二级市场的封锁。我们提出了针对售后市场的传统竞争法分析方法的完善建议,而目前的分析方法并未考虑数据的特性。

(一)大数据对企业市场力量的影响

数据应用不仅可能促进市场竞争,还可能促进企业获得很强的市场力量甚至市场支配地位。欧委会《数字时代的竞争政策:最终报告》[1]指出,对市场力量的评估必须以个案为基础,并且必须考虑行为经济学中消费者有关默认选项(default options)与短期满足(short-term gratification)的偏见强度的相关理论。评估还应考虑既有在位企业受保护(且可以保护他们自己)而免于竞争的所有方式。我们特别强调两个方面。首先,即使在一个明显分散化的市场中也存在市场势力。这种市场势力与"不可回避的交易方"(unavoidable trading partner)的概念有关,在平台领域有时被称为"中介势力"(intermediation power)。其次,如果市场进入者无法获得的特定数据提供了强大的竞争优势,则对该特定数据的占有就可能导致市场支配地位。因此,任何有关市场力量的讨论都应个案分析,关注被推定拥有支配地位的企业可获得而竞争对手无法获得的数据,以及这种数据获取差异化的可持续性。

---

〔1〕 European Commission, Jacques Crémer, Yves-Alexandre de Montjoye & Heike Schweitzer, Competition Policy for the Digital Era-Final Report, 2019, https://ec.europa.eu/competition/publications/reports/kd0419345enn.pdf, p. 4.

(二)经营者集中数据相关竞争损害理论

英国竞争当局《数字市场合并控制执法事后评估》报告[1]对前公平交易办公室(OFT)与竞争委员会(CC)(英国竞争执法部门)在数字行业作出的若干合并控制执法决定(英国案例)进行评估,所涉案件包括 Amazon、Facebook 以及 Google 在 2008 年至 2018 年的几起收购。经研究发现,英国竞争执法部门适用的直接涉及数据的横向损害理论为:网络效应被视为市场进入或扩张的障碍,可能给合并后的企业带来很大程度的市场势力,并加剧合并方之间竞争丧失后所产生的反竞争效果。多归属通常被视为可能减轻网络效应不利影响的因素。

英国竞争执法部门适用的纵向损害理论包括:(1)网络效应(考虑到其可能成为一种市场进入或扩张的障碍)可能会提升封锁的可能性,从而加剧合并后企业实施的排他性策略的反竞争效果。(2)企业拥有的数据可以通过多种方式进入其生产过程,合并产生的更大或更多样化的数据集,可能使合并后的企业具有竞争优势,从而有能力去封锁其竞争对手。

有人担心,在审查数字行业的合并时,较之不当批准的风险(二类错误),现行合并控制政策过于重视不当干预的风险(一类错误),导致数字市场的集中度提高。《数字市场合并控制执法事后评估》报告指出,许多数字市场竞争的性质,可能会改变一类错误和二类错误之间传统的权衡关系。网络效应往往使数字市场的结构相当集中,市场进入门槛很高。大数据可能有助于实现这样的结果,在位企业所享有的数据禀赋一定程度上提供了竞争优势,使挑战它们变得更加困难。对在位企业进行惩戒的主要机制是争夺市场的竞争,即潜在和实际的市场进入削弱了在位企业行使市场势力的能力。这使潜在竞争对手比传统市场中的竞争对手更有价值。因此,二类错误的成本可能非常高。换句话说,数字市场的某些特征说明,有必要对评估该行业合并的传统方法进行某些调整。

为有效应对充满活力的数字市场给反事实对比带来的复杂性,《数字市场合并控制执法事后评估》报告建议:(1)改进竞争执法部门在评估合并时通常依赖的信息集。(2)如果拥有必要资源,在某些情况下,在合并调查中使用“黎明突袭”。(3)当交易额特别高时,可能有理由对合并进行更为深入

---

〔1〕 Competition and Market Authority, Lear, Ex - post Assessment of Merger Control Decisions in Digital Markets, Final report, May 2019, https://www. gov. uk/government/publications/assessment-of-merger-control-decisions-in-digital-markets, p. i-iv.

的分析。(4)更好地理解数字行业的一些关键市场(如在线广告市场)。此外,英国合并调查中的两年期限,其作为评估某些未来市场发展(如市场进入)的指标,可能存在一定的局限性,该指标在适用数字市场的合并时可以考虑适当的延长。数字市场的特征以及竞争的表现方式,可能说明执法采取更为冒险的方法具有一定合理性。

欧委会《数字时代的竞争政策:最终报告》[1]讨论了当前有关数字时代并购控制作用的争论的一个具体方面:拥有支配地位的平台对那些用户迅速增长、竞争潜力显著的小型初创企业的收购。其主要从两方面分析了该问题:(1)现行欧盟《并购控制条例》(EUMR)规定的管辖门槛是否足以"捕获"这些交易。(2)对这类交易的实体竞争评估。就管辖权门槛而言,《数字时代的竞争政策:最终报告》认为,改变 EUMR 的申报门槛还为时过早。目前最好是去监测某些成员最近提出的基于交易额的申报门槛的实际表现,以及案件移转系统(referral system)的运作情况。但是,如果将来出现系统性的管辖缺口,对 EUMR 阈值的"明智"修正就可能是合理的。

就实体评估而言,虽然 EUMR 的"严重妨碍有效竞争"测试仍是评估数字经济并购的良好基础,但《数字时代的竞争政策:最终报告》认为有必要重新审视实体损害理论,以恰当评估某些特定交易。特别是受益于强大正网络效应与数据访问(作为市场进入的重要障碍)的支配地位平台和/或生态系统,收购目前营业额很低但拥有很大规模和/或快速增长的用户群且未来市场潜力很大的企业的案件。在这种情形下,竞争法应该特别关注保护竞争者进入市场的能力,因为这类市场的竞争一般会减少,竞争威胁通常来自市场边缘。因此,购买提供边缘产品或服务的有前途的初创企业,可能在早期就消除了潜在竞争威胁。在这种情形下,收购带来的竞争风险不限于封锁竞争对手获取投入品,就像传统的"混合"损害理论那样。(竞争分析)应当延伸至强化了平台(或生态系统)的市场支配地位,因为收购可以:(1)加强将新服务视为平台/生态系统所提供服务的补充服务的用户的忠诚度;(2)帮助留住那些将新服务视为既有服务的部分替代品的用户。

因此,《数字时代的竞争政策:最终报告》认为,处理这类收购的最佳方法是,在"混合"损害理论中注入一些"横向"因素,并尝试回答下列问题:

---

[1] European Commission, Jacques Crémer, Yves - Alexandre de Montjoye & Heike Schweitzer, Competition Policy for the Digital Era - Final Report, 2019, https://ec. europa. eu/competition/publications/reports/kd0419345enn. pdf, p. 10-11, 110-124.

(1)收购方是否受益于网络效应或数据使用相关的市场进入壁垒?(2)收购目标是否在技术/用户空间或生态系统方面构成潜在或实际的竞争约束?(3)这种竞争约束的消除是否通过提升市场进入壁垒,促使收购方市场力量的显著提升?(4)如果是这样,并购能否成功进行效率抗辩?这一损害理论并未假定这类并购的违法性。但是,其适当考虑了新的业务策略及其带来的竞争风险,并且应当在系统性假阴性成本尤其高的环境中有助于使"假阴性"降至最低。

(三)滥用市场支配地位与拒绝数据开放

拥有市场支配地位的企业对其保有的特定数据集,如果拒绝向第三方开放,该拒绝行为是否构成反垄断法上的滥用市场支配地位?这一问题可能涉及反垄断法上的必需设施理论。欧委会《数字时代的竞争政策:最终报告》[1]建议谨慎处理这个问题:有必要对不同形式的数据、数据访问权限与数据使用级别进行区分。在一些情况下,数据访问对竞争而言并非必不可少,执法部门应避免进行干预。此外,如果原告提出数据访问请求以实现特定商业目的(如为了训练不相关的AI算法而访问数据),但该商业目的与拥有市场支配地位的企业所在市场并未本质关联,那么TFEU第102条并非最佳工具。在这种情况下,通过市场的解决方案处理或者采用某种管制措施似乎更为可取。

但是,在另外一些情形下,可能需要对拥有市场支配地位的企业提出确保数据访问以及可能的数据互操作性的要求。特别是,为了补充性市场或售后市场(作为数据控制者所运营的更广泛生态系统的一部分的市场)而提出的数据请求。但是,在这些情形下,竞争执法部门或法院需要明确数据访问的具体条件。在访问请求相对标准、访问条件相对稳定,且设置了必要的监督措施的情形下,数据访问还是可行的。如果不是这种情况,特别是在要求拥有市场支配地位的企业允许连续访问数据(确保数据互操作性)的情况下,可能需要进行管制,有时还必须是针对特定行业的管制。尽管如此,竞争法仍可以确定一般性先决条件,并提出可能的管制措施框架。

(四)关于数据可迁移性

在考虑是否存在可能促进创新和竞争的结构性变革时,数据可迁移性自

[1] European Commission, Jacques Crémer, Yves - Alexandre de Montjoye & Heike Schweitzer, Competition Policy for the Digital Era - Final Report, 2019, https://ec. europa. eu/competition/publications/reports/kd0419345enn. pdf, p. 7,66.

然而然地成为讨论的主题。加拿大《论数字时代的竞争政策》报告[1]指出,数据迁移性可提高竞争力。开放银行业务是数据可迁移性促进金融业竞争的一个显著实例。据称,英国在研究零售银行业务时,专家们意识到银行正独占着大量未经充分利用的数据。较之于拆分大型银行,竞争执法机构决定转而发展开放银行业务,利用数据的可迁移性和移动性,并且提出开放 API 的救济措施。开放银行业务刺激了创新,为消费者提供更多服务,并吸引了更多消费者参与银行业发展。

加拿大的个人隐私立法中不涉及数据可迁移性权利,只涉及访问权限。尽管任何人都可以向私人企业询问其被收集的个人数据,但公司并不需要提供副本,消费者也无法控制企业对数据的处理方式。相比之下,欧盟 GDPR 将个人隐私视为一项人权,并通过引入数据可携权帮助消费者能够更好地控制其数据。澳大利亚还创设了一项“数字消费者权利”,赋予每个人数据可迁移性的权利。该权利首先被适用于银行业,进而逐渐在各个行业领域中推行。公用事业和电信领域可能是实施数据可迁移性权利的下一个行业领域。

加拿大《论数字时代的竞争政策》报告指出,确定数据可迁移性权利的范围时最重要的是,竞争监管机构必须确定该权利中包含哪些数据。在确定数据可迁移性权利的边界范围时需要谨慎。如果要求企业与竞争者分享创新情报,这首先会削弱他们的生产动力,可能会对消费者造成不良影响。竞争监管机构需要仔细地平衡个中利益,以解决这个问题。回应数据可迁移性相关的所有问题的一个特殊挑战在于,众多监管机构在该领域均有行动。监管的分散化可能会阻碍开放银行业务的发展。专家小组还探讨了这一想法:并非所有行业领域都经历了相同的涉及数据的挑战。一些行业可能需要采取自上而下的监管方法,另一些行业则可以采用行业主导的方法取得成功,公认不存在“一刀切”的捷径。制定法规和政策需要各行业专家的智慧。另外,还存在一个行业协作的实例,即数据传输项目,该项目允许各服务之间直接传输用户数据。Google、Microsoft、Facebook、Twitter 及其他诸多企业正致力于这个开放资源项目,该项目基于为用户提供选择。在数据可迁移性的应用实例方面,似乎大多数用户想要备份他们的信息,或者想尝试另一个有竞争性的服务。为使数据可迁移性能够在数字经济日益激烈的竞争中的发挥作用,专家组成员认为,消费者必须了解他们可以利用其个人数据及其权利

---

[1] 《加拿大竞争局数据论坛要点回顾——论数字时代的竞争政策》,载微信公众号“武大知识产权与竞争法”,2019 年 9 月 7 日,https://mp.weixin.qq.com/s/OVNxwefnB-mn9Le2z42I9Q。

和义务做些什么。数字素养的重要性不言而喻,特别是在用户同意方面。

通过实施数据可携权抵抗大型平台的力量,从而促进市场竞争,只是一种理论上的理想状态。考虑到执法经验的有限,实践中是否会起到类似效果则不明。纽约大学《数据可移植性和平台竞争》白皮书[1]则发现,并没有基于移植数据的竞争产品,尽管多年来许多大型平台已经允许用户导出自己的数据。例如,自 2010 年以来,在当前竞争问题出现之前,Facebook 就允许用户下载他们的数据,而这么久的时间足够一个基于移植的 Facebook 数据的竞争对手出现了。不过,现在还没有出现这样的竞争对手。如果数据可移植性能够推动竞争,并且数据可移植性已经存在了近十年,那么竞争对手在数据可移植性上创建的内容在哪里?对于考虑将数据可移植性作为一项竞争性措施的监管者来说,这一缺位意味着什么?

为了理解数据可移植性在创建新的创新服务中所起的作用,纽约大学创新法律与政策英格堡中心(以下简称英格堡中心)展开实证研究,将真实的数据交给真正的竞争对手,看看他们能做些什么。这种探索很重要,因为数据可移植性是监管工具箱中非常有吸引力的工具。如果数据可移植性确实能够允许新的服务与今天的大型平台一起成长和共存,那么监管机构、公众和平台本身就有可能避免将平台拆分成更小的实体的过程。然而,如果数据可移植性不是竞争和创新的可行途径,那么讨论数据可移植性计划的细节可能会分散人们对解决大型平台问题的其他更有效方法的注意力。

英格堡中心从 Facebook 开始,因为其相信与社交网络相关的数据对基于可移植性的方法提出了一些最大的挑战。还将调查重点放在一次性数据导出上,而不是通过 API(应用程序编程接口)进行持续整合,因为英格堡中心担心持续整合的维持的可用性。其希望将来能够在数据可移植性环境中调查其他类型的平台。在讨论中,被采访者很难想出新的、有竞争力的他们可以从移植的 Facebook 数据中构建或有意义地成长的产品。这表明,监管机构不应假定竞争对手将能够利用移植的数据构建创新的产品和服务。对数据可移植性的过度依赖可能会分散对解决大型平台问题的更有效工具的注意力。

但是,上述研究结果不意味着在任何情况下都应该放弃“数据可移植性

---

[1] 《数据可移植性和平台竞争:从 Facebook 导出的用户数据是否对竞争对手有用?》,载微信公众号“武大知识产权与竞争法”,2019 年 11 月 15 日,https://mp.weixin.qq.com/s/ANDjMAdmpf5VKsPGtvEvkA。

作为一种管理工具"的想法。然而,它确实表明,将数据可移植性作为解决与大型社交网络平台相关竞争问题的主要方法是错误的,并且它引起了人们对其在更普遍的大型平台环境中的使用的担忧。在考虑实施数据可移植性法规时,政策制定者应权衡以下重要因素:(1)当涉及社交网络数据时,隐私和竞争问题正处于对立的紧张状态。(2)数据可移植性在选定的环境中非常有用。可能有一些领域与社交网络完全没有关联,比如,音乐流媒体或健身跟踪,在这些领域,精心设计的数据可移植性机制可能会鼓励竞争。数据可移植性还可以促进数据所有权的概念,这一价值可能具有独立于竞争关注点的重要性。(3)数据可移植性可能会分散竞争争论的注意力。数据可移植性一直是科技公司和政策制定者关注的焦点。然而,这类数据可移植性只是一种提高在线竞争的较差的机制。如果是这样的话,考虑到解决竞争问题的不同方法,花时间讨论给定数据可移植性机制的特定方面可能会更好。

二、算法相关反垄断问题

2019 年,全球范围内,最值得关注的算法相关调研报告是法德《算法与竞争》报告。在竞争法国际协会(ASCOLA)2019 年 6 月召开的第十四届年会上,人工智能、算法合谋相关竞争法问题是与会者关注的焦点之一。[1] 2019 年 11 月 21—23 日,主题为"跨学科的算法监管、治理与市场"(Multidisciplinary Perspectives on Algorithms Regulation, Governance, Markets)的国际研讨会在日本九州大学(Kyushu University)举行。本次会议主要围绕算法展开,内容涉及多个学科。该会议讨论的主题非常广泛,体现了算法发展给当今社会带来的多方面影响。[2]

(一)算法合谋

算法是数字化过程中最重要的技术驱动因素之一,它使企业更加创新和高效。然而,关于算法是否以及在何种程度上可能对市场的竞争作用产生不利影响,特别是便利共谋行为,存在争论。据此,法德《算法与竞争》报告[3]列举了定价算法使用的三种场景。

---

〔1〕《竞争法国际协会 2019 年年会概览》,载微信公众号"数字市场竞争政策研究",2019 年 7 月 5 日,https://mp. weixin. qq. com/s/RvFlzL1vkXuekHzQLIiyxA。

〔2〕"多学科视角下的算法治理国际研讨会"在日本九州大学召开,载微信公众号"数字市场竞争政策研究",2019 年 12 月 1 日,https://mp. weixin. qq. com/s/5EdPSSOAS-9iHABvthwlnA。

〔3〕刺森译:《法德 2019 年〈算法与竞争〉报告摘要》,载微信公众号"数字市场竞争政策研究",2019 年 11 月 12 日,https://mp. weixin. qq. com/s/KhYWpzGZyyYMnUX11M6Ftw。

场景一:算法作为“传统”反竞争行为的支持者或便利者。

第一个场景包含了一种“传统的”反竞争行为已经存在的情况,这种行为是来自人们之前的联络。因此,该算法只在第二步起作用,以支持或便利实施、监控、执行或隐藏各自的反竞争行为。除了支持或便利横向共谋外,算法还可用于纵向协议或协同行为的情况中。报告认为,在这种情况下使用一种算法并不会引起具体的竞争法问题,因为认定一项事先的协议或协同行为,一般可以根据《欧盟运行条约》第 101 条进行评估。然而,尽管认定侵权可能没有进一步考量算法,通过特定案例理解算法可能是恰当的,例如,其允许对潜在的抵消效率的评估以及加强反竞争行为的消极影响。

场景二:竞争者之间的算法驱动共谋涉及第三方。

在第二个场景中,第三方(例如:外部顾问或软件开发人员)向竞争对手提供相同的算法或以某种方式协同的算法。这些情况的特殊性在于,竞争对手之间没有直接的联络或接触,但是因为第三方的行为却可以使其产生一定程度的一致性。通常,该场景可以区分为算法级别的一致(代码上)和输入因素级别的一致(数据上)。第三方不仅提供具有共同目的的算法(例如:价格计算),而且使用类似的(或相关的)执行方法时,可能会出现代码上的一致性。在代码上的特定一致性是将决策意见完全委托给使用算法进行这些决策的公共第三方。数据上的一致可能涉及竞争对手使用算法作为信息交换的方式或软件供应商通过依赖竞争对手之间的公共数据池来实现输入数据的一致。

截至目前,算法相关的判例非常有限。由于此场景中涉及的潜在情况多种多样,因此评估总是依赖于每个案例的特殊性。考虑到 ECJ 判例(VM Remonts,Eturas),在这种情况下的核心问题之一是竞争者是否知道第三方的反竞争行为,或者至少能够合理地预见到这些行为。在这种情况下,潜在的竞争问题尤其可能取决于算法上一致的内容。例如,代码上的价格或价格参数的一致可能会构成在目的上对竞争的限制。对于数据上的一致性,适用已建立的信息交换原则。在所有这些案例中,市场覆盖可能既与竞争关切的评估有关,也与执法机关行使其自由裁量权是否展开调查有关。

场景三:共同使用单个算法导致的共谋。

第三个场景涉及的算法是单方面设计和执行的,即每个公司使用不同的定价算法。在各自公司的人员代表之间没有事先或正在进行的联络或联系。尽管如此,一些或所有竞争者都依赖定价算法这一事实,可能有助于他们市场行为的一致性,而这只是电脑之间的互动。除了算法达到默示共谋外,还有一个问题,即算法是否能够参与类似于明确形式的共谋行为。然而,截至目前,潜在的"算法通信"(algorithmic communication)的性质存在很大的不确定性,这是在自我学习"黑匣子"算法的情况下最常被讨论的。"算法通信"的一种特定形式可以是传递信息行为,即在这种情况下,算法向竞争对手表明,它们将以某种方式改变竞争的相关参数,如价格。

除了关于共谋的出现和稳定性的理论考虑外,还有越来越多的研究算法共谋的可信度,通过分析算法在特定的、最具实验性的设定下具体技术执行。换句话说,两种或两种以上的定价算法在大学的研究实验室进行测试,让它们在模拟竞争环境的实验环境中进行交互。在许多实验中,结果表明,可以达到一定程度的共谋。在此背景下,法德《算法与竞争》报告讨论了在实验环境中的假设以及它们与现实市场的关系。结论是,目前仍存在一个有待解决的问题,即在符合真实市场条件的环境中,定价算法是否可能"偶然"出现。

从法律的角度来评估这种情况,研究首先转向协同和纯粹的平行行为之间的区别。鉴于潜在的协同和单纯的平行行为的不确定性,针对"算法通信"潜在形态的不确定性,法德《算法与竞争》报告指出,清楚界定哪些潜在的交互类型构成非法行为似乎为时过早。此外,报告还指出,根据现行判例法,《欧盟运行条约》第 101 条并没有禁止有意识的平行行为。因此,如果一个算法只是单方面地观察、分析并对竞争对手算法的公开可见行为做出反应,那么它可能只能被归类为适应市场的智能适应,而非协同。

第三个场景下的另一个法律问题是,自我学习算法的行为在多大程度上可以归因于公司。一些作者建议将算法行为视为公司员工的行为。因此,企业只要引进并使用了一种从事反竞争行为的算法,就可能被追究责任。还有人建议,如果违反了合理的谨慎和预见性标准,公司应该对其算法的行为负责。法德《算法与竞争》报告的结论是,评估公司共谋算法行为责任的标准可能在这两种方法之间变动。然而,很明显,企业在使用定价算法时,需要考虑如何确保反垄断合规。

除了明确列举以上三个场景以外,法德《算法与竞争》报告还解决了在调查算法时的实际挑战。在潜在的证据类型中,可以区分涉及算法的角色的相关信息及其背景环境作为一方面,和算法的功能作为另一方面。例如,关于算法的角色及其背景环境,涉及算法目的、算法执行和随时间的变化的信息可能是相关的。此外,执法机关可以考虑算法使用的输入数据的信息。最后,其有助于收集与算法相关的输出信息和决策过程。当局一旦展开调查,就可以利用其现有的调查职权,例如,索取资料、搜查和询问,以取得必要的信息。根据手头的情况,也可以通过请求内部文件来获得信息。对算法进行更深入地分析可能产生更多的证据,特别是揭示与算法功能相关的其他事实。这样的分析,可以设想不同的调查方法,尤其分析(相关部分)相关各自环境信息和接口信息的源代码,比较真实的(过去的)输入/输出,模拟生成输入的算法行为,或比较算法和其他(更容易解释)算法和方法。

法德《算法与竞争》报告总结道,在目前的情况下,现有的法律框架,特别是《欧盟运行条约》第 101 条及其相关判例,使竞争执法机关能够处理可能的竞争问题。事实上,竞争执法机关已经处理了一系列涉及算法的案件,这些案件还尚未带来具体的法律上的困难。关于《欧盟运行条约》第 101 条是否需要广义认定的学术争论,一些作者呼吁对《欧盟运行条约》第 101 条进行更广义的解释。报告回顾道,目前还不清楚未来竞争执法机关将面临哪些类型的案例。因此,目前还无法预测是否有必要重新考虑目前的法律制度和方法工具箱,并且如果需要,以何种方式。随着数字市场的不断发展,有关机关应继续扩大其在算法方面的专业知识,相互交流,并与企业、学术机构和其他监管机构进行互动。这一努力符合当局为应对正在进行的数字化所带来的挑战投入更多资源的更普遍趋势。

(二)算法歧视

随着数据分析和定价算法成为数字时代的常见商业现象,越来越多的人开始关注企业利用这种工具进行个性化定价。个性化定价是价格歧视的一种体现方式,具体指企业根据消费者支付意愿而标注不同的价位。尽管个性化定价可能改善效率配置,造福于那些需求可能没办法得以满足的消费能力有限的终端消费者;但在特定情况下,个性化定价还会导致整体消费者福利的损失。另外,如果个性化定价以非透明或欺骗性的方式得以实施的话,还可能会带来降低市场信任度,制造不公印象的风险,从而损害消费者参与数字市场的积极性。2018 年 11 月,OECD 消费者保护委员会与竞争委员会联合讨论了个性化定价的模糊性及其多方位效果,尤其是个性化定价可能带来的风险是否需要政策介入。如果是的话,什么竞争与消费者保护工具才是最适合的介入工具。[1] 据此,OECD 发布了题为《数字时代的个性化定价》背景报告(Personalized Pricing in the Digital Era - Background Note by the

〔1〕 OECD,Personalized Pricing in the Digital Era,28 November 2018,https://www.oecd.org/competition/personalised-pricing-in-the-digital-era.htm.

Secretariat），并总结出以下几点关键性发现：

（1）个性化定价，指的是根据终端消费者的个人特征及其行为进行歧视性定价，从而导致消费者获取以其支付意愿为基础（但不一定平等）的报价。

（2）与任何其他歧视性定价类似，个性化定价通常有利于竞争，而且也会强化消费者福利。但是，与更为传统的其他价格歧视形式相比，个性化定价通常会带来更突出的效果，可能会帮助完善静态效率并激励创新。

（3）但是，在特定情况下，个性化定价也可能通过剥削消费者并带来不公平感来损害竞争。就高度管制的行业而言，个性化定价还可能变相鼓励寻租活动。

（4）可以通过结合一系列互补的政策工具来消除个性化定价会带来的消费者损害风险，具体包括：竞争政策、消费者保护法和数据保护法，以及反歧视法。因此，有效的执法可能还需要竞争、消费者和数据保护当局之间的协调。

（5）在竞争法框架下，个性化定价可能违反禁止滥用相关规则，尽管据此适用竞争法还面临一些限制：①有关禁止滥用的规则仅适用于具备强大市场力量的企业，尽管在此条件下个性化定价带来的问题更为严峻。②在若干司法辖区中，剥削型滥用或者并未被竞争法所禁止，或者当局很少进行相关执法。③关于规制歧视的竞争规则是否也适用于企业—消费者之间的关系并不明确。

（6）可能依据消费者保护法项下的（禁止）不公平行为条款来解决个性化定价问题是更佳方案，因为相关条款适用于企业—消费者之间的互动。另外，相对于滥用市场支配地位案件还需要证明具备市场力量，认定消费者保护法项下的侵权更容易。据此，消费者保护当局可以考虑采取以下两种重要的应对方案：①禁止企业实施非透明的个性化定价，要求其公布定价策略信息，以帮助消费者充分理解企业市场行为，据此采取有效应对行动。②调查并惩处那些可能会强化个性化定价带来负面影响的辅助性不公平行为，例如：限制透明度和消费者选择权的误导性行为。

（7）可以通过诸如数据保护法、反歧视法之类的其他政策工具帮助确保个性化定价不会导致未经授权即生成消费者画像，或根据诸如性别、种族之类的敏感信息被歧视对待。

第二节 美国音乐版权许可规则与反托拉斯政策*

音乐版权在法律上涉及权利人众多、包含权利高度分散。这一客观事实导致监管者在评估音乐版权许可规则所适用反垄断政策的问题时,将面临较为复杂的分析过程,须以著作权法规定为基础,对各项权利逐一做链条化分类考量,而非概括性论证。作为拥有世界最大音乐市场规模的国家,美国在反托拉斯政策层面对于音乐版权许可规则的竞争法问题在历史上早有关注。在近百年的时间里,美国反托拉斯政策始终谨慎对待这方面问题。这一监管过程背后凸显出音乐行业不同权利人之间针对商业利益的博弈,并对应折射在不同历史时期的法律规则里。是其他法域解决音乐领域知识产权与竞争法问题以及厘清行业自治与法律干预边界的有效借鉴。

一、美国音乐版权许可制度综述

区别于文学、摄影、电影等作品,音乐版权所涉法律问题往往属于著作权法体系中最为复杂的一类。究其原因,是因为对于一首典型的歌曲来说,一般涉及四类权利主体——词作者、曲作者、表演者及录音制作者。据此,各国的著作权法也根据这四类权利主体所对应的不同法律客体,设计、制定了与之对应的权利范围及授权规则。

(一)音乐作品与录音作品

美国版权法将一首歌曲的词曲部分统称为“音乐作品”(Musical Works)[1],将由表演者和录音制作者按照词曲内容进行演绎所形成的内容,统称为“录音作品”(Sound Recordings)。而对于“音乐作品”及“录音作品”所涉及的复制发行权(Reproduction and Distribution)、公开表演权(Public Performance)等重要权利事项,美国版权法又分别以不同的授权规则予以规范。

在这里需要注意的是,被称为“音乐作品”的词、曲内容,对于普通听众来说并不能够直观感知。本质上,歌词属于文字作品,而曲谱则是以五线谱等形式展现出来的音符和音阶。二者只有通过表演者和录音制作者的进一步演绎和加工,直至形成人声、节奏和旋律的合成品后,才能形成便于普通听众所感知的“录音作品”。

---

* 作者简介:田辰,法学博士,毕业于对外经济贸易大学,竞争法专业。

〔1〕 美国版权法中的音乐作品特指“非戏剧类别”(Non-dramatic)的词曲作品。

(二)音乐作品与录音作品的立法演进

在录音设备和录制技术诞生前,音乐表现形式多限于现场演奏。彼时的词、曲作者因更早得到法律的承认和保护,相比于录音制作者和表演者拥有更高的社会地位并长期在音乐领域主导话语权。这一点也清晰地反映在美国版权法规则的演进过程中。具体来说,在美国《1790年版权法》中,虽然音乐作品(乐谱形式)仅被法律以书籍的形式所间接保护,但该法开创了美国保护音乐作品的先河。随后,在《1831年版权法》中,音乐作品首次得到法律的直接保护。[1] 相比之下,录音作品在"推迟"了近二百年后,才被纳入法律所规范的权利客体范围。

对于录音作品来说,伴随19世纪末留声机的发明,直至20世纪20年代黑胶唱片的诞生,再至此后数年基于灌制技术和录音设备的发展,作为新兴音乐载体的磁带、CD的陆续问世,以及互联网时代所催生出的数字音乐,录音作品不断拓展人们获得音乐的形式,同时也降低了人们获取音乐的成本。相比于普通人难以识别和感知的五线谱音符,录音作品以更为简单明了的方式将音乐旋律呈现给众人。至此,录音作品也开始获得更高的认可度及市场价值,进而影响到了美国版权法的发展和变化。根据实践需要,美国国会在1971年以《录音法》的形式,首次正式将录音作品纳入美国版权法所保护的权利客体范围。

(三)音乐作品与录音作品的许可规则

对于一首歌曲来说,复制发行权和公开表演权构成其合法、公开传播最重要的两项权利基础。相应地,美国版权法对于这两类权利,具有详细规定。[2]

1. 音乐作品许可规则

对于音乐作品来说,首先,《1909年版权法》在结合Apollo案[3]判决的基础上,正式确认了音乐作品的复制权;同时,美国国会为防止音乐作品被市场主体过度占有而构成垄断,法律对于音乐作品的复制权采用了法定许可的

---

〔1〕 参见《美国音乐版权法简史》,载https://zhuanlan.zhihu.com/p/61017444,最后访问日期:2020年2月5日。

〔2〕 实际上美国版权法还针对其他权利进行详细规范,如电影或游戏中使用音乐所涉及的"同步权"(synchronization)等。但由于复制发行权和公开表演权适用场景普遍,且在美国反托拉斯政策监管过程中被更多关注,因此本书仅以复制发行权和公开表演权为例进行介绍。

〔3〕 See White-Smith Music Publishing Co. v. Apollo Co., 209 U.S. 1(1908).

授权规则。[1] 美国现行版权法 § 115 条对法定许可的可行性及范围、法定程序及许可费率等事项予以具体规定。其次,美国《1856 年戏剧作曲版权法》首次确认"戏剧舞台作品的伴奏音乐"享有公开表演权;此后,在 1897 年又将公开表演权的适用范围扩展至"所有音乐作品"。至此,公开表演权被正式纳入美国版权法保护的历史。根据美国现行版权法 § 106 条规定,音乐作品的公开表演权可由权利人(一般为词曲作者)以独家授权的形式进行许可。

考虑到音乐作品数量众多,为最大程度促进授权效率,世界各法域针对音乐作品普遍采用集体管理的模式,美国也不例外。关于音乐作品复制发行权的集体管理制度,美国在《2018 年音乐现代化法案》颁布实施之后,已在此前由音乐代理机构 Harry Fox Agency(HFA)进行管理的基础上,新增设一家非营利性机构 Mechanical Licensing Collective(MLC),负责管理授权、许可费收支以及收集音乐作品权利信息等工作,并与 HFA 形成竞争关系。而关于音乐作品公开表演权的集体管理制度,在美国主要由"美国作曲家、作家与出版商协会"(American Society of Composers, Authors and Publiers, ASCAP)、"美国广播音乐公司"(Broadcast Music, Inc. , BMI)、"欧洲戏剧作者、曲作者协会"(Society of European Stage Authors and Composers, SESAC)及"全球音乐权利组织"(Global Music Rights, GMR)等四家集体管理组织实施运营。其中,ASCAP 和 BMI 具有相对悠久的历史,是市场中最大的两家音乐作品公开表演权集体管理组织。也正因如此,为抑制 ASCAP 和 BMI 实施限制竞争行为,美国司法部曾经针对它们的音乐作品授权行为提起过反垄断诉讼。有意思的是,相关诉讼结果也对于后续有关录音作品的立法规则产生了重要影响。这方面内容将在下文具体展开阐述。

2. 录音作品许可规则

对于录音作品来说,首先,自 1971 年其正式成为法律所保护的对象开始,法律即赋予其复制发行权。而录音作品的复制发行权,通常情况下不涉及法定许可或集体管理制度。[2] 其次,《1995 年录音数字表演权法案》(以

---

[1] 参见刘家瑞:《论美国数字音乐版权制度及启示》,载《知识产权》2019 年第 3 期。

[2] 1998 年《美国数字千年版权法》规定一类例外情况:如果数字音频传输的非交互性服务符合录音表演权法定许可的条件,为了实现该服务所必需的服务器内部复制也可以享受一定法定许可。详见 17 U. S. C. § 112(e);刘华:《美国〈1998 数字千年版权法〉有关版权保护的新规定》,载《中国图书馆学报》2001 年第 2 期。

下简称《95 法案》)虽然正式承认录音作品享有公开表演权,但权利适用范围十分有限,即录音作品的公开表演权只能以"数字音频传播方式"行使。这一规则被美国现行版权法 § 106 条加以确认。据此,《95 法案》进一步根据数字音频传输性质的不同,分别规定了三种录音作品公开表演权的许可方式。第一,对于商场公播、无线电广播等传统非交互式服务来说,采用完全豁免的方式,也即使用者无须取得权利人授权,也无须为此支付任何报酬。第二,对于网络数字音频传输形式的非交互式服务,如数字卫星广播及以 Pandora、Sirius XM 为代表的互联网电台服务,采用法定许可的方式,也即"先使用再付费"。第三,对于典型的网络数字音乐传输形式的交互式服务,如 Apple Music 和 Spotify 等数字音乐平台服务,采用交易双方协商许可的模式。双方所协商约定需要符合美国现行版权法 § 114(d)(3)条的要求,也即:"(A)对交互式网络服务提供商进行独占专有数字版权授权时,如果许可人(通常是唱片公司)拥有超过 1000 个的录音制品版权时,其授权期限不能超过 12 个月;如果其拥有少于 1000 个的录音制品版权时,其授权期限不得超过 24 个月;该独家许可的被许可人将会在自前一独家许可失效时起算的 13 个月内无资格接受另一录音制品表演的独家许可;(B)如权利人已经将其拥有的录音制品授权给了至少 5 家不同的交互式网络服务提供商(前述每项许可录音制品数量至少占权利人拥有版权的录音制品 10%,且最少不可少于 50 件录音制品),则独占专有授权期限不受前述限制。"因此,这种模式也被概括为"附条件的独家许可模式"。

(四)小结

综上内容,并借助于图 5-1 所示,一首歌曲往往涉及权利主体众多、权利客体丰富、权利链条分散、授权规则复杂。相应地,美国版权法对此做链条式细化区分。因此,即便同属于同一客体所对应的同一类权利,因适用场景的不同和立法背景的差异,也会产生不同的授权许可规则。如:同属于录音作品项下的公开表演权,却因存在针对交互式服务和非交互式服务的差别,而适用完全不同的许可规则。

此外,由于近年来国内数字音乐市场的兴起,以互联网平台为代表的数字音乐版权许可模式备受竞争法层面的关注。特别是上述美国版权法中录音作品交互式服务授权许可规则及美国版权法 § 114(d)(3)条规定,曾一度在学界引发热议;同时相关研究针对"该规则是否基于反托拉斯政策考量,旨在防止因录音版权过度集中而引发垄断"这一问题展开争论。[1] 据此,下文将从历史研究的角度,分别针对美国音乐作品、录音作品许可规则的反托拉斯规范,及其对美国版权法规则产生的相应影响,做详尽阐述。

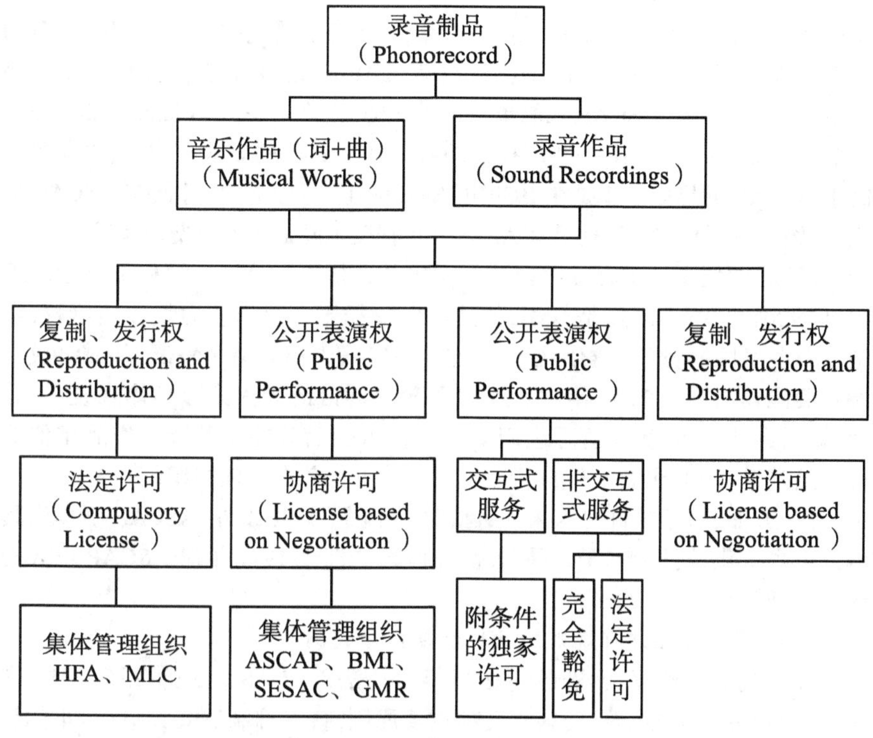

图 5-1 录音作品许可模式

二、美国音乐作品许可规则与反托拉斯规范

美国监管机构针对音乐作品许可规则实施的反托拉斯监管,主要针对适用场景较为频繁的公开表演权(机械设备播放、公共场所播放等)。实际上,这与音乐作品公开表演权实行集体管理的制度密不可分。总体来说,音乐作品公开表演权集体管理制度在美国并非一开始即为竞争性的格局。在市场

[1] 目前,针对这一问题所形成的具有代表性的研究成果为:时建中:《著作权内在利益平衡机制与反垄断法的介入——美国录音制品数字表演权制度的启示》,载《法学杂志》2018 年第 2 期;王迁:《著作权法限制音乐专有许可的正当性》,载《法学杂志》2019 年第 2 期;刘家瑞:《论美国数字音乐版权制度及启示》,载《知识产权》2019 年第 3 期。

自发竞争与反托拉斯监管的双重作用下,美国音乐作品集体管理制度经历了由小至多,由封闭至开放的过程。

(一)音乐作品许可规则的反托拉斯监管背景

在美国,作为首家负责词曲表演权的集体管理组织,ASCAP 于 1914 年正式成立。该组织集中管理其成员作品,并授权广播组织、餐厅、舞厅、商场等频繁涉及音乐作品使用的场所。在 ASCAP 成立的初期,广播组织是主要的被许可人。由于 ASCAP 采取单一的"一揽子"许可方式(Blanket License),并辅以较高的许可费用,一些广播组织决定成立自己的表演权协会,以摆脱受制于 ASCAP 的局面。于是在 1939 年 BMI 诞生,一经成立,其便与 ASCAP 形成了激烈的竞争态势,迫使 ASCAP 在一定程度上降低了许可费用。[1]

然而,即便市场上存在两家相互竞争的音乐作品公开表演权集体管理组织,但无论是 ASCAP 还是 BMI,依然可以依托于自身市场力量和话语权,实施带有明显限制竞争色彩的行为。这也在实践中招惹诸多争议,并最终成为触发美国司法部在 1941 年对其提起反垄断诉讼的导火索。具体来说,一方面,针对词曲作者,集体管理组织要求他们入会后只能将其音乐作品排他地许可给自己,词曲作者不得自行实施许可,且由集体管理组织统一进行再许可;另一方面,对于被许可人来说,除了"一揽子"许可以外,ASCAP 不提供其他许可方式供选择。基于这种状况,美国司法部于 1941 年对 ASCAP 正式提起反垄断诉讼。[2]

(二)音乐作品许可规则的反托拉斯监管判例

在法院的主持下,诉讼最终在当年由司法部与 ASCAP 达成了一项"同意法令"(Consent Decree),确立几项重要原则,旨在抑制 ASCAP 这类集体管理组织所可能实施的垄断行为。具体来说,依照"同意法令"规定:第一,集体管理组织不得要求其成员排他性授权表演权。也即词曲作者除了授权集体管理组织发放许可,亦可自行直接向被许可人授权。第二,集体管理组织须依据公开无歧视原则,向符合要求的所有申请人发放许可。这实际上相当于完全限制了集体管理组织拒绝许可的权利。第三,除了"一揽子"许可之外,集体管理组织须提供其他许可方式,如向广播组织进行"按作品或按特定节目"许可。第四,设立授权许可费用磋商机制及费率可诉机制。[3] 当年,

[1] 参见李明德:《美国的表演权协会与反垄断法》,载《中国版权》2011 年第 2 期。

[2] See United States v. ASCAP, 1940-1943 Trade Cases, 56, 104(SDNY, 1941).

[3] United States v. ASCAP, 1950-1951 Trade Cases, 62, 595(SDNY, 1950).

司法部还在法院的主持下,与 BMI 达成了内容基本相同的“同意法令”,将监管范围扩大化。

(三)音乐作品许可规则的反托拉斯监管后果

在 1941 年后,上述“同意法令”几经修订,但始终不变的是强调音乐作品权利人享有“非排他性”授权的权利,旨在限制集体管理组织成为市场中单一的授权渠道;此外,其后几经修订的“同意法令”还要求集体管理组织必须接纳符合最低要求的成员入会;允许成员在自行授权许可的基础上,随时加入或退出其他集体管理组织等,[1]充分保障权利人自由意愿。这些规则也在 1966 年被大致移植到司法部与 BMI 的“同意法令”中,对 BMI 同样适用。[2] 而在 2000 年时,“同意法令”中加入有关网络服务商的规定,允许它们像广播组织一样获得“一揽子”许可;相应地,规定 ASCAP 须公开其曲库清单,以便那些不愿意获得“一揽子”许可的网络服务商有所选择。[3] 可见,通过对于“同意法令”的不断修订与更新,执法机构保持了对集体管理组织相对严厉的监管政策,同时给予了音乐权利人和被许可人更多保护;此外,还促使音乐作品授权规则适应整体行业的发展趋势。

然而,“同意法令”在实施强监管的同时,却也为音乐作品的长远市场发展和词曲权利人长期权利保护埋下了重大隐患,间接影响了音乐作品的市场价值以及词曲权利人的市场地位。究其原因,“同意法令”要求音乐作品集体管理组织必须公开无歧视地授权被许可人的做法,实际上“一刀切”地导致这些集体管理组织在实践中,并不能依据自身意愿拒绝向被许可人发放许可。相比于普遍以大型唱片公司为代表的录音作品权利人,这种规则导致集体管理组织在某种程度上丧失了与被许可人谈判的话语权。此外,加之录音作品传播效果的直观性,听众对于一首歌曲往往首先记住的是其表演者及其从属的唱片公司。因此,无论是从法律规则本身还是从市场反馈的角度,均不可避免地造成了录音作品市场价值远高于音乐作品的现象。在这种情况下,词曲权利人也无法从集体管理组织方面得到良好的反馈,导致其自身地位普遍低于表演者和录音制作者。据此,音乐作品权利人和录音作品权利人

---

〔1〕 United States v. BMI, 275 F. 3d 168, 171-72(2d Cir. 2001).

〔2〕 United States v. BMI, 1966 Trade Cases(CCH, 1966);需要说明的是,正文的“同意法令”仅适用于 ASCAP 和 BMI 两个音乐作品公开表演权集体管理组织,而不适用于 SESAC 和 GMR 这两家。

〔3〕 See Paul Goldstein, Copyright, Patent, Trademark and Related State Doctrines, 2008, p. 753.

之间的关系逐渐割裂,并在市场上产生了以词曲权利人为代表,以及以表演者和录音权利人为代表的两大利益阵营。这种身份的分野也为后续关于录音作品公开表演权授权的立法规则,埋下了伏笔。

三、美国录音作品许可规则与反托拉斯政策

如前所述,录音作品在1971年成为美国版权法所保护的对象,至《95法案》将保护范围拓展至录音作品的公开表演权,并纳入美国版权法§114(d)(3)条加以确认。从表面来看,§114(d)(3)条中关于交互式服务的规定看似对录音作品的独家许可方式采取了一定限制,令人直观感觉该条规定是为避免垄断风险而设计的。此外,国会立法报告中也指出,§114(d)(3)条的立法目的在于:"防止录音作品版权人成为音乐作品的'守门人'(Gatekeeper),不合理限制音乐作品表演权的行使,降低音乐作品版权人获得版税的机会。"[1]由于该表述中涉及音乐领域专业的法律概念,如录音作品与音乐作品,导致普通读者甚至是非著作权法专业的法学学者往往误解该条款旨在限制垄断行为的产生。

然而,有意思的是,通过进一步针对美国国会相关立法报告和司法部相关报告的研究,美国版权法§114(d)(3)条规定并非基于任何有关反托拉斯政策的考量,属于音乐行业内部不同权利阵营相互博弈反映在立法中的结果。而实践中,在美国亦没出现过针对录音作品许可规则的反垄断判例。

(一)美国录音作品许可规则立法背景

录音作品权利人之所以可能被认定为音乐作品的"守门人",与音乐版权自身的复杂结构、法律上特殊的音乐许可规则以及政府对于音乐作品实施严格竞争监管政策的历史,具有非常紧密的关联;同时这也构成了美国录音作品许可规则立法的大背景。

具体来说,数字音乐平台提供服务的前提是获得音乐作品权利人和录音作品权利人的分别许可。然而,对于音乐作品权利人来说,一方面,复制发行权适用法定许可规定;而表演权则一般通过ASCAP或BMI这两家美国最大的集体管理组织行使。如前所述,由于ASCAP和BMI与美国司法部签署了"同意法令";导致它们在事实上无权拒绝许可任何有需求的被许可人;并且如果被许可人觉得许可费率过高,亦可向法院提起诉讼以确认合理费率。在这样的前提下,第一,由于音乐作品权利人无法拒绝许可而录音作品权利人有权利拒绝,在与数字音乐服务提供者(被许可人)谈判的时候,录音作品权

---

〔1〕 S. Rep. No. 104-128, at 16 & 26(1995).

利人的谈判地位会具有较大优势。长此以往,不利于音乐作品版权价值的提升。[1] 第二,鉴于美国音乐产业相对固定的市场规模和增长率,即在“市场蛋糕”大小相对固定的情况下,如果录音权利人得到过多许可费,就可能会挤压音乐作品权利人获得许可费的空间,从而切实影响到音乐作品权利人的利益。[2] 第三,由于音乐作品权利人许可费率受到一定限制,因此其在数字音乐市场上利益最大化的方式仅限于更可能多地颁发许可,通过许可数量的积累换取更多的许可费用。相反地,录音作品权利人却可以通过更为市场化的运作和与交易相对人的协商,获得更大利益。据此,音乐作品权利人担心如果录音作品权利人公开表演权不受任何限制,音乐作品权利人的市场地位和切实利益将会受到严重影响。

事实上,《95 法案》的立法研讨过程,主要在唱片行业协会及工会 RIAA(代表唱片公司)、AFM(代表音乐家)及 AFTRA(代表歌手),与作曲行业协会和组织 NMPA、ASCAP 及 BMI 之间展开。而 § 114(d)(3)条对于录音作品独家许可所做出的限制,就来自双方谈判所达成的协议。据此,美国国会于 1995 年 6 月 29 日最终将该协议内容吸收到立法草案中。[3] 可见,《95 法案》的立法过程中,来自下游的数字音乐服务商或其他被许可人并未对录音作品的独家许可方式提出明显反对意见。这即说明了从被许可人的角度,并未产生对独家许可方式的过分担忧。相反,提出反对意见的均为音乐作品权利人。

(二)美国录音作品许可规则的影响

1. 对录音作品权利人的直接影响

然而,《95 法案》颁布后对录音作品权利人的影响,远没有达到音乐作品

---

〔1〕 See Hearing Before the Senate Comm. on the Judiciary, 104th Cong., at 33, 35 (Mar. 9, 1995) (Statement of Bruce A. Lehman, Assistant Secretary of Commerce and Commissioner of Patents and Trademarks; Statement of Marybeth Peters, Register of Copyrights).

〔2〕 See Extensions of Remarks, at 15313 (July 1, 1995) (Statement of William J. Hughes). Hearing Before the Courts & Intellectual Prop. Subcomm. of the House Comm. on the Judiciary on H. R. 1506, 104th Cong., at 160, 167/176 (June 21 & 28, 1995) (Statement of Bruce A. Lehman, Assistant Secretary of Commerce and Commissioner of Patents and Trademarks; Statement of Marybeth Peters, Register of Copyrights).

〔3〕 See Hearing Before the Courts & Intellectual Prop. Subcomm. of the House Comm. on the Judiciary on H. R. 1506, 104th Cong. (June 21 & 28, 1995), at 33/79, 49, 60, 67, 173 (Statement of Jason s. Berman, Chairman and CEO, RIAA; Statement of Wayland D. Holyfield, ASCAP; Statement of Edward P. Murphy, President and CEO, NMPA; Statement of Marvin L. Berenson, SVP, BMI; Statement of Marybeth Peters, Register of Copyrights).

权利人的预期。一方面,随着网络技术和数字流媒体平台的发展,数字音乐用户与日俱增,音乐市场的正向反馈集中于录音作品公开表演权的数字授权上。[1] 因此,即便唱片公司向数字音乐平台发放非独家授权,录音版权许可费率仍然呈逐年飙升的态势。这甚至让美国当今最炙手可热的数字音乐流媒体平台 Spotify 经营多年后,因必须承担高昂的版权成本,至今仍处于亏损状态。[2] 另一方面,§114(d)(3)条自 1995 年生效以来,至今在美国没有任何有关反垄断诉讼争议的记录。这不仅仅因为该条款没有任何的惩罚机制,更重要的原因为,该条款的适用被严格地限制在非常狭窄的范围。具体来说,§114(d)(3)条中(C)项规定:“如果录音作品权利人在数字音频传输方面已经将 10%的歌曲许可给了 5 家交互性服务,且每一家不少于 50 件录音,法律上就不再受到上述独家许可期限的限制。”[3]这也导致实践中,在满足前提条件的情况下,美国依然存在许多适用独家版权的录音作品。[4] 这也说明了美国版权法并未对录音作品实施独家许可授权的方式予以否认。

2. 对音乐作品权利人的间接影响

音乐作品权利人借助《95 法案》“打压”录音作品权利人地位的同时,也抱有使其自身不受法律影响的初衷。这一点从美国版权法 §114(i)条中得到进一步印证。具体来说,根据音乐作品权利人的预期,《95 法案》会在一定程度降低录音作品表演权许可费率,但同时为避免这种后果相应减少数字音乐平台为音乐作品公开表演权支付的许可费,音乐作品权利人再次通过游说,促使美国版权法 §114(i)条明确要求:“在确定音乐作品表演权许可费率的行政、司法或其他政府程序中,不得把录音表演权许可费作为考量因素。”然而,具有讽刺意味的是,市场对于录音作品权利人的正向反馈,原本可能相

---

[1] 需要说的是,美国版权法没有类似于中国著作权法中“信息网络传播权”的权利,而美国版权法中公开表演权可以覆盖信息网络传播的功能。因此,数字音乐平台播放录音作品,需要获得公开表演权。

[2] 参见《SpotifyQ4 财报:运营支出同比增长 80%,王者地位靠钱买?》,载 https://www.sohu.com/a/371019735_250147,最后访问日期:2020 年 2 月 7 日。

[3] 刘家瑞:《论美国数字音乐版权制度及启示》,载《知识产权》2019 年第 3 期。

[4] 例如:2016 年 3 月,Kanye West 发行的新专辑 *The Life Of Pablo* 以独家方式授权 Tidal 平台发行;2016 年 4 月 24 日,Beyoncé 宣传其专辑 *Lemonade* 永久独家授权 Tidal 平台;JayZ 的专辑 *The Blueprint* 以独家方式授权 Tidal 平台发行;Taylor Swift、Drake 和 Frank Ocean 等艺人与 Apple Music 合作独家发行其多张专辑。可见,虽然美国版权法对独家版权的期限与数量作出了一定的限制,但独家版权在美国仍属于正常现象,而且是一些大牌歌手发行音乐作品所通常采取的模式。

应带动音乐作品许可费的增加。而§114(i)条的规定却使实践中法院和版权委员会均不得将录音作品表演权许可费作为评估音乐作品合理许可费的考量因素。

(三)《2018年现代音乐法案》对音乐作品权利人的利益再平衡

为改变上述情况,扭转多年来音乐作品许可费率远低于录音作品的现状,代表音乐权利人的各个游说集团和权利人自己,再次通过游说,最终在美国《2018年音乐现代化法案》完全取消了§114(i)条的限制,为未来可能增加的音乐作品许可费率扫清制度障碍。然而,从最初《95法案》限制录音作品权利人的§114(d)(3)条规则,至音乐作品权利人为降低其自身风险至最小化而制定的美国版权法§114(i)条规则,再至通过《美国音乐现代化法案》将该规则取消,这其中耐人寻味的过程,对于音乐作品权利人来说具有深深的讽刺意味,也无异于"搬起石头砸自己的脚"。此外,针对音乐作品许可费率所产生的司法争议,《2018年音乐现代化法案》对相关诉讼程序稍作修改。由此前固定法官审理制度改为随机法官制度,进一步确保诉讼结果更加公平且符合音乐作品权利人的预期。

可以预见的是,《2018年音乐现代化法案》注定不会是体现美国音乐版权权利人诉求的终章。伴随互联网行业业态不断地变化及其催生的各类新兴商业模式,如:在线直播、在线K歌等,不同音乐权利人及其各自代表的权利阵营之间将围绕新的行业问题和法律问题展开新一轮的博弈。

四、总结、借鉴与思考:行业自治与法律干预的界限

综上所述,美国音乐版权许可规则与其反托拉斯政策监管的历史全过程,充分体现出音乐行业本身的复杂性,一定程度上也明确了行业自治与法律干预的界限。首先,由于音乐行业中存在多重权利主体与权利客体,导致美国版权法针对音乐版权制定了细致的许可规则。因此,当我们分析美国音乐版权的许可规制与其反托拉斯监管政策的关系时,须逐一厘清不同权利链条所对应的不同许可规则,而不宜概括笼统分析。其次,当我们探究这些许可规则的制定背景后发现,以词曲权利人为代表的音乐作品权利阵营和以表演者和录音制作者为代表的录音作品权利阵营之间存在长期的利益纠葛,美国相关法律不断地变化与调整,正是其相互博弈的结果。再次,美国在适用竞争政策对音乐行业进行反托拉斯监管和调控时,充分肯定了"市场自我调节"的作用,将权利人的诉求优先放置在版权法这一行业法范畴下解决,而并没有直接通过具有强监管色彩且"杀伤性较大"的反垄断规则做出普遍性立法。这也为行业后续的发展和更多可能性创造了一定空间。最后,这段历史也提示我们,对任何一个充分依赖于市场化配置资源的产业来说,在适用竞争政策对其管制的时候,都应当报以审慎的态度。尽管不同市场一定存在差异,但总体来说,过度行政监管往往会干扰正常市场发展。这也是各个不同法域在适用竞争监管政策时所达成的共识。

近年来,知识产权与反垄断交织问题备受国内研究关注。同时,因音乐版权授权商业模式所引发的竞争关注,导致著作权成为继专利之后又一重点反垄断问题研究对象。对于以版权作为主要竞争方式之一的数字音乐行业来说,独家版权授权模式可以一定程度保持平台的差异化、个性化竞争,同时对于实践中解决音乐盗版问题具有显著积极效果。[1] 然而,因独家版权同时具有一定排他性,进而可能对市场竞争产生潜在的排除、限制效果,从而引发反垄断监管。因此,如何平衡音乐版权独家授权模式与竞争监管之间的关系,已成为我国当下所面临的难题。

截至目前,中国有关知识产权反垄断的立法规则依然相对模糊。具体来说,我国《反垄断法》第 55 条规定:“经营者依照有关知识产权的法律、行政法规规定行使知识产权的行为,不适用本法;但是,经营者滥用知识产权,排除、限制竞争的行为,适用本法。”该条属概括性立法规则,但由于原则性过强,在实践中往往造成适用困境;虽然《国务院反垄断委员会关于滥用知识产权的反垄断指南(征求意见稿)》对评估滥用知识产权的垄断行为做出相对细化的规定,但却因存在较多争议等原因,迟迟没有正式颁布。其中,该指南第 27 条规定:“著作权集体管理组织是指为著作权权利人的利益依法设立,根据权利人授权、对权利人的著作权或者与著作权有关的权利进行集体管理的社会团体。著作权集体管理通常有利于单个著作权人权利的行使,降低个人维权以及用户获得授权的成本,促进作品的传播和著作权保护。但是,著作权集体管理组织在开展活动过程中,有可能滥用知识产权,排除、限制竞争。具体分析时,可以根据行为的特征和表现形式,认定可能构成的垄断行为并分析相关因素。”虽然这条规定将著作权集体管理组织纳入法律适用范围,从而可以延伸及数字音乐行业的集体管理制度,但该条规定也仅为描述性规则,对于如何落实评估集体管理组织排除限制竞争行为,依然较为模糊。

---

〔1〕 参见国际唱片业协会 IFPI《2012 年数字音乐报告》及《2019 年全球音乐报告》。具体来说,中国数字音乐的盗版率在 2012 年高达 99%以上,合法的音乐市场几乎不存在。而至 2018 年,正版率已提升至 96%的比例。

因此,当执法机构或法院在面临涉及知识产权与反垄断的具体实务问题时,往往仅能凭借基本立法原则和日常积累的执法、司法经验对所涉问题进行评估。而在处理某些新兴产业中的知识产权反垄断问题时,由于立法规则和实践经验的滞后性,容易对行业竞争问题产生不全面的判断。此时,“厘清行业自治与法律干预界限”这一原则就显得格外重要。结合美国音乐版权许可规则与反托拉斯政策规范的历史,其中经验不仅对我们思考如何应对我国数字音乐行业中引发的竞争问题有所帮助,从而得以利用更为妥当的监管方式(包括行业监管与竞争监管等)服务于产业的长远发展和用户长期的利益保护;进而成为诠释应如何落实所谓“厘清行业自治与法律干预界限”的最好借鉴。

第三节　谦抑理念下互联网服务行业经营者集中救济调适*

近年来,得益于放任自由的公共政策发展,互联网在全球已经成为一种市场范式。〔1〕 当下,全球互联网发展正在逐步进入平台经济时代,中国凭借多年积累的优势已经跻身潮流之巅,与美国互联网服务平台企业一起正在引领平台经济进入新阶段。美国以苹果、亚马逊、脸书等为代表的平台企业已经跃居超级网络平台之列,而中国以腾讯、阿里巴巴等为代表的超级网络平台也正在崛起。2017 年,我国互联网服务平台企业的总收入达到 1.07 万亿元,首次突破万亿大关,同比增长 46.8%,是国内生产总值(GDP)6.7%增速的 7 倍。〔2〕 截至 2017 年年底,我国网民规模达 7.72 亿人,全年共计新增网民 4074 万人;互联网普及率为 55.8%,较 2016 年年底提升 2.6 个百分点;手机网民规模达 7.53 亿人,较 2016 年年底增加 5734 万人;我国境内外上市互联网服务企业数量达到 102 家,总体市值为 8.97 万亿元人民币;我国网信独

---

* 本节内容系国家 2011 计划司法文明协同创新部分研究成果,中国法学会 2017 年度部级研究一般课题《新经济领域的经营者集中审查问题研究》(项目批准号:CLS〔2017〕C12)的阶段性成果。作者简介:孙晋,武汉大学竞争法与竞争政策研究中心主任、教授、博士生导师,新疆大学“天山学者”。

〔1〕 参见[法]让·梯若尔:《创新、竞争与平台经济——诺贝尔经济学奖得主论文集》,寇宗来、张艳华译,法律出版社 2017 年版,第 268 页。

〔2〕 中国互联网协会、工业和信息化部信息中心:《2017 年“中国互联网企业 100 强”榜单揭晓》,载搜狐网 2017 年 8 月 9 日,https://www.sohu.com/a/163430373_464033。

角兽企业总数为 77 家；全国拥有人工智能企业 592 家，占全球总数的 23.3%。[1] 放眼全球，可谓“风景神州更好”。

互联网在世界范围内得到长足发展，得益于各国包容与审慎监管的公共政策。在这样的背景下，互联网服务行业反垄断执法的谦抑理念逐渐在经济法学界产生影响力。经济法谦抑性理念的首要价值在于正面回答了政府与市场的关系，明确了市场是第一位的、政府是第二位的，市场应在资源配置中起决定性的作用。经营者集中是互联网服务行业垄断的重要表现形式，反垄断执法机关往往对可能具有限制竞争影响的寡头合并予以垄断性审查。无救济则无权利，经营者集中救济是经营者对反垄断审查的重要回应方式。结合谦抑理念对经营者集中救济制度进行调适是重中之重。然而，谦抑理念的经济法适用尚有进一步探讨之余地，再具体到互联网领域的经营者集中，则鲜有理论和学说涉猎。因此，本文将围绕何为谦抑理念，为何应将谦抑理念延展至经济法领域，为何应在互联网服务行业经营者集中反垄断执法中适用谦抑理念，经营者集中的救济制度有何特殊之处，又应该结合谦抑理念对经营者集中的救济制度予以何种调适等问题展开系统分析。笔者意在以小博大，启发学界对新时代政府干预回归科学和理性这一重大问题展开进一步有益思考。

一、互联网服务行业经营者集中救济制度适用的困境

（一）互联网服务行业发展现状及其特征

本文探讨的互联网服务行业，指的是以互联网技术为基础，为用户提供互联网相关服务的新兴产业群体，通常包括了互联网基础服务、互联网电子商务服务、互联网休闲服务、互联网信息服务和其他服务等。[2] 互联网产业链既包括设备又包括服务。[3] 本节内容将集中讨论后者即互联网服务行业

---

〔1〕 2018 年 1 月 31 日，中国互联网络信息中心（CNNIC）发布第 41 次《中国互联网络发展状况统计报告》，报告所发布的数据截至 2017 年 12 月 31 日。载搜狐网，https://www.sohu.com/a/220116959_505816。

〔2〕 参见刘茂红：《中国互联网产业组织实证研究》，武汉大学出版社 2014 年版，第 20 页。

〔3〕 基础网络运营商的业务主要包括网络运营、互联网的物理接入、互联网维护；网络设备提供商提供基础设施的生产制造（如服务器设备等）；终端硬件制造商则提供包括了电脑、移动手机等产品。本节内容认为，上述设备服务商与传统的生产制造企业并无区别，只不过其生产的设备具备的科技含量较高，其本身不具备本节内容所讨论的互联网服务行业所特有的特征。如果它们发生经营者集中救济，比照传统行业适用即可。因此，没有特别说明，本节内容的探讨均将其排除在外。

的相关法律问题。

众所周知,互联网服务行业具备网络效应、技术标准和兼容性、产品的信息性、垄断和竞争并存等特征。首先,互联网服务行业与传统产业经济的本质区别在于网络效应。[1] 网络效应会在互联网服务行业中引起正反馈、冒尖、用户锁定等相关现象。如果某一种产品被认定会在未来竞争中脱颖而出,极易出现"赢者通吃"的局面。其次,互联网服务行业具有技术标准与兼容性。互联网是一张互联互通的网络,不同主体之间要实现有序的互联互通、有效的信息传达以实现各项功能,就必须要求各个主体遵守统一的技术标准和兼容性,不符合技术标准和兼容的信息就会被排斥在互联网之外。最后,互联网行业产品的信息性。互联网服务行业生产的信息产品,使其相较于传统的物质产品市场更容易形成垄断。由于产品的信息属性,导致了互联网服务行业的产品复制成本低,一旦研发出新产品,便可以大规模生产,边际成本几乎可以忽略不计。[2] 此外,互联网服务行业还是一个智力密集型的高科技产业,产品和服务的更新换代非常迅速,潜在竞争者对在位垄断者施加了巨大的竞争压力。竞争和创新在这个市场里得到了最好诠释,在互联网服务行业,竞争就是动力,创新就是心脏,为该行业发展不断造血和输血。

(二)传统产业经营者集中救济制度适用的一般规则

从工业革命开始,不断的自由公平竞争运动、消费者运动、工业产权运动乃至环保运动,都是社会自发矫正以资本利润为目标的自由市场机制所导致恶果的表现。而相关领域尤其反垄断法的立法和实施,则是工业化时期在传统产业取得的人类文明的硕果。[3] 这些维系市场与社会关系的制度,深深地嵌入市场经济的骨髓,与反不正当竞争和知识产权保护等制度一起,构成了目前市场经济成熟国家拥有的市场法治根基,由此塑造了一个严厉规则下的高效市场经济模式。

反垄断法上的经营者集中救济指的是,反垄断执法机构对那些存在或可能存在损害竞争的后果但又不至于被禁止的经营者集中,通过附加一些限制

---

〔1〕 参见张小强:《网络经济的反垄断法规制》,法律出版社2009年版,第33页。

〔2〕 互联网行业的产品成本主要集中在前期的技术研发,技术研发费用占据了产品成本的绝对份额,如微软公司的Windows操作系统,生产出第一个操作系统的成本可能高达几亿美元,而一旦研发出来后,后面的复制成本几乎为零。

〔3〕 参见李胜利:《美国联邦反托拉斯法百年——历史经验与世界性影响》,法律出版社2015年版,第3~5、19页。

性条件来消除反竞争影响，它是一种事前性、预防性的救济。[1] 反垄断执法机构对经营者集中救济的适用，首要的问题是执法理念的抉择——积极执法抑或谦抑执法？理念直接决定救济的方式选择——结构救济抑或行为救济？总体而言，理念的抉择除了要考虑一国经济发展和市场竞争总体情况，更要考虑具体行业的具体特征，唯有如此才能选择出相符的执法理念。执法理念问题解决了，就进入具体的执法实施阶段，通常包含以下三个部分亦即三大步骤：救济的适用前提（竞争效果评估）、救济方式的选择和救济的具体实施。

首先，在传统经营者集中救济的适用前提下，世界各国反垄断执法机构除了市场进入壁垒的分析，无论其遵循的是芝加哥学派还是后芝加哥学派，都在一定程度上受到哈佛学派的影响，偏好对市场份额和市场集中度的分析。[2] 从我国商务部原反垄断局自开始实施《反垄断法》至 2018 年 3 月公布的 30 多个附限制性条件的批准决定来看，许多批准决定公告书都依稀看见美国哈佛学派结构分析的影子，几乎每一份决定报告在进行竞争效果评估时，都花了较大篇幅分析相关市场的市场份额和市场集中度因素。[3] 其次，在救济方式的选择上，反垄断执法机构青睐于选择方便易行甚至认为“一劳永逸”的结构性救济措施。最后，在传统救济制度的实施中，从选择结构性救济，到资产剥离完成后的整个过程，基本上对后续事项如网络平台及关键基础设施是否开放、救济的实施效果如何、应否关照第三方利益等诸问题考虑欠周。

（三）互联网服务行业适用传统经营者集中救济的执法困境

我国《反垄断法》自 2008 年 8 月 1 日实施至今已十余年。相较于互联网服务行业，面对工业时代的传统行业，过去十余年商务部反垄断局作为经营

---

〔1〕 一般意义上的法律救济通常是指矫正、纠正或改正已发生的不当行为或业已造成损害或损失的行为。传统意义上的救济强调“无损害则无救济”，救济必须要建立在发生了实际损害的前提下。但是反垄断法中的救济明显不同于传统的法律救济，它不是对违法行为的法律制裁，也不是对损害后果的补偿，而是在违法行为发生之前、经营者集中审查之中，反垄断执法机构在批准集中时采取的一种消除竞争问题的方法，是对集中所带来或可能带来的竞争损害的预防性措施。

〔2〕 参见韩立余：《经营者集中救济制度》，高等教育出版社 2011 年版，第 40~43 页。

〔3〕 参见商务部反垄断局网站，http://fldj.mofcom.gov.cn/article/ztxx/。根据国务院机构改革方案，2018 年 4 月以后，经营者集中反垄断执法由新成立的国家市场监督管理总局反垄断局负责。

者集中审查执法部门，虽然执法经验几乎从零开始，[1]但总体而言，十余年执法业绩可圈可点。以2017年为例，全年商务部无条件批准经营者集中案件325起，与2015年的332起和2016年的351起大致持平；附条件批准7起，与2015年和2016年皆为2起相比，增幅明显；未依法申报经营者9起，与2015年的4起和2016年的3起相比，增幅很大。[2] 以上数据表明，执法机关的执法热情日益高涨。然而随着我国近些年互联网发展迅速，互联网服务行业兼并集中浪潮一浪高过一浪。互联网服务行业作为平台经济模式，呈现自由放任的经济形态，本身对形成并主要适用于工业时代传统行业的反垄断制度带来挑战，又恰逢我国反垄断执法体制处于重构期间，[3]这种叠加效应给我国反垄断执法带来了意想不到的冲击。可以断言，执法部门正面临前所未有的考验。

自2015年以来，互联网服务行业发生了多起在相关市场排名靠前甚至行业老大和老二合并事件，[4]其中影响最大者莫过于2016年滴滴出行和优步中国合并案件。中国互联网络信息中心（CNNIC）发布的《专车市场发展

---

[1] 我国《反不正当竞争法》在1993年12月1日实施以来至2017年11月4日修订之前，原国家工商系统依据该法对公用企业部分滥用市场支配地位行为如限定交易开展了执法，在《反垄断法》制定和实施之前积累了一定的执法经验；在经营者集中审查执法方面，虽然原对外贸易经济合作部、国家税务总局、原国家工商行政管理总局和国家外汇管理局联合于2003年4月12日发布实施《外国投资者并购境内企业暂行规定》，其后又代之以商务部、国务院国有资产监督管理委员会、国家税务总局、原国家工商行政管理总局、中国证券监督管理委员会、国家外汇管理局于2006年8月8日联合发布了《关于外国投资者并购境内企业的规定》，但是经营者集中审查的案件非常少，执法经验几乎无从谈起。2018年4月，国家市场监管总局挂牌成立，商务部反垄断局连同国家发展改革委价监与反垄断局转隶归入新成立的国家市场监督管理总局，我国初步完成反垄断执法体制重构，形成反垄断执法大一统格局。至此，商务部反垄断局在历经经营者集中审查反垄断执法9年半之后，完成了自己的历史使命。

[2] 参见孙晋主编：《中国竞争法与竞争政策发展研究报告（1980—2015）》，法律出版社2016年版，第376~380页；孙晋、詹昊主编：《中国与世界：竞争法发展研究报告》，法律出版社2017年版，第255~262页。

[3] 我国反垄断执法体制重构期间，指的是在法律实施十余年后，依据2018年3月13日公布的《国务院机构改革方案》的规定，国家发展改革委、商务部和原国家工商总局三家执法机构的反垄断职能都统一到以原国家工商总局为班底组建新的国家市场监督管理总局之中，至2019年3月完成市、县级机构重组和职能划转。

[4] 2015年以来互联网行业经营者集中典型案例者如：滴滴+快的、美团+大众点评、赶集+58同城、携程+去哪儿、腾讯文学+盛大文学、百合网+世纪佳缘、滴滴+优步。

研究专题报告》显示,滴滴占据了国内专车行业87.2%的市场份额。〔1〕其后,在2016年一年之中商务部三度回应以及在2017年7月27日依然表态,将对滴滴出行和优步中国合并案件继续依法调查。〔2〕社会各界呼吁反垄断执法机关在经营者集中审查中强力干预的呼声不绝于耳。在商务部纠结犹豫之中,于2016年8月1日顺利完成了合并的滴滴出行,〔3〕因为在网约车市场的支配地位及其涉嫌滥用支配地位的市场行为而一时间成为众矢之的,〔4〕也将当时负责经营者集中审查的主管部门商务部置于舆论的风口浪尖。

与此形成极大反差的是,在2017年6月21日的国务院常务会议上,国务院总理李克强对执法部门明确要求,共享经济利用"互联网+"创造了很多新业态,有利于我国当下产业升级和结构调整,不要仍用"老办法"去管制"新业态",否则"可能就没有今天的微信"。〔5〕很显然,在"使市场在资源配置中起决定性作用和更好发挥政府的作用"的新时代深化改革背景下,李克强总理举释此例,意在要求政府部门对互联网服务行业各类新业态、新模式的监管执法理应秉持"包容审慎"监管态度。2016年、2017年商务部一方面迫于社会舆论压力不断表态对滴滴出行和优步中国的合并继续调查,另一方面却在二者合并两年多后仍迟迟没有实质进展和审查结论。目前新成立的国家市场监督管理总局也看不出有接手此案继续展开调查和开展执法的可能。毋庸置疑,反垄断执法机关在该案中陷入了执法困境。由于面对快速发展的互联网服务行业,经营者集中审查机关执法经验不足、执法理念不清、理论依据摇摆、法律规定模糊,可以想见,新时代监管机关会面临更多的执法困局。

诚然,正如前文归纳的互联网服务行业发展的特殊性,决定了该领域经

---

〔1〕参见《专车市场发展研究专题报告》,载中国互联网络信息中心(CNNIC),http://www.cac.gov.cn/2016-01/05/c_1121534114.htm。

〔2〕参见《商务部:正对滴滴和优步中国合并案进行反垄断调查》,载中国新闻网,http://www.chinanews.com/cj/2017/07-27/8288975.shtml。

〔3〕参见《滴滴出行优步中国正式宣布合并》,载凤凰财经,http://finance.ifeng.com/a/20160801/14665763_0.shtml。

〔4〕参见《百姓关切的滴滴优步合并三大焦点》,载央视网新闻,http://news.cctv.com/2016/08/02/ARTIP1r9oEwdCjIAWihS9m9H160802.shtml;中国新闻网:《三问滴滴与优步中国合并:是否涉嫌行业垄断?》,http://money.163.com/16/0801/23/BTDUJL1E00253B0H.html。

〔5〕参见付聪:《李克强:如果沿用老办法管制就可能没有今天的微信》,载中国网,http://news.china.com.cn/2017-06/21/content_41073402.htm。

营者集中不完全等同于传统行业,“对反垄断执业者来说,困难在于那些源于标准市场的传统智慧不再有效”。互联网服务行业不是“法外之地”,“要不要执法”显然是一个伪命题,“如何执法”才是问题的实质。如何将反垄断法律制度恰当地嵌入到互联网经济发展之中,有效规范互联网服务行业,是今天所有法律人尤其是执法者必须思考的现实课题。在互联网服务行业经营者集中审查和救济中,需要执法机关进行必要的调适。法律一经制定便落后于现实。在制度重构变更与执法理念更新之间,毫无疑问,在现行制度还来不及变更之时,后者的制度成本最低而社会效果最快,是最佳选择。那么,在执法理念上,到底是积极执法还是谦抑执法?反垄断执法机构必须在二者之中做出抉择。

二、互联网服务行业经营者集中救济中谦抑理念的确立

(一)执法困境之症结:追求执法效率忽视执法效果

古典经济学认为,市场机制完全可以解决市场中出现的任何问题,政府应当在市场经济中充当“守夜人”角色。[1] 然而,历史不断证明市场也会“失灵”,市场在资源配置中也会存在功能缺陷。正是基于对古典经济学的反思与批判,凯恩斯提出,政府凭借其整体性、权力的统一性以及公共性,使其能够解决市场机制无法通过自身解决的自由市场缺陷。同时,极端无政府状态和膨胀的个体利益追逐所带来的各个方面的问题也只能由政府干预解决。[2] 在“全能政府”的“父爱式”干预之下,[3] 我们对国家执法机关的积极执法理念并不陌生,积极执法恰恰是“全能政府”的现实“镜像”和积极干预的主要体现。

哈耶克宣称,国家干预总会破坏自由。[4] 在我国新时代“市场决定资源配置”大背景下,市场经济发展处于临界点上,竞争政策基础性地位有待夯实,所以反垄断执法机关的基本执法理念应很自然地呈现出积极和主动的姿态,但这并非说明执法机关就可以“一刀切”,片面追求执法效率。经过前文中对互联网服务行业特殊性分析可以得知,现行审查既容易高估互联网服务行业集中行为的反竞争效果,也容易高估市场结构对市场行为的影响,却往

---

〔1〕 参见李昌麒、王怀勇:《政府干预市场的边界——以和谐产业发展的法治要求为例》,载《政治与法律》2006 年第 4 期。

〔2〕 参见张守文:《“改革决定”与经济法共识》,载《法学评论》2014 年第 2 期。

〔3〕 参见姜明安:《建设“有限”与“有为”的政府》,载《中国党政干部论坛》2004 年第 4 期。

〔4〕 参见王军:《哈耶克》,中国财政经济出版社 2006 年版,第 57 页。

往低估了创新带来的市场竞争压力。偏好哈佛学派的结构规制主义和资产剥离等结构性救济举措,追求眼前执法效率和力图“一劳永逸”,忽视执法效果,正是积极执法理念在经营者集中救济当中的体现。正如前文分析所得出的结论,积极执法理念在互联网服务行业经营者集中救济实施中势必遭遇执法困境,在制度短期内难以重构或改进的情形下,留给执法机关的选择必然是执法理念的更新,进而改进执法。

就具体的制度层面而言,我国《反垄断法》继受于工业时代产生的欧美反垄断法,法律的普适性注定其无法前瞻地顾及作为第二次工业革命成果的互联网服务行业的特殊发展特点,加之法律天生的滞后性,其在规制快速发展的互联网服务行业时常会捉襟见肘、顾此失彼。以全部经营者集中为规制对象的《反垄断法》,在互联网服务行业面前必然表现出一定的不适。

从问题的本质上来看,经济法是国家干预经济的基本法律形式,依据反垄断法作出禁止经营者集中或附条件集中的行政执法行为属于国家干预市场的一种方式。如果根据现行反垄断规范对互联网服务行业经营者集中案件进行审查并做出结构性救济决定,那么这种行政干预对互联网服务企业的影响往往是致命性的,其本质在于以经济法规范为依据的国家干预超出了必要的限度。本来以弥补和矫正市场失灵为己任的经济法,因为缺乏谦抑,反过来容易造成新的市场失灵,违背了干预的初衷。

(二)谦抑理念在我国法学的引入

在我国法学界,谦抑理念最早由刑法学界从日本引入,继而掀起一股强劲的“谦抑性”研究热潮。“谦抑性”业已成为公认的刑法价值和理念,并最终在我国刑事政策中得以运用。

我国最早引入、介绍和研究刑法谦抑性问题的刑法学者是陈兴良教授,也认为刑法的谦抑性是指立法者应当力求以最小的支出——少用甚至不用刑法刑罚(而用其他刑罚替代措施),获取最大的社会效益——有效的预防和控制犯罪,并在此基础上提出了刑法谦抑性应该具备经济性、补充性、紧缩性三个基本要素。[1] 张明楷教授认为,刑法应当由“限定的处罚”转向“妥当的处罚”。[2]

---

〔1〕 参见陈兴良:《刑法的价值构造》,中国人民大学出版社2006年版,第292页。

〔2〕 参见张明楷:《网络时代的刑法理念——以刑法的谦抑性为中心》,载《人民检察》2014年第9期。

同为公法的行政法天然易于接受谦抑性理念。与刑罚权同样是公权力,行政权也应当具备谦抑性。人的自律性使行政权的他律性受到抑制,社会自发自生秩序与行政权的创造秩序产生互补,私权的私益性与行政权的公益性各得其所,公民权利程度的强化与政府行政权强制的弱化,都使行政权的谦抑性具备自然属性。行政权可通过转变角色、确立比例原则、推进行政法与民法合理分工、确立适应行政权谦抑性的行为方式等途径实现谦抑。〔1〕

(三)谦抑理念在我国经济法的延展

谦抑性不是刑法和行政法的"特权"和"专利"。公法属性较强的经济法,在国家干预经济过程中,与行政法有许多近似甚或相同之处。经济法学界较早既有学者对经济法的谦抑性展开过研究,只是彼时没有明确称为"谦抑",而是谓之"适当"或"适度"等相近概念。〔2〕"适度原则"的核心要义,基于"有限理性""政府失灵"诸理论,〔3〕认为市场一般能够自我消化自我解决市场失灵问题,政府干预理应秉守克制态度,至少在合法性、合理性和竞争性三个维度上规范约束政府干预。〔4〕经济法的适度原则与刑法行政法的谦抑性原则相比,二者可谓异曲同工。党的十八届三中全会提出"使市场在资源配置中起决定性作用和更好发挥政府的作用"这一新论断,为深化经济体制改革指明了新方向,既为经济法谦抑性理念的确立提供了新的论据,在谦抑性理念之下又赋予了作为经济法适度原则以新的内涵——政府谦抑干预,进而又使为政府谦抑干预划定边界成为可能。新论断也为我国经济法学基础理论研究注入"一泉活水",为我国经济法带来从传统"授权论"到现代"控

---

〔1〕 参见张弘:《论行政权的谦抑性及行政法的相应对待》,载《政法论丛》2017年第3期。

〔2〕 代表性观点如马绪良:《试论经济法的基本原则》,载《西南政法大学学报》2001年第1期。

〔3〕 有限理性理论是人工智能创始人、诺贝尔经济学奖得主西蒙在20世纪50年代提出的,该理论基于环境的复杂性和人对环境的计算能力和认识能力是有限的,承认人的认识和推理的片面性、不完备性,甚至自相矛盾,进而推及政府公共政策的决策和实施同样具有有限理性;后来,另一位诺贝尔经济学奖得主布坎南开创了公共选择学派,该学派运用经济学分析方法研究政治问题,提出了系统的政府失灵理论,该理论认为,与厂商、消费者类似,在大多数时候,政府也是一个以追求自身利益最大化为目标的"经济人",政府行为也存在外部性。

〔4〕 参见孙晋:《经济法视角下政府经济权力边界的审读——以政府职能转变为考察中心》,载《武汉大学学报(哲学社会科学版)》2014年第2期。

权论"的转机。[1]

事实上,作为社会资源配置中最为重要的两个系统,政府与市场在资源配置上定位、冲突、范围与协调等方面的争论从未停歇,也因此使"政府与市场关系"成为经济法学界历久弥新的话题。张守文教授在研究中引入波兰尼的"双向运动"理论,[2]强调市场在社会资源配置效率方面存在优先性,但也有其自身局限性。政府实施的宏观调控、促进公平及市场监管等手段,对市场自身局限性做出了重要补缺,由此强调政府辩证干预的必要性。然而,无论市场抑或是政府都由意志、目标不同的特殊个体构成。尽管政府在资源配置上拥有无与伦比的能力,但在行使公权力之时,个人极有可能假借公共利益之名侵害他人权益以促进私益,公权力如不加以限制,则公民个人私益难以保全。此外,背离了公共利益,政府及其公权力之合法性也将受到质疑,政府公信力将面临危机。为此,法律才强调"限制公权力",提供公共物品、保护公共利益成为政府行使职能的前提。政府对市场的干预程度,取决于其职能范围。如果政府权力没有边界,职能不清或出现膨胀,则其在市场资源配置中的作用会无限放大,进而挤压市场在资源配置中的作用,阻碍市场经济发展。所以,转变政府职能,将市场能够通过自身机制解决的问题归还于市场解决,把对公权力的限制与对私权利的保障有机结合起来,是"政府与市场"实现辩证二元共治的重点。[3] 依循该思路往下追问,政府谦抑干预的边界已然呼之欲出。

"使市场在资源配置中起决定性作用和更好发挥政府的作用",实际上是一个问题的两个方面,"市场在资源配置中起决定性作用"是"更好发挥政

---

〔1〕 德国第一次世界大战后的《魏玛宪法》授权魏玛政府颁布一系列管制经济法,开创了人类授权政府大规模干预经济的先河,成为"授权型经济法"以及"统制经济法"之滥觞,市场机制受到限制甚至破坏,德国自身、苏联、第二次世界大战前的日本以及中国都深受影响甚至深受其害;以美国为代表的自由市场经济国家在19世纪末从反托拉斯法立法开始,国家(政府)干预经济选择了另外一条道路,那就是积极回应市场需求和尽量尊重市场规律,奉行控权原则,成为"控权型经济法"的模范。我国"市场决定论"新论断的提出,为深化改革指明了方向,也为我国经济法从传统"授权"到现代"控权"的划时代转型提供了历史契机。

〔2〕 波兰尼的双向运动理论强调,在一切都商品化的市场经济里,经济活动在社会关系中居于决定性地位,形成了经济自由主义的运动;而与此相对应,为了防止市场机制给社会带来的侵害,还存在反向的社会自我保护运动,并因而需要政府对市场经济进行干预。参见[英]波兰尼:《大转型:我们时代的政治与经济起源》,冯刚、刘阳译,浙江人民出版社2007年版,第114、136页。

〔3〕 参见张守文:《政府与市场关系的法律调整》,载《中国法学》2014年第5期。

府作用”的基础和前提;“更好发挥政府的作用”是“市场在资源配置中起决定性作用”的要求和保障。这里所谓的“市场”,实际上指的是“市场机制”;市场机制主要包括市场竞争机制和市场价格机制。由于政府对价格的管制范围越来越小,价格越来越依赖通过市场竞争而形成,所以市场竞争机制必然成为核心市场机制,进而成为“市场”的主要内涵和代名词。于是,结论不言自明。“使市场在资源配置中起决定性作用”,就是让市场竞争机制在资源配置中起决定性作用,通过市场自由公平竞争实现优胜劣汰和资源优化配置。申言之,就是要求市场主体的自由公平竞争权不被限制和剥夺,亦即政府要相信市场具有自我矫正和自我修复功能,尊重市场竞争机制和维护市场竞争秩序,这就是政府干预的边界。它彰显了现代经济法的基本价值,即维护市场竞争机制和市场主体合法权益,有效制约行政权力对经济运行的不当干预。[1]

可以断言,经济法的谦抑性、反垄断执法机构的谦抑执法,是对“使市场在资源配置中起决定性作用和更好发挥政府的作用”的制度回应。既然如此,我国就不可能沿袭过去政府的产业政策和宏观调控举措在经济发展中的基础性地位和决定性作用,“全能政府”父爱主义之下的积极干预主义到了必须转变的时候。[2] 另外,反垄断法受制于立法技术和市场的快速发展,规则上具有抽象性和不确定性。[3] 反垄断执法机关往往受制于执法经验和执法水平,执法存在错误成本,所以反垄断执法也具有一定的局限性。如果依循执法积极主义,严格按照法律规则机械执法,必须有三大前提:一是技术进步缓慢和社会经济生活稳定不变,二是立法具有超强的前瞻性和预见能力,三是执法机关经验丰富。而这三个前提在我国经济法尤其反垄断法领域是不现实的,因此在法律适用中秉持谦抑理念,包容审慎监管,是一个不错的选择。事实上,互联网服务市场技术创新速度日新月异,创新对参与市场竞争的各方主体都施加了很大的竞争压力,而且市场具有一定的自我修复能力。

确立经济法的谦抑理念,并不是不要政府这只“有形之手”的干预,而是要求政府适度干预,以实现“更好发挥政府作用”。这就要求政府制定产业

---

〔1〕 参见王乐泉:《论改革与法治的关系》,载《中国法学》2014年第6期。

〔2〕 我国经济法学界近些年日益强调确立竞争政策基础性地位的重要性,主张以竞争政策基础性地位代替产业政策和宏观调控的决定性地位,实际上是对传统经济法学的检思和反省,是对经济法谦抑性原则的追求和对经济法学本原的回归。

〔3〕 参见沈敏荣:《法律的不确定性:反垄断法规则分析》,法律出版社2001年版,第34~37页。

政策、实施宏观调控和具体执法,要尊重市场规律和维护市场机制,尤其要坚守市场竞争法则,秉持竞争中立立场,制定好和实施好公平竞争法律规则,遵循市场竞争原则以优化产业政策和改善宏观调控,追求国家(政府)干预的公平性、合理性和合法性,担当好市场自由公平竞争的"守护神"。执法部门对待互联网条件下的新事物(新模式、新业态),宜包容审慎。易言之,强调经济法的谦抑性并非一味强调国家干预越少越好,更不是主张对互联网服务行业不采取反垄断执法而纵容垄断,而是追求干预的范围越合理越好、干预的程度越适度越好、干预的措施越灵活越好、对市场竞争机制的扭曲与限制越小越好,这才真正契合"更好发挥政府作用"的基本要求,也是政府与市场的合理边界。这就是新时代经济法谦抑性原则的内在品格和政府谦抑干预的时代要求。

控权(力)是良法和法治的关键,限制政府权力是法治建设之核心[1]。作为经济法的反垄断法,不仅要确认政府的干预,同时还应当规范政府的干预。经济法应当体现谦抑理念,反垄断执法机关在相关情况下自然也应遵循谦抑理念,不能为了干预而干预,不能片面追求执法效率和执法便利而积极执法,而必须具备正当的理由和必要的干预力度。尤其在互联网服务行业,由于技术进步日新月异、经营状况瞬息万变、创新压力无时不在,在经营者集中救济中,缺乏"谦抑"和"底线"的政府干预极易扼杀经济创新和破坏市场自治。因此,互联网服务行业经营者集中领域对国家(政府)干预的谦抑程度提出了更高的要求。

由上可见,包括互联网服务市场经营者集中审查在内的反垄断执法之谦抑,既是"使市场在资源配置中起决定性作用和更好发挥政府作用"的题中应有之义,又是"全面依法治国"的基本要求和必由路径。

(四)谦抑理念在互联网服务市场经营者集中救济中的确立

前文已经厘清,作为经济法核心的反垄断法对刑法谦抑性的借鉴必要且可行,但是谦抑理念从刑法领域向反垄断法领域的延展,仍要依赖于一定的前提条件。其中,国家(政府)干预市场垄断的两面性与市场决定性地位的确立乃最关键的两个推动因素。

快速发展的互联网服务市场充满了不确定性,这种不当或过度干预所带来的影响往往也充满了不确定性。一方面,作为市场外的异质性手段,国家

---

〔1〕 参见漆多俊:《权力经济向法治经济的转变——兼论转型时期法律的控权使命》,载《经济法论丛》2005年第2期。

干预对市场机制的正常运行影响甚大;另一方面,国家对市场的干预范围和程度有可能会超出弥补市场失灵和维护市场机制之必要,或者干预方式、手段选择失当和干预时机不当,结果都可能影响市场机制配置资源功能的发挥。〔1〕也就是说,政府在规制市场失灵的同时也存在政府失灵的可能。国家干预具有两面性,既可能弥补或矫正了市场失灵,又可能扭曲或限制了市场竞争机制威胁到市场的可持续健康发展。但是市场对国家干预的需求又是客观存在的,不以人的意志为转移。〔2〕这一事实意味着国家对市场尤其是如互联网服务这样的新市场新问题的干预应该具有合理的范围、适当的力度和科学的举措,使市场调节和政府干预在资源配置中取得协调,在弥补市场缺陷的同时避免国家过度干预对市场本身造成的破坏,尽量达至“琴瑟和鸣”的理想境界。

总之,随着对市场机制与国家干预两者关系认识的深入和“市场决定资源配置地位”的逐步确立,国家干预只能在弥补市场失灵之必要范围和程度内发挥作用。法律在本质上是对专断权力之行使的一种限制。〔3〕作为国家规制市场垄断的法律,反垄断法不仅仅是国家调节经济的法律依据,更是限制国家干预市场尺度的规范。市场决定性地位的提出和确立,势必要求我国反垄断法理应以谦抑的态度介入市场。反垄断执法机关理应秉持谦抑执法之理念,灵活且合理适用互联网服务行业经营者集中救济制度。在当前竞争政策基础性地位逐步确立的背景下,市场在资源配置中起决定性作用和更好发挥政府作用是辩证统一;持积极执法理念的反垄断执法机关,面对日新月异、快速发展且充满不确定性的互联网服务行业的经营者集中审查与救济,执法机关宜改弦更张,遵循谦抑执法理念,这样才能尽量回避执法困境;面对传统产业的积极执法理念和面对互联网服务行业的谦抑执法理念,同样是辩证统一。在互联网服务行业经营者救济实施中确立谦抑理念,就必须相应地对救济适用的前提、救济方式的选择、行为性救济的实施等方面进行必要的调整,从根本上预防和杜绝执法困境。

〔1〕参见秦国荣:《维权与控权:经济法的本质及功能定位——对“需要干预说”的理论评析》,载《中国法学》2006年第2期。

〔2〕参见倪志龙:《需要国家干预理论的真理性——基于经济法的视角》,载《经济法论坛》2010年第1期。

〔3〕参见[美]E. 博登海默:《法理学——法律哲学与法律方法》,邓正来译,中国政法大学出版社2004年版,第246页。

(五)国家市场监督管理总局统一反垄断执法权为"谦抑理念"的确立和实现带来契机

2018年3月17日,十三届全国人大一次会议批准《国务院机构改革方案》,组建国家市场监督管理总局,作为国务院直属机构。其中,承担反垄断统一执法是其主要职能。至此,我国反垄断执法机构已延续近十年的"三驾马车"模式从而实现了在国家市场监督管理总局之下的"合三为一"。不仅有利于在我国建立统一、独立、权威、高效的反垄断执法机构,而且作为统一的执法机构在没有执法"竞争压力"的情况下,面对涉嫌市场垄断行为会更为从容,这就为"谦抑理念"在反垄断执法权行使中得以确立和实现带来便利和创造契机。

积极执法理念视法律如"鞭子",主张对涉嫌违法者从严从快予以打击;谦抑执法理念则视法律如"笼子",对"任性"的权力和权利予以约束。毕竟,反垄断法和其他法律一样,应当是笼子而不是鞭子。面对竞争激烈、瞬息万变的互联网服务市场,我们要充分挖掘法律的谦抑理念,反垄断执法机关更应该秉持谦抑理念以实现谦抑执法,以体现出执法机构面对新生事物时应有的灵活性和执法弹性。我们应该可以达成这样的共识:在互联网服务市场融入谦抑理念的反垄断执法,必将有助于提高执法的合理性、规范性、权威性、透明度和公信力。

三、互联网服务行业经营者集中救济适用前提的调整

(一)竞争效果评估的理论选择

哈佛学派、芝加哥学派和后芝加哥学派是各国反垄断执法机关进行竞争效果评估时所惯常依赖的三种竞争理论。哈佛学派理论主张的结构规制主义[1]由于其简单、方便的做法长期受到反垄断执法机构的青睐。对于传统产业经营者集中救济来说,反垄断执法机构选择哈佛学派理论的积极执法姿态,能够让他们减少执法成本和提高执法效率。科斯、波斯纳等经济学家领衔的芝加哥学派追随传统的经济自由主义思想和社会达尔文主义,信奉自由市场经济中竞争机制的作用,相信市场力量的自我调节能力,认为市场竞争是市场力量自由发挥作用的过程。他们还认为企业自身的效率才是决定市场结构和市场绩效的基本因素,提出以提高资源配置效率为唯一目标的反垄

---

〔1〕 在竞争效果评估中,哈佛学派基本遵从了梅森(E. Mason)教授和其弟子贝恩(J. Bain)等经济学家提出的市场结构—市场行为—市场绩效分析框架即SCP范式,认为三者之间存在递进制约的因果关系,市场结构决定企业的市场行为而市场行为决定市场资源配置的绩效,因此为了获得良好的市场绩效,执法机关必须采取积极的反托拉斯政策和政府管制,以改善市场结构,进而规范企业的市场行为。

断思想。[1] 后芝加哥学派兴起于20世纪90年代,代表人物是夏皮罗、萨罗普和贝克尔,他们因修正芝加哥学派自由主义反垄断思想的缺陷而得名。后芝加哥学派应用博弈论工具和新实证产业组织经济学理论对市场竞争展开分析,提出了与芝加哥学派不同的反垄断法目标,即反垄断法应该以阻止垄断厂商将消费者福利转移为垄断利润为首要目标,而不仅仅是提高整个资源配置的效率。

实际上,三种竞争理论对竞争效果评估的不同侧重也反映出其对政府与市场在资源配置中所起到作用的不同偏好。哈佛学派更认同政府在市场资源配置中起主要作用,认为反垄断执法机构应当采取较为严厉的政府管制与反托拉斯政策,通过政府权力的直接干预打破市场寡头垄断格局,以改善市场结构,规范经营者的市场行为。哈佛学派赋予了执法机构更多的执法权力和自由,并且其执法效果可谓立竿见影,早期受到了反垄断执法机构的青睐。然而,哈佛学派的理论并非无懈可击,规模经济也并不一定会带来经济效率低下和社会公共利益减损。反垄断理论开始由"结构主义"向"行为主义"过渡,"反垄断法应当规制的并不是垄断本身,而是垄断行为"这一观念越来越深入人心。尤其是在经济全球化的背景下,过分限制企业规模,势必削弱企业的国际竞争力,芝加哥学派的"宽松监管"政策逐渐被人们所认同和接受。但同样,在追求市场自由、信奉市场自我调节能力的同时,又将面临市场壁垒高筑、市场自我修复成本过高等问题。在没有国家干预的条件下,经历市场优胜劣汰而生存的企业固然有其优势,但人性的贪婪也会驱使经营者去追求高额的垄断利润,使消费者权益和公共利益受到减损。也正因如此,后芝加哥学派对自由主义垄断规制模式进行了修正,提出不应当仅仅关注资源配置效率,还要关注消费者福利与社会公共利益。后芝加哥学派的理论主张蕴含执法谦抑理念,与前文所述政府与市场辩证二元共治不谋而合,即政府并非万能,市场亦有缺陷,充分发挥市场资源配置作用,而政府则以弥补市场失灵为直接目标。

基于此,笔者主张在互联网服务行业经营者集中救济制度的理论适用上,应优先适用后芝加哥学派。与哈佛学派理论过度关注市场结构、芝加哥学派过度关注市场自由不同,芝加哥学派在重视市场效率的同时注重经营者

---

〔1〕 在芝加哥学派的思想支配下,美国的反垄断态度在20世纪八九十年代由严厉变为宽容,很多学者甚至政府的反垄断官员都认为"过于积极地实施反垄断法,特别是那些为了自身利益而进行的私人诉讼是有害于竞争的"。

集中对消费福利和社会公共利益的影响,能够很好地解决基于互联网服务行业经济属性和市场特质所带来的一系列问题。在保持芝加哥学派尊重市场自由的基础上,后芝加哥学派认为即便集中双方的市场份额很大,但只要他们的集中是有效的,没有造成消费者福利和社会总体福利的减损,那么它就不应该被干预。这能够很好地解决互联网服务行业由于网络效应特征所引起的一些企业市场份额"天然比较大"和"赢者通吃"的市场表征。与哈佛学派理论设定一个市场结构标准不同,后芝加哥学派更看重的是经营者集中行为所带来的效率及社会福利影响。很显然,这种理论认识比哈佛学派理论更加灵活多样,比芝加哥学派更为理性严谨,这种对市场理性的尊重也最契合谦抑执法理念。

(二)竞争效果评估的因素分析

根据我国《反垄断法》第27条规定,在对经营者集中进行竞争效果评估时,应当考虑以下因素:市场份额及控制力、市场集中度、市场进入壁垒、集中对消费者和社会效率的影响等。下面重点分析几个关键的评估因素。

市场份额。长期以来,市场份额因素在竞争效果评估过程中,占据着绝对的地位。究其原因,主要因为该因素受到了哈佛学派"结构主义"理论的深远影响。以我国商务部关于附加限制性条件批准谷歌收购摩托罗拉移动案为例,商务部在分析经营者集中所带来的竞争影响时指出,"移动智能终端操作系统市场是一个高度集中的市场。最新数据表明,2011年第四季度,仅谷歌开发的安卓系统就占据73.99%中国市场份额,此外,诺基亚的塞班系统占12.53%,苹果的IOS占10.67%,三者合计占据97.19%的中国市场份额。考虑到安卓系统超高的市场份额、移动智能终端制造商对安卓系统的高度依赖性、谷歌公司雄厚的财力和技术开发能力以及很高的市场进入门槛,商务部认定安卓系统在移动智能终端操作系统市场占据市场支配地位"[1]。

市场进入因素。如果一个相关市场对于普通经营者来说进入的壁垒很高,那么说明该市场是存在很强的封闭性的。而一旦一个具有很强封闭性的市场出现了市场份额较高的经营者,那么它就会威胁到相关市场的竞争。评估经营者集中竞争影响时,可考察潜在竞争者进入的抵消效果。反垄断执法机构在评估潜在竞争者的出现能否抵消经营者集中可能带来的限制竞争的影响时,通常会考虑潜在竞争者进入市场的可能性、及时性和有效性。

效率因素。反垄断法语境下的效率指的是经济效率,它指的是增加经济

---

[1] 参见我国商务部2012年第25号审查决定公告。

上可测度的资产总价值的现象。在经营者集中后，效率来自集中后的企业通过整合集中双方的资源更好地进行优化配置。效率因素因此常常也是经营者集中的重要动因。但是经营者的集中也可能会产生反竞争效果。因此，在对经营者集中进行效率评估时，让市场维持一个看似充分竞争的结构还是注重集中给社会整体带来的效率，这是反垄断执法机构必然面临的问题。

具体到在谦抑理念下如何考量和选择经营者集中审查中的诸多因素，是至关重要的问题。在面对传统产业的经营者集中审查中，欧盟《横向合并指南》的分析框架所考虑的重要竞争约束因素非常具有代表性：当合并企业拥有的市场份额越大、合并企业之间的竞争越激烈暨合并双方产品是特别紧密的替代品、合并消除的"竞争力量"越重要，则执法机关欧盟委员会就会认定这个合并会产生严重的单边效应和可能存在严重的竞争限制。[1] 然而，在互联网领域，这个执法分析框架为我们提供了一个逆向思维的可能路径：技术发展越快，进入的门槛就越低，对在位竞争者甚至垄断者而言，潜在竞争压力就越大，市场自我调节的需求和张力就越大，执法机关就愈益需要秉持谦抑，留给市场更大的自我调节空间。在非横向合并情况下，由于合并企业之间的缺乏直接竞争暨合并双方产品不具替代性、合并不直接消除"竞争力量"，执法机关更宜采取谦抑态度。[2]

（三）互联网服务行业对传统竞争效果评估因素的调整

1. 网络效应的特征要求弱化市场份额因素的重要性

受哈佛学派结构主义理论的影响，各国在对经营者集中所产生的竞争效果评估中，都把市场份额因素作为重中之重的首选因素。传统产业的经营者集中产生强大的市场份额，确实可能会让集中后的经营者采取诸如提高价格、限制产量的方式来排除、限制竞争。但是，正如前文所分析的，在互联网服务行业几乎不可能产生如此竞争效果。故而，在评估互联网产业经营者集中的过程中，应当与传统产业不同，对市场份额的评估因素予以弱化。理由详述如下：

第一，互联网企业天然地可以在网络效应的作用下迅速占据较大的市场份额，这是互联网本身所具备的特性使然，反垄断执法机构无须对此反应过

---

〔1〕 参见[英]Daniel Gore 等：《经济学分析方法在欧盟企业并购反垄断审查中的适用》，黄晋、韩伟等译，法律出版社 2017 年版，第 132～136 页。

〔2〕 参见孙晋、范舟：《欧盟〈非横向合并评估指南〉评析——兼论对我国横向合并反垄断法规制的启示》，载《经济法研究》2010 年第 9 卷。

度。第二,市场份额高不代表它就能影响竞争,市场份额小也不代表它的市场影响力就小。消费者是具有异质性的,即不同的消费者有不同的偏好。最直观的例子就是,微软的 Windows 操作系统占个人 PC 端操作系统的市场份额达到 91. 4%,而苹果的 IOS 个人 PC 端操作系统仅占 5. 25%的市场份额〔1〕。但是我们却不能说市场份额大的 Windows 操作系统会排除和限制苹果 IOS 操作系统的竞争,因为有一部分年轻的消费者不喜欢用 Windows 系统,而钟爱于 IOS 系统。因此,对于互联网产业而言,反垄断执法机构无须过多关注经营者集中所带来的较大的市场份额。

2. 技术标准和兼容性的特征要求重点评估市场进入因素

技术的标准性和兼容性会提高经营者进入市场的壁垒,较高的市场壁垒使市场变得封闭起来,拥有技术标准的企业就不会受市场竞争的约束。〔2〕由于互联网产业的服务或产品的连接需要技术标准来互联互通,企业一旦控制了核心和关键的技术标准,那么它与下游经营者或者同样需要接入该技术标准的其他竞争者进行集中时,很可能就会排斥其他需要接入其标准的竞争者,不允许其接入和兼容。集中后的经营者可能会采取禁止其他经营者接入其网络和拒绝产品兼容的策略来达到吓退其他经营者的目的,也有可能通过重新定价、收取较高的接入费用来获取收益。在考量互联网产业经营者集中救济时,就应当注意相关的经营者集中是否按照集中前一样公平对待每一个标准接入者、是否继续许可其专利权、是否继续对所有其他经营者开放其源代码等。在互联网产业中,拥有关键基础设施或者核心技术的经营者都有一定的动机来排除或限制潜在竞争者进入市场。

3. 产品信息性的特征要求加强效率因素的考量

互联网经济与传统经济相比,具有产品信息性、创新速度快、知识和技术密集的特点。在互联网产业经营者集中的权衡中,应当着重提高效率因素的评估比重。因为经营者集中能够带来规模经济,而互联网产业由于其产品的信息性导致了它们可以几乎零成本地复制产品,在规模扩大的同时获得不断递减的边际成本,不存在传统产业会出现的规模不经济的问题。这就说明了为何互联网产业经营者集中天然地会带来效率。互联网产业的合并能够为

〔1〕 参见《微软仍占操作系统九成份额,win7 仍为主流》,载中关村在线,http://nb.zol.com.cn/506/5063294.html。

〔2〕 参见丁茂中、林忠:《经营者集中控制制度的理论与实务》,复旦大学出版社 2012 年版,第 75 页。

企业节约大量的成本,并且其合并能够提高其自身的经营效率,更好地提高消费者的福利。

法国著名平台经济学家让·梯若尔和让·夏尔·罗歇联合研究成果表明,网络条件下新的商业模式需要反垄断执法创新,并警告执法者不能轻率做出决定,除了理解和适应这些新商业模式之外别无选择。同时他还呼吁"研究者们必须就此进行进一步分析,帮助政府找到保证政府干预有效的一些简单规则"。笔者相信,将谦抑理念融入网络经济的竞争执法,根据网络经济的竞争特质调整执法态度灵活执法和有针对性执法,实现包容审慎干预,就是帮助政府找到"有效的简单规则"。

四、互联网服务行业经营者集中救济方式的选择

经营者集中救济的基本方式包括结构性救济和行为性救济。如前所述,哈佛学派的结构规制主义青睐结构性救济;芝加哥学派、后芝加哥学派则更注重行为性救济,行为性救济更契合谦抑理念。

(一)选择救济方式应遵循的基本原则

1. 有效性原则

有效性原则要求互联网产业所选择的救济方式能够有效地处理经营者集中所带来的反竞争效果、减轻或者消除经营者集中对市场所带来的损害。欧盟委员会在其《合并救济通告》中指出,救济方式必须能消除反垄断执法机构对该集中所带来的竞争损害的关注。[1] 通常,评价一项救济措施的选择是否有效需要考虑多方面的因素,包括:第一,全面性。对于任何一项经营者集中救济来说,全面地评估其所带来的反竞争效果是整个救济能否有效适用的关键。第二,风险的可接受性。第三,时间性。时间性要求任何一项救济的选择都应当快速及时地选择并适用,减少不必要的滞后成本。时间性除了及时快速外,也要求救济的适用应当有一定的期限。

2. 可执行性原则

可执行性原则要求经营者集中救济的适用是便利的和可行的,反垄断执法部门做出决定时应当尽可能地选择简单易行、执行期不宜过长的救济措施。可执行性原则的另一层要求则是对于反垄断执法机构来说救济措施应当具备可监督性。任何一项救济措施的成功与否,都离不开反垄断执法机构全过程的监督。欧盟委员会常常只接受那些会提供具备切实可行的监管措

---

〔1〕 参见中华人民共和国商务部反垄断局编:《世界主要国家和地区反垄断法律汇编》,中国商务出版社2013年版,第653页。

施方案的救济措施。集中方如果提供了行为性救济措施,那么这些行为性救济措施中就需要含有如何进行有效监督的备选方案,否则就可能被监管机构否定。〔1〕

3. 不造成新的反竞争效果原则

经营者集中救济方式如果选择不当,可能会产生新的竞争问题。在选择救济方式时,要求反垄断执法机构必须充分考虑一旦救济措施在相关市场当中适用,那么它必须不会产生新的反竞争效果,不会带来负面社会效果。反垄断执法机构在选择经营者集中救济方式时,应当充分考虑所选择的救济方式不要对相关市场造成新的反竞争效果,否则选择的救济方式就是徒劳。

(二)互联网服务行业应当优先选择行为性救济

行为性救济自身特征适合互联网服务行业的救济选择。首先,从行为性救济的措施类型来看,比如,开放类行为性救济,它要求开放关键基础网络或关键设施。对于互联网服务行业而言,其最可能造成反竞争效果的莫过于其拒绝开放其关键技术或平台进而封锁市场。〔2〕 开放类救济的适用恰好对症下药。其次,行为性救济更能适应不断变化的市场。行为性救济的灵活性与可恢复性也使它在处理互联网产业的集中案件时显得游刃有余。最后,行为性救济可以避免过度干预市场主体的集中交易行为。结构性救济要求剥离集中双方的资产,这对强调私权自治的市场经济来说显得过于刚硬,往往会引发集中者的反感和抵触。

2011 年,美国司法部附限制性条件批准了谷歌公司收购 ITA 在线旅游公司,所附加的正是行为性救济条件。该内容包括了:第一,谷歌在收购 ITA 后,应当继续开发相关市场的软件以保证消费者能够享受到此次经营者集中所带来的福利;第二,谷歌应当继续授权 ITA 在在线旅游市场中所拥有的关键技术给其他竞争者使用;第三,谷歌应当建立"防火隔离墙",防止谷歌接触竞争对手在 ITA 服务器上运行的专有软件。〔3〕 美国司法部在审理该经营者集中案件时,充分认识到该合并远不像传统产业,对其适用的规则也必须加以调整。美国司法部认为如果剥离 ITA 的搜索业务,那对于谷歌来说无异

〔1〕 See Commission Notice on remedies acceptable under the Council Regulation (EC) NO. 139/2004 and under Commission Regulation(EC)NO. 802/2004.

〔2〕 参见孙晋、钟原:《大数据时代下数据构成必要设施的反垄断法分析》,载《电子知识产权》2018 年第 5 期。

〔3〕 See Spencer, Weber, Waller. Access and Information Remedies in High Tech Antitrust [EB/OL], http://ssrn.com/abstract=1895018, p. 13.

于隔靴搔痒,没有半点意义。再一个可能就是剥离 ITA 对相关竞争者以及下游厂商提供的关键技术或最新软件了。但如果剥离,谷歌绝对不同意,因为谷歌看重的正是 ITA 在航班信息、酒店信息、机票对比等领域上的数据挖掘和分析的能力,剥离相关技术无异于否决此项合并。美国司法部提出的上述三个行为性救济的措施,很好地解决如果适用结构性救济所产生的问题。

2012 年,我国商务部附加限制性条件批准沃尔玛公司收购纽海控股 33.6%股权案中,也采取了系列行为性救济措施。[1] 商务部认为沃尔玛公司通过收购纽海控股 33.6%股权,取得对益实多 1 号店网上直销业务的控制权可能具有排除、限制竞争效果。根据沃尔玛公司向商务部做出的承诺,商务部决定附加限制性条件批准此项集中。沃尔玛公司应当履行如下义务:第一,纽海上海此次收购,仅限于利用自身网络平台直接从事商品销售的部分;第二,在未获得增值电信业务许可的情况下,纽海上海在此次收购后不得利用自身网络平台为其他交易方提供网络服务;第三,本次交易完成后,沃尔玛公司不得通过 VIE 架构从事目前由上海益实多电子商务有限公司运营的增值电信业务。并且规定,商务部有权通过监督受托人或者自行监督检查沃尔玛公司履行上述义务的情况。从中美两个典型案例的实施效果看,在互联网服务行业集中救济中采用行为性救济,值得肯定和推广实施。

五、互联网服务行业经营者集中行为性救济的实施

(一)互联网产业行为性救济必备的实施措施

1. 开放网络平台及关键基础设施

根据上文对互联网服务行业的特征分析,该行业具有技术的标准性和兼容性特征,不同的信息主体之间要实现有序的互联互通、信息分享和传达,它们之间必须要遵守一个统一的标准。[2] 随着相关平台越来越成为对相关市场竞争具有决定性影响的关键设施或者具备关键设施属性,对于互联网服务行业经营者集中救济首选的措施,应当是开放相关平台及关键基础设施。在开放平台及关键基础设施救济措施的实施中,需要解决好以下两大问题:

首先,开放平台及关键基础设施的价格问题。价格问题的解决有三种方式:一是集中后的经营者向具有竞争关系的其他经营者提出的价格和条件,可以比照参考其向不具备竞争影响力的其他经营者提供的价格和条件来确

---

[1] 参见我国商务部 2012 年第 49 号审查决定公告。

[2] See Jean Jacques Laffont, Patrick Rey & Jean Tirole, *Network Competition*: I. *Overview and Nondiscriminatory Pricing*, Rand Journal of Economics, 29(1), at 1-37(Spring 1998).

定;二是根据与掌握相类似平台及关键基础设施的经营者开放的价格和条件来确定;三是根据集中前一般的价格和条件来确定。三种措施各有利弊,在实际案件中应当根据具体的案情选择最恰当的方式。

其次,如何维持涉及开放的资产质量问题。如果集中后的经营者在日后的供给过程中,怠于对相关技术进行升级和维持,却自己重新再开发出一套新技术,致使当初要求开放的技术渐渐丧失价值时,该救济就是没有效果的。因此应当明确在今后的时间里,集中方应当保证其对相关技术设施的维护,并且要按照集中前那样的标准不断对其投入充足的资源进行研究更新,确保市场竞争的有效性。

2. 持续信息披露

在传统行业中,行为性救济之所以一直以来都不太受反垄断执法机构的青睐,很重要的原因就在于其复杂多变的方式让监管者往往无法有效地监管实施的进展情况。[1] 在互联网服务行业中信息披露应当明确以下问题:第一,由谁披露。笔者认为,由集中后的经营者履行披露义务较为妥当。第二,披露的内容和及时性。在瞬息万变的互联网服务行业中,如果没有对实施过程和所改进的技术及时披露,可能就会影响整个救济的适用效果。

3. 引入监督受托人制度

互联网服务行业的行为性救济通常都会要求集中后的企业付出某些"代价",虽然当事人直接违背所负义务的可能性不大,但其可能会在具体实施中采取消极怠慢的态度,影响救济的实施效果。而反垄断执法机构不像那些对特定行业持续监督的行业监管部门,他们是以个案为基础的执法机构。反垄断执法机构由于自身执法资源有限,其在监督过程中往往力不从心。因而引入监督受托人制度也就成必然。我国最近在几个有较大影响的案件中广泛引入监督受托人,初步观察,起到了较好的作用。[2]

引入监督受托人制度首先要明确监督受托人应具备哪些条件。首要条件就是要具备扎实的互联网专业知识;第二个条件就是具备独立性。明确受托人具备的条件后就要确定具体的人选。传统产业通常会选择市场主体。这些市场主体都是具有法律、会计、投资管理、咨询等专业技能的机构,并且

---

〔1〕 参见刘武朝:《经营者集中附加限制性条件制度研究——类型、选择及实施》,中国法制出版社 2014 年版,第 49 页。

〔2〕 比较典型的如附加限制性条件批准谷歌收购摩托罗拉移动案、附加限制性条件批准沃尔玛公司收购纽海控股 33.6%股权、附加限制性条件批准西部数据收购日立存储案。

在结构性救济中青睐于选择律师事务所和会计师事务所。但是,在当前我国监督受托人市场发展尚不完善的背景下,笔者主张暂且选择另一种选择方案——引入产业监管部门来监督。引入产业监管部门作为监督受托人,在国外已经有相关的先例,〔1〕对我们不乏借鉴意义。在我国,互联网服务行业属于工信部监管,工信部的专业知识和技术人员的配置必然强于商务部,同时满足了"专业性"和"独立性"的要求。当然,由于工信部自身承担诸多管理职能,其能否从冗杂的行政事务中抽身真正行使监督之职能还有待观察与论证。

(二)优先适用仲裁机制解决实施过程中出现的法律争议

在互联网服务行业经营者集中救济的实施过程中,往往涉及集中方之外的利益第三方。行为性救济由于其本身适用的期限较长,救济措施复杂多变,而且附加的限制性条件规定往往较为模糊,相关主体在适用过程中对救济措施条款的理解难免会存在差异,在行为性救济实施中出现争议在所难免。通常来说,出现争议后可供解决争议的方式有多种。第一种可以由竞争执法机构出面调解,第二种是通过人民法院裁决争议,第三种则是通过仲裁解决争端。

首先,对于第一种方案,执法机关往往乐于实施,实际上并不能很好地解决问题。因为反垄断执法机构是救济措施实施的监督者,而不是争议双方的裁判者。而且,反垄断执法机构应当将执法资源的重点放在维护市场竞争的这一公益目标上,让其把有限且宝贵的执法资源用来解决相关实施争议,得不偿失。即使辅之以监督受托人出来调解,那也只是达成不具有强制力的调解协议,要是一方反悔了,反而误了解决争议的宝贵时间。〔2〕实质上,该方案是执法机关积极执法理念在争议解决中的体现。

其次,对于通过诉讼的司法救济,本身并非不可。但是,诉讼解决争议有以下几个问题是互联网服务行业无法承受的:第一,诉讼程序烦琐、期限冗长;第二,互联网服务行业是一个专业性很强的行业,争议所涉及的往往都是一些与高新技术标准紧密联系的复杂问题,然而,我国司法体制的现状是由人民法院的知识产权审判庭负责审理垄断案件,互联网服务行业经营者集中

---

〔1〕 See UK Competition Commission, *Understanding past merger remedies*: *report on case study research*, updated August 2008. 转引自韩伟:《经营者集中附条件法律问题研究》,法律出版社2013年版,第148页。

〔2〕 参见刘武朝:《论经营者集中附限制性条件执行争议的仲裁适用》,载《河北法学》2013年第10期。

救济所引发的争议往往专业性很强,并不比知识产权案件更简单,实际上往往比其更复杂,没有专业优势的知识产权审判庭在处理相关案件时,司法资源消耗大,效果却很可能差强人意,也就不足为奇了。互联网服务行业反垄断执法谦抑不是否定执法、不要执法,而是要努力实现执法专业化和精细化。如前所述,我国现行的反垄断执法体制具有很大的弊端,且现行的司法机制也越来越难应付日益复杂化、专业化、知识化的垄断纠纷和争议案件。因此,一方面我们要更加注重对现行反垄断执法体制进行完善,另一方面也要积极建构专业性的司法审判机制〔1〕对其进行有力补充,以保证反垄断法乃至经济法的实体法律通过司法途径正确地适用到每一个案件中去。

最后,引入仲裁机制可以很好地解决上述问题。当执法机关执法足够谦抑时,执法机关的调解必然式微,仲裁才有机会在争议中“大显身手”。然而,传统观点长期认为反垄断纠纷应当由法院专属管辖而排除仲裁解决。但是伴随着经济全球化和国际商事仲裁的发展,许多国家立法和司法实践中也逐步承认反垄断纠纷的可仲裁性。2016 年 8 月 30 日我国江苏省高级人民法院一份关于垄断纠纷管辖权异议的裁定书将反垄断纠纷可仲裁性的司法审查问题纳入理论和实务界的视野之中,〔2〕足以说明反垄断纠纷仲裁离我们并不太遥远了。在互联网服务行业经营者集中救济争议中引入仲裁机制,至少具有以下优势:第一,仲裁机制解决的是平等主体之间发生的合同和财产权益纠纷,从可仲裁性来说,完全可以适用该争议的解决;第二,仲裁乃一裁终局,仲裁程序较诉讼程序而言时间成本可以大幅减少,这对于互联网企业至关重要;第三,互联网服务行业中争议解决对专业知识有较高的需求,仲裁机构聘任的仲裁员所具有的专家型和宽领域特征完全契合解决互联网服务行业争议的现实需要。〔3〕 当然,到底哪些类型的争议才可以纳入仲裁,我们至少应当从法律因素、争议具体类型定性、公共政策等角度进行综合考量;仲裁与司法审查的特殊制度安排以及在什么范围和多大程度上优先适用仲裁,

---

〔1〕 有识之士近年来积极主张在我国司法体制改革中建立独立、专业的竞争审判庭,专司竞争法案件的审判职能,代表性人物如我国著名竞争法专家王晓晔教授和全国政协委员段祺华律师,都肯定了人民法院实施竞争法案件专项审判的意义。但设立专门的竞争法庭,是否有利于统一审判标准、能否解决竞争法一审及上诉案件的复杂性和专业性强等问题,这些问题在理论界尚存较大争议,需要进一步讨论。

〔2〕 详见江苏省高级人民法院民事裁定书,(2015)苏知民辖终字第 72 号。

〔3〕 参见孙晋、王贵:《论反垄断纠纷可仲裁性的司法考量——兼评某垄断纠纷管辖权异议案》,载《法律适用》2017 年第 7 期。

也是实现引入仲裁机制非常重要的前提条件，尚需展开进一步探讨；在积累一定经验基础上，方可积极稳妥地推动实现互联网服务行业经营者集中救济争议的可仲裁性。本文限于篇幅，对该问题不再赘述。

六、结语

在急剧发展的互联网时代，各种新型的垄断行为层出不穷，不仅考验着"一制定就落后"的成文法国家的法律，也考验着执法人员对互联网经营者集中案件的辨别能力和掌控能力。反垄断执法对互联网服务行业应该有更高的包容性、容忍度和灵活性，创新和发展不应因过度干预而被扼杀在摇篮之中。反垄断执法应该具有谦抑性。但是，谦抑并不代表不执法，包容绝不是纵容；谦抑理念的执法是为了适应变化多端的互联网经济而改进监管以实现监管的科学化合理化，避免监管过度和监管失败。反垄断法律有其底线和原则，那就是反垄断法律的基本规则和价值。反垄断法的基本价值是多层次的，在促进竞争、兼顾效率、保护消费者权益和维护社会公共利益的价值导向下，科学执法、准确执法成了新时代反垄断执法的必备素质。本文以谦抑理念为救济导向，对互联网服务行业经营者集中救济制度提出诸多执法的优化调适措施：在竞争效果评估时，加强对市场进入和效率等因素的考量；救济方式优先选择行为性救济；在救济实施阶段中，开放网络平台和关键基础设施、持续信息披露、引入监督受托人；在应对法律争议时，优先考虑适用仲裁机制。此外，在互联网服务行业经营者集中救济时，反垄断执法机关应结合具体行业的技术创新特点和组织创新特点，作出有针对性的回应，才能真正实现整体市场竞争的促进、效率的提升和消费者权益的保护。在市场决定论指导下全面依法治国的新时代，反垄断执法由"三驾马车"重组为国家市场监督管理总局统一执法，毋庸置疑，这为执法理念转型和执法改进提供了历史契机和制度便利。

第四节　学术数据库经营者不公平高价行为的规制困局及其破解*

一、问题的缘起

近年来，学术数据库价格的持续上涨成为学术科研领域关注的重点，一

---

* 作者简介：孙晋，武汉大学竞争法与竞争政策研究中心主任、教授、博士生导师，新疆大学"天山学者"；袁野，法学博士，中南民族大学法学院讲师，武汉大学竞争法与竞争政策研究中心研究员。

些重要的国内外学术数据库使用费价格连年上涨使得各高校及科研机构不堪重负。国内高校图书馆曾对学术数据库经营者大幅涨价行为进行联合声讨并抵制续订,却未取得良好效果。〔1〕 图情界专家、学者率先发声,批判学术数据库在定价策略、销售模式及合同条款的不合理,矛头直指数据库垄断及数据库经营者对垄断地位的滥用,尤以程焕文教授"十问数据库商"最为知名。〔2〕 2016 年 3 月 31 日,被誉为中国最高学府之一的北京大学宣布即将停用中国知网,其停用原因之一便是数据库经营者报价过高。2019 年 2 月,"翟天临事件"再次将人们的关注点聚焦于中国知网,又一次将学术数据库经营者涉嫌垄断高价这一迷题推至风口浪尖。至此,爱思唯尔、中国知网等国内外大型学术数据库经营者收取的高额使用费是否合理,是否存在滥用市场支配地位实施不公平高价行为成为社会关注和争议的焦点。

数据库是将数据有序排列而形成的数据集合体,是凝结了人类智慧和劳动的知识产品。但是,由于数据本身极易复制、传播,数据库的法律保护自然理应得到重视。然而,数据库特别是学术数据库这类"非独创性"数据库是否应当作为"作品"受到知识产权保护,一直是世界各国讨论的热点问题。1996 年欧盟颁布的《欧盟数据库法律保护指令》所创设的数据库特殊权利将数据库的保护推至前所未有的高度,数据库对数字学术资源的垄断(尤其是学术数据库经营者通过"独家授权"所获得的学术期刊独家数字出版权)由此成为合法垄断。〔3〕 然而,学术数据库提供的产品与一般商品不同,学术文献是汇集了人类智力成果的重要载体,具有不可替代性,一旦学术文献的版权资源形成垄断,供给方式单一,经营者凭借这种垄断优势实施的滥用市场支配地位行为要比一般商品市场领域造成更大的危害。在一般商品社会,在不存在市场壁垒的前提下,当经营者垄断了某种商品并获取高额垄断利润时,会促使其他潜在竞争者通过投入更多资本而进入市场与之竞争,该种商品垄断也会随之被打破。然而,在学术数据库领域,这种版权资源垄断由于著作权法的保护本身就具有极强的排他性。此外,知识产品本身又具有极强的不可替代性,正如《自然》期刊无法取代《细胞学》期刊,当大型学术数据库

〔1〕 我国 33 家图书馆联合反对个别国际出版商大幅涨价行为,载中国科学院网,http://www.cas.cn/xw/zyxw/yw/201009/t20100909_2957268.shtml。

〔2〕 《十问数据库商!!!》,载新浪博客,http://blog.sina.com.cn/s/blog_4978019f0102-e5zu.html。

〔3〕 唐要家:《知识产权许可不公平高价的反垄断规制》,载《电子知识产权》2017 年第 11 期。

经营者相继垄断权威学术文献的版权资源时,这些学术数据出版商在相关市场内便获得了超然的地位,价格竞争机制难以发挥其作用。而为了追求利润最大化,学术数据库经营者便会肆无忌惮地提高其数据库价格,这种高昂的价格不仅使公共资源受损,也抬高了这些期刊的受众门槛,使得知识无法广泛传播,形成“知识垄断”。

一切垄断都容易被滥用,这是万古不易的经验。[1] 当学术数据库不再将版权保护作为激励创新的催化剂,而是将其当做攫取高额垄断利润的手段,恣意滥用版权实施垄断高价,破坏、妨碍并制约相关市场竞争时,其滥用行为便不能逃脱反垄断法的审查和惩治。

即使关于爱思唯尔、中国知网等大型学术数据库经营者的行为是否构成滥用市场支配地位,在反垄断司法和执法上尚未形成有效的判例,但这并不影响我们对上述争议进行理论上的探讨及证成。竞争法视阈下,上述争议涉及反垄断法中有关滥用市场支配地位的规定,因此需要检证上述行为是否符合我国《反垄断法》第17~19条。质言之,即需判定上述学术数据库经营者是否占有市场支配地位和滥用了市场支配地位行为。然而,由于学术数据库行业的特殊性,在适用我国《反垄断法》相关规定认定其市场支配地位和判定其行为滥用性时出现了诸多困难。在界定相关市场时,应当适用怎样的界定方法?在认定学术数据库经营者市场支配地位时,市场结构标准是否依然适用?还应当综合考虑哪些因素?在判定学术数据库经营者行为滥用性时,对我国《反垄断法》中的“正当理由”又当作何解释?这些问题成为规制学术数据库经营者不公平高价行为时不得不解决的难题。为此,本文试图从以上角度对学术数据库经营者滥用市场支配地位行为进行研究,为学术数据商的市场支配认定及滥用市场支配地位判定提供分析思路,以期对学术数据库经营者滥用市场支配地位的规制贡献绵薄之力。

二、界定方法之革新:“市场关联性”的重要审读

(一)传统相关市场界定方法之局限性

2009年,我国国务院反垄断委员会出台《关于相关市场界定的指南》(本节以下简称《指南》),专门就滥用市场支配地位案件中的相关市场界定问题进行说明。《指南》提供了市场界定的一般分析方法,即替代分析法。当通过需求替代分析法无法准确界定相关市场时,可以适用假定垄断测试法界定

---

[1] 许光耀:《互联网产业中双边市场情形下支配地位滥用行为的反垄断法调整——兼评奇虎诉腾讯案》,载《法学评论》2018年第1期。

相关市场。然而，由于学术数据库市场存在特殊性，在适用传统替代分析法或是SSNIP测试法进行相关市场界定时均存在一定局限性。

在适用替代分析法对学术数据库相关市场进行界定时，在数据库这一巨大市场内，学术数据与其他数据在内容、功能与其他数据相比均有本质上的区别，相对于其消费群体而言，学术数据有极强的不可替代性。界定学术数据库相关市场的难点并不在于其与其他数据库的对比，而在于当将相关市场初步界定在学术数据库领域时，对其相关产品市场的再划分。如果仅从搜索用户角度出发进行替代分析，考虑到网络用户多信息搜索的需求替代性，数据库的搜索引擎服务市场可以构成独立的相关市场，继而把某一学术数据库经营者所涉行为的相关市场界定为文献检索服务市场具有可接受性；然而，如果从付费用户角度出发，则又会得出相关市场为文献下载及阅读市场这一截然不同的结论。

此外，在适用SSNIP测试法对学术数据库进行相关市场界定时同样具有局限性。这是因为，一些大型学术数据库经营者相较于其他经营者而言具有的竞争优势并不是其价格、服务质量，而是其对权威学术资源的版权垄断优势。也可以说，不同学术数据库之间由于学术资源版权"独占性许可"的存在，导致其产品差异化明显，拥有的权威学术资源的多寡成为该领域的重要竞争形式。因此，用户不基于价格变化而转向其他产品并不是因为这些产品之间不具有替代性，而是因为用户由于非价格因素对产品产生的极强依赖性。如果对以非价格为主要竞争力的市场适用SSNIP测试法，则完全有可能得出违背事实的结论。例如，在奇虎360诉腾讯一案中，广东省高级人民法院显然忽略了互联网即时通信市场的特质，即网络市场下很多服务对于消费者来说均是免费的，即使其价格由0上涨至0.1元，这种价格上涨也已经不再是量变而是质变。其适用SSNIP测试法得出的相关市场界定结论在学界引起极大争议。〔1〕

（二）界定学术数据库相关市场的创新思路

市场竞争本是逐利的过程，企业的目的终究是盈利。为追求利润的最大化，企业采取的最重要方式是争夺市场中的资源，这种资源可以是具有物质

〔1〕 叶明：《互联网对相关产品市场界定的挑战及解决思路》，载《社会科学研究》2014年第1期。

形态的,也可以是非物质形态。〔1〕为了争夺市场资源,企业的定价模式与传统产业相比已经发生了极大的变化。企业极易通过倾斜定价的营销模式吸引用户。学术数据库正是通过将其功能强大的检索服务免费面向社会开放而积累了大量的用户。也正是因为这种低价格甚至是免费价格受到广泛关注,才使人们过多地关注其"免费"部分而忽略了其"收费"部分。由于学术数据库的检索服务在工作机理上实质与互联网搜索引擎服务一致,且国内外缺乏关于学术数据库检索服务的相关市场界定的理论和判例,在此不妨参考互联网搜索引擎服务相关市场界定的相关理论及判例。

随着谷歌、百度等搜索引擎商的崛起,互联网搜索引擎商滥用市场支配地位成为世界各国法院及反垄断执法机构关注的热点。搜索引擎市场是否能够被界定为案件中的相关市场,一度引起极大争议。一些欧盟学者反对将搜索引擎市场界定为独立的相关市场。〔2〕他们认为,市场是买者和卖者相互作用并共同决定商品和劳务的价格以及交易数量的机制,因此认定市场的存在至少要存在价格交互行为。如百度、谷歌等企业提供的搜索引擎服务大多是免费的,不存在任何需求者的对价行为。因此,互联网搜索引擎服务市场不应当被视为单独的市场。欧盟委员会关于 Microsoft/Yahoo 并购审查一案提出了相似观点。〔3〕此外,我国一些学者基于双边市场理论对相关市场进行分析,从而得出在经济上不存在单独的搜索引擎市场和相关广告市场,二者同时构成双边市场。〔4〕所谓双边市场,是指两个互相提供网络收益的独立用户群体的经济网络,两组参与者需通过平台进行交易,而一组平台收益取决于加入该平台另一组参与者的数量。然而,反对这一观点的学者认为,虽然互联网搜索引擎被无偿使用,但实际上其对价行为是以为对方当事人带来一定利益的形式存在的。只有相关互联网广告被用户搜索和点击,搜索引擎运营商才向广告客户收费,进而发生盈利;而且,即使搜索引擎使用者对价行为不存在,也不应成为否定其成立单独市场的理由。与经济学不同,反垄断法意义上的市场存在与否并不取决于有偿行为或对价行为,而是取决于相关行为的经济影响。欧盟委员会在微软滥用市场支配调查案及我国在

〔1〕 蒋岩波:《互联网产业中相关市场界定的司法困境与出路——基于双边市场条件》,载《法学家》2012 年第 6 期。

〔2〕 于馨淼:《搜索引擎与滥用市场支配地位》,载《中国法学》2012 年第 3 期。

〔3〕 [美]保罗·萨缪尔森、威廉·诺德豪斯:《经济学》,萧琛译,人民邮电出版社 2008 年版,第 367 页。

〔4〕 王先林:《中国反垄断法实施热点问题研究》,法律出版社 2011 年版,第 323 页。

人人诉百度滥用市场支配地位案中均持此种观点。[1]

从上述争鸣不难看出,互联网搜索引擎服务是否能够产生实际经济价值是判断其是否能够构成独立相关市场的重要因素之一。可见,要界定学术数据库的相关市场,有必要对其盈利模式进行深入分析,从而找出其检索服务与其他服务的关联。如果能够证明学术数据库经营者的免费检索服务与文献下载及阅读服务具有极强关联性,则应当将其免费检索服务市场作为相关市场。反之,则应当以文献下载及在线阅读服务作为相关市场。

对于传统的互联网搜索引擎商而言,其搜索市场面向的是使用其搜索服务的搜索用户,盈利市场主要面向的是广告商。搜索用户搜索的结果排列是基于广告商支付的推广费用,且用户对搜索结果的点击直接关系到搜索引擎商是否向广告商收取推广费。由此可以看出,搜索用户对搜索服务的使用直接对搜索引擎商的盈利产生影响。与之相比,学术数据库经营者的盈利模式则完全不同。学术数据库经营者虽然也免费提供学术文献的检索服务,但其检索结果的排列完全是学术数据库根据文献的下载量、引用量及主题相关进行排序。而且,学术数据库经营者并不向在其平台出版的学术期刊收取任何费用,相反还要支付文献来源机构及个人版权费用。在其文献下载及在线阅读市场,用户只有通过点击下载或阅读按钮才会发生费用的请求,而且被要求付费的用户实际上依然是检索用户中的一部分。如表 5-1 所示,学术数据库的免费市场与主要盈利市场并不存在关联性,其免费的文献检索市场提供的服务实质上是一种公益性服务。根据以上思路,前文中将中国知网的相关市场界定为中文学术文章检索服务市场的观点显然是不恰当的,应当将中国知网的相关产品市场界定为中文学术文献在线下载及阅读市场。

表 5-1　学术数据库经营者与互联网搜索引擎商盈利模式对比

服务商	市场参与方		盈利模式		两市场之间是否存在关联性
	免费市场	主要盈利市场	免费市场	主要盈利市场	
互联网搜索引擎商	搜索用户(个人)	广告商	免费	广告费	是

---

[1] Gavil A. I. & Kovacic W. E. & Baker J. B. ,*Antitrust Law in Perspective:Cases,Concepts,and Problems in Competition Policy*[M]//*Antitrust law in perspective :cases,concepts and problems in competition policy*,Thomson/West,2008.

续表

服务商	市场参与方		盈利模式		两市场之间是否存在关联性
	免费市场	主要盈利市场	免费市场	主要盈利市场	
学术数据库经营者	文献检索用户(个人)	文献获取用户(检索用户中的一部分)	免费	用户订购费、充值费	否

三、认定因素之调整:市场份额与知识产权因素的再考量

(一)市场份额在市场支配地位认定中的作用相对弱化

我国《反垄断法》第18条规定了认定市场支配地位的若干依据,包括经营者的市场份额、纵向一体化能力、进入壁垒、交易被依赖性以及财务技术条件等因素。这些因素中,市场份额能够直接反映市场结构,故可称其为认定市场支配地位的结构因素。而市场份额之外的因素被称为认定市场支配地位的非结构因素。[1] 目前,在处理滥用市场支配地位案件中,我国法院及反垄断执法机构一般倾向于以市场份额来推定经营者在相关市场内的支配地位。

然而,学术数据库所提供服务的特殊性决定了难以通过市场结构标准认定某一大型学术数据库经营者具有市场支配地位。其主要原因在于,学术数据库的使用过程中存在严重的"过量下载"情形。所谓过量下载,即超出正常阅读速度的使用、下载。[2] 由于目前国内大多数图书馆购买的学术数据库都是采取IP限定的模式,即只要用户个人电脑的IP地址在学校授权范围内,即可免费无限制使用学术数据库资源。实际操作中,个人用户难免会多次重复下载、阅读同一篇学术文献,这就使得通过市场份额这一结构性因素在认定学术数据库市场支配地位时的作用降低,未必能真实反映出学术数据库在相关市场内的控制力。

此外,与传统市场迥异的是,学术资源本身具有极强的公共性,除少数独家期刊外,学术文献的数据化十分便利,这就使得在学术文献下载和在线阅

---

〔1〕 叶明:《互联网行业市场支配地位的认定困境及其破解路径》,载《法商研究》2014年第1期。

〔2〕 李中:《高校图书馆数据库过量下载的现状及对策》,载《图书馆建设》2010年第6期。

读市场内除了中国知网、维普资讯、万方数据三大营利性学术数据库外，还存在众多非营利性学术数据库提供中文文献下载和在线阅读服务。如国家哲学社会科学文献中心、国家图书馆网站、百度文库、百度学术、中国社会科学网以及各类期刊门户网站。这些数据库所拥有的学术资源与中国知网、维普资讯、万方数据等大型学术数据库的学术资源量相比虽然较小，但由于大型学术数据库出版社签下的独家期刊数量毕竟是少数，这也就使得其他免费数据库能够收录众多的非独家期刊，而免费这一特性也必然吸引消费者在阅读这类期刊时更愿意选择这些免费数据库。为此，单一学术数据库经营者的市场份额可能难以达到整个相关市场下载和阅读量的 50%。而如果以销售额计算其市场份额，由于众多免费学术数据库的存在，再加上其他学术数据库对高校及科研机构用户年费报价较低，显然不能真实反映经营者在相关市场上的支配力。再者，如果以数据库自身实力和学术文献拥有量来看，中国知网收录期刊总计 11,013 种，1,869,162 期，文章共计 54,503,480 篇；维普资讯收录期刊 1200 余种，文献总量 5500 万余篇；万方数据收录期刊 7600 余种，总计文章 78,095,287 篇。可见，中国知网在收录期刊总量和文章数量上也未达到整个中文学术文献下载和在线阅读市场的一半以上。

通过上述分析不难看出，在学术数据库领域，市场份额难以反映经营者的真实用户数量，加之众多非营利性学术数据库的存在，经营者的市场份额已经不能再准确反映其对相关市场的控制能力。由此看来，市场份额这一结构性因素并非认定市场支配地位的最优选择，其对市场支配地位的反映也并不明确。

（二）知识产权优势——认定学术数据库经营者市场支配地位的特殊因素

实际上，市场份额等结构性因素仅是市场支配地位的表征，非结构性因素才是企业对市场控制力的来源。[1] 国外的反垄断实践已经对于认定市场支配地位过程中非结构因素的作用进行了有益探索。在联合制鞋机器公司案中，联合制鞋机器公司自身的学习优势及其退出的产品差异化程度、定价行为等因素就曾被该案主审法官作为认定其具有市场支配地位的重要事实之一。德国直接将经营者的财力、进入相关市场是否存在市场壁垒以及相关市场总体竞争现状纳入认定经营者的市场支配地位考量因素之中。而在著名的联合商标案中，联合商标公司（United brands）之所以被认定在相关市场

---

〔1〕 杨文明：《论互联网企业市场支配地位认定的非结构因素》，载《河北法学》2014 年第 12 期。

内具有市场支配地位,就是因为其实现了对香蕉从运输到催熟乃至零售等各个经营阶段的控制,公司的纵向一体化达到了极高的程度。此外,"关键设施"也是滥用市场支配地位案件中经常被用来认定经营者具有市场支配地位的重要因素。例如,在 Intergraph 诉 Intel 案中,由于因特尔公司的"x86"微处理器被认定为经营者进入电脑产业进行相关经营活动的关键设施,因特尔公司因为控制了"x86"微处理器的技术和生产而被法官认定为在相关市场具有市场支配地位。〔1〕他山之石,可以攻玉。我国《反垄断法》实施已历十余年,反垄断法也可能面临重大修改,在国外司法实践大量运用的前提下,我国反垄断实践中也应当在认定经营者市场支配地位时综合考量非结构因素,甚至在特定情况下,应当将非结构因素作为认定经营者具有市场支配地位的关键依据。

追本溯源,非结构因素在学术数据库领域适用的最主要原因在于它反映了经营者市场支配地位的实质——消费者无法转向。垄断者实施非法垄断行为的目的是唯一的,即追逐垄断利润。在市场竞争充分的前提下,消费者对商品和服务具有极大的自主选择权,经营者也因此缺乏自主定价权,无法通过肆意提高价格这一单一手段来增加其利润。显然,只有在经营者具有使消费者无法选择其他商品(无法发生消费转向)能力的前提下,才拥有单一提高价格以获取利润空间的能力。这便是《反垄断法》所称的"市场支配力量"。基于使消费者无法发生消费转向的原因不同,经营者所具有的"市场支配力量"也应略作区分。即当经营者的市场份额足够大,大到足以控制相关市场的商品或服务的流通量(50%以上)时,此时因为可供消费者选择的商品或服务种类单一,消费者自然无法发生转向,即"绝对市场支配地位",我国《反垄断法》及学界多支持此种观点。然而,特定条件下,即使经营者不具备极大的市场份额,仍然能够通过其所掌握的关键技术或是其他因素控制一部分消费者,使其别无选择只能接受其所提供的商品或者服务,此即"相对支配地位"。〔2〕上文所提到的案例中的非结构因素之所以能够被作为认定经营者具有市场支配地位的重要因素之一,便是由于其使消费者无法发生转向。

---

〔1〕 张哲:《析"关键设施"原则在知识产权许可领域的应用》,载《电子知识产权》2011 年第 5 期。

〔2〕 许光耀:《"相对优势地位"与"市场支配地位"的法理辨析——对〈反不正当竞争法(征求意见稿)〉第 6 条的不同阐释》,载《价格理论与实践》2016 年第 5 期。

我国《反垄断法》第18条第6款明确指出,在认定经营者的市场支配地位时,除了可以依据经营者的市场份额、控制销售市场或原材料采购市场等因素外,还能够通过与认定经营者市场支配地位有关的其他因素认定其市场支配地位。[1] 因此,在通过市场结构标准难以认定某些大型学术数据库经营者的市场支配地位时,应当结合学术数据库的特点,综合考虑其所拥有的"知识产权优势"。

"知识经济"时代,拥有知识、技术资源优势的经营者更容易维持其在相关市场上的市场优势地位。知识产权经营者的市场支配地位不同于其他商品,一般不同于传统市场主要来源于长期的竞争形成的历史地位,而是来源于商品即知识产品本身的创新优势和市场迎合度。[2] 一个好的知识产品能够使得默默无闻的企业瞬间具有市场支配地位,并不是源于长期的市场经营,而是源于商品优于其他商品的先天优越性。知识产品在市场中的替代性相对较低,导致其相关市场的范围一般较小。权利人的专有权利导致任何经营者进入市场无法选择其他的交易对象,每一个需求者对于知识产品的需求曲线都体现出相对的刚性,并不会因价格的变化导致需求的变化。权利人可能凭借其权利产生的"锁定效应"而排除行业中的竞争对手。[3]

对于学术数据库经营者而言,其用户群体单一,主要是向我国高等院校图书馆及科研机构提供服务。数字学术资源(包括学术期刊、硕博士学位论文等)展示了某一领域最新科研成果,内容多以综述文章、书评或是原创研究等形式的文章为主。因此学术资源的读者也集中在高等院校师生、科研机构工作人员以及少数企业研发部门技术工作人员。而企业技术工作人员相对领域更为单一,往往以集体或个人形式订购单一专业领域的数据库,而极少订购大型综合性的学术数据库。为此,学术数据库用户市场应该说高度集中于学术科研领域,其用户多为高校和科研机构,其中高校用户占了很大比例。此外,我国高校购买学术文献服务的资金来源于教育部的经费拨款,而这笔经费拨款每年都有固定预算。为此,高校用户在订购学术数据库服务之时必须根据其经费额度进行取舍,在学术数据库发生涨价的情况下,高校经费拨款相对并未实际增加,高校图书馆无疑只有减少订购学术数据库数量。

---

[1] 胡丽:《互联网企业市场支配地位认定的理论反思与制度重构》,载《现代法学》2013年第2期。

[2] Elhauge E. & Geradin D., *Global Competition Law and Economics* [M]//*Global competition law and economics*. Hart, 2007: 1151-1171.

[3] 刘贵祥:《滥用市场支配地位理论的司法考量》,载《中国法学》2016年第5期。

所以,学术数据库用户的单一性及用户订购资金的固定性,使得用户群体在订购学术数据库时,更多的关注学术数据库中学术文献的质量及数量。而在学术数据库领域,由于著作权的独占排他性,“独家与唯一授权出版期刊”就成了某些数据库所独有的知识产权优势。这种优势直接影响了高校及科研机构在订购学术数据库时的消费偏好,甚至由于一些独家期刊在相应领域的学术权威性,拥有这些独家期刊的学术数据库成为高校及科研机构的唯一选择。

以中国知网为例,中国知网全文期刊数据库收录了独家与唯一授权期刊3964种,占我国期刊总量的43%;其中,核心期刊为778种,约占了全部核心期刊总量的42%;包含各学科排行前3的期刊194种,占前3名期刊总数的64%。与维普咨询和万方数据几百种独家期刊相比,中国知网显然拥有显著的知识产权优势。其所收录的独家唯一期刊在数量、质量上都远高过同领域的其他经营者。此外,中国知网还垄断了我国博士学位论文的数字化出版权,是我国目前唯一授权正式出版博士学位论文的学术电子期刊,收录了384家博硕士授予单位的14.4万篇博士论文,这显然是其拥有的另一个巨大知识产权优势。当中国知网掌握了如此多优质、权威的学术资源的独家数字出版权,自然在与各大高校及科研机构的谈判中处于强势地位,而高校及科研机构用户出于对保证学术科研工作正常进行的考虑,无法转而选择其他学术数据库。

四、行为滥用性之判定:“合理性原则”的实践检证

现代反垄断法对经营者垄断的规制已经从“结构主义”转为“行为主义”,[1]学术数据库经营者在相关市场内的市场支配地位并不必然成为其受到反垄断法规制的理由。但是,如果学术数据库经营者利用其市场支配地位而实施了破坏相关市场内竞争秩序的行为且造成了严重后果,则其滥用行为必将受到反垄断执法机构的审查。因此,对学术数据库滥用市场支配地位行为的判定应当重点关注其行为的滥用性,这是在经营者市场支配地位认定后的必然逻辑,也是某些实施了滥用行为的大型学术数据库经营者承担法律责任的前提。

随着市场经济环境及反垄断价值目标的变化,加之主流经济思潮的更替,美国反垄断法对经营者市场支配地位滥用的判定原则经历了从本身违法

---

〔1〕 孙晋主编:《现代经济法学》,武汉大学出版社2014年版,第132页。

原则到合理性原则的演进。[1] 我国《反垄断法》的第 17 条第 1 款的后五项明确以“没有正当理由”作为认定经营者滥用市场支配地位的条件之一;而关于垄断高价或低价的条款中虽然没有出现关于“正当理由”的字眼,但其表述中的“不公平”其实质就是指具有市场支配地位的经营者行为的不正当或不合理性。因此,可以说我国《反垄断法》将不具备正当理由作为滥用市场支配地位的判断要件。这亦是我国判定经营者滥用市场支配地位时运用合理性原则的体现。[2]

(一)学术数据库经营者不公平高价的认定困境

不公平高价行为是否应当受到反垄断法的规制、究竟何为“不公平高价”,各国竞争法学界莫衷一是,争议不断。实践中,较为常用的对“不公平”的判断方法是通过与相关市场内其他经营者所经营的同类产品或价格进行比较从而得出结论。如果和相关产品或服务的价格相比极高,则一般认为是由于缺乏竞争导致过高费用的产生。[3] 联合商标案中,被调查人 UBC 公司在欧洲的许多国家(地区)出售品牌香蕉,而且在每个国家(地区)出售的价格不一致。其在德国、丹麦等国出售的香蕉的价格要比在爱尔兰出售的价格高至少 100% 。并且其所售的品牌香蕉要比没有品牌的香蕉的价格高 20%~40%,比其他品牌的香蕉的价格要高 7% 以上。欧盟竞争委员会认定 UBC 的定价构成了不公平高价。[4] 在传统行业,同类商品或服务的产品构成大致相同,其商品或服务基准价格通常较为容易确定,价格比较法能够较为直观地表现出“不公平高价”这一概念。在学术数据库等新兴领域,即使经营同类产品,也可能因为知识产权、网络外部性等原因导致价格差异极大,其价格是否公平往往难以判断。例如,与中国知网高额的使用费相比,万方和维普数据库价格都只是知网的零头,一些高校购买十年维普数据库的使用费可能还没有一年知网的使用费高。与其他学术数据库相比,知网的使用费显然过高。然而,其声称价格上涨是因为成本升高,这笔升高的成本即其不

---

[1] Areeda P. & Kaplow L. & Edlin A. S. , *Antitrust analysis: problems, text, and cases*, Aspen Publisher, Inc. ,2003.

[2] 叶卫平:《反垄断法分析模式的中国选择》,载《中国社会科学》2017 年第 3 期。

[3] Asgari M. H. & Khaki B. & Mozdawar A. et al. , *A new method for evaluation Market Power and identification of dominant suppliers in reactive power markets*[C]//Systems Conference. IEEE, 2009: 395-400.

[4] 梅夏英、任力:《关于反垄断法上不公平高价制度的法律适用问题》,载《河北法学》2017 年第 4 期。

断增购的独家学术资源。这就需要对学术数据库的这部分增加成本进行分析。

学术数据库的成本除了建立学术数据库过程中收集数字期刊、架设服务器并通过软件编程及对数据的加工整理等项目需要花费的成本外,还包括购买独家授权协议需要用到的一大笔费用。目前,我国学术数据库经营者所采取的是获取一部分在相关领域具有权威性的学术出版物的“独家授权协议”,并结合其他期刊进行销售的营销策略。这种独家授权协议的是传统纸质期刊出版商与数据库出版商之间达成的一种协议,其约定的主要内容是数据库出版商以数字化形式独家制作、出版和发行传统纸质期刊出版商出版的印刷型学术出版物,数字化形式发扩电子、网络等数字化产品并提供相关技术服务,未经学术数据库经营者和纸质期刊出版机构许可,其他个人和组织均不得使用该纸质期刊出版机构出版的出版物制作、出版、发行任何电子产品或从事相关互联网信息服务。〔1〕由于作为知识产权的著作权受到法律的排他性保护,独家授权协议显然具有合法性。对于学术数据库经营者而言,选择独家授权模式是学术数据库市场激烈竞争后生存及发展的需要。虽然独占某一权威出版物需要付出极高的购买资金,但众多独家权威学术资源必将成为数据库学术资源亮点,而该亮点无疑成为学术数据库向众多高校及科研机构推销时的一大卖点。

正是由于这种独家授权营销模式的存在,学术数据库市场的各个学术数据库成本可能存在极大差异,行业基准价格也因此难以测算。这样一来,通过比较不同学术数据库之间产品定价差异而判断某一学术数据库价格是否“不公平”更是无从谈起。为此,一些大型学术数据库经营者声称的由于购买独家资源使得成本增高使得其报价随之上涨的理由似乎不无道理,学术数据库涨价行为因此寻求“正当理由”抗辩。〔2〕

(二)判定学术数据库经营者不公平高价的思路

价格是评价消费者福利高低、社会资源分配公正与否的重要指标之一。〔3〕当具有市场支配地位的经营者实施不公平高价时,交易相对人几乎

〔1〕薛敬、赵凡:《中国期刊独家数字出版授权及影响研究》,载《图书馆论坛》2010年第1期。

〔2〕北大因知网涨价暂停续订:《预算难追数据库涨幅》,载网易科技2016年4月27日,http://tech.163.com/16/0407/12/BK22HK4000094O5H.html。

〔3〕丁茂中:《原则性禁止维持转售价格的立法错误及其解决》,载《政治与法律》2017年第1期。

没有选择只能支付高价获得其所需资源，其利益因而受到损害。同时，具有市场支配地位的经营者因为不公平高价获得的垄断利润而掌握了大部分社会资源，从而进一步控制市场，使得社会资源的配置出现不公。为此，学术数据库的涨价行为是否为“不公平”高价，应当从消费者福利、对竞争造成的影响及社会资源分配是否公正等角度运用合理性原则进行综合分析。

相较于普通商品而言，知识的垄断对消费者利益乃至社会公共利益的危害将更大。由于独家授权模式，一些大型学术数据库成为某些数字化权威期刊的“唯一”供货商。对于高校及科研机构这一主要消费群体而言，这类拥有稀缺学术资源的学术数据库是其知识服务的重要载体和科研创新的重要源泉，因此停止订购该类学术数据库对高校及科研机构而言是极为艰难的选择。由于知识的连续性是学术数据库价值的重要表现，因而一旦停止订购，高校及科研机构图书馆所拥有的旧数据的价值也会因为缺乏更新而锐减。更何况，高校师生及科研工作人员早已习惯了对大型学术数据库的功能使用，一旦停止订购也将造成师生和工作人员的极度不满。正是抓住了用户群体的这种心理特点，学术数据库经营者才制定了较高的年度价格涨幅，也使得用户与其进行的价格谈判举步维艰。此外，独家授权策略亦增加了其他经营者进入相关市场的难度。这是因为，学术数据库需要收集大量的学术期刊以制作数字化资源。在建立学术数据库之时，学术数据库经营者就需要招募一定数量的技术人才并购买硬件设备及互联网服务器，投入成本已不小。而购买传统学术出版资源数字化出版权更是学术数据库吸引用户购买的核心，随着不同领域内权威学术出版物不停地被大型学术数据库经营者独家占有，必然使得潜在竞争者因无法获得其数字出版权而难以进入学术数据库市场。更为关键的是，学术数据库经营者价格的“不公平”性，还可以通过对相关产品的实际销售价格与其成本的比对，计算出相关产品的利润率，客观上说明该产品的价格是否过高。例如，作为国内用户最多的中国知网，据其控股股东同方股份公司发布的 2011 年年报，同方知网（北京）技术有限公司的毛利率高达 66.88%，而其总营收更是达到了 5.32 亿元，这一利润率水平显然高出了行业平均水平，其关于成本升高被迫提升价格的说法显然不攻自破。〔1〕

综上，在认定学术数据库涨价行为是否构成我国《反垄断法》意义上的“不公平高价”时，应当运用合理性原则对其成本进行分析，即使其过高定价

---

〔1〕　李峻川：《学术数据库权利限制法律问题研究》，烟台大学 2013 年硕士学位论文，第 33 页。

是因为其独家授权营销模式带来的成本增加，亦不应成为其逃避我国反垄断法制裁的“正当理由”。

五、学术数据库经营者不公平高价行为规制路向之选择

谈到“规制”一词，更多被人们理解为一种“禁止、压迫或是限制”等否定性措施。实际上，市场规制的形态并不是单一不变的。规制不一定总是指令性和集中化的，在一些领域，它的形成和实施都是非公共机构完成的。〔1〕此外，规制通常都会运用到多种工具，包括不具有强制性的“经济工具”。日本学者金泽良雄认为，经济法的主要规制方式可以分为两类，即权力性强制规制手段和非权力性规制手段。前者包括依据法律实施的规制手段、依据行政权实施的规制手段和对私法事项设置的强制性义务；而后者主要是指国家通过非权力性和私法手段干预经济。因此，从对市场作用力的角度来说，不为零的力的作用要么是正向的，要么是负向的。那么根据规制对于产业/市场的作用力的方向性，可将其分为正向规制（激励性规制）和负向规制（约束性规制）。

值得注意的是，学术数据库的诞生及普及是数字科技飞速发展及广泛运用的重要体现。毋庸置疑，学术数据库为高校及科研机构在文献检索和阅读上带来了无可替代的便利，极大地节约了文献查阅的时间、人力成本。在针对学术数据库这一新兴数字产业的反垄断适用上，尤当注意谦抑理念的适用。〔2〕为此，除了应当适用约束性规制手段制裁经营者实施的不公平高价行为以破除“知识垄断”格局外，还应当注意激励性规制手段的适用，即通过多种方式在学术数据库相关市场内引入竞争，从而实现数字学术资源的“知识共享”，以促进社会整体福利之提升。

（一）约束性规制——反垄断法规制的完善建议

竞争自由是反垄断法追求的价值理念，因此，反垄断法关注的是排除限制竞争的行为。如果具有市场支配地位的学术数据库经营者利用其市场支配地位而实施了加强其市场支配地位的行为，进一步恶化了市场竞争环境，该行为理应受到反垄断法的规制。然而，目前我国《反垄断法》关于滥用市场支配地位的规定仍然仅是原则性的，欠缺可操作性。同时，学术数据库经

〔1〕 孙晋、袁野：《共享经济的政府监管路径选择——以公平竞争审查为分析视角》，载《法律适用》2018 年第 7 期。

〔2〕 孙晋：《谦抑理念下互联网服务行业经营者集中救济调适》，载《中国法学》2018 年第 6 期。

营者作为新型的数字化出版企业有别于传统出版商,在盈利模式、用户群体等方面存在诸多特点,运用反垄断法规制其滥用市场支配地位行为遭遇诸多挑战。我国《反垄断法》实施已历十余年,诸多理论与实务界专家呼吁将《反垄断法》修订提上日程,因此,本文就以反垄断法规制学术数据库滥用市场支配地位行为提出如下建议,权当抛砖引玉。

第一,修正相关市场的界定方法及因素。网络经济影响下,学术数据库的性能、价格、消费者偏好等诸多因素结合在一起使得其相关市场界定变得极其复杂,因此,避繁就简,从更易操作的角度寻找合理相关市场界定方法成为必然。[1] 从学术数据库用户群体及收费主体为依据对其划分不同市场不失为一种办法。例如,在本文对中国知网的相对市场界定中,就是根据对学术数据库盈利模式的分析,发现应当将其搜索服务和在线阅读与下载服务基于收费不同而划分为不同市场。同时,在对学术数据库进行相关市场界定时,通过对学术数据库经营者的盈利模式进行分析,发现学术数据库免费的检索服务市场与收费的下载及在线阅读服务市场间关联程度并不大,这一点与搜索引擎的相关产品界定大不相同,因此双边市场理论在学术数据库相关市场界定中适用程度并不高,以利润来源边直接确定学术数据库相关市场成为可能。当然,这种通过分析盈利模式界定相关市场的方法虽然简易可行、高效实用,一定程度上摆脱了复杂的学术数据库技术问题。但是也有可能会造成划分线条过粗,导致相关产品界定过大的问题。

需求替代分析法及假定垄断者测试法在学术数据库领域具有一定局限性甚至完全无法适用。除了通过学术数据库经营者产品性能、用途等角度综合需求替代分析及供给替代分析外,不妨尝试通过对学术数据库盈利模式分析而对其服务进行分类,最终找出与具体行为相联系的相关市场。当然,学术数据库领域时刻在发展和创新,对其相关市场界定应当极力避免教条主义,在具体案件中应当对不同测试方法及考虑的因素的适用优先级做出综合考量,选择效果更好、成本更低的方法,从而尽可能准确界定出案件的相关市场。

第二,拓宽市场支配地位之认定思路。现代反垄断法理论认为,只有具有市场支配地位的主体所实施的滥用行为才会被反垄断法所规制。然而,从前文的分析不难看出,传统市场结构标准在学术数据库经营者市场支配地位

---

〔1〕 Hellmer S. & Warell L. ,*On the evaluation of market power and market dominance—The Nordic electricity market*,Energy Policy(2009).

认定的过程中作用减弱。因此,在对学术数据库市场支配地位进行认定时,学术数据库的市场份额应当作为一个参考因素而非决定性因素。在反垄断法实践中,企业的市场份额不高,但其与其他经营者相比仍然在市场份额上占据较大优势,则该企业仍然可能被认定为具有市场支配地位。例如,欧共体委员会在审理 Virgin vs British Airways 一案的过程中,认定具有 39.7%市场份额的英国航空公司在英国民航履行服务市场具有支配地位,这一认定理由在于其最大的竞争对手 Virgin 公司在该市场内的市场份额仅有 5.5%。〔1〕这就为我国执法提供了经验借鉴。所以,在认定学术数据库的市场支配地位的过程中,我国反垄断执法机构或是法院可以将其所拥有的知识产权优势及用户依赖程度纳入考虑因素中来,在综合其市场份额及其他因素的前提下方能最终认定企业市场支配地位。

第三,进一步明确正当理由之内涵。关于"正当理由",在其他国家的反垄断立法中也存在大量相似表述。例如,日本《禁止垄断法》把交易价格的"不公平"作为认定不公平交易方法的要件之一。而韩国《规制垄断与公平交易法》中,将"不正当"作为认定其经营者市场支配地位行为的要件之一。德国《反限制竞争法》中亦有"无实质性正当理由""不公平"之表述。此外,俄罗斯、奥地利、瑞典、巴西等国的竞争法也将"不公平"或"不合理"等条件作为认定经营者滥用市场支配地位的限定条件。〔2〕然而,我国《反垄断法》目前篇幅包括 57 条法律条文,总计 6000 余字,与德国、日本等国的反垄断法相比内容要"简练"得多。如此多的篇幅,就给反垄断法执法者及处理反垄断案件的法院在认定经营者滥用市场支配地位行为的违法性上平添了许多难度。当经营者提出其因为某种正当理由不应承担法律责任时,对其理由正当性与否判断应当以何种视角?当理由的正当性之间发生冲突时应当怎样作出判断?这些问题都亟待解决。这些问题虽然在我国发改委出台的《反价格垄断》略有提及,但正当理由的认定及其内涵仍然缺乏明确指导。由此,应当尽快出台与《反垄断法》相配套的法规、规章,从具体的操作层面出发,反垄断执法部门完全可以根据不同的行为制定不同的、详细的配套标准。在细化标准的制定过程中,对滥用市场支配地位行为和联合限制竞争行为中各自不同的行为类型也应当作出适当的区分,例如,拒绝交易行为的正当理由和

---

〔1〕王晓晔:《欧共体竞争法》,中国法制出版社 2001 年版,第 268 页。

〔2〕肖江平:《滥用市场支配地位行为认定中的"正当理由"》,载《法商研究》2009 年第 5 期。

价格歧视行为的“正当理由”在大同之下也应该存在小异之处。

（二）激励性规制——竞争格局调整的外在激励

反垄断执法虽然能够在一定程度上促进相关市场内的竞争，维护消费者的福利最终实现整个社会的公共利益，但仍然有其局限性。[1] 以学术数据库行业为例，在判定某些具有市场支配地位的学术数据库经营者实施了具有排除、限制竞争效果的行为后，其承担的主要责任形式是停止违法行为，没收违法所得并处罚款。学术数据库在缴纳了罚款后，其市场支配地位并未改变，则仍有可能凭借其学术资源垄断的优势实施其他滥用市场支配地位行为。如果仅以行政处罚的方式规制学术数据库滥用市场支配地位，不仅收效甚微，还造成了社会资源、执法资源的极大浪费。作为国家经济发展的基石，竞争性市场具有不可替代性。一旦市场的竞争性减弱，将会导致该市场内物价短期内迅速攀升，产品产量相应随之减少，长远来看，还会阻碍行业创新进而损害国家经济的整体增长和发展。[2] 按照经济学的观点，垄断导致资源的低效配置，引入竞争是破除垄断的根本办法，只有有了竞争，效率就会提高，服务就会改善，从而实现有效供给。因此，应当借助竞争机制让市场机制发挥作用，排除市场障碍以使优胜劣汰实现对信息产品与信息服务的质量控制，在学术数据库的开发、运营过程中充分引入社会竞争力量，打破传统的学术数据库版权资源垄断，形成多元竞争格局。

开放存取(Open access)，是近年来国际学术界、期刊出版界及图书情报界联合发起并强力推动的以知识开放共享为目的而形成的新型学术出版与交流模式。开放存取的思想来源于“著佐权”，崇尚读者免费获取文献。“著佐权”一词由自由软件运动发展而来，这种鼓励知识的传播、利用，供读者免费取用的开放理念已经成为学术传播领域的新趋势。[3] 《布达佩斯开放存取倡议》将开放存取分为两种类型：一种是被称作“绿色道路”的自存储(Self-archiving)，一种是被称作“金色道路”的开放存取期刊。[4] 无论是自存储还是开放存取期刊，使用者可以自由地进行阅读、下载、复制、传播、打

---

〔1〕 王首杰：《激励性规制：市场准入的策略？——对“专车”规制的一种理论回应》，载《法学评论》2017年第3期。

〔2〕 孙晋：《国际金融危机之应对与欧盟竞争政策——兼论后危机时代我国竞争政策和产业政策的冲突与协调》，载《法学评论》2011年第1期。

〔3〕 陈铭、叶继元：《中文文科期刊开放存取现况的统计与分析——以“中文社会科学引文索引”(CSSCI)来源期刊为例》，载《图书情报知识》2013年第3期。

〔4〕 吴钢：《自存储与期刊出版的版权冲突与协调》，载《出版发行研究》2009年第2期。

印、检索或链接,不存在任何经济、法律或技术方面的障碍。在开放存取模式下,学术文献的费用由读者转移到作者身上,也就是由作者支付发表费用,而读者可以通过互联网随时随地免费获取文献资源。

作为公共产品,学术文献的费用由读者转移到作者身上是具有一定内在逻辑性的。一方面因为学术文献本身不同于其他读物,其读者大多数也是作者,这种费用的转移其实只是一种形式上的转移,并没有造成资金流向实质上的改变或本质上的影响,但是却能够消除高昂价格带来的学术传播的阻碍。而另一方面,支撑大部分学术文献作者完成创作的资金主要来源于科研项目资金,而科研项目资金本就是公共资金一部分,将公共资金支持下做出的科研成果免费提供给全社会适用本就具有内在合理性。更何况,高质量的学术文献的开放存取还能够打破目前学术数据库领域的版权垄断现象,当越来越多的权威学术文献主动放开网上下载及阅读,以爱思唯尔、中国知网为代表的大型学术数据库经营者的版权垄断势必将被打破,其依托垄断优势而拥有的垄断高价及差别待遇等行为势必也将荡然无存。

事实上,开放存取的提出已经引起了世界各国学术界的关注,亦不乏一些有益尝试。例如,作为 CSSCI 来源期刊的《中外法学》在其官网上公开了从 1989 年至 2019 年的全部期刊文章,并开放下载和在线阅读;2019 年 4 月加利福尼亚大学系统正式宣布,停止订阅爱思唯尔出版的所有期刊,并免费向读者提供加州大学作者发表的所有论文。这些行为无一不促进着消费者福利及知识的广泛传播,激励着更多科研、出版机构所掌握学术资源的开放共享。

但总体来看,当前我国现有的人文社会科学开放存取资源的影响力仍较小。我国的人文社会科学的开放存取期刊还太少,真正倡导力强的仅限于少数期刊,有些学科甚至还没有开放存取期刊。人文社科期刊及其论文在国外的开放存取数据库中也很少被收录。基于开放存取的人文社会科学期刊符合时代潮流的发展,在学术成果密切交流和信息情报高速传递的需要下,发展前景日趋明朗。我国的人文社会科学期刊面对开放存取的机遇和挑战,已积累了一定的优势,但目前我国的传统学术期刊离完全开放存取的目标还有一段距离,学术界应积极倡导,各方力量共同努力,大力发展开放存取期刊,促进科学信息的交流和传播,打破学术数据库经营者对数字学术资源的垄断。

参考文献

著作类

[1]万江:《中国反垄断法:理论、实践与国际比较》(第2版),中国法制出版社2017年版。

[2]顾全:《行政性垄断司法审查与救济问题研究》,法律出版社2017年版。

[3]孟雁北:《反垄断法》,北京大学出版社2017年版。

[4]邓志松:《论行政垄断成因、特点及法律规制》,法律出版社2017年版。

[5]种明钊主编:《竞争法》,法律出版社2016年版。

[6]文学国、孟雁北、高重迎:《反垄断法执行制度研究》,中国社会科学出版社2011年版。

[7]王炳:《反垄断法中的经营者集中附条件许可问题研究:争议与反思》,中国政法大学出版社2015年版。

[8]王源扩、王先林、储育明、李明发等:《经济效率与社会正义》,安徽大学出版社2001年版。

[9]王晓晔:《反垄断法实施中的重大问题》,社会科学文献出版社2010年版。

[10]王晓晔:《反垄断法》,法律出版社2011年版。

[11]中华人民共和国商务部反垄断局编:《世界主要国家和地区反垄断法律汇编》,中国商务出版社2013年版。

[12][英]达霖·格里姆赛、[澳]莫文·K.刘易斯:《PPP革命:公共服务中的政府和社会资本合作》,济邦咨询公司译,中国人民大学出版社2016年版。

[13][美]维托·坦茨:《政府与市场——变革中的政府职能》,王宇等译,商务印书馆2014年版。

[14][美]E.S.萨瓦斯:《民营化与PPP模式:推动政府和社会资本合

作》,周志忍等译,中国人民大学出版社 2015 年版。

[15]周志忍主编:《当代国外行政改革比较研究》,国家行政学院出版社 1999 年版。

[16]柳正权等编著:《公私合营模式(PPP)理论与实务》,武汉大学出版社 2016 年版。

[17]周林军:《公用事业管制要论》,人民法院出版社 2004 年版。

[18][英]卡罗尔·哈洛、理查德·罗林斯:《法律与行政》(下卷),杨伟东等译,商务印书馆 2004 年版。

[19]王智斌:《行政特许的私法分析》,北京大学出版社 2008 年版。

[20]孙晋:《反垄断法——制度与原理》,武汉大学出版社 2010 年版。

[21]孙晋、李胜利:《竞争法原论》,武汉大学出版社 2011 年版。

[22]徐士英:《竞争政策研究——国际比较与中国选择》,法律出版社 2013 年版。

[23]刘继峰:《竞争法学原理》,中国政法大学出版社 2007 年版。

[24][美]戴维·格伯尔:《全球竞争:法律、市场和全球化》,陈若鸿译,中国法制出版社 2012 年版。

[25]韩伟主编:《数字市场竞争政策研究》,法律出版社 2017 年版。

论文类

[1]许昆林:《宽大政策适用于纵向垄断协议》,载《中国经济导报》2013 年 10 月 31 日,A3 版。

[2]史际春:《反垄断不能死抠法条》,载《人民论坛》2017 年第 8 期。

[3]林平:《经济分析在反垄断中的作用以及数字经济和大数据》,载《竞争政策研究》2017 年第 5 期。

[4]叶卫平:《反垄断法分析模式的中国选择》,载《中国社会科学》2017 年第 3 期。

[5]焦海涛:《社会政策目标的反垄断法豁免标准》,载《法学评论》2017 年第 4 期。

[6]吴韬、何晴:《美国"苹果电子书价格垄断案"争点释疑》,载《法学》2017 年第 2 期。

[7]王晓晔:《国际卡特尔与我国反垄断法的域外适用》,载《比较法研究》2017 年第 3 期。

[8]蒋岩波、肖秀娟:《别嘌醇片垄断协议案行政处罚的法律适用问题探究——基于〈反垄断法〉第 46 条的规范分析》,载《江西财经大学学报》2017

年第 3 期。

[9]江山:《论协议型企业联营的反垄断法规制》,载《环球法律评论》2017 年第 6 期。

[10]张骏:《转售价格维持反垄断法规制路径之争的化解》,载《法学》2017 年第 7 期。

[11]时建中、郝俊淇:《原则性禁止转售价格维持的立法正确性及其实施改进》,载《政治与法律》2017 年第 11 期。

[12]董灵、张寒:《我国反垄断法规制最惠待遇协议的法理分析》,载《竞争政策研究》2017 年第 1 期。

[13]宁立志、戴秋燕:《专利许可合同中数量限制条款的反垄断法分析》,载《现代法学》2017 年第 6 期。

[14]兰磊:《反〈反垄断法〉上的"不相关"市场界定》,载《中外法学》2017 年第 6 期。

[15]张晨颖:《平台相关市场界定方法再造》,载《首都师范大学学报(社会科学版)》2017 年第 2 期。

[16]雷琼芳:《互联网相关市场界定的研究——基于假定垄断者测试法和盈利模式测试法的比较》,载《价格理论与实践》2017 年第 2 期。

[17]郑鹏程、刘长云:《知识产权滥用反垄断相关市场界定制度变迁研究》,载《湖湘论坛》2017 年第 3 期。

[18]仲春:《标准必要专利相关市场界定与市场支配地位认定研究》,载《知识产权》2017 年第 7 期。

[19]孟雁北:《论禁止滥用市场支配地位行为的分析框架——以利乐反垄断案为例》,载《竞争政策研究》2017 年第 3 期。

[20]张夏冰:《关于反垄断法中市场支配地位的认定》,载《法制与社会》2017 年第 7 期。

[21]戴龙:《滥用相对优势地位的法律规制研究——兼议〈反不正当竞争法(修订草案送审稿)〉第 6 条的修改》,载《中国政法大学学报》2017 年第 2 期。

[22]袁波:《标准必要专利权人市场支配地位的认定——兼议"推定说"和"认定说"之争》,载《法学》2017 年第 3 期。

[23]刘佳、张伟:《"互联网+"联语境下拒绝交易行为的反垄断法规制》,载《商业研究》2017 年第 11 期。

[24]王胜伟:《互联网行业限制交易行为的认定及管制——以 3Q 案腾

讯“二选一”为例》,载《山东社会科学》2017 年第 12 期。

[25]王晓晔:《我国反垄断法中的经营者集中控制:成就与挑战》,载《法学评论》2017 年第 2 期。

[26]李兆阳:《经营者集中单边效果的竞争法分析》,载《经济法论丛》2017 年第 2 期。

[27]叶卫平:《产业重组与反垄断法实施》,载《法治社会》2017 年第 6 期。

[28]刘桂清:《“走出去”战略下的央企合并竞争审查:挑战与应对》,载《法律科学(西北政法大学学报)》2017 年第 2 期。

[29]董成惠:《经营者集中反垄断审查的豁免标准与实施机制——兼评南车北车并购案》,载《天津法学》2017 年第 3 期。

[30]张世明、马立国:《更为经济的方法:欧盟经营者集中控制实体标准论衡》,载《内蒙古师范大学学报(哲学社会科学版)》2017 年第 5 期。

[31]张世明:《经营者集中简易案件审查程序评议》,载《人大法律评论》2017 年第 1 期。

[32]臧俊恒:《合并救济措施类型化研究》,载《经济法论丛》2017 年第 1 期。

[33]袁日新:《经营者集中救济类型位阶性的理论反思》,载《法律科学(西北政法大学学报)》2016 年第 2 期。

[34]韩伟:《中国经营者集中附条件案中的长期分持》,载《经济法研究》2017 年第 1 期。

[35]林航:《经营者集中反垄断审查涉及的知识产权问题》,载《竞争政策研究》2017 年第 5 期。

[36]金美蓉:《论经营者集中救济措施中的知识产权许可》,载《中外法学》2017 年第 1 期。

[37]钟洲:《论双边平台横向兼并的反垄断》,载《财经理论研究》2017 年第 6 期。

[38]范一锴:《论行政垄断中的滥用行政权力》,载《中国物价》2017 年第 10 期。

[39]余东华、巩彦博:《供给侧改革背景下的反垄断与松管制——兼论公平竞争审查制度的实施》,载《理论学刊》2017 年第 1 期。

[40]张叶姝、耿启幸:《我国公平竞争审查模式的构建与启示》,载《价格理论与实践》2017 年第 7 期。

[41]时建中:《强化公平竞争审查制度的若干问题》,载《行政管理改革》2017 年第 1 期。

[42]朱静洁:《我国行政性垄断的公平竞争审查规制研究》,载《价格理论与实践》2017 年第 6 期。

[43]丁茂中:《论我国公平竞争审查制度的建立与健全》,载《竞争政策研究》2017 年第 2 期。

[44]孙晋、王贵:《论政府反竞争行为综合规制的路径建构》,载《中南大学学报(社会科学版)》2017 年第 1 期。

[45]徐士英:《中国竞争政策的实施与展望——兼论我国基本经济政策定位》,载《经济法论丛》2017 年第 1 期。

[46]丁茂中:《行政行为的竞争合规制度研究》,载《现代法学》2017 年第 2 期。

[47]刘继峰:《论公平竞争审查制度中的问题与解决》,载《价格理论与实践》2016 年第 11 期。

[48]刘大洪、张泊宁:《论中国公平竞争审查制度的程序构建》,载《黑龙江省政法管理干部学院学报》2017 年第 2 期。

[49]张汉东:《在中国政法大学"反垄断法十周年纪念:趋势、挑战与成果"研讨会上的讲话》,载《中国价格监管与反垄断》2017 年第 12 期。

[50]李明德:《关于〈反不正当竞争法〉修订的几个问题》,载《知识产权》2017 年第 6 期。

[51]焦海涛:《不正当竞争行为认定中的实用主义批判》,载《中国法学》2017 年第 1 期。

[52]李胜利:《从两个关系看〈反不正当竞争法〉的修订》,载《法治现代化研究》2017 年第 5 期。

[53]孔祥俊:《论反不正当竞争法的竞争法取向》,载《法学评论》2017 年第 5 期。

[54]卢海君:《反不正当竞争法视野下的商标法(上)》,载《电子知识产权》2017 年第 3 期。

[55]卢海君:《反不正当竞争法视野下的商标法(下)》,载《电子知识产权》2017 年第 4 期。

[56]孔祥俊:《论反不正当竞争法的新定位》,载《中外法学》2017 年第 3 期。

[57]孔祥俊:《论反不正当竞争法的现代化》,载《比较法研究》2017 年

第 3 期。

[58]李胜利:《反不正当竞争法的现代化及本土化——〈反不正当竞争法〉修订的若干意见》,载《安徽大学学报(哲学社会科学版)》2017 年第 6 期。

[59]叶明、陈耿华:《反不正当竞争法视野下商业道德认定的困局及破解》,载《西南政法大学学报》2017 年第 5 期。

[60]叶明、陈耿华:《反不正当竞争法视野下商业道德认定的新思路——基于法律论证分析框架》,载《商业研究》2017 年第 12 期。

[61]宁度、张昕:《论竞争行为不正当性的"经济性"评判标准》,载《电子知识产权》2017 年第 6 期。

[62]卢纯昕:《反不正当竞争法一般条款在知识产权保护中的适用定位》,载《知识产权》2017 年第 1 期。

[63]周樨平:《商业标识保护中"搭便车"理论的运用——从关键词不正当竞争案件切入》,载《法学》2017 年第 5 期。

[64]徐升权:《〈反不正当竞争法〉修订草案稿中的商业标识条款评析》,载《法学杂志》2017 年第 5 期。

[65][韩]丁一男:《韩国商业外观保护制度及其启示》,载《知识产权》2017 年第 7 期。

[66]喻玲、麻婷:《反不正当竞争保护中知名商品认定影响因素实证研究》,载《知识产权》2017 年第 11 期。

[67]张伟君:《论"知名商品特有名称包装装潢"条款的修改和完善》,载《知识产权》2017 年第 6 期。

[68]孔祥俊:《论商品名称包装装潢法益的属性与归属——兼评"红罐凉茶"特有包装装潢案》,载《知识产权》2017 年第 12 期。

[69]邓玲:《"山寨"老字号商标及不正当竞争纠纷的司法裁判研究》,载《知识产权》2017 年第 6 期。

[70]李薇薇、郑友德:《欧美商业秘密保护立法新进展及对我国的启示》,载《法学》2017 年第 7 期。

[71]郑友德、王活涛、高薇:《日本商业秘密保护研究》,载《知识产权》2017 年第 1 期。

[72]邓恒:《德国的竞业禁止制度与商业秘密保护及其启示——兼论〈劳动合同法〉第 23、24 条的修改》,载《法学杂志》2017 年第 3 期。

[73]邓恒、周园:《论商业秘密保护中竞业禁止的适用范围》,载《知识产

权》2017 年第 3 期。

[74]邓恒:《权益保护与契约精神:商业秘密保护中的保密协议与竞业禁止协议》,载《电子知识产权》2017 年第 4 期。

[75]李亘:《德国劳动者忠实义务的制度发展与历史变迁》,载《德国研究》2017 年第 3 期。

[76]李国海、彭诗程:《论反不正当竞争视域下比较广告之法律规制——兼论〈反不正当竞争法〉的修订建议》,载《湖南科技大学学报(社会科学版)》2017 年第 4 期。

[77]黄武双:《不正当比较广告的法律规制》,载《中外法学》2017 年第 6 期。

[78]陈耿华:《互联网新型不正当竞争行为规制理念的实证考察及比较分析》,载《广东财经大学学报》2017 年第 5 期。

[79]曹丽萍、张璇:《网络不正当竞争纠纷相关问题研究——〈反不正当竞争法〉类型化条款与一般条款适用难点探析》,载《法律适用》2017 年第 1 期。

[80]宋琳:《互联网非同业不正当竞争行为认定研究》,载《甘肃政法学院学报》2017 年第 3 期。

[81]肖顺武:《网络游戏直播中不正当竞争行为的竞争法规制》,载《法商研究》2017 年第 5 期。

[82]戴龙:《滥用相对优势地位的法律规制研究——兼议〈反不正当竞争法(修订草案送审稿)〉第 6 条的修改》,载《中国政法大学学报》2017 年第 2 期。

[83]龙俊:《滥用相对优势地位的反不正当竞争法规制原理》,载《法律科学(西北政法大学学报)》2017 年第 5 期。

[84]孟雁北:《论反不正当竞争立法对经营自主权行使的限制——以〈反不正当竞争法(修订草案送审稿)〉为研究样本》,载《中国政法大学学报》2017 年第 2 期。

[85]焦海涛:《不正当竞争行为认定中的实用主义批判》,载《中国法学》2017 年第 1 期。

[86]刘义军:《不正当竞争纠纷中原告适格问题的司法认定——以北京创磁空间影视文化传媒有限公司、福建恒业影业有限公司上诉穆德远、陈燕民等虚假宣传不正当竞争纠纷案为例》,载《电子知识产权》2017 年第 12 期。

[87]史欣媛:《利益衡量方法在屏蔽视频广告行为正当性判定中的适

用》,载《中南大学学报(社会科学版)》2017 年第 1 期。

[88]杨华权:《论一般消费者标准在反不正当竞争法中的构建与适用》,载《知识产权》2017 年第 1 期。

[89]张韬略、张倩瑶:《后台型竞价排名的商标侵权及不正当竞争认定》,载《同济大学学报(社会科学版)》2017 年第 6 期。

[90]许可:《数据保护的三重进路——评新浪微博诉脉脉不正当竞争案》,载《上海大学学报(社会科学版)》2017 年第 6 期。

[91]王文敏:《新闻聚合背景下时事新闻的〈反不正当竞争法〉保护》,载《中国出版》2017 年第 15 期。

[92]李国庆:《美国新闻报道的反不正当竞争法保护及启示》,载《知识产权》2017 年第 6 期。

[93]刘明江:《公共领域作品出版社的权益保护》,载《编辑之友》2017 年第 2 期。

[94]焦海涛:《行业协会的反垄断法主体地位——基于中国体育反垄断第一案的分析》,载《法学》2016 年第 7 期。

[95]余明辉:《垄断行业价格监管有"路线图"更要执行力》,载《中国商报》2017 年 9 月 7 日,P2 版。

[96]赵薇:《维护短缺药品原料药公平竞争》,载《中国改革报》2017 年 11 月 24 日,第 1 版。

[97]时建中:《推动实施公平竞争审查制度的又一顶层设计——解读〈公平竞争审查制度实施细则(暂行)〉》,载《中国价格监管与反垄断》2017 年第 11 期。

[98]肖江平:《新反不正当竞争法的主要进步》,载《中国市场监管研究》2017 年第 12 期。

[99]孔祥俊:《论新修订〈反不正当竞争法〉的时代精神》,载《东方法学》2018 年第 1 期。

[100]王先林:《反不正当竞争法的修订与竞争法体系的协调与衔接》,载《中国市场监管研究》2017 年第 12 期。

[101]柴耀田:《论中国〈反不正当竞争法〉的结构性问题——兼评 2018 年新修订〈反不正当竞争法〉》,载《电子知识产权》2018 年第 1 期。

[102]杨坚琪:《谷歌在欧洲:欧盟运行条约(TFEU)第 102 条视角下的谷歌垄断行为分析》,载《竞争政策研究》2017 年第 1 期。

[103]邓志松、戴建民:《数字经济的垄断与竞争:兼评欧盟谷歌反垄断

案》,载《中国市场监管研究》2017 年第 10 期。

[104]苏华:《不公平定价反垄断规制的核心问题——以高通案为视角》,载《中国价格监管与反垄断》2014 年第 8 期。

[105]范长军:《违法行为与不正当竞争》,载《知识产权》2014 年第 10 期。

[106]郑友德、王活涛:《新修订反不正当竞争法的顶层设计与实施中的疑难问题探讨》,载《知识产权》2018 年第 1 期。

[107]孔祥俊:《论反不正当竞争法修订的若干问题——评〈中华人民共和国反不正当竞争法〉(修订草案)》,载《东方法学》2017 年第 3 期。

[108]李扬:《互联网领域新型不正当竞争行为类型化之困境及其法律适用》,载《知识产权》2017 年第 9 期。

[109]周樨平:《竞争法视野中互联网不当干扰行为的判断标准——兼评"非公益必要不干扰原则"》,载《法学》2015 年第 5 期。

[110]宋亚辉:《网络干扰行为的竞争法规制——"非公益必要不干扰原则"的检讨与修正》,载《法商研究》2017 年第 4 期。

[111]范长军:《行业惯例与不正当竞争》,载《法学家》2015 年第 5 期。

[112]王俊豪等:《中国垄断性产业的行政垄断及其管制政策》,载《中国工业经济》2007 年第 12 期。

[113]江飞涛等:《中国工业经济增长动力机制转换》,载《中国工业经济》2014 年第 5 期。

[114]白让让等:《强制性管制放松与边缘性进入的发生——"小灵通"现象的深层思考》,载《中国工业经济》2004 年第 8 期。

[115]董维刚等:《反垄断政策有效性实证研究述评》,载《产业经济研究》2008 年第 2 期。

[116]郑和园:《公平竞争审查制度中自我审查的理论逻辑及实践路径》,载《价格理论与实践》2017 年第 12 期。

[117]李俊峰:《公平竞争自我审查的困局及其破解》,载《华东政法大学学报》2017 年第 1 期。

[118]韩伟、李正:《大数据与企业市场力量》,载《中国物价》2016 年第 7 期。

[119]韩伟、李正:《OECD"破坏性创新"系列调研报告介评》,载韩伟主编:《数字市场竞争政策研究》,法律出版社 2017 年版。

[120]韩伟:《数据驱动型并购的反垄断审查》,载《竞争法律与政策评

论》2017 年第 3 卷。

[121]韩伟、李正:《日本〈数据与竞争政策调研报告〉要点与启示》,载《经济法论丛》2018 年第 1 期。

[122]韩伟、李正:《反垄断法框架下的数据隐私保护》,载《中国物价》2017 年第 7 期。

[123]韩伟:《算法合谋反垄断初探:OECD〈算法与合谋〉报告介评(上)》,载《竞争政策研究》2017 年第 5 期;韩伟:《算法合谋反垄断初探:OECD〈算法与合谋〉报告介评(下)》,载《竞争政策研究》2017 年第 6 期。

[124]曾晶:《反垄断法上转售价格维持的规制路径及标准》,载《政治与法律》2016 年第 4 期。

[125]丁茂中:《原则性禁止维持转售价格的立法错误及其解决》,载《政治与法律》2017 年第 1 期。

[126]兰磊:《转售价格维持违法推定之批判》,载《清华法学》2016 年第 2 期。

[127]吴小丁、张舒:《商品流通研究的市场营销学理论渊源探析》,载《外国经济与管理》2011 年第 3 期。

[128]张春桂:《市场经济就是契约经济》,载《党政干部论坛》2002 年第 11 期。

[129]季卫东:《法律议论的社会科学研究新范式》,载《中国法学》2015 年第 6 期。

[130]郝俊淇、谭冰玉:《竞争政策视域下反垄断指南的定位研究——兼及竞争主管机构的塑造》,载《经济体制改革》2017 年第 5 期。

[131]李剑、唐斐:《转售价格维持的违法性与法律规制》,载《当代法学》2010 年第 6 期。

[132]张守文:《PPP 的公共性及其经济法解析》,载《法学》2015 年第 11 期。

[133]史际春、肖竹:《公用事业民营化及其相关法律问题研究》,载《北京大学学报(哲学社会科学版)》2004 年第 4 期。

[134]马俊驹:《国家所有权的基本理论和立法结构探讨》,载《中国法学》2011 年第 4 期。

[135]巩固:《自然资源国家所有权公权说》,载《法学研究》2013 年第 4 期。

[136]金海统:《自然资源使用权:一个反思性的检讨》,载《法律科学(西

北政法大学学报)》2009 年第 2 期。

[137]史际春:《资源性公用事业反垄断法律问题研究》,载《政治与法律》2015 年第 8 期。

[138]孙晋、涂汉文:《自然垄断的规制改革与反垄断法适用除外的科学构建》,载《武汉大学学报(社会科学版)》2003 年第 5 期。

[139]盛杰民、张江莉:《论〈反垄断法〉中的“滥用行政权力”》,载《竞争政策研究》2015 年第 1 期。

[140]魏琼:《行政性垄断新解》,载《政治与法律》2010 年第 6 期。

[141]文秀梅:《实施〈反不正当竞争法〉学习讲座第十五讲滥用行政权力限制竞争行为》,载《工商行政管理》1994 年第 9 期。

[142]刘作翔:《权利冲突的几个理论问题》,载《中国法学》2002 年第 2 期。

[143]周佑勇:《特许经营权利的生成逻辑与法治边界——经由现代城市交通民营化典型案例的钩沉》,载《法学评论》2015 年第 6 期。

[144]李剑:《反垄断法中的杠杆作用——以美国法理论和实务为中心的分析》,载《环球法律评论》2007 年第 1 期。

[145]孙晋:《经济法视角下政府经济权力边界的审读——以政府职能转变为考察中心》,载《武汉大学学报(哲学社会科学版)》2014 年第 2 期。

[146]王健:《反垄断法私人执行的优越性及其实现——兼论中国反垄断法引入私人执行制度的必要性和立法建议》,载《法律科学(西北政法大学学报)》2007 年第 4 期。

[147]苏华:《PPP 模式的反垄断问题与竞争中立——基于美国路桥基础设施建设项目的分析》,载《国际经济合作》2016 年第 9 期。

[148]卢毅、陈强、邓小华:《交通基础设施 PPP 项目特许期弹性调整机制研究》,载《价格理论与实践》2013 年第 12 期。

外文文献

[1] Arndt Christiansen, Die Oekonomisierung der EU－Fusionskontrolle: Steigt dadurch die Rechtssicherheit? Beitrag fuer den 4. Workshop “Ordnungsoekonomik und Recht”, Freiburg, Oktober 2004, S. 1, 9f, 10.

[2] Kersting/Dworschak, Leistungsschutzrecht fuer Presseverlage: Muesste Google wirklich zahlen? －eine kartellrechtliche Analyse, S. 3, 12.

[3] Heithecker, Wettbewerbssicherung in der europaeischen Fusionskontrolle durch Zusagen－Eine fallbezogene Untersuchung der inhaltlichen Anforderungen

an Zusagen, Berlin 2002, S. 113-114.

[4] Dreher, Konglomerate Zusammenschluesse, Verbotsvermutungen und Widerlegungsgruende-Eine Untersuchung zur Fortentwicklung des Kartellrechts am Beispiel des U. S. -amerikanischen Antitrustrechts, Diss. jur., Berlin 1987, S. 31, 36, 115, 138.

[5] Krause, Die Arbeit von Birgit Mueller: Entflechtung und Deregulierung-Ein methodischer Vergleich, Schriften zum Wirtschaftsrecht, WuW 1/2007, 47(47).

[6] Haucap, Justus/Heimeshoff, Ulrich, Ordnungspolitik in der digitalen Welt, Juni 2017, Erscheint in: Thieme, Jörg & Haucap, Justus (Hrsg)., Wirtschaftspolitik im Wandel: Ordnungsdefizite und Lösungsansätze Schriften zu Ordnungsfragen der Wirtschaft 105, De Gruyter Oldenbourg 2018, S. 4.

[7] Demary, Vera/Rusche, Christian, Zwischen Kooperation und Wettbewerb-Industrie 4.0 und europäisches Kartellrecht-, 22. Mai 2017, www.iwkoeln.de, S. 6.

[8] Bundeskartellamt, Big Data und Wettbewerb, Schriftenreihe, Wettbewerb und Verbraucherschutz in der digitalen Wirtschaft, Bonn, Oktober 2017, S. 2.

[9] Vgl. Hannappel, Sandra/Rehm, Rebekka/Roth, Steffen J., Welche systematischen Unterschiede gibt es zwischen digitalen und analogen Plattformmärkten und was bedeutet das für ihre Regulierung? Otto-Wolff-Discussion Paper 6/2017-Dezember 2017, S. 2.

[10] Körber, Torsten, Analoges Kartellrecht für digitale Märkte? WuW vom 06.02.2015, Heft 02, S. 126(S. 120).

[11] Bischke/Brack, Neuere Entwicklungen im Kartellrecht, NZG 2018, 255.

[12] Hauck, Dieter, Selektiver Luxus, https://www.wienerzeitung.at/themen_channel/recht/recht/965545_Selektiver-Luxus.html, Stand: 17.05.2018.

[13] BMWi, Die richtigen Weichen gestellt, https://www.bmwi.de/Redaktion/DE/Dossier/erneuerbare-energien.html, Stand: 28.03.2017.

[14] Europäische Kommission, Pressemitteilung, Staatliche Beihilfen: Kommission genehmigt Ausschreibungsregelung für erneuerbare Energien in Deutschland, Brüssel, 20. Dezember 2016.

[15] Vgl. Only/Sosnitza, Kommentar zum Gesetz gegen den unlauteren Wettbewerb, 7 Aufl, 2016, § 2 Rn 4.

[16] Vgl. Beater, Nachahmen im Wettbewerb, 1995, 344.

[17] Vgl. Susanne Gleißner, Phychischer Kaufzwang im Lauterkeitsrecht-Notwendiger Verbraucherschutz oder unnötige Einschränkung der Werbung? 1. Auflage, Baden-Baden 2008, S. 24.

[18] Vgl. Hefermehl/Köhler/Bornkamm, Werrbewerbsrecht, 24. Auflage 2006, § 4 UWG Rn. 1. 32.

[19] Vgl. Leistner, ZGE 2009, 3; Susanne Gleißner, Phychischer Kaufzwang im Lauterkeitsrecht-Notwendiger Verbraucherschutz oder unnötige Einschränkung der Werbung? 1. Auflage, Baden-Baden 2008, S. 204.

[20] EE&MC, Competition Competence Report 12/2005, Kopplungsgeschaefte und die geplante Leitlinie der Europaeischen Kommission zu den nicht-horizontalen Zusammenschluessen, http://www. ee-mc. info/mailingD/XII-2005. pdf, besucht am 06. 05. 2008, S. 2.

[21] Jaag, Christian/Rutz, Samuel, Ein digitales Wettbewerbsrecht ist überflüssig, 25. 09. 2017, https://dievolkswirtschaft. ch/de/2017/09/jaag-10-2017/.

[22] Laitenberger, Johannes, Energiepolitik der EU und Wettbewerbspolitik, NZKart 2/2016, S. 49.

[23] 15 U. S. C. § 18a, https://www. law. cornell. edu/uscode/text/15/18a.

[24] Bruce Valentine, *National Competition Policy: Legitimating Economic Rationalism*, (1999) 52 Australian Social Work 25, 30.

[25] John McDonald, *Legitimating private interests: Hegemonic control over "the public interest" in National Competition Policy*, (2007) 43 Journal of Sociology 349, 363.

[26] John Quiggin, *Estimating the benefits of Hilmer and related reform*, (1997) 30 Australian Economic Review 256.

[27] John Quiggin, *Social democracy and market reform in Australia and New Zealand*, (1998) 14 Oxford Review of Economic Policy 76.

[28] John Quiggin, Submission to Productivity Commission, *Inquiry into the Socio-economic consequences of National Competition Policy*, 1998.

[29] Gavan Butler, *National Competition Policy*, *The Downside* 55 Australian Journal of Public Administration 104(1996).

[30] Bronwen Morgan, *Social Citizenship in the Shadow of Competition*, Ashgate, 2003.

[31] Deborah Healey, *Competition Law in Australia*: *Implementing Competitive Neutrality to Government Business*, http://www.unctad.org/Templates/Download.asp? docid=15938&lang=1&intItemID=6128.

[32] Stephen P. King, *Competition Policy and Regulation*, *in Ian McAllister*, *Steve Dowrick and Riaz Hassan*, *The Cambridge Handbook of Social Sciences in Australia*, Cambridge University Press, 2003.

[33] OECD, Competition Assessment Toolkit (English Version) (OECD, 2010), http://www.oecd.org/topic/0,3699,en_2649_40381664 _1_1_1_1_37463,00.html.

[34] World Trade Organization Working Group on the Interaction between Trade and Competition Policy, Synthesis Paper on the Relationship of Trade and Competition Policy to Development and Economic Growth, WTO Doc WT/WGTC/W/80, 18 September 1998.

[35] World Trade Organization Working Group on the Interaction between Trade and Competition Policy, The Fundamental Principles of Competition Policy, WTO Doc WY/WGTCP/W/127, 7 June 1999.

[36] Bronwen Morgan, *Social Citizenship in the Shadow of Competition*, Ashgate, 2003.

[37] Carl Shapiro, *Navigating the Patent Thicket*: *Cross Licenses*, *Patent Pools and Standard Setting*, in Adam Jaffe, Joshua Lerner & Scott Stern, eds, innovation policy and the economy 119, 125(2001).

[38] European Commission, *Green Paper—Damage Actions for Breach* of the EC Antitrust Rules, 19 December 2005, COM(2005)672 final.

[39] European Commission, *White Paper on Damage Actions for Breach of the EC Antitrust Rules*, 2 April 2008, COM(2008)165 final.

[40] George J. Stigler, *The Citizen and the State*: *Essays on Regulation*, the University of Chicago Press(1975).

[41] J. Buchanan, *A Contractarian Paradigm for Applying Economics*, American Economic Review, Vol. 5, 1975.

[42] G Kaikati, *WA Label: American Bribery Legislation: an Obstacle to International Marketing*, The Journal of Marketing, 44(4): 38-40(1980).

[43] B Bryan W Husted, *Wealth, Culture, and Corruption*, Journal of International Business Studies, 1999, 30(2): 339-342.

[44] Developments Within The Premerger Program, *Hart - Scott - Rodino Annual Report*, fiscal year 2015.

[45] Pharmaceutical Research and Manufacturers of America v. Federal Trade Commission, No. 1: 13 - cv - 01974 (D. C. Cir. June 9, 2015), https://www. ftc. gov/enforcement/cases - proceedings/p072104/phrma - akapharmaceutical-research-manufacturers-america.

[46] Fed. Trade Comm'n, the evolving ip marketplace: aligning patent notice and remedies with competition, Ch. 1-2 (2011), https://www. ftc. gov/reports/evolving - ip - marketplace - aligning - patent - notice - remedies - competition.

[47] 82 Federal Register Notice for Section 7A, p. 8524(Jan. 23, 2017).

[48] U. S. v. Sears, Roebuck & Co., 111 F. Supp. 614, 616 (S. D. N. Y. 1953).

[49] The FTC's Merger Remedies 2006-2012: A Report of the Bureaus of Competition and Economics, https://www. ftc. gov/system/files/documents/reports/ftcs - merger - remedies - 2006 - 2012 - report - bureaus - competition - economics/p143100_ftc_merger_remedies_2006-2012. pdf.

[50] "All" means All: Submit side agreements with an HSR filing, https://www. ftc. gov/news - events/blogs/competition - matters/2017/12/all - means - all-submit-side-agreements-hsr-filing.

[51] Antitrust Guidelines: Joint Statement of the Antitrust Division of the Department of Justice and the Federal Trade Commission Describing Reasonable and Responsible Application of the Antitrust Laws in the Wake of Hurricanes Harvey and Irma, https://www. ftc. gov/system/files/documents/public _ statements/1253313/hurricanes_harvey_and_irma_ftc_doj_statement. pdf.

[52] Antitrust Guidelines For International Enforcement and Cooperation, https://www. ftc. gov/system/files/documents/public _ statements/1049863/international_guidelines_2017. pdf.

[53] 20180268: Samsung Electronics Co., Ltd.; HP Inc., https://www.

ftc. gov/enforcement/premerger - notification - program/early - termination - notices/20180268.

[54] Developments Within The Premerger Program, Hart - Scott - Rodino annual report Fiscal Year 2017.

[55] United States v. Energy Solutions, Inc. , Rockwell Holdco, Inc. , Andrews County Holdings, Inc. and Waste Control Specialists, LLC, No. 1:16-cv-01056 (D. Del. filed Nov. 16, 2016), https://www. ftc. gov/enforcement/cases-proceedings/case-document-search?.

[56] United States v. Alaska Air Group, Inc. and Virgin America Inc. , No. 1:16 - cv - 02377 (D. D. C. filed Dec. 6, 2016), https://www. ftc. gov/enforcement/cases-proceedings/case-document-search?.

[57] United States v. Danone S. A. and The WhiteWave Foods Co. , No. 1: 17 - cv - 00592 (D. D. C. filed Apr. 3, 2017), https://www. ftc. gov/enforcement/cases-proceedings/case-document-search?.

[58] United States v. General Electric Co. and Baker Hughes Inc. , No. 1: 17- cv - 1146 (D. D. C. filed June 12, 2017), https://www. ftc. gov/enforcement/cases-proceedings/case-document-search?.

[59] EU Commission, Communication on a European agenda for the collaborative economy, http://ec. europa. eu/DocsRoom/documents/16881.

[60] Review of the System for Exemption from the Antimonopoly Act for International Ocean Shipping, http://www. jftc. go. jp/en/pressreleases/yearly-2016/February/160204. html.

[61] OECD, 1997, Regulatory Impact Analysis: Best Practices in OECD Countries, OECD Publishing, http://www. oecd. org/gov/regulatory - policy/35258828. pdf.

[62] ICN, 2004, Competition Advocacy in Regulated Sectors; Examples of Success, ICN Publishing, http://www. internationalcompetitionnetwork. org/uploads/library/doc370. pdf.

[63] OECD, 2014, Experiences with Competition Assessment: Report on the Implementation of the 2009 OECD Recommendation, OECD Publishing, http://www. oecd. org/daf/competition/Comp - Assessment - ImplementationReport 2014. pdf.

[64] U. S. Department of Justice and the Federal Trade Commission,

Antitrust Guidelines for the Licensing of Intellectual Property,2017.

[65] Federal Trade Commission, Enforcement Policy Statement Regarding the Applicability of the COPPA Rule to the Collection and Use of Voice Recordings,2017.

[66] Geoffrey A. Manne and Joshua D. Wright, Google And The Limits of Antitrust:The Case Against The Antitrust Case Against Google, Harvard Journal of Law and Public Policy.

[67] R. H. Bork and J. G. Sidak, *What Does the Chicago School Teach About Internet Search and the Antitrust Treatment of Googe?*, 8 Journal of Competition Law and Economics 66(2012).

[68] John M. Newman, Antitrust in Zero-Price Market Foundations, 164 U. Pa. L. Rev. 143(2015).

[69] Eropean Commission, Statem ert By Com missioner Vestager On Antitrust Decisions Concerming Google, Europa. eu2015, http://europa. e/rapid/pressrelease STATEMENT-15-4785 en htm.

[70] Case 27/76, United Brands Company and United Brands Continentaal v. Commission [1978] ECR 207.

[71] Melchior Wathelet, *Commitment Decisions and the Paucity of Precedent*, Journal of European Competition Law & Practice, 2015, Vol. 6, No. 8, p. 554.

[72] Piper /Ohly, Kommentar zum UWG, C. H. Beck Verlag, 2006, 4. Auflage, § 4 Rn. 10/10.

[73] Barton B. Clark, Give´Em Enough Rope: States, Sub divisionsand the Market Participant Exception to the Dormant Commerce Clause, 60 U. Chi. L. Rev. 615(Spring, 1993).

[74] USTR, Section 301 Report into China's Acts, Policies, and Practices Related to Technology Transfer, Intellectual Property, and Innovation, March 22, 2018.

[75] Mark Magnier and Josh Chin, *U. S. Firms in China See Chance for Reset on Market Access*, Wall Street Journal, Feb. 16, 2017.

[76] Maurice E. Stuck & Allen P. Grunes, *Big Data and Competition Policy*, Oxford University Press(2016).

[77] ECORYS, *Big data and competition*, 2017, https://www.

rijksoverheid. nl/documenten/rapporten/2017/06/13/big - data - and - competition.

[78]OECD(2016b),*Big Data:Bringing Competition Policy to the Digital Era. Background note by the Secretariat*,Directorate for Financial and enterprise affairs competition committee,DAF/COMP(2016)14;

[79]Commission Staff Working Document-on the free flow of data and emerging issues of the European data economy, Brussels, 10. 1. 2017 SWD (2017)2 final, https://ec. europa. eu/digital-single-market/en/news/staff-working-document-free-flow-data-and-emerging-issues-european-data-economy.

[80] Hingston, P. & G. Kendall (2004), *Learning Versus Evolution in Iterated Prisoner's Dilemma*, in Proceedings of the Congress on Evolutionary Computation (CEC ′04), http://www. cs. nott. ac. uk/~ pszgxk/papers/cec2004ph. pdf.

[81] Antitrust: *Commission opens three investigations into suspected anticompetitive practices in e-commerce*, European Commission (2 February 2017),http://europa. eu/rapid/press-release_IP-17-201_en. htm.

[82]Ezrachi, A. and M. E. Stucke, Virtual Competition: *The Promise and Perils of the Algorithm-Driven Economy*, Harvard University Press (2016), pp. 89-100.

[83]Leegin Creative Leather Products Inc. vs. PSKS. Inc. ,551 U. S. 892 (2007).

[84] Spencer Weber Waller, Prosecution by Regulation: The Changing nature of Antitrust Enforcement,77 Oregon L. R. 1405(1998).

[85] Rolf W. Kunneke, *Electricity Networks: How Natural is the Monopoly*?,Utilities Policy,1999,8(2).

[86]Thomas B. Leary,*Freedom as the Core Value of antitrust in the New Millennium*,Antitrust Law Journal,2000,68(2).

[87]D. Albalate, G. Bel. ,*Regulating Concessions of Toll Motorways: An Empirical Study on Fixed vs. Variable Term Contracts*,Transportation Research Part A Policy & Practice,p. 43,2009(2).

[88]Eduardo M. R. A. Engel, Ronald D. Fischer, A Galetovic. , Least-Present-Value-of-Revenue Auctions and Highway Franchising. Journal of

Political Economy,p. 109,2001(5).

[89][206]U. S. 1995 Antitrust Guidelines for the Licensing of Intellectual Property,Section 3. 2.

[90]George J. Stigler,*The Organization Of Industry*,1968,p. 11.

[91]Clovia Hamilton,*Adequacy of the* 1995 *Antitrust Guidelines for the Licensing of Intellectual Property in Complex High-Tech Markets*,7 Comp. L. Rev. & Tech. J,26(2002).

[92][209]Ronald W. Davis,Innovation Markets and Merger Enforcement: Current Practice in Perspective,71 Antitrust Law Journal 677(2003).

[93] Laurence B. Landman, *Did Congress Actually Create Innovation Markets*?,13 Berkeley Technology Law Journal 730(1988).

[94] FTC, *The Evolving IP Marketplace: Aligning Patent Notice and Remedies With Competition*,March 2011.

[95]DOJ & USPTO,*Policy Statement on Remedies for Standards-Essential Patents Subject to VoluntaryF/RAND Commitments*,January 2013.

[96] Antitrust decisions on standard essential patents (SEPs) - Motorola Mobility and Samsung Electronics-Frequently asked questions,MEMO/14/322.

[97] Huawei Technologies Co. Ltd. v. ZTE Corp. , ZTE Deutschland GmbH(Case C-170/13).

[98] Oberlandesgericht Düsseldorf, I - 15 U 65/15 https://www. justiz. nrw. de/nrwe/olgs/duesseldorf/j2016/I_15_U_65_15_Beschluss_20160113. html.

[99]KFTC,*Review Guidelines on Unfair Exercise of Intellectual Property Rights*,December 17,2014.

[100] Canadian Competition Bureau, *Intellectual Property Enforcement Guidelines*(*Draft for Public Consultation*),June 9,2015.

[101] European Commission, 7*th Report on the Monitoring of Patent Settlements*, http://ec. europa. eu/competition/sectors/pharmaceuticals/inquiry/patent_settlements_report7_en. pdf.

[102] James Latigenfeld and Wenqing Li, *Intellectual Property and Agreements to Settle Patent Disputes: The Case of Settle-ment Agreements with Payments from Branded to Generic Drug Manufacturers*, Antitrust Law Journal, 2003,70(3):777-818.

[103] John P. Bigeblow and Robert D. Willig, *Reverse Payments in Settlement of Patent Litigation: Spliting Opinions on Schering Plough's K-Dur* (2005 - 2012), in John E. Kwoka, Lawrence J. White (eds.) The Antitrust Revolution: *Economics, Competition, and Policy*, Oxford University Press; 6 edition(July 23,2013),pp. 213-245.

[104] Lester G. Telser, *Why Should Manufacturers Want Fair Trade*?, Journal of Law and Economics 1960,3:86-105.

[105] Benjamin Klein and Kevin M. Mruphy, *Vertical Restraints As Contract Enforcement Mechanisms*, Journal of Law & Economics, 1988, 31(2): 265-97.

[106] Raymond Deneckere & Howard P. Marvel & James Peck, Demand Uncertainty and Price Maintenance: *Markdowns as Destructive Competition American Economic Review*, 1997, 87(4):619-641.

[107] Francine Lafontaine & Margaret Slade, *Exclusive Contracts and Vertical Restraints: Empirical Evidence and Public Policy* (Sept. 2005), http://www. warwick. ac. uk/fac/soc/economics/staff/academic/slade/wp/ecsept2005. pdf.

[108] Daniel P. O'Brien, The Antitrust Treatment of Vertical Restraints: Beyond the Possibility Theorems, in REPORT: *The Pros And Cons Of Vertical Restraints* 40, Konkurrensverket, Swedish Competition Authority(Nov. 2008), http://www. konkurrensverket. se/upload/Filer/Trycksaker/Rapporter/Pros&Cons/rap_pros_and_cons_ vertical_restraints. pdf.

[109] Nathaniel J. Harris, Leegin's Effect on Price: *An Empirical Analysis*, Journal of Law, Economics & Policy, 2013, 9(2):251-276.

[110] European Commission, *Regulation on the Application of Article* 81(3) *of the Treaty on the Functioning of the European Union to Categories of Vertical Agreements and Concerted Practices*, No. 330/210, 2010 O. J. L. 102/1., http://eur - lex. europa. eu/legal - content/EN/ALL/? uri = CELEX: 32010R0330.

[111] Andres Font - Galarza, Frank P. Maier - Riguad & Pablo Figueroa, *RPM Under EU Competition Law: Some Considerations From a Business and Economic Perspective*, CPI Antitrust Chronicle Nov. 2013 (1), https://www. competitionpolicyinternational. com/file/view/7015.

[112] Herbert Hovenkamp & Erik Hovenkamp, *Complex Bundled Discounts and Antitrust Policy*, Buffalo Law Review, 2009, 57(4): 1227–1266; Thomas A. Lambert, *Appropriate Liability Rules for Tying and Bundled Discounting*, 72 Ohio State Law Journal, 2011, 72(5): 909–981; Benjamin Klein and Andres v. Lerner, *Price – Cost Tests in Antitrust Analysis of Single Product Loyalty Contracts*, Antitrust Law Journal, 2016, 80(3): 631–679.

[113] Antitrust Modernization Commission, Report and Recommendations (2007), http://govinfo. library. unt. edu/amc/report _ recommendation/toc. htm.

[114] European Commission, Guidance on the Commission's enforcement priorities in applying Article 82 of the EC Treaty to abusive exclusionary conduct by dominant undertakings, http://eur–lex. europa. eu/legal–content/EN/ALL/? uri=CELEX:52009XC0224(01).

[115] Steven C. Salop, Exclusionary Conduct, Effect on Consumers, and the Flawed Profit–Sacrifice Standard, Antitrust Law Journal, 2006, 73(2): 311–374; Einer Elhauge, Tying, Bundled Discounts, and the Death of the Single Monopoly Profit Theory, Harvard Law Review, 2009, 123(2) 397, 461 – 69; Timothy J. Brennan, Bundled Rebates as Exclusion Rather than Predation, Journal of Competition Law and Economics, 2008, 4(2): 335 – 374; Derek W. Moore and Joshua D. Wright, Conditional Discounts and the Law of Exclusive Dealing, George Mason Law Review, 2015, 22(5): 1205–1246.

[116] Sean P. Gates, Antitrust by Analogy: *Developing Rules for Loyalty Rebates and Bundled Discounts*, Antitrust Law Journal, 2013, 79(1): 99 – 137; Joshua D. Wright, *Simple but Wrong or Complex but More Accurate? The Case for an Exclusive Dealing – Based Approach to Evaluating Loyalty Discounts, Remarks at the Bates White 10th Annual Antitrust Conference* (June 3, 2013), www. ftc. gov/sites/default/files/documents/public_statements/simple – wrong – or – complex – more – accurate – case – exclusive – dealing – based – approach – evaluating–loyalty/130603bateswhite. pdf.

[117] Richard Craswell, *Tying Arrangements in Competitive Markets: The Consumer Protection Issues*, Berkerly University Law Review, 1982, 62(3): 661–700.

[118] Micheal D. Whinston, *Tying, Foreclosure, and Exclusion*, American

Economic Review,1990,80(4):837–859.

[119] Jay Pil Choiand Christodoulos Stefanadis, Rand Journal of Economics,2001,32(32):52–71.

[120] Dennis Carlton & Michael Waldman, *The Strategic Use of Tying to Preserve and Create Market Power in Evolving Market*, NBER Working Paper No. 6831. 1998.

[121] Jean C. Rochet & Jean Tirole, *Two – Sided Markets: A Progress Report*, The RAND Journal of Economics,2006,37(3):645–667.

[122] Andrea Amelioy & Bruno Jullienz, *Tying and Freebies in Two–Sided Markets*, International Journal of Industrial Organization, 2012, 49(33): 7151 – 7163.

[123] Yong Chao & Timothy Derdenger, *Mixed Bundling in Two – Sided Markets in the Presence of Installed Base Effects*, Management Science, 2012, 59(8):1904–1926.

[124] Jay P. Choi, *Tying in Two–Sided Markets with Multi–homing*, 2010, 58(3):607–626.

[125] Carl Davidson & Raymond Deneckere, *Horizontal mergers and collusive behavior*, International Journal of Industrial Organization, 1984, 2(2): 117–132.

[126] Joseph Farrell & Carl Shapiro, *Horizontal Mergers: An Equilibrium Analysis*, American Economic Review, 1990, 80(1): 107 – 126; Gregory J. Werden, *Comment*, *Horizontal Mergers*, American Economic Review, 1991, 81(4):1002–1006.

[127] Raymond Deneckere & Carl Davidson, *Incentives to form coalitions with Bertrand competition*, Rand Journal Economics, 1985 16(4): 473 – 486; Louis Kaplow & Carl Shapiro, Antitrust, in A. Mitchell Polinsky & Steven Shavell (eds) Handbook of Law and Economics, Elsevier 2008, 1:1072–1225.

[128] Gregory J. Werden & Luke M. Froeb, *Unilateral Competitive Effects of Horizontal Mergers* Ⅱ: *Auctions and Bargaining*, in ABA Section of Antitrust Law (eds.) Issues in Competition Law and Policy Ⅱ (American Bar Association), 2008: 1343–1356.

[129] Joseph Farrell & Carl Shapiro, *Antitrust Evaluation of Horizontal Mergers: an Economic Alternative to Market Definition*, B. E. Journal of

Theoretical Economics,2010,10(1):1-41.

[130]US DOJ/FTC 2010 horizontal merger guidelines[EB/OL],http://www.ftc.gov/os/2010/08/100819hmg.pdf.

[131] Ezrachi, Ariel and Stucke, Maurice E., *Artificial Intelligence & Couwsion When Conputers Inhibit Conpetition*, University of illinors Law Review, Vol. 2017, Oxford Legal Studies Research Paper No. 18/2015, University of Tennessee Legal Studies Research Paper No. 267.